HEYNE BÜCHER

SACHBUCH

Gerhard Konzelmann

Die Araber

und ihr Traum vom Großarabischen Reich

WILHELM HEYNE VERLAG
MÜNCHEN

HEYNE SACHBUCH
Nr. 19/21

9. Auflage

Früher als Heyne Taschenbuch unter der Nummer 01/7030 erschienen.

Printed in Germany 1989
Umschlagfoto: ZEFA/Goebel, Düsseldorf
Umschlaggestaltung: Atelier Adolf Bachmann, Reischach
Gesamtherstellung: Presse-Druck Augsburg

ISBN 3-453-02990-9

Inhalt

Unter dem Banner des Islam werden sich alle Araber vereinigen

Arabien wartet auf den neuen Propheten

Halb vom Sand begraben liegt eine grüne, bauchige Flasche in der Wüste, mit einem Korken fest verschlossen. Es ist ihr nicht anzusehen, was darin steckt. Im arabischen Märchen findet ein armer Mann die Flasche. Er nimmt sie mit, denn ein solcher Gegenstand ist wertvoll in der Wüste; der arme Mann will Wasser für trockene Wegstrecken transportieren.

An der Wasserstelle der Oase öffnet er die grüne Flasche. Rauchiger Dunst züngelt heraus. Voll Angst stellt der Mann die Flasche vor sich in den Sand. Der Dunst kristallisiert sich im Flaschenhals zur menschenähnlichen Gestalt. Der Wüstenwanderer drückt mit Kraft den Korken wieder auf die Öffnung. Im Flaschenhals beginnt das Dunstgesicht zu reden, es erzählt sein böses Schicksal, sein Unglück, in dieser Flasche als Geist ohne Körper existieren zu müssen. Mit Versprechungen läßt sich der Mann dazu überreden, dem Geist die Freiheit zu geben. Reichtum lockt ihn. Doch die Gestalt aus Rauch und Dunst, aus der Flasche befreit zu übermenschlicher Größe gewachsen, kümmert sich nicht um ihre Verheißungen. Sie ist mächtig, der Mensch nur ein Zwerg. Der Geist fordert und befiehlt, er unterwirft sich den Mann – zum Vorteil beider. Als Diener des mächtigen Geistes wird der arme Mann unantastbar und unbesiegbar. Er folgt den Wünschen des Geistes, erkämpft sich Königsthron und schöne Frauen, Reichtum und fruchtbares Land. Der Mann der Wüste beherrscht die wertvollen Wasserstellen der heißen Landstriche; mit der Kraft des Geistes aus der Flasche findet er neue Quellen, reinigt die alten. Gärten wachsen und blühen auf. Ein Abbild des vom Propheten versprochenen Paradieses entsteht, mit Palmen und Sträuchern, mit duftenden Blüten und plätschernden Wassern, mit schwarzäugigen Jungfrauen. Über diesem Paradies wacht der Geist, der – zum Wohle der Wüstenbewohner – verlangt, daß nur sein Wille erfüllt werde.

Den Geist aus der Flasche, von dem alte, bärtige Weise vor der elektronischen Kamera des Scheich-Said-Fernsehstudios in Abu Dhabi erzählen, erwarten die Araber seit fünfhundert Jahren. Sie kleiden ihre Sehnsucht in Poesie, auch im modernisierten Arabien. Zwar lauschen die jungen Beduinen dem Märchen heute nicht mehr am Lagerfeuer in der Wüste, unter blitzendem Sternenhimmel zur späten Stunde des kühleren Nachtwinds – sie saugen die Vision vom blühenden Paradies auf Erden vor dem Fernsehgerät in sich ein. Die Alten im Studio sprechen betörend schöne Worte, die in jeder Übersetzung lächerlich klingen müssen. In den trostlosen Betonblöcken, die die Lehmhäuser verdrängt haben, zaubert die Erzählung Vorstellungen von grünem Land, von der Verwandlung der Wüste in farbige Haine.

120 Millionen Menschen, die zwischen Marokko und dem Persisch/Arabischen Golf leben, spüren, daß sich der ersehnte Geist aus der Flasche in Arabien zu regen beginnt. Eine Idee stellt Forderungen, verlangt Unterwerfung, verspricht Erfolg und den Schlüssel zu Sieg und Paradies. Alle Bemühungen, diese Idee zu unterdrücken, den Geist in die Flasche zurückzuzwingen, mißlingen: die Idee des arabischen Nationalismus kristallisiert sich aus rauchigem Dunst. Der vage Traum von der arabischen Stärke verwandelt sich behutsam in Realität. Der langsam wachsende Glaube an sich selbst setzt Kräfte frei. Überlegungen reifen, wie dieses Arabien wieder den Glanz und die Macht alter Zeiten erlangen könnte. Sicher ist, daß nur Einigkeit und Einheit die Grundlagen für den Aufstieg schaffen. Zersplitterung hatte den Untergang gebracht, und Streit um Macht, um politische Maxime, um Formen der Staatsgewalt, gibt auch heute noch denen eine Chance, die Arabien uneins sehen möchten: den Großmächten, den Europäern, den internationalen Ölgesellschaften, den Israeli. Sie fürchten das Wachsen des Geistes in der Flasche.

Im Zelt seines Vaters in der libyschen Wüste stellt sich ein junger Mann die Frage: »Was heißt es, ein Araber zu sein?« Der junge Mann ist Offizier in der libyschen Armee. Er hat diesen Beruf nicht gewählt, um sein Land zu verteidigen. Muammar el-Gaddafi ist Offizier geworden, weil sein Vorbild, Gamal Abd el-Nasser, Offizier war. Aus dem Transistorradio des Vaters hatte el-Gaddafi schon als kleiner Junge die Wortkaskaden des ägyptischen Präsidenten gehört, die Rufe nach Einigung, nach Zusammenschluß. El-Gaddafi hatte begriffen, daß in Kairo ein Mann regierte, der den Arabern ihr Selbstbewußtsein zurückgeben wollte, der ganz offen sagte: »Wir sind der Fußabstreifer der Welt! Doch das werden wir ändern!« Der junge Libyer ist der Meinung, daß sein Vorbild in Kairo Unterstützung braucht – denn auf die Frage: »Was heißt es, ein Araber zu sein?« muß sich el-Gaddafi siebzehn Jahre nach Nassers Revolution die Antwort geben: »Wir werden noch immer nicht ernst genommen.« Er will den Europäern die Überheblichkeit austreiben.

Am 1. September 1969 übernimmt Muammar el-Gaddafi nach einem Putsch die Regierung in Libyen. Die Revolution verwandelt das Land: die fremden Einflüsse werden getilgt. Von den Gebäuden verschwinden

alle nichtarabischen Aufschriften, die Leuchtreklameschilder westlicher Firmen werden zerschlagen. Der Revolutionsrat dekretiert: »An öffentlichen Gebäuden sind nur arabische Schriftzeichen erlaubt.« Die Folgen sind: der Fremde auf dem Flughafen Tripolis kann die Aufschrift der Toiletten nicht entziffern; amtliche Schriftstücke werden nur noch in Arabisch ausgefertigt; Zollbeamte weigern sich, Erklärungen in Englisch oder Französisch entgegenzunehmen. Muammar el-Gaddafi sagt: »Wir ändern diese Vorschriften gerne wieder, wenn die Paßbeamten am Flughafen Bonn mit unseren Leuten arabisch reden und wenn in Rom arabische Toilettenaufschriften zu finden sind. Unsere Sprache ist soviel wert wie jede andere, sie braucht nicht versteckt zu werden. Arabisch ist nicht irgendeine obskure Eingeborenensprache – Arabisch ist eine alte Kultursprache!«
Der libysche Präsident ärgert sich, wenn er bei Staatsbesuchen in Tunis und Algier durch Straßen fahren muß, in denen kaum eine arabische Aufschrift an den Häusern zu finden ist. Seine spitze Bemerkung: »Seid ihr hier noch französische Kolonie?« hat die Pläne beschleunigt, Französisch als Umgangssprache in Tunesien und Algerien abzuschaffen. In beiden Staaten haben die Beamten Arabisch zu lernen; wer der Aufforderung nicht folgt, findet sich bald bei der Beförderung übergangen. Da der spöttische Muammar el-Gaddafi auch nach Damaskus kommen wollte, nahm die syrische Regierung der Ironie des Libyers den Anlaß: sie ordnete vor dem Besuch an, daß die Hotels ihre Namen in arabischen Zeichen an die Außenwand zu schreiben haben.
Nach der Revolution in Libyen begann Arabien sich mit der arabischen Sprache zu beschäftigen. Muammar el-Gaddafi und seine Bewertung der arabischen Sprache gaben den Anstoß zu einer neuen Definition des arabischen Menschentyps. Auf die Frage: »Wer ist Araber?« gibt es nur eine Antwort: »Jeder, der Arabisch als Muttersprache spricht.« Charakterisierung nach Rassen- und Religionsmerkmalen ist ungenügend. Die Nachfolger des Propheten Mohammed haben unzählige Völker und Stämme verschiedenartiger Rassen unterworfen und zu Verbündeten gewonnen: Syrer, Ägypter, Berber, Perser, Nubier – es ist sinnlos, sie wieder aus 120 Millionen Arabern herauszudestillieren. Die Expansionsbewegung, die im siebten Jahrhundert von der arabischen Halbinsel ausging, vernichtete rassische Eigenheiten. Die Völker wanderten und mischten sich; mit den Armeen zogen Stammfamilien die Küste Nordafrikas entlang. Die Heerführer ermutigten Heiraten zwischen Siegern und Unterworfenen. Wer den islamischen Glauben annahm, konnte sich bald zur Elite zählen, zu den Gewinnern. Nicht assimilieren ließen sich die Juden; die Kraft ihrer Religion widerstand der Revolution des Islam,

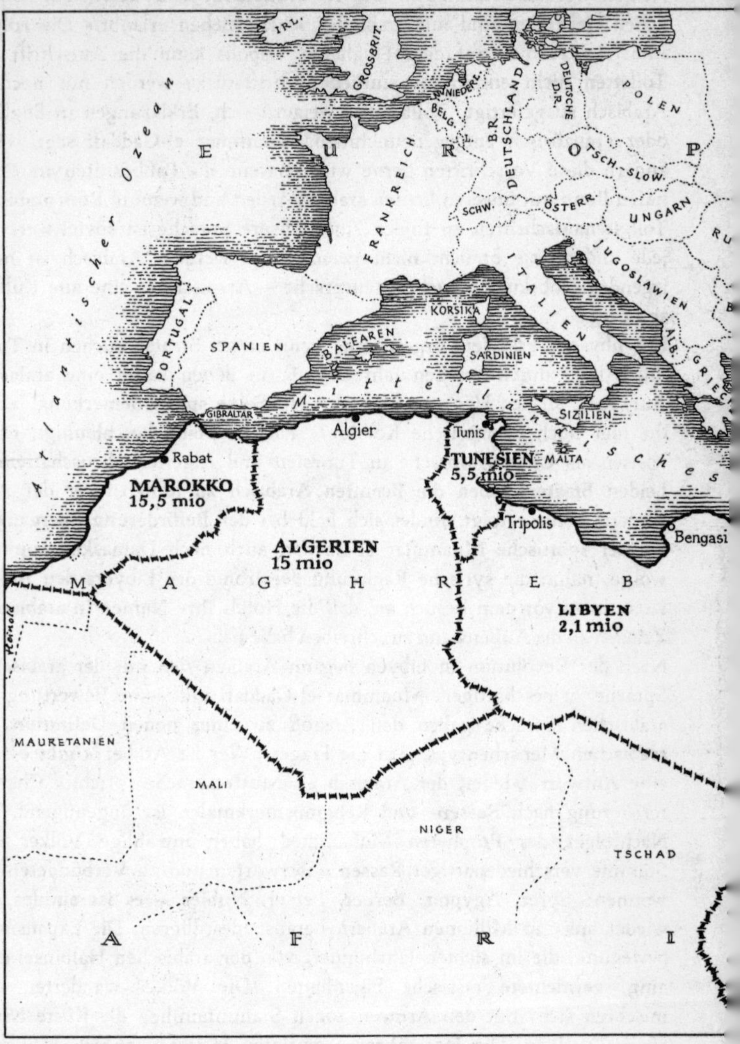
IRL.
GROSSBRIT.
NIEDERL.
BELG.
B.R. DEUTSCHLAND
DEUTSCHE D.R.
POLEN
E U R O P
FRANKREICH
TSCH.-SLOW.
SCHW.
ÖSTERR.
UNGARN
RU
JUGOSLAWIEN
ITALIEN
Atlantischer Ozean
PORTUGAL
SPANIEN
BALEAREN
KORSIKA
SARDINIEN
ALB.
GRIECH
Mittelländisches
SIZILIEN
MALTA
GIBRALTAR
Algier
Tunis
Rabat
TUNESIEN
5,5 mio
MAROKKO
15,5 mio
Tripolis
Bengasi
ALGERIEN
15 mio
M A G H R E B
LIBYEN
2,1 mio
MAURETANIEN
MALI
NIGER
TSCHAD
A F R I

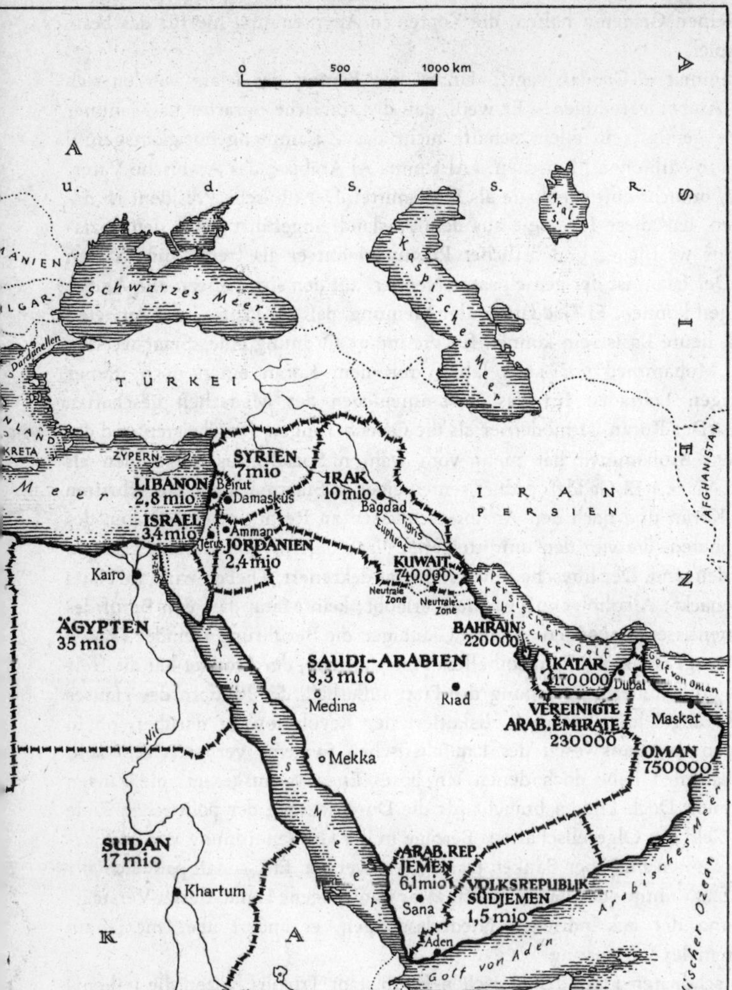
0
500
1000 km
A
u.
d.
S.
S.
R.
Aral-S.
Kaspisches Meer
Schwarzes Meer
Dardanellen
TÜRKEI
ZYPERN
KRETA
Meer
SYRIEN
7 mio
LIBANON
2,8 mio
Beirut
Damaskus
ISRAEL
3,4 mio
Amman
Jerus.
JORDANIEN
2,4 mio
IRAK
10 mio
Bagdad
Tigris
Euphrat
I R A N
PERSIEN
AFGHANISTAN
KUWAIT
740 000
Neutrale Zone
Neutrale Zone
Kairo
Suez-K.
ÄGYPTEN
35 mio
Persischer-Arabischer-Golf
BAHRAIN
220 000
KATAR
170 000
Dubai
Golf von Oman
SAUDI-ARABIEN
8,3 mio
Medina
Riad
VEREINIGTE
ARAB. EMIRATE
230 000
Maskat
OMAN
750 000
Mekka
Nil
Rotes Meer
SUDAN
17 mio
ARAB. REP.
JEMEN
6,1 mio
Sana
VOLKSREPUBLIK
SÜDJEMEN
1,5 mio
Aden
Khartum
K
A
Golf von Aden
Arabisches Meer
Indischer Ozean
ÄTHIOPIEN
SOMALI

sie waren nicht anfällig für den Monotheismus der Araber – sie hatten ihren eigenen starken Gott. Auch die Christen Arabiens konnten sich in einzelnen Gebieten halten, die Kopten in Ägypten sind hierfür das beste Beispiel.

Muammar el-Gaddafi sagt: »Unter dem Banner des Islam werden sich alle Araber vereinigen!« Er weiß, daß die arabische Sprache als Klammer nicht genügt, sie allein schafft nicht das Zusammengehörigkeitsgefühl für 120 Millionen Menschen. »Al Umma Al Arabia«, das Arabische Vaterland, braucht eine Ideologie als Bindemittel. Der libysche Präsident ist dagegen, daß diese Ideologie aus dem Ausland eingeführt wird; den Sozialismus westlicher und östlicher Prägung lehnt er als fremd für Arabien ab. Der Islam ist der gemeinsame Nenner, auf den sich nahezu alle Araber einigen können. El-Gaddafi ist der Meinung, daß die Worte des Propheten auch heute Basis sein können für die innere Ordnung eines Staatswesens, daß Mohammed vor 1350 Jahren mit dem Koran einen noch immer gültigen Leitfaden für das Zusammenleben der Menschen geschaffen hat: »Der Koran ist moderner als die Offenbarungen der Christen und der Juden. Mohammed hat mehr vom wahren Sozialismus verstanden als Karl Marx.« El-Gaddafi ordnet seinen eigenen Staat nach den Vorschriften des Koran und nach den Analogieschlüssen zu Rechtsentscheidungen des Propheten, die von den unmittelbaren Nachfolgern Mohammeds gezogen worden sind. Der libysche Revolutionsrat dekretiert: Dieben wird die Hand abgehackt; Alkoholgenuß ist nicht erlaubt; kein Mann darf den Beruf des Damenfriseurs ausüben, da dem Gläubigen die Berührung fremder Frauen untersagt ist; keine Frau soll allein Auto fahren – der Prophet hat die freie und ungehinderte Bewegung der Frau außerhalb der Mauern des Hauses strikt abgelehnt. Ernsthaft diskutiert der Revolutionsrat darüber, ob in Libyen das Bankwesen des kapitalistischen Systems verboten sein soll, Mohammed habe doch denen ein böses Ende vorausgesagt, die Zinsen nehmen. Doch Libyen braucht für die Durchsetzung der politischen Ziele das Geld der Ölgesellschaften. Beträge in der Größenordnung von Milliarden können nur über Banken transferiert werden. El-Gaddafi paßt sich an: der Staat nimmt das Bankgeschäft zwar in die eigene Hand, durch Verstaatlichung der ausländischen Niederlassungen, er ändert aber nichts am System der Verzinsung.

Am schönsten Platz der libyschen Hauptstadt Tripolis hatten die italienischen Kolonisatoren eine Kathedrale erbaut; sie machte Tripolis in Nordafrika zur Stadt mit christlichem Aussehen. Muammar el-Gaddafi beschlagnahmte nach der Revolution diese Kathedrale, das Kreuz wurde abgenommen, die Heiligenbilder entfernt, der Altar abgetragen; der Umbau der Kathedrale zur Moschee konnte beginnen.

Die Rückbesinnung auf den Wert des Islam ist in Arabien durchweg mit der Zerstörung der kolonialen Traditionen und ihres Brauchtums verbunden. Die christlichen Kirchen waren die Verbündeten der Kolonialherren, sie müssen dafür büßen.
Muammar el-Gaddafi gibt den Anstoß zu einer »Kulturrevolution«, um den Islam in Libyen zur Ideologie des Staates zu formen. Ob eine Handlung, eine Tätigkeit, eine Gesinnung den Bürgern erlaubt sein soll oder nicht, hängt von der Beantwortung der Frage ab: »Wäre der Prophet mit dieser Handlung, mit dieser Tätigkeit, mit dieser Gesinnung einverstanden?« Die Kader der neugegründeten Staatspartei organisieren Protestdemonstrationen gegen die Benützung der Badestrände, sie ordnen die Besetzung der Soziologischen Fakultät der Universität an, sie befehlen Sturm auf Buchhandlungen; die Schriftwerke westlicher und östlicher Philosophen werden verbrannt. »Die Ansteckung durch fremde Denkweisen muß ein Ende finden. Der Prophet hat den Arabern Gottes Wort auf die Erde gebracht. Gott will nicht, daß andere Propheten neben und über Mohammed stehen. Der Prophet der Araber ist der letzte und größte in der Kette der Propheten seit Urzeiten. Sein Wort gilt für uns.«
Die libysche Kulturrevolution muß nach der Vorstellung des Muammar el-Gaddafi das islamische Gedankengut auch in den anderen arabischen Staaten lebendig machen. Ein Marsch auf Kairo sollte die »Lasterhöhlen im Stadtteil Gizeh« ausbrennen und dem hohen moralischen Anspruch des Islam in der ägyptischen Hauptstadt mit Gewalt Geltung verschaffen. Der Marsch auf Kairo blieb auf Druck der Ägypter noch an der libyschen Grenze stecken.
El-Gaddafi ist der energische Kämpfer für die arabische Einheit. Er schreckt vor keinem Versuch zurück, andere arabische Staatsmänner zur Fusion ihrer Länder mit Libyen zu gewinnen. Doch die Bedingungen diktiert er. El-Gaddafi besteht in jedem Fall darauf, daß die strengen islamischen Gesetze Libyens im gesamten Unionsstaat gelten sollen. Wenn es je zu einer Union mit Ägypten kommen wird, dann müssen – davon will sich el-Gaddafi nicht abbringen lassen – auch in Kairo Diebe damit rechnen, daß ihnen die Hand abgehackt wird.
Der Geist aus der Flasche ist aktiv in Arabien. Nationalstolz regt sich. Das Resultat des Krieges vom Oktober 1973 ist eine seiner Leistungen. Er hat den Arabern Kraft und Mut gegeben, den Israeli die Stirn zu bieten. Der Übergang über den Suezkanal war von den Ägyptern unter dem Decknamen »Operation Al Badr« geplant. Bei der Wasserstelle Al Badr hatte der Prophet Mohammed im Jahre 624 eine wichtige Schlacht gegen seine ungläubigen Gegner gewonnen. Die heutigen Propagandisten des arabischen Nationalismus wollen ihrer Idee den Impetus wiedergeben,

den sie damals, im siebten Jahrhundert, besessen hat. Ihnen kommt zugute, daß Mohammed die islamische Religion als Ideologie eines entstehenden Staates angelegt hat, mit allen Freiheiten der Anpassungen an wechselnde politische Gegebenheiten. Muammar el-Gaddafi sagt: »Allah hat einmal zu den Arabern gesprochen, dieses eine Mal reicht bis zum Einzug ins Paradies.« Vom neuen Propheten wird erwartet, daß er Mohammeds Staatsidee Wirklichkeit werden läßt.

Der Prophet Mohammed: sein Leben, seine Welt, seine Vision

Das Leben des Mohammed Ibn Abd Allah ist Legende; die Zuverlässigkeit der Überlieferung muß kritisch betrachtet werden: schriftliche Zeugnisse aus der Zeit des Propheten gibt es nicht. Auch die 114 Suren des Koran – die wichtigste Quelle für biographische Daten über den Autor – sind erst später aufgezeichnet worden. So entspricht nicht einmal die Reihenfolge der Suren der Anweisung des Propheten; die Bewahrer des Glaubens haben sie nach Mohammeds Tod geordnet, seltsamerweise unter Gesichtspunkten der Länge. Die Biographen sind gezwungen, die ursprünglichen Zusammenhänge zu suchen.
Mohammed Ibn Abd Allah wurde um das Jahr 570 geboren. Die Gläubigen feiern alljährlich den Geburtstag des Propheten – das Datum hängt vom Mondjahr ab und wandert deshalb im Laufe der Zeit durch alle Jahreszeiten. Nimmt man den Geburtstag des Jahres 1974, den 4. April, als Anhaltspunkt, dann läßt sich ausrechnen, daß Mohammed nach unserer Zeitrechnung am 20. April 570 geboren wurde. Der Vater soll Abd Allah geheißen haben: »Diener Gottes«. Er wird also schon zu den Rechtgläubigen gezählt. Der Name der Mutter war Amina. Vater und Mutter gehörten zum Zweig der Haschemiten in der Großfamilie der Koreischiten. Der Stamm, die Großfamilie, bildet in den Wüstenstrichen Arabiens den Rahmen für den Ablauf eines Lebens: der Stamm bietet Sicherheit für den Heranwachsenden, Betätigungsfeld für den jungen Mann; unter den Mädchen des Stammes wählt er seine Frau aus; im Alter gibt der Weise seine Erfahrungen an Söhne und Neffen weiter. Die Zugehörigkeit zum Stamm gewährt Schutz vor Armut und Obdachlosigkeit.
Die Koreischiten gelten als reich; von Abd Allah und Amina aber wird berichtet, daß sie arm waren. Die Legende liefert die Erklärung: die Eltern des Propheten waren durch großherzige Freigebigkeit verarmt. Vater Abd Allah starb noch vor der Geburt Mohammeds; mit dem Tod der Mutter wurde Mohammed als Sechsjähriger Waise.
Mekka ist zu dieser Zeit eine Handelsstadt, zweimal im Jahr wird Markt

abgehalten. In Mekka kaufen die verstreuten Großfamilien Zentralarabiens ihre Vorräte an Tee, Zucker, Gewürzen und Stoffen ein. Die Händler nehmen Kamele in Zahlung und Felle. Überschüssige Beute, die im Stamm keinen Abnehmer gefunden hat, wird in Mekka verkauft. Den Profit aus dem Markt ziehen die reichen Handelsherren der Koreischitensippe. Sie regieren die Stadt und verlangen Abgaben; sie garantieren dafür den Karawanen Sicherheit vor Überfällen auf den Wegen nach Mekka; sie sorgen auch dafür, daß zur Marktzeit keine Blutfehden ausgefochten werden. Die Spitze des Koreischitenstammes sieht sich als die Adelselite in Mekka. Sie erwartet Gehorsam von den Abhängigen.
Mekka ist Handelszentrum geworden, weil hier die Karawanen am Brunnen Zemzem Wasser fanden. Die Quelle entspringt im Talkessel von Mekka. In der heißen Wüste ist den Beduinen der Ort, an dem Wasser gefunden wird, heilig. Sie weihen den Platz ihren Göttern, sie bauen Heiligtümer und Stätten der Anbetung. Um die Quelle Zemzem stehen in den Jahren, in denen der Prophet heranwächst, die Tempel einer Vielzahl von Göttern; im Koran sind Al Uzza, Manat und Allat genannt. Die Karawanenführer bringen Opfer, erbitten Glück für den Weg zurück zu ihrem Stamm. Rauch und Gestank der Feueropfer durchziehen die Gassen zwischen den Lehmhütten; ekstatisches Gebet und Gesang erflehen die Hilfe der Götter.
Auch der eine Gott, von dem Mohammed später lehrt, daß er alle Dinge und alles Geschehen bestimme, hatte schon ein Heiligtum in Mekka. Die Koreischiten hatten sich von einem schiffbrüchigen Äthiopier ein Gebäude aus Stein errichten lassen, die Kaaba. Allah wurde dort verehrt, der Gott, der keine anderen Götter neben sich duldet; er war trotzdem nur einer von vielen.
Die Großfamilie sorgte für den verwaisten Mohammed. Der Großvater Abdal Mottala nahm Mohammed auf, die beiden scheinen sich gut verstanden zu haben; doch nach vier Jahren starb dieser fürsorgliche Mann. Der Onkel Abu Talib ist der nächste, der sich um den kleinen Jungen kümmert; Mohammed ist jetzt zehn Jahre alt. Der Onkel hat schon zahlreiche Kinder, aber keinen Besitz. Mohammed muß arbeiten, er zieht mit den Karawanen durch Zentralarabien. Er bepackt die Kamele, treibt die Tiere an, er ist Handlanger für die Chefs der Karawanen. Die Reisen führen weit nach Norden, bis Syrien. Hier hört und sieht er die Rituale der jüdischen und christlichen Religion, hier begegnet er Religionen, die nur einen Gott verehren. Mohammed sieht den Unterschied zu den Traditionen in Mekka. Der Gedanke reift, nur *ein* Heiligtum an der Quelle Zemzem zu dulden, die Tempel der falschen Götter abzubrechen.
Die Besitzerin der Karawane, mit der Mohammed zog, war die Witwe

Chadidscha. Sie hatte bereits zwei Männer verloren. Unklar ist, ob der zweite Mann, Abu Hala, sich durch Scheidung von Chadidscha trennte; Abu Hala wird zu den gläubigen Anhängern des Propheten gezählt, er lebte also zur Zeit der Heirat und der Offenbarungen Mohammeds noch. Chadidscha, vierzig Jahre alt, heiratet den fünfundzwanzigjährigen Karawanenführer. Mohammed gehört von nun an nicht mehr zum armen Teil der Familie – auch wenn Chadidscha ihr Vermögen nicht auf ihren Mann überträgt.

Die »Unternehmerin« Chadidscha paßt nicht zum Bild der arabischen Frau, das uns der Koran überliefert. Chadidscha ist gleichberechtigt, denkt und handelt selbständig, sie gibt den Männern Anweisungen, führt ein unabhängiges Leben. Chadidscha heiratet den jungen Mohammed gegen den Willen ihres Vaters; das Einverständnis soll sie erst nach der Heirat erhalten haben – sie mußte zuvor dem Vater beim Abendessen mit Drogen das Bewußtsein trüben. Sechs Kinder werden dem Ehepaar geboren: zwei Söhne sterben, vier Töchter überleben. Die Sklavin Maria bringt später einen Sohn zur Welt, auch er stirbt.

Im Alter von vierzig Jahren macht Mohammed seine Umgebung mit den Visionen vertraut. Der erste Biograph des Propheten, Mohammed Ibn Ishaq, gibt eine überlieferte Erzählung weiter: Der Engel Gabriel erscheint dem Propheten auf dem Berge Hira. »Ich schlief«, so sagt der Prophet, »als mir Gabriel ein beschriebenes seidenes Tuch brachte und befahl: Lies! Ich sagte: Ich kann nicht lesen. Da drückte er mich in das Tuch, daß ich glaubte, ich müsse sterben. Dann befahl er wieder: Lies! Als ich noch einmal sagte, ich könne nicht lesen, bedeckte er mich wieder mit dem Tuche, daß ich beinahe den Geist aufgab, dann ließ er mich wieder los und wiederholte den Befehl. Aus Furcht fragte ich nun, was ich lesen solle. Da sagte er: Lies im Namen deines Herrn, der den Menschen aus einem Blutklumpen erschaffen hat. Ich las nun, und Gabriel verließ mich wieder. Hierauf erwachte ich, und es war, als stünden diese Worte in mein Herz geschrieben. Ich trat aus der Höhle und stand auf der Mitte des Berges, da hörte ich eine Stimme vom Himmel, die mir zurief: Mohammed! Du bist der Gesandte Gottes und ich bin Gabriel. Ich blieb stehen und schaute nach ihm und ging weder rückwärts noch vorwärts. Dann wendete ich mich von ihm ab. Aber nach welcher Seite ich auch blickte, immer sah ich den Engel vor mir. Ich blieb stehen, bis der Engel wegging, dann kehrte ich zu meiner Familie zurück. Als ich zu Chadidscha kam, setzte ich mich auf ihren Schoß und drückte mich fest an sie. Sie fragte mich, wo ich gewesen sei. Als ich ihr erzählte, was ich gesehen hatte, da sagte sie: Freue dich, du wirst der Prophet deines Volkes werden.«

Seher, Weise und Zukunftsdeuter waren keine Seltenheit in Zentralarabien. Jeder Stamm verehrte einen Blinden oder einen Besessenen, der in der Lage war, Glück und Unglück vorauszusagen, günstige Zeiten für Heirat und Beutezug zu prophezeien. Doch keiner hatte den Arabern das gebracht, was die Juden und die Christen besitzen: eine Heilige Schrift als Sammlung der Worte Gottes. Den Juden und den Christen war das Wort Gottes in einer Sprache übermittelt worden, die sie verstehen konnten: in ihrer Alltagssprache hatte Gott durch die Propheten zu ihnen gesprochen, immer wieder, in einer langen Zeitspanne von Abraham bis Christus. Mohammed sieht sich in der Nachfolge dieser Propheten; aber er ist der erste und einzige, der Gottes Wort in der Sprache der Menschen von Mekka verkündet. Daß Allah auf arabisch zu ihm spricht, ist für Mohammed der Beweis der Echtheit der Offenbarungen.
Die 114 Suren des Koran geben keine systematische Darstellung einer Weltanschauung. Sie bilden eine Sammlung von Erzählungen und Geboten, Ermahnungen und Vorschriften sowie Schilderungen vom Dasein nach dem Tode. Der wichtigste Glaubensartikel ist die Verkündigung, daß es nur *einen* Gott gibt – und Mohammed ist sein Prophet. Dieser Glaubensartikel wird als erster »Grundpfeiler des Islam« bezeichnet; wer an seinen Inhalt glaubt, erfüllt die Voraussetzung, ein Moslem zu sein. Der Gläubige ist verpflichtet, täglich fünfmal mit vorhergehender Waschung zu beten – unter Beachtung der rituellen Verneigungen; er muß während der Tage des Fastenmonats Ramadan die Regeln der Enthaltsamkeit beachten: von Sonnenaufgang bis Sonnenuntergang darf er weder essen noch trinken, Rauchen ist verboten. Der Gläubige ist aufgefordert, eine Armensteuer zu zahlen, und wenigstens einmal in seinem Leben soll er die Heiligen Stätten von Mekka besuchen.
Der einzige Gott Allah hat die Welt erschaffen und die Geschöpfe auf ihr, er ist der Schöpfer der Gestirne. Sieben Himmel wölben sich, der oberste bewahrt Allahs Thron; hier findet der Gläubige das Paradies. Zwischen Hölle und Paradies warten die Seelen, deren gute und böse Werke sich ausgleichen, auf das Urteil, welchem Ort sie zugewiesen werden. Und doch ist die Entscheidung längst gefallen, ob Allah mit den Handlungen des Menschen einverstanden ist, denn das Schicksal jedes einzelnen wird im Himmel vorherbestimmt; es gibt kein Entrinnen von der vorgezeichneten Lebensbahn. Trotzdem bleibt Hoffnung für den, dem Allah den Weg des Bösen auf Erden zugewiesen hat: Allah, der barmherzige Gott, übt ein Gnadenrecht aus; er wird keinen Moslem, der die fünf Grundgebote eingehalten hat, zur Hölle verdammen. Allah ist kein Rachegott, der unerfüllbare Bedingungen stellt und zusieht, wie die Menschen scheitern. Die Engel sind die Diener Gottes, sie helfen den Gläubigen.

Böse Geister, die Dschinnen, stehen im Dienste der Teufel. Doch letztlich siegen die Engel.
Mohammed selbst hat im Bereich von Hölle und Paradies keine Funktion mehr, er vermittelt nicht zwischen Gott und den Menschen. Mohammed ist der Prophet dieses *einen* Gottes; den Willen des Schöpfers durchzusetzen, ist seine Aufgabe. Doch er ist nicht unfehlbar, wird nicht angebetet, fährt nicht zum Himmel auf. Mohammed ist sterblich.
Als sich sein Tod ankündigt, verdunkelt eine Sonnenfinsternis die Erde. Mohammed weist seine wundergläubigen Anhänger zurecht: »Die Gestirne verhüllen sich nicht wegen des Todes eines Geschöpfes!«
Wunder vollbringt er keine, er überzeugt nicht durch Heilung körperlicher und seelischer Leiden. Der Prophet sagt von sich selbst: »Ich bin nichts anderes als ein Bote, der Strafen androht und Gutes verkündet einem gläubigen Volk.« Hätte er Wunder gewirkt, sein Weg wäre zunächst leichter gewesen. Die Skeptiker in Mekka verlangten, daß er eine neue Quelle strömen lasse, erst dann wollten sie an seine göttliche Sendung glauben. Mohammed weigerte sich, er ist der Prophet der Araber, kein Zauberer. Die Kaufleute der Koreischitenfamilie reagierten ärgerlich auf den Verwandten, der von sich behauptete, vom Himmel den Befehl zur Reinigung der Religion erhalten zu haben. Die Handelsherren waren daran interessiert, daß alles so bliebe in Mekka: die Heiligtümer, die Tempel, die Wahrsager, die Prostituierten. Das Angebot an Attraktionen sollte reichhaltig sein; jede Einschränkung machte Mekka weniger anziehend für die Männer der Wüstenstämme, für die Karawanenführer. Die Beduinen wollten unterhalten sein, und sie zahlten dafür. Die Elite der Stadt zog daraus ihren Profit. Aus wirtschaftlichen Erwägungen waren sie Verteidiger des Polytheismus, der Vielgötterei. Sturz eines Götterbildes mußte die Anhänger des gestürzten Gottes erzürnen, sie würden künftig ausbleiben und sich anderswo Heiligtümer schaffen – zum Schaden der Kaufleute und Wirte von Mekka. Diesen wirtschaftlichen Faktor unterschätzte Mohammed zunächst. Er war überzeugt, den Schlüssel zum reinen Glauben zu besitzen, er konnte sich nur vorstellen, daß alle Menschen das Tor zum Paradies mit seinem Schlüssel öffnen wollten. Mohammed täuschte sich.
Die ersten Anhänger findet der Prophet im engsten Kreis der Familie. Ein Vetter, der Schwiegersohn, ein Freund hören die Suren des Koran und sind beeindruckt. Dabei bleibt es über Monate und Jahre. Die übrigen Mitglieder der Haschemitenfamilie verhalten sich feindlich, sie hören auf das, was die Elite der Handelsherren zu sagen hat. Als sich Diener und Sklaven immer häufiger zum Propheten im Kreis auf den Boden setzen, um den Verheißungen der Glückseligkeit im Paradies zu lauschen,

wird Mohammed mit Argwohn betrachtet: von einem Verwandten der Familie Koreisch erwartet man Distanz zu den Armen, nicht Verbrüderung. Mohammed läßt sich von Drohungen nicht beeinflussen: »Ich verehre nicht das, was ihr verehrt, und ihr verehrt nicht, was ich verehre. Und ich werde auch nie das verehren, was ihr verehrt. Und ihr wollt nie das verehren, was ich verehre. Ihr habt eure Religion und ich die meine.« Aus den Drohungen der Onkel und Vettern werden Tätlichkeiten. Der Prophet muß sich gefallen lassen, daß er beim Gebet mit Tierinnereien beworfen wird.

Die Verteidiger der Vielgötterei suchen Argumente, um Mohammed lächerlich zu machen. Sie greifen seine Vision von der Auferstehung des Fleisches an. Mohammed wird verspottet: »Sollen wir wohl, da wir doch vermodertes Gebein sind, in unserem früheren Zustand auf die Erde zurückkehren?« Der Prophet nimmt die Attacke an, er verteidigt sich in den Suren, er schlägt zurück. Bisher hatte er sich damit begnügt, die Herrschaft des *einen* Gottes zu verkündigen, den Anspruch auf Verehrung zu festigen; jetzt spricht er den Konkurrenzgöttern jede Göttlichkeit ab. Den weiblichen Gottheiten Allat, Al Uzza und Manat hatten die Männer von Mekka leibliche Verwandtschaft zu Allah zugestanden: diese Göttinen lebten – nach ihrer Vorstellung – als Töchter Allahs im Himmel. Der Gedanke an den übergeordneten Gott war auch in der Zeit vor Mohammeds Visionen durchaus nicht fremd in Mekka, doch er hatte an Anziehungskraft eingebüßt zugunsten der kleineren Gottheiten, die den Menschen schon durch die niedrigere Einstufung im Himmel näherstehen mußten. Dem Gott im Himmel, so dachten sie, war sicher über die Töchter eher beizukommen. Mohammed zielt auf dieses Verwandtschaftsverhältnis: »In Unwissenheit haben sie ihm Söhne und Töchter angedichtet. Lob und Preis sei ihm allein. Und fern von ihm alles, was sie ihm andichten. Hocherhaben sei die Majestät unseres Herrn, er hat kein Weib genommen und auch keine Kinder gezeugt.« Damit war den drei weiblichen Gottheiten die Existenzgrundlage entzogen. »Allah ist der alleinige, einzige und ewige Gott. Er zeugt nicht und ist nicht gezeugt, und kein Wesen ist ihm gleich.« Mohammed grenzt mit diesem Glaubenssatz den Islam vom Christentum ab: daß sich Christus als Gottes Sohn ausgibt, ist für ihn Gotteslästerung.
Die 114 Suren des Koran entstehen nacheinander, auf Jahre verteilt. Die Verteidiger der Götterpluralität in Mekka sagen: »Wurde ihm nicht der Koran ganz und auf einmal offenbart, so glauben wir ihm nicht!« Mohammed zitiert seine Gegner selbst in Sure 25/32. Sein Gegenargument: »Um dadurch das Herz (das Gedächtnis) zu stärken, haben wir den Koran

in geordnete Teile eingeteilt.« Der Prophet gibt sich nicht als Autor aus, er trägt Allahs Worte weiter. Seine Kritiker bringt er mit diesem Argument zum Schweigen: »Denkt euch doch auch nur *eine* ähnliche Sure aus!« Im Gedächtnis des Propheten und der Anhänger bleiben die Worte Allahs aufbewahrt. Die Legende sagt: Mohammed selbst verglich jedes Jahr den Text, den er auswendig kannte, mit dem Urtext im Himmel, der vom Engel Gabriel aufbewahrt wird.

Die ersten Anhänger des Propheten berichten vom Zustand des Propheten in den Stunden der Offenbarung. Sie erkannten: die Inspiration hängt nicht vom Willen Mohammeds ab, sie überfällt ihn. Aus den Suren 73 und 74 ist zu erfahren, daß der Prophet sich beim Nahen der Verzückung unter einem Tuch verbirgt. Seine Muskeln zucken krampfartig, er steht unter nicht kontrollierbarer Spannung. Die Worte Gottes vernimmt er als starkes Geräusch aus der Luft. Das Geräusch verwirrt ihm die Sinne, sie nehmen die Wirklichkeit nicht mehr auf. Im inneren Taumel wird ihm der Wille Gottes klar. Nur selten sagt ihm ein Engel Gottes den Befehl in klaren und verständlichen Worten.

Die neue Zeitrechnung der Araber

Die sprachliche Gewalt, die Überzeugungskraft der Visionen beeindruckte schließlich auch einflußreiche Männer in Mekka. Der Kreis der Anhänger des Propheten verlor seinen ärmlichen Charakter, doch der große Durchbruch des Monotheismus zeichnete sich noch nicht ab; die Koreischiten waren nicht bereit, ihre geschäftlichen Interessen dem Anspruch des Propheten unterzuordnen. Mohammed versuchte sein Glück in Taif, einer Stadt, die achtzig Kilometer von Mekka entfernt liegt. Obgleich dort nicht Umsatz und Profit für die Kaufleute auf dem Spiel standen, wurde der Prophet abgewiesen. Er berichtet selbst, daß er auf dem Rückweg unsichtbare Geister durch die Rezitation des Koran zum richtigen Glauben bekehrt habe. Im Augenblick der Niederlage sieht Mohammed in dieser Bekehrung ein günstiges Vorzeichen. Er braucht Aufmunterung, denn in diesem Jahr 620 stirbt seine Frau Chadidscha.

Der Prophet versucht Fuß zu fassen in einer Stadt weiter im Norden. In Jathrib, dem späteren Medina, leben 3000 Menschen: Hirten, Handwerker und Männer, die einige Flecken fruchtbaren Bodens bebauen; von Bauern zu sprechen, wäre Übertreibung. In Jathrib aber gibt es nur wenige Kaufleute. Hier werden die Dinge des täglichen Bedarfs noch im Ringtausch umgesetzt: Felle, Fleisch, Käse, Tee – schon das Tuch für Zelte wird beim jährlichen Markt mit Volksfest in Mekka gekauft.

Die Feldarbeiter, Hirten und Handwerker in Medina hören von der neuen Religion des Islam; Marktbesucher, von Mekka zurückgekehrt, erzählen, daß Mohammed der Ungerechtigkeit und dem Verbrechen auf dieser Erde ein Ende machen wolle: er verbiete Diebstahl und Totschlag, Zinsforderung und Betrug; dem Gerechten verspreche er ein Paradies der ewigen Seligkeit. Die Männer von Jathrib suchen unbewußt nach einem Gesetz, das ihr Leben und die Beziehung unter den Menschen ordnen kann, sie wollen Sicherheit in ihrer Stadt. Sie sind ihrer eigenen Grausamkeit überdrüssig. Sie haben genug von der Sitte, ihre Kinder nach der Geburt zu erschlagen, wenn schlechte Ernte und Hungersnot drohen. Sie fürchten die Rache einer überirdischen Macht, der die Schuld der Menschen nicht gleichgültig sein kann. Jeder ist schuldig. Da ist keiner, der nicht stiehlt und betrügt, der nicht bestohlen und betrogen wird. Die Leute von Jathrib rufen freiwillig nach der Peitsche, die ihnen Gesetz und Ordnung aufzwingt.
Mohammed folgt dem Ruf. Am 20. September 622 kommt er in Jathrib an. Er zieht ein als Herr dieser Stadt, die den Namen Medinat an Nabi bekommen soll, die Stadt des Propheten. Mit dem Jahr 622, dem Jahr des ersten Erfolgs der neuen Religion, beginnt die islamische Zeitrechnung.

Mohammed der Feldherr

Jathrib-Medina unterwirft sich dem Propheten und den Anhängern, die er aus Mekka mitgebracht hat. Die Besitzenden der Stadt sind sogar bereit, auf Teile ihres Eigentums zu verzichten, zugunsten der neuen Elite; doch sind dem Lastenausgleich Grenzen gesetzt, die eingesessenen Familien besitzen nicht viel, auf das sie verzichten könnten. Die Männer aus Mekka aber verfügen nicht mehr über ihr früheres Eigentum; alles, was sie zurückgelassen haben, ist von den Koreischiten beschlagnahmt worden. Mohammed hilft sich mit dem Rückgriff auf alte Beduinentradition: er organisiert Raubzüge gegen Karawanen auf den Wüstenpfaden. Mohammed, für dreitausend Menschen in Jathrib-Medina der Garant für Recht und Ordnung, hängt dem Verbrechen einen religiösen Mantel um – jeder Schaden, der den Ungläubigen in Mekka zugefügt werde, sei Allah wohlgefällig. Die Idee des Heiligen Krieges entwickelt sich.
Bei der Wasserstelle von Badr legt sich Mohammed im Frühjahr 624 mit dreihundert bewaffneten Anhängern in den Hinterhalt. Er erwartet die Karawane der Koreischiten-Kaufleute. Sie ist unterwegs von Syrien nach Mekka. Der Führer der Karawane erhält eine Warnung. Er zögert, ändert

die Richtung. Vor allem aber läßt er aus Mekka Verstärkung kommen. Die Legende berichtet, daß sich tausend Berittene der kleinen Truppe des Propheten bei Badr zum Kampf gestellt haben. Mohammed siegt – nach Überzeugung seiner Anhänger – mit Hilfe der himmlischen Heerscharen. Die Beute ist groß, sie wird verteilt, Allah gibt dem Propheten in einer Offenbarung das Recht, ein Fünftel der Beute für sich zu behalten. Die vierzehn Gefallenen dieses Raubzugs auf islamischer Seite, so verkündet Mohammed, haben sich ein Anrecht auf das Paradies erworben: »Du darfst diejenigen nicht für tot halten, die für Allah fielen. Sie leben bei Allah, der sie reich beschenkt.«

Im Jahre 1973 erinnert sich Anwar el-Sadat, der ägyptische Präsident, an diesen ersten Sieg des Islam. Die Vorbereitungen zur Überschreitung des Suezkanals werden unter dem Decknamen »Badr« durchgeführt. Das »Unternehmen Badr« bringt den Arabern den ersten Sieg nach Jahrhunderten der Niederlagen.

Eine Auseinandersetzung mit den Juden ist der Anlaß für Mohammeds Anweisung, beim Gebet die Blicke von Jerusalem abzuwenden. Neuer Orientierungspunkt für die Gläubigen wird die Kaaba von Mekka. Im Jahre 623 zeigt die starke jüdische Gemeinde von Jathrib-Medina offene Feindseligkeit. Sie verehrt ihren Gott und sieht keine Notwendigkeit, sich einer anderen monotheistischen Heilslehre zu unterwerfen. Aus den Spannungen entsteht Streit, er wird mit Prügeln und Messern ausgetragen; ein Moslem verliert sein Leben. Die Moslems rächen sich, belagern die Festung einer jüdischen Großfamilie. Nach zwei Wochen ergeben sich die Juden. Sie müssen auf Grundbesitz und Sklaven verzichten. Um diese Zeit befiehlt Mohammed die Blickwendung von Norden nach Süden. In Sure 2 sagt der Prophet: »Die Gebetsrichtung eurer Augen habe ich deshalb geändert, damit man zwischen denen, die dem Propheten folgen, und denen, die ihm den Rücken wenden (und Juden bleiben), unterscheiden kann.« Den Juden ist weiterhin Jerusalem die heiligste Stadt.

Durch Leichtsinn und Disziplinlosigkeit verlieren die Moslems die nächste Schlacht. 625 wollen sich die reichen Herren von Mekka rächen. Die islamische Erzählung berichtet auch für diesen Kampf von der Übermacht der Ungläubigen. Dreitausend Reiter ziehen von Mekka nach Medina. Mohammed kann nur tausend Mann in Medina bewaffnen. Doch er hat geübte Bogenschützen, die mit ihren Pfeilen aus der Verschanzung heraus der Belagerungsarmee Verluste beibringen. Diese Bogenschützen verlassen nach der erfolgreichen Abwehr eines Angriffs ihre taktisch wichtige Position, um Beute vom Kampfplatz abzuräumen. Die Reiterei des Mekka-Heeres kann in diesen Minuten unbehindert angreifen, die

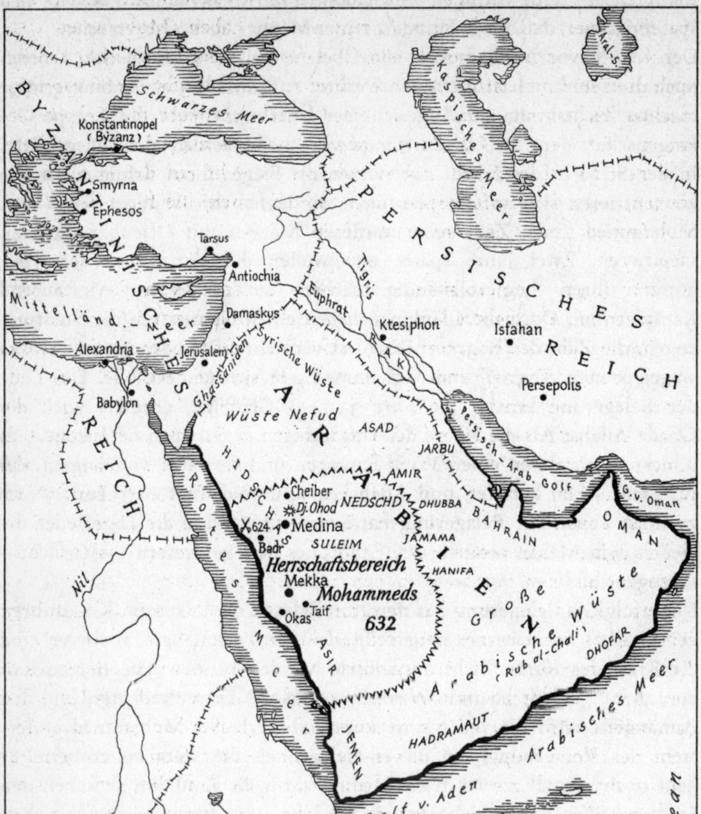

BYZANTINISCHES REICH
Schwarzes Meer
Konstantinopel (Byzanz)
Smyrna
Ephesos
Tarsus
Antiochia
Mittelländ. Meer
Damaskus
Alexandria
Jerusalem
Babylon
Ghassaniden
Syrische Wüste
Wüste Nefud
Kaspisches Meer
Aral-S.
PERSISCHES REICH
Tigris
Euphrat
IRAK
Ktesiphon
Isfahan
Persepolis
Persisch-Arab. Golf
G. v. Oman
ARABIEN
ASAD
JARBU
AMIR
DHUBBA
BAHRAIN
OMAN
Cheiber
Dj. Ohod
NEDSCHD
624
Medina
HIDSCHAS
SULEIM
JAMAMA
Badr
Herrschaftsbereich
Mohammeds
632
HANIFA
Mekka
Taif
Okas
Rotes Meer
ASIR
Große Arabische Wüste
(Rub al-Chali)
DHOFAR
JEMEN
HADRAMAUT
Arabisches Meer
Golf v. Aden
Nil
ÄTHIOPIEN
Indischer Ozean
0
500
1000 km
Heinold

Fußtruppen des Propheten werden nach Medina zurückgedrängt. Über Kämpfer zu Pferde verfügen die Gläubigen nicht. Mohammed beklagt sich später darüber, daß einige Hundert seiner Männer übergelaufen seien.
Der Kampf vor Medina zeigt die Übel, unter denen arabische Armeen noch dreizehnhundertfünfzig Jahre später zu leiden haben: Anfangserfolge machen leichtsinnig, im Angesicht der Übermacht zieht die Truppe Gefangenschaft dem unsicheren Kampf vor, Siege werden nicht ausgenützt. In der Schlacht des Jahres 625 nützen die Sieger ihren Erfolg nicht: sie konzentrieren sich auf Plünderungen, sie lassen ihre Wut an Toten aus. Mohammed findet Zeit, seine mutlosen Männer mit Offenbarungen zu inspirieren. Zwei Jahre später erst wollen die Verteidiger der Vielgötterei ihren Sieg vollständig machen. Sie rücken mit viertausend Kämpfern an. Doch die Gläubigen haben einen Graben um die Stadt gezogen, die Zahl der Bogenschützen ist vermehrt. Die Männer aus Mekka wagen keinen Angriff, und Mohammed gibt sich keine Blöße. Das Ende der Belagerung erzählt die Sure 33: »O Gläubige, erinnert euch der Gnade Allahs. Als die Heere der Ungläubigen gegen euch heranzogen, da schickten wir ihnen einen Wind entgegen und ein Heer von Engeln, das ihr nicht sehen konntet, und Allah beobachtete damals euer Tun.« Nach zwanzig Tagen der Belagerung hatte ein kalter Wind die Lagerfeuer des Heeres von Mekka ausgelöscht, Sand blies den Belagerern ins Gesicht – sie zogen ab.
Die erfolglose Belagerung hat den Koreischiten die Lust zum Kriegführen genommen. Die Überzeugung reift, daß die Person des Propheten und die Kraft des Koran nicht ausgelöscht werden können. Die Bereitschaft zum Arrangement beginnt Wurzeln zu fassen. Dem Propheten und den Anhängern wird die Pilgerfahrt zur Kaaba erlaubt. Mohammed widersteht der Versuchung, bei dieser Gelegenheit die Stadt zu erobern. Er geht noch einmal zurück nach Medina, doch die Kontakte zwischen den Städten reißen nicht ab. Im Januar des Jahres 630 kann der Prophet ohne Kampf in Mekka einziehen. Die Tempel und Heiligenbilder werden zerstört, die Kaaba bleibt dem *einen* Gott vorbehalten, die Zeit des Polytheismus ist zu Ende. Doch Mohammed kommt nicht als Rächer nach Mekka, kaum einer muß für seine Feindschaft büßen.

Die Heilige Stadt

»Wer in Mekka kein Händler ist, der zählt nicht.« Diese Beurteilung der Heiligen Stadt stammt der Überlieferung nach aus der Zeit des Propheten. Die Einflußreichsten waren diejenigen, die mit Geld handeln konnten.

Sie kauften sich Anteile an den großen Karawanen, die mit über zweitausend beladenen Kamelen zweimal im Jahr nach Syrien zogen. Bei der Rückkehr kassierten sie Gewinne von hundert Prozent. Hundert Prozent war auch der durchaus übliche Zinssatz pro Jahr. Selbst militärische Operationen wurden mit gewinnträchtigen Geschäften gekoppelt: die Hilfstruppe, die der Mekka-Karawane bei Badr den Weg sichern sollte, hatte Häute und Leder mit, sie sollten im besiegten Medina verkauft werden. Als Zahlungsmittel von beständigem Wert galt der Goldene Dinar der Byzantiner. Andere Silber- und Goldmünzen waren von unterschiedlichem Gewicht. Um ihren Wert einzuschätzen, wurde der Geldwechsler zu Rate gezogen. Er bestimmte den Wechselkurs zwischen Goldstücken aus Syrien und Ägypten und Silbermünzen aus Babylonien. Bargeld war knapp in Mekka; das Angebot an Waren überstieg im Wert die greifbare Gold- und Silbermenge.
Für die Kapitalbesitzer lag darin die Chance für hohe Zinsforderungen. Mohammed versuchte mit den Worten der Sure 2 den Wucher zu bremsen: »Die nun vom Zins leben, die werden einst mit Krämpfen auferstehen, als vom Satan Besessene; deshalb, weil sie sagen: Handel ist mit Zinsgeschäften gleich.«
In der Karawane, die vom Propheten bei Badr geplündert wurde, hatte allein die Bank der Familie Abu Uhaiha 30000 Dinar investiert, eine Summe, die mit drei Millionen Mark heutiger Währung gleichzusetzen ist. Zu den Reichen gehörte auch der Clan der Omajjaden, der in der Geschichte der Araber eine Rolle spielen wird. Nach der Katastrophe von Badr zahlte die Finanzelite von Mekka 200000 Dirham Lösegeld an Mohammed für die Freilassung der gefangenen Verwandten. 25000 Dirham hatte die Vorbereitung des Rachefeldzugs gekostet. Solche Einsätze wurden als das übliche Risiko der Spekulation angesehen.
Im Zentrum der Stadt standen die Häuser der Besitzenden, Gebäude aus Stein und Lehm, mit Erdgeschoß und erstem Stock. Hier wohnten die Koreischiten, die Mitglieder der Großfamilie, die ihre Abstammung auf einen gemeinsamen Vorfahren mit dem Namen Koreis zurückrechnen können. Ihre Häuser standen in unmittelbarer Nähe der Quelle Zemzem, deren Wasserschüttung das Leben im Tal von Mekka ermöglichte. Um die fünfzig Häuser der Stadtmitte gruppierten sich Lehmhütten und Zelte, die Wohnstätten der Armen. In den Vorstädten lagerten Tausende der Lastkamele für die Karawanenzüge. Wolken von Fliegen schwirrten durch die heiße Luft. Die brennende Hitze von Mekka verhinderte den Ausbruch von Seuchen. Doch breiteten sich Epidemien rasch aus an den wenigen Tagen mit Regenfall; in der feuchtheißen Luft gediehen die Krankheitskeime. Das reißende Wasser spülte den Dreck der Vorstadt in das Becken

der Quelle Zemzem. Die Erzählungen berichten von Wolkenbrüchen, die den Platz um die Kaaba in einen See verwandeln konnten.
Der Prophet glaubt daran, daß Abraham und sein Sohn Ismael die Erbauer der Kaaba sind: »Als Abraham und Ismael den Grund zu diesem Haus legten, da flehten sie: Herr, nimm es gnädig von uns an, denn du hörst alles und bist der Allwissende.« Die Legende schmückt die wenigen Worte der zweiten Sure aus. Abraham soll den Steinbau errichtet haben, der heute noch zu sehen ist. Als die Kaaba fertig war, hat er in die Mauer den Schwarzen Stein eingesetzt, der vom Himmel gefallen war. Damals soll der Stein allerdings noch weiß gewesen sein, erst die Berührung mit der Unreinheit der Menschen hat ihn schwarz gefärbt. Abraham machte Mekka zum Zentrum der Welt des Islam, er hat bereits – nach dem volkstümlichen Glauben – die Menschen zum Gebet zur Kaaba gerufen.
Tatsächlich entstand der Steinbau erst nach der Eroberung Mekkas durch die Anhänger des Propheten. Die alte Kaaba aus Holz und Lehm war abgebrannt, als eine Frau unvorsichtig mit Weihrauchstäbchen umging. Das steinere Heiligtum enthält kein Grab und keine Reliquie, es ist selbst Sinnbild des Vertrages zwischen Allah und den Menschen. Der Schwarze Stein wird zwar von den Gläubigen bei der Wallfahrt geküßt, aber nur deshalb, weil Abraham und Mohammed ihn berührt haben sollen. Bei der Einsetzung des Steins soll Mohammed mit großer Weisheit Streit vermieden haben: die Männer von Mekka konnten sich nicht einigen, wer die hohe Ehre haben sollte, den Schwarzen Stein des Abraham zu heben. Mohammed entschied, daß der Stein auf ein Tuch gelegt werde, dessen Zipfel von allen wichtigen Männern der Stämme angefaßt werden konnten.
Der Block der Kaaba besteht aus den grauen Steinen, die in den Hügeln um Mekka gefunden werden. Fünfzehn Meter hoch ist das Bauwerk. Ein besticktes schwarzes Tuch hüllt den Steinwürfel ein. Es wird jedes Jahr nach den Tagen der Wallfahrt von den Hütern des Heiligtums in kleine Streifen geschnitten, die – als Amulette geschätzt – von den Pilgern gekauft werden. Im Innern der Kaaba befinden sich nur drei hölzerne Pfeiler, die das Dach tragen. In die Ostecke der Kaaba ist der Schwarze Stein eingelassen: er ist in drei große Stücke und mehrere kleine Teile zerbrochen – eine silberne Einfassung hält ihn zusammen. Die Oberfläche ist durch die milliardenfache Berührung durch Lippen und Hände der Gläubigen so poliert, daß die Gesteinsart nicht festgestellt werden kann. Eine genaue Untersuchung verbietet der heilige Charakter des Steins.
Die arabischen Erzähler legen den Ort des biblischen Paradieses in die Nähe von Mekka. Als Adam und Eva aus dem Paradies vertrieben wur-

den, verließen sie den Garten Gottes nicht gemeinsam. Viele Jahre irrten sie voneinander getrennt durch die Welt, bis sie sich auf den Hügeln von Mekka wiederfanden. Solche Legenden spiegeln den Eifer, alle wesentlichen Ereignisse der frühen Menschheitsgeschichte an diesem heiligen Ort zu konzentrieren. In Dschidda, der nächsten Stadt am Meer, wird heute noch das Grab Evas gezeigt.

Jeder Moslem, gleichgültig ob Mann oder Frau, ist aufgefordert, nach Mekka zu pilgern: »Allah befahl den Menschen, denen es möglich ist, nach diesem Haus zu wallfahren.« (Sure 3,97) Die Gründe für eine Befreiung von der Reise sind festgelegt: Schwachsinnige, Sklaven und Frauen, die keinen Mann zur Begleitung haben, sind dispensiert; ebenso diejenigen, die nicht für Reisekosten und Lebensunterhalt aufkommen können, die nicht in der Lage sind, Opfertiere zu kaufen.

Eine Schule der Koranauslegung gestattet den Aufschub der Pilgerfahrt bis nach dem Tode, vorausgesetzt, daß ein Stellvertreter in Mekka dem heiligen Ritus folgt. Die Befreiung von der Wallfahrtspflicht ist der Entscheidung jedes Gläubigen überlassen. Nur ein Bruchteil der Moslems folgt der Aufforderung des Koran. Von sechshundert Millionen Menschen, die der islamischen Religion zuzuordnen sind, pilgern jedes Jahr etwa eine Million nach Mekka. Mehr Menschen können auch gar nicht untergebracht und bewirtet werden. Von dieser einen Million Gäste lebt Mekka. Der Prophet hat dafür gesorgt, daß die Kaufleute und Wirte in der Heiligen Stadt durch den Wechsel von der Anbetung vieler Götter zur Anbetung eines Gottes keinen Schaden leiden.

Der Monat der Pilgerfahrt Dhu al Hidsch ist im islamischen Kalender festgelegt. Die Monate der Moslems folgen der Mondperiode. Dhu al Hidsch wandert daher im Laufe der Jahre durch alle Jahreszeiten. Wer das Pech hat, sich für die Reise nach Mekka in den heißen Jahreszeiten entscheiden zu müssen, der setzt sich Temperaturen von 45° C aus. Mohammed, der selbst von der Pilgerfahrt als einer Art Strafe und Sühne sprach, verbietet den willkürlichen Eingriff in die Ordnung der Zeit: »Die Verlegung des heiligen Monats auf einen anderen ist eine Vermehrung des Unglaubens.«

Vom Pilger wird verlangt, daß er die Wallfahrt »im Zustand der Heiligkeit« unternimmt. Schon am Beginn der Pilgerreise sollte der schmucklose Überwurf aus ungenähtem Stoff getragen werden, doch die meisten Pilger kommen auf dem Flughafen Dschidda noch in ihrer normalen Kleidung an. Der Gläubige betritt den Gebäudekomplex der Großen Moschee durch das Tor Bab al Salam, dann umwandert er die Kaaba siebenmal, dabei werden Gebete gesprochen. Die ersten drei Umwanderungen sind mit raschem Schritt auszuführen, die weiteren vier in normalem Tempo. Diese Vorschrift hat ihren Grund: die Pilger umkreisen in einer Spirale das Heiligtum, der Durchmesser der Spirale verkleinert sich, je näher die Pilger an die Kaaba herankommen. Der Weg um die Kaaba ist weiter für diejenigen, die im Kreise eben erst begonnen haben. Um einen besonderen Segen auf sich zu konzentrieren, muß sich der Gläubige mit aller Kraft gegen die Mauer der Kaaba pressen. Dann trinkt er einen Schluck aus der Quelle Zemzem. Zum Abschluß dieser Phase der Wallfahrt küßt der Pilger den Schwarzen Stein. Die Große Moschee wird durch das Tor al Safa verlassen, dann beginnt die siebenmalige Wanderung zwischen den Hügeln al Safa und al Marwa.

Der Prophet ist nicht der Erfinder dieser Bräuche, er übernimmt sie aus der Zeit der Anbetung vieler Götter. Auf den Hügeln al Safa und al Marwa – sie sind nur wenige hundert Meter voneinander entfernt – waren vor der Einnahme Mekkas Götterstatuen aufgestellt. Mohammed gab diesen Statuen einen neuen Sinn. So konnte er den liebgewordenen Brauch der siebenmaligen Wanderung gestatten: »Auch auf al Safa und al Marwa stehen Zeichen Allahs, und wer nach Allahs Haus wallfahret, der begeht nichts Unrechtes, wenn er auch um diese Hügel schreitet.« Es ist überliefert, daß sich Mohammed selbst der Tradition anschloß.

Am siebten Tag des Monats der Pilgerfahrt verläßt der Gläubige Mekka und wandert in Richtung Osten zum Berg Arafat. Sechs Stunden braucht der gesunde Pilger für den Weg, doch er kann sich die Strapaze ersparen: die Benützung bequemer Transportmittel ist nicht verboten. In der Ebene vor dem Berg Arafat stehen die Pilger von Mittag bis Sonnenuntergang und beten, viele Tausend besteigen den kleinen Hügel. Ihr Gebet heißt: »Labaika! – Ich bin dein Knecht!« Für den neunten Tag des Pilgermonats ist diese Besinnung auf das Gebet vorgeschrieben.

Der nächste Tag ist der Steinigung der Teufel vorbehalten. Drei Teufel sind durch drei Steinmauern symbolisiert. Sieben Steine wirft jeder Gläubige unter lautem Geschrei auf jeden Steinkegel. Der Pilger stößt Flüche aus: gegen seinen Chef, gegen Verwandte, gegen einen Händler, der ihn betrogen hat. Die Steine, so will es die Vorschrift, werden von der Gegend des Bergs Arafat mitgebracht. Auf wenige Stunden zusammengedrängt ist die Zeit, in der die drei Teufel zu steinigen sind. Viele Tausende werfen gleichzeitig die Steinchen, aus allen Richtungen – an diesem Tag werden in jedem Jahr einige Dutzend der Pilger durch Steinwürfe verletzt Sind einundzwanzig Steine geworfen, sind die Riten der Pilgerfahrt vollzogen. Zum Abschluß fliegen, mit der letzten Verwünschung, die Pilgersandalen durch die Luft. Jetzt hören auch die Labaika-Schreie auf. Die Opferung beschließt den Tag. Jeder kauft ein Opfertier, eine Ziege oder ein Schaf, zum Preis von – umgerechnet – etwa fünfhundert DM.

Wer das Tier nicht selbst töten will, kann damit einen Metzger beauftragen. Wohlhabende Pilger schneiden einem Kamel den Hals durch und bezahlen dafür zweitausendfünfhundert DM. Nach dem Brauch soll das Fleisch der Opfertiere den Armen gegeben werden, doch die Armen sind selten geworden in der Gegend um Mekka. Niemand will das Fleisch haben, es verfault. Die saudiarabische Armee läßt in unserer Zeit die Hunderttausende von toten Opfertieren mit der Planierraupe verscharren.
Auf den Gläubigen warten jetzt Friseure, die sich um Bart und Haarschnitt kümmern. Die Tage des »Zustands der Heiligkeit« sind vorüber – der Pilger darf sich auch wieder waschen. Tage des »Essens, Trinkens, der sinnlichen Vergnügungen« schließen sich an. Viele wandern zu dem Ort, an dem Abraham auf einem Granitblock seinen Sohn zum Opfer vorbereitet hat. Dem Gläubigen ist erlaubt, auf demselben Granitblock einen Hammel zu schlachten. Wer dann noch Zeit hat, der reist nach Medina, um dort das Grab des Propheten zu besuchen.
Im Jahre 632 vollzieht Mohammed mit 90000 Pilgern die Umkreisung der Kaaba, die Wanderung zum Berg Arafat, die Steinigung der Teufel. Der Prophet ermahnt die Gläubigen, auch nach seinem Tode dem Islam treu zu bleiben, die Gesetze zu halten. Noch einmal verbietet er Wucher und Blutrache, dann spricht er vom Ende seiner Mission, die Struktur des Islam ist fixiert: »Heute habe ich für euch eure Religion vollendet und meine Gnade an euch erfüllt und euch den Islam zur Religion gegeben.« (Sure 5,5)
Das Geheimnis des Erfolgs dieses Mannes ist das unerschütterliche Bewußtsein, von Gott beauftragt zu sein, den Arabern Gottes Ordnung zu bringen. Diese Sicherheit gibt ihm Autorität: er führt Gottes Willen aus, wer kann es wagen, ihm zu widersprechen? Und doch gesteht er ein, daß er auch irren kann (Sure 38,50). Er nimmt Tadel hin, zum Beispiel für das irrtümliche Ablegen der Pilgerkleidung auf der Wanderung zum Berg Arafat.

Mohammed ist über siebzig Jahre alt. Er stirbt am Montag, dem 8. Juni 632, wahrscheinlich an einer fiebrigen Erkrankung. Er hinterläßt ein funktionsfähiges Reich in Zentralarabien. Aus heterogenen Stammeselementen hat er einen Staat geschaffen. Im letzten Lebensjahr waren aus allen Teilen der Halbinsel Gesandte gekommen, die Unterwerfung der Stadtstaaten anboten. Auch christliche und jüdische Gemeinden akzeptierten die Gesetze des Islam als bindende Rechtsvorschriften. Von Mekka aus werden beim Tod des Propheten drei Millionen Quadratkilometer Arabiens beherrscht. Mohammed hatte sein Ziel erreicht, eine »Umma« zu begründen, ein Vaterland, gebaut auf einem religiösen Fundament. Die von Gott

gegebene Ordnung bindet die Menschen. Die Unterschiede der Stämme sind verschwunden, Streitigkeiten getilgt. Alle Genossen in dieser neuen Ordnung sind Brüder.
»Wenn ihr Mohammed anbetet, so wisset, daß er tot ist; wenn ihr Gott anbetet, so wisset, daß er lebt!« So wurde dem Volk der Tod des Propheten verkündet.
Doch die Nachfolge Mohammeds ist nicht geregelt. Der Gründer des Staates dachte zu diesem Zeitpunkt nicht an den Tod. Wenige Tage zuvor noch hatte er eine militärische Expedition nach Transjordanien vorbereiten lassen, die er selbst anführen wollte.
Die Legende berichtet, daß der tote Körper unbeachtet einen ganzen Tag in der Hitze lag; seine Kampfgenossen konnten sich aus der Verzweiflung und der Verwirrung nicht lösen. Unter der Hütte seiner Lieblingsfrau Aischa wurde Mohammed provisorisch beerdigt.

Nach dem Tode seiner ersten Frau Chadidscha war Mohammed die Ehe mit neun weiteren Frauen eingegangen – er hatte sich selbst über seine eigene Vorschrift hinweggesetzt, die dem Gläubigen nur vier Frauen erlaubt. In zehn Ehen und mehreren eheähnlichen Verhältnissen mit Sklavinnen sind ihm keine lebensfähigen Söhne geboren worden. Der legitime Erbe fehlt. Nun droht die Spaltung des Reiches. Die Herren von Medina wollen ihren Stadtstaat wieder unabhängig machen. Der Schwiegervater Mohammeds, Abu Bakr, nimmt schließlich die Macht in die Hand, er wird der erste Kalif, der erste Stellvertreter des Gesandten Gottes. In den zwei Jahren seiner Herrschaft beginnen die Araber hinauszugreifen über die Grenzen der arabischen Halbinsel in die Bereiche der persischen und byzantinischen Machtsphäre.

Das arabische Großreich entsteht

Das Jahr 634 bringt den ersten Sieg der Moslems über die Byzantiner, Teile Palästinas werden erobert. Sechzehnhundert Kilometer dehnt sich das Reich jetzt nach Norden aus. Die Schlacht ist leicht zu schlagen: das Heer der Byzantiner kämpft undiszipliniert und desorganisiert; ihr Reich droht zu zerfallen. Niemand hat mehr Lust zu kämpfen – weder für eine Staatsidee noch für Beute. Die Söldner sind durch Plünderungen reich geworden, nun denken sie an die Rückkehr in die Heimat. Die Moslems aber sind die Männer der neuen Ordnung. Ihr Mut und ihre Kampflust macht sie unbesiegbar. Ob sie siegen oder fallen in einem Kampf, beides bringt ihnen Nutzen. Mit dem Tod ziehen sie sofort ein ins Paradies, hochgeehrt als Kämpfer für die heilige Sache – mit dem Sieg steht ihnen ein Anteil an der Beute zu.

Mit Wucht brechen die arabischen Stammeskrieger in Richtung Damaskus los. Von Strategie und Taktik verstehen sie wenig, doch die Begeisterung hebt diese Mängel auf. Die Bewaffnung der Moslems besteht aus Schwert und Speer. Mit weitreichenden Pfeilen kämpfen sie kaum mehr, die Formation der Bogenschützen kommt beim Sturmangriff nicht zum wirkungsvollen Einsatz. Daß Begeisterung allein nicht immer zum Sieg ausreicht, sehen die Anführer des wilden Haufens der Araber bald ein: Omar Ibn Al Chattab, der zweite Nachfolger des Propheten, formt nach den Erfahrungen der Feldzüge ein reguläres Heer. Er führt den Namen Emir Al Muminin, Fürst der Gläubigen. Omar Ibn Al Chattab erobert Damaskus und Jerusalem. Seine Reiterei stößt gegen Persien vor, dessen Grenze damals parallel zum Euphrat verlief. Der Widerstand der Perser bricht sofort zusammen; aus den geordneten Heeren der persischen Glanzzeit waren Horden geworden, die sich gegenseitig bekriegten. Die Herrscher des Reiches saßen nie lange auf dem Thron, mit Gift und Dolch sorgten ehrgeizige Höflinge und Offiziere für raschen Wechsel an der Macht. Abgelenkt durch internen Streit nahm Jesdgerd III. nach der Krönung im Jahre 632 den arabischen Stoß in den Südirak nicht ernst.

Doch drei Jahre später ist das Land um Euphrat und Tigris in der Hand der Moslems. Während der nächsten fünfzehn Jahre fallen alle persischen Städte von West nach Ost bis über die heutige Grenze nach Pakistan und Afghanistan in die Hand der Araber. Das Perserreich war vierhundert Jahre lang ein mächtiges Reich gewesen, jetzt wird es von den Arabern ausgelöscht.

In den Jahren 641 und 642 versuchte der Perser Jesdgerd III. ein letztes Mal, seine Truppen zum Widerstand aufzurütteln; bei Nekawend, am Auslauf des westlichen Gebirges vor der persischen Hochebene, sollte der arabische Vormarsch gestoppt werden. Jesdgerd hat keinen Erfolg. Zur selben Zeit erobern die Moslems Ägypten, das vierzehn Jahre vorher noch von den Persern besetzt gehalten worden war. Allerdings hatte dieser Persereinfall zum Nil nur acht Jahre gedauert.

Das Land am Nil gehörte seit dem ersten Jahrhundert unserer Zeitrechnung zum Machtgebiet der Römer. Nach der Teilung des Reiches war Ostrom, Byzanz, für Ägypten zuständig. Das Christentum byzantinischer Prägung fand Anhänger im Delta des Nils. Zwischen den Jahren 40 und 49 predigte der Evangelist Markus in Alexandria den christlichen Glauben. Markus gilt als Patriarch von Alexandria. In dieser Stadt war er beerdigt, bis die

Venezianer seine Leiche gewaltsam nach Venedig brachten und ihn zum Schutzpatron ihrer Stadt erklärten. Der heilige Markus ist zur Zeit des Anwar el-Sadat wieder an den Nil zurückgekehrt – als Beschützer der koptischen Kirche Ägyptens.

Als die Moslems Ägypten eroberten, war es ein christlich regiertes Land. Der Patriarch von Alexandria herrschte unabhängig. Ostrom hatte wenig Einfluß. Die koptische Auffassung vom Christentum entwickelte sich auf eigenen Wegen. Das Land war durchzogen von Einsiedeleien und Klöstern. Die Mehrheit der Bevölkerung aber sah in den Christen die Agenten der Besatzungsmacht Ostrom, Helfer der fremden Byzantiner. Das arabische Heer, das 639 von Syrien und Palästina aus durch die Sinai-Halbinsel nach Westen zieht, findet Unterstützung bei denen, die sich nicht zum Christentum bekennen. Die wichtige Stadt Memphis fällt ohne Widerstand in die Hand der Moslems. Alexandria, die Hauptstadt des christlichen Patriarchen, kann sich bis zur Niederlage des byzantinischen Heeres im Landesinnern halten. Dann ist das Agrarland am Nil im Besitz der Araber.

Die koptischen Christen erfahren von den Moslems eine milde Behandlung. Da sie einer monotheistischen Religion angehören, wird ihre kirchliche Organisation respektiert, die christlichen Gemeinden können sich autonom verwalten. Die koptischen Beamten verwalten weiter das Land am Nil – sie bleiben die wahren Administratoren bis zur Revolution Nassers im Jahre 1952.

Die islamischen Eroberer legen am Nil eine Lagerstadt an, als Zentrum ihrer Besatzungsherrschaft. In Ägypten findet nicht, wie in Syrien und Palästina, eine Vermischung der Sieger mit der unterworfenen Bevölkerung statt. Die Trennung bewährt sich: die arabischen Barbaren stoßen am Nil auf die festgefügte Kultur eines Mittelmeerstaates, dessen Bevölkerung – zumindest die gehobene Schicht – die raffinierten Sitten der Römer und Oströmer übernommen hat. Die Männer aus Zentralarabien passen sich langsam an: sie übernehmen nicht sofort die Bequemlichkeit des Stadtlebens von Memphis. Der Schwung der Eroberung trägt sie weiter. Die Moslems stoßen nach Westen vor: 643 ist die heutige Cyrenaica erreicht, 647 Tripolis. Die Entfernungen zur Hauptstadt Medina und zur Heiligen Stadt Mekka wachsen, die Macht verlagert sich in die eroberten Provinzen. Der Drang zur Expansion geht jetzt von den Provinzgouverneuren aus, jeder einzelne will sein Gebiet vergrößern, die Macht ausdehnen. So regieren die Provinzgouverneure als selbständige Könige, die sich nur widerspenstig in den Rahmen des islamischen Reiches einpassen. Die Kalifen können wenig Einfluß nehmen auf die Amtsführung der Statthalter in Persien und Nordafrika.

Der Prophet hatte seine Familie nicht zur Dynastie erhoben: der frühe Tod der Söhne hat das verhindert. Überdies sah er seine religiöse Funktion für bedeutender an als seine politisch-administrative. Doch das dynastische Denken der Anhänger sorgt dafür, daß die Kalifen, die Nachfolger, zunächst aus der Familie des Propheten gewählt werden. Aus der Anfechtung der Anrechte der Dynastie entsteht Streit im Riesenreich der Moslems. Während die Grenzen nach Ost und West weiter auseinandergetrieben werden, führen Ehrgeizige interne Kriege.

Die Macht verlagert sich nach Norden

Der zweite Kalif, Omar, war 644 von einem persischen Sklaven umgebracht worden. Die wahren Gründe für den Mord wurden vertuscht, sie lassen sich nicht mehr erforschen. Der Nachfolger, der dritte Kalif, stammt aus der Familie der Omajjaden, aus der reichen und vornehmen Eliteschicht der Zeit vor dem Erfolg des Propheten. Die Omajjaden waren nie ganz damit einverstanden gewesen, daß die Haschemiten die bestimmenden Herren der neuen Zeit wurden; ein Omajjade sah sich immer über den Haschemiten gestellt. Der Omajjade Othman sorgt dafür, daß der Konkurrenzclan wichtige Ämter verliert, die eigene Familie gewinnt an Einfluß. In seine Regierungszeit fällt die endgültige Zusammenstellung des Koran (653) – die bedeutendste Leistung dieses Mannes. Die nächsten Verwandten des Propheten aber sehen mit Verärgerung, daß dieser Omajjade die Hinterlassenschaft des Propheten mit seiner Hand ordnen will. Aischa – einst Lieblingsfrau, jetzt Witwe Mohammeds und bekannt für eine scharfe Zunge – zieht die Fäden einer Intrige. Auf ihrer Seite steht der Feldherr Amr, der Eroberer Ägyptens. Drei Jahre nach der Zeit der Endfassung des Koran stirbt auch Othman durch den Dolch des Mörders. Zum vierten Kalifen wird in Medina Ali ausgerufen, ein Vetter und Schwiegersohn des Propheten. Ihm wird vorgeworfen, von der Verschwörung gegen Othman gewußt zu haben. Die Omajjaden verpflichten sich, den Tod ihres Verwandten zu rächen. Der Mann mit dem größten Ansehen in dieser Familie heißt Muawija. Er ist Statthalter in Syrien und hat mit Erfolg Ostrom zurückgedrängt. Muawija besitzt militärische und politische Erfahrung. Er will sich nicht vor Ali, dem vierten Kalifen, beugen, der zum Beweis seiner Legitimität nur die Ehe mit Mohammeds Tochter Fatima vorweisen kann. Die Männer der Stadtaristokratie, die noch den Einfluß der Omajjadenfamilie zur Zeit vor den Koranvisionen des Propheten kennen, geben Muawija recht: die Schuld des Kalifen Ali am Tod des Omajjaden Othman soll untersucht werden. Jetzt spürt die Witwe des Propheten Gefahr; die Intrigantin Aischa verläßt die Seite des Kalifen Ali und hat die Kühnheit, selbst zur Rache für Othman aufzurufen.

Ali, allein gelassen von der Elite in Mekka und Medina, sucht die Hilfe der Armee. Die Garnison von Kufa am Euphrat hält die Ansprüche des Kalifen Ali für gerecht. Sie will für ihn kämpfen. Muawija, der Statthalter von Damaskus, stellt sich mit seiner im Feldzug gegen Ostrom bewährten Truppe zum Kampf. Der bis in unsere Zeit unüberbrückbare Gegensatz zwischen Syrien und dem Irak bricht in dieser Anfangsphase des arabischen Reiches bereits auf. Damaskus und die Garnisonsstädte an Euphrat und Tigris, beide arabisch und beide dem Islam untertan, kämpfen im Sommer 657 gegeneinander. Die Entscheidung um die Macht fällt weit weg vom bisherigen Zentrum des islamischen Staates: Mekka und Medina verlieren in diesem Jahr ihre politische Bedeutung, das Machtzentrum verlagert sich nach Norden.

Nach der Legende siegen die Syrer durch eine Kriegslist: ihr Feldherr befiehlt den Lanzenreitern, Koranblätter auf ihre Waffe zu stecken. Die Iraker wollen sich nicht durch Streit mit einer so gläubigen Armee ins Unrecht setzen; sie verlangen Abbruch des Kampfes und Verhandlungen. Der Omajjade und der Kalif einigen sich, daß ein Schiedsgericht die Grundlage der Auseinandersetzung überprüfen solle. Dem Schiedsgericht wird die Frage vorgelegt, ob die Absicht des Muawija, für die Ermordung des Kalifen Othman Rache zu nehmen, gerechtfertigt sei. Die Prüfung der Rechtslage erfordert Zeit. Der geschickte Muawija weiß seinen Vorteil zu nutzen: im feindlichen irakischen Heer reizen seine Verbindungsmänner zu Reibereien und Streit. Sie haben ein kluges Argument bereit: »Wer als Kalif sich dem Schiedsgericht unterwirft, der kann nicht in Wahrheit Stellvertreter des Propheten sein.« Damit überzeugen sie die religiös Interessierten. Die Sekte der Charidschiten (der Ausscheidenden) entsteht. Nach der Meinung der Charidschiten soll der Beste der Gläubigen Kalif werden, ohne Rücksicht auf Reichtum, Macht und Stellung; selbst Sklaven sollen zu diesem Amt zugelassen sein, wenn Mut, Integrität und Wissen dafür die Voraussetzung schaffen. Die Charidschiten-Sekte hat heute noch Anhänger in Oman und auf Sansibar.

Das Schiedsgericht spricht ein unklares Urteil; beide Kontrahenten wollen wieder zu den Waffen greifen. Ali sieht sich gezwungen, zuerst gegen diese Abtrünnigen im eigenen Lager zu kämpfen. Die Charidschiten rächen sich: 661 wird der Kalif Ali, Schwiegersohn und Vetter des Propheten, vor der Moschee in Kufa schwer verwundet. Der Täter durchstößt mit einem vergifteten Dolch die Hirnschale des Kalifen. Ali stirbt nach drei Tagen. Die Omajjaden haben die Macht in Arabien, der Rivale ist beseitigt.

Muawija mußte damit rechnen, daß die Anhänger des toten Kalifen Ali den Kampf weiterführten. Doch ein prominenter Gegner kapituliert ohne Kampf: Hassan, der älteste Sohn des Ali und folglich der Enkel des Propheten, verkauft sein Erbrecht an die Omajjaden – doch Ali hat noch einen zweiten Sohn, sein Name ist Hussein. Von der Garnison in Kufa wird bekannt, daß der tote Kalif noch Anhänger hat, daß die Offiziere Kontakte suchen zu Hussein. Muawija, der neue Herrscher in Damaskus, befiehlt den Aufbruch der unruhigen Garnisòn nach Osten. 50000 Menschen werden zwangsumgesiedelt in die Randbezirke des Reiches. Für dieses Heer findet Muawija Beschäftigung in harten Feldzügen: die Eroberungswelle bricht wieder los. Die islamischen Heere stoßen im Osten vor bis zum Indus; er wird 712 überschritten. Ein Keil dringt zum Aralsee, ins Gebiet der heutigen Usbekischen Sowjetrepublik. Im Jahre 711 setzen die Araber nach Europa über, die Eroberung Spaniens beginnt. Der sechste Kalif aus der Dynastie der Omajjaden kann diesen Erfolg feiern.

Zur Zeit der größten Ausdehnung der islamischen Religion aber beginnt ein Streit, der bis heute nicht verheilt ist. Der Islam spaltet sich in zwei Konfessionen: in Sunniten und Schiiten. Die Schiiten sind der Meinung, daß nur Nachkommen des Ali als Kalifen in Frage kommen, die Sunniten dagegen halten die disziplinaren Maßnahmen der Omajjaden gegen Ali und seinen Sohn Hussein für gerecht und notwendig. Die Schiiten geben als Zeugnis für ihre Glaubenswahrheit den überlieferten Spruch des Propheten an: »Ich werde bald in den Himmel zurückgerufen werden. Zwei Erbschaften hinterlasse ich euch; die erste ist wichtiger als die zweite: den Koran und meine Familie.« Die Schiiten sehen in der Familie Mohammeds die zweite Stütze des islamischen Religionsgebäudes.

Nach Muawijas Tod fällt die Macht an dessen Sohn Jazid. Hussein, der auf sein Erbrecht nicht verzichtet hatte, weigert sich auch jetzt, die Erbfolge der Omajjaden anzuerkennen. Trotz Abzug der bisherigen Garnisonstruppen war in Kufa noch immer eine starke Partei der »Aliden« zu finden, der Anhänger des toten Kalifen Ali.

Diese Partei bittet Hussein, nach Kufa zu kommen. Der Sohn des ermordeten Kalifen lebt in Mekka. Er zögert, auf das Angebot einzugehen, und schickt seinen Vetter Muslim Ibn Aqil voraus. Muslim wird begeistert empfangen; nach seiner Meinung sind auch die neuen Garnisonstruppen auf der Seite der Aliden. Boten und Briefe gehen nach Mekka ab mit der dringenden Aufforderung an Hussein, rasch zu kommen, um die Chancen wahrzunehmen. Doch gelingt es den Omajjaden, Muslim festzunehmen. Der Vertreter des Hussein wird hingerichtet, ehe die kleine Armee aus

Heinold
Atlantischer Ozean
FINNEN
NORWEGER
SWEONEN (SCHWEDEN)
GÖTEN
Ostsee
JÜTEN
DÄNEN
Friesisches Meer
PIKTEN
SCHOTTEN
IREN
BRITEN
ANGELSACHSEN
London
FRIESEN
SACHSEN
OBODRITEN
POMORANEN
PRUZZEN
BALTISCHE STÄMME
SLAWISCHE STÄMME
Weichsel
Oder
LIUTIZEN
Elbe
SORBEN
LECHEN (POLEN)
Dnjepr
Dnjestr
Köln
Aachen
Rhein
THÜRINGER
TSCHECHEN
SLOWAKEN
REICH DER FRANKEN
Paris
Metz
ALEMANNEN
Augsb.
Salzb.
Donau
BAIERN
AWAREN
BRITEN
Tours
732
Autun
Chur
Poitiers
Loire
BURGUND
Lyon
731
725
Rhône
Trient
SLOWENEN
KROATEN
SERBEN
BULGAREN
Schwarzes
Pavia
LANGOBARDEN
Ravenna
Konstantinopel (Byzanz)
678
718
Bordeaux
Toulouse
Arles
Nizza
WALACHEN
BYZANTINISCHES
ASTURIEN
BASKEN
Narbonne
721
720
Ebro
Rom
KORSIKA
Duero
Saragossa
715
Lerida
Barcelona
Neapel
HELLAS
Athen
670/674–678/718
RHODOS
655
ehem. REICH d. WESTGOTEN
Mittelländisches Meer
SARDINIEN
Lissabon
Tajo
Toledo
seit 756 EMIRAT v. CORDOBA
BALEAREN 798 islam.
Sevilla
Córdoba
bis 756 westgot.
Cartagena
720
SIZILIEN
Kartago
Tunis gegr. 698
KRETA
654
Jerez de la Frontera
711
Tanger
Gebel al Tarik
Ceuta
Caesarea
Constantine
MALTA
Alexandria
Kairuan gegr. 670
667
Tobna
Melilla
AFRIKA
Barka
BARKA 643/44
Kabis
Tripolis 647
LIBYEN
Fez
MAGHREB
Sabra
TRIPOLIS
Audschila
Ghadamis
Wüste
Sahara
Libysche Wüste
FESSAN
Fessan
KAWAR
Dschawan
Herrschaftsbereich Mohammeds 632
Eroberungen seines Nachfolgers Abu Bekr bis 634
Eroberungen der ersten Kalifen bis 656
Eroberungen unter den Omajjaden 661–750
0
500
1000 km

Talas
⚔751
Schasch
(Taschkent)
TIBET
KASCHMIR
MAGYAREN
(UNGARN)
Wolga
Ural
Aral-S.
Samarkand
712
Buchara
Oxus (Dschihun)
Chiwa
Balch
Kabul
CHASAREN
Don
Kaspisches Meer
Merw
Multan
Bab el Abwab
(Derbent)
Nesa
646/651
Kandahar
Nischapur
Indus
Alor
712
Tiflis
Kusdar
Meer
Dvin 647 v. Arab. zerst.
Rai
Daibul
PERSERREICH
633/51 von den Arabern vernichtet
REICH
⚔627
Mosul
Nekawend
⚔642
Isphahan
643
Wüste Lut
Tigris
Hormus
Tarsus
Euphrat
Bagdad
Antiochia
Kadesia
⚔635
Kufa
Ullais
(Vologesias)
⚔633
Persisch-Arab. Golf
Golf v. Oman
Maskat
ZYPERN
649
islam.
Damaskus
635
⚔Jarmuk
Syrische Wüste
OMAN
Jerusalem 636
638
Hadjar
Farma
639
Wüste Nefud
ARABIEN
Tebuk
Teima
NEDSCHD
Rub al-Chali
Arabische Wüste
Arabisches Meer
Indischer Ozean
642
Fustat (Kairo)
640 gegr.
Cheiber
HIDSCHAS
Medina
ÄGYPTEN
639/41 islam.
Arab. Wüste
Dadi
Mekka
Taif
Assuan
Okas
Rotes Meer
Makalla
Nubische Wüste
Sana
Aden
Golf von Aden
Nil
ÄTHIOPIEN

Mekka in gefährliche Nähe der Heerlager am Tigris kommt. Hussein umgeht mit seiner Truppe die Sperren der auf Damaskus hörenden Armeeteile, doch wird er bei Kerbela am Euphrat eingekreist. Hussein verweigert die Kapitulation; er traut den Garantien auf freien Abzug nicht – vor allen Dingen hofft er auf Entsatz durch die Garnison von Kufa. Dort aber hat die Hinrichtung des Muslim demoralisierend und lähmend gewirkt, die wichtigsten Führer der Alidenpartei raten vom Aufstand ab, sie fürchten die Rache der Omajjaden.

Zehn Tage lang hält sich Hussein mit seiner Truppe in der Wüste, unter sengender Sonne, ohne Wasser. Die Durstqualen der eingeschlossenen Männer sind furchtbar. Doch der fanatische Glaube, daß nur der Enkel des Propheten von Allah zur Nachfolge bestimmt sein könne, läßt sie ausharren. Sie haben Hoffnung auf ein Wunder: sie sehen in den Omajjaden-Soldaten Ungläubige, Abtrünnige – unvorstellbar, daß Allah diesen Verworfenen helfen könnte.
Am zehnten Tag des Monats Muharram im islamischen Jahr 61 (10. Oktober 680) fordert der Kommandeur der viertausend Mann starken Belagerungstruppe den Enkel des Propheten noch einmal zur Übergabe auf. Das Ultimatum bleibt unbeantwortet. Der Angriff beginnt. Die Anhänger Husseins versuchen sich zu wehren. Er selbst regt sich nicht. Aus vielen Wunden blutend, bricht er zusammen. Die Omajjaden-Truppe schlägt mit Schwertern und Dolchen auf die vom Durst Erschöpften ein, die Leichen werden zerhackt. Der Kommandeur der Sieger berichtet nach Damaskus: »Der Tod kam rasch. Die Aktion hat nur so lange gedauert, wie man braucht, um ein Kamel zu töten!«
Dem Kalifen ist dieses Ende des Prophetenenkels unheimlich. Er hatte Befehl gegeben, Hussein lebend nach Damaskus zu bringen. Der Kalif Jazid ahnt die Folgen des Mordes voraus. Er gibt den Fehler zu und verspricht Wiedergutmachung. Um den Islam vor der Spaltung zu retten, ordnet er die ehrenvolle Behandlung der Aliden von Kufa an. Er versucht, mit Geld den Schaden wiedergutzumachen. Doch die Sekte der Schiat Ali formiert sich – die Gemeinde der Schiiten.
Der Jahrestag des Todes von Hussein ist für die Schiiten heute noch Anlaß der tiefen Trauer und Verzweiflung: junge Männer bringen sich Wunden bei, um die Leiden der Aliden nachempfinden zu können. Sie wälzen sich schreiend am Boden, sie stoßen tierische Schmerzenslaute aus. Die Frauen weinen unter hysterischen Krämpfen. Von den Schiiten ist das Element der Passion in den islamischen Glauben eingeführt worden, es fehlt in den Offenbarungen des Koran.

Den Schiiten gelingt es, ganz Persien zu ihrer Ausprägung des Islam zu bekehren. Sie sind in der Mehrheit im Irak und im Jemen. Zehn Prozent aller Moslems rechnen sich zu den Schiiten. Ihr Glaube schreibt vor, daß zwischen Allah und den Menschen ein Vermittler treten muß. Mit göttlichen Gaben ausgerüstet, führt er die Gläubigen an auf dem Weg zur Seligkeit. Dieser Vermittler, der Imam, ist von Allah selbst ausgewählt.

Im ersten Jahrhundert nach der Offenbarung nistet sich so der Pilz der Spaltung in Arabien ein. Die aufgerissenen Differenzen begünstigen später den Untergang des arabischen Reiches, sie hindern heute seine Wiedererstehung.

Einhundert Jahre nach dem Ausbruch des Arabersturmes aus den Wüstenstädten Zentralarabiens stößt die Ausdehnung auf Grenzen. Die Schwierigkeiten kündigen sich nicht an; der größte Triumph gelingt noch: die Araber greifen nach Europa. Dem arabisierten Berberführer Tarik gelingt der Sprung nach Gibraltar. Den felsigen Berg, an dem Tarik in Europa Fuß faßt, nennen die Araber Gebel al-Tarik, Berg des Tarik. Das arabische Wort brauchte sich nur geringfügig in Gibraltar zu verändern. Ins Land geholt wurde Tarik von Gegnern des herrschenden Westgotenkönigs Roderich. Die Schiffe des Grafen Julian von Ceuta setzten die arabischen Einheiten über die Meerenge. Verwandte des Königs wollten mit Hilfe der Araber an die Macht kommen; sie glaubten voll Naivität zunächst daran, daß sich die Berbertruppe nach Abschluß des Putsches wieder zurückziehe. Auf die Berber aber folgen noch größere arabische Einheiten, ihre Führer denken nicht daran, einer Fraktion der Königsfamilie zum Thron zu verhelfen; sie wollen das ganze Land besetzen. In Malaga und Sevilla wird der Stadtadel abgesetzt; die Araberemire erheben Steuern – die ersten Moscheen im christlichen Land Spanien werden gebaut.

Die Westgoten stellen sich überstürzt zur Verteidigung der Pyrenäenhalbinsel. Gleich in der ersten Schlacht fällt König Roderich. Der Widerstand zerbricht. Toledo und Córdoba ergeben sich 712. Acht Jahre später wird auch in Barcelona eine Moschee gebaut. Der Kalif ernennt den Feldherrn Abd ar-Rahman zum Statthalter in Spanien. Abd ar-Rahman schickt zum Dank eine Karawane mit dreitausend beladenen Kamelen nach Damaskus. Sechstausend westgotische Jungfrauen sollen per Schiff den Weg nach Syrien angetreten haben.

Abd ar-Rahman gewinnt den Kalifen für den großzügigen militärischen Plan einer Zangenbewegung gegen Byzanz. Das Oströmische Reich hatte bisher gegen jeden Sturm aus dem Osten standgehalten. Die Araber konnten nur bei der heutigen Stadt Adana einige Hundert Quadratkilometer aus dem byzantinischen Gebiet herausbrechen. Nach der Idee des

Abd ar-Rahman sollte ein überraschender Angriff von Westen her, vorgetragen durch Europa und den Balkan, Byzanz zerschmettern. Der arabische Feldherr ist überzeugt, daß er schneller die zweitausend Kilometer Marschweg hinter sich bringt von den Pyrenäen bis zur Donau, als die Byzantiner Zeit brauchen, um Teile ihrer Armee auf der fast gleichweiten Strecke von der Front in Syrien zur Donau zu verlegen. Eine kombinierte Aktion von Westen und von Osten mußte unfehlbar den Erfolg bringen. Ein erfreuliches Nebenergebnis eines solchen Feldzugs sah der Kalif Walid in der Islamisierung Europas. Auch die europäischen Völker sollten endlich zum rechten Glauben bekehrt werden. Daß dies möglich sein müsse, glaubten die Araber am Beispiel des einst christlichen Reichs der Westgoten zu sehen, das sich ohne Schwierigkeiten in das Emirat von Córdoba verwandeln ließ. Doch dieses Beispiel täuschte den Statthalter. Die Armee der Westgoten besaß keine bedeutende Kampfkraft mehr, Streitigkeiten lähmten die Führung des Staates. Den Westgoten fehlte die starke Persönlichkeit, die in der Lage gewesen wäre, den Widerstand effektiv zu organisieren.

721 beginnen die Araber ihren Marsch durch Europa nach Byzanz. Abd ar-Rahmans Reiterei bricht los auf die Stadt Toulouse. Doch von Anfang an bleibt das Tempo weit hinter der Planung zurück. Die Fußtruppen des Herzogs von Aquitanien bringen den Arabern hohe Verluste bei. Schon nach hundert Kilometern bricht das ehrgeizige Unternehmen zusammen.

Beim nächsten arabischen Versuch, im Jahre 732, muß der Herzog seine Nachbarn um Hilfe bitten. Dem Hausmeier der Franken, Karl Martell, gelingt es im Angesicht dieser Gefahr, den Streit unter den Franken zu überbrücken, die Germanenstämme für die Abwehr der Moslems zu gewinnen. Außer den Franken folgen Alemannen, Baiern, Sachsen und Friesen seinem Ruf. Die Parole zündet: »Das Heer des Satans muß aufgehalten werden!« Die Kämpfer in der Armee des Karl Martell sehen sich als Streiter Christi.

Zwei starke Religionen treffen aufeinander. Bisher hatte religiöser Eifer immer nur den Arabern die Kraft zum Sieg gegeben, die Gegenseite besaß nie eine gleichwertige Ideologie – mit Ausnahme der Kopten und, mit Einschränkungen, der Byzantiner. Die Truppe des Karl Martell hält dem wütenden Ansturm der Moslems stand in der entscheidenden Schlacht zwischen Tours und Poitiers (732). Abd ar-Rahman treibt seine Reiterei durch fanatische Ansprachen gegen die Franken voran. Mit dem Mut der Verzweiflung reitet der arabische Feldherr in die vorderste Linie; er will den Durchbruch erzwingen: der Erfolg des gigantischen Feldzugs hängt von dieser Schlacht ab. Hinter Karl Martell befindet sich in ganz Europa kein rasch mobilisierbarer christlicher Verband mehr. Abd ar-Rahman

fällt in der Schlacht. Die Araber haben keinen zweiten Mann, der jetzt die Flucht in panischer Angst abwenden könnte. Die Ausrüstung – berechnet für den Kriegszug von zweitausendfünfhundert Kilometern – bleibt bei Tours und Poitiers zurück. Ohne sich noch einmal zum Kampf zu formieren, flüchten die Moslems nach Südfrankreich ans Meer. Die erste Niederlage seit den Siegen des Propheten zerstört die Moral der Araber.
Unter Walid II. sind die Auswirkungen der militärischen Katastrophe am Westrand des Reiches schon in der Hauptstadt Damaskus zu spüren: die Macht des Kalifen sinkt.
Walid II. beginnt den Bau großangelegter Schloßanlagen. Die Unzufriedenheit mit dem Kriegsverlauf setzt sich um in Bauwut. Doch die Pracht des Hofes wird in einigen rebellierenden Köpfen nicht als Ersatz für den vom Propheten befohlenen Sieg über die Ungläubigen betrachtet. Die Mörder warten. Sie schlagen zu, als Walid II. nach einem Jahr Regierungszeit keinen Erfolg vorzeigen kann. Die Aufstände kündigen sich an, die der Omajjadenherrschaft zwei Jahrzehnte nach der Niederlage bei Poitiers ein Ende machen werden. Auch der nächste Kalif regiert nur ein Jahr lang.
Zur Zeit der letzten Omajjadenkalifen beginnt ein entfernter Verwandter des Prophetenenkels Hussein einen Aufstand, den die Schiiten in Persien und im Irak unterstützen. Diese Rebellion kann vom Clan der Omajjaden nicht mehr eingedämmt werden. Die Partei der Aliden in Kufa übergibt 749 diese wichtige Garnisonsstadt am Euphrat der Rebellenarmee des Persers Abu Muslim. Der Perser ist der Strohmann der Familie Abbas aus Mekka. Diese Großfamilie kann verwandtschaftliche Bindungen zum Prophetenenkel nachweisen; ein Vorteil, der hilft, Anhänger zu finden in den entfernten Provinzen des Reiches, im Osten – in der Provinz Khorasan, wohin die Omajjaden in den letzten Jahren unruhige Garnisonen und unbequeme Stämme abzuschieben pflegten. Die Männer dort empfinden ihre Deportation als Ungerechtigkeit; sie sind dankbar, daß hochgestellte Personen aus dem Abbasclan ihre Interessen mit denen der Abgeschobenen verbinden wollen. Abu Muslim ist der Agitator der neuen Familie, er preist sie als »gottgesandt, vom Propheten angekündigt, um dem Recht Geltung zu verschaffen«. Das Wort Mohammeds vom Wert seiner Familie bekommt erneut Bedeutung. Der Omajjadenkalif wagt sich, aus Angst, ermordet zu werden, nicht mehr in seine Hauptstadt Damaskus. Er verliert damit den Einfluß auf die Stämme des Westens; sie waren bisher die Bastion der omajjadischen Macht. Der Herr des bedeutendsten Reiches dieser Erde wird zum gehetzten Menschen, zur Parodie eines Kalifen: uneingeschränkte Gewalt steht ihm zu, doch es gehorchen nur noch die

Höflinge der nächsten Umgebung. Niemand berichtet dem Kalifen von den Vorgängen in Persien und auf der Pyrenäenhalbinsel. Der Kalif trifft auch keine Entscheidungen mehr. Am 28. November 749 ist für die Familie Abbas die Zeit gekommen, einen der ihren zum Kalifen auszurufen.
Die Rechtmäßigkeit der Nachfolge im Sinne Alis ist die Basis für die Macht des Abbasidenherrschers. Die Erinnerung an die Zeit der Omajjaden wird ausgelöscht: auf Befehl der Abbasiden reißen fanatisierte Massen in Damaskus die Toten der untergehenden Familie aus den Gräbern. Mit dem Trick des Hinterhalts führen die Abbasiden den letzten Schlag: zum Versöhnungsfest laden sie die Überlebenden der Omajjadenfamilie ein. Bis auf einen kommen alle Männer. Sie werden erschlagen. Nur der Omajjadenprinz, der nicht beim Versöhnungsfest erschienen war, entkommt nach Spanien.

Das Volk der Araber ist entstanden

In fünf Generationen seit dem schwungvollen Start der Reichsgründung war das Volk der Araber entstanden. Voraussetzung war eine Korrektur der ursprünglichen Staatsidee: die ersten Kalifen führten Krieg als Eroberer. Sie hielten sich für die Elite; Vermischung mit fremdem Blut lehnten sie ab. Sie blieben in Verbindung mit der Heimat in der Wüste, unter deren harten Bedingungen sie aufgewachsen waren. Mit der Verlegung der Hauptstadt von Medina nach Damaskus, in die Nähe des milden Mittelmeers, weicht die Askese auf. Der religiöse Eliteanspruch verliert an Zugkraft. Bis dahin waren die Segnungen der Zugehörigkeit zum Islam den unterworfenen Völkern so lange als nur möglich vorenthalten worden, Moslem zu sein war Privileg. Im Verlauf der Expansion aber werden die Vorschriften verwässert. Wer will, kann sich zum Wort des Propheten bekennen. Schließlich werden zwangsweise sogar diejenigen bekehrt, die gar kein Interesse an dieser Religion haben.
Da durch das Bekenntnis zur islamischen Religion alle Menschen des Riesenreiches zu Brüdern geworden sind, gibt es keine Veranlassung, die Mischung der Stämme und Völker zu verhindern. Kriegszüge und Deportationen sorgen für Kontakte zwischen bisher Fremden. Die breite Skala der Rassennuancen von den Persern bis zu den germanischen Westgoten ergibt in der Mischung das Volk der Araber. Die ursprünglichen Araber, die Männer aus Zentralarabien, sind nach fünf Generationen der neuen Rasse die Unterlegenen; ihre Merkmale wurden von den Unterworfenen assimiliert. Die Zivilisation von Syrien, Ägypten, Persien und Spanien hat gesiegt. Doch unabhängig von der verschwundenen zentralarabischen

Elitekaste leben zwei Geschenke des Propheten und seiner unmittelbaren Nachfolger im Reich weiter: die islamische Religion und die Sprache der Gegend von Mekka und Medina. Beide Geschenke halten das arabische Reich zusammen.

Die Abbasiden

Der erste Kalif der Abbasiden, Abu l'Abbas, trägt zu seiner Zeit den Beinamen »der Schlächter«. Er hat sich den Namen verdient durch die blutige Abrechnung mit den Omajjaden, vor allem aber durch die Unterdrückung eines Aufstandes in Syrien. Ruhig verläuft die Regierungszeit dieser Familie nicht: der Feldherr Abu Muslim, der die Abbasiden an die Macht gebracht hatte, muß schließlich als ehrgeiziger Rivale ermordet werden; die Christen des Libanon revoltieren 760, die byzantinische Flotte hilft ihnen; die christlichen Kopten in Ägypten machen schon seit zwanzig Jahren Schwierigkeiten; der nach Spanien geflohene Omajjade regiert als unabhängiger Emir in Córdoba. Die Charidschiten rebellieren im Irak, in Syrien und in Nordafrika.

Die Stadt von Tausend und einer Nacht

Der zweite Kalif aus der Familie Abbas baut sich ab 762 eine Stadt, die in ihrer Anlage die Konsequenz der Schwierigkeiten des Reiches darstellt. Medinat as Salam, die Stadt des Friedens, nennt Kalif Al Mansur die Burganlage, aus der später Bagdad entsteht. Kreisrund ist das Bauwerk, mit einem Durchmesser von 2700 Metern. Im Zentrum steht der Palast; in gebührendem Abstand halten sich die Wohngebäude, abgeschlossen zum freien Land und zum Palast durch dicke, über dreißig Meter hohe Mauern. Die einzelnen Sektoren der Wohnstadt werden durch Festungswerke kontrolliert. Die »runde Stadt« ist keineswegs zum Schutz der Bevölkerung gebaut, hier ist kein Platz für das Volk. Wer sich nicht zu den Höflingen oder den Offizieren rechnen kann, muß draußen vor den dicken Mauern wohnen. Die Stadtanlage beschützt den Kalifen, seine Minister, die Astrologen, Bibliothekare, Ärzte, die Verwaltungsbeamten, die Kommandeure von Polizei und Armee und den Harem. Der Palast, umgeben von einem freien Platz, ist aus Marmor und Steinen errichtet. Ein goldenes Tor verschließt den Bau. Über dem riesigen Audienzsaal ragt eine Kuppel auf. Diese höchste Stelle der Stadt ist mit der Statue eines Lanzenreiters geschmückt. Die arabischen Erzähler berichten, daß sich der Reiter in früheren

Zeiten ohne fremdes Zutun drehte und daß seine Waffe jeweils in die Gegend des Reiches gerichtet war, die durch Unruhe in Gefahr war. Doch da fast in allen Himmelsrichtungen Unruhen ausbrachen, rührte sich die Statue nicht mehr. Die Herren in der runden Stadt waren beruhigt.

Die Familie Abbas hatte nicht die Absicht, sich aus diesem »Mittelpunkt des Reiches« vertreiben zu lassen. Vom Kalifen Al Mansur ist der Ausspruch überliefert: »Dank sei Allah! Hier werde ich wohnen, solange ich lebe, und meine Nachkommen sollen nach mir darin wohnen. Das wird die schönste Stadt der Welt werden.« Diese schönste Stadt der Welt aber wird auch die Heimat des perfektesten Polizeiapparates: Patrouillen auf den breiten Straßen, Spitzel in den Wohnblocks, abschreckende Grausamkeit – Medinat as Salam, die Stadt des Friedens, ist von Anfang an eine Stadt der Unterdrückung.

In Bagdad am Tigris werden persische Einflüsse wirksam. Die »runde Stadt« ist zentralasiatischen Festungen nachgebaut, trutzig und brutal im Baustil. Die Schlösser der Omajjadenkalifen im Westen waren einst grazile Bauwerke gewesen. Aus Persien kommen die Architekten der Abbasiden, Perser stellen die Mehrzahl der Beamten in Bagdad, Perser besetzen die Kommandostellen der Armee. Die Kalifen beginnen, den Habitus der früheren persischen Könige zu imitieren: sie leben unnahbar hinter dicken Mauern. Die demütigen Untertanen können sich nur bei Audienzen dem Herrscher nähern, unter Aufsicht des Hofstaats. Was zur Zeit des Propheten undenkbar war: in Bagdad wird die Geste der Unterwerfung Sitte. Der Untertan muß vor dem Kalifen den Boden küssen. Die Abbasiden geben sich als Abgesandte Gottes aus, als der »Schatten Allahs«; mit der Position des Stellvertreters des Propheten sind sie nicht mehr zufrieden. Ihre Herrschaft hält sich durch die Mixtur von religiösem Zwang und Furcht.

Eine ostpersische Familie, die Barmakiden, gehört in der Amtszeit von fünf Kalifen zum engsten Kreis des Hofes. Chalid Ibn Barmak, der Sohn eines buddhistischen Priesters, wird erst Finanzminister des Riesenreiches, dann Wesir – damit hat er die Exekutive fest in der Hand. Der Sohn des Chalid Ibn Barmak bringt durch eine feingesponnene Intrige den Kalifen Harun ar-Raschid an die Macht: der Vorgänger des Harun stirbt genau in der Nacht, für die ein von Barmak gestelltes Horoskop den Tod vorausgesagt hatte. Der Thron ist frei. Harun ar-Raschid verspricht der Familie Barmak ewige Dankbarkeit. Der Kalif belohnt den jungen Dschafar, den Enkel des Chalid Ibn Barmak, mit einer besonderen Gunst; er darf die Lieblingsschwester des Kalifen heiraten. Als diese Frau allerdings ein Kind zur Welt bringt, ist Harun ar-Raschid enttäuscht: er hatte sich nur eine symbolische Heirat mit seiner gottähnlichen Schwester vorgestellt.

Dschafar wird enthauptet, die übrigen männlichen Mitglieder der Familie Barmak sterben im Gefängnis. Diese Geschichte von hoher Gnade und raschem Fall steht für viele ähnliche Begebenheiten im Reich der Familie Abbas.

Die Grausamkeit der Herrscher wird in Bagdad als von Gott gegeben und unabänderlich hingenommen, man gewöhnt sich daran. Die Angst vor der Ungnade wird überlagert vom Glanz des Hofes. Einhunderttausend Menschen bauen an der »runden Stadt«, aus den Ostprovinzen am Indus kommen Bildhauer und Maler. Bagdad zieht jeden an, der eine Kunst versteht: Goldschmiede, Schriftenmaler, Dichter, Hersteller von Glasmosaik, Weber, Steinmetze. Für die Innenausstattung des Palastes verlangen die Kalifen höchsten Prunk. Doch kein einziges Bild zeigt sie selbst: Harun ar-Raschid läßt sich nicht in Herrscherpose malen – das Verbot der Darstellung des menschlichen Körpers gilt noch. Der Prophet soll das Verbot nach einem Streit mit seiner Lieblingsfrau Aischa erlassen haben; ihre Stickerei auf Kissen hat ihm nicht gefallen, doch das sagt er nicht. Mohammed argumentiert theologisch: »Am Jüngsten Tag werden alle bestraft werden, die Bilder hergestellt haben, denn Gott wird sagen: Gib deinem Geschöpf Leben. Beschämt werden die Sünder dastehen.«

Die Maler in Bagdad entwickeln die Kunstform der Arabeske, ein Ornament, das die Linie einer Pflanze abstrahiert und variiert; Blatt und Stengel sind bis zur Unkenntlichkeit vereinfacht und verfremdet. Die Arabeske schmückt Wände, Decken und Böden. Sie muß der bizarren Ästhetik der Araber entsprochen haben.

Was in der Malerei verboten ist, erlaubt die Dichtung – in Worten können sich die Herrscher besingen lassen: »Wahrlich, der Fürst der Gläubigen und seine Handlungen sind wie das Schicksal. Keine Scham kann es geben, wo Schicksal waltet.« Der Kalif wird mit dem Licht der Sonne verglichen, mit dem Dunkel der Nacht, beide sind unabwendbar und allgegenwärtig. Unter persischem Einfluß entstehen am Hof in Bagdad Liebes- und Trinklieder; sie zeigen, wie der Einfluß der puritanischen Lebensansichten des Propheten schwindet.

Die wichtigste Leistung vollbringen die Abbasiden in der Förderung der Wissenschaft. Im Jahre 891 gibt es in Bagdad einhundert öffentliche Bibliotheken mit Hunderttausenden von Büchern. Auch viele kleinere Städte sammeln Bücher, die von der Stadtelite gelesen werden. Die Themen der Bücher: Mathematik, Philosophie, Astronomie, Medizin, Geographie. In Bagdad leben tausend Menschen vom Abschreiben der Texte. Die Kalligraphen sind geschätzt und hochbezahlt. Der Arzt Rasi (865 bis 925) ist Autor von einhundert medizinischen und theologischen Büchern. Rasi befaßt sich eingehend mit der Krankheit der Pocken; seine Beschreibung der Krankheitssymptome erleichtert den Ärzten die Diagnose. Rasi hinterläßt eine Enzyklopädie des Wissensstandes seiner Zeit: er hat die Erfahrungen der intelligentesten Ärzte des Riesenreiches zusammengestellt und verbindet das Wissen der Araber, Griechen, Perser und Inder.

Den rationalen Zugang zur Medizin haben die Araber von den Persern übernommen. Mit Hilfe persischer Ärzte überwinden die arabischen Leibmediziner am Hofe der Kalifen den Aberglauben. Ein persischer Arzt hatte die Verdauungsstörungen des Kalifen Al Mansur, des Gründers von Bagdad, heilen können, zur Beschämung der arabischen Leibärzte – dieser Erfolg öffnete der persischen Medizinschule den Weg.

Ein Weiser aus Indien besucht im Jahre 773 den Kalifen Al Mansur in Bagdad. Der Weise, der sich Kankah nennt, zeigt ein Buch vor über die indische Art zu rechnen. Al Mansur läßt das Buch übersetzen. Er möchte, daß seine Astronomen mit der indischen Rechenmethode die Planetenbewegungen bestimmen. Durch dieses Werk lernen die Araber die indische Zahlenschrift kennen, sie selbst verwenden bis dahin die griechischen Buchstabenzahlen. Die Verwaltung des Reiches stellt sich innerhalb von wenigen Monaten auf die indische Zahlenschrift um – die neue Methode erlaubt schriftliche Addition und Multiplikation. Solche Rechenvorgänge schriftlich auszuführen war mit römischen und griechischen Buchstaben schwierig; das alte System kannte kein Zeichen für die Null, und es war zu kompliziert in der Buchstabenkombination. Die Steuerbescheide des Hofs in Bagdad werden von nun an in indischen Buchstaben ausgegeben. Die bessere Schreibmethode bringt der Administration Vorteil: die Steuerbücher werden übersichtlich, die Kontrolle der Steuerschuldner ist vereinfacht.

Zur Zeit des prachtliebenden Kalifen Harun ar-Raschid zog der Wesir die riesigen Beträge, die für den Hof aufgebracht werden mußten, aus den Abgaben der Bauern. Die Mehrheit der produktiv tätigen Bevölkerung beackerte den wenigen fruchtbaren Boden des Riesenreiches. Kaum einmal waren die Bauern auch Besitzer des Bodens; von Anfang an teilten die Familienclans während der Eroberungserfolge den fruchtbaren Boden unter sich auf – bis zu ihrer Liquidierung war die Familie Barmak in Bagdad besonders erfolgreich in der Beschlagnahme von Grundbesitz. Die Bauern führten ein Drittel, in einzelnen Fällen sogar die Hälfte des Ertrags an die Grundherren ab. Die Steuer, die der Besitzer an die Staatskasse in Bagdad zu zahlen hatte, betrug zehn Prozent. Das Steuersystem war in einem umfangreichen Handbuch fixiert, als Autor gilt der Richter Abu Jusuf Jakub; er war der Oberkadi des Harun ar-Raschid.

Die Bestimmungen über Abgaben und Steuern begünstigten die Entstehung einer feudalistischen Ordnung: die Bauern waren häufig wegen Verschuldung gezwungen, sich selbst als Sklaven an die Landbesitzer zu verdingen. Die Grundbesitzer regten diese Praktik der freiwilligen Übergabe an, um die Vorschrift zu umgehen, die eine Versklavung islamischer Glaubensbrüder verbietet. Mit der Erklärung zum Sklaven war die Rechtssituation des Bauern festgelegt: er war Eigentum des Herrn, durfte aber nicht mißhandelt werden; die Heirat war ihm nicht zu verweigern; er hatte das Recht, sich freizukaufen, wenn es ihm gelungen war, Vermögen zu erwerben. Die weibliche Sklavin konnte sich dem Herrn allerdings nicht verweigern; gebar sie dem Besitzer ein Kind, so war dieses Kind jedoch frei. Sklaven brachten es im Machtapparat der Kalifen zu bedeutenden Stellungen und zu hohem Ansehen. In Bagdad konnte es geschehen, daß ein Sklave Wesir wurde durch die Gnade des Herrschers. Sklaven nahmen allmählich die Administration des Hofes und des Reiches in die Hand. Der Kalif Mutasim (833 bis 842) rekrutierte seine Leibwache aus türkischen Sklaven und übertrug ihnen das Kommando seiner Armee. Er hatte Angst bekommen vor dem Ehrgeiz der mächtigen Berufsgeneräle aus Persien. Doch er holt sich damit nur eine neue Gefahr an den Hof – die bisher Unterdrückten revanchieren sich: die zu Einfluß gekommenen Sklaven ärgern die Bevölkerung von Bagdad, sie mißbrauchen ihre Polizeigewalt; die Menschen in Bagdad klagen über Konfiszierungen und Mißhandlungen. Draußen vor den Mauern und in der Stadt bei den Höflingen wächst der Zorn. Banden bilden sich, die den Türken auflauern; bei Nacht werden Patrouillen aus dem Hinterhalt in den Gassen der Vorstädte ermordet. Die Türken rächen sich durch Verhaftung, Folterung und Mord. Heimtücke vergiftet die Stadt. Die Händler und Künstler verlassen Bagdad – die Türkensklaven beschlagnahmen den Besitz der Abziehenden. Sie werden Herr der Stadt. Knapp fünfundsechzig Jahre nach der Gründung ist die Hauptstadt Bagdad dem Kalifen ein Greuel.

Im Jahre 836 beginnt der Kalif Mutasim den Bau einer neuen Residenz, ebenfalls am Tigris, neunzig Kilometer flußaufwärts. Die Stadt Samarra entsteht, mit der größten Moschee, die jemals erbaut wurde. In dieser Moschee haben hunderttausend Gläubige Platz. Da die Sklaven dem Kalifen auch hier die Arbeit der Administration abnehmen, hat er viel Zeit für den Harem und für Spaziergänge. In seinen Gärten plätschern Brunnen; er läßt Palmen pflanzen und Gewächse aus Persien. Die Ruinen der Stadtanlage von Samarra erstrecken sich heute noch über dreiunddreißig Kilometer des Tigrisufers.

Die Abgeschiedenheit der neuen Residenz liefert den Kalifen erst recht dem Einfluß der Türken aus. Sie spielen dem Kalifen höchsten Respekt und Devotion vor. Am Hof in Bagdad wird das Kalifat zur Farce. Die Türken bestimmen, welche Nachricht der Herrscher erfährt, wen er zu sehen bekommt, wessen Briefe er lesen darf. Die Administratoren entscheiden selbst, sie sprechen Urteile. Wenn der Kalif ihnen nicht paßt, wird er ermordet; Ersatz finden sie schnell unter den Männern der Familie Abbas. Die Residenz verliert ihren Kontakt zur Außenwelt, die Provinzen bleiben ohne Befehle. Das Reich der Abbasiden zerfällt. 868 erklärt der türkische Statthalter Ahmad Ibn Tulun Ägypten für unabhängig, die Verbindung mit dem Reichsteil Nordafrika wird damit unterbrochen. Ahmad Ibn Tulun greift neun Jahre später nach Syrien. Erst 892 bringt der Kalif Al Mutamid den Mut auf, die Residenz nach Bagdad zurückzuverlegen. Ernsthaft versucht dieser letzte energische Mann aus dem Abbasclan, den ehemaligen Sklaven die Macht zu nehmen. Er holt sich Berater und Beamte aus den alten arabischen Sippen – doch der Türke in Kairo ist nicht mehr zu vertreiben.

Das Ende der Araberreiche

Die Familie Abbas verliert im Jahre 945 die Hauptstadt Bagdad an den persischen Stamm der Bujiden. Diese kriegerischen Nomaden sind Anhänger der schiitischen Religion – die religiöse Spaltung aus der Omajjadenzeit wirkt sich aus; sie beschleunigt das Ende der Abbasiden. Die Anführer der Bujiden regieren nun das Zweistromland um Euphrat und Tigris. Sie interessieren sich nicht für die Reste des arabischen Großreiches. Sie sind nicht von Expansionslust getrieben. Die Stammeshäuptlinge haben erreicht, was sie wollen: die Zeit der Armut ist für sie vorbei. Sie sitzen jetzt in einem Landstrich, der sich ausbeuten läßt; sie wollen genießen. Die Militärkaste, die einhundertzehn Jahre lang Bagdad beherrscht, ruiniert die wirtschaftliche Struktur des Landes: die Offiziere teilen sich selbst Grundbesitz zu, der Profit aus der Landwirtschaft soll den Sold ersetzen. Wer sich gegen die Enteignung wehrt, wird erschlagen. Niemand kontrolliert die Willkür. Die Lage der Bauern ist unerträglich, sie empfinden jetzt die vergangene Ordnung der Abbasiden als die gute alte Zeit. Aufstände sind die Folge.
Der Herrschaft der korrupten Bujiden machen Turkvölker ein Ende, die aus dem Gebiet zwischen Kaspischem Meer und Balkasch-See nach Südwesten gezogen waren. Nach ihrer Bekehrung zum Islam eroberten sie unter dem Befehl des Feldherrn Seldschuk langsam Teile Persiens. Der Enkel von Seldschuk zieht 1055 in Bagdad ein. Er gibt sich den Titel Sultan. Den Seldschuken gelingt ein Erfolg, den die Araber seit dreihundert Jahren

angestrebt hatten: sie besiegen Byzanz und besetzen den größten Teil von Anatolien. Das politische Schwergewicht des Islam verschiebt sich allmählich in die Türkei. Mekka und Medina geraten in Vergessenheit.
Der Staat der Seldschuken beendet den Traum vom großen arabischen Vaterland. Die Seldschuken aus Zentralasien legen den Grundstein zur Türkei. Ihre Nachfolger, die Osmanen – so benannt nach ihrem Stammesfürsten Osman –, werden den Islam bis nach Europa tragen und Arabien erobern. Der islamische Staat, den die Sultane aufbauen, hat nichts mehr mit dem Reich zu tun, das der Prophet und die Kalifen geschaffen haben. Für Arabien beginnt die Zeit der Unterdrückung durch die Fremden. Unter dem Ansturm der Mongolen brechen letzte Reste arabischer Herrschaft in Bagdad zusammen. Das Reich des Asiaten Timur reicht um 1400 bis zum Euphrat. Auch die Osmanen stehen kurz vor der Katastrophe; doch der Tod des Mongolen rettet sie – seine Erben sind uneins. Die Osmanen nutzen die Schwäche: 1453 wird Konstantinopel ihre Hauptstadt. Konstantinopel ist von nun an das Zentrum der islamischen Welt. Siebzig Jahre später können die Osmanen Ägypten und weite Gebiete Nordafrikas dem Osmanischen Reich einverleiben. Sultan Selim »der Tapfere« führt die osmanische Expansion.
Die Araber akzeptieren den Staat der Türken nicht als legitime Nachfolge des Omajjaden- oder Abbasidenstaates: die Sultane stammen nicht aus der Familie des Propheten, sie sind nicht einmal Araber. Die Trennung zwischen Türken und Arabern bleibt unüberwindbar. In Jahrhunderten baut sich der Haß nicht ab. Die Vermischung der Turkvölker mit den Arabern mißlingt, die gemeinsame Klammer der Religion ist in diesem Fall nicht stark genug.
Selim der Tapfere versucht den Makel der Abstammung auszumerzen. In Kairo findet er den letzten Überlebenden der Abbasidenfamilie. Die Herrscher des Osmanischen Reiches behaupten, dieser Verwandte des Propheten habe seine heiligen Rechte auf die Nachfolge des Propheten an Selim den Tapferen übertragen. Vom Zusammentreffen mit dem Abbasiden leiten die Osmanen die Gültigkeit ihrer Herrschaft über die Gläubigen ab.
Im vierzehnten Jahrhundert zieht der arabische Historiker Ibn Chaldun – er lebte in Tunis – das Fazit der arabischen Bemühungen um ein gemeinsames Vaterland: »Die Araber sind, ganz allgemein gesprochen, unfähig, ein Imperium zu gründen, es sei denn auf einer religiösen Grundlage wie der Offenbarung eines Propheten oder Heiligen. Denn ihr wilder Charakter, ihr Stolz, ihr Ungestüm und ihre gegenseitige Eifersucht, besonders in politischen Angelegenheiten, machen sie zu dem am schwersten zu regierenden Volk. Nur selten stimmen ihre Wünsche überein, und jeder

Araber glaubt, daß er selbst zum Herrscher berufen sei. Man findet kaum einen Araber, der sich willig und ohne Murren der Herrschaft eines anderen unterwirft, und sei es auch der Herrschaft seines Vaters, seines Bruders oder des Führers seines Clans.«
Die arabischen Nationalisten des 20. Jahrhunderts wollen Lehren aus dieser Erkenntnis ziehen. Die Männer, die das Wiedererstehen des arabischen Vaterlandes für möglich halten, analysieren die Fehler der Omajjaden und Abbasiden. Der Weg zur Vermeidung der Fehler ist noch nicht gefunden.
Im Bewußtsein der Araber ist ein für die historische Entwicklung Arabiens unbedeutendes Ereignis tief eingegraben: die Zerstörung des christlichen Kreuzritterstaates Jerusalem durch Salah ad-Din. Die politischen Köpfe in Arabien ziehen aus dieser Leistung die Hoffnung, daß es auch irgendwann gelingen wird, Israel, den Staat der jüdischen Religion, auszulöschen. Der Chef der Kommandoorganisation El Fatah formuliert das Wunschdenken so: »Es hat zweihundert Jahre gedauert, bis der christliche Fremdkörper zerschlagen war. Israel wird dasselbe Schicksal erleiden. Wir haben Zeit!«

Ein Fremdkörper in Arabien: der Kreuzritterstaat

Die Türkisierung Arabiens ist noch in der Anfangsstufe, als im Jahr 1099 Jerusalem von den Kreuzrittern erobert wird. Ein Jahr später ist der größte Teil Palästinas in der Hand der Christen. Sie besetzen die Städte Tripolis, Accra, Sidon. Widerstand finden sie wenig. Die Seldschukendynastie, die für die Verteidigung Palästinas zuständig ist, kann innere Streitigkeiten nach dem Tode des Sultans Melik Schah nicht überwinden. Die Berater des Papstes Urban II. hatten mit Scharfsinn den Zeitpunkt der Kreuzfahrt ausgewählt – nur geschulte Beobachter der vorderasiatischen Politik konnten das Chaos im Winkel zwischen Anatolien und Palästina voraussehen.
Die Eroberung von Anatolien durch die Seldschuken war dem bedrängten oströmischen Kaiser Anlaß gewesen, den Papst von Rom um Hilfe gegen das Vordringen des Islam zu bitten. Urban II. sah zwei Vorteile in der Erfüllung dieses Wunsches: das unbeschäftigte und unruhige Rittertum in Europa konnte durch Aussicht auf Ruhm und reiche Beute befriedigt werden, und er durfte hoffen, durch einen Kreuzzug die Oströmische und die Römische Kirche zu vereinigen.

Am 18. November 1095 schimpft Papst Urban II. in seiner Predigt vor der Kirchenversammlung in Clermont in Frankreich auf die europäischen Ritter. Er rechnet ab mit ihren unnützen Händeln und Raubzügen: »Werft eure Schwerter weg, das Symbol eurer Ritterschaft. Werdet Ritter Christi und eilt zum Schutze der Morgenländischen Kirche. Dann sollt ihr Vergebung eurer Sünden erlangen und des himmlischen Reiches sicher sein!« Der Papst verspricht allen Teilnehmern am Kreuzzug Steuerfreiheit, Aufschub der Schuldzahlungen und vollkommenen Ablaß. Peter der Eremit, ein Wanderprediger, ruft in Dörfern und Städten in Frankreich und Deutschland die Menschen zum Kreuzzug auf: Ritter, Bauern, Arme, Gestrauchelte, Verbrecher – alle sollten sie ihm folgen. Mit vierzigtausend Franzosen, Deutschen und Italienern zieht Peter der Eremit in Richtung Konstantinopel. Da keine Vorsorge getroffen ist für die Ernährung dieser Masse, schlagen sich die vierzigtausend raubend und mordend durch Ungarn und Bulgarien. Zwischen Konstantinopel und der seldschukischen Hauptstadt Nicaea kämpfen Moslems und Christen zum erstenmal in den Kriegen der Kreuzzüge gegeneinander: nur wenige der vierzigtausend Räuberpilger entkommen dem Schwert der Moslems.
Der Horde, geführt von Peter dem Eremiten, folgt ein diszipliniertes Ritterheer unter Gottfried von Bouillon; es erreicht Weihnachten 1096 Konstantinopel. Aus Italien kommen per Schiff einige Tausend Ritter und Fußsoldaten, ebenso aus Frankreich. Am 1. Juli 1097 siegen die Kreuzritter nach erbittertem Kampf gegen die Moslems. Langsam dringt ihre Marschsäule durch Anatolien und Antiochien nach Palästina vor. Zwei Jahre nach dem ersten Sieg der christlichen Ritter erreichen die Kreuzfahrer Jerusalem, das Ziel steht vor Augen. Die Belagerung beginnt: auf hölzernen Türmen fahren die Bogenschützen an die Mauern heran, schwere Steinkugeln schlagen Breschen in die Wälle. Am 13. Juli gelingt der Sturm auf Jerusalem. Im Blutrausch erschlagen die Ritter jeden Türken oder Araber, den sie finden können. Die arabischen Chronisten zählen hunderttausend tote Moslems – die christlichen Quellen sprechen von zehntausend Toten. Jerusalem war nur von rund tausend ägyptischen Söldnern verteidigt worden; die Wut der Kreuzfahrer trifft die arabische Bevölkerung. Gleichviel, wie groß die Zahl der Toten war, die christlichen Ritter halten es für notwendig, das Massaker mit einer Bußprozession zu bereuen.

Nach vierhundertzweiundsechzig Jahren islamischer Herrschaft steht Jerusalem wieder unter christlicher Verwaltung. Die Heilige Stadt wird Hauptstadt des Christlichen Königreichs Jerusalem; die nördlichste Stadt dieses Reiches ist Beirut, im Süden ist Gaza noch im Besitz der Kreuzritter, im Osten gehört ihnen Amman und der See Genezareth.

Die Moslems verlieren nach der Niederlage nicht den Mut. Sie versuchen, in kleinen Aktionen die christliche Besatzungsmacht in Unruhe zu halten. Die Kreuzritter selbst geben sich keine Mühe, bei der arabischen Bevölkerung Verständnis zu finden für ihren Wunsch, die heiligen Stätten des Christentums zu verwalten. Sie zeigen gegenüber den islamischen Gläubigen keine Toleranz.
Salah ad-Din, ein Kurde aus Syrien, seit einem Putsch seiner Söldnertruppe Herrscher über Ägypten, stellt sich die Aufgabe, den christlichen Fremdkörper in der islamischen Welt auszumerzen. Er beginnt die Ausführung seines Planes mit einem Waffenstillstand. Dadurch gewinnt er Zeit, um Truppen aus Ägypten heranzuführen und zu reorganisieren. Die Kreuzfahrer, Partner im Waffenstillstand, nutzen diese Zeit für internen Streit, und sie liefern den Moslems den Vorwand, der den Bruch des Waffenstillstands rechtfertigt: Rainald von Châtillon, der Kommandeur von Transjordanien, überfällt eine arabische Karawane, die durch sein Gebiet zieht. Er folgt damit der Methode des Propheten: auch Mohammed hatte sich Geld besorgt durch Plünderung der Karawane bei Badr. Doch dem Christenheer gesteht Salah ad-Din diesen Rückgriff auf Beduinentradition nicht zu – insbesondere, nachdem sich die Herren des Königreiches Jerusalem ausdrücklich verpflichtet hatten, die arabischen Kaufleute ungehindert passieren zu lassen. Im September 1183 überquert Salah ad-Din den Jordan, sein Ziel ist Jerusalem. Doch noch einmal gelingt es den Rittern, mit ihm zu einer Regelung zu kommen.
Sie stellen den Überfall auf die Karawane als bedauerliches Mißverständnis dar, als Fehler eines untergeordneten Kommandeurs. Genau zum Zeitpunkt des neuen Waffenstillstands aber überfällt Rainald von Châtillon wieder eine Karawane. Diese Kolonne geleitet Salah ad-Dins Mutter von Damaskus nach Ägypten. Die Mutter kann sich nur mit Mühe retten, die Begleiter werden von den Kreuzrittern umgebracht. Salah ad-Din ist über alle Maßen wütend, er schwört Rache. Er konzentriert seine Truppen am See Genezareth. Ihm gegenüber lagert das christliche Heer, gesammelt um die heiligste Reliquie: um das Kreuz, an dem Christus gestorben sein soll. – Ein findiger Araber hatte mit alten Balken ein gutes Geschäft gemacht.

Die Truppen des Salah ad-Din zünden das trockene Gras an rings um das christliche Heerlager, dann beginnen sie den Angriff mit der Reiterei. Hitze und Durst zermürben die christlichen Ritter nach einigen Stunden Kampf. Sie geben sich gefangen. In den nächsten Wochen ist auf den Sklavenmärkten Arabiens das Angebot höher als die Nachfrage, die Sklavenpreise sinken: ein christlicher Kreuzfahrer wird zum Preis von, umgerechnet, zehn Mark angeboten. Salah ad-Din stellt zweihundert Ritter des Johanniter- und Templerordens vor die Wahl: Übertritt zum Islam oder Tod. Die Ritter entscheiden sich für den Tod. Auch Rainald von Châtillon verliert seinen Kopf.

Am 2. Oktober 1187 ist Jerusalem bereit zu kapitulieren. Salah ad-Din hatte sich geschworen, die Stadt mit dem Schwert einzunehmen, doch er ändert seine Meinung. Er nimmt die Kapitulation an, denn in der Hand der Christen befinden sich zwei bedeutende Pfänder: der Felsendom und die Al-Akza-Moschee. Der Rat der Stadt Jerusalem hatte beschlossen, die beiden Heiligtümer des Islam zu zerstören, falls die Araber die Stadt stürmten. Salah ad-Din erfüllt seinen Schwur trotzdem – mit einem Trick: Christen und Araber spielen nach Unterzeichnung der Kapitulationspapiere »Einnahme und Fall von Jerusalem«. Niemand verliert sein Leben.

Die Kapitulationsbedingungen sind mild. Salah ad-Din verlangt ein erschwingliches Lösegeld für jeden einzelnen der reichen Bürger, die Freigabe der ärmeren Bürger wird generell mit Bezahlung einer Pauschalsumme erreicht. Die arabischen Chroniken berichten von Salah ad-Dins besonderer Gnade gegenüber den Witwen und Waisen der gefallenen Ritter. Er gibt ihnen aus seiner Kasse Reisegeld mit auf den Weg. Alle Christen der Stadt haben die Möglichkeit, in die Heimat zurückzukehren.

Neunzig Jahre lang hatte das vergoldete Kreuz auf dem Dach des höchsten Turms die Präsenz der Christen in Jerusalem angezeigt. Die Soldaten des Salah ad-Din stürzen das Kreuz und ziehen es an Stricken durch die Straßen. Der Islam feiert einen Sieg. Die Zeit des christlichen Imperialismus ist zu Ende. Salah ad-Din zählt seit diesem Erfolg zu den arabischen Helden, zu den Vorbildern der Nationalisten.

Jerusalem ist wieder in der Hand der Moslems, aber einzelne Teile des Christlichen Königreichs, etwa die Grafschaft Tripolis, können sich noch halten. Von Saida und Tyr aus wird die Rückeroberung der Festung Akkon versucht, doch die christliche Belagerung scheitert. Kaiser Friedrich Barbarossa, der König von Frankreich und der englische König Richard Löwenherz wollen mit fünfzigtausend Rittern den Stützpunkten der Christen zu Hilfe kommen. Doch am 10. Juni 1190 ertrinkt Kaiser Barbarossa beim Bad nach der Überquerung des Taurus. Der König von Frankreich erkrankt und kehrt in die Heimat zurück; Richard Löwenherz ist alleiniger Oberbefehlshaber. Seine Taktik ist der Wechsel von Verhandlung und militärischem Überfall. Die Eroberung von Jerusalem gelingt nicht. Richard Löwenherz muß Palästina verlassen, da sein Bruder im Königreich England zu mächtig wird.

1193 stirbt Salah ad-Din, er ist vierundfünfzig Jahre alt.

Der Hohenstaufenkaiser Friedrich II. holt ohne Gefecht, ohne Schwertstreich, Jerusalem dem Christentum zurück. Sein Kreuzzug ist durch Verhandlungen abgesichert. Er begegnet den Moslems mit Höflichkeit. Er interessiert sich für ihre Sprache, für ihre Wissenschaft, für die islamische Religion. Den blinden Glaubenseifer seiner Ritter dämpft er.
Schon vor der Abreise des Ritterheeres nimmt Friedrich II. Kontakt auf zum Sultan von Ägypten, Al Kamil. Zwei tolerante Männer verständigen sich: im Februar 1229 handeln der Kaiser und Al Kamil einen Vertrag aus, der den Christen alle Rechte in Jerusalem gibt. Friedrich II. kann sich in der Grabeskirche die Krone des Königreichs Jerusalem aufs Haupt setzen.
Der Vertrag sieht vor, daß die islamischen Gläubigen unbehindert, aber unbewaffnet die Al-Akza-Moschee betreten dürfen. Die gegenseitige Achtung der beiden Religionen wirkt sich günstig aus: Streitereien zwischen Moslems und Christen können vermieden werden. Diese Toleranz bringt den Hohenstaufenkaiser allerdings in Schwierigkeiten. Aus Rom wird ihm vorgeworfen, er sei selbst ein Ungläubiger geworden. 1227 hatte Gregor IX. bereits den Bann über ihn ausgesprochen, da er – nach Meinung des Papstes – den Kreuzzug zu lange verzögert hatte.
Fünfzehn Jahre lang, bis 1244, kann sich die christliche Verwaltung in Jerusalem halten, dann fällt aus Zentralasien der Stamm der Chwarismier in Arabien ein. Palästina liegt auch am Weg dieses Clans der Plünderer. Rettung kommt aus dem Nildelta, doch sie kommt zu spät: beim Abzug des Stamms vor den anrückenden Ägyptern brennt Jerusalem nieder. Nach zweihundert Jahren ist das Christliche Königreich Jerusalem endgültig zerschlagen, die Ägypter übernehmen die Administration in Palästina.
Das Experiment des Hohenstaufenkaisers hatte erfolgreich begonnen. Die Staatskunst dieses Mannes war von den Moslems akzeptiert worden. Sein Staat ist von den arabischen Chronisten nicht mit Fluch belegt. Friedrich II. kam nicht als Unterdrücker; er sah im Moslem nicht den Ungläubigen, der zum ewigen Höllenfeuer verurteilt ist. Mit diesen Worten hatte Friedrich II. arabisches Land betreten: »Nicht um euer Land zu erobern, sind wir übers Meer gefahren, denn Länder besitzen wir mehr als irgendein Herrscher auf Erden. Wir wollen die heiligen Stätten übernehmen, daß ihr Ruhe habt vor den Christen und nicht gezwungen seid, das Blut eurer Untertanen gegen uns zu vergießen.« Diese Logik hatte der Sultan Al Kamil verstanden.

Europa lernt von den Arabern

Friedrich II. wuchs in Schlössern auf, die mit arabischer Kunstfertigkeit gebaut sind; arabische Dichtung und arabische Lieder waren ihm von Kindheit an vertraut. Der Vater, Kaiser Heinrich VI., war in Sizilien gestorben – ein kalter Trunk an einem heißen Tag hatte das tödliche Fieber in ihm entzündet. Drei Jahre alt war Friedrich, als er den Vater verlor. Die Mutter stirbt kurz danach. Friedrich bleibt in Palermo, seine Erziehung ist weitgehend ihm selbst überlassen. Die Bürger von Palermo ernähren den mittellosen Kaisersohn, die arabischen Bürger sind besonders hilfsbereit. Seit zweihundertdreißig Jahren zählt Sizilien nicht mehr als Provinz zum islamischen Reich, doch die Zeit der arabischen Herrschaft hat der Insel ein orientalisches Gesicht gegeben. Die siegreichen Normannen haben sich aufsaugen lassen von der arabischen Kultur, ihre Bauwerke sind beeinflußt vom Stil der Moslem-Architekten aus Ägypten. Unter der Herrschaft der Normannen gab es in der Stadt Palermo keine Rache an den Arabern, die einst als Eroberer gekommen waren. Die Normannen dachten auch nicht an versteckte Unterdrückung durch Verwaltungsedikte: wer sich in Palermo niedergelassen hatte, konnte dort bleiben; die reichen Familien behielten ihren Besitz. Sie helfen jetzt dem Kaisersohn, der kein Zuhause hatte.

Friedrich lernt die arabische Sprache, und er macht sich mit der arabischen Rechenkunst vertraut. Der junge Staufer beginnt Sizilien zu regieren; seine Hauptstütze werden arabische Freischärler, die in den Gebirgen den Rest des islamischen Staates am Leben gehalten hatten. Friedrich holt sie durch eine Amnestie aus ihrer Isolation zurück, sie werden in Militärkolonien angesiedelt. Aus den Soldaten der arabischen Stämme wählt sich der Herrscher seine Leibgarde aus. Er umgibt sich selbst mit den Attributen eines arabischen Fürsten: er läßt sich von Kamelreitern begleiten, von Elefanten, von arabischen Schwertträgern, von türkischen Pfeifern, von den verschleierten Damen seines Harems.

So ist Friedrich, als Kaiser, der richtige Mann, um mit den Arabern zu reden – in ihrer Sprache. Aus Achtung vor diesem Mann verbietet der Sultan Al Kamil den nächtlichen Ruf des Muezzins, solange der Kaiser sich in Jerusalem aufhält. Doch Friedrich bittet zur Freude des Sultans darum, den Befehl wiederaufzuheben.

Aus Arabien zurückgekehrt, übernimmt Friedrich arabische Verwaltungsmethoden, arabische Steuergesetze. Das Staatsmonopol für Salz ist eine der Erfindungen der Araber, die Friedrich für gut und nachahmenswert hält. Als Kaiser in Deutschland wird man ihm vorwerfen, daß er aus Arabien den unsittlichen Brauch des täglichen Badens mitgebracht habe, eine Erfindung des teuflischen Propheten Mohammed.

Am Hof in Palermo finden Wissenschaft und Philosophie eine Heimat. Die arabische Denkwelt kann sich entfalten, ohne Zwang, in aller Freiheit. Die Kriege, Unruhen und Aufstände in Arabien vertreiben manchen der

Intellektuellen an den Hof der Insel Sizilien. Er lebt hier nicht in der Fremde, seine Sprache wird verstanden und gesprochen. Seine Erkenntnisse finden Verständnis.
Die Berührungspunkte mit der europäischen Kultur sind gering; Europa lebt zu dieser Zeit in geistiger Finsternis. Die Gelehrten sind befangen: nur Probleme der Religion und des Jenseits beschäftigen sie, Wissensdrang darüber hinaus wird abgelehnt, da er zu Einsichten führt, die Gott oder dem Teufel vorbehalten sind. Die Folge ist intellektuelle Lethargie. Von Palermo aus beginnt das Vergnügen an weltlicher Diskussion, an praktischer Wissenschaft langsam nach Europa auszustrahlen. Hinter der vorgehaltenen Hand erzählen sich Reisende Wunderbares vom Hof in Palermo; hinter Entrüstung verbirgt sich Interesse. Arabische Bücher, in lateinischer Übersetzung, finden den Weg nach Oberitalien und über die Alpen. Der Papst verbietet vergebens die Infiltration des Geistes und der Daseinsfreude in das Dunkel. In eine Kultur, die in mystischer Versenkung, in Betrachtung der Seele, die wichtigste Aufgabe der menschlichen Existenz sieht, dringt arabische Experimentierfreude, der Wille, die Dinge wahrzunehmen, wie sie sind. Europa ist der Mystik verfallen, der Vorbereitung der Seele auf das Leben nach dem Tode. Die Araber bedienen sich der Naturwissenschaft, um das Leben auf dieser Erde angenehmer zu machen. In Europa wird der Priester zum Kranken gerufen, in Arabien kommt der Arzt.
Die islamische Kultur erlebt eine Hochblüte, sie verläuft parallel zum politischen Niedergang, zur Zersplitterung. Arabien wird von fremden Ausbeutern regiert, doch die Herrschaft der Besatzungsmacht wirkt sich zunächst nicht lähmend auf die kulturelle Entwicklung Arabiens aus. Die Bibliotheken in Damaskus und Kairo wachsen; der Kalif am Nil brüstet sich damit, eine Bibliothek zu besitzen, die 1 600 000 Bände umfaßt. Die praktischen Wissenschaften entwickeln sich durch experimentelle Betrachtung des Gegenstandes; die Medizin ist ein Beispiel dafür; der arabische Historiker der Medizin Ussaibiah (1202–1270) nennt die Namen von 399 bedeutenden Ärzten der islamischen Welt. Um 1230 entdeckt Ibn Nafis die Prinzipien des Blutkreislaufs: das Blut ernährt nicht die Lunge – die Lunge ernährt das Blut. Arabische Ärzte praktizieren schmerzlose Operation, sie lassen den Patienten Dämpfe einatmen, denen Haschischrauch beigemischt ist.
Der Grundsatz der arabischen Wissenschaftler lautet: Aus den Lehren der Alten wird nichts übernommen, was nicht durch die eigene Erfahrung bestätigt werden kann; die eigene optische Wahrnehmung ist die Grundlage für die Erfassung der Wahrheit. Die Meßbarkeit der Dinge wird erkannt; Gewichte und Maße bekommen Bedeutung. Grund und Boden ist

meßbar durch Trigonometrie; die gemessenen Werte werden berechnet und festgehalten in den indischen Zahlen der Araber.
Die Zahlenschrift der Araber wird schon früh von den Europäern übernommen. Ihr Vorteil im schriftlichen Rechnen ist nicht zu übersehen. Die Deutschen sind in der Nachahmung der arabischen Rechenmethode besonders genau: in der Sprechweise nennen wir die Einerstellen vor den Zehnerstellen, wir sagen fünfundzwanzig – so wie der Araber die Zahlen schreibt, von rechts nach links.
Arabien hat damals der europäischen Kultur Anstöße zur Entwicklung gegeben. Araber, die von der großen Zeit der kulturellen Blüte schwärmen, freuen sich über die Geschichte, der Papst habe eines Tages Boten zu den ungläubigen Teufeln des Emirats Córdoba schicken müssen, um zu erfahren, an welchen Tagen des Jahres feststehende kirchliche Feste stattfinden. Der päpstliche Astronom war mit den Berechnungen nicht zurechtgekommen.
Sprachkundige Araber machen darauf aufmerksam, daß der europäische Wortschatz der beste Beweis ist für den Einfluß der arabischen Kultur auf Europa: Alkohol, Chemie, Algebra, Zenit, Azimut, Theodolit, Ziffer, Kaffee, Damast, Koffer, Natrium, Natron, Aprikose, Banane, Orange – das alles sind arabische Wörter. Die Liste läßt sich fortsetzen.

Die finstere Zeit der Araber

Die Türkenherrschaft

In der Vorstellung der Europäer wird diese Leihgabe an Wissen und Denkmethoden nur zögernd den Arabern gutgeschrieben, denn diese kulturelle Leistung ist von keiner politisch-historischen Entwicklung begleitet. Arabien verschwindet aus den Geschichtsbüchern. Es verwandelt sich für den Europäer zum fernen Märchenland mit sinnlichen Haremsdamen, mit Duft edler Öle, mit plätschernden Brunnen. Ein Wüstenland mit Oasen, regiert von grausamen Despoten.
In der islamischen Welt übernahmen die osmanischen Türken die Führung. Die Hauptstadt des Halbmonds wurde Konstantinopel. Am 29. Mai 1453 eroberten die Osmanen diese Festung des Christentums ohne große militärische Probleme – die Verteidigung lag in der Hand fremder Söldner. Der letzte oströmische Kaiser fiel. Die Führer der europäischen Christen rührten sich nicht, als die Hagia Sophia, die Kirche der Heiligen Weisheit, in eine

Moschee verwandelt wurde – neunhundert Jahre lang hatte die Hagia Sophia die Kirchen Roms an Prunk übertroffen.
Ein neues islamisches Reich entsteht aus den Teilstücken des Abbasiden-Imperiums: Mesopotamien wird erobert, der Kaukasus, das Niltal, die nordafrikanische Küste bis hin zum Maghreb. Bagdad, Kairo und Damaskus haben nur noch den Rang türkischer Provinzstädte, ohne Eigenleben, streng regiert vom Gouverneur. Die Heimat des Islam, der Hidschas mit Mekka und Medina, schließt sich freiwillig dem entstehenden Reich des Propheten an; Sultan Selim I. nennt sich »Hüter der Heiligen Stätten«. So ganz wird er von den Gläubigen nicht in die Rechte der Abbasiden eingesetzt, trotz der angeblichen Verzichtserklärung des letzten Abbasiden – der Nachweis der Verwandtschaft mit Mohammed fehlt.
Die Feldherren der Osmanen haben eine Scheu, sich und ihre Heere der Wüste auszusetzen; sie haben Angst vor Hitze und Wassermangel. Sie nehmen deshalb nie Besitz vom ehemaligen Kernland des Islam. Die felsige Wüstengegend, in der Mohammed den Koran empfing, bleibt ihnen schrecklich und fremd. Gegen entschlossene Wüstenkrieger, wie die Wahhabiten des 19. Jahrhunderts, führen die Osmanen einen schwerfälligen, uneffektiven Krieg. Von der arabischen Halbinsel nehmen sie nur die Randgebiete in Besitz, selbst der gebirgige Jemen ist ihnen unheimlich. Die östliche Grenze ihrer Macht liegt am Persisch/Arabischen Golf, noch vor der Halbinsel Katar. In den wenigen unbesetzten Küstenorten, wie Aden und Oman, bauen sich die Portugiesen befestigte Niederlassungen.

Der Islam greift wieder nach Europa

Mehr als an der arabischen Wüste sind die Türken an Zentraleuropa interessiert: über den Balkan hinaus stoßen die Heere des Islam nach Wien vor. 1529 erreichen sie die mächtige Stadt an der Donau mit einem Truppenverband in der Stärke von 250 000 Mann. Sultan Soliman der Prächtige belagert Wien, er beginnt mit der Beschießung am 26. September. 20 000 Kamele sind bereitgestellt, um die Beute abzutransportieren. Soliman hatte einen günstigen Zeitpunkt gewählt für den Einbruch nach Europa: religiöser Streit lähmte die kaiserliche Gewalt; an Luthers Thesen war die Einheit des Christentums zersprungen. Lutheraner und Katholiken standen sich als Feinde gegenüber; nur mühsam konnten sie sich zu einer Koalition gegen das Türkenheer entschließen.
Es ist Herbst, Soliman muß einen raschen Erfolg erzielen; für eine Belagerung im Winter ist das Heer des Islam nicht ausgerüstet. Wien wird von 17 000 Bewaffneten verteidigt. Mit dieser geringen Streitmacht hofft

der Sultan rasch fertig zu werden. Am 9. Oktober gelingt es den türkischen Pionieren, eine Bresche zu sprengen in die Mauer beim Kärntner Tor; die Türken stürmen gegen diese Lücke an, doch der Angriff bleibt stecken. Gerüchte sind zu hören vom Anmarsch eines gewaltigen christlichen Entsatzheeres. Diese Gerüchte sind übertrieben.
Kälte bricht ein in die Ebene vor Wien. Soliman der Prächtige wagt am 14. Oktober einen letzten Angriff. Als sich der Mißerfolg abzeichnet, bricht er die Belagerung ab. In der Nacht zum 15. Oktober 1529 ziehen die Türken von Wien ab, ins unterworfene Ungarn.
Eineinhalb Jahrhunderte später führt der Großwesir Kara Mustafa wieder einen Türkenzug nach Wien. Am 13. Juli 1683 schreibt sein Staatssekretär des Protokolls in das Hoftagebuch: »Allah sei Lob und Preis, daß dank der segensreichen Gottergebenheit des sieghaften Großwesirs nun die Hand auf ein solches Land gelegt worden ist und dieses zum Tummelplatz der islamischen Pferde geworden!« Arabische Truppen aus Syrien (600 Mann) und Ägypten (1000 Mann) beteiligen sich an der Belagerung. Mit großer Ingenieurkunst werden Minengänge unter die Mauern gegraben. Das Türkenheer kann in Jahrhunderten gewonnene Kriegserfahrungen der Griechen, Perser und Araber anwenden. Der Fanatismus der islamischen Reiter und Fußtruppen bringt Wien beinahe zu Fall. Kara Mustafa rüstet zum Siegesfest, da ziehen am 12. September zweihunderttausend christliche Ritter über den Kahlenberg herunter zum Entsatz der Stadt an der Donau. Die Moslems ergreifen die Flucht.
Der Staatssekretär des Protokolls sieht die Gründe für die Niederlage, »mit der wir nach dem Willen des Allmächtigen geschlagen worden sind: In unserem Heere befand sich eine zahllose Menge von Händlern, die nur aus Gewinnsucht mitgezogen sind. Am Tage der Feldschlacht begannen diese Leute bereits am frühen Vormittag allenthalben im Lager ihr Gepäck aufzuladen und Anstalten zum Abzug zu treffen. Infolge der Unruhe und der Vorbereitungen dieser Leute zur Flucht gerieten dann auch die übrigen Insassen des Lagers in Furcht und Aufregung und schickten sich unter tausend eitlen Befürchtungen ebenfalls an, ihr ganzes Hab und Gut auf ihre Tiere zu verladen. Als die Kunde von diesen Vorgängen im Lager zu den Truppen drang, die draußen im Kampf gegen die Ungläubigen standen, wurden diese nun gleichfalls von Verwirrung und Angst um ihr Eigentum gepackt, und jeder strebte nur danach, so schnell wie möglich zu seinem Zelt zurückzukommen. Die Ungläubigen fanden bald auf allen Seiten kaum noch Widerstand, so drangen mehr als hunderttausend dieser verfluchten Ungläubigen bis zur Zeltburg des Großwesirs vor. Möge Allah der Allerhabene und Allgepriesene es nicht zulassen, daß sich jemals auf einem Feldzug solche unter das siegreiche Heer des Islam mischen, die

aus Eigensucht die Zucht und Ordnung der Kämpfer für den wahren Glauben untergraben.«

Der Staatssekretär des Protokolls sieht einen weiteren Grund für die Niederlage: »Es ist vernachlässigt worden, Allah dem Allgütigen den nötigen Dank abzustatten für die unwiderstehliche Kraft und für die reiche Beute, die er zu Beginn des Feldzuges dem Heer des Islam verliehen hatte. Es wäre jedermanns unbedingte Pflicht gewesen, angesichts dieser vielfältigen Gnadenbeweise des Schöpfers zu jeder Stunde und in jedem Augenblick inbrünstigen Dank und Lob und Preis ohne Ende zum Throne Allahs des Allgütigen emporzusenden.«

Am 25. Dezember 1683, in Belgrad, muß Kara Mustafa die persönliche Konsequenz für die Niederlage ziehen. Die Ereignisse dieses Tages sind ein Beispiel für den Regierungsstil im islamischen Reich der Türken. Der Staatssekretär des Protokolls berichtet als Augenzeuge: Heute kurz vor Mittag trafen aus Stambul der Oberstkämmerer Ahmed Aga und der Pfortenmarschall Mehmed Aga ein, die dem Großwesir Kara Mustafa das Reichssiegel, die heilige Fahne und den Schlüssel zur heiligen Kaaba abnahmen und seine Seele der Gnade des Allbarmherzigen überantworteten. Als sein Stellvertreter wurde der Janitscharenaga und edle Wesir Mustafa Pascha eingesetzt. Der Großwesir Kara Mustafa hatte bereits den Gebetsteppich für das Mittagsgebet ausbreiten lassen, sein Imam Effendi vollzog die einleitenden Riten, und der Großwesir erhob sich gerade, um das Gebet zu beginnen, als draußen auf der Straße Pferdegewieher laut wurde. Neugierig geworden, blickte der Großwesir durch das Fenster auf die Straße hinaus, und als er da den Janitscharenaga und hinter ihm den Oberstkämmerer und den Pfortenmarschall herankommen sah, sagte er: »Brich das Gebet ab, Imam Effendi! Es ist etwas geschehen!« Sich die Hände reibend, begann er im Zimmer auf und ab zu gehen. Die Ankömmlinge traten unverzüglich in das Palais ein und begaben sich nach oben, sie gingen geradewegs in das Zimmer, in dem sich der Großwesir befand. Der Janitscharenaga trat zu ihm hin und küßte ihm den Gewandsaum, während der Oberstkämmerer und der Pfortenmarschall das Salam entboten und dann wartend verharrten. »Was gibt's?« fragte der Großwesir, und der Oberstkämmerer antwortete: »Unser erlauchter Padischah fordert von dir das Reichssiegel, die heilige Fahne und den Schlüssel zur Kaaba.« Der Großwesir händigte alles aus, dann fragte er: »Ist mir der Tod bestimmt?« – »Gewiß, es muß sein!« antwortete der Oberstkämmerer. »Allah möge dich im wahren Glauben sterben lassen!« Darauf erwiderte der Großwesir: »Wie es Allah gefällt! Nun breitet den Gebetsteppich wieder aus!« Die anderen verließen den Raum. Er verrichtete nun das Mittagsgebet, ohne daß ihm auch nur die kleinste Unaufmerksamkeit unterlief. Eigenhändig legte er seinen Pelz und seinen Turban ab und befahl dann: »Sie sollen kommen! Und nehmt noch diesen Teppich weg; ich will, daß mein Leichnam mit Staub besudelt werde!« Der Teppich wurde also fortgeschafft. Und als nun die Henker hereinkamen und ihre Stricke bereitmachten, hob er mit eigenen Händen seinen Vollbart hoch und fügte sich in das Verhängnis mit den Worten: »Legt mir die Schlinge auch richtig an!« Die Henker legten ihm die Schlinge um und zogen zweimal oder dreimal zu, dann hatte er seinen Geist aufgegeben. Nun entkleideten sie den Leichnam und trugen ihn hinunter in ein altes Zelt im Hofe des Palais, wo sie ihn wuschen und wo sie dann das Totengebet verrichteten. Der Henker häutete ihm im Sarg den Kopf ab. Schließlich trugen sie die Leiche fort und bestatteten sie im Hofe der Moschee gegenüber dem Palais. Allah sei seiner Seele gnädig!*

Die Hinrichtung des Kara Mustafa hatte Folgen, die bis heute andauern: seit dem Tod des Großwesirs übernimmt kein islamischer Oberbefehlshaber die klare Verantwortung für eine Niederlage. Er beschönigt, vertuscht, gibt anderen die Schuld. Vor allem hütet er sich, deprimierende Lageberichte an den Staatschef weiterzugeben, aus Sorge, er selbst werde für die schwierige Situation verantwortlich gemacht. Der ägyptische Generalstabschef Saadeddin Shazli fürchtete sich im Oktober 1973 tagelang, dem Präsidenten Anwar el-Sadat den israelischen Durchbruch zum Westufer des Suezkanals zu melden; vom sowjetischen Ministerpräsidenten Kossygin mußte sich Sadat über den wahren Zustand seiner Front informieren lassen. Shazli fiel in Ungnade.

Dem islamischen Heer bleibt nach dem Vorstoß auf Wien das Glück versagt: 1682 beginnt der Niedergang des Osmanischen Reiches, doch es hält sich als Staatsgebilde bis zum Ersten Weltkrieg.

Von Konstantinopel aus wird der arabische Reichsteil streng regiert. Die türkischen Gouverneure zeigen kein Interesse an der Entwicklung von Wissenschaft und Philosophie; neue Gedanken sind auf jedem Gebiet verpönt. Das islamische Reich der Türken ist nach der Wiener Niederlage satt, faul und grausam. Die arabischen Nationalisten von heute beklagen sich, daß die Türken den Arabern durch Unterdrückung die Selbstachtung und den Willen zur eigenen Entfaltung geraubt haben. Die Türken schlossen Medizinschulen, sie verbrannten die Bibliotheken. Die geistige Nacht, die zuvor in Europa geherrscht hatte, verlagerte sich in den Vorderen Orient. In Italien, Deutschland, Frankreich entstehen Universitäten, in Arabien aber werden die bestehenden Hohen Schulen zerstört. Die medizinischen Erkenntnisse der Araber hatten den Aberglauben in Europa zerstört – jetzt verfällt Arabien den wissenschaftsfeindlichen Religionsfanatikern.

* Zitiert nach Richard F. Kreutel: »Mustafa vor Wien«, München 1967.

Napoleon weckt Arabien auf

Den ersten Anstoß zur Rückbesinnung auf frühere Glanzzeiten gibt der französische General Napoleon Buonaparte. Er ist nach Ägypten gezogen, um den Engländern den Weg nach Indien zu blockieren. Napoleon hatte sich von Talleyrand inspirieren lassen: »Die Zeiten sind nicht fern, da wir erkennen werden, daß wir, um England wirklich zu zerstören, uns Ägyptens bemächtigen müssen.« Der französische Außenminister rechnete schon mit dem unvermeidlichen Zusammenbruch des Osmanischen Reiches. Er wollte sich Teile dieses Reiches sichern, ehe England, Rußland oder Österreich zugriffen: »In die erste Reihe der notwendigen Eroberungen stelle ich Ägypten.« Von Suez aus sollte ein Truppenverband nach Indien geschickt werden, um die britischen Niederlassungen zu zerstören.

Napoleon setzt in Paris vor der Abreise durch, daß ein erstklassiger Botschafter nach Konstantinopel entsandt wird: er soll dem Sultan die Absicht der Franzosen erklären. Napoleon schreibt selbst die Instruktionen und den Text der Einführungsrede für den Botschafter: »Wenn wir einen Fuß nach Ägypten setzen, bedeutet das nicht, daß wir Ägypten erobern. Wir befreien das Land am Nil von den Feinden des Sultans, von den Engländern.« Talleyrand hat allerdings nie die Absicht, einen exzellenten Botschafter zum Sultan zu schicken, er will – um Napoleon einen Streich zu spielen – aus dem General und dem Sultan Feinde machen: Napoleon soll eine schwierige Mission in Ägypten haben. Um dem Ehrgeizling zu schaden, nimmt Talleyrand hohe Opfer in Kauf. Dem französischen Geschäftsträger in Konstantinopel, Boulouvard, der Angst hat, vom wütenden Sultan grausam umgebracht zu werden, teilt der Außenminister mit, das Osmanische Reich sei schwach, folglich seien auch die Foltermethoden nicht mehr das, was sie früher einmal waren: »Wenn Sie jedoch leiden und sterben müssen, wird die Republik Sie rächen!«
Talleyrand, der Erfinder der Theorie von der Notwendigkeit des Schlags gegen die englische Präsenz im Orient, handelt so, daß Napoleon scheitern muß. Ohne es zu wollen, ist der Sultan plötzlich der Verbündete der Engländer: die türkische Landmacht und die britische Flotte schwächen das französische Expeditionskorps; zu großen, weltweiten Operationen bleibt keine Kraft übrig. Am 1. August 1798 verliert Napoleon seine Schiffe. Er ist eingeschlossen in Ägypten – und er macht das Beste daraus. Aus Frankreich hat er Wissenschaftler mitgebracht, Sprachforscher, Zoologen, Mediziner, Spezialisten für Kunst und Geschichte. Sie erfassen, was greifbar ist an Schöpfungen des islamischen Geistes und der Wissen-

schaft in Ägypten. Napoleon befaßt sich mit dem Koran und er findet das Buch lesenswert. Der General läßt sich ein ägyptisches Gewand schneidern, ein türkisches Hosenkleid; es macht Napoleon zur Parodie eines Muselmanns. Nur mühsam überzeugt er sich, daß er darin nicht günstig wirkt. Napoleon hält eine Ansprache an die Scheichs der Kairoer Moscheen: »Haben wir Franzosen nicht gegen den Feind der Gläubigen, den Papst, gekämpft? Ich selbst habe dem Papst Land weggenommen. Ich bin ein Moslem!« Voll Stolz trägt Napoleon den Titel »Sultan Al Kabir«, der Große Sultan.

Die Franzosen überzeugen mehr durch ihre praktischen Reformen: sie sorgen für Reinigung der einst vorbildlichen Wasserleitungen, sie verlangen Hygiene in der Aufbereitung geschlachteter Tiere. Sie organisieren die Versorgung der Bevölkerung. Die französischen Verwaltungsspezialisten entwerfen eine Systematik der Administration für Ägypten, sie geben dem Land eine Volksversammlung. Die napoleonischen Offiziere vermessen die Stadt, und sie sammeln Zeugnisse der altägyptischen Kultur. Die Ägypter sehen, daß die Fremden die Menschen und das Land ernst nehmen. Die Franzosen versuchen nicht, ihre Zivilisation den Ägyptern einzupflanzen, sie passen sich an, und vor allem: sie legen frei, was an Zivilisationswerten im Laufe der Jahrhunderte verschüttet worden war. Napoleon schreibt an den einflußreichen Scheich El Messiri: »Ich möchte einen Staat gründen, der auf den Prinzipien des Koran aufgebaut ist, sie sind die einzig wahren Lebensregeln, sie garantieren das Glück der Menschheit.«

Die Ägypter ziehen Nutzen aus der Anwesenheit Napoleons: sie lernen wieder die wissenschaftliche Methode der Problemlösung kennen. Napoleon, der Freund der Mathematik, bringt die exakte Wissenschaft wieder nach Arabien zurück. Der Feldzug des französischen Generals hat historische Konsequenzen: das Erwachen des ägyptischen Nationalismus ist als Nebeneffekt der Ägyptenfahrt zu werten.

Mit den türkischen Truppen, die zur Bekämpfung des französischen Expeditionskorps eingesetzt sind, kommt ein Mann ins Land, der – obgleich er ein Fremder ist – aus Ägypten einen unabhängigen Staat machen wird.

Im Land am Nil beginnt der Nationalismus zu wachsen

Sultan Selim III. hatte in allen Provinzen seines Reiches nach Truppen gesucht, die er gegen die Franzosen einsetzen konnte. Da Talleyrand die Information des Sultans über die wahren Absichten der Franzosen unterbunden hatte, sah der Sultan in Konstantinopel nur einen Weg: Krieg gegen

die französischen Eindringlinge. In Albanien meldeten sich dreihundert junge Männer im Rekrutierungsbüro. Sie wollten in Ägypten kämpfen. Mehmed Ali hieß derjenige, der eine Art von Anführer der Gruppe war. Mehmed Ali konnte kein begeisterter Freund des Sultans und der Türken sein – er hatte zusehen müssen, wie seinem Onkel der Kopf abgeschlagen wurde; der Onkel war verdächtigt worden, Gruppen zu unterstützen, die eine Loslösung des Balkans vom Türkischen Reich erkämpfen wollten. Von diesem Tag an wollte sich Mehmed Ali an den Türken rächen, doch er versteckte seine Absicht gut.
Er mußte in sehr armen Verhältnissen aufwachsen, der Vater war Polizist im Dienst der türkischen Verwaltung gewesen. Doch Mehmed Ali fand einen Weg zu Geld: er heiratete die Tochter eines Tabakhändlers. Von seinem Reichtum finanzierte er eine Privatarmee, eben die dreihundert Männer, die sich dann als treue Untertanen des Sultans zum Kriegsdienst in der ägyptischen Provinz meldeten.
Der Kampf mit den Franzosen gab der Truppe aus Albanien die Möglichkeit, die Methoden des modernen Krieges kennenzulernen. Der türkische Oberbefehlshaber, der Chef des Mehmed Ali, kümmerte sich nicht um die Gründe der Unterlegenheit des islamischen Heeres, er suchte fehlende Qualität durch Masse zu ersetzen. Mehmed Ali aber studierte Taktik und Ausrüstung des französischen Gegners, er adaptierte die Gefechtsgliederung der napoleonischen Truppe und fand Mittel, um die Feuergeschwindigkeit der eigenen Gewehre zu erhöhen. Der albanische Verband, unterstützt durch andere Soldaten vom Balkan, setzte den Franzosen zu. Nach achtunddreißig Monaten – Napoleon selbst war schon längst wieder in Frankreich – gab Frankreich die sinnlose Expedition auf, niemand in Paris hatte noch das geringste Interesse an Ägypten.
Mehmed Ali aber bleibt im Lande. Er kämpft gegen die Engländer, die nach den Franzosen Kairo besetzen wollen. Sein Sieg läßt es den Engländern klüger erscheinen, sich wieder zurückzuziehen. Nach diesen Erfolgen hat der Offizier aus Albanien keine Lust mehr, die Autorität des Gouverneurs über sich zu dulden, er setzt den Vertreter des Sultans ab. Dem Herrscher in Konstantinopel läßt er die Versicherung seiner ungebrochenen und demütigen Treue zustellen. Selim III. muß glauben, was ihm hinterbracht wird: der Gouverneur war ein Verräter, er hat sich auf Kosten der Reichssteuern einen großen Besitz erworben. Da vieles in dieser Begründung stimmte – jeder Gouverneur am Nil bereicherte sich –, akzeptiert Selim III. den Machtwechsel. Er wird auch nicht übermäßig zornig, als Mehmed Ali die Finanzelite der ägyptischen Provinz ermorden läßt.
Seit der Mitte des dreizehnten Jahrhunderts (1257) hatten die Nachfahren der türkischen und kaukasischen Militärsklaven Ägypten beherrscht. Ihre

Machtergreifung war die Folge der Politik der Nachfolger des Salah ad-Din: die Herrscher in Kairo hatten Reste zentralasiatischer Völker bei sich aufgenommen, die vor den Mongolen auf der Flucht waren. Diese Flüchtlinge wollten unter Ausschaltung der Gastgeber selbst Herren am Nil werden. Nur mit Hilfe von Militärsklaven, angeworben unter den Turkvölkern, konnte der Putschversuch zerschlagen werden. Die militärischen Gastarbeiter sahen kurze Zeit selbst die Chance, das Geschlecht der Aijubiden, der Nachfolger des Salah ad-Din, zu vertreiben. Die Sklavenkrieger behielten auch als Herren in Ägypten ihren Namen »Mamluk« bei; er läßt sich mit »Leibeigen« übersetzen. Die Mamelucken unterwarfen sich die Gesellschaft: sie besteuerten und beschlagnahmten Eigentum an Boden und Gebäuden. Die Einnahmen wurden unter den Angehörigen der Militärkaste verteilt. Von den Mamelucken lernten die Ägypter die Regeln der sturen Bürokratie, die heute noch nicht auszurotten sind in den Ministerien am Nil. Der Apparat der Mamelucken kannte die Einteilung in die Sparten Armee, Steuerbehörde und Polizeigewalt. Sie spielten zusammen, zum Nutzen der Mameluckenführer, der Emire. Dem Sultan in Konstantinopel war nicht entgangen, daß die Emire aus der Versorgung der ägyptischen Städte hohen Profit zogen: sie verkauften zu Wucherpreisen Getreide aus dem Niltal und Fleisch aus Syrien. Zeitweise war der Handel mit Zucker ihr Monopol. Die Militärkaste ließ keine Gelegenheit aus, um den Arabern in Ägypten die Lebenskraft auszusaugen.
Die Handwerker, Kaufleute und Bauern von Kairo waren deshalb auf der Seite des Mehmed Ali, als dieser im März des Jahres 1811 den dreihundert wichtigsten Männern der Mamelucken die Köpfe abschlagen ließ. Der arabische Teil der Bevölkerung verbündete sich mit dem Albanier, der kein Wort Arabisch sprach, um den letzten Rest der Militärkaste auszulöschen.
Mehmed Ali lud die dreihundert Mamelucken zum Festessen in seine Residenz ein. Die Zitadelle von Kairo liegt im Osten über der Stadt; innerhalb der Festungsmauern führt ein Weg vom Osttor, Bab al Azab, zum Zentrum der Festung. Als sich der letzte der dreihundert im ansteigenden Hohlweg befand, schlug das Osttor zu. Von den Mauern sprangen die albanischen Krieger des Mehmed Ali; sie ließen keinen der dreihundert Mamelucken am Leben. Mehmed Ali versicherte zur Beruhigung des Sultans dem »weisen und gütigen Herrscher« in Konstantinopel weiterhin die Unterordnung und Unterwerfung der ägyptischen Provinz.
Das Osmanische Reich existierte in Dumpfheit weiter, doch in Kairo bekam das Leben Impulse, die anregend wirkten. Mehmed Ali hatte den Lebensstil der Franzosen gesehen, und er hatte begriffen, daß es der isla-

mischen Welt wenig einbrachte, nur über die Ungäubigen zu fluchen. Mehmed Ali will den Fortschritt Europas für Ägypten nutzbar machen. Er löst das Land aus der Isolation: er läßt aus Frankreich Mediziner, Offiziere, Verwaltungsfachleute, Mathematiker kommen – dieselben Spezialisten, die schon Napoleon in seinem Stab mit sich geführt hatte, kehren nach Ägypten zurück.

Mehmed Ali bittet die Regierung in Paris um Studienplätze für junge intelligente Männer aus seinem Land; in die brillanten Schulen, die Napoleon in Frankreich hatte errichten lassen, ziehen Ägypter in europäischer Kleidung ein.

Die Franzosen und die ausgebildeten Ägypter verändern das Gesicht des Landes: ein Straßennetz durchzieht das Nildelta, Kanäle werden angelegt; Pläne für die Bewässerung des fruchtbaren Landes werden von Agrarspezialisten entworfen. Bis in unsere Zeit lebt Ägypten von den Ideen des Türkenfeindes aus Albanien: er ist der Empfehlung der Fachleute gefolgt, Baumwolle in großem Umfang in Ägypten anzubauen – damit hatte das Land seine Existenzgrundlage gefunden. Mehmed Ali hat den Ägyptern nach Jahrhunderten der Unterdrückung neuen Lebensmut gegeben: sie beginnen, ein Vaterland zu schaffen; eine neue Zeit der Eroberungen bricht an, die Zeit der Rückschläge ist vorüber.

Mehmed Ali lernt Arabisch, und er wird geliebt dafür. Er hebt eine Armee aus, und die Jugend folgt ihm: Nubien wird erobert und der Sudan, die »Einheit des Niltals« ist geschaffen. Sie zerfällt später, am Ende der britischen Kolonialherrschaft, wieder – Gamal Abd el-Nasser und Anwar el-Sadat werden im zwanzigsten Jahrhundert dieses nationale Ziel der Einheit des Niltals wieder anvisieren.

In der Interpretation der Leistungen des Mehmed Ali darf allerdings nicht übersehen werden, daß der nationale Aufschwung seinen Durchbruch auch wenig ehrenhaften Motiven verdankt: die Truppen des Mehmed Ali brechen in die Sümpfe des Südsudan ein, sie überfallen die Stammessiedlungen der Neger und ergreifen Männer und Frauen: schwarze Sklaven kommen zu Tausenden auf den Nilschiffen ins Delta herunter; die Sklavenmärkte blühen auf durch das üppige Angebot. Die Neger im Südsudan aber haben bis heute Furcht vor den Arabern. Diese Furcht gefährdet die Existenz des Staates Sudan, dessen Bevölkerung – Neger und Araber – unter diesem Mißtrauen leidet, das ein Zusammenleben der südlichen und der nördlichen Landeshälfte fast unmöglich macht.

Mehmed Ali findet Geschmack an der Eroberung. Die Zeit der Rache ist gekommen: der Provinzgouverneur sagt sich vom Sultan in Konstantinopel los; das Heer der Ägypter marschiert in Richtung Damaskus. Der Oberbefehlshaber Ibrahim, ein Sohn des Mehmed Ali, hat Konstantinopel als

Endziel im Auge. Die Einnahme der Stadt in Syrien gelingt, die Truppen des Sultans ziehen sich zurück. In Damaskus spricht Ibrahim zu den Honoratioren Syriens, die mit Skepsis auf erste Zeichen des Regierungsstils des neuen Herrn warten. Sie alle hatten dem Sultan Treue geschworen, und Ibrahim ist ein Rebell gegen den rechtmäßigen Herrn. Zu frühes Umschwenken auf seine Linie bringt Gefahr, wenn das Unternehmen scheitern sollte. Sie hören respektvoll, doch distanziert zurückhaltend zu, als Ibrahim seine Politik absteckt. Er spricht fließend Arabisch und er will, daß die Araber seine Herkunft aus Albanien vergessen: Ibrahim prophezeit arabische Größe und arabischen Ruhm, er sagt die Wiedergeburt des arabischen Reiches voraus, das der Prophet und seine Familie einst geschaffen hatten. Konstantinopel soll nicht länger die Hauptstadt des Islam sein: die arabische Wüste, die Heimat des Propheten, muß wieder – so predigt Ibrahim, der Sohn des Albaniers – Zentrum der islamischen Welt werden. Die Honoratioren in Damaskus nicken am Schluß beifällig, dann gehen sie auseinander: das Imperium der Omajjaden und Abbasiden liegt für sie weit in der Vergangenheit. Die Türken aber, grausame Rächer der Untreue, rüsten zum Gegenfeldzug. Diesmal finden die osmanischen Herrscher Unterstützung in Europa – in Preußen zum Beispiel.

1838 setzt Mehmed Ali zum Sprung an ins Herz der arabischen Halbinsel. Auch dort war eine Unabhängigkeitsbewegung unter religiösem Aspekt entstanden, die Wahhabiten wollten ebenfalls anknüpfen an frühere Glanzzeiten. Sie dachten daran, Arabien von der Wüste her zu reformieren. So stoßen zwei Keimzellen der arabischen Einheit aufeinander, beide verlieren an Schwung dabei. Europa bekommt Gelegenheit, sich – unter dem Vorwand, Ordnung schaffen zu müssen – in Arabien einzunisten.

Das Reich Allahs

In der Zeit der Türkenherrschaft verfiel auf der arabischen Halbinsel die Erinnerung an die politischen und sozialen Errungenschaften des Propheten. Die Beduinen lebten, wie zur vorislamischen Zeit, streng eingeordnet im Rahmen ihres Stammes. Es existierte kein Zusammengehörigkeitsgefühl untereinander. Jeder führte gegen den anderen Krieg. Der kühnste Räuber hatte zu bestimmen: nur die Beute zählte. Totschlag und kaltblütiger Mord dezimierten die Krieger der Stämme. Menschenleben hatte seinen Wert verloren.

Die Großfamilien ziehen als Nomaden von Oase zu Oase mit Kamelherden, Hammeln und Zelten. Ist die Wasserstelle von einer anderen Familie besetzt, wird sie erobert. Das Recht auf Eigentum gilt nicht, Abgrenzung der wenigen Weidegebiete findet keine Anerkennung. Stammesgrenzen in der Wüste gibt es nicht.

Für den Beduinen, für Mann und Frau, ist der Stamm Heimat und einziger Halt. Außerhalb der Familie gibt es keine Lebensmöglichkeit; der Einsiedler wird erschlagen von den Männern des Nachbarstammes. Wer sich nicht unterordnet, dem wird das Wasser der Oase verwehrt. Für den Beduinen ist der Scheich absoluter Fürst; der Scheich regiert und richtet. Er befiehlt Raubzüge und er verteilt die Beute; er bestimmt, wer wen zu heiraten hat. Der Scheich verfügt über den wichtigsten Besitz des Stammes, über die Kamele. Sie halten den Stamm am Leben auf den Wüstenzügen, sie liefern Nahrung und Getränk. Ihr schneller Gang ermöglicht den überraschenden Angriff auf den Nachbarn. In der Zahl der Kamele und der waffentragenden Männer liegt die Kampfkraft eines Stammes. Erwünscht ist zahlreiche Nachkommenschaft. Da die Männer in den Wechselfällen von Raubzug und Verteidigung ständig gefährdet sind und oft ihr Leben für den Stamm opfern müssen, überwiegen in den Familien die Frauen an Zahl. Dem Mann ist deshalb die Heirat von vier Frauen erlaubt. Die Witwen können sich dem Bruder des Gefallenen weitervermählen. Es soll keine Unterbrechung in der Kette von Zeugung und Geburt entstehen. Der Bestand an Söhnen, an künftigen Kriegern, muß gesichert sein.

Zeugung, Tod, Wasser, Kamel, Beute – diese fünf Begriffe bestimmen das Leben des Beduinen. Für ihn existieren kein Staat, keine Nation, keine übergeordneten Gesetze. Wie zur Zeit vor Mohammeds Vision vom einen und einzigen Gott verfallen die Stämme wieder dem regionalen Aberglauben: die Beduinen verehren die Gräber heiliger Männer, sie knien vor Geistern, die in Höhlen leben, sie vermuten einen hilfsbereiten

Gott in den Ästen eines einsamen Baumes. Jede Familie sucht sich ein wirksames überirdisches Wesen, das dem eigenen Raubzug Erfolg gibt und vor Überfall durch die Nachbarn schützt. Der vom Propheten einst gepriesene Allah gerät in Vergessenheit.

Der Purist des Islam

Im Beduinenzelt, in der Wüste, lokalisierbar mathematisch genau zwischen dem Persisch/Arabischen Golf und dem Roten Meer, wird 1703 dem Richter Abd al-Wahhab Ben Mohammed Ben Soleiman Ben Ali Al Talmimi ein Sohn geboren; der Sohn bekommt den Namen Mohammed Ben Abd al-Wahhab. Es ist überliefert, daß er mit zehn Jahren schon die 114 Suren des Koran auswendig aufsagen konnte. Mit zwölf Jahren ist der junge Mann im heiratsfähigen Alter, er wird vermählt. Der Vater beschäftigt ihn als Helfer in den Gerichtssitzungen. Bei der Pilgerfahrt nach Mekka begreift Mohammed Ben Abd al-Wahhab, daß es verschiedene Schulen der Auslegung des islamischen Rechts gibt, Abweichungen, die nicht vom Geiste des Propheten geprägt sein können. Ihn stört die Anbetung der Götter und der Rückfall der Araber in den Zustand des puren Stammesegoismus. Mohammed Ben Abd al-Wahhab besinnt sich auf die Reinheit des Glaubens: nur die Vorschriften des Koran sollen gültig sein für den gläubigen Moslem und dazu noch die überlieferten Aussagen des Propheten und seiner Nachfolger, wenn diese Aussagen in Übereinstimmung mit dem Koran zu bringen sind. Die Rückkehr zum authentischen Glauben will der angehende Richter durchsetzen. Nach seiner Überzeugung steckte nach zwölf Jahrhunderten in der Offenbarung des Propheten noch immer Kraft genug, Arabien zu reinigen. Es fehlte nur ein Mann, der mit Entschlossenheit und Energie den wahren Prinzipien des Koran zum Durchbruch helfen konnte. Diesen Mann erkennt Mohammed Ben Abd al-Wahhab in sich selbst. Er überzeugt den Emir seines Stammes von der Berechtigung seiner Doktrin. Emir Osman Ben Moamar läßt einige Statuen, die nicht Allah geweiht sind, zerstören. Doch diese Tat wird von den Führern der umliegenden Stämme mit Bestürzung registriert. Sie fordern, daß Emir Osman Ben Moamar energisch den Hitzkopf zur Ordnung rufe; wenn sich Mohammed Ben Abd al-Wahhab nicht zur Vernunft bekehren lasse und die Glaubensausübung weiterhin störe, sei er zu töten. Der Emir fühlt sich nicht stark genug, die Reinheit des Islam mit Waffen zu verteidigen: er empfiehlt dem jungen Mann die Flucht ins Gebiet des Emirs Mohammed Ben Saud, nach Dirija.

Der Emir Mohammed Ben Saud zögert zunächst; er ist nicht begeistert, den Flüchtling bei sich aufzunehmen. Die Furcht ist groß, daß er Ärger bekommt mit den Nachbarstämmen. Doch seine Frau Mudi redet ihm gut zu: »Die Ankunft dieses Mohammed ist ein Geschenk des Himmels; du mußt es ausnützen, daß Gott dir diesen Mann geschickt hat!« Zwischen dem Glaubenspuristen und dem Oberhaupt der Familie Saud wird ein Pakt geschlossen: der Emir garantiert der neuen Doktrin des Islam Schutz, er will für die Reinheit des Glaubens kämpfen. Im Jahr 1740 liegt der bemerkenswerte Tag, an dem sich die beiden Männer alliieren. Mohammed Ben Abd al-Wahhab wird ein Magnet für die jungen Gläubigen, die sich nicht damit abfinden können, daß Zentralarabien im Chaos untergeht. Viele kommen nach Dirija und hören von der Gewalt des einen Gottes Allah.

Die Nachbarn des Emirs Mohammed Ben Saud beginnen bald Schwierigkeiten zu machen, besonders der Emir von Riad. Er sucht Verbündete für einen Feldzug gegen die Stadt Dirija. Nach heftigen Kämpfen gewinnt der Stamm der Saudi. Riad, die gegnerische Hauptstadt, wird eingenommen: der Kern für das Reich der Wahhabiten ist geschaffen, für den Staat der Anhänger des Abd al-Wahhab. Nach dem Tod des Emirs Mohammed Ben Saud dehnt der Sohn Abd al-Asis den Machtkreis der Familie Saud weit aus in der arabischen Halbinsel. Neununddreißig Jahre lang schickt er seine Reiter los: sie unterwerfen Bahrain, Ras al-Khaimah und Oman – das erste Reich der Saudi erstreckt sich bis zum Persisch/Arabischen Golf und bis nach Kerbela im Irak.

In Kerbela war der Enkel des Propheten erschlagen worden, dort ist das Zentrum des schiitischen Glaubens. Emir Abd al-Asis sagt den Schiiten, daß ihre Religionsauslegung eine Abweichung von der reinen Religion darstellt. Ein Schiite rächt die Beleidigung: Abd al-Asis wird beim Freitagsgebet in der Moschee von Riad ermordet. Sein Nachfolger wird Saud Ibn Abd al-Asis (1803). Die Dynastie der Saudi etabliert sich.

Mit der Einnahme von Mekka (1804) stößt der zentralarabische Staat auf Vertreter der osmanischen Herrschaft; die Verwaltung der Heiligen Stadt liegt in der Hand von Beamten aus Konstantinopel. Sie werden sofort ausgewiesen, die türkische Garnison zieht ab. Saud Ibn Abd al-Asis verbietet die Erwähnung des Sultans in den Gebeten der Moschee; damit erklärt sich der islamisch-arabische Staat der Saudi für unabhängig.

Der Sultan kann diese Entwicklung nicht länger als vorübergehenden Erfolg eines islamischen Fanatikers verharmlosen. Er schickt die Armeen der Gouverneure des Irak und Syriens gegen die Grenztruppen der Saudi in den Kampf – ohne Erfolg, die entschlossenen Krieger des neuen Staates lassen sich nicht zurückdrängen. Da setzt der Sultan seine Hoffnung auf den Albanier in Kairo, auf Mehmed Ali. Der Zusammenstoß der beiden nationalen Bewegungen Arabiens bereitet sich vor (1806).

Mehmed Ali kann sich noch immer auf den albanischen Kern seines Offizierskorps verlassen. Für den Feldzug nach Zentralarabien sammelt er Franzosen auf, die beim Abzug des Expeditionskorps in Ägypten geblieben waren; sie bilden den Kern seiner Pioniertruppe. Mehmed Ali zeigt, daß er von Napoleon, dem Artilleristen, gelernt hat: Ägypten kauft Geschütze bei französischen Gießereien – diese französischen Kanonen werden die Kämpfe entscheiden. Die Werft von Suez, gegründet auf Befehl Napoleons, baut die Schiffe für den Transport der sechstausend ägyptischen Soldaten. Fünf Jahre lang dauern die Vorbereitungen. Im Herbst 1811 landen die Ägypter bei Dschidda an der Küste des Saudistaates. Der saudische Befehlshaber operiert taktisch geschickt, er läßt die fremden Truppen ins Land eindringen; er gibt ihnen das Gefühl, überlegen zu sein. Dann schlägt er zu: im Wüstental von Safra bei Medina schließt er die Ägypter ein. Fünftausend Soldaten des Mehmed Ali werden getötet. Die Saudi nützen den Erfolg nicht aus, an der Küste können die Ägypter auf Ersatztruppen warten; nach sechs Monaten treffen fünftausend neue Soldaten aus Kairo ein. Sie bringen den Befehl mit, Medina einzuschließen. Die Belagerung gelingt, die Stadt des Propheten ergibt sich. Doch Mehmed Ali macht einen Fehler: er setzt den Schotten Thomas Keith – einen der Offiziere, die mit Napoleon nach Ägypten gekommen waren – als Gouverneur von Medina ein. Thomas Keith ist Christ. Die Saudi ziehen den Nutzen aus dieser Maßnahme: die Stämme in Zentralarabien sehen in den Ägyptern Ungläubige, sie kämpfen entschlossen. Doch hat Mehmed Ali den Vorteil seiner Artillerie; sie zerschlägt auch die Moral der Verteidiger von Mekka. Es kommt ihm gelegen, daß die Saudi ihre Taktik ändern; in starrer Schlachtordnung reiten sie gegen die Ägypter und bieten so Ziele für die weitreichenden Kanonen.

Napoleon hatte inzwischen, nach dem Abenteuer der Hundert Tage, endgültig abdanken müssen. Mit seiner Abreise nach St. Helena begann eine Periode des Friedens für Frankreich, französische Offiziere wurden arbeitslos; viele bewarben sich bei Mehmed Ali. Sie finden Aufgaben beim ägyptischen Expeditionskorps in Zentralarabien. Die Franzosen ermöglichen den Vormarsch auf die saudische Hauptstadt Dirija.

Dort organisiert der Sohn des Mohammed Ben Abd al-Wahhab den Widerstand. Länger als fünf Monate hält Dirija gegen die französische Artillerieeinheit der Ägypter aus. Die Stadt ist ein Trümmerfeld, auch die Moschee ist zerstört. Am 9. September 1818 ergibt sich Dirija. Der Waffenstillstandsvertrag sieht die Schonung der Bevölkerung vor, doch der ägyptische Befehlshaber hält sich nicht daran: die Bewohner werden aus der Stadt

gejagt, dann sprengen Pioniere die restlichen Häuser. Keine Erinnerung soll bleiben an den saudischen Staat.
Der Auftraggeber dieses Kriegs, der Sultan von Konstantinopel, bereut bald, daß er auf Mehmed Ali gesetzt hatte: die Ägypter bedrohen seine Herrschaft über Syrien. Der Sultan knüpft vorsichtig Kontakte mit den überlebenden Saudiemiren, er braucht Hilfe gegen Mehmed Ali. Der Sultan plant eine Zangenbewegung von Süden und Norden gegen die ägyptische Syrienarmee. Mehmed Ali will 1838 durch eine neue Invasion Zentralarabiens dieser Gefahr zuvorkommen. Dieses Mal sind die Emire am Persisch/Arabischen Golf bereit, mit den Ägyptern zusammenzuarbeiten. Der Emir von Kuwait leiht Geld an den Vertreter des Mehmed Ali aus, damit den ägyptischen Truppen auf der arabischen Halbinsel Sold ausgezahlt werden kann. Doch die Engländer fürchten die Kooperation der Golfemire mit den Ägyptern. London hat seit langem Beziehungen zu Konstantinopel, und der Sultan macht bisher keine Schwierigkeiten gegen den britischen Einfluß am Persisch/Arabischen Golf. In Ruhe können die Engländer ihre Basis auf dem Verbindungsweg nach Indien ausbauen. Diese Position, ohne die Indien nicht verwaltet werden kann, sieht London durch die zweite Expedition des Mehmed Ali gefährdet. Kairo erhält Warnungen, die Expansion nicht zu weit zu treiben. Mehmed Ali versteht den Wink; nicht aber sein Oberbefehlshaber im saudischen Gebiet, Khorchid Pascha. Er schreibt nach Kairo: »Seit fünf Monaten sind wir ohne Befehle. Wir hören nur, daß es neuerdings Verbote für uns geben soll. Wir bitten dringend um Aufklärung, worin diese Verbote bestehen, damit wir Vorsorge für alles treffen können.« Mehmed Ali antwortet, daß er dem Wunsch der Engländer gemäß keine Schiffe im Persisch/Arabischen Golf einsetzen werde – Khorchid Pascha möge sich an diese Anweisung halten. Mehmed Ali findet sich mit der Herrschaft der Briten auf arabischem Boden am Persisch/Arabischen Golf ab. Khorchid Pascha aber warnt seinen Souverän in Kairo: »Seit fünfzig Jahren wollen die Engländer sich am Golf einnisten, sie suchen eine feste Basis gegen Rußland. Sie sind an den Küsten von Oman, Bahrain und Kuwait interessiert, um von dort aus den Russen entgegentreten zu können. Wenn ihnen das gelingt, dann bleibt der arabischen Halbinsel keine Selbständigkeit. Der Schlüssel zum Golf ist die Inselgruppe von Bahrain. Haben die Engländer Bahrain in der Hand, werden sie es so befestigen wie Malta. Wir müssen die Engländer vom Golf fernhalten.« Aus Kairo bekommt der General diese Antwort: »Die Umstände sind nicht günstig für die Realisierung Ihrer Gedanken.« Khorchid Pascha erhält strikte Order, sich nicht in eine Verteidigung von Bahrain einzulassen; die Engländer können die Inselgruppe in ihre Einflußsphäre einbauen.

Die Regierung in London dankt Mehmed Ali für sein Entgegenkommen nicht. Sie lädt im Jahre 1840 die Großmächte Rußland, Österreich und Preußen zu einer Konferenz ein, die darüber diskutieren soll, wie dem Expansionsdrang der Ägypter begegnet werden kann. Die Konferenz von London beschließt, Mehmed Ali aufzufordern, sich von allen Gebieten zurückzuziehen, die nicht zur Provinz Ägypten gehören. Die Aufforderung wird als Ultimatum abgefaßt. Mit diesem Schriftstück retten die Engländer das Osmanische Reich – Mehmed Ali zieht seine Truppen von der arabischen Halbinsel, aus Palästina und Syrien und aus dem Sudan zurück. Eine letzte Hoffnung hatte Mehmed Ali auf Frankreich gesetzt. Von Paris wünschte er sich Unterstützung für seine großarabischen Pläne; doch die französische Regierung sah sich nicht in der Lage, den politischen Kampf gegen eine Koalition der Engländer, Preußen, Österreicher und Russen durchzustehen.

Mit der Entscheidung der Londoner Konferenz greifen die europäischen Mächte in Arabien ein. Sie verbieten den Ägyptern, Arabien zu einigen. Den Nutzen dieser Entscheidung haben allein die Engländer; für die Seemacht England war ein starkes Arabien unbequem. Um seine Ambitionen zu verdecken, bezieht London die unbeteiligten Preußen und die Österreicher in die politische Entwicklung der Anfangsphase des britischen Imperialismus in der arabischen Welt ein. Von nun an betrachtet England Arabien als Objekt im Spiel britischer Interessen. Die osmanische Zentralgewalt in Konstantinopel wehrt sich nicht. Arabien ist völlig entmündigt. Die Konsequenz: die Einzelteile der arabischen Welt suchen ihr Heil im Regionalismus, der Traum von der arabischen Einheit erlischt wieder.
Seit der ersten Hälfte des 19. Jahrhunderts lassen sich die arabischen Regionen gegeneinander ausspielen. Das erste Opfer war Mehmed Ali. Er hatte die aussichtsreiche Einigungsbewegung der Saudi unterdrückt – im Auftrag der Regierung von Konstantinopel. Er bekam den Zorn der Engländer zu spüren, als er zu mächtig wurde. In den kommenden Jahren achtet London ängstlich darauf, in Zentralarabien keinen Nationalkern der Araber entstehen zu lassen. Als sich das Reich der Saudi zu erholen beginnt und seinen Willen zeigt, die Emirate am Golf zu erobern, nimmt England die Emire unter seine Protektionsfittiche: Kuwait genießt als erstes Emirat den militärischen Schutz der Engländer. Im Jahre 1900 verhindert ein britisches Kriegsschiff die Annexion Kuwaits durch die zentralarabischen Truppen aus Riad.

Das Königreich Saudi-Arabien entsteht

In den noch erträglichen Wochen vor der großen Hitze bricht im Jahr 1901 ein Trupp von vierzig berittenen Bewaffneten in Kuwait auf. Kamele, Waffen, Geld und Proviant hat der Emir von Kuwait gestiftet. Ein junger, hochgewachsener Mann mit scharfgeschnittener Nase führt die vierzig an. Sein Name: Abd al-Asis Ibn Saud. Er reitet durch die Wüste, um das Reich der Saudi wiederherzustellen. In Riad, der alten Hauptstadt, regiert ein Mann, der nicht erbberechtigt ist – er heißt Ibn Raschid. Dieser Herrscher hat die Unterstützung des Sultans in Konstantinopel, doch waren gerade in den Wochen vor dem Ritt des Abd al-Asis Ibn Saud wichtige Lieferungen an Waffen und Geld aus der Zentrale der osmanischen Verwaltung nicht angekommen: der Sultan wollte den Engländern entgegenkommen, kein Emir am Rande des britischen Einzugsgebietes sollte stark genug sein, die Briten durch Raubzüge reizen zu können. Ibn Raschid befindet sich trotzdem in keiner schwachen Position, die Krieger in Riad sind ausreichend mit Waffen bestückt.

Einige Monate, während der Zeit der großen Hitze, bleibt Abd al-Asis Ibn Saud unfreiwillig in den Randgebieten der Rub al-Chali, des »leeren Viertels« – so bezeichnen die Beduinen die riesige Wüste von Zentralarabien. Abd al-Asis Ibn Saud versucht, die Beduinenstämme dort von der Rechtmäßigkeit seiner Ansprüche zu überzeugen, ohne Erfolg. Die Stammesfürsten zeigen sich gleichgültig. Der Emir von Kuwait hatte den Ritt unterstützt in der Hoffnung, daß ein schneller Erfolg vom Sultan in Konstantinopel in der Überraschung anerkannt werde. Ein Umsturzversuch, der sich hinzieht, mußte Ärger bringen. Der Emir ruft aus Angst die Gruppe des Abd al-Asis Ibn Saud zurück, doch die vierzig hören nicht auf die reitenden Boten aus Kuwait. Sie überfallen Karawanen, erschlagen die Kamelführer und transportieren die Beute in die Oasenlager der Stämme: Abd al-Asis Ibn Saud will zeigen, daß es sich lohnt, in seiner Gruppe mitzureiten. Bald wissen die arabischen Märchenerzähler an den Lagerfeuern von der riesenhaften Goldkiste zu berichten, aus der Abd al-Asis treue Dienste belohnt.

Die Hoffnung auf Anteil an der Beute lockte; Abd al-Asis konnte sich im Herbst 1901 auf vierhundert Krieger verlassen. Sie waren allerdings durch normale Überfälle auf Karawanen nicht mehr zu befriedigen. Abd al-Asis mußte jetzt ernsthaft daran denken, die Hauptstadt des ehemaligen Saudistaates zu erobern.

In Riad leben zu dieser Zeit achttausend Menschen, in Häusern aus Lehmziegeln. Die Stadt ist verfallen, seit dem Abzug der Ägypter ist nichts

repariert worden. Lethargie und Unlust regieren in Riad. Niemand sieht eine Zukunft vor sich. Nur die Herren im Lehmpalast fühlen sich wohl hier, die Anhänger von Ibn Raschid, dem nichtlegitimen Herrscher in Zentralarabien.
Die Garnisonskommandeure haben zu bestimmen in Riad. Sie sind grausame Herren für die Bewohner, und sie vernachlässigen ihre Pflicht: die Stadtmauer aus Lehm ist brüchig, die Posten sind nachlässig im Wachtdienst. Abd al-Asis gewinnt einen Vorteil aus den Fehlern der Garnison: mit sechs seiner Beduinenkrieger übersteigt er bei Nacht die Mauer an einer der Stellen, die ausgebessert werden müßten. Niemand entdeckt die sieben, als sie durch die engen Gassen der Stadt schleichen. Abd al-Asis ist in Riad aufgewachsen, er findet den Weg zum Stadtzentrum. Dort stehen der starkbefestigte Palast und, ein separates Gebäude, der Harem des Gouverneurs. Wer diese Häuser besetzt hält, der hat die Macht in Riad.
Abd al-Asis weckt im zweistöckigen Lehmhaus nebenan den Viehhändler Juwaisir, er soll von seinem Dach aus den Sprung auf den Haremsbau möglich machen. Juwaisir entflieht. Es besteht die Gefahr, daß er Alarm schlägt. Doch es bleibt ruhig in der Stadt: die sieben gelangen auf das Dach des Harems, und von dort ins Haus. Wachen gibt es im Harem keine. Inzwischen sind alle Krieger des Abd al-Asis in die Stadt gekommen. Sie erwarten im Harem den Gouverneur, der die Angewohnheit hat, im Morgengrauen seine Frauen zu besuchen. Der Gouverneur verläßt seine Festung und wird sofort überfallen. Im Gefecht mit Dolch und Schwert siegt die Partei der Saudi. Nach wenigen Minuten ist Abd al-Asis Herr in Riad. Ibn Raschid ist an diesem 12. Januar 1902 bei seiner Hauptstreitmacht in der Nähe der kuwaitischen Grenze. Er bereitet den Überfall auf das Emirat vor. Diesen Plan läßt er fallen, doch er findet nicht den Mut, Riad zurückzuerobern. Über Jahre hin zieht sich der Kampf zwischen Ibn Raschid und Abd al-Asis, keiner von beiden kann zunächst den anderen empfindlich schlagen. Für die Saudi wird die Lage kritisch, als ihre Gegner vom osmanischen Heer Artillerie geliefert bekommen. Allein der Krach der Kanonen erschreckt die Wüstenkrieger und treibt sie zur Flucht. Doch die Türken sind dem mörderischen Klima der Wüste nicht gewachsen; sie rücken nicht vor, sie lassen trotz eines ersten Sieges den Vorteil ihrer Wunderwaffe ungenützt. Im türkischen Lager bricht die Cholera aus; die Truppe verliert die Lust, in diesem elenden Landstrich zu bleiben. Viele der Männer desertieren – sie kommen nicht weit auf dem Weg in die Heimat: die Krieger der Saudi fangen die Deserteure und schneiden ihnen den Hals durch. Die Angst vor den barbarischen Wüstenkriegern demoralisiert die Türken völlig. Abd al-Asis nutzt die Chance, er zerschlägt die

Armee des Ibn Raschid, die türkischen Artilleristen fliehen in der ersten Phase des Kampfes.
Abd al-Asis bringt nach diesem Erfolg sofort sein Verhältnis zum Sultan in Konstantinopel in Ordnung. Er unterwirft sich der osmanischen Zentralgewalt. Er schreibt: »Ich gehorche jedem Wunsch und jedem Befehl des Schattens von Allah. Ich bin nichts als der Diener unseres Herrn, des Großkalifen. Allah möge seinen Thron bewahren bis zum Tag des Gerichts.« Der Sultan akzeptiert zunächst die Unterwerfung, obgleich er von Anfang an überzeugt ist, daß Abd al-Asis lügt. Der Herrscher der Saudi findet auch bald einen Vorwand, um mit Konstantinopel zu brechen: Emissäre des Sultans beginnen Stämme an der Grenze nach Kuwait gegen die Saudigewalt aufzuwiegeln; Abd al-Asis spielt den Verärgerten und erklärt sein Land im Jahre 1906 für unabhängig. Er setzt sich das Ziel, seinem Territorium den Umfang zu geben, den der von den Ägyptern zerstörte Saudistaat einst hatte. Schon 1912 regiert er ein Land, das halb so groß ist wie Europa.

Die Gesellschaftsreform

Abd al-Asis ist der erste arabische Herrscher, der einen Plan entwickelt zur Änderung der Sozialstruktur seines Wüstenreiches: er will aus Beduinen Bauern machen. Ihm schwebt vor, die Stämme, die als Nomaden durch die Wüste ziehen, an festen Plätzen um Wasserstellen anzusiedeln. Er läßt Dörfer aus Lehmhäusern bauen neben den wenigen Flecken landwirtschaftlich nutzbaren Landes. Die Attraktion der Dörfer sind die Moscheen: die Nomaden werden mit würdigen Bethäusern angelockt. Abd al-Asis gibt dem Zug aus der Wüste den Namen »Auswanderung« (Al Hidschra). Nach der islamischen Überlieferung bedeutet Al Hidschra der »gottgefällige Zug« vom Ort, an dem die Ungläubigen wohnen (für den Propheten war das in der Anfangszeit Mekka), zum Ort der Gläubigen (Medina). Für den Beduinen soll sich die Assoziation der religiösen Pflicht von selbst ergeben: der Gläubige muß dem Gebot zur Ansiedlung folgen.
In den Ansiedlungszentren ist der Mann, der religiöse Autorität besitzt, für Ordnung in der Gesellschaft zuständig. Er überwacht die Anwendung der Gesetze. Die Grundregeln des Mohammed Ben Abd al-Wahhab bekommen auch in diesem Saudistaat Gültigkeit. Das Leben der Untertanen wird bestimmt von den Vorschriften des Propheten. Die zweite Welle des Wahhabismus bekommt allerdings eine wichtige Nuance: die islamische Autorität in den Dörfern wird beauftragt, den Gläubigen darzustellen,

daß der Prophet wohlgefällig auf Bauern und landwirtschaftliche Arbeiter geblickt habe. In Wahrheit galten Bauern bisher nichts in der Beduinengesellschaft; der »Krieger auf Raubzug« war das Idealbild der Männer. Nun wird vom Beduinen verlangt, Äcker zu bestellen. Das Argument: der Gläubige sei von Mohammed beauftragt, Reichtum zu sammeln, die Landwirtschaft biete dazu die Möglichkeit. Das Prophetenwort wird propagiert: »Ein Gläubiger mit Eigentum ist besser als einer ohne Mittel des Lebensunterhalts.«

Drei Klassen der Menschen unterscheidet die saudiarabische Gesellschaft der Frühzeit des Staates: 1. Männer, die immer bereit sein müssen, für den Islam in den Heiligen Krieg zu ziehen; sie bewahren Kamele, Waffen und Munition in ihren Dörfern bei sich auf. 2. Männer, die weniger gut zu entbehren sind in den landwirtschaftlichen Betrieben. 3. Männer, die bis zur Stunde der äußersten Gefahr für Feld, Hammel und Kamele zu sorgen haben. Dem Saudiherrscher schwebt eine soldatisch-bäuerliche Gesellschaft vor. Er hatte beim Zug nach Riad die Erfahrung gemacht, daß Kämpfer aus Siedlungsgebieten sich tapferer einsetzen als die Nomaden. Sie hatten mehr zu verlieren. In 122 Ansiedlungszentren konzentriert Abd al-Asis 76500 Kämpfer. Dieser Armee kann schließlich keine andere Truppe standhalten in Zentralarabien. Die Bauern-Soldaten sind gefürchtet.

Abd al-Asis plant den Sturm des gereinigten Islam gegen die Halbgläubigen; die 76500 Mann sollen losbrechen, um den wahren Lehren des Propheten Geltung zu verschaffen in Damaskus, in Bagdad, in Kairo. Für die Reinheit das Glaubens zu sterben, ist die Pflicht dieser Kämpfer. Sie warten auf den Befehl des Herrschers zum Heiligen Krieg. Doch dieser Befehl kommt nicht – die Großmächte sind eben dabei, ihre Macht im Nahen Osten zu konsolidieren. Sie lassen sich nicht stören von machthungrigen Emiren, selbst wenn diese sich als Verbündete Allahs bezeichnen. Der Herrscher in Riad beachtet die von den Großmächten gesetzten Grenzen; er erkennt die Interessen der Engländer an. London nimmt Beziehungen auf zum Hof des Abd al-Asis, der Monarch ist damit unbestrittener Herrscher über Zentralarabien. Abd al-Asis bringt Opfer dafür, er verspricht, keine aggressiven Handlungen gegen England und dessen Verbündete zu unternehmen. Mit diesem Zugeständnis ist schon der nächstliegende Eroberungsfeldzug unmöglich gemacht: die Saudiarmee kann nicht die Emirate am Persisch/Arabischen Golf besetzen; Kuwait, Abu Dhabi, Dubai, Schardschah, Ras al-Khaimah, Katar, Oman behalten ihre Souveränität. Der östliche Küstenstreifen der arabischen Halbinsel kann nicht für den reinen, gesäuberten Glauben erobert werden.

England nimmt der saudiarabischen Unabhängigkeitsbewegung den pan-

arabischen Charakter. Der Artikel 3 des Abkommens mit London degradiert den arabischen Staat zum Vasallen der Engländer: Abd al-Asis verspricht, ohne Wissen der englischen Regierung keinen Briefwechsel mit Regierungen oder Staatschefs zu beginnen und zu unterhalten. Abkommen mit fremden Staaten sind ohne Zustimmung Londons nicht gültig; nur nach Übereinkunft mit der englischen Regierung ist die Vergabe von Konzessionen an nichtbritische Gesellschaften möglich. England hat den Verdacht, daß unter dem Wüstensand des saudiarabischen Gebiets Öl zu finden ist. Die Rechte an diesem Öl will sich England sichern.
Der Arabischen Bewegung der Saudi sind im Westen Grenzen gesetzt: England hält Ägypten besetzt; der Suezkanal ist zur wichtigsten Nachschub- und Verbindungsader der Kommunikationslinie zwischen England und Indien geworden. Der Vertrag bindet Abd al-Asis; auch eine Annexion des schwachen ägyptischen Staates ist nicht möglich.

Die Großmächte streiten um Ägypten

Der Suezkanal als Zankapfel

Mit der Entdeckung der Seeroute rings um Afrika für den Verkehr zwischen Europa und dem Fernen Osten hatte Arabien im 15. Jahrhundert als Zwischenstation an Bedeutung verloren. Gewürze, Parfüme, Farbstoffe, Medikamente, Seiden und Perlen kamen nun nicht mehr mit Kamelkarawanen in den Mittelmeerhäfen Arabiens an, auf gefahrvollen Wegen, bedroht von Banden und Armeen. Diese Waren wurden um das Jahr 1500 von den Portugiesen in Goa, Kalikut und Maskat auf Schiffe verladen, die entlang der ostafrikanischen Küste über eine Kette von sicheren Häfen weitergeleitet wurden. Der Handelsweg der Niederländer führte von Sumatra über Mauritius zur Südspitze Afrikas. Die Fernosttour von Vasco da Gama (1497/98) ließ den Transitverkehr durch Arabien absterben.
Die enge Bindung Indiens an England weckte das Interesse am Landweg durch Arabien wieder. Die Umseglung Afrikas war zeitraubend; eine Route durch das Mittelmeer, über arabisches Land zum Persisch/Arabischen Golf umfaßt nur ein Drittel der Seestrecke. Durch eine rationelle Abstimmung des Fahrplans von Schiff und Karawane konnte Zeit gewonnen werden. Die Regierung und die Kaufleute in England erforschten zuerst die Vorteile eines Reisewegs über den Euphrat. Pläne für den Durchstich der Landenge von Suez fanden in London wenig Interesse. Die Seefahrernation der Briten

hatte die Eisenbahn entdeckt: die Regierung Palmerston gibt dem Bau eines Schienennetzes durch Arabien den Vorzug. Die Franzosen ergreifen die Chance, die sich ihnen bietet: die private Société d'Etudes du Canal de Suez schlägt Mehmed Ali den Bau der Wasserstraße vor. Der Herrscher in Kairo sieht die künftigen Schwierigkeiten voraus: »Frankreich und Österreich wollen den Kanal, aber England und Rußland sind dagegen! Die Großmächte sollten sich erst verständigen und dann den Wunsch nach dem Kanal klar zum Ausdruck bringen. Den Kanalbau können wir durchführen, das ist kein Problem. Ich kann meine ganze Armee dafür einsetzen!« Graf Ferdinand de Lesseps, ein Diplomat mit Sympathien für die Ägypter, findet den richtigen Ton, um in Kairo zu überzeugen: »Dem Herrscher, der den Kanal baut, wird er unsterblichen Ruhm bringen und Reichtum für immer. Vergessen sind die ägyptischen Herrscher, die Pyramiden aufrichten ließen – der Fürst aber, der den Kanal eröffnen wird, ist gesegnet von Jahrhundert zu Jahrhundert bis ans Ende der Zeit!« Am 30. November 1854 erhält Graf Ferdinand de Lesseps die Konzession ausgehändigt.

Der Graf rechnet nicht damit, daß England Schwierigkeiten macht, London und Paris waren gemeinsam am Krimkrieg gegen Rußland beteiligt, das gute Einvernehmen ist offensichtlich. Doch Lesseps täuscht sich. Frederick Bruce, der diplomatische Vertreter Englands in Ägypten, bekommt die Anweisung, den ägyptischen Herrscher vor dem Projekt zu warnen: »Das Projekt ist nicht durchführbar, es übersteigt die Möglichkeiten Ägyptens bei weitem.« Wichtig für die Charakterisierung der englischen Haltung ist dieser Satz: »Jede Bemühung um die Erleichterung des Verkehrs zwischen England und den Besitzungen in Asien muß den Interessen der britischen Regierung entgegenkommen. Der Kanalbau besitzt diesen Vorteil nicht.«

Ägypten hatte sich längst de facto aus dem Osmanischen Reich gelöst. Mehmed Ali wollte sogar das Imperium von Konstantinopel zerschlagen, doch wurde der Trennungsschnitt nie de jure vollzogen. Der Herrscher in Kairo war auf dem Papier noch immer Vasall des Sultans. Auf diese Abhängigkeit setzt London. Der Großwesir des Osmanischen Reiches wird veranlaßt, einen Brief nach Kairo zu schreiben. Der Wortlaut des Schreibens sollte ein für allemal dem Kanalprojekt ein Ende bereiten: »Unser erhabener Herr, der Sultan, ist außerordentlich verärgert. Er kann nur dadurch beruhigt werden, daß von diesem Kanal nicht mehr gesprochen wird. Frankreich wird der ägyptischen Provinz nicht helfen, aber England kann schweren Schaden zufügen. Fürchtet die Kanonen der britischen Flotte.«

Dieses Schreiben hat nicht den gewünschten Effekt: die Ägypter wollen sich keine Vorschriften von Konstantinopel machen lassen. Die Vorberei-

tungen für den Kanalbau gehen weiter. Ferdinand de Lesseps findet inoffizielle Unterstützung des französischen Kaisers Napoleon III. – dessen Frau ist eine nahe Verwandte des Grafen –, doch in der Öffentlichkeit soll vom Engagement des Hofes nichts bekannt werden. Napoleon III. sagt zu Lesseps: »Wenn ich Sie jetzt offen unterstütze, dann haben wir Krieg mit England!« Diesem Krieg fühlt sich der Kaiser nicht gewachsen.
Lord Cowley, der britische Botschafter in Paris, fordert Napoleon III. auf, das Projekt fallenzulassen. Von den Absichten und von den Interessen der Ägypter oder der türkischen Regierung wird gar nicht gesprochen. Den Ländern des Nahen Ostens ist jeder Anspruch auf Selbständigkeit genommen. Auf den französischen Vorschlag, die Herrscher von Kairo und Konstantinopel anzuhören, antwortet Lord Cowley: »Damit wäre das Problem nur zurückgeworfen in den Streit und in die Intrigen der lokalen Fürsten.« Lord Palmerston definiert in London die britische Haltung gegenüber Ägypten so: »Wir wollen Ägypten gar nicht für uns haben; genausowenig wie ein vernünftiger Mann, der Güter im Norden und Süden Englands besitzt, Eigentümer der Gasthäuser sein will, die an der Straße zwischen den Gütern liegen. Er ist nur daran interessiert, daß diese Gasthäuser in gutem Zustand und jederzeit zugänglich sind und daß er dort zu jeder Stunde Hammelkoteletts und frische Postpferde bekommen kann.« Postpferde werden im 19. Jahrhundert durch Lokomotiven ersetzt: Palmerston gibt den Auftrag, von Alexandria bis Suez eine Bahnlinie zu bauen, vom Suezkanal will er nichts wissen.

Die britische Regierung hatte im ersten Drittel des 19. Jahrhunderts den Bestand des Osmanischen Reiches gegen die Expansionslust des Mehmed Ali gesichert. Der Sultan weiß, daß er die Engländer nicht verärgern darf. Am Neujahrstag 1858 wird er eindringlich und unter Drohungen aufgefordert, seine Position zu überdenken: »Ihre Majestät kann nicht erwarten, daß künftig – nach der Genehmigung zum Bau des Kanals von Suez – die Erhaltung der territorialen Integrität des Osmanischen Reiches von den Großmächten in Europa als Leitgedanke der Politik beibehalten wird.« Frankreich, das Sympathien für den Kanalbau hat, zählt für die britische Regierung nicht zu den europäischen Großmächten.
In Kairo scherzt der ägyptische Herrscher mit Ferdinand de Lesseps: »Schau her, wie mager ich durch den Ärger mit den Engländern geworden bin!« Lesseps wartet auf einen Fortschritt in der politischen Entwicklung, vier Jahre lang dauert schon der Streit um die Erbauung des Suezkanals. Am 5. November 1858 kann die Öffentlichkeit in Europa von Lesseps aufgefordert werden, Aktien zu zeichnen für die Suezkanalgesellschaft. In Frankreich füllen sich die Zeichnungslisten, im übrigen Europa besteht

kein Interesse – Frankreichs politische Lage spiegelt sich in den Zeichnungslisten: es wird in die Isolation gedrängt, künftige Kriege kündigen sich an.
Mohammed Said, der Herrscher in Kairo, hatte versprochen, die nicht verkauften Aktien zu erwerben; er muß jetzt für die Einlösung des Versprechens die Summe von 3 500 000 £ aufbringen. Ein solcher Betrag übersteigt seine finanzielle Kraft. In London wird der Ruin des Unternehmens vorausgesagt. Doch am 25. April 1859 beginnen die Arbeiten am Durchstich der Meerenge. Für Mohammed Said ist die Lage schwierig, mit dem ersten Spatenstich hat er sowohl London als auch Konstantinopel zum Feind. Er findet die einfachste Lösung: er erklärt sich für unzuständig, der Bau ist Sache der Franzosen: »Wenn ich meine Soldaten gegen die französischen Ingenieure an der Baustelle losschicke, dann kommt vielleicht einer der Franzosen ums Leben. Das Resultat ist, daß die Franzosen an der ägyptischen Küste landen!« Mohammed Said verzichtet damit auf seine souveränen Rechte; er hofft, daß sich die englische Regierung und der Sultan selbst mit den Franzosen im Guten oder im Bösen einigen. Lesseps und seine Gesellschaft profitieren vom Streit. Es gelingt dem Grafen, den französischen Kaiser doch noch zu handfesten Erklärungen zu überreden. Der Krieg zwischen England und Frankreich bricht trotzdem nicht aus. Die Engländer finden ganz langsam zu einer positiven Einstellung gegenüber dem Kanalprojekt. Nicht mehr der Kanal selbst beginnt sie zu stören, sondern daß dieser Kanal von den Franzosen gebaut wird.
Ismail Pascha, der Nachfolger des Mohammed Said als Khedive von Ägypten, hat Schwierigkeiten, den finanziellen Forderungen der Kanalgesellschaft nachzukommen, doch die Verpflichtung seines Vorgängers bindet ihn. Die Schulden des ägyptischen Staates wachsen mit den steigenden Baukosten: Lesseps hatte sich grob verrechnet. Bis 1869 bezahlt Ismail Pascha zehn Millionen Pfund Sterling als seinen Anteil an den Ausgaben für den Kanalbau; er trägt mehr als die Hälfte der Kosten von achtzehn Millionen. Die Gesamtausgaben der ägyptischen Staatskasse liegen in Wirklichkeit noch höher: sie hat den Bau von Hafenanlagen und Verwaltungsgebäuden zu finanzieren – und die Feierlichkeiten zur Eröffnung des Suezkanals.

Am 19. und 20. November 1869 fährt die französische Kaiserin auf der Jacht »Aigla« von Port Said bis Suez, damit ist der Kanal eröffnet. Die Höfe Europas sind der Einladung des Khediven gefolgt: Kaiser Franz Joseph von Österreich und der Kronprinz von Preußen sind neben der Kaiserin Eugenie die illustren Gäste. Die britische Krone ist vertreten durch Mr. Henry Elliot, den englischen Botschafter in Konstantinopel. Noch bei

der Eröffnungsfeier zeigt London sein Mißfallen darüber, daß der Suezkanal in der Hand der Franzosen ist.
Frankreich verliert den Krieg von 1870/71. Es stellt für die nächsten Jahre keine Macht mehr da, die ernstgenommen werden muß. Die französische Regierung ist auch nicht mehr in der Lage, für die Schulden der Suezkanalgesellschaft einzustehen. Ende des Jahres 1870 schon sagt der Khedive zu Generalmajor Stanton, dem britischen Generalkonsul: »Die beste Lösung ist die Übertragung des Kanals in den Besitz einer britischen Gesellschaft. Wenn sie wollen, unternehme ich alles, was in meiner Macht steht, um den Besitzwechsel zu ermöglichen.« Der Khedive sucht einen Partner, der mehr Geld hat als die Regierung der französischen Republik. Seine Schulden sind auf hundert Millionen £ angewachsen; an Zinsen sind nahezu sechs Millionen £ im Jahr zu zahlen, dieser Betrag übersteigt das jährliche Einkommen Ägyptens. Nicht nur der Kanal bringt Probleme: der amerikanische Bürgerkrieg (1861–1865) hatte vorübergehend starke Nachfrage nach ägyptischer Baumwolle zur Folge gehabt, da die Südstaaten der USA nicht in der Lage waren zu liefern; doch der Nachfrageboom war längst zu Ende. Der Khedive aber hatte auf hohe Preise spekuliert und verloren. 177642 Aktien der Suezkanalgesellschaft waren ihm als einziger Besitz von liquidem Wert geblieben. Am 15. November 1874 bekommt Generalkonsul Stanton aus London die Anweisung, den Verkauf der Aktien durch den Khediven an nichtbritische Interessenten unter allen Umständen zu verhindern. Königin Victoria war inzwischen für den Kauf der Aktien gewonnen worden. Stanton, kein Diplomat von intellektuellem Rang, teilt das britische Interesse dem Khediven mit und weckt damit dessen Spekulationslust: die Vertreter des Khediven beginnen ein Spiel mit zwei französischen Finanzgruppen, die bereit sind, die ägyptischen Kanalanteile aufzukaufen, und sie setzen Gerüchte in die Welt, daß sogar die französische Regierung nun in der Lage sei, in das Geschäft einzusteigen. Die britische Regierung will die Anteile jetzt aus politischen Gründen in ihren Besitz bringen, alle Gedanken an Geschäft und Gewinn werden beiseite gelassen: England kauft die 177642 Aktien zum Preis von vier Millionen Pfund Sterling. Der Khedive ist über die Bedingungen äußerst zufrieden.
Der englische Premierminister Disraeli überbringt seiner Königin die Nachricht vom Sieg über Frankreich mit diesen Worten: »Der Kanal gehört Ihnen, Madame! Die Franzosen sind abgeschlagen.« Das Bankhaus Rothschild finanziert den Kauf, da selbst die Bank von England den Betrag von vier Millionen Pfund nicht sofort aufbringen kann. Rothschild fordert für die rasche und diskrete Transaktion Jahreszinsen in Höhe von dreizehn Prozent.

Der Suezkanal ist seit dem ersten Tag seiner Benützbarkeit Bindeglied zwischen England und Indien; die Teile des Reiches sind sich näher gerückt. Der Suezkanal liegt in einem Land, das nominell noch immer dem Sultan von Konstantinopel untersteht, dem Herrscher eines zerfallenden Imperiums. London fürchtet die Unberechenbarkeit der Entscheidungen des Sultans; die antibritischen Strömungen am Hofe sind bekannt; unter ihrem Einfluß könnte der Sultan zu überraschenden militärischen Maßnahmen gegen die britische Benützung des Kanals gezwungen sein. Die englische Regierung muß Vorsorge treffen. Für die Anfangsphase der Besetzung der Kanalzone wird Frankreich als Partner gewonnen. Englische und französische Kriegsschiffe laufen in Port Said ein.
Die Schulden des Khediven steigen weiter, er ist nicht davon abzubringen, das Geld des Staates zu verschleudern. Ismail Pascha liebt Feste und Frauen. An seinem Hof entfaltet sich die Pracht der arabischen Vergangenheit. Der Glanz der Abbasidenherrscher erstrahlt wieder im elektrischen Licht. Der Khedive verteilt Reichtum an die Diener nach seiner Gnade, nicht nach Verdienst. In seiner Umgebung sammeln sich die begabtesten Schmeichler des Vorderen Orients. Nur die Erfahrenen der Staatskunst fehlen am Hof in Kairo. Ein Wort von Ismail genügt, um einen Höfling ins Exil zu schicken; ein Wort genügt, um einen anderen ermorden zu lassen.
England und Frankreich nehmen sich zunächst gemeinsam vor, den Regierungsstil des Khediven vernünftiger zu gestalten: sie zwingen ihm einen Ministerrat auf, in dem ein britischer und ein französischer Minister Sitz und Stimme haben. Die Staatsfinanzen werden von den beiden Ausländern kontrolliert, sie wollen darauf achten, daß die Rechte der Gläubiger in Paris und London gewahrt bleiben. Ismail Pascha aber läßt sich die Beschränkung seiner eigenen Finanzmittel nicht gefallen: erst versucht er, den Franzosen gegen den Engländer auszuspielen, dann setzt er beide ab. Die Reaktion der Kontrollmächte folgt rasch: auf Wunsch der beiden europäischen Regierungen entläßt der Sultan im Juni 1879 den Khediven. Ismail Pascha geht ins Exil. Zum neuen Khediven wird Taufik, der Sohn des abgesetzten Vorgängers, ernannt.

Der Aufstand des Ahmed Arabi

In den Suks von Kairo und in den Bauerndörfern des Nildeltas wächst die Unzufriedenheit über die Einmischung der Fremden. Es blieb nicht verborgen, daß der rechtsmäßige Khedive auf Wunsch der Männer deportiert wurde, die mit dem Stöckchen unterm Arm in Kairo die Herren spielen. Die Offiziere der Armee beginnen sich zu erinnern an die ruhm-

reichen Zeiten des Mehmed Ali, und die Erbitterung steigt, weil man sich auch daran erinnern muß, daß damals schon die Ungläubigen in Europa den Siegeszug des arabischen Nationalismus gestoppt haben.
Ahmed Arabi ist Oberst in der ägyptischen Armee, diesen Posten verdankt er einem gnädigen Einfall des vorherigen Herrschers. Der junge Mann hat eine starke Begabung in Rhetorik, er macht Eindruck auf seine Offizierskollegen. Sein Schlagwort »Ägypten den Ägyptern« beginnt zu zirkulieren. Ahmed Arabi handelt nicht übereilt; er spricht mit der Handvoll Intellektuellen, die in Kairo leben – der Sohn des Fellachen lernt dazu. Er entdeckt, daß unter den Zivilisten die Abneigung gegen Engländer und Franzosen ebenso stark ist wie im Kreis der Armeeoffiziere. Der Haß gegen die Fremden zielt jedoch nicht nur auf die Vertreter der Großmächte: abgelehnt werden auch albanische Prinzen, türkische Höflinge und jüdische Bankiers. Die nationalistische Strömung verlangt Reinigung des ägyptischen Volksteils von allen fremden Einflüssen, die seit der Mameluckenzeit Ägypten überschwemmen, die Araber wollen am Nil ihre Rechte wiederhaben. Ahmed Arabi ist, schon vom Namen her, der richtige Mann, um den Arabern zu helfen. Doch Ahmed Arabi ist zunächst selbst auf Hilfe angewiesen: er wird auf Befehl des Khediven verhaftet wegen umstürzlerischer Agitation, doch einige Hundert Araber befreien ihn. Der Khedive nimmt den Ungehorsam hin.
Im September 1881 umstellt der Oberst mit fünftausend Soldaten den Palast des Khediven. Die anderen Truppenteile verhalten sich neutral. Dem Khediven bleibt keine Wahl, er muß mit Ahmed Arabi verhandeln, und der Oberst diktiert seine Bedingungen: seine Freunde rücken ein in die Administration des Staates und der Verwaltung. Die Mitglieder der türkisch-albanischen Aristokratie sind der Härte des Ahmed Arabi nicht gewachsen. Ihre Versuche, ihn mit Schmeichelei, Bestechung und Drohung zu fangen, schlagen fehl. »Ägypten den Ägyptern«, von diesem Grundsatz läßt Ahmed Arabi nicht ab. Der Khedive Taufik macht schließlich den Obersten zum Ministerpräsidenten. Die Volksbewegung ist nicht mehr zu stoppen, sie bricht den ursprünglichen Rahmen von Offizierskorps und Intellektuellenklub und erreicht die Bauern und Händler. Die nationalistische Parole zündet die Emotionen an: die Fensterscheiben der ausländischen Niederlassungen in Alexandria werden eingeschlagen, Franzosen und Engländer klagen über Bedrohung. Arabi läßt fünfzig Offiziere verhaften, die sich nicht als Ägypter ausweisen können; damit sind in der Armee die wichtigsten Köpfe der Türkenpartei gestürzt.
Die Arabisierung Ägyptens beginnt. Es ist abzusehen, daß Ahmed Arabi den populären Schritt unternimmt, den Fremden den Suezkanal wegzunehmen. Diese Gefahr schreckt die britische Regierung auf: der Suez-

kanal war so wichtig geworden, daß eine Beherrschung des Wasserweges durch einen arabischen Nationalisten nicht akzeptiert werden konnte. Noch einmal einigen sich London und Paris zu einer gemeinsamen Aktion: britische und französische Kriegsschiffe legen sich in Warteposition vor den Hafen Alexandria. Die Schiffe sind von der Stadt aus zu sehen; sie reizen die Wut, der erwachende Nationalismus empfindet die Machtdemonstration der Europäer als Beleidigung. Die Anhänger des Ahmed Arabi beherrschen sich nicht mehr: am 11. Juni 1882 werden fünfzig Ausländer in Alexandria erschossen oder erschlagen. Die Kriegsschiffe fahren jetzt in den Hafen ein und nehmen den Rest der europäischen Kolonie an Bord. Ahmed Arabi sieht Grund, einen Sieg zu feiern.
Die Kommandeure der Schiffe bieten faire Bedingungen an für den Fall, daß der Oberst das Land verläßt, aber diese Geste hat nur zur Folge, daß das ägyptische Offizierskorps wieder fester zu Ahmed Arabi steht – das Massaker von Alexandria hatte einige Offiziere abgestoßen.
Einen Monat nach den blutigen Ausschreitungen bemerkt Admiral Seymour, der Chef der britischen Flotteneinheit, daß die Ägypter die Küstenbatterien von Alexandria feuerbereit machen. Die britischen und französischen Schiffe liegen im Schußbereich der Kanonen: mit dem Feuerüberfall muß zu jeder Stunde gerechnet werden. Um die Gefahr zu beseitigen, will Seymour die Batterien zerstören lassen. Er berät sich mit Admiral Conrad, seinem französischen Kollegen; doch dieser will keine Verantwortung für die Beschießung einer ägyptischen Stadt übernehmen, Conrad fährt mit den französischen Schiffen von Alexandria ab. Die Briten feuern allein auf die Küstenbatterien von Alexandria. Die Anhänger des Ahmed Arabi wehren sich.
Die Ägypter haben die Erfahrungen aus der Zeit des Mehmed Ali längst vergessen, sie schießen miserabel. Das Artillerieduell wird von den Engländern gewonnen. Der Khedive Taufik, der selbst am Vortag den Befehl zum Widerstand gegen die Engländer gegeben hatte, begibt sich unter den Schutz des Admirals Seymour. Von diesem Tag an kann die Regierung in London sagen: »Wir handeln im Einverständnis mit dem ägyptischen Staatsoberhaupt.«
Admiral Conrad hatte den britischen Admiral allein gelassen im Augenblick der schwierigen Entscheidung, von nun an bleiben die Franzosen ausgeschlossen, sie haben ihren Einfluß auf die Ereignisse in Ägypten verloren. Die französische Regierung versucht noch einmal, den Fehler gutzumachen. Sie will, wie die Engländer, ein Expeditionskorps zur Landung nach Ägypten schicken. Für diese militärische Aktion müssen im Staatshaushalt 9,5 Millionen Francs freigemacht werden. Doch die Regierungsvorlage wird niedergestimmt. Oppositionsführer Clemenceau selbst hat

damit, ganz unbeabsichtigt, Frankreich die endgültige Niederlage in der Auseinandersetzung um Ägypten beigebracht.
Am 19. August 1882 landen englische Truppen unter General Sir Garnet Wolseley in Port Said. Die Besetzung des Suezkanals beginnt – erst im Jahre 1956 werden die Briten die Suezkanalzone wieder verlassen, nach der Revolution des Gamal Abd el-Nasser.
Der nationale Aufstand in Ägypten bricht zusammen. Ahmed Arabi konzentriert seine Truppen bei Kairo, doch er handelt nicht entschlossen genug: die Unterbrechung des Süßwasserkanals vom Nil in Richtung Ismailia hätte das britische Expeditionskorps in Schwierigkeiten gebracht. Die Engländer gewinnen die Entscheidungsschlacht bei Tel al Kabir. Ahmed Arabi wird gefangengenommen und nach Ceylon deportiert. Von nun an regieren die Engländer in Kairo.

Die Einheit des Niltals formiert sich

Mit dem Balkan-Ägypter Mehmed Ali begann die Geschichte des Sudan. Auf der Suche nach Sklaven, legendären Goldminen und Schätzen früherer Reiche der Abessinier stieß seine Armee vor bis ins Gebiet südlich von Khartum am Weißen Nil. Die Ägypter fanden das Gold nicht, aber sie blieben im Land um den Weißen und Blauen Nil.
Als Oberherr ist der Sultan in Konstantinopel auch für den Sudan zuständig, doch der Weg von dort zur Hauptstadt ist weit. Der Khedive in Kairo übt die unbeschränkte Macht aus. Unter den Nachfolgern von Mehmed Ali entwickelt sich ein System der Verwaltung für das Land im Süden, das den Herren in Kairo Profit bringt: die Versetzung in den heißen Sudan wird von Offizieren und Beamten als Strafe betrachtet; in den Dörfern am Nil genießen sie keine der Annehmlichkeiten der Kairoer Zivilisation. Verpflegung und Trinkwasser sind fast ungenießbar, Mücken übertragen gefährliche Krankheiten, Stiche größerer Insekten können zum sofortigen Tod führen. Das Land am Weißen Nil gilt als der schrecklichste Dienstort für die Untertanen des Khediven. Es gibt nur eine Entschädigung für die Versetzung: man kann reich werden auf Verwaltungsposten am Weißen Nil. Die beste Methode ist, die Männer und Frauen der Negerstämme als Sklaven zu fangen, um sie an die reichen Familien im Nildelta zu verkaufen. Die weniger einträgliche, aber bequemere Methode besteht in der willkürlichen Besteuerung der Bauern und Händler.
Mit einem Teil des Gewinns aus der Tätigkeit im Sudan muß ein einflußreicher Höfling der nächsten Umgebung des Khediven bestochen werden, der sorgt dann für die Rückversetzung nach Kairo. So ist auch der Hof

an den Gewinnen im Sudan beteiligt. Der heiße Landstrich wird zur Zeit des Mehmed Ali nur als Objekt der Ausbeutung betrachtet. Die Menschen im Sudan, die Araber und die Neger, gewöhnen sich an die Unterdrückung; sie leben dumpf, ausgeliefert den Krankheiten und der Erschöpfung.

Der Aufstand des Mahdi

Muhammad Ahmad Ibn Al Sajjid Abdallah heißt der Mann, der die Sudanesen aufrüttelt. Er gibt sich allen, die sich zum Islam bekennen, als al Mahdi al Muntazar aus, als »der erwartete Führer«. Muhammad Ahmad beruft sich auf die schiitische Tradition, die fordert, daß das Haupt des Islam aus der Familie des Propheten stammen muß. Die Schiiten erkennen zwölf der Nachkommen des Mohammed in direkter Folge an; der zwölfte war eines Tages verschwunden. Die Legende sagt, er verstecke sich durch die Jahrhunderte, um als der ersehnte Erlöser auf Erden die Gerechtigkeit wiederherzustellen. Muhammad Ahmad gibt sich als der Verschwundene zu erkennen, und die Menschen in den heißen Dörfern des Sudan glauben ihm. Vom Mahdi al Muntazar wird erwartet, daß er den Glanz und die Macht der ersten Jahrzehnte des islamischen Reiches zurückbringe. Muhammad Ahmad entwirft den Gläubigen in Visionen die Schönheit des Paradieses, die Pracht Allahs. Er spricht von der Belohnung, die dem wahrhaft Gläubigen zuteil wird. Die wahrhaft Gläubigen aber sind nur diejenigen, die dem Mahdi al Muntazar folgen.

Auf der Nilinsel Aba, südlich von Khartum, findet Muhammad Ahmad Anhänger. Von Anfang an plant er die Schaffung eines religiösen Staates, eines arabischen Gottesreiches auf Erden. Es soll alle Gläubigen umfassen. Muhammad Ahmad sendet Briefe und Boten an die Scheichs der Stämme mit der Aufforderung, ihn als Mahdi al Muntazar anzuerkennen. Auf seine Fahne läßt er schreiben: »Muhammad al Mahdi, der Nachfolger des Propheten«.

Erste Erfolge gegen Regierungstruppen machen den Mahdi berühmt am Weißen Nil. Mit der Verteilung von Beute gewinnt er Krieger, erfahrene Kämpfer. Er kann die Garnisonsdörfer der Ägypter überfallen; die Beute wird noch umfangreicher. Der Nachfolger des Propheten ruft den Heiligen Krieg aus gegen die »ungläubigen Türken«, damit sind die ebenfalls islamischen Ägypter gemeint. Der Mahdi will, daß die Türken und ihre Anhänger alle erschlagen werden; nach seinen Überfällen ist in den Garnisonen kein Gegner mehr am Leben. Erst später erkennt er den Vorteil, Gefangene zu Sklaven zu machen.

Für die ägyptische Regierung stellt sich im Herbst 1882 das Problem

der Verstärkung der Armee im Sudan, die der wachsenden Rebellion der Stämme nicht Herr werden kann. Der Khedive entscheidet, 10 000 Mann der Kerntruppen des deportierten Nationalisten Ahmed Arabi nach Khartum zu schicken. Diese Maßnahme stößt auf heftigen Widerstand, viele der ägyptischen Soldaten müssen in Ketten nach Süden transportiert werden.
Englische Offiziere, nach dem Sieg über Ahmed Arabi die Herren der ägyptischen Armee, kommandieren den Feldzug unter dem nominellen Oberbefehl eines Ägypters – die Regierung in London trägt den größten Teil der Kosten. Am 5. November 1883 werden die 10 000 Soldaten von den Kriegern des Mahdi angegriffen und vernichtet. Niemand entkommt lebend, auch nicht der britische Stab. Jetzt droht der sudanesischen Hauptstadt Khartum Gefahr.
Die britische Regierung zögert, weitere Verpflichtungen im Sudan einzugehen. Unter dem Druck einer massiven Pressekampagne wird General Gordon in den Sudan geschickt; die imperialistisch orientierte Schicht der Militärs und Kaufleute siegt in London. Gordon soll die Verteidigung von Khartum leiten. An Ort und Stelle sieht der General erst die Schwierigkeiten: zu wenige und zu schlechte Soldaten, zu hoher Krankenstand, keine Hoffnung auf Entsatz. Kurz nach der Ankunft des Befehlshabers unterbrechen die Anhänger des Mahdi al Muntazar die Telegrafenlinie nach Norden; Gordon kann sich nicht mehr mit Kairo in Verbindung setzen.
Am 12. März 1884 beginnt der Mahdi die Belagerung der Stadt Khartum am Zusammenfluß des Weißen und des Blauen Nil. Die Bewohner werden ausgehungert und mürbe gemacht für den letzten Sturm. Gordon hofft auf die Entsatzarmee, die langsam von Norden heranrückt. Am 13. Dezember schreibt Gordon in sein Tagebuch: »Wir können uns noch zehn Tage halten. Ich habe mein Bestes getan zum Ruhm meines Vaterlandes.« Die Stadt hält länger, obgleich seit Anfang Januar keine Rationen mehr ausgegeben werden können. Die Leichen der Verhungerten liegen in den Straßen. Tag für Tag wartet Gordon auf dem Dach des Gouverneurspalastes auf Zeichen des Entsatzes. Als der Sturm des Mahdi-Heeres am 25. Januar 1885, nach zehn Monaten der Belagerung, losbricht, zieht General Gordon seine weiße Offiziersuniform an und wartet auf der Treppe des Palastes auf den Gegner. Ein Speer durchbohrt ihn. Zweieinhalb Tage später fahren die ersten Boote der Entsatzarmee um die letzte Nilbiegung vor Khartum: sie sehen, daß die britische Fahne nicht mehr weht auf dem Dienstsitz des Generals Gordon. Für eine Eroberung der Stadt ist die Einheit nicht ausgerüstet, die Schiffe drehen um.
Auf die Nachricht vom Fall der sudanesischen Hauptstadt reagiert London mit Trauer und Zorn. Es muß damit rechnen, daß sich die religiöse Bewegung des Mahdi al Muntazar nach Ägypten hinein ausbreitet, unter dem

Banner der Einigung der Araber im Glauben. Sir Garnet Wolseley, der britische Befehlshaber, der Ahmed Arabi besiegt hatte, schreibt an seinen Kriegsminister: »Wenn wir die Politik des Rückzugs weiter fortsetzen, wird der Mahdi stärker und stärker. Das Resultat ist, daß wir unsere Garnisonen verstärken müssen. Doch keine Grenztruppe kann den Mahdi von Ägypten fernhalten. Früher oder später muß er geschlagen werden, oder er schlägt uns vernichtend.«

Der Mahdi stirbt am 20. Juni 1885, doch damit ist die Expansion des religiösen Fanatismus nicht beendet. Als sein Nachfolger ist Kalifa Abdallahi bestimmt. Er übernimmt die Zielsetzung des Mahdi, Ägypten und Mekka zu erobern. In Stammesauseinandersetzungen ist er gezwungen, seine Macht zu festigen: Zeit verstreicht. Doch Kalifa Abdallahi glaubt an den Erfolg, weil er überzeugt ist, daß Allah für ihn kämpft, und er kann diese Überzeugung an die Kämpfer weitergeben: Allah will, daß der Nachfolger des Mahdi die islamische Welt reinige. Die Menschen im Sudan zwingt er, nach den Gesetzen des Koran zu leben. Die vom Propheten vorgeschriebenen Abgaben fallen an die Zentralverwaltung in Omdurman. Die Rechtsprechung ist streng: Dieben wird die rechte Hand abgehackt; Überfall auf rechtgläubige Reisende ist mit Abhacken der rechten Hand und des linken Fußes zu strafen. Wer mordet, wird aufgehängt. Rauchen, trinken und der Genuß von Schnupftabak ist verboten. Fast alle Strafen sind mit der Beschlagnahme des Eigentums verbunden. Trotz der Strenge des Regimes stimmen doch die Zeugnisse aus der Zeit der Mahdi-Bewegung darin überein, daß das Land gerechter regiert wurde als unter der Herrschaft der Ägypter.

Zwölf Jahre nach dem Tod Gordons in Khartum beschließt die britische Regierung die Rückeroberung des Sudan – ohne darüber mit dem Khediven zu beraten. Der plötzliche Entschluß hat machtpolitische Gründe: eine französische Expedition ist unterwegs von Westafrika zum Oberlauf des Nil; ihr Kommandeur, Major Marchand, hat den Auftrag, Ansprüche Frankreichs auf das Gebiet um den Weißen Nil durch seine Präsenz anzumelden. Die britische Regierung sieht die »Einheit des Niltals« gefährdet; sie ist nicht bereit, sich mit den Franzosen den Besitz des Nilverlaufs zu teilen. Generalmajor Herbert Kitchener wird mit der Durchführung der Sudanbesetzung beauftragt.

Kitchener bereitet den Feldzug gründlich vor, und seine Nachschubanlagen bilden heute noch die Grundlage der ägyptischen Verkehrsstruktur: auf einer Strecke von fünfhundert Kilometern ab Kairo läßt Kitchener eine Eisenbahnlinie mit normal breiter Spur bauen. Auf dem Rest des Weges bis Assuan werden die Truppen mit den Dampfern des Reisebüros Messrs. Thos. Cook transportiert. Von Assuan bis Schellal, zur Umgehung des ersten Katarakts, legen die Briten eine Schmalspurbahn an. Im Wechsel zwischen Transport auf Fluß und Schiene soll die Armee bis zur sudanesischen Grenze gelangen. Der Bau der Bahnabschnitte wird einige Wochen lang aufgehalten, weil das Holz für die Schwellen fehlt; es wird aus der Türkei herantransportiert, die Schienen kommen aus England, die Schrauben aus Kairo. Die Lokomotiven für die Normal- und Schmalspurbahnen sind bei englischen Fabriken in Auftrag gegeben. Doch vier Monate nach Baubeginn können auf den improvisierten Strecken schon 9000 Mann nach Süden transportiert werden.

Der Aufstand des Mahdi al Muntazar und seines Nachfolgers wird durch die Überlegenheit moderner Waffen beendet. Die Briten setzen schwere Artillerie ein, den arabischen Kämpfern stehen nur die Geschütze zur Verfügung, die sie in Khartum erbeutet hatten. Der Fanatismus der wahren Gläubigen konnte nicht standhalten gegen das berühmte englische 21. Lanzenreiterregiment. Die Verluste der Mahdi-Truppen sind bei Gefechten normalerweise zehnmal so hoch wie die Verluste der britisch-türkisch-ägyptischen Armee. Nach den entscheidenden Kämpfen von Omdurman stellt es sich heraus, daß die Differenz zwischen den Zahlen der Toten auf beiden Seiten unverhältnismäßig groß ist. Über 10 800 Anhänger des Mahdi sterben an ihren Verwundungen, das britische Oberkommando gibt die Zahl der eigenen Toten mit 48 an.

Als Omdurman gefallen ist, läßt General Kitchener – er trägt jetzt den Adelstitel »Kitchener von Khartum und Aspall« – das Grabmal des Mahdi sprengen. Die Leiche werfen die Engländer in den Nil. Nichts soll mehr erinnern an diesen Versuch, einen islamischen Staat im Niltal zu gründen. Den Schädel des Mahdi nimmt Kitchener selbst mit.

England hält sein Versprechen nicht

Die letzte Phase der Türkenherrschaft

Mit dem Zerfall des Osmanischen Reiches können sich drei europäische Großmächte in den Randstaaten des zu Konstantinopel gehörenden Gebiets festsetzen. Die Zeit der Kolonialisierung Arabiens beginnt: Frankreich beherrscht den Maghreb, Italien erobert Libyen, England übernimmt die Verwaltung in Ägypten, im Sudan, in den Emiraten am Persisch/Arabischen Golf.

Wichtiger als die offene Besetzung, und von längerer Bremswirkung auf den arabischen Nationalismus, ist die stille Durchdringung der Gesellschaft in Damaskus, Beirut und Kairo durch die christlichen Missionen. Die arabischen Anhänger dieser Missionen leben in der islamischen Umwelt, sie erhoffen sich für kritische Zeiten Hilfe aus dem christlichen Europa. So kann sich Frankreich zum Protektor der Christen im Libanon und in Syrien einsetzen, Rußland spielt den Patron der griechisch-orthodoxen Gläubigen, England will die Drusen und die Juden schützen. Die Christen sind Gegner der arabischen Einheitsbewegung, da sie fürchten, im islamischen arabischen Vaterland als Minderheit unterzugehen. Sie werden in dieser Ablehnung der »Umma Al Arabia« von den europäischen Schutzmächten unterstützt. Diese politische Regel gilt bis heute.

Neben den Europäern suchen auch die USA schon vor der Jahrhundertwende Einfluß in Arabien zu gewinnen. Um die heranwachsende Intelligenzschicht Arabiens beeinflussen zu können, gründet die American Presbyterian Mission 1886 die Amerikanische Universität Beirut. Sie wird allerdings, zum Ärger ihrer Rektoren und ihrer Verwaltungsräte, nach dem Zweiten Weltkrieg zur Basis der arabisch-nationalen Bewegung. Die Gründung der Amerikanischen Universität hatte – so edel auch die Motive sind, die das Gründungsdokument erwähnt – einen imperialistischen Zweck.

Die Kontrolle über die nationalistischen arabischen Bewegungen ist perfekt. Der Sultan in Konstantinopel und die Kolonialherren unterdrücken jeden Versuch, den Gedanken an die Unabhängigkeit der Araber wachzuhalten. In Geheimbünden schließen sich die Männer zusammen, die die Unterdrückung der arabischen Sehnsucht nach dem Vaterland durch die türkischen Gouverneure nicht länger ertragen wollen. Werden die Mitglieder der Geheimbünde an die Türken verraten, droht ihnen Verurteilung wegen Konspiration; der Urteilsspruch lautet meist auf Erhängung oder Deportation. Trotz aller Versuche, eigenes politisches Gewicht zu gewinnen: zu keiner Zeit nach der Jahrhundertwende droht den Türken oder den Kolonialmächten eine ernsthafte Gefahr durch die Araber. So kurios es klingt: den Gedanken an das arabische Vaterland weckt die Kolonialmacht England – allerdings unfreiwillig. Ursache ist das koloniale Interesse des deutschen Kaiserreiches an der Türkei.

Die traditionelle Rivalität zwischen England, Frankreich und Rußland um Einfluß auf das Osmanische Reich verwandelt sich zu Beginn des 20. Jahrhunderts in Zusammenarbeit. Die drei Mächte sind beunruhigt über die aktive Rolle, die Deutschland in der Zentralregion des Osmanischen Reiches spielt. Eine Milliarde Mark in damaliger Währung hatte das Kaiserreich in Wirtschaftsprojekte der Türkei investiert. Deutsche Offiziere waren abkommandiert, um die türkische Armee zu reorganisieren. Am 25. November 1899 erhielt Deutschland die Konzession zum Bau der Bagdad-Eisenbahn zugesprochen, die Berlin mit Konstantinopel und dem Persisch/Arabischen Golf verbinden sollte. Das stolze Wort des deutschen Kaisers wurde beachtet in Arabien: »Deutschland ist der Freund der dreihundert Millionen Moslems!« Sultan Abd ul-Hamid, der wenig Vertrauen hatte in die Lebenskraft seines Staates, war mit der wachsenden Verpflichtung der Deutschen einverstanden; in der Allianz mit dem Kaiserreich sah er eine Versicherung gegen Expansionspläne der Russen.

Im Oktober 1914 trat die Türkei auf seiten der Deutschen und der Österreicher in den Krieg ein. Von den ersten Kriegswochen an führte die türkische Armee Operationen in Palästina aus, die von den Engländern als Vorbereitung der Offensive zum Suezkanal ausgelegt werden konnten. Das war nicht alles: die Verteidigung der Dardanellen verhinderte eine wirkungsvolle Kooperation zwischen den Russen und den Briten im Mittelmeerraum. Die Türkei war für die Deutschen und für die Österreicher ein guter Verbündeter.

Die Engländer sahen sich daher 1915 gezwungen, die Araber, die nahöstlichen Feinde der Türken, als Freunde zu gewinnen. Sie suchten nach einer einflußreichen Persönlichkeit unter den Arabern; ihre Wahl fiel auf den Herrscher von Mekka, Hussein Ibn Ali vom Stamm der Haschemiten.

Scherif Hussein Ibn Ali konnte seine Abstammung auf den Propheten zurückrechnen: er war der siebenunddreißigste Nachkomme der direkten Linie. Die Verwandschaft mit dem Propheten Mohammed gab ihm Ansehen und Würde mit einem Anflug von Heiligkeit. Der Sultan in Konstantinopel mußte ihn achten, auch wenn er ihn an seinem Hofe als Geisel festhielt. Hussein Ibn Ali war in Verdacht geraten, ein Anhänger der Freiheitsbewegung in Arabien zu sein, deshalb durfte er Konstantinopel nicht verlassen. Einen weniger prominenten Araber hätte der türkische Sultan vergiften lassen. Der Hofstaat wurde noch immer mit feudalen Praktiken regiert: durch Enthauptung oder unauffällige Vergiftung wurden unbequeme Höflinge beseitigt. In diese Welt der Sklaven und Eunuchen war kein Hauch von Menschlichkeit gedrungen. Ganz selbstverständlich wurden hohen britischen Besuchern, so Lord Fisher, Knaben fürs Bett angeboten. Nichts hatte sich geändert an Perversion, Heimtücke und Pracht seit der Zeit der mächtigen Kalifen; im Niedergang des Reiches steigerte sich der Luxus noch.

Sultan Abd ul-Hamid war ein ängstlicher Mann, er ließ sich von dreitausend Elitesoldaten bewachen. Lange Zeit verbot er die elektrische Beleuchtung seines Palastes, da er fürchtete, Dynamos hätten etwas mit Dynamit zu tun. Argwohn und Dummheit paarten sich hier.

Fünfzehn Jahre lang hielt der Sultan Hussein Ibn Ali, den Siebenunddreißigsten vom Stamme des Propheten, in Konstantinopel. Hussein Ibn Ali hatte ein Haus am Ufer des Bosporus, dort wohnte er mit seiner Familie. Das Leben als Geisel war angenehm – besonders nachdem im Jahre 1908 die »Jungtürken« an die Macht gekommen waren. Sie begannen die Türkei zu liberalisieren; die Position des Kalifen tasteten sie allerdings kaum an.

Zu diesem Zeitpunkt der behutsamen Neuorientierung stirbt der Emir von Mekka, ein Onkel der Geisel des Sultans. Hussein Ibn Ali bewirbt sich um die Nachfolge. Er schreibt an den Sultan: »Da ich das älteste Mitglied der Haschemitenfamilie bin, mit Vorrecht auf das Amt meiner Vorväter, bitte ich Seine Sublime Majestät, den Sultan, mich in meine Rechte einzusetzen. Meine Loyalität ist bekannt.« Die Jungtürken unterstützten die Bewerbung, ebenso der britische Botschafter. Bei soviel Fürsprache gab der Sultan seine Geisel frei. Hussein Ibn Ali wurde im Dezember 1908 Großscherif von Mekka. Mit dreitausend Begleitern ritt er in die Heilige Stadt ein; Kamelreiter, Kavallerie, sudanesische Infanteristen und alle gelehrten Männer des Hidschas, der Region von Mekka und Medina, empfingen den neuen Herrn auf der Straße, die von der Hafenstadt Dschidda herführt. Tausende von Flinten feuerten Begrüßungsschüsse, Männer mit Weihrauchkesseln umgaben den Zug.

Hussein Ibn Ali forderte die Anerkennung durch die Scheichs der Stämme, er wollte nicht nur geistliches Oberhaupt in der Heiligen Stadt sein, er fühlte sich als künftiger Herrscher in Zentralarabien. Die Jungtürken in Konstantinopel sahen diese Entwicklung ungern; sie strebten, um den Staat zu sanieren, nach einer Vermischung der türkischen und der arabischen Völker. Die Jungtürken predigten Brüderschaft, doch sie meinten Verschmelzung der Völker zum Volk der Edeltürken. Hussein Ibn Ali aber verlangte die Trennung von Arabern und Türken.

Der Ausbruch des Ersten Weltkrieges kommt dem Großscherif von Mekka gelegen, da der Krieg Türken und Engländer zu Feinden macht – die beiden Unterdrücker des arabischen Eigenlebens geraten aneinander. Einen Monat nach Kriegsbeginn fragt die britische Militärverwaltung von Kairo durch Boten in der Hauptstadt des Haschemiten an, ob Hussein Ibn Ali auf seiten der Engländer oder der Türken stehe. Die Anfrage der Engländer ist reich mit Koranversen geschmückt; die Orientspezialisten in Kairo verstehen ihr Handwerk. Daß hier ein Krieg zwischen Christen und Moslems geführt wird, bringt den Großscherif in Schwierigkeiten, denn der Sultan in Konstantinopel ist zur Zeit der Jahrhundertwende noch religiöser Herrscher über alle Moslems; mit den Christen gegen den Sultan Krieg zu führen, kann manchen Untertanen in Gewissensnöte bringen. Den Engländern gelingt es, diese Sorge zu tilgen: sie appellieren an den arabischen Nationalismus. Lord Kitchener, der Sieger von Khartum, schreibt an Hussein Ibn Ali: »Wenn die arabische Nation England in diesem Krieg hilft, garantieren wir, daß sich niemand in arabische Belange einmischt.« Für die Engländer in Not existiert plötzlich eine arabische Nation. Der Grund: der Sultan hatte zum Heiligen Krieg gegen die Engländer aufgerufen: jeder Moslem war verpflichtet, dem Ruf Folge zu leisten. Einige Hunderttausend bewaffnete Beduinenkrieger hätten die englischen Truppen am Suezkanal in Schwierigkeiten bringen können, die direkte Verbindung zwischen England und Indien war in Gefahr. Der Aufruf des Sultans zielte weiter: er verlangte von seinen Völkern die Befreiung der »versklavten Moslems« – gemeint waren die Moslems in Indien. Der Vorstoß nach Indien sollte über die arabische Halbinsel und die Straße von Hormus erfolgen.
Die türkische Propaganda kaschierte geschickt die eigene Allianz mit einem christlichen Land, mit Deutschland. In Arabien wurde das Gerücht lanciert, der deutsche Kaiser sei zum islamischen Glauben übergetreten; außerdem bestehe kaum ein Unterschied zwischen den Glaubenssätzen des Islam und denen der lutherischen Religion. Die Engländer dagegen verbreiteten Diffamierungen des Sultans, die seine religiöse Würde herabsetzten. Sie bestritten, daß der Sultan überhaupt das Recht habe, zum Heiligen Krieg aufzurufen. Doch damit hatten sie wenig Erfolg. Die Idee, den Großscherif der Heiligen Stadt gegen den Sultan auszuspielen, versprach dagegen große Wirkung. Hussein Ibn Ali präsentierte dem Hochkommissar in Kairo, Sir Henry McMahon, seine Bedingungen für den Kriegseintritt auf englischer Seite: »Die arabische Nation muß das Recht auf Selbstverwaltung bekommen; die arabische Nation wird unabhängig.« In der Vorstellung des Haschemitenfürsten umfaßte die arabische Nation die Völker und Stämme in den heutigen Staaten Syrien, Libanon, Irak, Jordanien und auf der ganzen arabischen Halbinsel, mit Ausnahme von Aden,

das den Engländern bleiben sollte. McMahon antwortete in vorsichtigen Formulierungen auf das Schreiben des Großscherifs; er gab Versprechungen, die nicht genau definiert waren. Er sprach von den Rechten der französischen Verbündeten »in den Gebieten Syriens, die westlich der Distrikte Damaskus, Homs, Hama und Aleppo liegen«. Der britische Hochkommissar unterließ es, seine Zusagen in einem Brief, der als Dokument gelten konnte, schriftlich zu formulieren. McMahon schickte diplomatische Agenten nach Mekka mit mündlichen Botschaften. Am Hof des Großscherifs sagte der Agent dann das, was er vorteilhaft fand im eigenen oder im britischen Interesse. Hussein Ibn Ali und sein Sohn Abdallah – er war der geschicktere Politiker – hatten den Eindruck, daß England sich verpflichtete, den Arabern die Unabhängigkeit zuzugestehen. Sie übersahen im Brief des britischen Hochkommissars vom 24. Oktober 1915 den Absatz, der sich mit den künftigen Beziehungen zwischen England und dem geplanten arabischen Staat befaßte; McMahon verlangte, daß Hussein Ibn Ali Rat und Hilfe bei den Engländern zu holen habe, nur Engländer dürften den Aufbau der Verwaltungsorganisation in die Hand nehmen. Für McMahon war damit der Grad der Abhängigkeit genügend definiert.

Der König der Arabischen Länder

Der Großscherif von Mekka erhielt die dringende Aufforderung aus Konstantinopel, sich am Heiligen Krieg gegen die Engländer zu beteiligen. Die Antwort des Hussein Ibn Ali: »Kein Wunsch des Sublimen Herrschers kann meinem Herzen näher sein als der Aufruf des rechtmäßigen Herrschers der Gläubigen. Ich bin nichts als der Diener des Kalifen, mein Gebet gilt dem ruhmreichen Siege seiner Waffen, der Erniedrigung der Ungläubigen – möge Allah sie in den Staub werfen.« Doch dann bittet der Großscherif zu bedenken, daß seine Beteiligung am Heiligen Krieg die britische Flotte bestimmt veranlasse, die Küstenstädte zu beschießen. Als Folge sei mit einer Revolution der hungernden Bevölkerung zu rechnen, und diese Revolution könne nicht im Interesse des Sublimen Sultans sein. Konstantinopel reagierte rasch. Der Sultan beorderte eine Kampfgruppe in Richtung Hidschas, begleitet von einer deutschen Militärmission unter Major von Stotzingen.

Der Zeitpunkt für den offenen Aufstand ist gekommen, doch die Stämme des Hidschas verlangen erst einmal Geld. McMahon schickt 30000 £ und das Versprechen, alle Kosten bis 50000 £ zu decken. Die Haschemiten verlangen 70000 £. Der Beauftragte des Hochkommissars sagt zu, das Geld zu schicken. In der Vorfreude auf den kommenden Erfolg läßt sich

Hussein Ibn Ali am 2. November 1916 zum König der Arabischen Länder proklamieren; der Titel ist seine eigene Erfindung. Keine ausländische Macht hat die Proklamation je anerkannt.

Der halbherzige Aufstand der Araber

Der »König der Arabischen Länder« läßt den Aufstand in Mekka beginnen – mit dem Angriff auf die türkische Garnison. Im Laufe der Verteidigung begehen die Türken einen schweren psychologischen Fehler: sie beschießen die Kaaba mit Artillerie und setzen die Teppichverkleidung in Brand. Damit berauben sie sich selbst des Arguments, Krieg für den islamischen Glauben zu führen.

Nach drei Wochen muß sich der Befehlshaber ergeben. Viele Städte des Hidschas befreien sich von den fremden Herren. Dieser Feldzug stellt keine Probleme, da die Soldaten der Garnisonen – isoliert in einem fremden Land – rasch zu demoralisieren sind. Allerdings ist die Disziplinlosigkeit der arabischen Truppen groß: zur Kaffeezeit reiten sie vom Kampffeld; Artillerie fürchten sie.

Mit dem Anmarsch frischer türkischer Verbände verliert der arabische Aufstand an Schwung. Um eine Offensive voranzubringen, kommen britische Militärberater in den Hidschas, sie bringen 60000 Gewehre mit und eine Batterie Artillerie. Jeder der fremden Offiziere wird mit Forderungen nach Geld überschüttet, die Scheichs der Stämme verlangen regelmäßige Bezahlung vom König der Arabischen Länder – aus Begeisterung nehmen sie an diesem Aufstand der Araber nicht teil. Um die nationalistische Bewegung zu retten, führen die Briten nun selbst das Kommando. In Kairo setzt sich bald die Überzeugung durch, daß es besser wäre, den Krieg allein, ohne die Araber, zu Ende zu bringen.

Doch der König der Arabischen Länder und sein Sohn Abdallah begegnen den britischen Diplomaten, die den Hidschas besuchen, mit Würde und königlicher Haltung; die Diplomaten fühlen sich gehemmt, den Araberfürsten Vorwürfe zu machen, daß – trotz der hohen Finanzbeiträge aus Kairo – noch immer keine arabische Armee aufgestellt worden ist. Die Engländer lassen sich einfangen vom farbigen hoheitsvollen Habitus der Beduinenherrscher. McMahon schickt noch mehr Geld.

Mit Hilfe von T. E. Lawrence wird Akaba am Nordende des Roten Meeres erobert. Doch ohne Feuer aus britischen Schiffskanonen wäre auch dieses Unternehmen kaum geglückt. Allerdings sahen die 500 Wüstenkrieger nach der Einnahme der Stadt Grund, auf die britischen Kanoniere zu schimpfen:

sie hatten mit Brandmunition geschossen, und die Vorräte, die den Beduinen als Beute zufallen sollten, waren verbrannt. Akaba blieb den Beduinen nicht in guter Erinnerung. Doch für Hussein Ibn Ali konnte Akaba der Startpunkt für die Eroberung der arabischen Länder zwischen Damaskus und Bagdad sein. Die Aussichten dazu sind günstig, denn westlich der Halbinsel Sinai bereiten die Engländer unter dem Befehl des Generals Allenby ihre Palästina-Offensive vor.

Im Oktober 1917 beginnt der englische Vormarsch: Gaza, Hebron, Bethlehem und Jerusalem werden eingenommen – Allenby, der Christ, erobert das Heilige Land. Die Araber unterstützen ihn durch Kommandoaktionen gegen Eisenbahnlinien, durch Überfälle auf Truppentransporte. Irakische Offiziere stoßen zur Armee des Königs der Arabischen Länder; sie zeichnen sich besonders durch Whiskykonsum aus. Gemeinsam, als Verbündete, ziehen die Engländer und die Araber in Damaskus ein. Wesentliche Teile Arabiens sind damit den Türken abgenommen. Die Voraussetzung für das große arabische Vaterland ist geschaffen – doch Hussein Ibn Ali muß eine bittere Enttäuschung schlucken.

Als im Jahre 1917 in Moskau die Kommunisten dem Regime des Zaren ein Ende bereiten, finden sie im Archiv des Außenministeriums die Kopie eines Vertrags zwischen England und Frankreich. Die beiden verbündeten Mächte hatten mit dieser Kopie das ebenfalls verbündete Rußland davon unterrichtet, daß nach dem Krieg eine Teilung Arabiens in französische und englische Interessensphären erfolgen solle. Von der Existenz dieses Vertrags (Sykes-Picot-Abkommen) war der König der Arabischen Länder nie informiert worden. Die russischen Kommunisten, an einem raschen Frieden mit dem kaiserlichen Deutschland interessiert, veröffentlichen ihren Fund, um den Deutschen zu helfen. Es konnte angenommen werden, daß die Publizierung des Vertrags die Engländer zum Feind der Araber stempelte; das Ende der Freundschaft zwischen McMahon und Hussein Ibn Ali war abzusehen.

Hussein Ibn Ali begriff nur langsam, daß er nicht sofort unumschränkter Herrscher der frei gewordenen arabischen Gebiete sein konnte. Trotz aller Verärgerung kam ein Bruch mit den Engländern nicht in Frage; Streit hätte die Existenz des Haschemitenregimes in Mekka gefährdet. Er mußte befürchten, daß die englische Regierung rasch einen bequemeren Mann für den Königsthron in Zentralarabien finden konnte. So fügte sich Hussein Ibn Ali.

Auf der Friedenskonferenz von Versailles sollte der Fall »Königreich Arabien« entschieden werden. Feisal, dritter Sohn des Königs der Arabischen Länder, wurde arabischer Chefdelegierter. Die Anweisungen des

Vaters waren eindeutig: er mußte das unabhängige Reich der Araber fordern, Kompromisse durften nicht eingegangen werden, die haschemitische Familie verlangte Bestätigung ihrer Dynastie. Feisal sprach vor den Delegierten, die nach Versailles gekommen waren, um Europa nach dem deutschen Zusammenbruch neu zu ordnen – das Schicksal der Araber war ihnen gleichgültig. Feisal sagte: »Ich vertrete hier meinen Vater, der auf Bitten der französischen und der englischen Regierung den Aufstand der Araber gegen die Türken angeführt hat. Ich bin hier, um zu verlangen, daß die Arabisch sprechenden Völker Asiens von der Linie Alexandrette-Diarbekr bis zum Indischen Ozean als unabhängige, souveräne Völker anerkannt werden.« Die meisten der Delegierten hatten keine sehr hohe Meinung von der Zivilisation der Araber; viele glaubten, daß energische Erziehungsarbeit in Arabien nicht schaden könnte. Feisal machte sich wenig Freunde mit der zornigen Antwort: »Mein Land war schon zivilisiert, als noch sämtliche hier vertretenen Länder von Barbaren bevölkert waren!« Den Auftritt dieses Königssohns aus Zentralarabien fanden viele, die mitentscheiden sollten, einfach lächerlich: Feisal erschien in den Prachtgewändern seiner Heimat zu den Sitzungen, zwei riesige Nubiersklaven begleiteten ihn mit gezogenem Schwert.

Die wichtige Rolle Frankreichs verstand Feisal erst spät. Frankreich mußte aus zwei Gründen gegen eine arabische Unabhängigkeit stimmen: zum einen, weil es an der im Sykes-Picot-Abkommen festgelegten Einflußsphäre interessiert war, zum anderen, weil es den Zentralarabern keine Freiheit zusichern konnte, wenn es sie den kolonisierten Maghrebstaaten Marokko, Tunesien und Algerien verweigerte. Frankreich, das auf der Gewinnerseite die Hauptlast des europäischen Krieges zu tragen gehabt hatte, erhält seine Rechte in Arabien bestätigt: im September 1919 ziehen die Franzosen in Damaskus ein. Sie werden nicht unfreundlich empfangen.

Die Syrer klagen zu diesem Zeitpunkt bereits über die ungesitteten Kämpfer aus dem Hidschas, die sich in Damaskus benehmen, als hätten sie diese Stadt gegen die Araber erobert.

Mit dem Einzug der Franzosen wird offensichtlich, daß das Königreich der Arabischen Länder ein Traum bleibt. In dieser Entwicklungsphase wird Hussein Ibn Ali in Mekka nicht einmal mehr gefragt: die syrischen Nationalisten bieten Feisal den Thron eines syrischen Königreiches an, und er akzeptiert trotz des Protestes aus dem Hidschas. Feisal kann sich nicht um den Zorn seines Vaters kümmern, er gibt sich alle Mühe, die Übernahme der Verwaltung in Syrien durch die Franzosen zu verhindern. Doch am 27. Juli 1920 erhält der eben etablierte König der Syrer dieses Schreiben des französischen Generals: »Ich habe die Ehre, Ihrer Königlichen Hoheit eine Entscheidung der französischen Regierung mitzuteilen. Ihre

Hoheit wird aufgefordert, Damaskus zu verlassen. Ein Sonderzug steht Ihrer Königlichen Hoheit und dem Gefolge zur Verfügung. Dieser Zug wird vom Hidschas-Bahnhof abfahren um 5 Uhr vormittags des morgigen Tages, des 28. Juli 1920.« Feisal reist ab mit fünfundzwanzig Frauen, siebzehn Mann Leibgarde und zweiundsiebzig Höflingen. Da sich herausstellt, daß die königlichen Titel von niemand anerkannt werden, verläßt ihn die Begleitung nach und nach auf der Fahrt durch Palästina und Sinai. Auf dem Bahnsteig von El Kantara am Suezkanal sitzt er schließlich allein auf den Koffern und wartet, bis der fahrplanmäßige Zug nach Kairo einfährt. Seine zweite Chance kommt später.

Hussein Ibn Ali regiert weiter im Hidschas, beleidigt, verärgert, ohne Verständnis für die europäische nüchterne Art der Diplomatie – er beginnt sich zurückzusehnen nach den Tagen des osmanischen Regierungsstils, als mit Dolch, Geld und Drohung noch vieles zu erreichen war. Hussein Ibn Ali verwünscht die Engländer ins heißeste Feuer der Hölle, McMahon und Kitchener bezeichnet er als »Schoßhunde des Satans«. London reagiert mit Einstellung der Subsidienzahlung. Im Sommer 1921 kommt noch einmal Lawrence nach Dschidda; er hat den Auftrag, dem König der Arabischen Länder diesen erhabenen Titel wieder auszureden, denn die britische Regierung sieht Schwierigkeiten voraus mit dem östlichen Nachbarn des Hussein Ibn Ali, mit der Familie Saud. Abd al-Asis Ibn Saud ist dieser Mann, mit dem die Briten zusammenarbeiten wollen im Zeitalter des Öls, das eben anbricht.

Ibn Saud schluckt Mekka und Medina

Die europäischen Mächte blockieren die Expansionspolitik des Saudistaates. England und Frankreich haben mit dem Ende des Ersten Weltkriegs ihre Sphären in Arabien abgesteckt. Für Ägypten, Palästina, Libanon, Syrien und Irak sind die Europäer die Nachfolger der Türken: die englischen und französischen Gouverneure regieren mit derselben Härte wie die Paschas: sie lassen keine nationalistische Bewegung zu, sie verhindern die Ausbreitung panarabischer Ideen. Abd al-Asis Ibn Saud sieht keine Chance für einen Vorstoß nach Syrien und in den Irak, Ausdehnungsmöglichkeit gibt es noch nach Westen. Der Saudifürst wartet auf die Gelegenheit, den Hidschas zu annektieren. Die Halsstarrigkeit des Herrschers von Mekka gibt ihm den Vorwand.

Mit der Absetzung des Sultans bald nach Kriegsende hatten die Türken auch das Kalifat abgeschafft, die Funktion des religiösen Herrschers über alle Gläubigen. Dieses Amt, ausgestattet mit dem Recht, den Heiligen Krieg auszurufen, stand zur Disposition. Bewerber waren der König von Marokko, König Fuad von Ägypten und der von den Türken abgesetzte Sultan. Hussein Ibn Ali, der siebenunddreißigste Nachkomme des Propheten in gerader Linie, erklärte sich selbst zum Kalifen, ohne mit den wichtigsten Männern der arabischen Völker die Ansprüche geklärt zu haben. Der Haschemitenkönig, fünfundsiebzig Jahre alt, wird von niemandem in Arabien ernstgenommen. Sein Pakt mit den Engländern, den Ungläubigen, findet jetzt späte Verurteilung: »Hussein Ibn Ali hat mit den Engländern gegen den Herrn der Gläubigen, gegen den Sultan und Kalifen gekämpft; er ist schuldig, daß die Macht des Kalifats zerbrochen ist, daß die ungläubigen Engländer und Franzosen Arabien beherrschen.« Das ist ein schwerer Vorwurf. Zum erstenmal ist die Beschimpfung zu hören: »Die Haschemiten sind Lakaien der westlichen Imperialisten!«

Hussein Ibn Ali hoffte, mit dem Anspruch auf das Kalifenamt den Saudifürsten Abd al-Asis beeindrucken zu können. Er wartete auf die Anerkennung als König der Arabischen Länder durch Abd al-Asis. Doch die Saudifamilie reagiert wütend. Als Anhänger des islamischen Puritaners Abd al-Wahhab müssen sie darauf bestehen, daß nur ein Wahhabit Vorbild der Gläubigen wird. Im September 1924 überfallen die guttrainierten Krieger des Abd al-Asis den Hidschasstaat. Sie erobern die Stadt Taif und erschlagen dreihundert Bürger der Stadt. Wer aus Taif flieht, wird in der Wüste von den Kamelreitern erstochen. Die Schreckensnachricht dringt rasch bis nach Mekka. Die Palastwache hat große Angst vor den anrückenden Saudi-Beduinen, sie desertiert. Die Honoratioren der Stadt bitten den König der Arabischen Länder, den Hidschas zu verlassen. Hussein resigniert schließlich; er läßt den Staatsschatz in Benzinfässer verpacken und an Bord des kleinen Dampfers »The Two Mercies« schaffen. Er verläßt den Hidschas, verflucht von den Zurückbleibenden: »Hussein Ibn Ali hat schlimmer gehandelt als die fremden Gouverneure.« Abd al-Asis wird herzlich empfangen in Mekka mit dem Ruf: »Bleib bei uns, o Abd al-Asis Ibn Saud, Sultan des Nedschd, König des Hidschas, wie das Buch Gottes es will und das Gesetz des Propheten!« Einige Jahre lang wird dem Hidschas eine gewisse Autonomie gewährt, der vollständige Zusammenschluß des Saudistaates mit dem Hidschas erfolgt am 18. September 1932. Seit diesem Tag heißt das große Reich auf der arabischen Halbinsel »Königreich Saudi-Arabien«.

Jordanien hat eine kurze Geschichte. Seine Existenz beginnt in diesem Jahrhundert. Doch der Boden Jordaniens hat vieles erlebt. In Petra sind die Reste der Nabatäerstadt aus dem 6. Jahrhundert vor Christi Geburt zu sehen; die Nabatäer hatten in die Felsen des Wadi Musa Grabkammern, Waffenlager, Höhlen für Heiligtümer gesprengt. In Dscherasch, einer Gründung Alexanders des Großen, stehen Ruinen der Bauten aus griechisch-römischer Zeit. Das Land, das sich heute Jordanien nennt, war in der Glanzepoche der Araber und des Türkenreiches eine unbedeutende Provinz, die von Damaskus aus verwaltet wurde. Das Sykes-Picot-Abkommen von 1916 weist das Gebiet östlich des Jordans der englischen Einflußzone zu.

Kurz nach dem Kriege informiert der britische Hochkommissar für Palästina die arabischen Notabeln in der Bergstadt As Salt über dem Jordan, daß London die Selbstverwaltung der Region unter der Obhut britischer Berater gestatte. Abdallah, einer der vier Söhne des Königs der Arabischen Länder, unbefriedigt als Außenminister seines Vaters im Hidschas – die hier beschriebenen Ereignisse liegen in der Zeit vor dem unrühmlichen Ende des Haschemitenstaates von Mekka –, beschloß, sich zum Herrscher des Wüstenstrichs ostwärts des Jordans zu machen.

Mit einigen Freunden beschlagnahmte Abdallah einen Zug der Hidschasbahn und fuhr damit nach Norden. Da der Brennstoff fehlte, hackte die kleine Gruppe unterwegs alle Telegrafenmasten ab, auch Schwellen wurden verheizt. Nach tagelanger langsamer Fahrt gelangten die Abenteurer zur letzten betriebsfähigen Station der Strecke, der Wüstenflecken heißt Ma'an. Sie kamen im günstigsten Augenblick. Da Damaskus zum französisch beherrschten Teil Arabiens gehörte, konnte die Verwaltung dort nicht mehr zuständig sein für die Gegend von Amman, die britisch beherrscht war. Um das Vakuum zu füllen, organisierten die Engländer »Nationalregierungen« in den Gemeinden; aus Mangel an Männern mit Verwaltungserfahrung und Autorität übernahmen die englischen Offiziere selbst die Regierungsaufgaben. Der Engländer Kirkbride war für Kerak zuständig, eine Kleinstadt südlich von Amman. Er empfing den Haschemiten Abdallah, der nach der langen Bahnfahrt nun auf dem Kamel nordwärts ritt. Mit großer Geste sagte Abdallah: »Ich bedanke mich, daß Sie mich im Namen der britischen Regierung empfangen!« Auf Diskussionen ließ er sich nicht ein. Kirkbride übertrug ihm die Autorität der regionalen Nationalregierung, die anderen britischen Offiziere, die kleine Provinzen zu regieren hatten, folgten seinem Beispiel. So wuchs Transjordanien zu einem Staatsgebilde.

Churchill gibt Abdallah seinen Segen

Winston Churchill war im Februar 1921 Staatssekretär für Kolonialfragen der Regierung. In den ersten Wochen reiste er in den Nahen Osten, um die Arabienpolitik befriedigend zu lösen. Das Versprechen des McMahon an die Haschemiten konnte er zwar nicht erfüllen, das umfassende arabische Königreich war nicht zu schaffen. So verteilte er Krönchen an Stelle der großen Krone: Feisal, der unglückliche ehemalige Anwärter auf den syrischen Thron, bekam den Irak, Abdallah wurde als Emir von Transjordanien bestätigt. Abdallah akzeptierte dafür das britische Mandat, er verzichtete darauf, Herr im eigenen Hause zu sein. Aber er arrangierte sich in seiner staubigen Hauptstadt Amman: zwei offizielle Frauen und eine wunderschöne Negerin als Nebenfrau machten ihm das Leben leicht. Der Staat war klein, nur 350 000 Menschen hausten in den Lehmstädten und Dörfern Transjordaniens, mehr konnten auch gar nicht ernährt werden; ein kleiner Landstrich am Jordan und im Zerkatal war landwirtschaftlich zu nutzen. Sonst bestand das Land aus Wüste. Geographisch und völkisch zeigt sich Jordanien als eine unsinnige Schöpfung der Kolonialmächte, die vom britischen Steuerzahler mit Millionenbeträgen pro Jahr am Leben gehalten wurde.

Saudi-Arabien greift nach Jordanien

Die Stämme des Gebiets ostwärts des Jordans fügen sich der kombinierten Zentralgewalt der Engländer und des Emirs Abdallah, auf die Dauer aber hält der künstliche Staat nur zusammen, weil Abdallah die Scheichs aus der britischen Subsidienkasse bezahlen kann. Ein Gefühl der nationalen Zusammengehörigkeit entwickelt sich nicht. Das weiß der Herrscher von Saudi-Arabien, und Abd al-Asis Ibn Saud will Transjordanien für sich erobern. Ohnehin paßt es ihm nicht, daß die Haschemiten, die unterlegenen Konkurrenten aus Zentralarabien, weiterhin Reiche zu verwalten haben. Die Soldaten aus den Militärsiedlungen werden zusammengezogen, sie beginnen im Jahre 1920 mit kleinen Grenzgefechten und reiten dann auf die Hauptstadt Amman zu. Zehntausend bewaffnete Kamelreiter stoßen in die Ebene ostwärts der Stadt vor. Zur Verteidigung steht die Arabische Legion bereit, übriggebliebene Kämpfer des arabischen Aufstands unter dem Befehl britischer Offiziere. Die Arabische Legion besitzt zwei kleine Flugzeuge und vier Panzerspähwagen; mit diesen modernen Kampfmitteln kämpft sie gegen die zehntausend Wüstenkrieger mit Granaten, Fliegerbomben und Geschoßgarben aus den Maschinengewehren. Die Kamelreitertruppe wird völlig aufgerieben; fünfhundert tote Saudiaraber bleiben zurück und sechshundert Gefangene. Emir Abdallah freut sich über die Siegestrophäen: die saudiarabische Armee hat fünf Kriegsbanner, Heiligtümer der Wahhabiten, auf dem Kampffeld bei der Flucht weggeworfen.

Die jüdische Heimstätte

Emir Abdallah erkannte bei seiner Amtsübernahme das britische Mandat über Palästina an. Er hatte keine Bedenken gegen die offizielle Politik der Engländer. Damit nahm er hin, daß sich England in der Balfour-Deklaration vom 2. November 1917 verpflichtet hatte, den Juden in Palästina eine »Heimstätte« zu geben. Für Emir Abdallah war dieser Gedanke nicht so schrecklich und abstoßend: er sah die Juden als Volk aus demselben Stamm wie die Araber, sie haben in diesem Teil der Welt Heimatrecht, ein Zusammenleben mit den Juden ist für Emir Abdallah durchaus vorstellbar. Die Gründung eines selbständigen jüdischen Staates brauchte nicht befürchtet zu werden, das Churchill-Memorandum vom 3. Juni 1922 sagte ganz klar: »Nichtautorisierte Erklärungen haben den Eindruck erweckt, die Schaffung eines völlig jüdischen Palästina sei vorgesehen. Sätze wurden ausgesprochen wie etwa: Palästina wird so jüdisch werden, wie England englisch ist. Die Regierung Seiner Majestät betrachtet jede Erwartung in dieser Richtung als nicht realisierbar; sie hat nicht die Absicht, ein solches Ziel zu verfolgen. Genausowenig hat die britische Regierung daran gedacht, die arabische Bevölkerung, die arabische Sprache und Kultur in Palästina verschwinden zu lassen oder sie zu unterdrücken.« Winston Churchill stellt ausdrücklich fest, daß die Staatsangehörigkeit *aller* Menschen in Palästina mit Palästinenser zu bezeichnen sei.
Die Churchill-Deklaration von 1922 hätte eine solide Basis für ein Zusammenwachsen der arabischen und der jüdischen Volksteile sein können. Winston Churchill, Staatssekretär für Kolonialfragen, analysiert die Situation so: »Während der letzten zwei oder drei Generationen sind die Juden in Palästina eine Gemeinde geworden mit 80 000 Mitgliedern. Ein Viertel davon sind Bauern oder Landarbeiter. Diese Gemeinde hat ihre eigenen politischen Organe, eine Volksversammlung und Gemeinderäte in den Dörfern und Städten. Die Gemeinde hat einen gewählten Oberrabbiner mit einem Rat zur Regelung religiöser Fragen. Die Geschäftssprache ist Hebräisch; es existieren auch Zeitungen in dieser Sprache. Die Gemeinde hat ein ausgeprägtes intellektuelles Leben, sie zeigt beachtliche wirtschaftliche Aktivität. Diese Gemeinde besitzt in der Tat die Charaktereigen-

schaften einer Nation. Die Frage, was unter dem Begriff von der Entwicklung einer nationalen Heimstätte der Juden in Palästina zu verstehen sei, kann so beantwortet werden: damit ist nicht gemeint, daß die jüdische Nationalität den Bewohnern von Palästina aufgezwungen wird. Die Juden sollen die Möglichkeit haben, ihre bestehende jüdische Gemeinde weiter auszubauen, mit Hilfe der Juden in anderen Teilen der Welt, so daß sich aus der Gemeinde ein Zentrum entwickelt, auf das die Juden mit Interesse und mit Stolz blicken können.«

Diese bescheidene Zielsetzung wurde von den Juden nicht akzeptiert; und für viele Araber war sie, als zu weitgehend, nicht mit arabischen Interessen vereinbar. Emir Abdallah hatte die Absicht, sich mit den Juden über eine gemeinsame Zukunft zu einigen, weil er wußte, daß die Juden durch ihre Vergangenheit an Palästina hängen. An den jüdischen Ansprüchen zerbrach seine Verständigungsbereitschaft.

Die Juden als Volk des Nahen Ostens

Abraham

Beide, die Juden und die Araber, rechnen Abraham zu ihrem Volk und zu ihrer Religion. In der Vorstellung des Propheten hat Abraham die Kaaba gebaut; für Jehova war Abraham mit seiner Familie aus dem nordwestlichen Mesopotamien in das Gebiet bei Beerscheba gezogen, um ein eigenes Volk zu gründen, dem von Gott Größe versprochen wird. Abraham erreicht mit seinem Anhang Kanaan, einen Landstrich mit dürftiger Vegetation, auf dem Nomaden leben. Dieses »Gelobte Land« kann die Großfamilie des Abraham nicht ernähren, sie weicht mit ihren Herden vor der Trockenheit aus ins Nildelta. Nach der Überlieferung soll Abraham selbst, da er das Land Kanaan liebte, in jedem Frühjahr hierher zurückgekehrt sein, in das von Gott bestimmte Land.

Nach Abrahams Tod sorgt Isaak für die Reinhaltung des neugeschaffenen Volkes von fremden Einflüssen: er befiehlt seinem Sohn Jakob die Heirat mit Frauen aus der Großfamilie, Heirat mit anderen Frauen ist verboten. Die Familie fühlt sich als Elite. Wenn das Alte Testament als Geschichtsquelle ernst zu nehmen ist, dann glaubte Abrahams Stamm schon an den einen Gott; darin unterschied sich die Gottesvorstellung dieses Volkes vom Polytheismus der anderen Völker des Gebiets.

Abraham war aus dem höherstehenden Kulturkreis Mesopotamien aus-

gebrochen. Er kam mit geschultem und ausgebildetem Intellekt nach Kanaan. Im Land um Euphrat und Tigris hatten sich in den Clans Gesetze der sozialen Ordnung ausgebildet; die Methoden des Ackerbaus waren verfeinert, man hatte Erfahrung in der Beobachtung klimatischer Vorgänge; erste Ansätze der Wissenschaft wurden durch die Verwendung einer Schrift möglich. Kanaan aber war hinter der Kultur des Zweistromlandes weit zurückgeblieben. Das höhere Wissen machte die Hebräer überlegen, isolierte sie aber auch. Kontakte mit anderen Stämmen der Gegend wurden auf Geheiß Isaaks eingeschränkt.
Das Volk wuchs langsam. Es war übersehbar, nur wenige hundert Menschen stark, als eine Trockenheit sie zur Abwanderung nach Ägypten zwang. Sie siedelten sich im Osten des Nildeltas an. Ihre völkische Einheit konnten sie dabei bewahren. Der Stamm hielt auch in der anderen Umwelt an seiner Vorstellung vom einen, allumfassenden Gott fest; ägyptische Einflüsse drangen nicht in die religiöse Konzeption des auserwählten Volkes.
Die andersdenkenden Menschen aus dem Osten wurden von der Bevölkerung am Nil geduldet, aber nicht als gleichwertig anerkannt: die Ägypter weigerten sich zum Beispiel, an einem Tisch mit einem Hebräer zu essen.

Die tolerante Stimmung am Nil ändert sich mit dem Machtantritt des Pharaos Ramses II. (um 1250 v. Chr.). Der Pharao, der sich Gott gleichsetzt, will den Gott der Hebräer nicht dulden. Den Hebräern wird eine ägyptische Verwaltung aufgezwungen. In ihre Siedlungen ziehen Militärposten ein, ihre Unabhängigkeit findet ein Ende. Ramses II. verlangt Frondienste beim Bau seiner Städte, die Hebräer werden wie Sklaven behandelt. Sie erinnern sich jetzt an das Gelobte Land. Das Land Kanaan lebt in ihrer Vorstellung wieder auf; das Land, das Gott ihnen verheißen hat, das sie Generationen zuvor verlassen haben, weil sie glaubten, das Land habe nicht mehr die Kraft, sie zu ernähren. Der Wille zur Heimkehr in das Gelobte Land wächst. Der Pharao aber läßt die Hebräer nicht ziehen, sie sind ihm billige Arbeitskräfte. Es ist ihm lieb, wenn sie sich vermehren: Je mehr Hebräer geboren werden, desto mehr Sklaven wird es in Ägypten geben. In der Unfreiheit wächst das Volk der Hebräer. Als Unterdrückung und Sehnsucht die Spannung geschaffen haben, die dem Volk die Kraft gibt zum Ausbruch, da tritt auch der Mann auf, der den Weg zur Freiheit findet: Moses.
Nach zweihundertfünfzig Jahren Aufenthalt in Ägypten wenden sich die Hebräer wieder nach Osten. Vierzig Jahre lang braucht das Volk für einen Weg von vierhundert Kilometern. Die Menschen des Zuges leben als Nomaden, oft für Jahre an einem Platz, um die Herden wachsen zu lassen,

um Zeugung und Geburt zu ermöglichen. Moses ist die Autorität, die das Volk zusammenhält, auch als ägyptische und kanaanäische Grenzbefestigungen zu riesigen Umwegen zwingen durch trockene Gebiete. Die Zahl von 600 000 Hebräern, die in der Bibel genannt ist, wird von den Historikern als übertrieben bezeichnet. 5000 ist als realistische Zahl anzunehmen. Die 5000 erinnert Moses auf dem Weg durch Sinai an das Gesetz Gottes: »Du sollst keinen anderen Gott neben mir haben.« Dieses alte jüdische Gesetz war in Vergessenheit geraten.

Moses selbst stirbt vor der Ankunft im Gelobten Land. Sein Nachfolger Josua greift aus Transjordanien, aus der Gegend des heutigen Amman, die räumlich kleinen Königreiche westlich des Jordans an. Die Bewohner, die während der Abwesenheit der Juden in dreihundert Jahren hier gesiedelt hatten, fühlen sich als Opfer eines Eroberungsfeldzugs, sie wehren sich. So kann Josua, da ihm die Kämpfer fehlen, nur nach und nach Kanaan für das hebräische Volk erobern. Der Umbau der Gesellschaft von der Lebensform der Halbnomaden zur national gefestigten Agrarstruktur beginnt.

Zwei Jahrhunderte lang dauert der Reifeprozeß des jüdischen Volkstums, diese Periode wird von der Bibel als »Zeit der Richter« bezeichnet. Innere und äußere Krisen gefährden das kleine, nicht zusammenhängend besiedelte Land. Die Großfamilie war in zwölf Stämme geteilt worden; sie für Feldzüge zu vereinigen, stellte Probleme, die Stammesinteressen wurden oft wichtiger genommen als der Vorteil des Ganzen.

Nach den Erfahrungen aus dem Kampf gegen die Philister suchen sich die Hebräer eine Herrscherdynastie: Saul wird der erste König. Seine Herrschaft dehnt sich allerdings nicht über alle Stämme aus; Juda ist gegen diesen König. Der Streit mit David aus dem Stamme Juda wirkt sich vergiftend aus auf die politische Moral. David ist beliebter in den zwölf Clans als Saul, und er will dessen Nachfolger werden, als Saul im Kampf gegen die Philister fällt. Trotz der Popularität Davids bleiben zunächst die gegenseitigen Ressentiments der nördlichen und der südlichen Stämme. David ist Herr über Juda; ein Offiziersputsch im Heer der anderen Stämme Israels macht ihn schließlich zum Alleinherrscher. Im Kampf gegen die Kanaaniter erobert er die Stadt am Schnittpunkt der nördlichen und südlichen Stämme. In ihr, in Jerusalem, regiert er – Jerusalem wird die Stadt Davids.

Vierzig Jahre lang regiert der König; er annektiert die Nachbarvölker, schließt ein Abkommen mit den Phöniziern, und es gelingt ihm, fast bis an sein Lebensende Frieden unter den zwölf Stämmen zu halten. Die eigenen Söhne, aus verschiedenen Ehen, liegen allerdings miteinander im Streit. Der Sohn Absalom revoltiert gegen den Vater und wird von Davids Leibgarde erschlagen. Kurz vor seinem Tode bestimmt David den jüngsten Sohn, Salomo, zum Nachfolger. Dieser König beginnt sein Amt mit dem Befehl zum Mord: der Bruder Adonia wird umgebracht, weil Salomo Sorge hat, dieser Bruder wolle ihn töten.

Unter Salomo wird Israel ein mächtiger und einflußreicher Staat, anerkannt von den Großmächten, die allerdings um diese Zeit geschwächt waren. Mesopotamien zerfiel in Einzelstaaten, Ägypten ging im internen Streit unter. Eine aktive Expansionspolitik der Hebräer hätte Erfolg gehabt, doch Salomo gab sich mit Davids Erfolg zufrieden. Israel beschränkte sich auf das Gebiet zwischen Hermon und der Wüste Negev, zwischen Mittelmeer und Transjordanien.

Salomo, der keinen Krieg führte, schuf die wirtschaftliche Grundlage des Landes: die Hebräer begannen Handel zu treiben, Schiffahrtslinien einzurichten, sie erwarben Transitrechte für Karawanen und Vorrechte für ihre Handelsniederlassungen. Salomo ließ in seiner Hauptstadt prächtige Tempel und Luxuspaläste bauen. Um das Jahr 950 v. Chr. wird am Laubhüttenfest der Tempel von Jerusalem eingeweiht. König Salomo regiert über ein Volk von 800000 Menschen.

Mit dem Höhepunkt des jüdischen Staates beginnt auch der Niedergang: die Baulust des Monarchen verschlingt Geld; um die Ausgaben zu decken, verkauft Salomo zwanzig galiläische Städte an den König von Tyros. Bei der Errichtung der Bauten müssen die Untertanen Fronarbeit leisten. Die Steuern werden hochgeschraubt. Ganz unmerklich geht auch die Reinheit des Glaubens verloren. Die Götter der Phönizier finden überall im Lande Gläubige: der Gott der Juden wird durch Baal ersetzt. Der Prophet Ahia mahnt, Israel möge an den Gott des Abraham und Moses denken – doch Salomo kann sich zu keiner Reform des religiösen Lebens durchringen. Verfault und mürbe zerfällt das Reich der Hebräer mit dem Tod des Salomo. Es hatte unter den drei Königen Saul, David und Salomo vierundneunzig Jahre gedauert.

Zwei Teilstaaten übernehmen das Erbe des Salomo, sie streiten miteinander, vertragen sich zeitweise, paktieren und bekämpfen sich dann doch wieder. Juda und Israel finden nicht mehr zusammen. Zweihundert Jahre lang dauert diese ruhmlose Zeit des inneren Zerfalls. Die Mahner fehlen

nicht: der Prophet Amos fordert eine Reform der Gesellschaft und die Neuverteilung des Besitzes. Hosea sieht den Ausweg in der Zerstörung der Götzenbilder, in der Abkehr vom Baalskult: »Bekehre dich Israel, zu dem Herrn, deinem Gott; denn du bist gefallen um deiner Missetat willen.« Im Jahre 721 beenden die Assyrer die Existenz des jüdischen Staates Israel. Assyrische Inschriften aus dieser Zeit sind erhalten, sie besagen, daß 27290 Hebräer in die Gefangenschaft ziehen mußten. Die assyrische Administration sorgt für die Auslöschung der letzten Reste einer organisierten jüdischen Glaubensbewegung.
Doch noch kann sich der Südstaat halten, mit Glück und taktischem Geschick wird der assyrische Feldzug von 701 überstanden. Jerusalem fällt nicht in die Hand der Belagerungstruppen. Die Bibel sagt dazu: »Und in derselben Nacht fuhr aus der Engel des Herrn und schlug im Lager von Assyrien hundertfünfundachtzigtausend Mann. Also brach Sanherib, der König von Assyrien, auf und zog weg und kehrte um und blieb in Ninive.« Doch ist damit kein entscheidender Sieg errungen; Juda muß sich damit abfinden, Vasallenstaat der Assyrer zu sein. Die Besatzungsmacht ordnet die Verehrung des assyrischen Astartekultes an. Der Glaube an den *einen* Gott wird den Menschen von Juda ausgetrieben.
Erst als die Assyrer Schwierigkeiten bekommen mit Babylon, lockern sie ihren Druck. Der Gedanke an die Wurzeln der jüdischen Religion beginnt zu keimen; die Hebräer erinnern sich, daß Moses ihnen ein Gesetzbuch gegeben hatte. Die Gebote und Weisungen der jüdischen Propheten finden Beachtung und werden schließlich Kodex für das Zusammenleben in der Gesellschaft. Doch das schwach gewordene Assyrien wird von den Babyloniern abgelöst, eine neue Besatzungsmacht zieht in Juda ein. Auch sie bringt Götter mit; dem jüdischen Glauben bleibt keine Chance – die fremden Götter siegen. Die Babylonier, gereizt durch einen jüdischen Aufstand, belagern Jerusalem – und diesmal kann sich die Stadt nicht halten. Im Jahre 586 v. Chr. zerstören die Babylonier den Tempel von Jerusalem. Tausende der Hebräer werden ermordet, Hunderttausende wandern den langen Weg als Gefangene nach Babylon.

Die Hoffnung auf Rückkehr erfüllt sich

In der Babylonischen Gefangenschaft kristallisiert sich das Judentum als Bekenntnis und Lebensform. Mit unbeirrbarer Zähigkeit hängen die Juden im Exil an ihrem Glauben, nur wenige verfallen der Versuchung einer Assimilation, einer Anpassung an die Herrenschicht in Babylon. Die Gefangenen bleiben abgesondert, auch als ihre Lage sich bessert, sie zeigen kein Interesse an fremden Religionskulten. Es gibt kein argwöhnisches Überlegen, obwohl der eigene Gott das Volk verlassen habe, ob die Götter der Babylonier, repräsentiert durch prunkvolle Heiligtümer, nicht mehr Macht und Stärke besäßen. Der Glaube wird zum Band, das dieses Volk zusammenhält – der Prophet der Araber wird die Erfahrung der Juden später nützen.

Auch der babylonische Staat geht zugrunde, Syrien und Palästina werden Teil des Persischen Reiches, das sich Alexander der Große erobert. Zum erstenmal in der Geschichte wird der Begriff »Palästina« gebraucht; Herodot, der griechische Geschichtsschreiber, bezeichnet damit das Land westlich des Jordans. In dieses Palästina läßt der persische Herrscher Kyros das jüdische Volk zurückkehren: in Gruppen, zu unterschiedlichen Zeiten, wagen die Hebräer den Weg zurück ins Gelobte Land. Nur wenige bleiben in Babylon, weil sie sich an den Wohlstand am Ort der Verbannung gewöhnt haben. Das Leben in der neuen und zugleich alten Heimat ist mühsamer, die Ernten sind kärglicher. Streit mit den Nachbarvölkern verzögert den Aufbau der Gemeinden. Trotzdem ersteht um das Jahr 520 der Tempel von Jerusalem wieder. Wenn die politische Unabhängigkeit auch nicht erreicht werden konnte, so blieb den Juden zunächst doch wenigstens die Glaubensfreiheit.

In der Zeit der hellenistischen Herrschaft fallen die maßgebenden Führer der jüdischen Gemeinden in eine Schwärmerei für griechische Sitten, für die freiere Auffassung der griechischen Moral; parallel dazu zerbricht das Ansehen der eigenen Religion. Der Hohepriester Jason selbst erweist sich als Kollaborateur, er spielt den griechischen Machthabern in die Hand. Die Bauern und die kleinen Händler, die Mittelschicht der jüdischen Bevölkerung also, rebellieren gegen die Verfremdung. Der Aufstand scheitert, Tausende der Hebräer verlieren ihr Leben. Die Erinnerung an die mutige Rebellion der Makkabäer lebt heute noch fort im Lichtfest Chanukka, einem achttägigen Weihefest. Die Juden sehen in der Tat des Juda Makkabi – er ist der Anführer der religiösen Putschisten – das Symbol für die Verteidigung des jüdischen Volkscharakters gegen eine feindliche Übermacht.

Die Römer setzen der hellenistischen Herrschaft ein Ende. Herodes ist einer der ersten Vasallen Roms. Seine Grausamkeit und seine grenzenlose Verschwendungssucht ruinieren den Lebensstandard der Bevölkerung Palästinas. Nach Herodes regieren römische Prokuratoren, Diktatoren, die für ihren eigenen Profit sorgen. Sie nehmen dem Gebiet jede administrative Eigenständigkeit. Die von den römischen Kaisern verkündete Glaubenstoleranz wirkt sich in der Provinz nicht aus: von den Juden wird verlangt, daß sie Standbilder der römischen Herrscher im Tempel aufstellen. Als der Prokurator Florus den Tempelschatz rauben will, da wehren sich die Juden: sie verweigern das Opfer für Kaiser Nero und organisieren bewaffneten Widerstand.

Das Ende des jüdischen Staates in Palästina

Sieben Jahre lang können sich die Juden in zusammenhängenden Gebieten behaupten, obgleich eine bürgerkriegsähnliche Auseinandersetzung in Jerusalem ihre Kampfkraft lähmt – doch dann geschieht das Wunder, das Luft schafft: Kaiser Nero stirbt, und der Feldherr Vespasian eilt nach Rom, um sein Recht auf den Thron geltend zu machen. Ein Jahr lang herrscht Waffenstillstand in Palästina. In dieser Zeit wird Vespasian Kaiser; er ernennt einen neuen Oberbefehlshaber für die römischen Legionen in der östlichen Provinz, seinen Sohn Titus. Gegen die moderne, energische Kriegsführung des Titus können sich die jüdischen Widerstandsnester nicht behaupten. In Jerusalem, belagert von den Römern, kommandieren die drei jüdischen Führer Jochanan, Simon Bar Giora und Eleasar Ben Simon. Die Tripelkommandantur wirkt sich verheerend aus, die Maßnahmen zur Verteidigung sind nicht abgestimmt; in langen Diskussionen wird Zeit vertan. Doch auch der fähigste Stratege hätte sich nicht länger gegen die gut ausgerüsteten römischen Truppen wehren können. Die vom Hunger gequälten Verteidiger werden im Hochsommer des Jahres 70 überrannt. Den zweiten Tempel der Juden lassen die Römer abbrechen, nichts bleibt von ihm übrig. Trotz dieser furchtbaren Niederlage versuchen die zersplitterten Gemeinden noch einmal, mit Gewalt die Zwangsmaßnahmen der Römer zur Schaffung der kulturellen Einheit des Riesenreiches zu verhindern; die Juden wollen den Tempel wieder aufrichten. Rom aber bleibt bei seiner Politik: der Provinz Palästina wird kein Eigenleben zugestanden.
Ohne Hoffnung auf freie Entfaltung des Volkscharakters in der Heimat zerstreuen sich die Juden in den Kulturländern des Nahen Ostens, in Nordafrika und in Europa. Die jüdischen Gemeinden halten sich abgeschlossen in Rom, Marokko, Spanien und Portugal, später in Polen, Rußland, Deutschland, Frankreich und den USA. Sie greifen zurück auf den Ursprung ihrer Religion, auf das Versprechen Jahves an Abraham, dem auserwählten Volk das Gelobte Land als Heimat zu geben, auf den Begriff vom *einen* Gott.
Der Tempel in Jerusalem, der Tempel Davids, wird aus der Erinnerung der Generationen nicht gelöscht. Die Sehnsucht, zurückzukehren nach dem Gelobten Land, bleibt stark. Die diffamierende Behandlung, die die

Juden in der christlichen und islamischen Umwelt erfahren, verstärkt den Wunsch nach dem eigenen Staat. Der Wille zum Überleben als Minderheit zwingt zur Ausprägung bestimmter intellektueller Merkmale: da den Juden in den christlichen Ländern handwerkliche Berufe versperrt bleiben, konzentrieren sie sich auf den Handel. Sie gelten bald als die geschicktesten Kaufleute. In Konstantinopel, in Bagdad, in Kairo, im Jemen übernehmen die Juden die feineren Arten des Handwerks, sie produzieren Schmuck und Gebrauchsgegenstände aus Silber -- sie bereichern damit die arabische Kultur.

Der Däne Carsten Niebuhr bereist Arabien um das Jahr 1745; er berichtet von den Juden in San'a, der Hauptstadt des Jemen: »Man rechnet ihre Zahl auf zweitausend. Man begegnet ihnen im Jemen verächtlicher als in der Türkei. Indessen finden die Araber unter ihnen ihre besten Goldschmiede, Töpfer und andere Handwerker, welche des Tages in ihren Buden in der Stadt arbeiten und des Abends wieder in ihre Wohnungen im Judendorf zurückkehren. Unter den hiesigen Juden sind auch ansehnliche Kaufleute. Einer mit Namen Oraki hatte sich das Vertrauen zweier Imams erworben. Er hatte unter der Regierung des Mansor dreizehn Jahre – und unter dem jetzt regierenden Mahdi Abbas fünfzehn Jahre lang die Oberaufsicht über alle Zölle, Gebäude und Gärten des Imam. Aber zwei Jahre vor unserer Ankunft in dieser Stadt war er in Ungnade gefallen, und nicht nur ins Gefängnis geworfen, sondern, wie die Juden sagen, auch genötigt worden, fünfzigtausend Speciesthaler zu zahlen. Zu eben dieser Zeit wurden den hiesigen Juden von vierzehn Synagogen zwölf niedergerissen. Viele Häuser der Juden waren so schön wie die Häuser der vornehmen Mohammedaner, und von diesen jüdischen Häusern wurden alle, welche über vierzehn Ellen hoch waren, bis auf diese Höhe abgetragen und zugleich befohlen, daß kein Jude sein Haus höher als vierzehn Ellen bauen solle.«

Die Sehnsucht nach der endgültigen Rückkehr

Im Mittelalter bleiben den Juden die bürgerlichen Rechte in Arabien und in Europa verwehrt. Erst im neunzehnten Jahrhundert beginnt in der westlichen Welt die Emanzipation: der Begriff »Rechtsunfähigkeit der Juden« verschwindet aus den Verfassungen. Trotzdem wird ein Jude erst dann vollwertiges Mitglied der Gesellschaft, wenn er sich zur Taufe und zum Übertritt zur christlichen Konfession entschließen kann. Theodor Herzl klagt in seiner Schrift »Der Judenstaat«: »Wir haben überall ehrlich versucht, in der uns umgebenden Volksgemeinschaft unterzugehen und nur den Glauben unserer Väter zu bewahren. Man läßt es nicht zu. Vergebens sind wir treue und an manchen Orten sogar überschwengliche Patrioten, vergebens bringen wir dieselben Opfer an Gut und Blut wie unsere Mitbürger, vergebens bemühen wir uns, den Ruhm unserer Vaterländer in Künsten und Wissenschaften, ihren Reichtum durch Handel und Verkehr zu erhöhen. In unseren Vaterländern, in denen wir ja auch schon seit Jahrhunderten wohnen, werden wir als Fremdlinge angeschrien . . . Macht geht vor Recht.«

Da die Assimilierung nicht glückt, wächst der Wunsch der Heimkehr. Die Umstände haben sich gewandelt. Die Juden finden Verständnis. Napoleon hatte 1799 eine Proklamation erlassen, die dem jüdischen Volk das Recht auf den Besitz Palästinas zuspricht; vierzig Jahre später denkt der britische Außenminister Palmerston über die Vorteile der jüdischen Ansiedlung im Nahen Osten nach.

Um diese Zeit leben in Palästina etwa 12000 Juden – die Gemeinden im Exil in der ganzen Welt sind auf rund sieben Millionen angewachsen. In den jüdischen Zirkeln Europas wird über die Realisierung des Traums »Nächstes Jahr in Jerusalem« diskutiert. Populär ist, bei aller Begeisterung, der Ruf nach Siedlung in Palästina nicht: Palästina gilt als dürr, unfruchtbar und versumpft. Theodor Herzl, der Schriftsteller und Journalist, faßt als erster die Vision in Worte, dieses dürre, unfruchtbare Land in die dauernde Heimat der Juden zu verwandeln: »Die Juden, die wollen, werden ihren Staat haben. Wir sollen endlich als freie Männer auf unserer eigenen Scholle leben und in unserer eigenen Heimat ruhig sterben. Die Welt wird durch unsere Freiheit befreit, durch unseren Reichtum bereichert und vergrößert durch unsere Größe.«

Die Planung des Judenstaates ist von Anfang an durch jüdisches Sendungsbewußtsein geprägt. Da soll nicht ein normaler Staat geschaffen werden, eine Verwaltungsstruktur, um den Bürgern, die auf diesem Gebiet leben, die Existenz zu sichern; was in Palästina geschehen wird, meint Theodor Herzl, »wirkt machtvoll und beglückend hinaus zum Wohle aller Menschen«.

Über Theodor Herzl ergießt sich Spott, er sei ein »entsprungener Makkabäer«. Doch bei der jungen Generation zündet die Idee, die jährlichen Zionistenkongresse gewinnen an Zulauf. Die Judenverfolgung in Rußland rüttelt die Geister auf, die glauben, daß in der Neuzeit Massenmord aus religiösen und rassischen Motiven unmöglich sei: sie spüren plötzlich die Unsicherheit ihrer Existenz als Minderheit. Aus Rußland kommen die ersten kleinen Gruppen der Auswanderer in Palästina an; die europäischen Juden warten noch auf die Einreisegenehmigung des Sultans

in Konstantinopel – Theodor Herzl verhandelt selbst, ohne Erfolg, der Sultan duldet kein Zentrum der jüdischen Religion in seinem Reich.
Der Widerstand des Sultans hält die Entwicklung nur wenig auf. Der Erste Weltkrieg zerstört das Osmanische Reich und bringt den Juden das Geschenk der Balfour-Deklaration, der Verpflichtung der britischen Regierung, den Juden eine »Heimstätte« in Palästina zu schaffen. Diese Verpflichtung ermöglicht die Einwanderungswelle der Juden zwischen den beiden Weltkriegen. Das jüdische Volk kehrt in Gruppen wieder zurück, um Fuß zu fassen im Gelobten Land.
Die Vernichtung von sechs Millionen Juden in Europa durch die Deutschen beseitigt letzte Einwände gegen die Schaffung eines autonomen jüdischen Staates. Darüber besteht Einigkeit bei den Großmächten, daß die Opfer der Verfolgung Anspruch haben auf einen Platz in dieser Welt, an dem sie sich zu Hause fühlen können. Die Weltorganisation der Vereinten Nationen spricht am 29. November 1947 den Juden das Recht zu, einen Teil Palästinas als ihr Land zu betrachten. Die Juden im Nahen Osten sehen darin die Genehmigung zur Gründung eines Staates. Die Araber fühlen sich, nach der Proklamation des Staates Israel, als das letzte Opfer einer historischen Entwicklung. Sie sind 1948 nicht bereit, Israel Lebensrecht zu geben. Ihr Standpunkt: »Die westliche Welt hat wieder einen Fremdkörper in den Nahen Osten eingepflanzt, um uns unter Kontrolle zu halten.« Israel wird als Bastion des Imperialismus gesehen.
Das Unrecht, das in Europa an den Juden geschehen ist, steht am Anfang des Unglücks im Nahen Osten. Die Juden, der Verfolgung entronnen, sind entschlossen, sich einzukrallen in Palästina. Der Instinkt zum Überleben zwingt sie, ihre Basis so stark wie nur möglich abzusichern.
Die Angst vor Israel aber führt zur Selbstbesinnung, zur Definition des arabischen Nationalismus. Bei den wenigen Arabern, die auch unter der emotionalen Aufheizung klare Gedanken bewahren können, reift die Erkenntnis, daß die Araber, in ihrer Sehnsucht nach der Erlösung durch das eigene arabische Vaterland, bis zur zweiten Hälfte des dritten Jahrzehnts nach der Gründung Israels Irrwege gegangen sind.
Die Geschichte des arabischen Nationalismus seit 1948 beschreibt den Gärungsprozeß der innerarabischen Auseinandersetzung. Blind trägt jeder dazu bei, die arabische Position zu schwächen: Hussein, Nasser, Arafat, die Syrer, die Iraker, der Libyer Muammar el-Gaddafi. Israel war fünfundzwanzig Jahre lang im Vorteil. Es profitierte von den Irrtümern der arabischen Vergangenheit. Mordtaten und Religionsspaltungen, regionaler Ehrgeiz, Stammesegoismus und Profitgier wirken bis heute fort. Die Omajjaden, die Abbasiden, die Wahhabiten, der albanische Bandenführer – sie alle sind Mitspieler in den blutigen Geschehnissen der jüngsten Zeit.

Das syrische Abenteuer des permanenten Irrtums

Ein Rebell will die Niederlage rächen

Enttäuschung, Zorn und Wut sind die Ursachen für den ersten Putsch in Arabien. Am 29. März 1949, in den frühen Morgenstunden, gibt ein syrischer Oberst seinen Panzerfahrern den Befehl, in Richtung Damaskus zu rollen. Der Auftrag ist genau präzisiert: Besetzung der Ministerien, der Wohnungen der Minister, der Rundfunkstation. Um 6 Uhr 10 strahlt Radio Damaskus die improvisierte Rede des rebellierenden Obersts aus: »Wir wollen die Niederlage in Palästina rächen. Die Schuld an dieser Schmach fällt auf die Politiker, die durch Egoismus und Nachlässigkeit Syrien an den Rand des Abgrunds gebracht haben!« Aus den engen Marktstraßen, aus den Gassen um die Omajjadenmoschee kommen in Gruppen die Händler, die Arbeiter, die Hausfrauen auf die breite Straße vor dem Hidschasbahnhof. Die Gruppen diskutieren, aber einig sind sie alle: es ist gut, daß einer gekommen ist, um die Verräter zu bestrafen. Die organisierten Sprechchöre fehlen noch bei diesem Putsch, das Ritual des Staatsstreiches wird sich erst in den kommenden Jahren zur Perfektion entwickeln in Damaskus. In den Morgenstunden des 29. März 1949 brauchen die Massen keine Einpeitscher. Von schwarzgekleideten, verhüllten Frauen geht der hysterische Schrei aus: »Rache für Palästina!«
Die Durchführung des Putsches stellt keinerlei Probleme. Die Männer der parlamentarischen Demokratie, die seit dem Abzug der Franzosen im Jahre 1945 Syrien regiert haben, wehren sich nicht. Sie alle sind verdiente Patrioten; sie haben gegen die Franzosen gekämpft, gegen die Mandatsmacht – danach glaubten sie sich am Ziel, doch mit dem Tage der Freiheit beginnt die Schlamperei. Sie hat ihre Ursache im naiven Glauben, daß die Erringung der Unabhängigkeit allein die Lösung aller internen Probleme in sich berge. Die syrischen Politiker waren der Selbständigkeit nicht gewachsen; sieben Jahrhunderte lang hatten andere bestimmt; Verantwortung zu tragen, war für sie eine neue Erfahrung. Entscheidungen zu fällen, zog Konsequenzen nach sich – man mußte sich verantworten, war Angriffen der politischen Gegner ausgesetzt. Parlament und Regierung beschäftigten sich mit fruchtloser Diskussion und Rederei. Die Tageszeitung »Alif Ba« zieht am 24. November 1948 das Resümee: »Man findet kaum einen Menschen in diesem Lande, der zufrieden ist, jeder hat Grund zur Klage, die Minister schimpfen, die Parteiführer sind wütend, die Parlamentsmitglieder klagen sich gegenseitig an, und der Mann auf der Straße flucht lauthals.«

In Palästina wurde inzwischen der unabhängige jüdische Staat ausgerufen. Die arabischen Regierungen beantworteten die Proklamation mit Wutausbrüchen und Kriegserklärungen. Doch an gründliche militärische Vorbereitung dachte niemand. Der syrische Ministerpräsident, Jamil Mardam, hielt sie für unnötig: »Vierzig Millionen Araber leben rings um Israel. Wenn wir uns mit Bambusstöcken bewaffnen, können wir die zionistischen Banden ins Meer werfen. Größere Anstrengungen sind da wirklich überflüssig.«

Auch für den syrischen Oberst Husni al-Zaim – für den Mann, der ein Jahr später den Putsch anführt – klang die Erklärung logisch: die Armeen der Ägypter, der Syrer, der Libanesen, der Jordanier standen bereit, um den Staat der Juden auszulöschen. In Israel lebten zu diesem Zeitpunkt nur 320000 Menschen; unvorstellbar, daß das Land eine ausreichend starke Armee rekrutieren konnte. Doch Offiziere wie Husni al-Zaim machten bittere Erfahrungen im Frühsommer 1948: jeder Fünfte der Israeli, gleichgültig ob Mann oder Frau, war ausgebildeter Kämpfer und nahm mit Beginn des arabischen Angriffs an der Verteidigung teil. 65000 bewaffnete Israeli standen bei Kriegsanfang am 15. Mai den 33500 Arabern gegenüber.

Die arabischen Geheimdienste hatten versagt; es lagen keine Informationen vor über Struktur, Mannschaftszahl und Bewaffnung der israelischen Armee. Vor allem war der Kampfgeist der Juden unterschätzt worden. Niemand hatte darüber nachgedacht, daß diese Männer und Frauen nach den furchtbaren Jahren der Verfolgung die neue Heimat verzweifelt verteidigen würden. Das israelische Oberkommando verfügte in der letzten Phase der Kämpfe über 120000 Bewaffnete, das arabische Kontingent konnte selbst nach Niederlagen nur auf 55700 Soldaten vergrößert werden. Übermacht und Kampfgeist gaben den Israeli die Siegeschance. Für die Araber endete der erste Israelkrieg in der Katastrophe. Die Kette der Demütigungen hat 1948 begonnen.

Husni al-Zaim, der putschende Oberst, verspricht den Syrern Rache für die Schmach. Begeisterung bricht aus in Syrien: aus allen Teilen des Landes kommen Delegationen nach Damaskus. Husni al-Zaim ist der Held, der dem verstörten arabischen Volk sein Selbstvertrauen wiedergibt. Die Masse ist mit der Auflösung des Parlaments einverstanden. Husni al-Zaim will als Diktator regieren, und die geschlagenen Syrer bejubeln diesen Entschluß. Vierundfünfzig Jahre alt ist der neue Staatspräsident – seine Karriere hatte in der Militärakademie von Konstantinopel begonnen (1912). Während der französischen Mandatszeit diente er in der Armee des Libanon; der Palästinafeldzug hatte ihm hohe Auszeichnungen gebracht, doch sein Name hat in der Armee nicht den besten Ruf: Husni al-Zaim ist Stammkunde in den Freudenhäusern von Damaskus, und er trinkt mehr, als ihm guttut. Husni al-Zaims Auftreten ist anmaßend; er ernennt sich selbst zum Marschall, den Marschallstab bestellt er in Paris.

Machthungrige sind zu kaufen

Das Versprechen, Palästina zurückzuerobern, vergißt Husni al-Zaim schnell. Er ist damit beschäftigt zu lernen, wie regiert wird. Aus Furcht, lächerlich zu wirken, gibt sich Husni al-Zaim mit Protokollfragen ab und gerät mehr und mehr in die Hände der Beamten, die noch seit der Zeit des parlamentarischen Systems in den Ministerien sitzen: sie zeigen dem Offizier die Feinheiten der Regierungskunst. Diese Beamten haben bereits unter den Franzosen gedient, und sie verbergen nicht, daß sie lieber in Paris leben möchten als in Damaskus. Husni al-Zaim läßt sich beeinflussen, und bald genießt der französische Botschafter Vorzugsbehandlung im Präsidentenpalast. Der englische Botschafter ärgert sich darüber, denn er hat aus London Weisung, darauf zu achten, daß Syrien, das ja ehemals französisches Mandatsgebiet war, in die englische Einflußsphäre gleitet und damit zum Bindeglied wird zwischen den von England kontrollierten Staaten Irak und Jordanien. Um den französischen Botschafter auszuschalten aus dem Kreis der Ratgeber im Präsidentenpalast, bereiten die Engländer den nächsten Putsch vor: durch Bestechung gewinnen sie den Generalstabschef Sami Hennaui. Von ihm ist bekannt, daß er die Abneigung des Husni al-Zaim gegen den haschemitischen Herrscher von Transjordanien nicht teilt.

General Sami Hennaui war auf diesen wichtigen Posten gekommen, weil er zu den Freunden des Husni al-Zaim zählt. Andere bemerkenswerte Eigenschaften besitzt Sami Hennaui nicht. Er ist sehr eng befreundet mit einem englischen Major, der sich Sterling nennt und der wiederum zu einem Kreis von Engländern zählt, die sich als Altertumsforscher und Orientalisten in Damaskus aufhalten. In Wirklichkeit sind alle Agenten des britischen Geheimdienstes. Als Briten schwärmen sie von der segensreichen Auswirkung der Demokratie; sie verhehlen nicht ihre Enttäuschung darüber, daß Syrien von einem Diktator regiert wird. Hennaui und einige andere Offizierskollegen, die sich bei Major Sterling treffen, stimmen zu – man will ja auch den finanziell so freizügigen Major nicht vor den Kopf stoßen. Und überdies ist keiner begeistert von Husni al-Zaim, der sich von Woche zu Woche noch prunkvollere Uniformen anzieht. Hennaui läßt sich einreden und überzeugen, er sei doch der weitaus Fähigere, seine politischen Einsichten prädestinierten ihn zum Staatschef. Als General-

stabschef setzt er den Putsch auf den 13. August 1949, abends 22 Uhr, fest. Der 13. August ist der 134. Regierungstag des Marschalls Husni al-Zaim. Pünktlich um 22 Uhr werden Telegrafenamt, Rundfunkgebäude und die Zentralverwaltung der syrischen Polizei besetzt. Auf den Dächern der Häuser in unmittelbarer Nähe der Wohnung des Marschalls stellen Infanteristen schwere Maschinengewehre auf. Über einen Lautsprecher wird Husni al-Zaim aufgefordert, sich zu ergeben. Er folgt der Aufforderung und läßt sich von Hauptmann Issam Merewed festnehmen. Der Konvoi mit dem Gefangenen fährt in Richtung Mezze-Gefängnis. Der Hauptmann aber steuert seinen Wagen zunächst zur Wohnung von Major Sterling; der Brite und der Syrer beraten eine Viertelstunde lang, dann folgt Merewed wieder dem Konvoi. Dreihundert Meter vor dem Mezze-Gefängnis, auf einem freien Platz, stoppen die Wagen. Husni al-Zaim wird aufgefordert, auszusteigen, ebenso der Außenminister. Die Autoscheinwerfer richten sich auf die beiden Männer. Gewehrverschlüsse klicken. Husni al-Zaim sieht jetzt, wer diesen Putsch kommandiert: »Du bist das, Hennaui, du Schwein, du Hund! Mir verdankst du deinen Posten. Ihr seid alle Hunde. Ich habe euch alle rehabilitiert vor dem Volk. Mir verdankt ihr, wenn man euch nicht zur Rechenschaft gezogen hat für die Katastrophe in Palästina – ihr werdet mich doch nicht umbringen. Ich bin ein Patriot. Schaut nach, ob ich Geld auf Banken besitze! Keinen Piaster!« Husni al-Zaim bittet um sein Leben, er bietet freiwilliges Exil an. Seine Worte bleiben nicht ohne Eindruck; die Soldaten weigern sich, zu schießen. Issam Merewed feuert selbst mit der Maschinenpistole auf den Präsidenten und den Außenminister.
General Hennaui übernimmt keine politischen Ämter in der neuen Regierung, aber er zieht die Fäden. Eine Union mit dem haschemitisch regierten Irak wird vorbereitet, aber nicht, um die arabische Sehnsucht nach Einigung zu befriedigen, sondern um das Versprechen einzulösen, das Hennaui dem britischen Major Sterling gegeben hatte. Doch die Union wird verhindert: wenige Tage vor dem Zusammenschluß fegt der dritte Putsch der syrischen Geschichte Hennaui aus dem Lande. Im Exil in Beirut wird er später erschossen; die Familie des Außenministers, den er hat töten lassen, rächt sich. Die neuen Herren in Syrien hatten ihren Putsch durch Spenden des königlichen Clans in Saudi-Arabien finanziert. Die Familie Saud will die Union zwischen Syrien und dem Irak verhindern, weil diese Union einen Machtzuwachs für den irakischen König bedeutet. Dieser König aber ist Haschemite, und damit der Erbfeind der Saudi. Der Empfänger der saudiarabischen Schecks war Oberst Adib Schischakli, der Kommandeur des Militärdistriks Aleppo. Er leistet den Schwur, »die Republik als Staatsform für Syrien zu erhalten«; damit ist klargestellt: Union

mit dem royalistischen Irak kommt nicht in Frage. Schischakli zerreißt die ausgefertigten Dokumente der Union, Syrien bleibt ein unabhängiger Staat.
Vier Jahre lang kann Adib Schischakli die Macht in der Hand behalten. Syrien blüht auf in dieser Zeit: die Franzosen leisten Wirtschaftshilfe; Industriebetriebe entstehen, die Bauern mechanisieren ihre Betriebe. Syrien ist zu dieser Zeit das einzige arabische Land, dessen jährlicher Produktionszuwachs von Landwirtschaft und Industrie die Rate der Bevölkerungszunahme bei weitem übersteigt. Die Ursache dieser Prosperität: Weideland im Nordosten Syriens wird zum erstenmal umgepflügt und für den Getreideanbau nutzbar gemacht. Die Reichen von Damaskus investieren und erzielen hohe Gewinne.
Die Hauptstadt verändert in der Regierungszeit von Schischakli ihr Gesicht. Hotels und Geschäftshäuser im modernen Stil ersetzen die Bauten der Türkenzeit; dem Baradafluß entlang ziehen sich Grünflächen. Adib Schischakli reformiert auch die Rechtsprechung, seine Sozialgesetzgebung ist fortschrittlich. Er orientiert sich am Beispiel Frankreichs – wiederum zum Ärger des britischen Botschafters.
Trotz aller Fortschritte und Verbesserungen läßt die Begeisterung für den Präsidenten nach. Eine Charaktereigenschaft der Syrer wird in den letzten Monaten des Regimes Schischakli deutlich: die Araber der Gegend von Damaskus setzen sich unter Aufwendung aller Entschlossenheit und aller Energie für eine Idee ein, die sie schon morgen fallenlassen, die sie mit dem gleichen Trotz morgen verurteilen. Ein kleiner Anstoß genügt, und ein politisches Konzept gefällt nicht mehr; eine neue Doktrin entwickelt sich, von der sofort das Heil erwartet wird. Ohne Grund gerät diese neue Doktrin wieder in Vergessenheit. Dieser Krieg der politischen Ideen wird in den Kaffeehäusern von Damaskus geführt. Das intellektuelle Klima der syrischen Hauptstadt ist in permanenter Gärung.
So paradox es auch klingt: dieser Gärungsprozeß wirkt sich nicht auf die menschlichen Beziehungen aus, Gewalttätigkeit ist selten. Politischer Mord geschieht nur in der Stunde des Putsches, im Augenblick hoher innerer Spannung. Die Leute in Damaskus legen Wert auf die Feststellung, daß Grausamkeit bei ihnen verpönt ist. Nach ihren Worten sind an Folterungen im Mezze-Gefängnis nur Individuen aus Homs oder Aleppo beteiligt.
Zum Zeitpunkt, als das Regime Schischakli altert, werden die Briten wieder aktiv. Die Botschaft greift diesmal nicht direkt ein, London bedient sich eines arabischen Freundes, des haschemitischen Königs von Jordanien. In Amman ist vermerkt worden, daß Schischakli mit Hilfe der Saudi seinen Putsch wagen konnte: die Freundschaft zwischen Saudi-Arabien und Syrien aber erscheint der Haschemitenfamilie gefährlich. Zwei Offiziere werden

gefunden, die in der nördlichen Garnisonstadt Aleppo stationiert sind und die Einfluß haben auf die jüngeren Mitglieder des Offizierskorps.

Die Garnison Aleppo meutert am 25. Februar 1954. General Feisal al-Atassi und Hauptmann Mustafa Hamdun, die beiden Rebellenchefs, geben sofort bekannt, daß sie die syrische Nordprovinz an den Irak angliedern wollen; ihnen schwebt – parallel zur Idee der »Einheit des Niltals« – die »Einheit des Euphrattals« vor. Die Offiziere der Garnison von Aleppo haben nichts gegen einen Anschluß an das haschemitische Königreich Irak. Doch weit wichtiger für den Augenblick ist ihnen, daß der Sold pünktlich am 28. Februar ausgezahlt wird. Die Finanzverwaltung in Damaskus hat ihre Zahlungen nach Aleppo eingestellt, von Schischakli war für die Meuterer kein Geld zu erwarten – die Offiziere wenden sich deshalb gleich an ihren Auftraggeber in Bagdad. Auf dem Flughafen Neirab trifft ein irakischer Offizier ein mit großer roter Aktentasche. Er bringt das Geld für die Soldzahlung. Adib Schischakli sieht sich dieser haschemitisch-britischen Verschwörung nicht gewachsen. Er flieht nach Beirut; dort wird er von einem Angehörigen der Drusenreligion erschossen, der es nicht vergessen konnte, daß Schischakli den Drusengebieten Syriens keine Autonomie geben wollte.

Nasser bekommt Freunde in Damaskus

Syrien gerät in den Jahren der durch Putsche wechselnden Regierungen noch nicht in den Sog der Ideologien. Die meuternden Offiziere entstammen alle der syrischen Bürgerschicht, und sie berühren als Regierende die Rechte dieser Schicht kaum. Die Sozialstruktur des Landes bleibt intakt, die traditionellen Kräfte wirken weiter: der Chef der Großfamilie bestimmt über den Lebensweg der Clanmitglieder, er wählt Beruf und Ehepartner aus. Selbst in der Großstadt Damaskus hat sich die Selbständigkeit des einzelnen noch nicht entwickelt. Dem Chef der Großfamilie gehört das Land, er sitzt als Abgeordneter im Parlament; je nach Größe des Clans kann er Vertreter der Familie in die Regierung einpflanzen oder zumindest in die Ministerien. So sorgt er wieder für seinen Anhang. Die Gesellschaft funktioniert nach den Gesetzen des Nomadenlebens: Familie und Einzelmensch sind fest miteinander verflochten.
Keinem Absolventen der Universität würde es einfallen, sich selbst um einen Regierungsposten zu bewerben; der Chef der Familie ist es, der dem jungen Mann durch ein Gespräch mit dem Minister zum Start der Karriere verhilft.

Diese Bindung wird erst gelockert, als es den Ideologen gelingt, die Phantasie der Menschen einzufangen: ein junger Anhänger Nassers, dessen Gedanken um arabische Größe und Sozialismus kreisen, läßt sich keine Vorschriften mehr machen vom Clanchef, der bürgerlichen Traditionen Respekt verschaffen will.
Bei den jüngeren Syrern findet Gamal Abd el-Nasser Anhänger, besonders die Majore der Jahrgänge 1915 bis 1920 sind fasziniert vom Auftreten der Offiziere in Kairo. Unzufrieden mit dem raschen Wechsel der Regierungen nach der Flucht des Adib Schischakli, suchen die Offiziere der Garnison Damaskus einen starken Mann, der dem Staat wieder Stabilität geben könnte. Das parlamentarische System bringt keinen Politiker nach vorn, der genügend Autorität hat, um den Egoismus der Clans im Interesse des Staates einzudämmen. Die Familienchefs versuchen, den Apparat der Demokratie nach ihrem Willen zu steuern: gefälschte Wahlergebnisse sind das Resultat. Die Wahlergebnisse werden angefochten und wieder verfälscht von den Konkurrenten.
Mit Geschick halten sich die rivalisierenden Kräfte selbst in der Waage. Doch mit dieser Methode kommt das Land nicht voran; Gesetzentwürfe bleiben liegen; die Gemeindeverwaltungen sind zurückhaltend mit dem Bau der öffentlichen Einrichtungen, wie Schulen und Wasserleitungen, weil sie fürchten, mit den Vertretern einzelner Familien oder gar mit den wichtigen Männern aus dem Kreis der islamischen Religionsgelehrten zusammenzustoßen. Das politische Chaos stärkt den Einfluß der traditionellen Kräfte, die im Fortschritt die Wurzel des Unheils sehen. Die fortschrittlich gesinnten Offiziere von Damaskus suchen einen Mann, der Stehvermögen und Rücksichtslosigkeit besitzt, um – als Beispiel – das längst beschlossene Wahlrecht der Frauen durchzusetzen.
Vom starken Mann wird auch erwartet, daß er Syrien aus der außenpolitischen Isolation herausführt. Die Freundschaft mit den Haschemiten in Jordanien und dem Irak bringt keine Befriedigung, weil im Aufwind der nationalistischen Begeisterung die Regime beider Länder als Gewächs der Kolonialzeit betrachtet werden. Den einzigen Erfolg der syrischen Außenpolitik bringt ein Freundschaftspakt mit der Sowjetunion; doch dieser Pakt mit Kommunisten wird von den gläubigen Moslems in der Armee mit Argwohn betrachtet.
Voll Bewunderung sieht die jüngere Generation nach Kairo; dort war es Gamal Abd el-Nasser gelungen, das ägyptische Volk zu einigen, ihm in der Welt Ansehen zu verschaffen. Bis Damaskus strahlen nur die Sonnenseiten von Nassers Herrschaft; mit der Rückseite machen die Syrer erst später Bekanntschaft. Geblendet von Nassers Glanz kommt dem Chef des syrischen Geheimdienstes Abdel Hamid Sarradsch die Idee, die

guten Dienste des Gamal Abd el-Nasser auch für Syrien zu gewinnen. Damaskus, so denken die cleveren Männer um Sarradsch, ist für Nasser der bessere Rahmen. Unter den Omajjadenherrschern war Damaskus einst die Hauptstadt des arabischen Reichs, vielleicht gelingt es der Kraft dieses arabischen Führers der Gegenwart, Damaskus wieder zum Zentrum einer größeren arabischen Staatseinheit zu machen.

Am späten Abend des 27. Januar 1958 besucht der Generalstabschef Afif Bizri den Staatspräsidenten Schukri al-Kuwatli. Solche Besuche können in der syrischen Hauptstadt ganz unangemeldet erfolgen, die Präsidenten verstecken sich in diesen Jahren noch nicht hinter dicken Mauern. Afif Bizri macht Kuwatli Vorwürfe: seine Laschheit trage Schuld an der allgemeinen Unsicherheit im Land. Kuwatli sei nicht die starke Persönlichkeit, die Syrien derzeit brauche. Kuwatli, der Angst hat, daß der Generalstabschef ihn verhaften läßt, fragt vorsichtig nach der wirklichen Absicht dieses Besuchs. Afif Bizri sagt: »Uns bleibt nur die Wahl zwischen Bürgerkrieg und Nasser. Nasser allein kann der Anarchie hier ein Ende machen!«

Afif Bizri sagt nicht, daß er heimlich bereits am 12. Januar mit dreizehn hohen Offizieren bei Nasser war. Der Unionsplan ist mit Gamal Abd el-Nasser vorbesprochen. Der Ägypter hatte allerdings keine feste Zusage gemacht. Sehr begeistert war seine Reaktion auf das Angebot nicht gewesen. Zu seinem eigenen Staatspräsidenten sagt Afif Bizri nichts von Nassers Kühle. Bizri ist ein glühender Anhänger der Idee vom arabischen Vaterland. Mit der Eloquenz und der sturen Beharrlichkeit des Damaszeners bearbeitet er Schukri al-Kuwatli. Der Präsident ist schließlich bereit, am anderen Morgen nach Kairo zu fliegen, mit allen Ministern seines Kabinetts.

Geheimdienstchef Abdel Hamid Sarradsch schickt um Mitternacht seine Offiziere in die Wohnungen der Minister mit der Einladung zum Ministerrat in Kairo. Jeder Offizier bittet höflich um die Erlaubnis, den Rest der Nachtstunden in der Wohnung verbringen zu dürfen. Keiner der Minister verweigert die Erfüllung des Wunsches. Sarradsch verhindert so, daß die Politiker unter Ausreden verschwinden. Diese stille Methode des Staatsstreichs ermöglicht die Fusion zur »Vereinigten Arabischen Republik«.

Mahmud Riad – später ägyptischer Außenminister, heute Generalsekretär der Arabischen Liga – ist damals Botschafter Nassers in Damaskus. Vom Flugzeug aus gibt er über den Kontrollturm des Flughafens Kairo den Mitarbeitern Nassers die Anregung, jubelnde Bevölkerung auf die Straße zu bringen. Partei- und Polizeiapparat funktionieren: eine Stunde später begrüßen Tausende am Weg zum Kubbe-Palast die arabischen Nationalisten aus Damaskus. Als Parole war ausgegeben worden: »Lang lebe die syrisch-ägyptische Union!«

Die Vereinigte Arabische Republik

In den späten Vormittagsstunden treffen sich die ägyptischen und die syrischen Minister. Gamal Abd el-Nasser ist gegen diese überstürzte Aktion: »Wir sind alle Anhänger der Einigung der arabischen Länder. Der Begriff Einheit ist zwar sehr stark mit Gefühlen verbunden, wir sollten aber doch den Verstand nicht vergessen. Eigentlich wissen wir sehr wenig voneinander, wir müssen uns doch erst kennenlernen!«

Nassers Lage ist heikel. Lehnt er die Union ab, dann verliert er sein Ansehen als Führer der Araber in den Augen der Nationalisten. Jahrelang hatte er die Araber zur Einigung aufgerufen, und nun bremste er plötzlich selbst. In Abwägung des Für und Wider gibt es für ihn nur eine Lösung: Gamal Abd el-Nasser trifft den Entschluß, den die Massen von ihm erwarten. Er verwirft die Vernunftgründe und handelt emotional; er unterzeichnet das Dokument zur Union zwischen Syrien und Ägypten. Nach der Unterschrift sagt Schukri al-Kuwatli zu Nasser: »Exzellenz, Sie haben mir sehr geholfen. Sie haben mich von der undankbaren Aufgabe befreit, fünf Millionen Menschen regieren zu müssen, die sich alle als Politiker von hohem Rang sehen. Die Hälfte davon glaubt, zum nationalen Führer berufen zu sein. Ein Viertel meint, als Prophet wirken zu müssen. Aber wenigstens zehn Prozent sind überzeugt, Gott ähnlich zu sein.«

Eine Volksabstimmung in beiden Staatsteilen gibt der Initiative des syrischen Geheimdienstes recht. Von 1 413 157 stimmberechtigten Syrern sind nur 185 dagegen, daß Gamal Abd el-Nasser Präsident auch der Syrer wird.

Der Testfall für den panarabischen Traum

Gamal Abd el-Nasser hat sich von den Syrern absolute Vollmacht ausbedungen. Schukri al-Kuwatli gibt Syrien in die Hand des ägyptischen Diktators. Damaskus verzichtet auf alle Souveränitätsrechte und auf jede Eigenständigkeit. Beide Staatsteile sollen zu einer organischen Einheit zusammengefügt werden, mit gemeinsamer Wirtschaftsplanung, gemeinsamer Sozialpolitik, gemeinsamer Ideologie. »In revolutionärem Schwung schweißen wir Syrien und Ägypten zusammen«, sagt Gamal Abd el-Nasser, und die Massen jubeln ihm zu, als er nach Damaskus kommt. »Die Vereinigte Arabische Republik ist der Kern des großen Vaterlands, das wir schaffen wollen. Unser arabisches Vaterland reicht von den Bergen des Taurus, von den Schluchten Kurdestans bis zu den Küsten Marokkos am Atlantik. Wir werden die von den Imperialisten fabrizierten Grenzen zerschlagen.«

Auf dem Flughafen Damaskus kommen in den ersten Tagen nach dem Inkrafttreten der Fusion die Spezialisten aus Kairo an, die Syrien seine Individualität nehmen sollen. Wie zu Zeiten der ersten Kalifen der siegreiche Stamm dem Unterlegenen seine Verwaltungsform aufzwang, so übernehmen jetzt Tausende von Ägyptern mit harter Hand Ministerien und Provinzverwaltungen. Syrien heißt »Nordprovinz« und wird gleichgeschaltet. Nasser verpflanzt das ägyptische Organisationsschema nach Syrien: die Steuergesetze werden angepaßt, die Lehrpläne der Schulen, die Ordnung innerhalb der Armee; ägyptische Richter sorgen für gleiches Recht, ägyptische Polizisten bringen den Damaszener Autofahrern Beachtung der Verkehrsregeln bei. Die Menschen der Nordprovinz Syrien machen alle Reformen mit: die Begeisterung über den Fortschritt des arabischen Nationalismus läßt keinen Schmerz aufkommen über den Verlust der eigenen Tradition. Nasser macht einige psychologisch geschickte Zugeständnisse: er nimmt den Syrern nicht die eigene Währung, das »Syrische Pfund« bleibt Zahlungsmittel. Es ist mehr wert als das Ägyptische Pfund.

Aus Mißtrauen gegenüber den zivilen Politikern verläßt sich Gamal Abd el-Nasser in der Nordprovinz auf die Offiziere der Armee; bei ihnen vermutet er verwandte Denkweise. Der Generalstabschef Afif Bizri allerdings, der al-Kuwatli zur Union gezwungen hatte, wird aus dem aktiven Dienst entlassen. Bizri hatte den ehrgeizigen Geheimdienstchef Abdel Hamid Sarradsch nicht ausstehen können; die beiden waren so zerstritten, daß Nasser schlichten mußte. Doch die Aussöhnung hielt nicht lange an. Nasser entschied sich für den Geheimdienstchef, da er sich dazu entschlossen hatte, seinen direkten Draht von Kairo nach Damaskus über den Geheimdienst laufen zu lassen. Er macht Abdel Hamid Sarradsch zum Innenminister. Sarradsch ist der einzige Minister, der sein Amt während der ganzen Existenz der Vereinigten Arabischen Republik behält. Er steigt schließlich auf zum Stellvertretenden Präsidenten der Nordprovinz. Gamal Abd el-Nasser präsentiert ihn den Massen vom Balkon des Gästepalastes in Damaskus aus: »Abdel Hamid Sarradsch ist ein reiner, ein integrer Mann. Er ist der Unbestechliche!« Nasser hat guten Grund, das zu sagen.

Dem Clan der Saudi in Zentralarabien mißfällt die Union zwischen Syrien und Ägypten. Der König von Saudi-Arabien hat seine eigenen Pläne vom arabischen Großreich nicht vergessen. Zur Mandatszeit war seine Expansionslust durch die Engländer abgeblockt, doch jetzt schwand der direkte Einfluß der Großmächte, der Vormarsch von Zentralarabien aus konnte beginnen. Inzwischen aber war ein anderes Hindernis entstanden: die panarabische Bewegung des Gamal Abd el-Nasser. Von Ägypten aus griff sie jetzt nach Syrien über, und selbst der nächste Nachbar der Saudi, der feudalistisch regierte Jemen, zeigte Interesse, sich Nassers Imperium anzuschließen. König Saud kalkuliert, daß diese Welle der panarabischen Begeisterung allein von der Person des Gamal Abd el-Nasser angetrieben wird; fällt Nasser aus, muß die Welle zurückebben. Ein Mord am Präsidenten der Vereinigten Arabischen Republik könnte also den Weg freimachen für die saudische Expansion.

König Saud hat durch eine seiner zahlreichen Frauen verwandtschaftliche Beziehungen nach Syrien. Einer der Schwiegerväter wohnt in Damaskus. Dieser Mann kennt Abdel Hamid Sarradsch gut, er kann vertraulich mit dem mächtigen Minister reden. Der Schwiegervater des saudiarabischen Herrschers schlägt ein Geschäft vor: die Ermordung Nassers gegen einen Scheck, über dessen Höhe man diskutieren könne. Sarradsch läßt den Agenten der Saudi nicht hinauswerfen, er stellt seine Forderung für den Mord: König Saud soll zweiundzwanzig Millionen Pfund Sterling bezahlen. Der Schwiegervater fragt persönlich in der saudiarabischen Hauptstadt Riad zurück und bekommt zu seiner eigenen Überraschung vier Schecks ausgehändigt über die Summe von insgesamt 2,2 Millionen Pfund Sterling, als Anzahlung; der volle Betrag sollte fällig sein nach dem gewaltsamen Tod des Präsidenten. Die Schecks sind ausgefertigt unter dem Datum des 26. Februar 1958, signiert vom Direktor der Arabischen Bank in Riad.
Aus Riad wird Abdel Hamid Sarradsch über Einzelheiten des geplanten Anschlags informiert. Die Maschine des Präsidenten soll über syrischem Luftraum abgeschossen werden – von einem syrischen Jagdflugzeug. Da die Absturzstelle nahe bei der israelischen Grenze liegen wird, kann die Schuld der gegnerischen Luftwaffe zugeschoben werden. Dem Attentat sollte nach dem saudiarabischen Plan die Verhaftung und die Verurteilung aller Nasserfreunde in Damaskus folgen. Der Unionsidee war ein schwerer Schlag zugedacht.
König Saud übermittelt an Sarradsch durch seinen Schwiegervater einen handschriftlichen Brief mit der dringenden Bitte, die Absprache nie, auch in ferner Zukunft nicht, zu verraten. Der »Reine und Unbestechliche« fliegt mit den Beweisen nach Kairo zu Gamal Abd el-Nasser. In einer Rede macht der Präsident den Mordplan bekannt; die Menge ist begeistert, daß Allah und Abdel Hamid Sarradsch die schützende Hand über Gamal Abd el-Nasser gehalten haben.
Vom Clan der Saudi wird die Wahrheit vom Komplott und Mordplan indirekt bestätigt: König Saud wird von diesem Zeitpunkt an systematisch entmachtet, Emir Feisal bestimmt die saudiarabische Politik.
Der Mordplan aus Riad kommt Nasser und Sarradsch gelegen, beide haben

ihre Position verbessert. Für den Präsidenten war die nationalistische Konkurrenz in Saudi-Arabien vorläufig durch Blamage ausgeschaltet, und Sarradsch konnte, nach diesem Beweis der Treue, in die Funktionen des ägyptischen Prokonsuls der Nordprovinz eintreten. Er organisiert ein dichtes Netz der Kontrolle durch Polizisten und Vertrauensmänner. Die Spitzel des Geheimdienstes durchdringen die Stammesorganisationen und ihre Kleinzellen, die Einzelfamilien. Der Apparat um Sarradsch schwillt an. Der Geheimdienst regiert die syrische Provinz, die offizielle Provinzialregierung hat nichts zu sagen. Abdel Hamid Sarradsch bekommt von Gamal Abd el-Nasser im Sommer 1961 den Auftrag, auch in Syrien die Nationalisierungsgesetze anzuwenden, die in Ägypten praktiziert werden. Er vergißt dabei, einen wesentlichen Unterschied der Wirtschaftsstruktur zwischen Ägypten und Syrien zu beachten: in Syrien ist Boden und Kapital in syrischer Hand, fremde Firmen und fremde Finanziers spielen keine Rolle – in Ägypten aber gehört die Hälfte des Kapitals der 148 Firmen, die 1961 verstaatlicht werden, ausländischen Finanzgruppen. Versicherungsgesellschaften und vor allem Banken folgen den Wünschen britischer Verwaltungsräte, das Grundkapital stammt vollständig aus London. Die Gesetze zur Verstaatlichung zielen gegen den fremden Einfluß im ägyptischen Wirtschaftsleben, der Staat übernimmt die Anteile der Engländer und Franzosen. Die Anwendung der gleichen Gesetze in Syrien aber bedeutet Verstaatlichung der Anteile von Syrern; das Gesetz zur Wegnahme der Aktien, die insgesamt den Betrag von 10000 £ übersteigen, trifft den syrischen Mittelstand: Kapital wird konfisziert, das sich die Familien im Verlauf der Wirtschaftsblüte der fünfziger Jahre erworben hatten. Im Clansystem Syriens ist das Kapital nicht verteilt auf mehrere Mitglieder der Familie, sondern der Chef des Clans gilt als Besitzer; der Chef, der Gemeineigentum verwaltet, wird jetzt als Kapitalist verschrien und büßt durch Hergabe des vermeintlich exzessiven Kapitalbesitzes.

Mit Anwendung der Verstaatlichungsgesetze machen sich Nasser und Sarradsch Feinde in den Großfamilien, die als Versorgungsorganisation, als Versicherungsträger für alle Clanmitglieder, auf den Besitz angewiesen sind. Die Begeisterung für die Vereinigte Arabische Republik läßt merklich nach. Das Resultat der Verstaatlichungsmaßnahmen ist verheerend für die syrische Wirtschaft: die Clans transferieren ihren Finanzbesitz ins Ausland, sie kaufen Boden im Libanon. Die Kapitalflucht wirkt sich auf die Geschäftslage aus, die Umsätze der Industrie fallen. Wer die Möglichkeit zur Emigration sieht, verläßt Syrien. Die Nordprovinz der Vereinigten Arabischen Republik – reich geworden in der Zeit der Privatwirtschaft – kommt in wirtschaftliche Schwierigkeiten.

Gamal Abd el-Nasser hat kein Verständnis für Wirtschaftsprobleme, doch es trifft ihn nicht die volle Schuld am ökonomischen Niedergang Syriens: das Wetter ist an der Katastrophe mitbeteiligt. Die vier Jahre der Union mit Ägypten sind vier Jahre Trockenheit; der Winterregen bleibt aus, das Getreide verdorrt. Die Statistik des syrischen Landwirtschaftsministeriums gibt Auskunft: im Jahr 1958 beträgt die Durchschnittsernte an Getreide pro syrischer Maßeinheit (Dunum) 90 kg; 1959 sinkt der Ertrag auf 35 kg, und er bleibt so niedrig bis zum Bruch mit Ägypten. Da die Mehrzahl der Syrer in landwirtschaftlichen Betrieben arbeitet, wirken sich die Mißernten als Katastrophe aus. In den Dörfern sagt man: »Allah will die Ägypter nicht im Lande haben. Er bestraft uns jetzt dafür, daß wir sie geholt haben!«
So wächst langsam die Abneigung gegen die Ägypter. Die Armeeoffiziere erwägen die Konsequenzen der veränderten Volksmeinung, und sie stellen fest, daß auch sie keinen Grund zur Zufriedenheit haben. Der spätere Generalstabschef Abdel Karim Zahr ad-Din klagt: »Mit der Muttermilch haben wir syrischen Offiziere die Sehnsucht nach der Einigung der Araber in uns aufgenommen. Wir glauben an diese Einheit, wie wir an Gott glauben. Doch unsere Brüder aus dem Süden, aus Ägypten, haben eine andere Mentalität. Wir waren vom ersten Tag der Union an für den Austausch der Offiziere beider Armeen. Unsere jungen Männer flogen voll Begeisterung über die errungene Einheit nach Süden. Doch was kam zu uns? Die Ägypter schickten uns Offiziere, die eine Ausbildung in Spionage hinter sich hatten. Sie dachten, sie seien hier als Geheimdienstler eingesetzt – vom Geist des arabischen Nationalismus spürten wir nichts. Wie Kraken griffen diese Männer nach Einfluß, ihre Fangarme packten alles, sie machten sich zu Herren über uns. Sie arbeiteten nicht mit unserem Hauptquartier zusammen, sie nahmen immer nur Kontakt auf zu ihren eigenen Offizieren. Sie hatten alle wichtigen Positionen der Ersten Syrischen Armee in der Hand. Aber unsere Offiziere saßen in Ägypten hinter leeren Schreibtischen, man übertrug ihnen keine Autorität; sie hatten nicht einmal etwas zu tun. Wer sich beklagte, bekam den Vorwurf zu hören, er sei Regionalist und weine dem alten Syrien nach. Unsere Unzufriedenheit bekämpften die Ägypter mit Entlassung oder mit Versetzung in die Verwaltung und auf unbedeutende Posten des Außenministeriums. Vertrauen und Freundschaft verschwanden. Die Ägypter benahmen sich so, als hätten sie es darauf angelegt, Haß zu säen. Die Situation bei uns war genauso wie zur Zeit des französischen Mandats – wir waren jetzt in den Fängen des ägyptischen Imperialismus. Wer logisch denkt, der muß doch annehmen, daß bei einer Vereinigung das beste Gesetz im Unionsstaat angewendet wird, aber unsere Brüder aus dem Süden hatten diese Absicht gar nicht. Sie zwangen uns mit Gewalt ihr Gesetz auf.«

Gamal Abd el-Nasser ist informiert, er kennt den Grad der Unzufriedenheit in Damaskus. Seine eigenen Agenten berichten ungeschminkt. Marschall Abdel Hakim Amer, die rechte Hand des Präsidenten und als Nachfolger aufgebaut, soll den Bestand des Unionsstaates retten. Mit umfassenden Vollmachten fliegt der Marschall in die syrische Hauptstadt; doch Entscheidungsfreiheit allein nützt nichts, wenn der Plan zur Rettung fehlt. Die Vollmacht hat nur ein Resultat: sie verärgert Abdel Hamid Sarradsch. Am 21. September 1961 werden beide, der Marschall und der treue Syrer, nach Kairo gerufen, um ihren Streit zu diskutieren; Nasser will eine Kompromißformel finden für die Machtverteilung, doch die beiden sind starrköpfig. Sarradsch glaubt, durch ein formelles Rücktrittsangebot Nasser zur Abberufung des Abdel Hakim Amer zwingen zu können – daß er selbst unentbehrlich ist, davon ist der Syrer überzeugt. Doch zu seiner Überraschung nimmt Gamal Abd el-Nasser das Gesuch an. Der Marschall und der zurückgetretene, einst allmächtige Geheimdienstmann fliegen nach Damaskus zurück. Zwei Tage später werden sie verhaftet, von Offizieren, die der Vereinigten Arabischen Republik ein Ende bereiten. Der Geheimdienstapparat hatte sich zu sehr aufgeblasen; er war unbeweglich geworden: von den Vorbereitungen zum Putsch hatte keiner der Agenten etwas gemeldet.

Der Traum von der Einheit platzt

Um vier Uhr morgens am 28. September 1961 fahren Panzer in Damaskus ein, kommandiert von Oberstleutnant Haidar Kuzbari. Alle Putsche folgen demselben Schema: das Telegrafenamt wird besetzt, die Rundfunkstation, der Kontrollturm des Flughafens; dann folgt die Attacke auf die Residenz des Machthabers. In diesem Fall aber war der Chef der Regierung ein Ägypter, der Marschall Abdel Hakim Amer. Unter keinen Umständen durfte ein Ägypter getötet oder verletzt werden. Die Putschisten fürchten den Zorn Nassers. Das Zögern gibt dem ägyptischen Marschall Gelegenheit, ein Telefongespräch nach Kairo anzumelden. In vier Jahren war es in diesem Unionsstaat nicht möglich gemacht worden, die beiden Provinzen durch direkte Telefonleitungen zu verbinden: Gespräche zwischen Damaskus und Kairo werden über Beirut und Europa vermittelt. So kommt es, daß der ägyptische Marschall warten muß, bis er mit seinem Präsidenten sprechen kann. Gamal Abd el-Nasser befiehlt, sich gegen die Separatisten zu wehren, dieser »unwürdigen Aktion« ein rasches Ende zu machen. »Keine Konzessionen«, das war die strikte Order des Präsidenten.

Der Marschall in Damaskus sieht noch eine Chance, die Union zu retten: er verhandelt mit den rebellierenden Offizieren, denn er hat festgestellt, daß nicht alle für den Bruch mit Ägypten eintreten. Bei einigen geht die Verbitterung nicht so weit, daß sie die Ideale der arabischen Einigung aufgeben – diese Männer wollen praktische Reformen, sie verlangen mehr Rechte für die Syrer in der Armee und in der Verwaltung, sie fordern die Aufhebung der Verstaatlichungsgesetze. Von acht Uhr bis Mittag dauern die Gespräche, dann ist die Verständigung erreicht. Um 1 Uhr 30 verliest der Nachrichtensprecher von Radio Damaskus das Kommuniqué Nr. 9 des Revolutionären Oberkommandos: »Wir verfolgen das Ziel, die Zusammengehörigkeit der Araber zu bewahren. Wir gefährden nicht die Siege, die der arabische Nationalismus bereits errungen hat. Marschall Abdel Hakim Amer hat unsere Probleme verstanden, er hat die nötigen Entscheidungen getroffen, die der Armee der Vereinigten Arabischen Republik Bestand und Einheit sichern.«

Das Kommuniqué Nr. 9 spricht von »Vereinigter Arabischer Republik«, und es gibt dem Marschall seinen korrekten Titel: »Vizepräsident der Republik und Oberster Befehlshaber der Armee«.

Über die Funkstation der Armee kommt Abdel Hakim Amer noch einmal mit dem Präsidenten in Kairo in Verbindung. Nasser ist nicht erfreut über den Verhandlungserfolg: er verbietet das Zugeständnis von Konzessionen: »Entweder folgt Syrien ohne Bedingungen den Anordnungen aus Kairo, oder es soll sehen, wie es allein weiterkommt.« Jetzt erst entschließen sich die syrischen Offiziere, die vollständige Trennung ihres Landes von Ägypten durchzusetzen. Abdel Hakim Amer wird verhaftet und mit seinem Stab nach Kairo geflogen. Das Kommuniqué Nr. 10 des Revolutionären Oberkommandos verkündet das Ende der Vereinigten Arabischen Republik.

Nasser aber ist nicht bereit, diese Niederlage einzustecken. Er geht in seinem Plan davon aus, daß sich die Garnisonen in Nordsyrien noch nicht der Rebellion angeschlossen haben. Ägyptische Flotteneinheiten werden in Richtung des Hafens Latakia in Marsch gesetzt.

Ein Vorauskommando soll in der Nacht mit dem Fallschirm abgesetzt werden. Major Jalal Huraidi erhält den Befehl, die Expedition zu kommandieren. Nasser empfängt selbst den Major, um ihm die heikle Lage darzustellen: »Kein Blutvergießen – ein Bürgerkrieg zwischen der Nord- und der Südprovinz ist das letzte, was uns nützt. Nur Stärke demonstrieren, Entschlossenheit. Eindruck machen!« Nasser gibt dem Major eine Million Syrische Pfund mit; mehr Geld für Bestechungen soll nachgeschickt werden.

Major Jalal Huraidi ist mit seinen Fallschirmjägern längst im Flugzeug unterwegs, da entdeckt das Oberkommando in Kairo, daß sich nach der Verlesung des Kommuniqués Nr. 10 alle syrischen Garnisonen entschlossen haben, die Abtrennung zu unterstützen. Jetzt ist die Mission des Majors Jalal Huraidi gefährlich und sinnlos zugleich geworden. Über Funk wird er aufgefordert, wieder zurückzufliegen oder – bei Benzinmangel – einen Ausweichflughafen auf Zypern anzusteuern. Huraidis Flugzeugstaffel empfängt den Befehl nicht. Mit dreizehn Offizieren und einhundertundfünf Soldaten springt der Major über dem Flugfeld von Latakia ab. Doch seine Truppe landet weit verstreut; im Morgengrauen werden die einzelnen Gruppen von den Syrern gefangengenommen.

Die syrische Armee hat sich vom ägyptischen Einfluß befreit, zur großen Erleichterung der Bourgeoisie in Damaskus, die jetzt damit rechnen kann, daß die Verstaatlichungsgesetze nicht durchgeführt werden. Die Syrer sind wieder die Herren im eigenen Lande. Doch ist auch dieser Putsch keine rein syrische Befreiungsaktion, die Anregung dazu war aus Amman gekommen, aus der Hauptstadt des haschemitischen Königreichs Jordanien. Haidar Kuzbari, der Panzeroffizier, der den Putsch anführte, stand seit 1959 in engem Kontakt mit dem Königspalast in Amman.
Kaum hatte Gamal Abd el-Nasser seinen Einfluß in Damaskus verloren, da bricht der Egoismus wieder auf. Die Chefs der Clans übernehmen erneut ihre einflußreichen Positionen; sie kämpfen darum, das konfiszierte Kapital zurückzubekommen. Die heterogene Gesellschaft Syriens kann sich auf kein Programm einigen. Wahlergebnisse zeigen die Existenz von verschiedenen politischen Gruppierungen an, von denen keine stark genug ist, andere zur Koalition zwingen zu können. Alle Parteien erhalten Stimmanteile zwischen zehn und zwanzig Prozent. Für die Vertreter der traditionellen Beduinenclans stimmen zweiundvierzig Prozent der Wahlberechtigten. Doch jeder Abgeordnete dieser Gruppe setzt sich nur für die Interessen seiner Familie ein; er weigert sich, in einer Mehrheitsfraktion im Parlament mit anderen zusammenzuarbeiten. Die Armee bereut bereits nach sechs Monaten, daß sie bei Abschluß des Sezessionsputsches wieder in die Kasernen zurückmarschiert war. Den Zivilisten gelingt es nicht, das Land in den Griff zu bekommen. Viele erinnern sich, wie schön es war, als Gamal Abd el-Nasser auch in Damaskus regierte. Die Vorstellung, daß das Heil der Araber doch in der Union, im Zusammenschluß zu suchen sei, wird wieder lebendig. Der Traum vom großen arabischen Vaterland blüht auf, begünstigt von der Nachricht, daß sich Gamal Abd el-Nasser um eine Union mit dem Irak bemüht – dort war 1958 der Haschemitenkönig gestürzt worden, und auch dort befand sich die junge Republik in Schwierigkeiten.

Die Baathpartei sorgt für Überraschung

»Im Namen Allahs und der arabischen Nation. Seit dem Beginn der Geschichte hat Syrien seine Aufgabe erfüllt im Kampf für die arabische Welt und die arabische Einheit. Das arabische Volk von Syrien hat nie seine Grenzen als endgültig angesehen, unser Volk erkannte nur die Grenzen der großen arabischen Nation an. In der syrischen Nationalhymne ist kein Wort zu finden von Syrien, die Hymne feiert das große arabische Volk und den heroischen Krieg, den alle Araber zu führen haben.« Dieses Kommuniqué sendet Radio Damaskus am 8. März 1963, um 6 Uhr 45 morgens. In den Stunden vor Tagesanbruch war wieder, genau nach Schema, eine Panzerkolonne zu den wichtigsten Gebäuden der Stadt gefahren. Die Verhaftungen konnten ohne Probleme durchgeführt werden, nur am Eingang zum Verteidigungsministerium war es zu einer kurzen Schießerei gekommen. Trotz der Parallelen: das war kein Armeeputsch wie alle die anderen seit 1948 – hinter dieser Rebellion stand eine Ideologie. »Die Baathpartei hat diesen Putsch organisiert!« sagt wenige Tage später der Politiker Michel Aflak. Die Baathpartei gehörte in Syrien bisher zu den vielen politischen Gruppierungen, die in ihrer Summe schwächer waren als die traditionellen Beduinenclans. Jetzt bekannten sich plötzlich zwanzig Minister der neuen Regierung zu dieser Partei, unter ihnen Ministerpräsident Salah al-Baytar; Innenminister wurde ein Veteran unter den Mitgliedern der Baathpartei, der Oberst Amin al-Hafis.

Die unsterbliche Mission der arabischen Nation

Al Baath al Arabi al Ischtiraki – Sozialistische Arabische Wiedergeburt, das ist der vollständige Name der Baath-Bewegung. Michel Aflak, ihr Begründer, ist 1910 in Damaskus geboren. Der Vater gehörte zu einem recht wohlhabenden Clan griechisch-orthodoxer Christen – der Umstand, Christ zu sein, hat dem Parteigründer Michel Aflak später Schwierigkeiten gebracht. Den Osmanen und den Franzosen mißfiel der brennende arabische Nationalismus des Vaters – er verbrachte unter beiden Regimen einige Zeit in Gefängnissen. Die Familie kann den achtzehnjährigen Michel Aflak zum Studium nach Paris schicken. Er studiert Geschichte und stößt dabei auf die Lehren von Karl Marx. Zurückgekehrt nach Syrien, wird der junge Mann Lehrer an einer staatlichen Schule. Ihn beeindruckt während des Zweiten Weltkriegs der Versuch des Irak, die britische Mandatsmacht loszuwerden. Der Aufstand des Raschid Ali im Jahre 1941 – ausgeführt mit deutscher Hilfe – bringt Michel Aflak auf die

Idee, Unterstützung für den Irak zu organisieren. Der Aufstand im Irak muß scheitern, weil die weite Entfernung die deutsche Wehrmacht daran hindert, die arabischen Nationalisten aktiv zu unterstützen. Nach der Niederlage des ersten Versuchs, die Kolonialherren loszuwerden, nimmt sich Michel Aflak vor, die arabische Unabhängigkeitsbewegung zu organisieren. 1943 gründet er seine Partei.

Seine Anhänger sind Intellektuelle: Rechtsanwälte, Lehrer, Ärzte, Ingenieure. Die Baathpartei wendet sich an die Gebildeten. Michel Aflak hat kein fertiges Programm; er ist auf der Suche nach einer Form des Sozialismus, die den Arabern auf die Haut geschneidert ist. Der arabische Sozialismus soll gefunden werden: »Wir können Gerechtigkeit und Fortschritt für Arabien nicht mit fremden, importierten Theorien erkämpfen. Der arabische Sozialismus muß die Realität in der arabischen Welt reflektieren, er muß auf unserem historischen Erbe basieren. Unser Sozialismus hat pragmatisch zu sein, er muß sich den Situationen anpassen können, die auf uns zukommen. Unsere Gesellschaft ist in der Entwicklung, wir können keine Theorie brauchen, die uns festlegt.« Aflak prägt seinen Parteimitgliedern ein: »Wir müssen unsere Umwelt verstehen und dann versuchen, sie zu ändern.«

Das Studium der Umwelt zur Zeit der Parteigründung führt zum ersten Punkt, der den Mitgliedern der Baathpartei am Herzen liegen muß: Arabien ist nicht frei, die Mandatsmächte regieren. In keinem arabischen Land geschieht das, was Araber wollen. Michel Aflak ist sich im klaren darüber, daß auch ein siegreicher Aufstand im Irak keine Freiheit für das Land um Euphrat und Tigris gebracht hätte – die Deutschen wären eben dann dort Mandatsmacht geworden. Der Westen war nicht bereit, die Araber in die Freiheit zu entlassen. Die Baathpartei wollte dafür kämpfen, daß sich die Haltung der Europäer ändert.

Das Gedankengebäude des Baath-Sozialismus entwickelte sich weiter: Die Partner der Statthalter des Imperialismus, der Schattenregierungen unter ausländischen Gouverneuren, waren die arabischen Kapitalisten. »Um ihren Besitz zu wahren und zu mehren, haben sie ihre arabische Seele verkauft an die Fremden und deren Helfer. So war es den Ausländern gelungen, sich große Anteile in arabischen Unternehmen zu sichern. Wenn wir diese Betriebe verstaatlichen, machen wir uns frei von fremdem Einfluß.« Der Anhänger der Baathpartei hat deshalb für Maßnahmen der Sozialisierung einzutreten.

Erreichbar sind Freiheit und wirtschaftliche Unabhängigkeit nur, wenn die Araber zusammenstehen, wenn sie einig sind. Isoliert in den einzelnen Ländern können sie leicht von den imperialistischen Nationen be-

einflußt und beherrscht werden. Die Großmächte – so denkt Michel Aflak – werden deshalb ihre Heimtücke darauf konzentrieren, Zusammenschlüsse der arabischen Länder zu verhindern. »Der Kampf um die Einheit der Araber wird hart, weil für die westliche Welt vitale Interessen auf dem Spiel stehen.«
Die Analyse der Umwelt gibt Michel Aflak die Gewißheit, daß »Einheit, Freiheit und Sozialismus« die Wiedergeburt des arabischen Vaterlandes ermöglichen. Für diesen Drang zur Anknüpfung an frühere Glanzzeiten der Araber sind ideelle Motive der Antrieb; wirtschaftliche Aspekte spielen keine Rolle. Für die Ideologen der Baathpartei sind ökonomische Erfolge, etwa die Verbesserung des Lebensstandards, von selbst Resultat der Annäherung an die Ideale: wenn der Araber seine Vorstellungen von der arabischen Nation erfüllt sieht, wird er die Kraft und die Inspiration haben, breitverteilten Wohlstand zu schaffen. Der griechisch-orthodoxe Christ Michel Aflak gibt dem Baath-Sozialismus einen humanistisch-idealistischen Kern: »Die arabische Nation hat eine unsterbliche Mission. Im Verlauf der Menschheitsgeschichte hat sich diese Mission in immer neuen Formen enthüllt. Das Ziel der Mission der Araber ist die Erneuerung der menschlichen Werte, die Beschleunigung des menschlichen Fortschritts, die Stärkung von Harmonie und gegenseitiger Hilfe unter den Menschen.« Die Baathpartei glaubt:

1. Kolonialismus mit allen seinen Begleiterscheinungen ist Verbrechen. Die Araber müssen ihn bekämpfen; sie helfen anderen Völkern, die im Kampf gegen den Imperialismus stehen.
2. Die Menschheit bildet ein Ganzes. Die Menschheit ist zu gegenseitiger Solidarität verpflichtet. Sie besitzt gemeinsame Werte und eine gemeinsame Zivilisation. Die Araber profitieren von der Zivilisation der Welt, zugleich tragen sie zu dieser Zivilisation bei. Die Araber reichen den anderen Nationen die Bruderhand, sie arbeiten mit ihnen zusammen, um gerechte Regierungsformen zu finden, die fähig sind, allen Völkern Wohlstand, Frieden sowie moralischen und geistigen Fortschritt zu bringen.«

Die Baathpartei bezeichnet sich als »Partei des Volkes«, und sie erweckt damit den Eindruck, eine Massenpartei zu sein im Sinne der europäischen sozialistischen Parteien. Ein Blick auf die Zuhörer bei Parteiveranstaltungen zeigt, wer sich tatsächlich zur Baathpartei zählt. Da sitzen – wie zur Gründungszeit – Lehrer, Journalisten, Apotheker, Rechtsanwälte, und vor allem Offiziere. Doch es sind nicht diejenigen, die beruflichen Erfolg hatten; die Unzufriedenen, die Ehrgeizigen werden angezogen von der Partei, Männer, die sich gerne reden hören. Sie zeichnen sich alle durch

Humorlosigkeit aus: sie halten ernste Ansprachen, und sie erwarten, daß ernsthaft zugehört wird. Jede der pathetischen Reden ist ein Appell an das nationale Gefühl, eine Beschwörung arabischer Größe. Überzeugt von der Richtigkeit der Idee, sucht der Redner die Ursachen des Scheiterns der Verwirklichung immer bei anderen: Selbstkritik ist in der Baathpartei unbekannt.
Das schlichte Programm »Einheit, Freiheit und Sozialismus« in Kombination mit der Ansicht, daß sich die Theorie den Umständen anzupassen habe, gibt die Möglichkeit zu jeder Art von Auslegung. Das ist die Ursache, warum die Baathpartei durch Spaltung geschwächt wird. In Bagdad und in Damaskus regieren Mitglieder derselben Partei, eben der Baath, doch sie und ihr Anhang bekämpfen sich. Sie schicken sich gegenseitig Mörder ins Haus; jeder Flügel bezahlt hohe Beträge, um Offiziere dazu zu bringen, im anderen Staat das Regime zu beseitigen. Nicht Unterschiede im Programm, sondern persönliche Machtlust der beiden Männer an der Spitze spalten die Partei auf in den syrischen und den irakischen Flügel, wobei durch interne Putsche die Führungsspitzen häufig ausgewechselt werden. Der Staatschef in Bagdad will auch in Damaskus regieren, der Präsident in Damaskus sucht Einfluß auf das Gebiet um Euphrat und Tigris. Die Rivalität der beiden Städte aus der Omajjaden- und Abbasidenzeit lebt fort. Jeder Flügel der Partei hält sich für den einzigen Bewahrer der Idee von der arabischen Einigkeit; die Anhänger des Konkurrenten sind Abweichler und Verräter. Da aber kein ideologischer Fehler nachgewiesen werden kann, verwendet der gegnerische Parteifreund den Pauschalvorwurf »Lakai des Imperialismus«. Von den Amerikanern, Engländern, den Westdeutschen oder den Ölgesellschaften gekauft zu sein, ist die am häufigsten verwendete Anklage im Nahen Osten – und sie trifft oft auf einen wahren Kern.

Die Partei wird geführt – das gilt für jeden der beiden Flügel – von einem Gremium der brillantesten Redner. Sie sind zugleich harte Intriganten. Dieses »Kommando der Baathpartei« nennt sich auch gern die »Elite der Wissenden«. Die Männer dieses Kreises glauben, das Rezept für den Sieg des wahren Sozialismus zu kennen: »Arabien steckt noch tief im Stadium der Unwissenheit. Das zwingt uns, die wir den Weg wissen, die Führung straff in die Hand zu nehmen.« In der Zeit des Übergangs zum Idealzustand der Gesellschaft muß, nach Meinung des Parteigründers Aflak, diktatorische Gewalt regieren, ein Parlament würde nur stören: »Der Parlamentarismus wurde immer manipuliert zugunsten der ausbeutenden Klasse. Wir wollen die verbogene Vorstellung von Demokratie wieder korrigieren: Wir werden die direkte Wahl in Dörfern, Städten und Betrieben einführen. Die Gewählten sind Räte, die dort Verantwortung tragen, wo ihre Wähler zu finden sind. Sie fahren nicht in die Hauptstadt, um Parlamentarismus zu spielen und Demokratie vorzutäuschen.«

Die Baathpartei sieht sich als Glücksbringer, als Menschheitsbefreier: »Wir wollen den Menschen ihr wahres Selbst zurückgeben, von dem sie keine Ahnung mehr haben. Mit ihrem innersten Willen sind die Menschen bereits auf unserer Seite, auch wenn sie mit Wort und Schwert noch für unsere Feinde kämpfen. Wir wollen die Befreiung des einzelnen von wirtschaftlichen, politischen und sozialen Fesseln; erst durch die Befreiung wird der einzelne seine eigenen Fähigkeiten erkennen können, nur so wird er ein besseres und produktives Leben führen.«
Der gute Vorsatz ist jedoch nur schwer zu verwirklichen, da die Idee fehlt, wie die Freiheit des einzelnen erreicht werden kann. Die Regierungspraxis gibt wenig Hinweise; die Staatschefs in Damaskus, die der Baathpartei angehören, verfolgen alle eine ungeschminkte Mittelstandspolitik: Besitz und Erbschaft sind als natürliche Rechte anerkannt, die Forderung von »Wucherzinsen« ist zum Verbrechen erklärt, der Staat muß die Heirat erleichtern. Unklar ist, ob das Programm für Planwirtschaft oder Privatinitiative eintritt. In dieser Frage wechselt die Meinung der Redner in den Gremien. Kein regierender Flügel hat je die Rechte des Bürgertums angetastet; hierfür hat die Partei allerdings eine vernünftige Erklärung: »Sozialismus kann bei uns nicht bedeuten, daß wir bestehende materielle Werte neu verteilen – Sozialismus heißt bei uns, neue materielle Werte schaffen, die dann allen gehören.«

Der Nasserismus als Konkurrent der Baathpartei

Der Sozialismus des Gamal Abd el-Nasser unterscheidet sich in nichts von den Vorstellungen der Führer der Baathpartei. Auch Nasser tastete den Besitz des Bürgertums nicht an; er versuchte den Landarbeitern und Bauern zu helfen, ohne den Grundherren zuviel wegzunehmen. Nasser hatte das Glück, daß er für versprochene Sozialisierungsmaßnahmen ein Opfer fand: die ausländischen Gesellschaften. Ihren Besitz verstaatlichte er, darüber hinaus beschränkte sich sein Sozialismus auf Worte. Doch der ägyptische Präsident, der sich kein praktikables Programm schuf, besaß ein hohes Talent, die Massen zu begeistern – und er hatte Humor. Seine Reden faszinierten den Arbeiter und den Intellektuellen; er beschränkte sich nicht auf Pathos, er wußte, daß man in guten Reden Geschichten erzählen muß. Darin unterschied sich Gamal Abd el-Nasser von den Rednern der Baathpartei. So klug die Köpfe in Damaskus auch sein mögen, zu ihnen

zählt doch bis heute nicht einer, der Nassers Ausstrahlung besitzt. (Solange Nasser lebte, war er selbst in Damaskus mehr bekannt, bewundert, geliebt als der wichtigste Mann der Baathpartei. Dagegen gab es für die Männer der Baath kein Heilmittel.)
Auch der starke Gamal Abd el-Nasser sah mit Unbehagen auf die Rivalen. Radio Kairo erhält nach dem Zerfall der Vereinigten Arabischen Republik den Auftrag, die Führer der Baathpartei lächerlich zu machen, sie abzuqualifizieren als »größenwahnsinnige Nachahmer«, als »Clowns im Mantel des Propheten«. Die Enttäuschung über das Scheitern der Vereinigten Arabischen Republik diktiert den Inhalt der in Richtung Syrien ausgestrahlten Programme: »Syrer, befreit euch vom Joch der Freunde Moskaus!« Gamal Abd el-Nasser hofft auf die Reaktion der Kommunistenfeinde in Damaskus; aber in der syrischen Hauptstadt trifft der Vorwurf der Moskauhörigkeit nicht, weil jeder politisch Interessierte weiß, daß die Männer der Baathpartei die Freundschaft mit den »Atheisten« in Moskau noch immer ablehnen.
Die Anti-Baath-Propaganda von Radio Kairo wird jedoch von denen gehört, die der Vereinigten Arabischen Republik nachtrauern, die sich an die Begeisterung der ersten Monate nach der Union erinnern. Die Gruppe der Nasseristen bildet sich, und sie profitiert davon, daß die Ungerechtigkeiten der »Südprovinzler« in Vergessenheit geraten. Kaum haben sich die verwandten Geister gefunden, denken sie an Staatsstreich gegen die Baathregierung; die finanzielle Unterstützung finden sie beim ägyptischen Geheimdienst. Das »Kommando« der Baathpartei spürt die Gefahr und versucht selbst einen Weg der Annäherung an Nasser zu gehen. Die Beleidigungen der letzten Wochen sind vergessen, auch die Erfahrung, daß Nasser in der Vereinigten Arabischen Republik keine Parteien geduldet hat: die Partei, die zur Zeit der Union verboten war, macht Gamal Abd el-Nasser das Angebot einer neuen Fusion. Diesmal soll ein dritter Partner beteiligt sein – der Irak. Damit wird dieser Unionsversuch noch komplizierter als der erste: auch im Irak herrscht die Baathpartei, doch der in Bagdad regierende Flügel betont seine völlige ideologische Unabhängigkeit. Alle drei Partner der neuen Union haben die eigenen Interessen im Auge: die Baathfraktion in Damaskus will in Ägypten Fuß fassen, die Baathfraktion in Bagdad will über Syrien herrschen, und Gamal Abd el-Nasser sieht sich bereits als Herrscher über beide Partner.

Am 14. März 1962 treffen sich die Bevollmächtigten der drei Staaten in Kairo. Ohne Wissen der syrischen und der irakischen Delegation haben die Ägypter die Diskussion aufgezeichnet. Der Wortlaut gibt Aufschluß über die wahre Situation zwischen Syrern und Ägyptern. Wir erfahren viel über Charakter und Mentalität der Regierenden dieser Zeit. Angestaute Wut, Abneigung und Verachtung prallen aufeinander.

Nihad al-Kassem, Stellvertretender Ministerpräsident Syriens:

Allah sei Dank dafür, daß wir hier sind. Ich habe Ihnen schon gesagt, Herr Präsident, nach meiner Meinung liegt der Heroismus eines Staatschefs darin, daß er Niederlagen in Siege verwandeln kann. Wir wollen Ihnen den Sinn unserer Revolution mitteilen: wir sind für die arabische Einheit und wir sind für den Fortschritt. Mit uns sitzen hier die Vertreter der irakischen Revolution. In dieser historischen Begegnung treffen sich die Führer der drei Revolutionen. Wir vertrauen darauf, daß Kairo unserem Wunsch nach Einheit nachkommt. Wir wollen hier über die Grundlagen einer organischen Vereinigung unserer drei Republiken sprechen. Die neue Fusion soll auf gesunden und wohldurchdachten Fundamenten stehen.

Gamal Abd el-Nasser:

Ich freue mich auch sehr. Es ist wirklich unsere Aufgabe, für die arabische Einheit zu arbeiten. Die Union zwischen Ägypten, Syrien und dem Irak ist der Gipfel unserer Wünsche – aber vielleicht ist die Zeit noch nicht reif für die Verwirklichung. Wir sind überzeugte Kämpfer für die Einheit, aber wir alle wissen doch heute, wie schwer es ist, die Einheit zu realisieren. Wir leiden unter diesem Komplex, uns zusammenschließen zu wollen. Ich hatte keinen traurigeren Tag erlebt als den, an dem unsere Union mit Syrien zerbrochen ist. Mit Syrien waren wir vier Jahre lang vereinigt, da gibt es einige Probleme, die sich angestaut haben. Daß Ägypten und Syrien dem Regionalismus anhängen, das können wir gar nicht leugnen. Außer dieser Schwierigkeit gibt es noch eine andere: wer ist die Kraft hinter dieser Union, die wir jetzt ansteuern, ist das die Baathpartei oder das syrische Volk? Wenn diese Union eine Sache der Baathpartei sein soll, dann lasse ich die Finger davon, dann höre ich in diesem Augenblick mit der Unterhaltung auf. Das ägyptische Volk will sich mit dem syrischen Volk zusammentun, aber es kann und will nichts mit der Baathpartei zu schaffen haben. Das sage ich mit aller Offenheit, und ich bitte Sie, wenn Sie der Baathpartei angehören, um Verständnis. Nach meiner Meinung waren die Baathleute schuld am Bruch. Sie haben sich auch nach dem Ende der Union hier bei uns in alles eingemischt. Was da geschah, war kriminell. Ich erinnere mich gut an die Schlagworte: Union, ja – aber ohne Nasser! Wenn die arabische Nation die Einheit will ohne mich, bitte, für dieses Problem können wir eine Lösung finden. Es liegt nun bei unseren syrischen Brüdern, sich auszusprechen über die Fehler, die gemacht wurden. Jeder sollte mit aller Offenheit reden.

Auf diese Aufforderung folgt langes Schweigen.

Gamal Abd el-Nasser:

Möchten Sie, daß ich rede? Ich habe viele Syrer getroffen nach der Lostrennung, ich habe mir alles angehört. Soll ich im Namen der Syrer sprechen? – Verlegenes Lachen ist die Reaktion.

Der Wirtschaftsminister Syriens, Abdel Kerim Zuhur, antwortet:

Ägypten ist ein stabiler Staat, das Volk hängt an der Staatsführung. Hier gibt es einen funktionierenden Verwaltungsapparat. Wir in Syrien sind nicht so gut dran. Deshalb war es damals nötig, daß die ägyptische Apparatur von uns übernommen wurde. Aber dabei blieb die Mentalität und die Eigenheit des syrischen Volkes unbeachtet. Wir hatten auch immer das Gefühl, daß die Ägypter lieber über ihre eigenen Agenten in Syrien regieren als über uns Revolutionäre. Ich bezweifle ja gar nicht, daß ein Staat mit Agenten arbeiten muß, mit Geheimdiensten, mit Nachrichtendiensten – aber im Falle der Union sollten sich doch die beiden Volksteile besser verstehen.

Gamal Abd el-Nasser (mit zorniger Stimme):

Da möchte ich gleich etwas dazu sagen! Wenn uns einer anklagt, mit Agenten zu regieren, wenn uns einer vorwirft, wir seien ein Polizeistaat, dann teilt derjenige die Meinung der Imperialisten, der Zionisten, der Reaktion und – leider muß ich das sagen – auch der Baathpartei. Bitte sagen Sie mir den Namen eines einzigen unserer Agenten in Syrien. Ich verlange das! Sagen Sie mir einen Namen!

Ali Saleh al-Saadi, Stellvertretender Ministerpräsident des Irak:

Darf ich antworten?

Gamal Abd el-Nasser:

Bitte!

Ali Saleh al-Saadi:

Sie können, Exzellenz, nicht überall ihre Augen haben, und vieles hat man sicher vor Ihnen versteckt. Ich habe meine eigenen Erfahrungen mit den Agenten gemacht. Es ist doch so: jeder Mensch hat seinen Preis. Bei uns in Bagdad hatte sich die wirtschaftliche Lage eines gewissen Hakki Ismail Hakki gewaltig verbessert, nachdem wir ihn aus der Baathpartei hinauswarfen. Er hat sich dann an Geheimdienste verdingt, die unsere Partei bekämpfen.

Gamal Abd el-Nasser (mit Empörung):

Aber das Geld kann unmöglich von uns gekommen sein!

Ali Saleh al-Saadi:

Genau das war leider der Fall! Er hat es hier in Ägypten bekommen, zusammen mit den Flugblättern, die er bei uns verteilt hat. Die Flugblätter waren in ägyptischen Druckereien gedruckt worden.

Gamal Abd el-Nasser:

Wie soll dieser Mensch heißen?

Ali Saleh al-Saadi:

Hakki Ismail Hakki. Und da gibt es noch einen Fuad al-Rikkabi, der lebt als Emigrant hier in Kairo. Rikkabi hat Briefe mit Anweisungen geschrieben an Hakki, Befehle Ihres Geheimdienstes. Das in Kairo gedruckte Material greift auf gemeine Weise die Baathpartei an. Sicher haben Sie, Exzellenz, keine Ahnung von diesen Dingen.

Gamal Abd el-Nasser:

Da wir jetzt schon dabei sind, soll alles besprochen werden. Was hat die Baathpartei mit dem Geld gemacht, das ich habe überweisen lassen? Das waren ganz schöne Summen. Wir haben der Partei, im Interesse der nationalen Sache der Araber, siebzigtausend Dinar bezahlt. Zweimal haben wir Geld geschickt, einmal dreißig-, das andere mal vierzigtausend. (Siebzigtausend Dinar sind nahezu eine Million Pfund Sterling.)

Der syrische Wirtschaftsminister fragt dazwischen:

Wann soll das gewesen sein? In welchem Jahr?

Der irakische Außenminister kennt die Überweisungsdaten:

Das war neunzehnhundertachtundfünfzig und neunzehnhundertneunundfünfzig.

Gamal Abd el-Nasser:

Also das waren dreißigtausend Dinar gegen Ende neunzehnhundertneunundfünfzig. Das Geld ist an Michel Aflak überwiesen worden. Habe ich jemals Michel Aflak gefragt, was er mit diesem Geld gemacht hat?

Siebzigtausend Dinar habe ich ihm bezahlt.

Ali Saleh al-Saadi, Stellvertretender Ministerpräsident des Irak:

Aflak hat nie Geld bekommen!

Gamal Abd el-Nasser:

Wer denn dann?

Taleb Shahib, der irakische Außenminister:

Der Irak.

Gamal Abd el-Nasser:

Wie bitte?

Taleb Shahib:

Der Irak!

Gamal Abd el-Nasser:

Doch Aflak war der Vermittler!

Abdel Karim Zuhur, der syrische Wirtschaftsminister:

Von der ganzen Geschichte weiß ich überhaupt nichts. Ich kann nur annehmen, daß da ein kapitaler Irrtum passiert ist!

Gamal Abd el-Nasser:

Ich möchte doch noch einmal auf die Geschichte mit den Geheimdiensten zurückkommen. Ich halte ihre Tätigkeit für ganz legal ...

Der syrische Wirtschaftsminister unterbricht:

Für ganz legal?

Gamal Abd el-Nasser:

Für sehr legal sogar! Unser Geheimdienst in Ägypten arbeitet auf wissenschaftlicher Basis. Wir arbeiten nicht mit Portiers und Hausmeistern zusammen. Wir haben Geheimdienste und Nachrichtendienste – aber niemand merkt etwas davon. Die Methode, die ihr in Syrien anwendet, stammt aus der Zeit von Schischakli, sie ist vielleicht sogar noch älter. Ihr arbeitet noch mit der naiven Methode. Unser Geheimdienst ist technisch auf der Höhe! Deshalb weiß ich auch, daß heute nur siebzig Prozent unserer Bevölkerung eine Union mit Syrien haben wollen. Damals haben wir uns hineintreiben lassen von der Begeisterung der Araber – damals waren sie ja auch alle dafür! Wenn wir jetzt einen Staat gründen und der zerbricht wieder, dann ist das Konzept der Einigung für immer kaputt!

Gamal Abd el-Nasser wendet sich an den syrischen Baathpolitiker Salah al-Baytar, der neben ihm sitzt:

Ich kann mich noch ganz gut erinnern an die famose Bittschrift der syrischen Honoratioren, die den Austritt Syriens aus der Vereinigten Arabischen Republik forderten. Da stand Ihre Unterschrift drunter! Ich konnte gar nicht glauben, daß Sie das unterschrieben haben. Was war denn Ihre Absicht? Die Baathpartei hatte also doch das Ziel, Ägypten zu zerstören und das Regime in Ägypten samt meiner Person zu eliminieren.

Trotz des Streits unterschreiben am 17. April 1963 die Vertreter der drei Staaten ein Abkommen: Ägypten, Syrien und der Irak entschließen sich, eine Föderation zu bilden. Mehr geschieht allerdings nicht. Gamal Abd el-Nasser behält recht: die Männer der Baathpartei hatten die Unterschrift Nassers nur gebraucht, um sich den Syrern als Vorkämpfer der arabischen Einheit präsentieren zu können. Wieder zu Hause in Damaskus, entlassen sie alle Offiziere, die als Nasseranhänger gelten können. Ende April rebelliert der Chef der Garnison von Aleppo; er glaubt an Gamal Abd el-Nasser und will die Einheit erzwingen. Allerdings merkt er zu spät, daß die Baathpartei sich fest in sein Offizierskorps eingepflanzt hat; dem Garnisonschef gehorchen nur wenige der Majore und Hauptleute. Auf den gescheiterten Putsch hin werden siebenundvierzig nasseristische Offiziere aus dem Dienst entlassen.

Am 1. Juli 1963 stellt die Partei ihre neugeschaffene Privatarmee vor, die »Nationalgarde«, eine nichtkasernierte Miliztruppe. Die Nationalgarde bekommt die Aufgabe zugewiesen, die Gebäude der Partei und die Wohnungen der wichtigsten Funktionäre zu schützen. Diese ideologisierte Armee soll verhindern, daß sich irgend jemand Hoffnungen macht, der Baathpartei die Macht wieder entreißen zu können.

Der Aufstand der Freunde Nassers

Am 22. Juli 1963 sollte das Referendum stattfinden in Ägypten, Syrien und im Irak mit der Fragestellung »Ja oder Nein zur Dreierföderation«. Ein Gerücht ist wenige Tage zuvor im Suk von Damaskus zu hören: »Nasser verzichtet auf die Föderation, er will nichts mehr davon wissen!« Das Gerücht sagt die Wahrheit, Gamal Abd el-Nasser hat genug von der List der Baathpartei, er will mit Damaskus – solange Baath regiert – nichts zu tun haben. In Ägypten wird die Volksabstimmung abgesagt. Damit aber fällt der Präsident seinen syrischen Freunden, den Nasseristen von Damaskus, in den Rücken. Sie haben sich durch Propaganda für die Union sehr exponiert; findet das Referendum nicht statt, dann haben sie ihre Glaubwürdigkeit eingebüßt. Sie entschließen sich zum Putsch.
Die Rebellion der Nasseristen beginnt bei hellstem Tageslicht um 10 Uhr 15 des 18. Juli 1963. Vier Kampfflugzeuge greifen das Hauptquartier der Armee an; die Luftwaffe ist mitbeteiligt – das löst einen Schock aus beim Generalstab. Es gelingt den Rebellen leicht, Hauptquartier und Radiostation einzunehmen. Dann passiert die entscheidende Panne: die Proklamation der Bereitschaft zur Fusion mit Ägypten kann nicht verlesen werden, da einer der Techniker die Schaltzentrale des Funkhauses außer Betrieb gesetzt hat. Die Syrer werden nicht informiert über die Absichten der Putschisten. Die Folge ist Konfusion: kein Politiker und kein Offizier weiß, ob seine Freunde oder seine Gegner den Kampf um die Macht begonnen haben. Die erste Proklamation hätte auch das Startzeichen sein sollen für die aktive Intervention der Ägypter; die Putschisten erwarten finanzielle und militärische Hilfe aus Kairo. Die Konfusion wirkt sich aus zu ungunsten der Freunde Nassers; der Aufstand in den Garnisonen von Homs, Aleppo und Latakia unterbleibt. Die »Nationalgarde« der Baathpartei, per Telefon und von Mund zu Mund alarmiert, treibt die Rebellen wieder aus dem Armeehauptquartier. Um 2 Uhr 30 kapitulieren die Anhänger der Union mit Ägypten. Etwa achthundert Tote werden in aller Stille beerdigt. Der Aufstand der Freunde Nassers ist der blutigste in der modernen syrischen Geschichte.

Der Traum vom arabischen Vaterland zerplatzt durch Egoismus und Mißtrauen. Von einigen Ehrgeizigen hatte sich das »Kommando« der Baathpartei dazu verleiten lassen, in der Föderation ein Werkzeug zu sehen, um Ägypten politisch in den Griff zu bekommen. Gamal Abd el-Nasser hatte die Gefahr erkannt, er zog die Konsequenzen.
Das Fazit dieser Periode: keiner der an der Union interessierten Politiker konnte es sich vorstellen, daß letztlich in der Vereinigten Republik ein anderer regiert als er selbst. In dieser Konstellation war nur demjenigen Erfolg möglich, der in der Lage war, dem Partner seinen Willen aufzuzwingen. Doch dazu reichte nicht einmal Macht und Einfluß des Gamal Abd el-Nasser.

Der arabische Offizier als Politiker

Die syrische Politik wird von Offizieren bestimmt. Seit dem Putsch des Husni al-Zaim von 1949 greifen in Abständen Offiziere in den Lauf der politischen Geschehnisse ein, sie »korrigieren den Kurs der Revolution«. Persönlicher Ehrgeiz steht als wahres Motiv hinter der Rebellion, dazu kommen Machthunger und die Lust zu herrschen. Den Menschen, die sie regieren wollen, präsentieren die Putschisten soziale und politische Motive: die Ausrottung der Korruption, Beseitigung von Unrecht, Verhütung der Anarchie. Sie geben an, Syrien vom Imperialismus befreien zu wollen – nicht, den Zustand der Armee zu verbessern. Husni al-Zaim, der die Schmach von 1948 rächen wollte, nahm zwar Kürzungen im syrischen Wehretat zum Anlaß, die Regierung abzusetzen – doch der Regierungsplan, Offiziere aus Einsparungsgründen zu entlassen, war nur der unmittelbare Zündfunke zum Aufstand.
Die Offiziere sehen sich als Elite des Staates, sie fühlen sich berechtigt, der Politik die Richtung zu geben. Diese Selbsteinschätzung basiert nicht auf purer Überheblichkeit: in den arabischen Staaten ist das Offizierskorps die einzige geordnete Gruppe von ausgebildeten Männern, die sich zur Intelligenzschicht rechnen darf. Es gibt im zivilen Bereich keine gleichwertige Kräftekonzentration. Die Gewerkschaften könnten ein Pendant sein, doch die geringe Zahl der Industriearbeiter läßt keine starke Gewerkschaftsbewegung entstehen, und die Landarbeiter wagen nicht, sich zu organisieren, da sie – als ungelernte Arbeitskräfte – von den Landbesitzern leicht zu ersetzen sind. Da die Balance fehlt in der Gesellschaftsstruktur, können die Putsche von zivilen Politikern nicht verhindert werden. Da ist niemand, der mit einer starken Organisation im Rücken einen Generalstreik durchführen könnte, um den Putschisten die Macht wieder zu entreißen. Die Händler im Suk von Damaskus sind die einzigen, die

ein wenig Macht besitzen: wenn sie die Rolläden ihrer Geschäfte schließen, floriert das Wirtschaftsleben in Damaskus nicht mehr.
Jede Regierung beachtet einen solchen Akt der Solidarität unter den Händlern als Warnzeichen. Die Händler streiken aber nur, wenn eine Regierung Maßnahmen beabsichtigt, die den Interessen des Mittelstands schaden. Darüber hinaus besteht kein politisches Interesse im Suk. Die Händler von Gewürzen, Schuhen, Gold und Stoffen nehmen mit Gelassenheit am Morgen des Putsches das Bild des gestürzten Präsidenten ab und warten, bis das Foto des neuen Präsidenten billig zu haben ist.
Das Elitedenken der syrischen Offiziere hat noch einen besonderen Grund: die Offiziere rekrutieren sich meist aus Volksgruppen, die in der Minderheit sind; sie zählen sich zu den Tscherkessen, den Alawiten, den Drusen, den Christen. Die französische Mandatsmacht hatte mit der Auswahl der Soldaten aus den Minoritäten begonnen. Die Franzosen holten sich die Soldaten für die Armee in Syrien aus Stämmen, die weitab von der Hauptstadt lebten, und aus religiösen Splittergruppen, die keine Aussicht hatten, jemals eine wichtige Rolle im Staat zu spielen. Sie trennten so die Waffenträger von den politisch starken Kräften. Die Männer mit Beduinentradition aus der Gegend von Damaskus hatten keine Chance, in der Armee Karriere zu machen, da die Franzosen fürchteten, Waffen in der Hand dieser Männer bedeute Gefahr für die Mandatsautorität. Der Majorität war die Karriere in der Armee versperrt. Die Minorität aber neigt gern zu der Auffassung, ihr sei vom Geschick eine besondere Mission übertragen. Wird dieses Selbstbewußtsein noch durch Befehlsgewalt gesteigert, führt das Elitedenken dazu, Macht in jedem Bereich zu beanspruchen.

Das Übergewicht der Drusen, Christen und Alawiten in der syrischen Armee ändert sich langsam nach dem Ende der Mandatszeit. Die Verschiebung ist eine kuriose Folge der Militärputsche: die Offiziere aus den Minderheitengruppen sind auch politisch besonders aktiv. Das hat zur Folge, daß sie zwar durch einen Putsch in führende Positionen kommen – nach dem nächsten Putsch jedoch sind sie verhaftet, degradiert oder, das geschieht oft genug, erschossen. Die Alawiten und Drusen dezimieren ihre Zahl selbst. Die Offiziere aus dem Kreis der moslemischen Sunniten treten mehr und mehr an die Stelle der Drusen und Christen. Die Sunniten aber gehören zur besitzenden Schicht der traditionsreichen Beduinenstämme. Diese Schicht lebt zwar jetzt in der Stadt, doch sie löst sich nur schwer von den Gewohnheiten der Beduinenzeit; sie hält fest an den Sitten des Clans. Die sunnitischen Offiziere kommen aus Damaskus, aus Aleppo, aus Homs. Zwischen diesen urbanen Männern und den Angehörigen der religiösen Minderheit – sie stammen durchweg aus abgelegenen ländlichen Regionen – entwickeln sich Reibereien. Diese Schwierigkeiten wiederum führen zu ideologischer Spaltung: die Drusen und Alawiten entdecken den Sozialismus; sie sehen, daß der Sozialismus ihnen Vorteile bringen muß. Durch ihn ist die Konzentration der ökonomischen und der politischen Macht in den sunnitischen Stadtgemeinden zu verhindern. Von den alawitischen Offizieren wird der radikale Standpunkt vertreten: »Wir können es nie zulassen, daß der Sozialismus in Syrien wieder abgeschafft wird. Wenn sie keine Angst mehr haben vor der Enteignung, dann machen uns die Sunniten wieder zu armen Leuten und zu Dienern. Wir wollen die Städte ärmer und die Dörfer reicher werden lassen!« Den Sunniten, sie repräsentieren die wohlhabende Schicht, kam zugute, daß die Alawiten und Drusen zusammen nie so stark waren, daß sie Sozialisierungsgesetze mit radikalen Auswirkungen durchdrücken konnten.

In der Zeit von 1948 bis zum Junikrieg des Jahres 1967 ist die syrische Armee vom politischen Fieber geschüttelt. Die Offiziere vergessen, daß sie militärische Aufgaben zu erfüllen haben. Niemand findet Zeit, den Kampf gegen Israel vorzubereiten. Der Streit um die politische Macht läßt die Schmach der Niederlage in Palästina vergessen. Die Schlagkraft der Armee von 50000 Mann sinkt rapide, insbesondere, da nach jedem Putsch vom Gewinner die Führungsspitze bis herunter zum Brigadegeneral ausgewechselt wird.

Die Offiziere dieser Zeit haben vieles gemeinsam mit Spielern: die Hartnäckigkeit, die Leidenschaft, die Verengung des Horizonts. Da der Einsatz hoch ist, suchen die Majore und Obersten ein System, das den sicheren Gewinn verspricht. Die Baathpartei bietet dieses System an. Die Partei will sich für Gerechtigkeit und Einheit aller Araber einsetzen; hinter diesem einfachen Programm kann leicht persönlicher Ehrgeiz versteckt werden. Der Anspruch der Partei, für die ganze arabische Welt Glück und Wohlergehen zu erkämpfen, gibt Gelegenheit, die eigenen Ziele weiter zu stecken, an Macht und Einfluß zu denken im Irak, in Jordanien, in Ägypten. In der Konstitution der Baathpartei stehen die Sätze: »Al Baath al Arabi al Ischtiraki ist eine umfassende arabische Partei. Das Hauptquartier befindet sich derzeit in Damaskus, es kann verlegt werden.« Jeder der Machthungrigen will bei der Verlegung mitziehen.

Die Baathpartei gerät in den fünfziger Jahren ganz unter den Einfluß des Militärs. Ursprünglich waren die Truppenkommandeure als Freunde gewonnen worden, als Gehilfen auf dem Weg zur Macht. Doch die Armee nutzte ihre Chance: da die Zivilisten ohne ihre Unterstützung nicht an die Macht kommen konnten, konnten sie auch nicht verhindern, daß die Obersten alle Spitzenpositionen für sich beanspruchten. Die Baathpartei wurde vom Militär erobert. Doch diese Okkupation der Baathführung brachte nicht nur Vorteile: die Krankheit der Armee, die Spaltung in Fraktionen mit religiöser Wurzel, übertrug sich auf die Partei, auch sie zerfiel in einzelne Machtzentren. Der parteiinterne Krieg brach aus: die Putsche richteten sich gegen eigene Parteifreunde, die gerade an der Macht waren. Innere Parteiauseinandersetzungen wurden, das war die logische Folge der politisch-militärischen Verflechtung, mit Maschinengewehren und Panzerfahrzeugen ausgefochten. Hassanein Heikal urteilte als Chefredakteur von »Al Ahram« so: »Die Streitigkeiten in der Baathpartei erinnern an die Kämpfe der Mafiabanden in Sizilien und den USA. Die Banden verbünden sich für den Augenblick des Überfalls, dann schießen sie wieder gegeneinander; wer überlebt, bekommt die Beute.«

Die widernatürliche Doktrin

Syrien ist ein reiches Land. Es besitzt mehr fruchtbaren Boden, als seine Bewohner bearbeiten können. Syrien hat keinen Wassermangel; die Hitze im Sommer ist erträglich, sie verbrennt nicht die Pflanzen. Die sieben Millionen Einwohner können gut von den Erträgen der eigenen Landwirtschaft ernährt werden. Die Spanne zwischen Besitzenden und Armen ist nicht so unüberbrückbar wie in Ägypten. Der Landarbeiter in Syrien lebt wesentlich besser als der Fellache im Niltal. In Syrien fehlte lange Zeit das Proletariat, das Gamal Abd el-Nasser für seine Zwecke in Ägypten zu aktivieren wußte. Die Baathpartei fand zunächst keine Unzufriedenen, die sich mit Begeisterung die Parolen von Sozialismus und Gerechtigkeit angehört hätten. Es war für die Partei deshalb immer schwierig, eine eindrucksvolle Menschenmenge an wichtigen politischen Festtagen im Zentrum von Damaskus zusammenzubringen. Die Basis im Volk fehlte. Dem Syrer, der keinen Rang in der Armee besaß oder nicht zum Kreis der intellektuellen Redner zählte, blieb das Geschehen an der Staatsspitze fremd. Dem Händler im Suk von Damaskus, dem kleinen Hotelier in Aleppo, dem Gewürzhändler in Homs galten sie alle gleich, die Generäle und Obersten – ob Zaim, Schischakli, Sarradsch oder Hafis. Die Kette von Putschen interessierte die Kleinbürger kaum, solange die neuen Herren nicht von Verstaatlichung des Privatbesitzes sprachen.
Da das Proletariat fehlte, mußte die Parteiführung Unterstützung bei der Bürgerschicht suchen – dafür hatten wieder radikalere Köpfe kein Verständnis. So begann das Tauziehen um die Sozialisierungsgesetze. Die

einen versprachen sich Fortschritt, die anderen hatten panische Angst vor Vermögensverlust: wer nichts besaß, erhoffte sich Geschenke; wer Eigentum hatte, der fürchtete die Konfiszierung. Die einflußreiche Schicht der Sunniten verlangte Reduzierung der staatlichen Einmischung in das Wirtschaftsleben, die Minoritäten aber riefen nach der starken Hand des Staates.

1963, 1965 und 1966 versuchen radikale Baathregime Gesetze der Landreform durchzudrücken: dreißig Prozent des Bodens, der in der Regenzone Syriens liegt, soll enteignet und an Kleinbauern verteilt werden. Die Grundbesitzer wehren sich, sie verweigern jede Zusammenarbeit mit den Vermessungsämtern. Auch die Kleinbauern, die bisherigen Knechte der Grundbesitzer, sind nicht glücklich über die Zuweisung: die neugeschaffenen Betriebe sind nicht rentabel zu bewirtschaften. Die Unzufriedenheit richtet sich gegen die Wirtschaftstheorien der Parteiintellektuellen. Das Schlagwort von der »widernatürlichen Doktrin« der Baathpartei zündet in Damaskus. Doch die Funktionäre im Offiziersrang geben nicht zu, daß ihr Sozialismus sowenig für Syrien paßt wie der, den Gamal Abd el-Nasser einführen wollte – beide widersprechen der sozialen und wirtschaftlichen Struktur des Landes. Erst nach dem Junikrieg von 1967 paßt sich die Partei den Umständen an. Die besitzende Schicht überlebt die Zeit der sozialistischen Experimente.

Israel muß ausgelöscht werden

Im Jahre 1964 entschließen sich die Israeli, ihre Anlagen zur Ausnützung des Wassers vom See Genezareth voll auszubauen. Seit dem Waffenstillstand von 1948 beanspruchen sie, ohne Widerspruch von syrischer Seite, die ganze Oberfläche des Sees. Eine Pumpstation bei Tiberias soll das Wasser absaugen; weiter nördlich, in dem Gebiet, das zum israelischen Staat gehört, wird der Bau eines Umleitungskanals begonnen. Der Plan sieht vor, das Wasser in einer Pipeline in die Negevwüste südlich von Beerscheba zu pumpen. Neue Siedlungsgebiete können durch dieses Projekt erschlossen werden. Die Regierung Eschkol argumentiert: »Das Wasser des Jordan fließt ungenützt ins Rote Meer, es wird dort unbrauchbar durch die Versalzung. Die Araber sind nicht in der Lage, dieses kostbare Wasser bei sich zu verwenden. Wir aber nehmen das Recht in Anspruch, auf dem Gebiet, das uns gehört, Wasser abzupumpen.« Levi Eschkol sagt nicht, daß nach Umleitung und Absaugung nur noch wenig Wasser südlich von Beisan ins jordanische Gebiet fließt. Das israelische Projekt macht den Jordan zum ärmlichen Rinnsal.

Die Araber sehen in der Entnahme des Jordanwassers einen Angriff auf ihr Eigentum; sie bezeichnen die Absicht der Israeli als expansiven Akt. Die Syrer, Anrainer des Sees Genezareth, fordern die Zerstörung der bereits errichteten Aquädukte durch einen militärischen Angriff. Die arabischen Generalstabschefs treffen sich in Kairo, sie arbeiten einen gemeinsamen Plan aus; der erste Ansatz eines Verständnisses aller Araber untereinander zeigt sich. In Damaskus jubeln die Propagandisten der Baathpartei: »Jetzt werden wir's gemeinsam den Israeli zeigen. Israel muß ausgelöscht werden!« Über das große Mundwerk der Baath-Intellektuellen ärgert sich Gamal Abd el-Nasser. Seine Reaktion kommt rasch: die Kairoer Wochenzeitschrift »Rose al Jussef« bekommt den Auftrag, die arabische Öffentlichkeit darüber zu informieren, daß Ägypten nicht daran denke, sich an einer militärischen Aktion zu beteiligen, wenn nicht vorher eine gemeinsame Politik der Araber festgelegt werde. Es genüge nicht, über militärische Fragen einig zu sein, die politische Basis sei genauso wichtig. Im übrigen sei Syrien, gemeinsam mit dem verräterischen Jordanien und Saudi-Arabien, nur deshalb daran interessiert, Ägypten in den Krieg zu ziehen, um Nasser desto leichter in den Rücken fallen zu können.

»Das ist ein Nackenschlag für das arabische Volk«, schreibt darauf die Zeitung »Al Baas« in Damaskus. Die brillanten Redner der Partei klagen den ägyptischen Präsidenten an, er habe sich nun als der größte Feind der arabischen Einigung entpuppt. Nasser antwortet mit einem sehr realistischen Gedanken: »Die Spinner in Damaskus haben noch nicht begriffen, daß es nicht genügt, dem Feind den Krieg zu erklären; viel wichtiger ist die Gewißheit, daß am Ende der Sieg steht – doch dazu braucht man ein Konzept für den Krieg!«

Nassers Zurückhaltung wirkt sich bei arabischen Gipfelkonferenzen aus, die in den nächsten Monaten folgen: der Krieg um das Jordanwasser findet nicht statt, zur Enttäuschung der Syrer, die nicht einsehen wollen, daß Arabien, ohne sich zu rühren, den Israeli einen wirtschaftlichen Vorteil läßt. Bei einem der Treffen der arabischen Generalstäbler sagt der syrische General Hafis: »Geben Sie mir drei Stunden Zeit, und ich bin in Tel Aviv.« Von Ben Bella, damals noch an der Macht in Algerien, kommt die trockene Erwiderung: »Nehmen Sie von mir aus dreihundert Stunden, wenn's nur klappt!«

Der Neo-Baathismus

Der neunte Militärputsch in siebzehn Jahren findet am 23. Februar 1966 statt. Vor der Residenz des Staatspräsidenten Amin al-Hafis sterben zweihundert Soldaten und Offiziere, sie alle gehören zur Partei, sie werden erschossen von Mitgliedern der Partei. Mit Granatwerfern und Maschinengewehren bringen sich die Sozialisten gegenseitig um. Ahmed Sueideni, vierunddreißig Jahre alt, durch den Putsch General geworden, zieht gelassen das Fazit: »Die Menschen verschwinden, die Partei bleibt.«

Anlaß zum Putsch war Streit zwischen zwei Richtungen in der Parteiführung: die Regionalisten und die Panarabisten warfen sich gegenseitig vor, die wahren und edlen Prinzipien der Revolution zu verraten. Trotz aller Parolen: die Panarabisten waren auch keine besseren arabischen Nationalisten, sie verfolgten ganz eindeutig persönliche Machtinteressen.

Um 6 Uhr 20 veröffentlichen die Rebellen das Kommuniquè Nummer 1: die Regierung ist gestürzt, Flugplätze und Häfen sind geschlossen, die Verfassung gilt nicht mehr, die Verräter im vergangenen Kabinett sind verhaftet. Wenige Minuten später verliest der Nachrichtensprecher die Meldung von der Ernennung des Mannes zum Verteidigungsminister, der im Oktoberkrieg 1973 eine bedeutende Rolle spielen wird: Hafis al-Assad wird zur wichtigsten Figur des Neo-Baathismus.

Hafis al-Assad ist 1930 geboren; die Karriere beginnt langsam, erst ab 1963 steigt er schnell höher in der militärischen Hierarchie: Major, Generalleutnant, Generalmajor, dann wird er Chef der Luftwaffe.

Hafis al-Assad ist einer der vielen Offiziere, die aus religiösen Minderheiten stammen, er gehört zur Sekte der Alawiten, die im Norden Syriens bei Latakia lebt. Zu dieser Sekte zählen etwa 400000 Menschen; sie glauben, daß der Prophet Mohammed nur Vorläufer war des – ihrer Meinung nach – weit bedeutenderen Ali, der vor der Moschee in Kufa mit einem vergifteten Dolch getötet worden war.

Die Alawiten in Syrien hatten in der Vergangenheit Grund zur Klage über die Behandlung durch die Sunniten; sie waren wegen ihres Glaubens Verfolgungen ausgesetzt. Es gab Zeiten, da wagte sich kein Alawit nach Damaskus, aus Angst, erschlagen zu werden. Selbst als Hafis al-Assad jung war, gab dem Alawiten nur die Armee die Möglichkeit zum sozialen Aufstieg.

Der neue Verteidigungsminister Hafis al-Assad will ernsthaft mit der Vorbereitung des Kriegs gegen Israel beginnen, aber er ist noch nicht gleich ganz an der Spitze innerhalb der Baathpartei; über ihm stehen Dr. Nureddin al-Atassi als Staatspräsident, Dr. Jusuf Zuayyen als Ministerpräsident und Dr. Ibrahim Makchos als Außenminister. Alle drei sind Zivilisten, Ärzte, noch nicht vierzig Jahre alt, und alle drei sind sunnitische Moslems. Sie haben die Absicht, den Einfluß der Offiziere

in der Baathpartei zurückzudrängen: der spätere Konflikt zwischen Hafis al-Assad, dem General, und den Zivilisten ist vorgezeichnet.
Die neuen Chefs der Baathpartei versuchen, die bäuerlichen, die städtischen und die den Beduinentraditionen verhafteten Bevölkerungsteile zu verbinden; nicht durch Konzessionen, sondern durch neue Ziele. In Damaskus wird wieder das Schlagwort benutzt vom »Arabischen Volkskrieg«, der kommen müsse, um alle Schande der Niederlage von 1948 wegzuwaschen. In dieser Zeit finden die Baathpartei und die Kommandoorganisation der El Fatah Gefallen aneinander. Baath und El Fatah sind sich einig: »Verhandlungen mit Israel kommen nicht in Frage. Was uns mit Gewalt genommen wurde, werden wir uns mit Gewalt wieder zurückholen. Das verlangt unsere Ehre als Araber!«

König Husseins Komplott gegen das Baathregime

Am 8. September 1966 verhaftet der neunundzwanzigjährige Major Salim Hatum den syrischen Staatspräsidenten. Vorausgegangen war ein Streit um Entlassung von Offizieren, die einigen der Parteichefs nicht paßten – auch der Neo-Baath ist sofort nach der Machtübernahme von der Krankheit der Fraktionsbildung befallen. Nach orientalischer Sitte soll ein Festmahl mit großen Mengen an Hammelfleisch und Reis den Streit beenden. Es wird gegessen, getrunken, jüngere Offiziere führen Säbeltänze vor – da zieht Salim Hatum eine Pistole aus der Tasche und fordert den unbewaffneten Staatschef und seine Begleitung auf, sich zu ergeben. Die Offiziere der Wachmannschaft erklären sich sofort solidarisch mit dem Putschisten. Salim Hatum ist Druse, und diese ganze Geschichte spielt sich in der Drusengegend Syriens ab. Hier findet der Major Unterstützung. Verteidigungsminister Hafis al-Assad läßt das Drusengebiet von seiner Luftwaffe angreifen. Da verliert Salim Hatum die Nerven, er flieht nach Jordanien – die Grenze zum haschemitischen Königreich liegt nur dreißig Kilometer entfernt. Einer der Verschwörer, Talal Abu Asali, entkommt nach Beirut; von dort fliegt er nach Kairo, um freiwillig die Verschwörung des Königs Hussein aufzudecken. Nach seinen Angaben hatten König Hussein und sein Ministerpräsident Wasfi Tall den Plan zur Liquidierung der Neo-Baathisten ausgedacht; der amerikanische Geheimdienst habe mitgeholfen, vor allen Dingen durch Finanzzuschüsse: an die Chefs der Clans im Drusengebiet seien hohe Summen gezahlt worden, schon seit Monaten empfange der Anzastamm monatlich den Betrag von 60000 £.
Der haschemitische Putschplan nahm Rücksicht auf die syrische Bourgeoisie: nach Auskunft von Talal Abu Asali sei mit den Händlern im Suk die

Schließung der Geschäfte verabredet gewesen, um die syrische Wirtschaft lahmzulegen. Den Händlern war versprochen worden, daß Jordanien die Verluste an Umsatz ausgleiche. Die Baathpartei aber hatte sich auf die Unruhe der Händler im Suk vorbereitet.

Die neue Klasse: das Proletariat

In Damaskus ist am Tag der Verschwörung zum erstenmal die »Rote Garde« der Baathpartei zu sehen: Arbeiter, Kleinbauern, Studenten, Anfänger in der Beamtenlaufbahn bilden den Kern der Parteiarmee – Männer, die nichts besitzen, Feinde der Bourgeoisie. Im Kampfanzug, die Maschinenpistole umgehängt, sichern sie die Straßenzüge zwischen Bahnhof, Zentralpostamt und Justizpalast. Sie verhindern, daß die Läden im Suk schließen. Die Roten Garden brechen die Rolläden mit Gewalt wieder auf, die Ladenbesitzer werden mit der Maschinenpistole zur Öffnung der Geschäfte gezwungen. Die Miliz der Partei zeigt wenig Respekt vor Bankbeamten, die hinter vergitterten Fenstern auf den Ausgang des Putsches in der Drusengegend warten. Einige Schüsse aus der Handfeuerwaffe gegen die Fenster machen die wenigen Verbündeten der Haschemiten rasch gefügig. An diesem Tag zerbricht der Respekt vor der Bürgerschicht. Erstaunt stellen die Bewahrer der Beduinentraditionen fest, daß es ein Proletariat gibt in der syrischen Hauptstadt, organisiert und bewaffnet durch die Partei. Und sie erkennen die religiöse Verwicklung: auch die Rote Garde rekrutiert sich aus Alawiten und Christen; die Baathpartei hat sich die Kämpfer aus den entlegenen und ärmeren Distrikten geholt. Die Gardisten sind Männer ohne Ehrfurcht vor den Reichen in der Stadt. Dieser bewaffneten Macht unterwirft sich die Bourgeoisie. Die Chefs der Großfamilien organisieren keinen Widerstand; sie spüren, daß ihre Zeit vorüber ist; sie verlieren den Einfluß auf die Jugend – die Partei ist der Magnet, der die Jugend anzieht und so die Clans auseinanderreißt.

Die neue Klasse sieht Syrien an der Spitze des Kampfes gegen die Feinde des Fortschritts. Syrien streitet gegen eine Übermacht; der Propagandakrieg richtet sich gegen Saudi-Arabien, gegen die Haschemiten, gegen König Hassan von Marokko, gegen die Baathpartei des Irak, gegen die Reichen im Libanon. Das Regime des Neo-Baathismus hat keinen Freund unter den Regierungen der arabischen Welt, doch bei den Intellektuellen der besitzlosen Schicht in Jordanien und Ägypten wächst das Ansehen der Syrer. Studenten und Lehrer sind die ersten, die den Parolen aus Damaskus zuhören: den großen Worten von Ehre und vom kommenden

Krieg gegen Israel. Die Organisation des syrischen Proletariats interessiert als ein Experiment, vergleichbar mit der Kulturrevolution in China. Die Partei wird in den Augen der verstreuten Anhänger zur Sturmtruppe des arabischen Nationalismus.
Gamal Abd el-Nasser spürt 1966 Gefahr für sein Prestige, er sieht sich bereits abgelöst als Führer der Araber. Nasser muß die Syrer erneut übertreffen an verbalem und aktivem Einsatz für Arabien. Er will wieder die Initiative ergreifen. Doch die Syrer lassen sich ihren Ruf als Prahlhans der Araber nicht mehr nehmen: sie ziehen Gamal Abd el-Nasser in ihr eigenes Spiel hinein.

Syrien treibt zum Krieg

Durch Vermittlung der Sowjetunion erklären sich Ägypter und Syrer noch im Jahre 1966 bereit, ein Abkommen über die gegenseitige Hilfe im Kriegsfall abzuschließen: greift Israel an, ist der nicht angegriffene Partner verpflichtet, dem Opfer der Aggression zu helfen. Der Vertrag hat jedoch den Hauptzweck, die Syrer durch eine Konsultationsklausel von unüberlegten Kleinoffensiven abzuhalten, die Israel zur Revanche reizen könnten – die Sowjetunion und Ägypten sind daran interessiert, die Gefahr eines umfassenden Krieges gering zu halten. Die Parteichefs in Damaskus aber brauchen den Krieg. Mit einem Sieg über Israel wollen sie ihre Position an der Spitze der arabischen nationalistischen Bewegung absichern. Als Sieg könnte schon eine erfolgreiche Schlacht in Obergaliläa gelten. Die Vorbereitungen zum offensiven Schlag werden allerdings leichtfertig geführt. Doch sieht Israel Grund, sich provoziert zu fühlen.
Am 7. April überfliegen syrische Kampfflugzeuge die seit dem Waffenstillstand von 1949 entmilitarisierte Zone im Norden Israels. Unter sich sehen die Piloten israelische Traktoren auf den Feldern. Das Ziel reizt, und die Syrer greifen im Tiefflug an. Vier Traktoren werden zerstört, einige der Landarbeiter sterben später an ihren Verletzungen. Die israelische Luftwaffe fängt die Angreifer vor Damaskus ab: sechs syrische Maschinen stürzen am Stadtrand der Hauptstadt ab, die Israeli erleiden keine Verluste. Syrien fühlt sich als Opfer: der Bevölkerung wird die Attacke auf die Traktoren verschwiegen. So kann die Partei behaupten, Israel habe den syrischen Luftraum verletzt. Die Partei organisiert Demonstrationen. Die Massen fordern Rache: »Tod den israelischen Banditen!« Radio Damaskus kündigt den baldigen Krieg an gegen Israel.
Am Samstag, dem 13. Mai 1967, entdeckt der syrische Abschnittskommandeur Bitar Veränderungen auf der israelischen Seite in Galiläa: wo

am Abend zuvor ein Panzer und nur vereinzelte Geschütze standen, sind nun in den ersten Strahlen der Morgensonne viele zu sehen. Über Nacht waren Formationen von imposantem Umfang aufgefahren. Bitar – überzeugt, daß ein israelischer Angriff bevorsteht – informiert Hafis al-Assad, den Verteidigungsminister. In der syrischen Armee ist es durchaus üblich, daß Parteifreunde, unter Umgehung der militärischen Hierarchie, direkt miteinander sprechen. Hafis al-Assad sammelt, im telefonischen Kontakt mit Frontoffizieren, weitere Fakten, dann bildet er seine Meinung: »Die Israeli wollen auf Damaskus vorstoßen, um das Baathregime zu beseitigen.« So abwegig ist die Idee nicht: am 10. Mai schon hatte General Rabin, der israelische Generalstabschef, angekündigt: »Es kann durchaus sein, daß wir Damaskus angreifen, mit dem Ziel, dort eine andere Regierung an die Macht zu bringen.«

Das syrische Verteidigungsministerium setzt sich mit seinem Vertragspartner in Kairo in Verbindung; Ägypten wird aufgefordert, die Truppen zu alarmieren – von der ägyptischen Armee kann ein Entlastungsangriff im Süden Israels erwartet werden. Der Anruf aus Damaskus aber bringt Gamal Abd el-Nasser in eine schwierige Lage: die Israeli sind mit 60000 Mann aufmarschiert, die Gefahr des Angriffs besteht also tatsächlich. Nasser muß sich entscheiden für oder gegen die Syrer. Alarmiert Nasser seine Armee nicht, wird er zur Zielscheibe des Zorns der arabischen Nationalisten; seine Entschlossenheit, eines Tages Israel auslöschen zu wollen, gerät ins Zwielicht. Nichts fürchtet der ägyptische Präsident mehr als den Spott, er sei doch nur ein Papiertiger. Aber Nassers Unterstützung der Syrer bedeutet Zuwachs im Ansehen für die verhaßte Baathpartei in Damaskus. Der ägyptische Präsident ist zu dieser Zeit vom Gedanken beherrscht, das eigene Ansehen unter allen Umständen wahren zu müssen. Er sieht die Kriegsgefahr nur noch unter Prestigeaspekten: beginnt der Krieg in Syrien und die Ägypter ziehen nur nach, dann ist im Falle des militärischen Erfolgs Syrien auch der politische Gewinner.
Gamal Abd el-Nasser mobilisiert seine Streitkräfte. Vor allem sorgt er dafür, daß die Mobilmachung in den Botschaften der westlichen Staaten bekannt wird. Die ägyptischen Verbände werden mit Absicht quer durch Kairo geschleust, Panzer rollen durch die breiten Straßen der Vororte. Der Präsident hofft auf eine rasche Reaktion des amerikanischen Botschafters: der Diplomat muß seine Regierung in Washington von der Bereitschaft der Ägypter zum Kriegseintritt unterrichten. Vielleicht hat die amerikanische Regierung die Möglichkeit, Israel vom Angriff auf Syrien abzuhalten. Inzwischen ist über die sowjetische Botschaft zu erfahren, daß die Offensive am 19. Jahrestag der Gründung Israels beginnen soll, drei Stun-

den nach dem Ende der traditionellen Parade. Am Vorabend des israelischen Festes werden weitere Mobilisierungsmaßnahmen durch den ägyptischen Rundfunk bekanntgegeben: »Alle Einheiten der Armee haben aus den Garnisonen auszurücken, um die Frontabschnitte zu besetzen, die ihnen zugewiesen sind. Die Verbände der Luftwaffe fliegen, in Abstimmung mit ihrem Oberkommando, zu den frontnahen Feldflughäfen auf Sinai.« Noch nie waren militärische Vorbereitungen zum Kriegseintritt so öffentlich vorgeführt worden.

Israel greift nicht an im Mai 1967; Gamal Abd el-Nasser glaubt, einen Erfolg erzielt zu haben: in seiner Vorstellung hat die Demonstration der Stärke die Israeli derart beeindruckt, daß sie auf den Vorstoß in Richtung Damaskus verzichtet haben. Diese Einschätzung führt zur Fehlkalkulation im Juni. Nasser wird noch einmal den Trick, Stärke zu demonstrieren, anwenden, um damit den Israeli Furcht einzujagen – doch zu seinem eigenen Schaden.

Der Streit um die entmilitarisierte Zone

Das Waffenstillstandsabkommen vom 20. Juli 1949 sah die Schaffung einer entmilitarisierten Zone zwischen Israel und Syrien vor. In diesem Gebiet durften sich keine Soldaten aufhalten, Kriegsmaterial zu deponieren war verboten. In der entmilitarisierten Zone sollten arabische und jüdische Zivilisten zusammen leben unter der Obhut einer aus Ansässigen rekrutierten Polizei. Israel brach das Abkommen schon im Sommer 1949: die geflohenen Araber durften nicht in ihre Dörfer zurückkehren. Araber, die während der Kämpfe von 1948 geblieben waren, wurden ausgewiesen – israelische Bauern nahmen das Land in Besitz. Der Sicherheitsrat der Vereinten Nationen befaßt sich am 5. April 1951 mit der Situation in der entmilitarisierten Zone; der Beschluß des Sicherheitsrats lautet: »Die Ausweisung des arabischen Bevölkerungsteils ist unzulässig. Israel wird aufgefordert, allen arabischen Zivilisten, die aus der entmilitarisierten Zone ausgewiesen wurden, die Erlaubnis zur Rückkehr zu geben.« Israel ignoriert den Beschluß der Vereinten Nationen; die 785 Bauern werden am Betreten der Zone gehindert.

Israelische Bauern bestellen das Land, die erbitterten Syrer feuern auf sie. General Carl von Horn, von 1958 bis 1963 Stabschef der UN-Truppe zur Überwachung des Waffenstillstands, berichtet: »Die Juden bewässern und beackern die arabischen Landstriche bis zum letzten Quadratmeter; das Land ist für sie wertvoll wegen seiner enormen Fruchtbarkeit. Nach und nach durchzieht ein Netz von Bewässerungskanälen das Land.

Die Syrer müssen zusehen, wie ihnen die Äcker weggenommen werden; sie sitzen in ihren Beobachtungsstellungen auf den Hügeln. Die stillschweigende Enteignung ist die Ursache für militärische Zwischenfälle. Die Syrer eröffnen jetzt regelmäßig das Feuer auf israelische Arbeitsgruppen, die Gräben ziehen wollen. Bei unseren Beobachtern beklagen sich die Syrer, daß die Kanäle die spätere Feststellung der Besitzverhältnisse erschweren. Ihr Standpunkt ist nicht unvernünftig, da der Waffenstillstandsvertrag eine spätere Diskussion über Eigentumsrechte an der entmilitarisierten Zone vorsieht.« General von Horn wirft den Israeli Bruch des Abkommens vor: sie fahren mit gepanzerten Fahrzeugen in das Gebiet ein.
Israel zeichnet ein anderes Bild von den Vorfällen in der entmilitarisierten Zone. Nach der israelischen Darstellung wurden arbeitende Bauern von den Golanhöhen herunter mit Artillerie- und Maschinengewehrfeuer belegt. Diese Darstellung sagt nichts über die Rechtslage im umstrittenen Gebiet: die Bauern, die beschossen wurden, arbeiteten auf arabischen Feldern. Unter diesem Gesichtspunkt muß auch der syrische Luftangriff vom 7. April auf israelische Traktoren gesehen werden.

Am 19. Mai 1967 legt der Generalsekretär der Vereinten Nationen dem Sicherheitsrat einen Bericht vor: »Seit Beginn des Jahres hat sich die Situation an der syrisch-israelischen Grenze ständig verschlechtert. Die Ursache liegt in Streitigkeiten über Anbaurechte in der entmilitarisierten Zone.« Der Generalsekretär erwähnt allerdings noch einen anderen Grund für die brisante Lage: die Kommandoorganisation El Fatah hatte damit begonnen, von Basen auf den Golanhöhen aus Angriffe und Sabotageakte in Israel auszuführen. Das Baathregime in Damaskus unterstützte den Kampf der palästinensichen Widerstandsgruppen. Die El Fatah hatte den Auftrag, Unruhe und Unsicherheit in Israel zu verbreiten; Syrien schuf der Organisation dafür die Voraussetzung.
Beide Seiten, Syrer und Israeli, sehen im Krieg den Ausweg: die Syrer wollen militärisch ihre Rechte sichern in der entmilitarisierten Zone, die Israeli aber denken daran, der Infiltration durch die El Fatah einen Riegel vorzuschieben. Gamal Abd el-Nasser, der durch Vertrag verpflichtet ist, den Syrern zu helfen, will mit einem politischen Kraftakt den Israeli noch einmal Furcht einjagen, um sie zum Nachgeben, auch in der entmilitarisierten Zone, zu zwingen.

Die seltsame Vorstellung vom Krieg

Die Naivität der syrischen und ägyptischen Staatsführung ist nicht zu überbieten. Gamal Abd el-Nasser, oft ein politischer Realist, kalkuliert falsch, und so überrollen ihn die Ereignisse.

Seit zehn Jahren überwachen UN-Soldaten die Waffenstillstandslinie zwischen Ägypten und Israel. Sie sind allerdings nur auf ägyptischer Seite stationiert. Am 17. Mai fordert Nasser den Generalsekretär der Vereinten Nationen auf, die UN-Truppe abzuziehen. Der Abmarsch der internationalen Beobachter gibt Ägypten die Möglichkeit, den Stützpunkt Scharm-esch-Scheich am Südende der Halbinsel Sinai zu besetzen. Am 22. Mai schließt Gamal Abd el-Nasser die Straße von Tiran für alle israelischen Schiffe und für alle anderen Schiffe, die strategisches Material für Israel transportieren. Damit hat Nasser überreizt. – Israel greift am 5. Juni an.

Auch aus innenpolitischen Gründen kommt den Israeli der Kriegsausbruch gelegen: die Wirtschaftskrise kann überspielt werden: für die 100 000 Arbeitslosen findet sich rasch Beschäftigung, die Streiks sind mit dem ersten Kriegstag beendet, die Finanzlage bessert sich durch Zuwendungen der Juden in den USA und Europa. Die israelische Regierung hatte keinen Grund gesehen, die ägyptische Provokation aus Friedensliebe unbeantwortet zu lassen. Sie sorgt dafür, daß Nassers Bluff platzt.

Noch kurz vor Kriegsausbruch hatte die Armeeführung in Damaskus ihre Meinung radikal geändert. Hafis al-Assad war nicht mehr überzeugt, daß der Krieg gewonnen werden konnte. So entschließt sich der Verteidigungsminister am 5. Juni, die eigenen Truppen möglichst wenig einzusetzen. Davon informiert er die Staatsführung allerdings nicht; die drei Ärzte an der Spitze Syriens stehen mit ihren militanten Reden auf der Höhe der Popularität. Die Massen jubeln wieder, der Sieg wird versprochen: »Wir schießen Tel Aviv in Brand, die Dörfer der Juden müssen brennen.« Hafis al-Assad bekommt Angst vor dem Abenteuer.

Wie im Krieg von 1948 gibt es auch diesmal keine gemeinsame Strategie der Araber. Die kriegführenden Staaten Ägypten, Syrien und Jordanien operieren ohne gemeinsames Oberkommando; kein Generalstabschef weiß, wie viele Truppen insgesamt eingesetzt werden können, über Bewaffnung und Möglichkeiten des Nachschubs gibt es keine Angaben. Die Stärke des Gegners ist dem ägyptischen Oberkommando unbekannt. Die syrische Parteiführung rechnet mit dem Sieg, ohne sich Gedanken über das Kräfteverhältnis zu machen. Staatspräsident Nureddin al-Atassi hatte sich absichtlich nie mit militärischen Problemen befaßt. Hafis al-Assad ist im Frühsommer 1967 der einzige Syrer, der die Lage beurteilen kann.

In diesem Krieg ganz abseits zu stehen, ist für Hafis al-Assad nicht möglich: am 5. Juni feuert die syrische Artillerie Salven auf die Siedlungen der entmilitarisierten Zone. Der seit neunzehn Jahren aufgestaute Haß entlädt sich. Zwanzig Kilometer weit nach Israel hinein tragen die Geschosse Zerstörung und Schrecken. Doch mehr geschieht von syrischer Seite nicht an dieser Front.

Die Zurückhaltung gründet sich nicht nur auf die Einsicht des Generalstabschefs, daß die eigene Truppe zu schwach ist; in der kritischen Situation zeigt sich, daß das Regime Feinde hat – aus internen Sicherheitsgründen unterbleibt der Abmarsch der Elitetruppen aus Damaskus zur Front: Major Salim Hatum ist gesehen worden an der jordanischen Grenze, der Mann, der den Staatschef beim Festessen im Drusengebiet verhaftet hatte. Es muß damit gerechnet werden, daß König Hussein seinen Plan zum Sturz des syrischen Regimes jetzt verwirklichen läßt. Die Voraussetzungen sind günstig, Partei- und Armeeführung konzentrieren sich auf den Krieg; der Geheimdienst ist damit beschäftigt, herauszufinden, was der Feind unternehmen will. Salim Hatum kommt in der Tat nach Damaskus, er nimmt Kontakt auf mit einigen Offizieren aus den Drusenstämmen. Doch kurz vor dem Putsch kann der Major verhaftet werden; seine Exekution erfolgt noch während des Junikriegs.

Erst nach Ausschaltung der Gefahr aus Jordanien, am 8. Juni, kann sich Hafis al-Assad mit ganzer Kraft um die Front kümmern: die »ideologisch gefestigten« Brigaden Nummer 60 und Nummer 4 rücken zur Front ab. Der Generalstab schlägt einen Vorstoß im Mittelabschnitt der Grenze vor, aber während das Problem noch diskutiert wird, greifen die Israeli im Südabschnitt an. Um der Einkesselung der eigenen Verbände zuvorzukommen, zieht Hafis al-Assad die angriffsbereiten Truppen aus dem Mittelabschnitt zurück; die Kehrtwendung stellt die örtlichen Kommandeure vor organisatorische Schwierigkeiten. Sie empfehlen schließlich die Flucht nach Nordosten. Der Verteidigungsminister will die Katastrophe verhindern, er muß eine Front aufbauen vor Damaskus, doch die Flucht ist nicht mehr aufzuhalten. Hafis al-Assad findet zu fast keinem der Brigadegenerale Funkkontakt. Das Resultat: die Israeli können unbehindert Kuneitra einnehmen, ihre Panzer rollen vorbei an fliehenden syrischen Infanteriegruppen. Einem Vorstoß auf Damaskus steht nichts im Weg. Doch an der Einnahme der syrischen Hauptstadt besteht für Israel kein Interesse; so hält der Vormarsch ostwärts von Kuneitra an.

Vier Tage lang hörten die Menschen von Damaskus aus den Transistorradios Siegesmeldungen; da war die Rede von der Einnahme des Hauptteils von Galiläa, von Luftangriffen auf Tel Aviv, von phantastischen Abschußzahlen der Luftwaffe. Dann wird der Kanonendonner von der Front lauter und lauter, und sie wissen, der Krieg ist verloren. Der Waffenstillstand weckt Ausbrüche der Hysterie in den Massen; schreiende Frauen schlagen auf Soldaten ein, die von der Front in die Stadt kommen. Die Nationalgarde der Partei muß das Regierungsviertel schützen, die Demonstranten verlangen von den Baathführern die sofortige Erklärung, daß der Krieg fortgesetzt wird. Radio Damaskus gibt die Parole aus: »Wir werden unsere Heimat wiedererobern. Kapitulation kommt nicht in Frage! Nie! Nie! Nie!« 76 000 Flüchtlinge strömen nach Damaskus, verzweifelte Männer und weinende Frauen mit Kindern auf dem Arm. Neue Flüchtlingslager entstehen.

Die Gremien der Baathpartei tagen. Sie diskutieren das Thema: »Wie erklären wir die Katastrophe?« Die Zivilisten finden die Lösung, sie geben einfach den »Imperialisten in den USA« die Schuld. »Die amerikanische Regierung hat die Israeli mit Waffen und Geld unterstützt, Amerikaner haben sogar mitgekämpft!« Die westliche Welt wird von diesem Tag an verteufelt in Damaskus.

Um den Massen die Aufrichtigkeit des Willens zum Krieg zu beweisen, weigern sich Partei und Regierung, die Resolution Nr. 242 des Weltsicherheitsrats vom November 1967 zu akzeptieren. Auch nach der dritten Niederlage bleibt das Baathregime dabei: «Palästina muß in seiner früheren Form wiederhergestellt werden!« Aber an die Vorbereitung für den nächsten Krieg denkt zunächst niemand.

Auch nach der Niederlage: Streit um die Macht

Der Großsprecher Nureddin al-Atassi kann sich an der Macht halten, die Parolen von der Standfestigkeit retten ihn. Er legt sich ein progressives Programm zurecht, das von den Radikalen in der Partei mit Zustimmung aufgenommen wird – einige Vertreter des Proletariats waren inzwischen in die Parteigremien eingerückt, sie verlangen energische Reformen der Besitzverhältnisse. Der Einbau marxistischer Ideen in das Parteiprogramm – auch wenn sie nicht verwirklicht werden – lohnt sich für Syrien: die Sowjetunion hilft diesem fortschrittswilligen Staat. Die angeschlagene Wirtschaft wird mit Rubelkrediten unterstützt, die Armee bekommt neue Waffen und sowjetische Berater, die den Gebrauch dieser Waffen erklären. Die sowjetische Hilfe aber stärkt das Prestige Nureddin al-Atassis. Generalleutnant Hafis al-Assad, der Verteidigungsminister, aber löst sich in dieser Zeit von seinem Protektor, dem Staatspräsidenten. Über die Beziehungen zum Irak geraten sie in Streit.

Auch in Bagdad regiert die Baathpartei, allerdings immer noch ein anderer

Flügel als in Damaskus, doch die Unterschiede liegen allein in der Person der Parteichefs. Hafis al-Assad will aus militärischen Gründen den Bruderstreit beenden: die irakische Armee soll die Last des Krieges mittragen, Verbände aus Bagdad sind eingeladen, die Golanfront zu verstärken. Die irakische Staatsführung folgt dem Wunsch. Eine Division bezieht Stellung im Gebiet von Deraa ostwärts der Golanhöhen.

Nureddin al-Atassi lehnt diese Kooperation mit den feindlichen Parteibrüdern als Verrat der Parteiideale ab. Er wirft Hafis al-Assad eigenmächtiges Handeln vor und parteischädigendes Verhalten. Der getadelte Verteidigungsminister macht die Einladung an die Iraker jedoch nicht rückgängig. Hafis al-Assad zeigt hier einen Charakterzug, der ihm in seiner Zeit als Staatspräsident weiterhelfen wird: er stellt den praktischen Nutzen über die Ideologie.

Hafis al-Assad ist unzufrieden mit den sowjetischen Waffenlieferungen; er will weitreichende Raketen haben und bekommt nur normale Artillerie. Der Verteidigungsminister ist verärgert darüber, daß er jede Lieferung moderner Waffen erbetteln muß. Von einem Verkauf der Mig 23 will der sowjetische Marschall Gretschko gar nichts wissen, aber al-Assad weiß: nur diese Maschine kann den Phantomflugzeugen gewachsen sein, die Israel zu diesem Zeitpunkt von den USA bekommt.

Hafis al-Assad beginnt die Sowjets zu sticheln: die russische Mittelmeerflotte hat sich zum Freundschaftsbesuch in Latakia und Tartus angemeldet; der Verteidigungsminister aber verweigert die Genehmigung zur Einfahrt in syrische Gewässer mit der Begründung: »In beiden Häfen werden Reparaturarbeiten durchgeführt.« Dr. Nureddin al-Atassi hatte die Sowjets eingeladen, aber darum kümmert sich Hafis al-Assad nicht. Er ärgert die Russen noch mehr, er schickt seinen Generalstabschef Mustafa al-Tlass nach Peking – der Generalmajor schwenkt vor den Pressefotografen die rote Mao-Bibel. Hafis al-Assad erwartet keine Waffenlieferungen aus China, er macht sich da keine Illusionen – »China ist weit weg« –, aber er bringt die Sowjets dazu, sich stärker für die Syrer zu interessieren. Sein Vorgesetzter, Staatspräsident al-Atassi, sieht nur den Vordergrund, die Beleidigung für den sowjetischen Freund. Al-Atassi will den Verteidigungsminister loswerden, und er nimmt die Kooperation mit der irakischen Armeeführung zum Anlaß, Hafis al-Assad in den Parteigremien in Mißkredit zu bringen. Der Staatspräsident wirft dem Verteidigungsminister Konspiration vor und Annahme von Bestechungsgeldern: die Iraq Petroleum Company, deren Pipelines zum Mittelmeer durch syrisches Gebiet laufen, bezahle ein monatliches Honorar an Hafis al-Assad, um die Transitrechte für ihr Öl zu sichern.

Versöhnung hinter dem Sarg

Dr. Nureddin al-Atassi beruft einen außerordentlichen Parteikongreß ein, um den Fall des Parteifreundes al-Assad in seinem Sinne behandeln zu lassen, aber er weiß, daß der Verteidigungsminister mit einer Handvoll Soldaten den Kongreß auflösen kann. Der Zivilist al-Atassi bittet den angeklagten Verteidigungsminister in einem Brief, die persönliche Freiheit der Teilnehmer am Parteikongreß zu garantieren. Er verlangt Unterwerfung unter die Parteitagsbeschlüsse. Hafis al-Assad gibt zur Antwort: »Wenn auf diesem Kongreß Kritik laut wird an meinen Maßnahmen, dann lasse ich alle einhundertfünfzig Mitglieder verhaften!« Dieser Konflikt ist durch parteiinterne Aussprache nicht mehr beizulegen; beide, der Verteidigungsminister und der Staatspräsident, holen zum Schlag aus.

In der Stunde, als Damaskus auf das Feuergefecht zwischen den Anhängern der zerstrittenen Parteifreunde wartet, erschießt sich Oberstleutnant Abdel Kerim al-Jundi. Der Oberstleutnant, 39 Jahre alt, ist Chef der syrischen Geheimpolizei. Ein kleiner, stämmiger, agiler Mann, der sich gerne gemütlich und leicht ironisch gibt. Seit er Geheimdienstchef ist, hat er sein Büro selten verlassen; dort steht ein großes Bett, ein Schreibtisch mit Akten, leeren Flaschen und vollen Aschbechern. Er kennt nur einen Lebensinhalt, das Baathregime zu schützen. Vor seinem Tod sagt er zu den Mitarbeitern: »Die Revolution braucht Märtyrer!« Abdel Kerim al-Jundi erschießt sich, um durch den Schock über seinen Tod die Kontrahenten wieder zusammenzubringen. Arabische Tradition vom Opfertod bewegt ihn und die Überzeugung, daß die Ideale der Partei das Opfer rechtfertigen.

Vom italienischen Hospital aus zieht der Trauerkondukt durch Damaskus. Hinter dem Sarg schreiten nebeneinander Nureddin al-Atassi und Hafis al-Assad. Sie haben ihren Konflikt begraben. Nureddin al-Atassi sagt in der Trauerrede: »Der Verstorbene war das Gewissen der Partei!«

Hafis al-Assad rächt sich nicht an Jordanien

Im September 1970 kämpfen in der jordanischen Hauptstadt Amman die Verbände des Königs und der palästinensischen Kommandos gegeneinander. Die syrische Regierung steht eindeutig auf der Seite der Palästinenser; sie wünscht sich einen Sieg der Kommandos, der dem Regime des Königs ein Ende macht. Die El Fatah und die Volksfront zur Befreiung Palästinas verteidigen sich in den Straßen von Amman; doch trotz des zähen Widerstands der Palästinenser kommen die Angreifer voran, sie kämpfen mit Panzern und Artillerie. Jassir Arafat bittet die Syrer um Hilfe: ein Entlastungsangriff von Norden her müßte den König zwingen, Panzer aus Amman abzuziehen. Mit der Bitte des Kommandochefs bricht der Zwist zwischen Nureddin al-Atassi und Hafis al-Assad wieder auf: der Staatspräsident ist für militärisches Eingreifen, der Verteidigungsminister will davon nichts wissen. Hafis al-Assad möchte den Krieg zwischen arabischen Armeen vermeiden. Außerdem rechnet er fest damit, daß Israel den syrischen Aufmarsch gegen Hussein durch eine Attacke von den Golanhöhen her unterbinden wird. Dem Kampf mit der israelischen Armee aber fühlt er sich noch nicht gewachsen.

Nureddin al-Atassi stellt die Parteiinteressen über die militärischen Bedenken: er sieht die Chance, die haschemitische Dynastie zu zerstören, um Jordanien in eine Republik zu verwandeln, in der die Baathpartei die tragende politische Kraft sein soll. Dafür ist er bereit, ein Risiko auf sich zu nehmen. Als Staatspräsident befiehlt er seinem Verteidigungsminister den Angriff über die jordanische Grenze bei Ramtha. Hafis al-Assad, dem jetzt ein Bruch mit der zivilen Parteispitze ungelegen kommt, gehorcht, doch er schwächt den Effekt des Kriegseintritts durch einen Trick ab: auf die syrischen Panzer werden die Erkennungszeichen der Palästinensischen Befreiungsarmee gepinselt. Die Armeespitze distanziert sich damit vom Angriff. Der Trick täuscht niemanden, da die Israeli und die Jordanier wissen, daß die palästinensischen Kampfverbände keine Panzer besitzen; aber er signalisiert den Israeli, daß die syrische Armee nicht an eine ernsthafte Kriegführung denkt. Israel versteht, seine Armee greift nicht ein.

Von der Stunde an, als die ersten syrischen Panzer die jordanische Grenze bei Ramtha passieren, steht Nureddin al-Atassi unter dem Druck der Sowjets. Moskau will keinen militärischen Konflikt zwischen Israel und den Arabern. Die Sowjets sind überzeugt, daß Israel gewinnen würde. Eine neue Niederlage der Araber aber wäre zugleich eine Blamage für die Sowjetunion und für die von ihr gelieferten Waffen. Nureddin al-Atassi ist auf die Unterstützung durch die Sowjets angewiesen, er gibt dem Wunsch aus Moskau nach: die syrischen Panzer fahren zurück. Die Kursänderung schwächt die Position der Zivilisten in der Parteiführung.

Hafis al-Assad übernimmt Partei- und Staatsführung

Im November 1970 liegt Nureddin al-Atassi in Damaskus im Krankenhaus, eine Zyste im Fuß soll operiert werden. In der Nacht zum 14. November wird das Krankenhaus besetzt, Wachen ziehen auf vor dem

Zimmer des Präsidenten. Hafis al-Assad beordert Panzer zum Regierungsgebäude und zur Rundfunkstation. Die Zivilisten in der Partei stehen hilflos diesem Aufstand gegenüber, sie verfügen nicht über bewaffnete Kräfte, um sich zu wehren; die Nationalgarde gehorcht der Armeeführung. So endet der zehnte erfolgreiche Militärputsch der syrischen Geschichte seit 1948 glücklich für Hafis al-Assad.
Noch zwei Tage lang sind seine Gegner aktiv; der Atassiflügel der Partei trifft sich an einem geheimen Ort in Damaskus. Die Parteifreunde fassen einen Entschluß: »In Übereinstimmung mit Paragraph 113 der Parteistatuten und mit Paragraph 6 der Beschlüsse des panarabischen Kongresses werden die Kameraden Hafis al-Assad und Mustafa al-Tlass aus der Partei ausgestoßen. Sie sind Meuterer gegen die Partei, gegen die Resolutionen des Parteikongresses. Sie haben die Parteiethik untergraben.«

Die Allianz mit dem Bürgertum

»Die Männer, die unsere Partei bisher geführt haben, hatten die Mentalität von Abenteurern, sie besaßen nicht die Fähigkeit, die Entwicklung des Landes zu fördern.« Hafis al-Assad will der Präsident sein, der aus Syrien einen modernen Staat macht; er verspricht Reform des Staatsapparats und Gesetze, die der soziologischen Veränderung Syriens angepaßt sind.
Die besitzende Schicht wartet auf die ersten administrativen Maßnahmen des neuen Regimes. Die Bourgeoisie kann zufrieden sein: die Einfuhr von Waren wird in großem Umfang gestattet, mildere Devisengesetze erleichtern den Geschäftsverkehr mit dem Ausland; der Export- und Importhandel muß nicht mehr über die schwerfällige staatliche Gesellschaft Simex abgewickelt werden. Hafis al-Assad fordert in seiner ersten Rede die wohlhabenden Syrer auf, ihr Geld im Lande zu investieren.
Die Parteigremien, bis zu diesem Tag Advokaten des harten Sozialismus, folgen dem neuen Kurs mit dem gleichen Grad an Zustimmung, mit dem sie Nureddin al-Atassis Weisungen gefolgt sind. Sie sind jetzt dafür, daß das Notstandsrecht von 1962 aufgehoben wird, das bisher den Baathregierungen die Macht gab, jeden Syrer ohne Angabe von Gründen verhaften zu lassen. Die Gremien stimmen der Aufhebung der Reisebeschränkung zu; die Syrer dürfen wieder nach Beirut reisen. Die Bevölkerung honoriert es dem Präsidenten, daß er die Zahl der Geheimpolizisten drastisch gesenkt hat; die Bespitzelung läßt nach.
Hafis al-Assad macht den Syrern das Leben leichter, um Kräfte freizumachen für die Verfolgung des wichtigeren Ziels: der Rückgewinnung

der besetzten Gebiete. Er geht eine Allianz ein mit dem Bürgertum: Hafis al-Assad bietet Aufhebung der Maßnahmen der Planwirtschaft und fordert dafür Anstrengungen für die Vorbereitung des Krieges. Dieser Präsident ist entschlossen, alles zu unternehmen, was möglich ist, um die »Schmach von 1948 und von 1967« zu tilgen. Einundsiebzig Prozent der Staatsausgaben werden für die Rüstung aufgewendet.

Die Ausgaben lohnen sich: im vierten Nahostkrieg kämpft die syrische Armee besser als in jedem Konflikt zuvor. Am Ende des Oktoberkrieges von 1973 sagt Hafis al-Assad: »Wir können unser Haupt wieder erhoben tragen!« Unter hohen Verlusten – Schätzungen nennen 5000 Tote – verhinderten syrische Verbände den israelischen Durchbruch auf Damaskus.

Doch die syrischen Golanhöhen sind während der Kämpfe vom 6. bis 23. Oktober nur Nebenkriegsschauplatz. Die Initiative zu Kriegsbeginn, Waffenstillstand und politische Lösung liegen in der Hand des ägyptischen Präsidenten Anwar el-Sadat. Im Frühjahr und Sommer 1974 überwindet der Syrer Hafis al-Assad nur mühsam seine Abneigung gegen die gerissene Taktik des Ägypters. Nach langem Zögern beteiligt er sich an den Verhandlungen des amerikanischen Außenministers Henry Kissinger. Zu seiner eigenen Überraschung gewinnt er: unter Druck der Amerikaner räumen die Israeli die Stadt Kuneitra und Teile der Golanhöhen.

Den Prestigeerfolg nutzt Hafis al-Assad zu behutsamer Änderung der syrischen Politik aus. Im Exekutivkomitee der Baathpartei nimmt er den Köpfen den Einfluß, die dem haschemitischen König Rache geschworen haben. Hafis al-Assad läßt König Hussein in Ruhe. Nach seiner Meinung ist der jordanische König jetzt schon genug bestraft für »vergangene reaktionäre Untaten«.

Der König und das Volk im Elend

Hussein, der verhaßte Monarch

Der Palast des Königs Hussein ist eine Festung auf einem der Hügel über der Hauptstadt Amman, geschützt durch Vierlingsflak und schwere Maschinengewehre. Eine hohe Mauer umgibt das Gelände. Unten im Tal steht das Eingangstor, Beduinensoldaten kontrollieren dort den Besucher. Maschinengewehrstellungen ziehen sich den bepflanzten Berg hinauf. Hinter dem Palast steht ein Hubschrauber bereit, um den König in kritischen Situationen rasch aus dem Gefahrenbereich bringen zu können.

Der König spricht mit tiefer, rauher Stimme. Er selbst erklärt diese Besonderheit mit einer Erkrankung der Nasenhöhle. Hussein zählt zum Jahrgang 1935; auch als Neununddreißigjähriger wirkt er noch jungenhaft, besonders wenn er lächelt. Doch das Haar ist dünn und grau geworden, manchmal blicken die Augen müde. Dieser König würde gern seine Hobbys ausüben: Wasserskifahren, fliegen, schnelle Autos steuern; aber der Sicherheitschef hat gerade all das verboten – er weiß, warum er den König nur noch selten an die Öffentlichkeit läßt: Hussein muß den Mördern aus dem Weg gehen. Seit dem Herbst 1970 hat der Monarch Tausende von Feinden: fanatische Palästinenser, die nicht verzeihen können, daß Hussein die Kommandoorganisationen mit Artillerie und Panzern aus den Flüchtlingslagern vertrieb. Jassir Arafat, der Sprecher der Palästinensischen Befreiungsbewegung, sagt: »Zwanzigtausend Tote hat Hussein auf dem Gewissen!« Arafat übertreibt um vierhundert Prozent, doch belasten die fünftausend Toten des jordanischen Bürgerkriegs das Gemüt des Königs. Hussein ist sensibel, empfindsam. Er hat den Willen, gerecht und menschlich zu handeln, aber seine Umgebung und die Umstände zwingen ihn zu harten Entschlüssen. Härte und Grausamkeit erzeugen die Stimmung aus Ablehnung und Haß, die den Untergang der Haschemitendynastie in Jordanien herbeiführen wird. Der tunesische Staatspräsident Habib Bourguiba hat die Meinung seiner arabischen Präsidentenkollegen auf diese Formel gebracht: »Jordanien ist ein künstliches Gebilde!«

Die ungeliebten Untertanen

Die Bevölkerungsstatistik von Jordanien ist notgedrungen ungenau: die Hälfte der Menschen im Königreich lebt in Flüchtlingslagern zwischen Amman und Irbid, in isolierten Zelt- und Hüttenstädten. Die Bewohner der Lager sind aus »Palästina« hierher geflohen, aus dem Gebiet westlich des Jordans, aus Städten und Dörfern, die seit den Kriegen von 1948 und 1967 zu Israel gehören. 800000 der Bewohner Jordaniens wollen wieder zurück in ihre Heimat, die sie Palästina nennen, die jedoch von Israel zum größten Teil als sein Staatsgebiet beansprucht wird. Diese 800000 Menschen betrachten sich nicht als Untertanen des Haschemitenkönigs von Jordanien; sie wollen Bürger eines künftigen Palästinenserstaates sein. Sie praktizieren jetzt schon Selbstverwaltung in den Lagern, die Kooperation mit den königlichen Behörden ist gering. Die Lagerleiter sprechen dem König das Recht ab, Entscheidungen zu treffen, die Gegenwart und Zukunft der Palästinenser berühren.

Im Lager Bak'a, zehn Kilometer nördlich von Amman, konzentrieren sich 30000 Flüchtlinge. Bis in die Monate nach dem Junikrieg lebten diese 30000 im Lager Karameh unten im Jordantal; nach der Zerstörung des Dorfes beim Lager Karameh durch israelische Stoßtrupps im März 1968 wurden Zelte und Hütten in die sichere Gegend von Amman verlegt.
Der Boden in der Ebene von Bak'a ist weich. Von November bis April regnet und schneit es in dieser Höhe von tausend Metern. Die Lagerstraßen sind ein Morast, knöcheltief versinken die Bewohner im Schlamm. Schulkinder gehen barfuß zur Lagerschule, am Eingang waschen sie unter fließendem Wasser Beine und Füße. Solche Waschplätze gibt es alle zweihundert Meter, hier entfernen Palästinenserinnen, junge und alte, den Schmutz aus den Kleidern der Familie. Sie tragen alle lange Röcke mit trachtenartig besticktem Oberteil: die Palästinenserinnen halten fest an ihrer traditionellen Kleidung. Seit der Zeit Marias hat sich ihr Aussehen nicht verändert. Die Männer tragen Anzüge, Spenden irgendeiner Hilfsorganisation. Mit Hilfe der Bundesregierung konnten für diese Menschen Wellblechhütten gebaut werden. Unterkünfte mit einem Raum für die ganze Familie. Hier schlafen Frauen, Männer und Kinder. Die Toiletten sind in Abständen von fünfhundert Metern an der Lagerstraße zu finden; die Ausscheidung versickert in Gruben zwischen den Hütten. Uringestank zieht über die Unterkünfte hin.
An der Hauptstraße, mitten im Dreck, haben die Metzger ihre Schlachtplätze. Auf den Knien halten sie die Hammel fest, bis sie ausgeblutet sind; von der Halsschlagader spritzt das Blut in den Schlamm. Eine braunrote Schmiere macht den Boden glitschig. Aufgehängt im Freien wird Fleisch zum Verkauf angeboten; mit dem Fliegenwedel vertreibt der Metzger lästige Insekten.
Hammelfleisch ist für die Flüchtlinge des Lagers Bak'a Luxus, nicht viele haben das Geld dafür. Die Männer verdienen nichts, in der Umgebung des Lagers gibt es keine Arbeit, nicht einmal gering bezahlte. In der Hauptstadt Amman beschäftigt niemand die schlechtgekleideten Männer, die keine Ausbildung haben. Manche bewerben sich beim Bau der Eisenbahn durch die Wüste nach Akaba, aber die königlich-jordanische Verwaltung sorgt dafür, daß nur wenige der Lagerbewohner eingestellt werden: sie befürchtet Unruhe unter den Beduinenstämmen. Die Palästinenser könnten dort die revolutionären Ideen verbreiten, die sie bei der El Fatah oder der Volksfront zur Befreiung Palästinas kennengelernt haben.
Der Administration des Königs Hussein ist kein Vorwurf zu machen. Sie ist machtlos. Für die Arbeitslosigkeit kann sie nicht zur Verantwortung gezogen werden; das Hochland von Jordanien besitzt nur wenig bebaubaren Boden, das fruchtbare Ackerland des Königreichs liegt

unten im Jordantal und drüben am Westufer des Flusses zwischen Bethlehem, Jericho, Jerusalem und Nablus. Vom Westufer sind diese Menschen vor den Israeli geflohen, das Jordantal aber lag jahrelang zu nahe bei der Waffenstillstandslinie, an der jeden Augenblick Kämpfe ausbrechen konnten. Dort unten hatte niemand Lust, Landwirtschaft zu betreiben. Die jordanische Administration kann den Männern aus den Lagern keine Arbeitsplätze in Fabriken anbieten – Jordanien hat keine Industrie. Die Mehrzahl der Menschen der Lager Bak'a, Amman und Dscherasch leben von Nahrungsmittelrationen, die über die Hilfsorganisationen der Vereinten Nationen zur Verfügung gestellt werden. Die UN-Verwaltung läßt pro Monat und Person verteilen: 10 kg Mehl, 600 g Trockengemüse, 500 g Reis, 375 g Öl. Ohne diese Nahrungsmittel wären die Menschen in den Lagern längst verhungert. Die Vereinten Nationen kämpfen Jahr für Jahr um das Geld, das die Versorgung der Lager sichert. Der größte Teil der Beträge, um 1,5 Millionen Flüchtlinge in Jordanien, Syrien, im Libanon und im israelisch besetzten Gazastreifen am Leben zu halten, stammt aus dem Budget der Vereinigten Staaten von Amerika. Das wenige Geld, das im Lager selbst im Umlauf ist, kommt von Verwandten, die aus der Elendszone rings um Israel ausgewandert sind.

Einige Zehntausend intelligente Palästinenser, die der Apathie des Lagers entkommen wollten, reisten in die reichen Emirate am Persisch/Arabischen Golf. Dort, wo Geld vorhanden ist, aber gescheite Köpfe fehlen, haben sie Arbeit gefunden – als Manager der wachsenden Kleinindustrie, der Hotelbetriebe, der Vertretungen europäischer und asiatischer Firmen. Im Emirat Abu Dhabi sind Palästinenser Lehrer, Ärzte, Juristen. Diese Männer schicken Geld an die Eltern in den Lagern. In der isolierten Flüchtlingsstadt entstehen winzige Läden für billige Plastikwaren, für Kochtöpfe und Sparherde, für gebrauchte Kleidung, für Waschmittel und Seife – die Zuteilung der UN sieht ein Stück Seife im Monat vor.

Die Familien in den Lagerhütten sind kinderreich: für die Männer ist sexuelle Betätigung die einzige Abwechslung; die Verhütungspille ist unerschwinglich teuer; sie widerspricht auch dem patriarchalischen Fruchtbarkeitssinn der Männer. Die dritte Generation der Palästinenser wächst inzwischen im Lager heran. Die Alten, die 1948 geflohen sind, sitzen ohne Energie und Hoffnung vor den Hütten. Als einzige Beschäftigung blieb ihnen das Würfelspiel. Die Väter und Mütter der Kleinkinder von heute – sie sind selbst schon im Lager geboren – haben die Hoffnung nicht verloren, daß sie in ihre Heimat zurückkehren können.

Nach der ersten Vertreibungswelle von 1948 hatte die Arabische Liga beschlossen, die Flüchtlinge aus dem ehemals britischen Protektorat Palästina als völkische Einheit zusammenzuhalten, sie durften nicht von den

arabischen Staaten assimiliert werden. Nach einem Sieg über Israel sollte diese völkische Einheit wieder in das Gebiet des ehemaligen Palästina zurückgeführt werden können. Die Flüchtlinge stellten in den Augen der arabischen Regierungen das lebendige Beweismaterial für den arabischen Rechtsanspruch auf die Gebiete westlich des Jordans dar.
Der Sieg über Israel war und ist nicht zu erringen – doch der Beschluß, die Zersplitterung der Palästinenser nicht zu dulden, hat sich für dieses Volk positiv ausgewirkt. Die Palästinenser sind als Volk nicht untergegangen; sie haben seit Sommer 1974 Grund zu der Erwartung, daß in absehbarer Zeit diesem Volk Boden zur Ansiedlung gegeben wird.

Am Anfang Jordaniens steht die dreifache Täuschung

Es lohnt sich, noch einmal zurückzublicken: Das Osmanische Reich der Türken beherrschte im Ersten Weltkrieg die ganze arabische Halbinsel; England hatte sich in Ägypten festgesetzt, britische Truppen kämpften sich von der Sinai-Halbinsel aus nach Palästina, nach Syrien und ins Gebiet der heutigen Staaten Jordanien und Saudi-Arabien vor. Ohne Unterstützung, ohne freundliche Aufnahme und Hilfe kann eine Kolonialarmee, behindert durch überlange Nachschubwege, nicht operieren. Die Truppe braucht vor allem freien Zugang zu Wasserquellen. Der Vorfahre des Königs Hussein, der Haschemitenfürst Scheich Hussein von Mekka, war zum wichtigen Verbündeten der Engländer geworden. Um ihn fest auf der Seite des englischen Weltreichs zu halten, machte London dem Scheich ein Angebot, das von niemandem übertroffen werden konnte: nach der Befreiung von der türkischen Herrschaft sollten unter seiner Person die Gebiete der arabischen Halbinsel mit Syrien, dem Irak, Libanon und Palästina zu einem mächtigen und unabhängigen arabischen Reich zusammengeführt werden. Scheich Hussein von Mekka konnte sich als der designierte König dieses Reiches fühlen – er war der englischen Krone dankbar und kämpfte gegen die Türken.
Diese Absprache mit Scheich Hussein von Mekka hinderte die englische Regierung jedoch nicht, eine Abmachung mit den Franzosen einzugehen, die zwischen England und Frankreich Grenzen der Einflußsphären im Nahen Osten festlegt: das Sykes-Picot-Abkommen soll in Kraft treten nach dem Zerfall des Osmanischen Reiches: England und Frankreich werden künftig Arabien unter sich aufteilen, vom unabhängigen arabischen Reich ist im Sykes-Picot-Abkommen keine Rede. England verteilt das Land im Nahen Osten, um das es im Ersten Weltkrieg kämpft, noch ein drittes Mal: der dritte Beschenkte ist die zionistische Bewegung in Europa

und den USA; sie hat sich – wenn auch mit einer Verspätung von dreißig Jahren – das Geschenk erstreiten können.
Der britische Außenminister Arthur Balfour schrieb am 2. November 1917 einen Brief an Edmond de Rothschild. Dieses Mitglied der Familie Rothschild war zu dieser Zeit einer der führenden Männer des Zionismus. Im Schreiben des Außenministers steht: »Die Regierung Seiner Majestät begrüßt die Errichtung einer nationalen Heimstätte für das jüdische Volk in Palästina und wird die Erreichung dieses Ziels nach besten Kräften unterstützen. Dabei darf selbstverständlich nichts unternommen werden, was die bürgerlichen und religiösen Rechte der in Palästina lebenden nichtjüdischen Gemeinde beeinträchtigen könnte.«
Mit der Balfour-Deklaration erklärte sich England einverstanden, daß die Juden der Welt unbehindert in die Heimstätte des jüdischen Volkes Palästina einwandern könnten. Diese Einwanderung aber konnte nur unter Verletzung der Rechte der in Palästina lebenden Araber vor sich gehen. Die letzte türkische Statistik für die Verwaltungsbezirke, die in der Folge der türkischen Niederlage zum Protektorat Palästina geschlagen werden, weist diese Aufteilung aus: 82 Prozent der Bewohner sind arabische Moslems, 10 Prozent sind Christen, 8 Prozent Juden. Nur 6 Prozent des Grundbesitzes ist in jüdischer Hand.
Nach Beendigung des Ersten Weltkrieges profitieren zunächst nur die Engländer und Franzosen von den Abkommen und Deklarationen der Kriegszeit: die Franzosen übernehmen die Macht im Gebiet des Libanon und in Syrien – die Engländer können den Rest der arabischen Halbinsel beanspruchen.
In den Jahren vor dem Ersten Weltkrieg erstreitet sich ein junges Mitglied des Clans der Wahhabiten ein Reich in der Wüste der arabischen Halbinsel. Sein Name ist Abd al-Asis. Er greift nach den Heiligen Stätten von Mekka und Medina und verjagt den Herrscher dieses Bezirks, den von den Engländern betrogenen Scheich Hussein. Im Jahre 1921 macht England das Unrecht zum Teil wieder gut: die Familie des Scheichs Hussein, die als haschemitische Dynastie ihren Ursprung auf den Propheten zurückführt, erhält die Herrschaft über den Irak und über das Gebiet ostwärts des Jordans zugesprochen. In Amman, in Transjordanien, darf, nach dem Willen der Engländer, der Emir Abdallah regieren – jedoch nicht mit voller Souveränität: Abkommen, Bündnisse, Subsidienverträge binden Transjordanien eng an England.
Bis 1947 beherrschen die Engländer den breiten Landstrich zwischen dem Mittelmeer und der Wüste ostwärts des letzten fruchtbaren Gebiets um Amman: Palästina, westlich des Jordans gelegen, verwalten sie selbst – Transjordanien lassen sie unter ihrer Aufsicht verwalten.

Die Juden erkämpfen sich ihren Staat

In Palästina verschiebt sich bis 1947, bis zur Zeit der UN-Debatte über die Aufteilung des Gebiets zwischen Juden und Arabern, die Zusammensetzung der Bevölkerung: durch Einwanderung steigt der Anteil der Juden an der Gesamtbevölkerung auf 31 Prozent, die Araber sind mit 62 Prozent noch immer doppelt so stark, 7 Prozent der Menschen in Palästina sind Christen. England versuchte zeitweise, die Zuwanderung der Juden zu verhindern – diese Haltung trug der britischen Regierung den Zorn der westlichen Welt ein, die nicht verstehen konnte, daß den von Deutschland verfolgten Juden die Flucht ins Gelobte Land verwehrt wurde. Die Araber dagegen sahen die britische Blockade der jüdischen Einwanderung als ungenügend an; sie glauben bis heute, daß England gemeinsam mit der zionistischen Bewegung die Grundlagen für die Existenz eines jüdischen Staates schaffen wollte – in Erfüllung der Balfour-Deklaration von 1917.
650000 Juden und 1,3 Millionen Araber wohnen am Ende des Zweiten Weltkriegs in Palästina, beide Bevölkerungsgruppen sind nicht bereit, miteinander zu leben: Palästina wird zum Hexenkessel. Die Geheimorganisationen der Juden und Araber bekämpfen sich; die Briten können Grausamkeiten beider Seiten nicht verhindern, mit Mühe stoppen sie größere militärische Aktionen. Die Juden sind entschlossen, sich jetzt die Heimstätte des jüdischen Volkes zu erkämpfen, das seit vielen Generationen alljährlich in jeder Familie abgegebene Versprechen wahrzumachen: »Nächstes Jahr in Jerusalem!« Mit dem gleichen Fanatismus versuchen die Araber, die Ansätze der jüdischen Staatsgründung zu vernichten, doch sie haben keinen eigenen Alternativplan; für den arabischen Staat Palästina gibt es kein realistisches Konzept, das konnte erst zwanzig Jahre später entstehen. Die jüdischen Kampforganisationen Zvai Leumi und Haganah siegen, sie sind besser ausgebildet, sie haben mehr Disziplin. Im ersten Palästinakrieg, 1948, erweisen sich die zahlenmäßig überlegenen arabischen Armeen als feige und schlecht geführt: die Truppen der Königreiche Ägypten und Jordanien, der Republiken Syrien und Libanon wollen den eben entstandenen jüdischen Staat vernichten, sie müssen den ersten Schlag einer langen Kette von Demütigungen hinnehmen, die erst im Oktober 1973 abrupt reißen wird. Die arabischen Armeen schließen notgedrungen Waffenstillstand; doch sie haben von vornherein die Absicht, diesen Waffenstillstand bei der ersten Gelegenheit zu brechen – nur der Libanon hat schon 1948 seine Lektion gelernt: er weist noch 1973 auf die Gültigkeit der fünfundzwanzig Jahre alten Absprachen hin.

In einem Teilungsplan hatten die Vereinten Nationen 1947 fixiert, wie eine Föderation zwischen einem jüdischen und einem arabischen Staatsteil in Palästina aussehen könnte. Araber und Israeli lehnten den UN-Plan ab: den Juden war das Gebiet zu klein, sie wollten sich überhaupt einen ganz unabhängigen Staat schaffen, und die Araber dachten gar nicht daran, den Juden auch nur das winzigste Recht einer Autonomie zu geben. Im Krieg von 1948 greifen die Israeli weit über das Gebiet hinaus, in dem ihre Dörfer konzentriert sind. Für die palästinensischen Flüchtlinge gibt es heute noch ein Schreckenswort: »Deir Jassin.« Im arabischen Dorf Deir Jassin erschossen die Israeli im April 1948 245 Araber, darunter 145 Frauen; 35 dieser Frauen waren schwanger. Die Opfer fand man im Dorfbrunnen. Unter dem Panikruf »Deir Jassin!« flohen künftig die Palästinenser aus den Dörfern, die nahe beim Kern des entstehenden Staates Israel lagen. Mit ihrer beweglichen Habe treckten sie den arabischen Armeen entgegen.
Viele der Palästinenser erinnern sich daran, daß Radio Kairo zur Flucht aufgefordert habe mit der Begründung, im menschenleeren Gebiet könne die arabische Truppe wirkungsvoller operieren, da sie dann keine Rücksicht auf Zivilisten zu nehmen brauche. 900000 Menschen wurden nach dem Palästinakrieg von 1948 als Flüchtlinge registriert. Chefs der Kommandoorganisationen waren zwanzig Jahre später der Meinung: »Der größte Fehler der Araber war damals, die Flucht zuzulassen, dagegen hätte Radio Kairo mit allen Mitteln kämpfen müssen. Den Israeli kam die Flucht gelegen, sie hatten so weniger Araber im Gebiet, das sie ihrem Staat zuordnen wollten.«
In der militärischen Auseinandersetzung von 1948 hielt nur eine arabische Armee einigermaßen stand, die Arabische Legion des Haschemitenstaates Transjordanien. Der Großvater König Husseins, König Abdallah, war als Staatschef ein kluger Mann, der voraussah, daß die Entwicklung zum jüdischen Staat nicht aufzuhalten war – Golda Meir war zu ihm in Männerkleidern gekommen, um Grenzprobleme der beiden Staaten zu bereden. König Abdallah konnte jedoch nicht zulassen, daß die Israeli ganz Jerusalem eroberten, daß der alte Teil der Stadt mit den Heiligtümern des Felsendoms und der Al-Akza-Moschee unter jüdische Verwaltung fiel. Die Haschemitenfamilie hatte bereits die Herrschaft über Mekka und Medina aufgeben müssen – an einen gläubigen Moslem allerdings –, sie durfte nicht, wenn sie noch einen Funken Selbstachtung behalten wollte, den Felsendom und die Al-Akza-Moschee an Gläubige der jüdischen Religion verlieren. Die Arabische Legion, befehligt vom britischen General Glubb Pascha, stieß aus Transjordanien vor in Richtung Jerusalem. In schweren Gefechten gelang es, den arabischen Stadtkern zu halten,

die Eroberung von ganz Jerusalem mißlang allerdings. Doch hatte Glubb Pascha für König Abdallah die Heiligtümer gerettet.
Jerusalem ist für den Moslem »Thalit Al Haramain«, die dritte der Heiligen Städte nach Mekka und Medina. Am Tage der Auferstehung wird der Schwarze Stein der Kaaba von Mekka nach Jerusalem fliegen, um die Stadt zu grüßen. Die Moslems glauben daran, daß Mohammed der Prophet in Jerusalem war. Im Koran steht: »Von der Heiligen Moschee trug ihn Allah bei Nacht zur weitentfernten Moschee.« Für die Gläubigen ist die weitentfernte Moschee der Tempel von Jerusalem. Auf seinem Pferd el Burak war Mohammed mit Allahs Kraft nach Jerusalem geflogen. Von Jerusalem aus hob der Engel Gabriel den Propheten zum Himmel, dort sah Mohammed das Paradies.
Daß König Abdallah diesen heiligen Platz den Arabern gerettet hatte, brachte ihm wenig Dank ein: die Palästinenser und die arabischen Bruderstaaten warfen ihm vor, er habe palästinensisches Gebiet annektiert. Das Gebiet um Jericho, Alt-Jerusalem und Nablus war nun Teil des Reichs der Haschemiten. Jetzt war Abdallah Herrscher über Beduinen und Palästinenser – die Wurzel zu jahrzehntelangem Zwist war gelegt.

Die Palästinenser versuchen zu überleben

Im September 1948 formierten ein Dutzend Palästinenser in den Flüchtlingslagern des Gazastreifens, der unter ägyptischem Schutz geblieben war, eine »Regierung von ganz Palästina«. Die Regierungsbildung geschah auf Beschluß des ersten »Kongresses der Palästinenser«, der nach der Niederlage gegen den neuen Staat Israel im Gazastreifen getagt hatte. Die »Regierung von ganz Palästina« war von den Regierungen, die in der Arabischen Liga eine gemeinsame Politik versuchten, anerkannt worden. Nur Jordanien hielt die Ansprüche dieser Regierung für unberechtigt: das Gebiet zwischen Alt-Jerusalem und dem Jordan war soeben in den Staat Jordanien integriert worden. König Abdallah hatte nicht die Absicht, sich jemals wieder auf das Ostufer des Jordans zurückzuziehen. Für König Abdallah gab es kein palästinensisches Volk mehr, nur noch jordanische Untertanen.
Die »Regierung von ganz Palästina« war ein wirkungsloses Gebilde, kein einziger Beschluß von Bedeutung wurde je ausgeführt. Der Regierungschef Ahmed Hilmi Pascha hatte sich den Ägyptern verpflichtet. Er tat das, was Kairo wollte, in der Hoffnung, daß Kairo sich irgendwann für die Palästinenser einsetzen werde. Diese Hoffnung erfüllte sich nicht.
Von Anfang an fehlte eine genaue Definition der Beziehungen zwischen

der Regierung des wichtigsten arabischen Staates und den Palästinensern. 1948 konnte dies noch damit erklärt werden, daß das »palästinensische Volk« für die Menschen in den arabischen Bruderstaaten kein fester, klarer Begriff war. Ein palästinensischer Staat, als völkerrechtliche Heimat der Palästinenser, hatte nie existiert.

Im Osmanischen Reich war der Küstenstreifen zwischen Saida und Gaza aufgeteilt in Verwaltungseinheiten unter der Generalbezeichnung Syrien. Dann kamen die Engländer; sie splitterten Palästina von Syrien ab. Von ihnen wollten die jüdischen Bürger das Territorium für ihren Staat übernehmen. Nie hatte es für dieses Palästina die Möglichkeit einer völkischen Konsolidierung gegeben.

Der zweite Grund für die unklare und schwankende Haltung der Araber in Ägypten, Syrien, dem Irak: auch ihnen war bewußt, daß aus der Geschichte Heimatrecht für die Juden abgeleitet werden konnte. Den historischen Anspruch der Juden empfanden die gebildeten Araber als nicht ganz unberechtigt. Dieses Bewußtsein nahm ihnen die Kraft, den Palästinensern mit vollem Einsatz zu helfen. Die Palästinensische Befreiungsorganisation hatte unter der gespaltenen Sympathie der Regierungen in Kairo, Beirut und Damaskus jahrzehntelang zu leiden.

Noch im Jahre 1948 begannen die ersten Versuche der Flüchtlinge, über die Waffenstillstandslinien hinweg Israel Schaden zuzufügen: die ersten Kommandos waren geflohene Bauern, die aus ihren eigenen Häusern in Israel bei Nacht zurückgelassene Wertsachen und transportables Mobiliar abholten. Diese Aktionen wurden in den ersten Wochen nach dem Waffenstillstand ohne Organisation durchgeführt, ohne Abstimmung; Privatleute machten sich auf Schleichwegen an ihre ehemaligen Dörfer heran. Die Männer in den Lagern dachten nicht soweit, sich zusammenzuschließen, sich eine Organisation als Rückhalt zu schaffen. Auf diese Idee kamen noch im Jahre 1948 vier palästinensische Studenten der Amerikanischen Universität in Beirut, Söhne wohlhabender Familien. Die Namen: George Habbash, Wadi Haddad, Hani al-Hindi und Ahmed el-Khatib. (Dieser Ahmed el-Khatib ist identisch mit dem späteren Oppositionsführer des kuwaitischen Parlaments.) Die Palästinenser-Organisation nannte sich die »Phalanx des Opfers«.

Dr. George Habbash ist heute bekannt als der Chef der Volksfront zur Befreiung Palästinas. Er hat mir sein Leben so geschildert: »Ich bin 1926 in Lydda geboren; Lydda war damals ein kleines, palästinensisches Dorf – heute ist dort der große internationale Flughafen Israels, der Endpunkt der Luftbrücke von Amerika nach Israel. Mein Vater war Getreidehändler, Christ, ein griechisch-orthodoxer Palästinenser. Er wollte, daß ich Medizin studiere, und das tat ich auf der Amerikanischen Universität von Beirut.

1948 kam ich zurück nach Lydda, das war das Jahr der Gründung Israels. Die Briten gaben ihr Mandat auf. Die Chefs der Arabischen Legion hatten beschlossen, Frauen und Kinder von Lydda zu evakuieren, um die Verteidigung gegen die jüdische Haganah zu erleichtern. Auf der staubigen Straße nach Ramallah zog die Kolonne der Frauen und Kinder aus der Gefahrenzone. Ich war damals zweiundzwanzig Jahre alt und Medizinstudent: ich wurde als ärztlicher Betreuer eingesetzt. Ich ging dann wieder nach Beirut und machte den Dr. med. Aber etwas ganz anderes war wichtig geworden für mich: der Weg zurück nach Palästina.«
George Habbash ist im Jahre 1974 der fanatischste Kämpfer gegen die friedliche Lösung des Nahostkonflikts durch Abfindung der Palästinenser mit einem Rumpfstaat am Westufer des Jordans. Der Kommandochef hat sich verändert in den letzten Monaten: er ist abgemagert – die Folgen eines Herzinfarkts; er ist nicht mehr der sportlich-trainierte Mann, den ich bei der ersten Begegnung 1969 sah. Damals wirkte er wie ein intelligenter Mittelgewichtsboxer. Nach dem Herzinfarkt sind die Augen noch stechender geworden. Früher verbarg er Entschlossenheit hinter Playboyallüren, heute fehlt diese Deckung.
Der Student an der Amerikanischen Universität suchte 1948 in Beirut eine Organisation, die den Weg zurück nach Palästina vorbereiten konnte. Die »Phalanx des Opfers« hatte sich nicht bewährt, Stoßtrupps einzelner Kämpfer konnten wenig ausrichten. Für die Durchführung größerer Aktionen aber fehlte das Geld. George Habbash erklärte mir die Problematik: »Es gab keine Gruppe, die uns helfen konnte. Die syrische Baathpartei war für arabische Einheit, aber sie nahm unser Palästinaproblem nicht ernst genug. Die Kommunisten interessierten sich überhaupt nicht für uns, sie hatten schon vorher, im Einvernehmen mit Moskau, den Teilungsplan der Vereinten Nationen für Palästina akzeptiert – und uns damit verkauft!«

Die weitere Lebensgeschichte des Palästinensers George Habbash spiegelt arabischen Streit und Uneinigkeit dieser Jahre. Innerhalb der Kampforganisation der Palästinenser setzt sich der Streit fort. Jassir Arafat, früh zu den ersten Zellen des Widerstandes gestoßen, konnte sich nicht durchsetzen mit seiner Mahnung: »Keine Ideologie, keine Partei und keine arabische Regierung darf sich zum Schirmherrn der Kommandobewegung entwickeln.«
George Habbash baut zu Beginn der fünfziger Jahre mit anderen Absolventen der Amerikanischen Universität in Beirut die »Bewegung der Arabischen Nationalisten« auf. Die von den USA unterstützte Universität wird zum Nährboden einer Politik, die den Einfluß der Amerikaner im Nahen Osten reduzieren will. Die jungen Intellektuellen fühlen sich von George

Habbash angezogen; er kann ihnen klarmachen, warum das Desaster von 1948 eintreten mußte: die Wurzel des Unglücks sieht er in der Einmischung von außen, die Großmächte lassen Arabien nicht aus ihren Fingern – nur eine nationale Bewegung ist in der Lage, den Einfluß der USA und Englands zurückzudrängen, um damit den Arabern die Möglichkeit zur eigenen Entfaltung zu geben.

In Amman, der Hauptstadt des jordanischen Königreichs, versuchten Dr. George Habbash und Dr. Wadi Haddad ihr berufliches Glück mit einer Arztpraxis; sie fanden wenig Patienten. Habbash sagte: »Ich gab damals mit den Rezepten eine kleine Schrift aus mit dem Titel AL RAJ, Die Meinung. Aber an meiner Meinung war in Amman niemand interessiert.« Nur die jordanische Geheimpolizei hält 1957 die Meinung des George Habbash für gefährlich. Bei einer Razzia gegen Anhänger des Gamal Abd el-Nasser und der syrischen Baathpartei wird auch George Habbash verhaftet und ohne Gerichtsverhandlung und ohne Urteilsspruch für ein Jahr interniert. Nach der Entlassung aus dem jordanischen Internierungslager zieht der politisch aktive Arzt nach Damaskus. Für drei Jahre konzentriert er sich auf den Arztberuf. Er heiratet eine Kusine; sie bringt zwei Töchter zur Welt. George Habbash hat eine Familie zu versorgen.

Der Arzt vergißt die Politik, solange Syrien und Ägypten in der Vereinigten Arabischen Republik zusammenhalten – die nationalistische Bewegung scheint auch ohne George Habbash zu funktionieren. 1961 kommt der Rückschlag: Syrien will vom Unionsgedanken nichts wissen, die Armeeoffiziere und die Funktionäre der Baathpartei sind enttäuscht von den überheblichen Ägyptern; Damaskus bricht den Einheitsstaat entzwei. Die neue syrische Regierung will den arabischen Nationalisten Habbash verhaften. Er erfährt davon und kann sich verstecken. Nach sechs Monaten in wechselndem Unterschlupf gelingt ihm die Flucht in den Libanon.

Der Libanon ist offen für alle politischen Bewegungen, in Beirut werden die arabischen Revolutionen ausgekocht. Hier sitzen die Emigranten, die Fäden ziehen zu ihren Anhängern in der Heimat. Auch der heimatlose George Habbash baut Kontakte auf. Sie werden im Jahr 1968 bekannt durch Prozesse, Beschuldigungen und Anklagen: ein Sondergericht in Libyen verurteilt George Habbash in Abwesenheit zu sechs Jahren Gefängnis. Der Vorwurf: der Arzt habe einen Putsch gegen die Monarchie versucht. Der Ministerpräsident des Nordjemen, Generalleutnant Hassan al-Amri, klagt George Habbash an, er habe sich mit den Kräften der abgeschafften Monarchie gegen die Republik verschworen. Die mit dem Nordjemen verfeindete Regierung des Südjemen sieht in der nationalistischen Bewegung den Anstifter von Unruhen. Der Emir von Kuwait läßt George Habbash wegen Sprengstoffanschlägen verfolgen. Die Emire am Persisch/Arabischen

Golf fürchten Habbash als treibende Kraft hinter der »Volksfront zur Befreiung Omans und des Arabischen Golfs« (PFLOAG).

Diese Vielfalt der Aktivitäten schadete der nationalistischen Bewegung. Es war George Habbash gelungen, sich viele Feinde zu machen. Er hatte gegen alle Politiker losgeschlagen, die nicht sofort und ohne Bedingungen der Einigung Arabiens prinzipiell zustimmten. Habbash hatte nicht beachtet, daß jeder arabische Führer an die Einheit Arabiens denkt, daß in Arabien Männer leben, die selbst Führer aller Araber sein wollen. Sie sahen in George Habbash eine unliebsame Konkurrenz. Ganz besonders verärgert blickten die Führer der syrischen Baathpartei in Damaskus auf die Bewegung des palästinensischen Arztes. Die Mitglieder und Anhänger der Baathpartei rekrutieren sich aus derselben Bevölkerungsklasse wie die Freunde von George Habbash: sie sind Studenten, Ärzte, Lehrer, Offiziere, junge Rechtsanwälte. Die Baathpartei muß sich dagegen wehren, daß der ideenreiche George Habbash ihr Mitglieder streitig macht. Im Jahre 1968 werden in Damaskus 500 progressive Politiker verhaftet. Fast alle sind Anhänger von George Habbash.

Den politischen Bankrott beantwortet George Habbash mit Konzentration auf das Ziel, das ihn 1948 zur Politik getrieben hatte: die Befreiung Palästinas. Der Arzt gründet eine Kommandobewegung, die sich das Ziel setzt, Israel zu zerschlagen, um auf dem Territorium des ehemaligen britischen Protektorats einen Staat mit sozialistischer Gesellschaftsordnung aufzubauen. Die Kommandoorganisation bekommt den Namen »Volksfront zur Befreiung Palästinas«.

Nach dem Junikrieg von 1967 ist die jordanische Staatsverwaltung schwach, die Niederlage hat Depressionen und Apathie zur Folge – die Kommandoorganisationen bieten mit ihren Sabotageanschlägen Linderung des verletzten Stolzes. Der Polizei und der Armee sind die Hände gebunden, sie können nicht wirksam gegen die populäre Volksfront zur Befreiung Palästinas vorgehen. George Habbash profitiert davon: er kommt zurück nach Amman. Auf dem Hügel Ashrafie richtet er sein Hauptquartier ein, in einer Straße, in der die Autoschlosser der jordanischen Hauptstadt Verdienstmöglichkeiten suchen. Da der Arzt nichts von Krieg und Militär versteht, ist er gezwungen, zwei Spezialisten in seinen Stab aufzunehmen, den Major Ahmed Jibreel, bisher Söldner in verschiedenen arabischen Armeen, und den jordanischen Offizier Ahmed Zarour. Geld bekommt George Habbash von seinen Anhängern, die inzwischen wohlsituierte Bürger in Beirut, Damaskus und am Persisch/Arabischen Golf geworden sind: die ehemaligen linken Studenten unterstützen ihren brillanten Diskussionsführer von einst gern. Habbash kann Waffen kaufen. Von den zahlreichen Waffenhändlern in Beirut bezieht er die sowjetische Maschinenpistole »Kalaschnikoff«; sie wird Standardausrüstung der Kommandos. Major Ahmed Jibreel richtet Basen ein für seine Männer in den jordanischen Tälern, die nach Westen, zum Jordan hin, abfallen. Aus den Flüchtlingslagern kommen Tausende, um in der Organisation des George Habbash für die Befreiung Palästinas zu kämpfen. Von ihren Höhlen aus können sie im Dunst die Hügel Galiläas am Westufer des Jordans sehen; die Heimat steht ihnen vor Augen.

Wenn George Habbash Niederlagen glücklich überstanden hat, reagiert er naiv. Der Chef der Volksfront zur Befreiung Palästinas glaubt, daß die syrische Baathpartei ihn nicht mehr als Konkurrenten betrachtet, seit er seine Tätigkeit auf den Kampf um Palästina beschränkt. Er täuscht sich. Der syrische Geheimdienstchef Abdel Kerim al-Jundi bittet zwar den Kommandochef ganz offiziell zu Gesprächen nach Damaskus, läßt sich jedoch verleugnen, als Habbash zur vorgesehenen Stunde vorspricht. Beim Verlassen des Hauses wird der Palästinenser von Jundis Wache in einen bereitstehenden Personenwagen gedrängt, der sofort abfährt. George Habbash bleibt verschwunden, niemand hat den Zwischenfall gesehen. Der Stab der Volksfront zur Befreiung Palästinas läßt den Chef suchen. George Habbash wird nach vielen Wochen im Scheich-Hassan-Gefängnis von Damaskus entdeckt.

Die Volksfront bereitet einen Coup vor, der Habbash ohne Blutvergießen befreien soll. Die Kommandos ermitteln, daß ihr Chef regelmäßig zum Militärgerichtshof in die Stadtmitte von Damaskus transportiert wird; George Habbash wird dort vernommen. Der Plan der Volksfront ist einfach, und er gelingt: in den morgens unbelebten Außenvierteln der syrischen Hauptstadt überholt ein Privatwagen das Fahrzeug des Staatssicherheitsdienstes. Der Privatwagen blockiert die Fahrbahn, die Insassen stürzen sich auf den Dienstwagen, in dem George Habbash gefesselt sitzt; die Wachen werden überwältigt, George Habbash steigt um in den Privatwagen. Am Nachmittag dieses Tages ist der Kommandochef wieder in seinem Hauptquartier auf dem Hügel Ashrafie in Amman.

Sieben Monate lang hatten andere hier regiert. Die Kampforganisation bekam in dieser Zeit eine ideologische Grundlage: der Marxismus-Leninismus bestimmt von nun an alle Handlungen der Volksfront, die gesellschaftliche Analyse steht am Anfang jeder Überlegung. Die Volksfront glaubt an die Gerechtigkeit einer weltweiten revolutionären Bewegung, die mit den Bollwerken des Imperialismus auch alles Unrecht auf dieser Erde löscht. Nayef Hawatmeh heißt der Kopf, der die Volksfront auf die »Diktatur der Arbeiter und Bauern« eingeschworen hat. Der neue Mann hat zwar die Befreiung von George Habbash aus dem Gefängnis in Damaskus befohlen, er ist aber nicht bereit, sich ihm als Führer der Organisation wieder unterzuordnen. Nayef Hawatmeh fordert Gleichberechtigung, er will künftig neben George Habbash stehen. Habbash gibt sich demokratisch, er bietet Unterwerfung unter den Spruch eines Schiedsgerichts an. George Habbash gewinnt – nicht umsonst hat er für die passende Zusammensetzung des Schiedsgerichts gesorgt. Nayef Hawatmeh wird als »Abweichler« ausgestoßen aus der Volksfront zur Befreiung Palästinas. George Habbash ist wieder Kommandeur.

Hawatmeh aber geht nicht allein; er nimmt ein Viertel aller Kämpfer der Volksfront mit, Hawatmeh gründet mit diesen Männern die »Demokratische Volksfront zur Befreiung Palästinas«. Auch Major Ahmed Jibreel verläßt das Hauptquartier auf dem Hügel Ashrafie von Amman. Er nennt seine Gruppe »Generalkommando der Volksfront zur Befreiung Palästinas«. Diese Aufsplitterungen nehmen der Befreiungsfront jeden militärischen Wert. Da die Lostrennungen aus grundsätzlichen Motiven erfolgt sind, ist eine Zusammenarbeit zwischen den Stäben so gut wie unmöglich; die Chefs der Splittergruppen bezeichnen sich gegenseitig als Verräter – und es gilt der Grundsatz, daß man mit Verrätern nicht spricht.

George Habbash behält die marxistisch-leninistische Ausrichtung seiner Gruppe bei. Sie bringt ihm den großen Vorteil der ideologischen Abgrenzung zu einer Organisation, die zur mächtigsten Kommandogruppe der Palästinenser heranwächst: die El Fatah. Der Chef der El Fatah, Jassir Arafat, sagt mit Erbitterung in der Stimme: »Erst seit die Volksfront den Marxismus-Leninismus adaptiert hat, sind wir in links und rechts gespalten!«

Der lange Marsch der El Fatah

Jassir Arafat hat den Palästinensern nie einen raschen Sieg versprochen: »Unser Krieg gegen Israel und seine Helfer dauert vielleicht fünfzig Jahre, vielleicht länger.« Doch als sich die Möglichkeit zur ehrenvollen Kapitulation bietet, ist Arafat bereit, sie dem palästinensischen Volk plausibel zu machen.

Im November 1973 findet in Algier eine Gipfelkonferenz der arabischen Staatschefs statt. Im Palais des Nations, am Meer außerhalb der Stadt, treffen sich die Präsidenten, Könige und Emire Arabiens. Der Oktoberkrieg ist mit halbwegs gutem Resultat überstanden, die Möglichkeit der friedlichen Lösung zeichnet sich ab. Es wird für Arabien Zeit, eine eindeutige Meinung zu finden, was mit den Palästinensern geschehen soll. Der Beschluß des Sicherheitsrats Nummer 242 vom November 1967 spricht von der Respektierung der Rechte der Palästinenser; aber kein arabischer

Politiker hat bisher eine für alle Araber gültige und zugleich realistische Antwort finden können auf die Fragen: Worin bestehen die Rechte der Palästinenser? Sollen auch diejenigen Flüchtlinge entschädigt werden, die bereits 1948 ihre Heimat verlassen haben? Die Politiker in Kairo und Amman sind sich darüber im klaren, daß die Forderung nach Rückkehr dieser Menschen in die Häuser und Wohnungen, die sie zum Zeitpunkt der Flucht bewohnten, irreal ist und nie erfüllt werden kann. Der Zustand von 1948 ist nicht mehr zu rekonstruieren. Sind die Flüchtlinge von 1948 damit gegenüber denen von 1967 im Nachteil? Die Besitzrechte der späteren Flüchtlinge lassen sich noch feststellen.

Die Könige, Emire und Präsidenten Arabiens beschließen auf der Gipfelkonferenz des Jahres 1973, daß sich die Palästinenser erst einmal selbst eine Meinung bilden sollen über den Umfang ihrer Rechte und Ansprüche. Dabei stellt sich sofort die Frage: Wer ist berechtigt, für die Palästinenser zu sprechen? Sie haben keine regierungsähnliche Vertretung, keine Körperschaft, in der die politischen Kräfte und Meinungen repräsentiert sind. In unregelmäßigen Abständen tagt ein Nationalkongreß der Palästinenser, aber die Legitimation der Delegierten ist zweifelhaft, sie sind nicht in Wahlen bestimmt worden. Sie vertreten politische Zirkel der Palästinenser, oder sie sprechen für die Körperschaft der ehemaligen Notabeln im besetzten Gebiet. Die Männer der palästinensischen Befreiungsorganisationen füllen im Nationalkongreß die Bänke: Jassir Arafat und die Männer seines Stabes sind die dominierenden Erscheinungen im Saal. Arafat, unrasiert, im Kampfanzug, Sonnenbrille vor den Augen, das schwarz-weiße arabische Tuch um den Kopf geschlungen, bestimmt den Kurs der Tagung. Über die Frage der Legitimation setzt er sich hinweg.

Jassir Arafat ist die Kurzform des ganzen Namens dieses Mannes. Er heißt Mohammed Abed Ar'ouf Arafat. Sein Rufname unter den Kämpfern der Kommandoorganisationen: Abu Ȧmar. Dieser Name ist ihm selbst der liebste. Arafat ist 1929 in Jerusalem geboren. Nach der Gründung des Staates Israel zog er nach Ägypten. In Kairo studierte er Hoch- und Tiefbau und absolvierte den Militärdienst. Als Reserveoffizier nahm er in der ägyptischen Armee am Krieg von 1956 teil.

Um diese Zeit traf er in Kairo den palästinensischen Studenten Khalil al-Wazir, der unter dem Decknamen Abu Jihad – »Vater des Heiligen Krieges« – mit Kommandoaktionen gegen Israel vom Gazastreifen aus begonnen hatte. Abu Jihad war 1954 nach der Rückkehr von einem Feuerüberfall in Israel im Flüchtlingslager von den Ägyptern verhaftet worden.

Von Anfang an wurden die Kämpfer und Organisationen der Kommandogruppen von den arabischen Regierungen behindert. Weder die Regierung in Kairo noch die Regierung in Damaskus wollten sich von militärischen

Amateuren zu einem Zeitpunkt, der nicht paßte, in Konflikte mit Israel hineintreiben lassen. Die Regierungen sparten nie mit der Erklärung der Sympathie, freie Hand zum Schlag über die Waffenstillstandslinie aber gaben sie nicht. Abu Jihad war eines der Opfer dieser zwiespältigen Haltung geworden: er hatte den Worten geglaubt. Abu Jihad schlug nach diesen Erfahrungen dem Studenten Arafat vor, zusammen mit anderen jungen Palästinensern eine feste Organisation zu gründen, die auch von den Regierungen respektiert werden mußte. Doch zunächst fehlte das Geld, um die nötigen Waffen zu kaufen. Die künftigen Kommandochefs, die ja alle in einem Beruf ausgebildet waren, versuchten deshalb, das Geld durch Arbeit am Persisch/Arabischen Golf zu verdienen. Jassir Arafat selbst arbeitete von 1957 bis 1965 als Bauingenieur in Kuwait. Die Ersparnisse kamen in die Sammelkasse. Mit einem Betrag von rund 80000 DM an finanzieller Grundausstattung begann die Existenz der El Fatah.
Mit diesem Geld war jedoch nicht viel zu erreichen. 1000 DM kostete eine Kalaschnikoff-Maschinenpistole auf dem schwarzen Waffenmarkt im Suk von Beirut, 500 DM das russische Seminov-Gewehr für Einzelfeuer, die chinesische Maschinenpistole Mao 1000 konnte um 400 DM gekauft werden. Die Chefs der El Fatah suchten sich ergiebige Geldquellen, sie kamen mit den arabischen Regierungen ins Gespräch. Oft waren die Unterhaltungen wenig erfolgreich. Mit dem damaligen irakischen Staatspräsidenten Abdel Rahman Aref verhandelten im Jahre 1967 die Unterführer Abu Ayad und Abu Lutf; drei Stunden lang legten sie die Intentionen der El Fatah dar, dann baten sie um finanzielle Unterstützung des Kampfes im besetzten Gebiet. Aref versprach großzügige Hilfe und fragte dann, auf welches Konto er die, umgerechnet, 30000 DM überweisen könne, die er der El Fatah zugedacht habe. Die Kommandochefs hatten mit einem Millionenbetrag gerechnet.
Die Finanzhilfe der übrigen arabischen Staaten war zunächst auch nicht bedeutender. Jede Spende war außerdem mit dem dringenden Wunsch verbunden, die El Fatah möge die Politik des Spenders vertreten, sie sei die einzig heilbringende für Arabien. Jassir Arafat aber lehnte ideologische Festlegung durch Regierungen der arabischen Bruderstaaten stets ab. Besonders der ägyptische Präsident Gamal Abd el-Nasser nahm es übel, daß sein panarabischer Standpunkt von der Kommandoorganisation nicht adaptiert wurde. Er hätte gerne die El Fatah als militanten Ableger akzeptiert. Nasser sagte: »Die Befreiung Palästinas ist nur möglich auf dem Wege über die arabische Einigung.« Arafat hatte den Mut, diesen Satz umzudrehen: »Die Einigung Arabiens ist nur möglich durch die Befreiung Palästinas!«
Mit Argwohn empfing Gamal Abd el-Nasser im September 1967 die

Spendensammler Abu Ayad und Abu Lutf; die ersten Worte sprach er im Zorn: »Vor zwei Stunden hat mir der Staatssicherheitsdienst gemeldet, daß Ihre Organisation, die El Fatah, den Plan hat,mein Haus in die Luft zu sprengen! Es ist übrigens nicht das erste Mal, daß ich vor Ihnen gewarnt werde!« Abu Lutf öffnete seine Aktentasche, und Gamal Abd el-Nasser prüfte selbst, ob die Kommandochefs Sprengstoff mitgebracht hatten.
Jassir Arafat schlich sich in den Monaten vor dem Junikrieg von 1967 ins israelisch besetzte Gebiet. Er benützte dabei Papiere auf den Namen Dr. Abu Magd. Der Chef der El Fatah versuchte, Zellen des Widerstands in Nablus und Samarra aufzubauen. Bei der Rückkehr über die Waffenstillstandslinie in den Südlibanon wurde er von einer libanesischen Patrouille verhaftet und in das Gefängnis »des Sablons« gebracht. Dr. Abu Magd verbarg auch vor den libanesischen Untersuchungsbehörden seine wahre Identität. Durch syrische Vermittlung kam Jassir Arafat wieder frei.

Die zündende Formel: der Staat für drei Religionen

Am 10. Oktober 1968 fand El Fatah die Formel für ihre politische Zukunftsvorstellung, die ihr Sympathien brachte. Bis zu diesem Tag hatte die El Fatah den Juden den Kampf auf Vernichtung und Tod angesagt. »Wir werfen die Juden ins Meer«, das war durchaus die Meinung der führenden Köpfe; sie prophezeiten das große Massaker als letzte Stufe der Auseinandersetzung mit Israel. Mühsam war das Umdenken, die Rückbesinnung auf Zeiten, als Juden und Moslems friedlich in diesem Gebiet zusammen lebten; beide sind Völker aus der gleichen semitischen Wurzel.
Abu Ayad testete in Beirut die Reaktion von Journalisten: »Wie soll der künftige Staat Palästina aussehen? Darüber zu reden, ist es jetzt zu früh. Nur das eine können wir sagen, wir nehmen Juden in unseren Staat auf. Sie werden dieselben Rechte haben wie die Araber, sie werden vollwertige Bürger sein.« Bei den Libanesen hatte diese Formel Erfolg, sie selbst praktizieren Gleichberechtigung der Religionen und Toleranz gegenüber dem Andersgläubigen. El Fatah erkannte, daß sie einen Propagandavorteil erringen konnte, wenn sie die belastende Prophezeiung von der Auslöschung der Juden aufgab. Auf Anraten christlicher Mitglieder der Kommandoorganisation wird die Religionsfreiheit auch auf Christen ausgedehnt. Seit dem Herbst 1968 sind die Fedaijin der El Fatah verpflichtet, für die Schaffung eines demokratischen Staates Palästina zu kämpfen, in dem Moslems, Juden und Christen friedlich und mit gleichen Rechten leben können.

Aus bescheidenen Anfängen wuchs die El Fatah zu einer Massenorganisation heran, die 1970 vorübergehend zum größten Arbeitgeber Jordaniens wurde. Nach der Revolution in Libyen im September 1969 hörten die finanziellen Schwierigkeiten auf: der neue libysche Staatschef Muammar el-Gaddafi stellte große Beträge aus seinen Öleinnahmen zur Verfügung – er hatte nicht umsonst seine Revolution unter der Parole »Jerusalem!« begonnen. Gaddafi wollte die Palästinenser in die Lage versetzen, die bestehende Staatsform Israels zu zerschlagen; materiell sollten sie keinen Mangel leiden. Mit dem Geld aus Libyen kaufte Arafat Waffen, mit dem Geld bezahlte er die wachsende Zahl an Kämpfern und an Stabspersonal. Im Frühjahr 1970 standen fünfzigtausend Palästinenser auf den Soldlisten der Kommandoorganisation. El Fatah bezahlte fast so viele Menschen wie die jordanische Armee. Die Lagerbewohner übergaben die Verwaltung an die Kommandogruppen: El Fatah und Volksfront zur Befreiung Palästinas teilten sich die Macht in den Lagern. Hier war, in ihrer Terminologie, befreites Land, das souverän von Palästinensern verwaltet wurde, die Vorstufe zur Administration der Heimat. Die jordanische Polizei hatte in diesen Lagern nichts mehr zu suchen, hier besaß der König keine Befehlsgewalt. Die Hälfte seiner Untertanen hörten auf Jassir Arafat und George Habbash.
Der Sturz des Königs war nur eine Frage der günstigen Gelegenheit für die Chefs der linken Palästinenserorganisationen. Die Führer der Volksfront zur Befreiung Palästinas sagten mir im Frühjahr 1970 ohne Scheu: »Der König muß weg! Diese verfaulte Oligarchie findet bald ein Ende!« Jassir Arafat aber war gegen die Revolution: »Wir mischen uns in die inneren Angelegenheiten von Jordanien nicht ein. Wenn uns der König in Ruhe läßt, dann lassen wir ihn in Ruhe!«

Der lange Marsch des Königs

Bei den Tagungen der arabischen Könige, Emire und Präsidenten im November 1973 fehlt König Hussein. Er bleibt der Arabischen Gipfelkonferenz fern. Der jordanische König weiß, daß Rechenschaft von ihm gefordert wird für seine Politik der letzten zwanzig Jahre. Der König wird Auskunft geben müssen über seine Haltung gegenüber den Palästinensern. Ihm wird Verzicht abverlangt auf die Untertanen, die sein Großvater Abdallah 1948 in den jordanischen Staat geholt hat. König Hussein, der bis dahin gepriesen war für seinen persönlichen Mut, fühlt

sich nicht stark genug, die Anklage über sich ergehen zu lassen. Der jordanische Monarch verliert an Ansehen. König Feisal spricht abfällig von »Husseins Feigheit«.
König Hussein ist am 14. November 1935 geboren, als Sohn sehr ungleicher Partner. Die Mutter, Königin Zein, war und ist eine sehr willensstarke Persönlichkeit. Sie machte die Politik während der Krankheit König Talals; sie hatte den jungen König Hussein in der Hand. Husseins Frauen hatten unter ihrem autoritären Charakter zu leiden. Königin Zein duldete keine Rivalin; sie hielt Hof, und die Kamarilla gehorchte. Vier Kinder wurden der Ehe Talal-Zein geboren: Hussein ist der Älteste, dann folgen die Brüder Mohammed und Hassan, die Tochter Basma ist das vierte Kind. Bei Mohammed machen sich dieselben Krankheitserscheinungen wie beim Vater bemerkbar; er wird in Amman von allen Regierungsgeschäften ferngehalten. Er hat den Messertick des Königs Talal geerbt. Vater Talal war ein warmherziger und weicher Monarch, hochgebildet, aber von einer Krankheit befallen, die ihm schon in jungen Jahren das Regieren unmöglich machte. Als seine Frau, Königin Zein, im italienischen Krankenhaus von Amman eine Tochter auf die Welt brachte, stürzte Talal mit dem Messer ins Wöchnerinnenzimmer – er konnte gerade noch von einer Wache daran gehindert werden, Mutter und Tochter umzubringen.
Solange der Großvater, König Abdallah, noch lebte, hatte Hussein wenig Umgang mit Vater und Mutter. Der Großvater nahm den Jungen zu sich, in ihm sah er seinen Erben – seinen eigenen Sohn Talal haßte Abdallah, er demütigte ihn, sooft er Gelegenheit fand. Abdallah nahm Hussein mit zu Empfängen und Konferenzen. Hussein war dabei, wenn der Großvater sich mit den Kommandeuren der Arabischen Legion unterhielt. Hussein war Zeuge, als König Abdallah am 20. Juli 1951 vor der Al-Akza-Moschee in Jerusalem von einem Attentäter erschossen wurde. Die Palästinenser hatten sich dafür gerächt, daß Abdallah das Westufer des Jordans bis hinauf nach Jerusalem seinem Staat angegliedert hatte. Die blutige Fehde zwischen den Palästinensern und der Haschemitenfamilie hatte begonnen.

Nachfolger als König von Jordanien wurde der kranke Talal. Seine Arbeit in der Regierung wurde behindert durch die Anfälle des Wahnsinns, die in immer schnellerer Folge wiederkehrten. Im Mai 1952 hatte er den neuernannten pakistanischen Botschafter in Amman zu begrüßen. Beim festlichen Essen zog der König das Tischtuch mit Gläsern und Schüsseln von der Tafel, dann ohrfeigte er seine Frau. Hussein erzählt, daß sein Vater ihn um diese Zeit mit dem Messer bedroht habe. Im August 1952

wurde dem König die Abdankungsurkunde präsentiert – er unterschrieb sie ohne Widerrede.
Hussein war siebzehn Jahre alt, als er den Thron von Jordanien bestieg. Der Haß der Palästinenser übertrug sich auf den jungen König: er wußte sich von Anfang an nur von der Hälfte seiner Untertanen geliebt, die Flüchtlinge in den Lagern und die Menschen in den Städten am Westufer des Jordans verfluchten ihn als Verräter, als Verkäufer arabischen Bodens: die Haschemiten waren Schuld am Unglück der Palästinenser. Drei Jahre nach dem Tod des Großvaters wurde Hussein selbst zum erstenmal Zielscheibe der Attentäter aus den Lagern: sein Wagen wurde bei Dscherasch von Palästinensern mit Maschinenpistolen beschossen. Für den König beginnt eine Kette von Anschlägen, die alle nur um Haaresbreite mißlingen.
Die Palästinenser beweisen zu diesem Zeitpunkt den »Verrat« des Königs mit der Tatsache, daß Glubb Pascha, ein britischer Offizier, die Armee des Königreichs Jordanien, die Arabische Legion, kommandiert. Die Palästinenser sahen die Zusammenhänge so: England war Protektoratsmacht gewesen in Palästina zum Zeitpunkt, als Israels Existenz begann; es mußten Verschwörung und Absprachen bestanden haben zwischen der britischen Regierung und den Führern der zionistischen Bewegung. Der Dritte im Bunde konnte nur die Haschemitenfamilie sein. Hussein sah das Risiko der engen Bindung an London: im März 1954 entließ er Glubb Pascha, den britischen Oberbefehlshaber. Damit brachte Hussein den Palästinensern das erste Opfer.
Das Nachgeben brachte nur geringen Vorteil. Das Haschemitenregime in Jordanien hatte fast nur Feinde in der arabischen Welt: Ägypten und Syrien waren ganz auf der Seite der Palästinenser. Sie heizten mit ihren Radiostationen die Stimmung auf gegen den »feudalistischen König«, dessen Familie in der Stunde der Not Palästina geplündert habe. Saudi-Arabien, selbst geführt von einem feudalistischen König, stimmte in das Wutgeheul mit ein, weil die dort regierende Familie den Haschemiten den Thron von Amman nicht gönnte. Die traditionellen Feinde, die Wahhabiten, blieben unversöhnlich. Freundschaftlich war das Königreich Jordanien nur mit dem Irak verbunden; dort regierte ebenfalls ein Haschemitenkönig – bis zum 14. Juli 1958. An diesem Tag stirbt König Feisal in Bagdad durch die Kugeln der putschenden Armee.
Die Gefahr eines Militärputsches ist für Hussein gering. Die wichtigsten Einheiten der jordanischen Armee, die Elite-Infanteriedivisionen und die Panzertruppe, bestehen aus Beduinen, die ihrem König fanatisch ergeben sind. Die Soldaten der Königlichen Garde sind eine Auslese aus der Elite, persönlich ausgewählt von einem Onkel des Königs, Scherif Nasser,

einem Mann von Einfluß am haschemitischen Hof von Amman. Gefahr droht immer nur von bewaffneten Kräften der Palästinenser. Diese können zwar mit der Unterstützung durch die Massen rechnen, haben aber durch die Sicherheitsmaßnahmen der Armee keine Chance auf Erfolg.

König Hussein erfuhr nur einmal durch freie Wahlen die wahre Meinung der Untertanen – im Jahre 1956. Das Resultat: von 40 Parlamentsabgeordneten waren 17 Männer der Linken, also absolute Verfechter des Anspruchs der Palästinenser; weitere drei Abgeordnete aus der Gruppe der Unabhängigen waren für ihre Neigungen nach links bekannt. Damit war die Hälfte der Abgeordneten gegen König Hussein eingestellt, das entsprach genau der Proportion der Sympathien in der Bevölkerung des Königreichs.

Die linken Kräfte bekannten sich zum arabischen Nationalismus, zur Eingliederung des Haschemitenstaates in größere Einheiten; der Zusammenschluß mit Syrien wurde gefordert. Unterstützung fanden die Gegner Husseins in Kairo: die Radiostation »Stimme der Araber« begann mit ihrer Hetze gegen den König. Dieser Ätherkrieg artet zum Duell aus zwischen Nasser und Hussein. Nasser hat die stärkeren Sender, er erreicht mühelos die Transistorradios in den Flüchtlingslagern der Palästinenser. Hussein ist gezwungen, die Wellenlänge der »Stimme der Araber« zu stören.

Nur durch harte Polizeimaßnahmen kann die Armee Anfang 1957 die Erhebung der Massen unterdrücken: die Nasseristen in den Lagern stehen knapp vor dem Erfolg, die jordanische Verwaltung bricht zusammen im Generalstreik zugunsten der Linken. Die Leute aus den Lagern demonstrieren in den Straßen der jordanischen Hauptstadt, Autos und Geschäfte brennen. Hussein hält mit Hilfe seines Onkels, Scherif Nasser, die Elitetruppen zusammen. Mit Panzern wird die Innenstadt geräumt, die Demonstranten lassen sich abdrängen. Zum erstenmal rettet die Treue der Armee König Hussein vor der Rebellion. Dieser Vorgang wird sich in den nächsten Jahren bis 1974 noch oft wiederholen.

Im Frühjahr 1957 zeigte die Großmacht USA zum erstenmal die Bereitschaft, sich für König Hussein zu engagieren: das amerikanische Schlachtschiff »Wisconsin« und zwölf kleinere Einheiten der US-Flotte waren aus Neapel ausgelaufen, mit Kurs auf die Ostküste des Mittelmeers. Die Schiffe sollten das amerikanische Interesse an König Hussein demonstrieren. Noch wirkungsvoller war die Drohung, die Flugzeuge des Trägers »Lake Champlain« gegen jeden arabischen Staat einzusetzen, der den Rebellen in Amman zu Hilfe kommen wollte. Damit sind die USA Nachfolger der Engländer als Protektionsmacht geworden: von diesen

Tagen im April 1957 an nimmt Washington reges Interesse am Schicksal König Husseins.
Die Uneinigkeit unter den Arabern gab dem jordanischen Monarchen die Atempause, die er dringend brauchte. Als im Jahre 1961 die Union zwischen Ägypten und Syrien auseinanderbrach, hatte Gamal Abd el-Nasser für einige Zeit die Lust verloren an der Einmischung in die Politik anderer arabischer Staaten. Die Palästinenser waren damit führerlos geworden, die »Stimme der Araber« übermittelte keine Anweisungen mehr aus Kairo. Die Zeit der Demagogen war vorüber: sie hatte den Menschen in den Lagern keine Vorteile gebracht – doch jetzt beginnt langsam die Zeit der Fedaijin zu reifen, der palästinensischen Kommandos. Sie versprechen, durch ihren Kampf den Flüchtlingen aus Palästina eine erträgliche Zukunft zu sichern. Die Idee des Volkskriegs entsteht. Das Beispiel des Vietkong zündet: die Volksbewegung aus dem Norden Vietnams kann sich behaupten gegen die Militärmaschine der Großmacht USA. Die Methode des Guerillakrieges muß auch den Palästinensern helfen gegen die Übermacht Israels. Die Parallele zum Vietkong fasziniert. Ein Schlagwort muß den König beunruhigen: »Amman ist unser Hanoi – Tel Aviv wird unser Saigon sein!« Die Atempause für den König ist zu Ende.

Am 28. Mai 1964 hatte wieder ein Palästinensischer Nationalkongreß getagt, diesesmal im arabischen Teil von Jerusalem. Die 424 Delegierten beschlossen, die Ansprüche der Palästinenser schriftlich zu fixieren: sie ratifizierten die »Nationale Charta der Palästinenser«. Der wesentliche Inhalt der Charta: die Existenz Israels ist illegal, sie entspricht nicht den Grundsätzen des Völkerrechts. Der Nationalkongreß setzt den Jerusalemer Rechtsanwalt Ahmed Shukeiri als Chef der Palästinensischen Befreiungsbewegung ein. Shukeiri ist ein hysterischer Redner, von Politik versteht er nichts: er erwartet, daß König Hussein sofort mit ihm zusammenarbeitet, um die Auslöschung Israels vorzubereiten. Shukeiri verteilt Waffen in den Dörfern an der Grenze, er wirbt in den Lagern junge Männer für die Palästinensische Befreiungsarmee an. Zusammenstöße mit der jordanischen Armee sind nicht zu vermeiden. Shukeiri erhebt Klage, der König weigere sich, die Verpflichtungen gegenüber den Palästinensern zu erfüllen. Shukeiri findet Unterstützung bei Gamal Abd el-Nasser, der noch einmal eine Chance sieht, die Monarchie in Jordanien abzuschaffen.
Die El Fatah wird von Nasser ermutigt, Sabotageakte und Feuerüberfälle vom jordanischen Gebiet aus gegen Israel durchzuführen – Nasser selbst hatte derlei Unternehmungen vom ägyptisch beherrschten Gazastreifen

aus längst untersagt – er wußte warum. Die Israeli antworten auf Schläge der Kommandos mit Gegenschlägen. Sie dringen auf arabischer Seite in die Dörfer ein und sprengen Häuser, deren Besitzer der Sympathie für die Kommandos verdächtigt werden. Die jordanische Armee ist gezwungen, einzugreifen, um die Integrität des jordanischen Territoriums zu schützen. Gefechte zwischen Israeli und Jordaniern sind die Folge. Die Jordanier haben Verluste, die unnötig sind. Gleichgültig, was die jordanische Armee unternimmt: die Führer der Palästinenser treiben die Massen aus den Lagern in die Straßen der Großstädte mit Parolen, die Hussein Schmach und Tod wünschen.
Diese Lage ändert sich durch eine Entwicklung, die Arabien in die Katastrophe des Junikriegs von 1967 führt: Gamal Abd el-Nasser reizt die Israeli, er steuert auf die militärische Konfrontation zu. Anstoß dazu gibt unter anderem eine hämische Bemerkung des jordanischen Königs, der – nervös geworden durch die Kette von palästinensischen Sabotageakten und israelischer Revanche – dem ägyptischen Präsidenten vorwirft, es sei leicht, sich hinter der UN-Truppe zu verbergen, während andere kämpfen. Diese Provokation beantwortet Nasser mit der Aufforderung an die Vereinten Nationen, die Truppe abzuziehen. Drei Tage später provoziert Radio Amman die Ägypter noch einmal: »Die arabische Ehre erfordert es, daß Gamal Abd el-Nasser die Straße von Tiran schließt!« Am 22. Mai folgt der wütende ägyptische Präsident den Ratschlägen aus der jordanischen Hauptstadt. König Hussein erschrickt über seine eigene Provokation, denn er weiß, daß die Schließung der Straße von Tiran Krieg bedeutet. Er kann es sich ausrechnen, daß dieser Krieg in einer Katastrophe enden muß: die Araber sind nicht vorbereitet.
Trotz dieser Erkenntnis bleibt ihm keine andere Wahl als die Beteiligung am kommenden Krieg. Die Stimmung am Westufer des Jordans ist brisant. Hält sich der König aus der militärischen Auseinandersetzung heraus, bricht die Revolte aus in den Städten und Dörfern zwischen Bethlehem und Nablus. König Hussein entschließt sich, Krieg gegen Israel zu führen, um den Bürgerkrieg zu vermeiden, der die Herrschaft der Haschemitenfamilie beenden würde.

Erfahrungen im Junikrieg

Nachdem die Entscheidung gefallen ist, will König Hussein wissen, welche Kriegspläne die anderen arabischen Staaten in der Frontlinie zu Israel entwickelt haben. Hussein bittet den ägyptischen Botschafter in Amman, zu erklären, ob im Hauptquartier in Kairo die Absicht der Koordination der Fronten bestehe. Gegenüber dem ägyptischen Botschafter verpflichtet sich Hussein, seine Armee in einem kommenden Krieg gegen Israel einzusetzen. Diese Verpflichtung interessiert den ägyptischen Präsidenten; Gamal Abd el-Nasser bittet Hussein, sobald als nur möglich nach Kairo zu kommen. Sieben Stunden später ist Hussein unterwegs nach Ägypten. Die Caravelle der Royal Jordanian Airlines steuert er wie üblich selbst. Wenige Tage zuvor noch hatten sich Nasser und Hussein gegenseitig mit üblen Schimpfworten belegt, an diesem 29. Mai 1967 geben sie sich die Hand, als seien sie alte Freunde, die sich nach langer, schmerzlicher Trennung wiedersehen. Nasser witzelt über die Uniform und die Pistole, die Hussein am Koppel trägt – Gamal Abd el-Nasser ist im schlichten grauen Anzug zum Empfang auf der Luftwaffenbasis Almaza erschienen.

Im Auto des Präsidenten beginnt Hussein sofort mit dem ernsthaften Gespräch. Er widerspricht dem Optimismus des Ägypters, der einen für die Araber erfolgreichen Kriegsverlauf prophezeit. Hussein sagt: »Wir sind doch alle nicht vorbereitet, und die jordanische Armee schon gar nicht! Aber wenn der Krieg jetzt nicht mehr zu vermeiden ist, dann müssen wir wenigstens im Zusammenhalt versuchen, das Beste zu erreichen.« Im Kubbe-Palast werden Hussein und Nasser von Feldmarschall Abdel Hakim Amer erwartet. Er ist die Quelle des Optimismus, er lobt die neuen sowjetischen Panzer. Daß sie auf Sinai einen Durchbruch erzielen werden, ist für ihn selbstverständlich. Der Optimismus des Feldmarschalls tilgt in Hussein alle Skepsis: er ist bereit, einen Pakt mit Ägypten abzuschließen. Hussein verpflichtet sich schriftlich, Israel bei Beginn eines Krieges anzugreifen.
Gamal Abd el-Nasser vergißt auch jetzt nicht seine bisherigen politischen Verbündeten gegen den jordanischen König, die Palästinenser. Er arrangiert ein Treffen mit Ahmed Shukeiri, dem Chef der Palästinensischen Befreiungsbewegung. Er überredet den König, Shukeiri – den Hussein zuvor hatte ausweisen lassen – im Flugzeug wieder mit zurück nach Amman zu nehmen. Hussein und Shukeiri zeigen sich demonstrativ bei der Ankunft in der jordanischen Hauptstadt – Brüder, die endlich ihre Mißverständnisse begraben haben.
170 Panzer und 20 000 Infanteristen bilden zum Zeitpunkt des Junikriegs 1967 den Kern der jordanischen Armee. Einsatzfähig sind 15 der 22 Hawker-Hunter-Kampfflugzeuge. Für Maschinen des Typs Starfighter, die Amerika geliefert hat, fehlen dem König die Piloten – sie sind in der Ausbildung. Der Irak und Saudi-Arabien versprechen Hilfe, vor allen Dingen Verstärkung der Luftwaffe; der König weiß, daß seine 170 Panzer ohne Deckung aus der Luft verloren sind.

In Erwartung der kommenden Katastrophe holt sich der König einen Armeeoberbefehlshaber aus Kairo. So hofft er die spätere Kritik von sich abwenden zu können. General Abdel Moneim Riad, der den pompösen Titel »Stellvertretender Chef des Vereinigten Arabischen Oberbefehls« trägt, soll die jordanische Armee kommandieren. Er ist im wesentlichen verantwortlich für die großen Verluste der jordanischen Panzerverbände. Ohne einen Plan beginnt er militärische Operationen. General Abdel Moneim Riad hat keine Vorstellung, ob den Israeli offensiv oder defensiv begegnet werden muß – er will sich im Augenblick der Schlacht auf seine Eingebung verlassen. Eine Abstimmung der jordanischen Aktionen mit dem ägyptischen Hauptquartier ist am Tag vor Kriegsbeginn unmöglich, die Telefon- und Funkleitungen sind von schlechter Qualität. Was in Amman auf diesen Leitungen ankommt, sind Versicherungen des nahen Sieges. Der Optimismus der Oberbefehlshaber nimmt Formen der Hysterie an.
Am 5. Juni 1967 erfährt König Hussein beim Frühstück, daß der Krieg zwischen Ägypten und Israel ausgebrochen ist. Aus Kairo kommen die ersten optimistischen Meldungen: »Drei Viertel der angreifenden israelischen Flugzeuge konnten vernichtet werden; wir schlagen zurück gegen Ziele in Israel; ägyptische Panzer haben einen israelischen Angriff abgeschlagen und beginnen mit der Gegenoffensive.« Feldmarschall Amer ordnet die Eröffnung einer neuen Front an und befiehlt dem jordanischen Oberbefehlshaber den Beginn »offensiver Operationen«. Die jordanische Artillerie beschießt daraufhin israelische Ziele an der Front. Abdel Moneim Riad will die Luftwaffe einsetzen, doch da die fünfzehn Hawker-Hunter-Kampfflugzeuge nichts ausrichten können, muß der General die Syrer bitten, gleichzeitig ihre Luftwaffe angreifen zu lassen, um durch Kombination der Schlagkraft die israelische Abwehr zu zersplittern. Die Antwort aus Damaskus: »Darauf sind wir nicht vorbereitet, unsere Flugzeuge befinden sich zur Pilotenausbildung weit hinter der Front.«
Der israelische Ministerpräsident Levi Eschkol warnt den jordanischen König. Der Kommandeur der UN-Truppen in Jerusalem, General Odd Bull, vermittelt die Nachricht. Eschkol verspricht, nichts gegen Jordanien zu unternehmen, solange die Front auch von den Jordaniern ruhig gehalten wird. Hussein erhält die Warnung um 11 Uhr am Vormittag des 5. Juni. Seine Antwort: »Die Israeli haben den Kampf begonnen, jetzt erhalten sie unsere Antwort aus der Luft!« Eine halbe Stunde später greift die jordanische Luftwaffe israelische Militärflughäfen an. Um 12 Uhr 30 gibt die israelische Regierung ihrer Luftwaffe freie Hand gegenüber Jordanien. Bis zu diesem Augenblick hoffte Levi Eschkol auf die Vernunft des Königs. General Riad befiehlt die Eroberung des Govern-

ment House, des Hauptquartiers der UN-Truppen in Jerusalem. Um 13 Uhr 30 ist dieser beherrschende Platz eingenommen, die UN-Soldaten leisteten nur geringen Widerstand. Es mißlingt den Jordaniern, ihren Vorteil auszunutzen. Der Zugang zum Government House sollte vermint werden, aber der Chef der Pioniertruppen ist nicht zu finden. Die ersten Angriffe der israelischen Panzer können abgewehrt werden, doch am Abend ist die wichtigste Stellung wieder in der Hand der Israeli. Die British Royal Artillery untersuchte nach dem Junikrieg die jordanische Kampfführung. Die britischen Artillerieoffiziere, einst verantwortlich für die Ausbildung der Jordanier, finden herbe Worte der Kritik: »Zu Beginn der Feindseligkeiten lagen alle israelischen Luftwaffenbasen im Bereich der jordanischen Artillerie vom Kaliber 155 Millimeter. Hätte sich die Artillerie auf diese entscheidenden Ziele konzentriert, wäre die israelische Luftwaffe nicht in der Lage gewesen, reibungslos ihre Maschinen aufzutanken. Der Verlauf des Krieges hätte durch Beschießung dieser Ziele beeinflußt werden können.« Nur ein einziges Geschoß explodiert im Innern Israels, in der Gegend von Tel Aviv.
Um 17 Uhr des ersten Kriegstages greift eine israelische Panzerbrigade die Hügelkette nördlich von Jerusalem an, sie riegelt den Zugang nach Jordanien ab. Die Straßen sind zwar vermint, die jordanischen Stellungen aber sind verlassen. Den Israeli gelingt der erste Durchbruch in das Gebiet des Königreichs. Um 18 Uhr sind alle Telefonleitungen nach Jerusalem unterbrochen, um 19 Uhr 30 fällt die Radiostation Ramallah durch Luftangriff aus, kurz darauf ist auch der Sender Jerusalem nicht mehr funktionsfähig. Aus Amman hört der Kommandeur von Jerusalem per Funk die Versicherung: »Verstärkung ist auf dem Weg!« Um 23 Uhr existiert die versprochene Entsatzeinheit nicht mehr.
In den frühen Morgenstunden des zweiten Kriegstages wird die Infanterie aus Jericho nach Jerusalem verlegt. Das Hauptquartier in Amman hat die Hoffnung, daß diese Truppe vor dem Morgengrauen an der Front eintrifft. Doch noch in der Nacht greifen die Israeli an. Mit Hubschraubern setzen sie die Soldaten in Jerusalem an strategisch wichtigen Plätzen ab. Das Artilleriefeuer der Israeli liegt genau auf den jordanischen Stellungen. Vom ersten Sonnenstrahl an jagt die israelische Luftwaffe die Panzertruppe des Königs, die den Durchbruch nördlich von Jerusalem abriegeln will. Die jordanischen Einheiten haben keine Luftabwehrgeschütze, sie feuern mit Maschinengewehren nach den schnellen Düsenkampfflugzeugen.
Die konfusen Befehle aus dem Hauptquartier des Generals Abdel Moneim Riad beschleunigen die Katastrophe. Bei Kriegsbeginn hat die 40. Panzerbrigade die Aufgabe, den Nordbezirk des Jordan-Westufers zu halten,

achtundachtzig Panzer stehen dieser Einheit zur Verfügung. Die 60. Brigade hat Befehl, den Südabschnitt zu verteidigen. Offensiven sind für beide Verbände nicht vorgesehen. Diese Disposition wird von Abdel Moneim Riad umgestoßen: Die 60. Brigade muß Stellung in Hebron beziehen, um sich zum Angriff auf Beerscheba vorzubereiten. Riad hatte aus Kairo erfahren, daß ägyptische Einheiten durch die Negev-Wüste ebenfalls auf Beerscheba vorstoßen; Ägypter und Jordanier sollten die Israeli in die Zange nehmen. Die 40. Brigade bekommt Order, die Positionen bei Jericho zu beziehen, die von der 60. Brigade eben geräumt werden. Die Lücke im Norden – so hofft der ägyptische General – wird von syrischen Einheiten aufgefüllt. Der König erhebt gegen diesen unrealistischen Plan keinen Einwand. Am Abend haben die Panzer trotz heftiger israelischer Luftangriffe die befohlenen Plätze erreicht.
In den Nachmittagsstunden wird die Absicht der Israeli erkennbar, im Norden, bei Jenin, durchzustoßen. Unter den massiven Schlägen der israelischen Luftwaffe bricht die jordanische Verteidigung zusammen. Brigadegeneral David Elazar, der israelische Generalstabschef des Krieges von 1973, erkennt seine Chance, von Norden her das gesamte Westufer des Jordans zu besetzen. Zu spät sieht Riad seinen Fehler ein: er beordert die 40. Panzerbrigade zurück in den Nordbezirk. Wieder sind die Panzer auf den offenen Straßen der israelischen Artillerie ausgesetzt. Zur gleichen Stunde erfährt Riad vom Chef der 60. Panzerbrigade, die von Hebron aus in Richtung Beerscheba antreten soll, daß von einem ägyptischen Angriff durch die Negev-Wüste nichts zu sehen und nichts zu hören ist. Vom ägyptischen Rückzug in Richtung Westen weiß noch niemand etwas im jordanischen Hauptquartier.
Das Radargerät der Jordanier auf den Hügeln bei Amman ortet am Morgen des 5. Juni Flugzeuge in großer Zahl über dem Mittelmeer im Nordosten von Port Said, die Maschinen fliegen in geringer Höhe; ihre Reflexe verschwinden vom Radarschirm, noch ehe die Flugzeuge beim Rückflug israelischen Boden erreicht haben können. In der Nähe der Zone, in der die Flugzeuge plötzlich verschwinden, sind schwimmende Objekte im Mittelmeer festzustellen. Der ägyptische Oberbefehlshaber und der König ziehen aus der Kombination dieser Wahrnehmungen den Schluß, daß von britischen und amerikanischen Flugzeugträgern Kampfflugzeuge aufsteigen, um Ziele in Ägypten anzugreifen. Hussein hat sofort nach dem Krieg eingesehen, daß diese Beurteilung falsch war: er hatte die politische und militärische Situation des Krieges von 1956 auf die von 1967 übertragen – damals hatten England und Frankreich den Israeli zum Sieg verholfen.
Am zweiten Kriegstag telefoniert Hussein mit Gamal Abd el-Nasser. Das

Gespräch – es wird auf der normalen offenen Telefonleitung geführt – charakterisiert die laienhafte Art der politischen und militärischen Kriegführung der arabischen Seite zu diesem Zeitpunkt. Der israelische Abhördienst hat den Wortlaut aufgezeichnet:

Nasser: Wie geht es Ihnen? Ich höre, daß Eure Majestät, unser Bruder, wissen will, ob an allen Fronten gekämpft wird ... (die folgenden Worte sind gestört) sollen wir sagen, daß auch die Vereinigten Staaten den Israeli helfen? ... Hallo! Hallo! Nicht unterbrechen! Ich höre nichts mehr. Die Leitung ist sehr schlecht. Hallo! Sollen wir sagen, die Vereinigten Staaten und England, oder nur die Vereinigten Staaten?

Hussein: Die Vereinigten Staaten und England.

Nasser: Besitzt Großbritannien Flugzeugträger?

Hussein: ... (die Antwort ist nicht zu verstehen)

Nasser: Gut. König Hussein wird ein Kommuniqué darüber veröffentlichen und ich auch.

Hussein: Danke!

Nasser: Nicht auflegen!

Hussein: Gut.

Nasser: Hallo! Hallo! Bruder, nicht nervös werden. Bleiben Sie stark!

Hussein: Ja, ich höre, Herr Präsident. Wenn Sie eine Idee haben, gleichgültig welche ...

Nasser: Wir werden weiterkämpfen mit allen Kräften. Wir haben an allen Fronten gekämpft, die ganze Nacht. Am Anfang haben wir Schwierigkeiten gehabt, aber das macht nichts aus. Wir werden damit fertig, trotz allem! Gott ist mit uns ... (die folgenden Worte sind gestört). Also, Eure Majestät wird ein Kommuniqué veröffentlichen über die Intervention der Amerikaner und der Engländer.

Hussein: ... (die Antwort ist nicht zu verstehen)

Nasser: In Gottes Namen, ich sage, daß ich ein Kommuniqué herausgeben werde und daß Sie ein Kommuniqué herausgeben werden. Wir werden dafür sorgen, daß auch die Syrer erklären, daß amerikanische und britische Flugzeuge uns von Flugzeugträgern aus angreifen. Wir werden also dieses Kommuniqué veröffentlichen. Wir werden diesen Punkt betonen und uns abstimmen.

Hussein: Gut, einverstanden.

Nasser: Majestät, sind Sie einverstanden?

Hussein: ... (die Antwort ist nicht zu verstehen)

Nasser: Vielen Dank. Nicht auflegen! Wir sind mit unserem ganzen Herzen bei Ihnen. Heute setzen wir unsere Flugzeuge gegen Israel ein. Seit heute morgen bombardieren wir die israelischen Flugplätze.

Hussein: Tausend Dank! Bleiben Sie gesund!

In diesen Morgenstunden schlägt General Abdel Moneim Riad den Rückzug aller jordanischen Truppen vom Westufer des Jordans vor: als Alternative zum Rückzug bleibe nur der Waffenstillstand. Die Syrer aber melden zur gleichen Zeit die Eroberung von Nazareth, doch die Meldung ist weit entfernt von jeder Realität. Aber sie wird ernstgenommen im jordanischen Hauptquartier: die beiden anderen arabischen Armeen, sie syrische und die ägyptische, melden Vormarsch; nur die Jordanier finden sich am Rand der Niederlage. Um die Mittagszeit kabelt Riad nach Kairo, er verlangt Freiheit für einen Waffenstillstand. Als Antwort kommt das Einverständnis des Feldmarschalls Amer zum Rückzug auf das Ostufer des Jordans. Hussein ist jetzt entschlossen, den Krieg auf dem Westufer fortzusetzen, um soviel Gebiet als möglich bis zu einem Waffenstillstand in der Hand zu behalten. Doch seine Befehle stehen im Widerspruch zu den Anweisungen des Oberbefehlshabers, der die Evakuierung des Jordan-Westufers angeordnet hatte. Die Verwirrung an der Front wächst: zweimal erhalten die Kommandeure Befehle, die nicht miteinander zu vereinbaren sind. Schwächung der Kampfmoral ist die Folge: das Westufer des Jordans geht verloren. Mit 6094 gibt die jordanische Regierung offiziell die Zahl der Toten und Vermißten dieses Feldzugs an.

Von Gamal Abd el-Nasser erhält der König in den letzten Stunden des Krieges eine Botschaft:

»Mein lieber Bruder, König Hussein,

wir befinden uns in einer der kritischen Situationen, die einem Volk manchmal aufgezwungen werden und die durchgestanden werden müssen. Sie erfordern Mut, der weit über die menschlichen Fähigkeiten hinausreicht. Wir sind uns bewußt, daß Sie sich in einer schwierigen Situation befinden, in diesen Stunden fällt auch unsere Front zusammen. Gestern hat uns die Luftwaffe des Feindes einen tödlichen Schlag versetzt. Seit gestern hat unsere Landarmee keine Luftunterstützung mehr, sie ist gezwungen, überlegenen Kräften standzuhalten.

Wenn die Geschichte dieses Krieges geschrieben wird, dann wird man sich Ihres Mutes und Ihrer Standhaftigkeit erinnern. Es wird nicht vergessen sein, daß das heroische jordanische Volk ohne Zögern in den Krieg eingetreten ist, mit keiner anderen Überlegung als der der Ehre und der Pflicht.

Ich glaube, daß unsere einzige Chance in der Evakuierung des Jordan-Westufers während der kommenden Nacht liegt, in der Hoffnung, daß der Sicherheitsrat einen Waffenstillstand anordnet.

Die Geschichte der Völker besteht aus Rückschlägen, Siegen und Niederlagen. Wir müssen hoffen, daß die Entscheidung, die wir jetzt treffen –

so bitter sie ist –, unser erster Schritt vorwärts sein wird. Es ist Gottes Wille, und vielleicht entsteht etwas Gutes daraus.

Ich möchte Ihnen zum Schluß sagen, wie sehr ich Ihr heroisches Verhalten, Ihren starken und tapferen Willen und die Entschlossenheit des jordanischen Volkes und seiner Armee schätze. Friede sei mit Ihnen, Gott schütze Sie.«

Das sind die ersten ehrlichen Worte, die König Hussein seit Jahren von Gamal Abd el-Nasser zu hören bekommt. Hussein erfährt allerdings nach Kriegsschluß, daß die Syrer und die Algerier schon am ersten Kriegstag von Nasser über die Zerstörung der ägyptischen Luftwaffe informiert worden waren.

König Hussein muß die Verantwortung dafür tragen, daß die heiligen Stätten von Jerusalem, der Felsendom, die Al-Akza-Moschee, an die Juden verlorengingen. Trotz der lobenden Worte von Gamal Abd el-Nasser hört der König Vorwürfe. Die Palästinenser können ihm nicht verzeihen, daß er Bethlehem, Alt-Jerusalem, Ramallah, Jericho, Nablus – die letzten Städte ihrer Heimat – an Israel verloren hat.

Die El Fatah und die Volksfront zur Befreiung Palästinas sind nach der Katastrophe mehr denn je überzeugt, daß die Wurzel der Niederlage im Charakter der etablierten arabischen Regierungen zu finden ist: die bürgerlichen und feudal-konservativen Schichten, die in Kairo, Damaskus und Amman die Macht in der Hand behalten, sind – nach Meinung von Jassir Arafat und George Habbash – nicht in der Lage, das bürgerlich-militaristische Israel entscheidend zu treffen. Die Konsequenz für die Kommandochefs: der Volkskrieg muß ohne Rücksicht auf die Regierungen, wenn nötig sogar gegen sie, geführt werden.

König Hussein zog aus der Niederlage die Lehre: »Ich habe begriffen, Israel hat sich im Nahen Osten eingerichtet, um hier zu bleiben. Wir haben die Welt gegen uns, wenn wir versuchen, Israel auszulöschen. Wir müssen mit Israel leben!« Die Positionen des Königs und der Kommandos mußten im Konflikt aufeinandertreffen. Zunächst aber zwingt Israel die Palästinenser und die Armee des Königs in eine gemeinsame Front. Am 21. März 1968 überschreiten israelische Verbände den Jordan. Sie bilden zwei Kilometer flußaufwärts von der Allenby-Brücke einen Brückenkopf und stoßen dann ostwärts zur Stadt Karameh vor. Hier leben 30 000 Menschen, meist Flüchtlinge aus der Zeit des Junikriegs. In Karameh hat El Fatah eine Basis. Von hier aus gehen Nacht für Nacht Kommandos über den Fluß, um die Waffen aufzusammeln, die von der jordanischen Armee beim Rückzug weggeworfen worden waren. Mit den Handfeuerwaffen vom Jordanufer konnte El Fatah einige Monate lang ihre Kämpfer ausrüsten.

Israel will die Fatahbasis in Karameh auslöschen und konzentriert Panzereinheiten zwischen Jericho und dem Jordan. Diese Truppenansammlung wird von den Jordaniern bemerkt. Der Chef des jordanischen Generalstabs, Amer Khammash, informiert Jassir Arafat, daß die Israeli einen Angriff vorbereiten. General Khammash fordert Arafat auf, die Fatahbasis von Karameh zu verlegen. Arafat sagt später: »Wir haben uns geweigert, aus Karameh wegzugehen, wir haben uns entschlossen, Israel standzuhalten. Damit wollten wir beweisen, daß das palästinensische Volk nicht nur ein Volk von Flüchtlingen ist, sondern auch ein Volk von Kämpfern. Unsere ganze Geschichte bestand bis dahin aus Flucht, Rückzug, Verzicht, Demütigung, Niederlage. Wir mußten uns einmal dem Feind stellen, Widerstand leisten, auch wenn dieser Entschluß im Gegensatz zu jeder Guerillaerfahrung steht.«
Mit 15 000 Soldaten greifen die Israeli Karameh an. Es gelingt ihnen, die Häuser im Zentrum des Dorfes mit Dynamit zu sprengen. Im palästinensischen Teil, im Lager, aber beißen sie sich fest. Alle Chefs der El Fatah halten sich hier auf, nach der jordanischen Warnung hatte Arafat die Kommandeure hierher beordert. Abu Ayad, Abu Jihad, Abu Lutf und Arafat selbst befehligen den Widerstand. Die Israeli rennen mit Panzern einen ganzen Tag lang gegen das Lager an, ohne Erfolg. Die jordanische Armee ist zunächst durchaus gewillt, den Israeli und den Palästinensern allein den Kampf zu überlassen; der harte Abwehrwille der El Fatah jedoch imponiert den jordanischen Offizieren. Sie geben ihren Verbänden schließlich den Befehl, den Palästinensern zu helfen. Die israelische Truppe zieht sich zurück, sie hinterläßt Tote am Ostufer des Jordans und fünfzehn zerstörte Panzerfahrzeuge. Die Araber haben Grund, einen Sieg zu feiern: die Israeli sind geflohen.
Nach der Schlacht von Karameh bekommen die Kommandoorganisationen Zulauf. El Fatah und Volksfront haben gar nicht so viele Ausbilder, um die jungen Männer zu betreuen, die sich bei den Organisationen melden. Syrien ist jetzt bereit, vor den Golanhöhen Ausbildungsbasen für die El Fatah einzurichten. König Hussein respektiert die Tapferkeit der El-Fatah-Kämpfer. Er sagt kurz nach dem Erfolg von Karameh: »Von nun an sind wir alle Fedaijin!« Ein Jahr nach der Schlacht von Karameh ist Amman Hauptbasis der Kommandos geworden. Die Beduinenarmee des Königs sieht sich nicht mehr in der Lage, die Hauptstadt unter Kontrolle zu halten: El Fatah und Volksfront beginnen die Administration in die Hand zu nehmen.
Von Tag zu Tag wird es schwieriger für die Kommandos, den Jordan zu überschreiten, um Unruhe ins besetzte Gebiet zu tragen. Die israelische Armee legt elektrische Sicherheitszäune an den westlichen Uferböschun-

gen des Jordans an. Pioniere ebnen die Hänge ein, die zu den Hügeln Galiläas aufsteigen – der flache, vegetationslose Streifen kann überwacht werden. Minen, elektrischer Zaun und Maschinengewehrnester machen den Übergang über den Jordan verlustreich. Die israelische Vorsicht hat für Hussein eine unangenehme Konsequenz: je weniger Aktionen im besetzten Gebiet möglich sind, desto mehr Zeit bleibt den Organisationen, ihre Basis in Amman auszubauen.

Die Caravelle der ALIA, der Königlich Jordanischen Luftfahrtgesellschaft, ist nahezu unbesetzt auf der Route Beirut-Amman. Die Besatzung, übermüdet, unrasiert, ohne Uniform, pendelt schon den ganzen Tag auf dieser Strecke, ohne Ablösung. Die neue Crew konnte wegen Ausgangssperre nicht zum Flughafen durchkommen. Amman ist wie immer hell beleuchtet in der Nacht. Wir kurven über der Stadt zum Flughafen ein. Die Straßen sind leer, kein Auto bewegt sich; die dunklen Schatten von Panzern sind erkennbar auf den wichtigen Plätzen der Hauptstadt. Die Luftfahrtgesellschaft transportiert die wenigen Passagiere zu ihrem Bestimmungsort in der Stadt. Wir werden oft kontrolliert durch Polizei und Militär. Wer sich ohne Genehmigung auf der Straße zeigt, kann standrechtlich erschossen werden. Absolute Stille liegt über der Stadt.
In der Nacht zuvor war das Fahrzeug des Offiziers vom Dienst für die Hauptstadt Amman von Fedaijin beschossen worden. Der Offizier entkam diesem Anschlag unverletzt. Das Armeeoberkommando machte Fedaijin der Gruppe »Phalanx des Sieges« für den Feuerüberfall verantwortlich. Als Chef der Gruppe wurde Taher Dablain identifiziert, ein Palästinenser mit syrischem Paß, eine undurchsichtige Erscheinung. Von der »Phalanx des Sieges« hatte bis dahin niemand etwas gehört; sie war nie im besetzten Gebiet aktiv gewesen.
Taher Dablain ist von der Armee gekauft. Mit seinem Anschlag soll er die Voraussetzung schaffen für ein hartes Durchgreifen der jordanischen Sicherheitsbehörden: der Feuerüberfall rechtfertigt Ausgangssperre, Hausdurchsuchung und Verhaftung. Die Armee besetzt Kommandobasen und beschlagnahmt Waffen. George Habbash befiehlt seinen Fedaijin, sich gegen die Armee zu wehren. Die Anhänger der Volksfront zur Befreiung Palästinas zünden im Lager auf dem Hügel Ashrafie zum Zeichen des Aufstands große Mengen von alten Autoreifen an; eine stinkende Rauchwolke steht in der windstillen Luft über der Stadt.
Die Armee will den Hügel stürmen, doch George Habbash schickt den Angreifern Scharen von Frauen und Kindern entgegen; die Armee scheut sich, auf die Frauen und Kinder feuern zu lassen – der Angriff bricht zusammen. König Hussein und Jassir Arafat einigen sich auf ein Ab-

kommen, das ein Zusammenleben der beiden militärischen Autoritäten Armee und Kommandoorganisation ermöglichen soll. El Fatah und Volksfront sollen künftig verpflichtet sein, ihre zahlreichen Fahrzeuge bei der jordanischen Zulassungsbehörde anzumelden; Fedaijin sind gehalten, ihre Waffen abzulegen, wenn sie in die Hauptstadt Amman einfahren; das Armeekommando will über jede militärische Unternehmung an der Waffenstillstandslinie am Jordan vor Beginn der Aktion informiert werden.

Die Volksfront ist mit diesen Bestimmungen nicht einverstanden. Sie will Bewegungsfreiheit haben, niemandem verantwortlich sein, am allerwenigsten der Polizei und der Armee des »verräterischen Haschemitenkönigs«. Die Volksfront schlägt los, ohne Absprache mit der El Fatah: in Amman wird eine Wache der Armee gestürmt; die Soldaten verteidigen sich, sie bekommen Verstärkung. El Fatah will vermitteln, doch auch ihre Fedaijin geraten in die Schußlinie der Volksfront. El Fatah beerdigt am anderen Tag sechzehn Tote auf dem Kommando-Friedhof des Ashrafiehügels. Achtzig Menschen sind insgesamt bei dieser militärisch sinnlosen Aktion ums Leben gekommen.

König Hussein akzeptiert 1970 den Rogers-Plan, der eine Feuerpause an den heißen Waffenstillstandslinien mit Israel für die Dauer von drei Monaten vorsieht. Jordanien verpflichtet sich, den Israeli die Belästigung durch palästinensische Kommandos zu ersparen. In einer geheimen Absprache mit dem amerikanischen Botschafter in Amman sagt der König zu, in der Hauptstadt mit den Kommandos aufzuräumen. Sie beherrschen jetzt völlig die Stadt; sie zeigen ihre militärische Macht in offenen Paraden auf den Hauptstraßen, sie übernehmen die Verkehrsregelung vor der Hussein-Moschee. Jordanien ist kein Königreich mehr und noch keine Republik. Der König entschließt sich, im eigenen Interesse seine dem US-Botschafter gemachten Zusagen einzuhalten.

Der jordanische Bürgerkrieg

Die Geduld des Königs reißt, als er erneut Ziel eines Attentats wird. An der Straßenkreuzung von Sweileh, westlich von Amman, gerät der Konvoi des Königs unter Beschuß. Hussein ist unterwegs vom Sommerpalast zur Stadt. Aus einer Tankstelle feuern palästinensische Kommandos auf die vier Fahrzeuge. Hussein läßt sich aus dem Wagen fallen, er nimmt Deckung und entkommt dem Geschoßhagel. Die Leibwache erleidet hohe Verluste, vierzig Tote liegen auf der Straße.

Jassir Arafat, der sich zu Verhandlungen in Kairo aufhält, schickt dem

König ein Glückwunschtelegramm – die Attentäter von Sweileh gehören zur Konkurrenz, zur Organisation von George Habbash. Er bereitet das Ende der Haschemitendynastie vor: Hussein soll gestürzt werden. George Habbash will Jordanien zum Palästinenserstaat machen. Jassir Arafat ist gegen diesen Plan: »Unser Ziel liegt im heutigen Israel, nicht im Königreich Jordanien. Palästina ist unsere Heimat, dorthin wollen wir zurückkehren!« Doch George Habbash und die Chefs der Demokratischen Volksfront zur Befreiung Palästinas lassen sich nicht davon abbringen, daß der Grundsatz gelte: »Die Befreiung Ammans ist die Vorstufe zur Befreiung der Heimat!«

Der ägyptische Präsident Gamal Abd el-Nasser redet Jassir Arafat zu, der Volksfront Disziplin aufzuzwingen: »Ein Sturz des Königs muß verhindert werden. Israel konstruiert daraus einen Vorwand zum Angriff, dem die El Fatah nicht gewachsen sein kann. Sorgen Sie dafür, daß Amman ruhig bleibt!« Doch Arafat hat nicht alle Gruppen in seiner Gewalt. In der jordanischen Hauptstadt organisieren sich Milizen der Kommandoorganisationen; ihr gehören bewaffnete Zivilisten an, sie sind die Einsatzreserve der El Fatah und der Volksfront. Die Milizkämpfer mieten Wohnungen an strategisch wichtigen Punkten der jordanischen Hauptstadt, an Kreuzungen, an Plätzen, in Häusern gegenüber der Hauptpost, beim Gebäude der Stadtverwaltung. Diese Wohnungen können im Fall der Krise sofort zu Maschinengewehrnestern ausgebaut werden. Die jordanische Armee begreift erst spät, daß die Kommandos mit System Stellungen bezogen haben.
Im Februar 1970 holt sich König Hussein bei Gamal Abd el-Nasser das Einverständnis, Ordnung zu schaffen in Amman. Nasser ist nicht dagegen, daß den Kommandos Zügel angelegt werden: er selbst hat sich zum Arrangement mit Israel durchgerungen, an die Auslöschung des israelischen Staates denkt er nicht mehr. Zwischen seinen politischen Zielen und denen der Kommandos gibt es keine Übereinstimmung mehr. Hussein und Nasser sind jetzt Verbündete geworden: sie wollen beide den Frieden, und beide sind verärgert über die El Fatah und die Volksfront, die den Weg zum Frieden blockieren wollen. Gamal Abd el-Nasser ist in der Lage, dem König im privaten Gespräch freie Hand zu lassen für Zwangsmaßnahmen gegen die Kommandos, öffentlich verkünden kann er seine Meinungsänderung jedoch nicht. Gamal Abd el-Nasser will sich nicht die Entrüstung der progressiven Kräfte in Arabien zuziehen: wer sich zu dieser Zeit als Sozialist fühlt, der steht ein für die Rechte der Palästinenser. Diese Verteidiger der Volksfront sind desto aktiver, je weniger sie selbst in ihrem Lande mit Problemen durch die Palästinenser

konfrontiert werden. So stellen sich die fortschrittlichen Kräfte in Libyen sofort gegen jeden, der es wagt, der El Fatah die Existenzberechtigung abzusprechen. Gamal Abd el-Nasser konnte und wollte seine Verbündeten aus den vergangenen Jahren, die Palästinenser, nicht offen im Stich lassen. Er ermutigte jedoch Hussein, sich seine Hauptstadt Amman zurückzuerobern. Sofort nach der Rückkehr aus Kairo ordnet Innenminister Rasoul Kilani die strikte Durchführung der Abmachung mit den Kommandoorganisationen an: er verlangt Registrierung aller Fahrzeuge bei jordanischen Zulassungsbehörden und Verzicht auf das Tragen von Waffen in den Städten. Sofort brechen Kämpfe aus in Amman, die Volksfront zur Befreiung Palästinas will sich nicht einschränken lassen – George Habbash hat seinen Fedaijin befohlen, sich gegen jede Kontrolle zu wehren, sich die Waffen unter keinen Umständen abnehmen zu lassen. Vor dem harten Widerstand schreckt der König zurück, er hebt die Anordnung des Innenministers Kilani auf. Kilani wird kurz darauf entlassen. Die Kommandos haben gewonnen. Am 14. Februar sehe ich den König im Palast in Amman. Er sagt: »Die Auseinandersetzung dieser Woche war ein Mißverständnis, ein Irrtum. Es fehlte an der Verständigung zwischen der Regierung und den Fedaijin.« Meine Frage nach der Spaltung der Macht in Amman umgeht er: »Ihre Macht ist unsere Macht, unsere Macht ist ihre Macht.« Dann sagt der König die Unwahrheit: »Die Sicherheitsmaßnahmen waren gar nicht gegen die palästinensischen Kommandos gerichtet!«

Im Juni 1970 beginnen die Beduinentruppen unruhig zu werden, einen erneuten Attentatsversuch gegen Hussein empfinden sie als Gipfel der Provokation. Jordanische Artillerie belegt die Flüchtlingslager Wahdat und Al Husseini mit Granaten schweren Kalibers. George Habbash reagiert mit Geiselnahme: im Intercontinental Hotel in Amman werden von seinen Männern 58 Ausländer festgehalten. Habbash droht damit, das Hotel samt Geiseln zu sprengen, wenn die Beschießung der Lager nicht aufhört. Hussein schlägt Waffenstillstand vor und Abschluß eines neuen Abkommens. Die Kommandos verlangen die Entlassung von zwei wichtigen Armeekommandeuren. Sie beschuldigen die zwei tüchtigsten Offiziere des Königreichs, Scherif Nasser und Zeid Ben Shaker, die Liquidierung der Kommandobewegung betreiben zu wollen. Hussein gibt nach. Im Juli 1970 erkennt Hussein das Zentralkomitee der Palästinenser als oberstes Organ aller Kommandoorganisationen an. Er gesteht Bewegungsfreiheit in Jordanien zu – nur in den Städten sollen die Stützpunkte und Waffenlager beseitigt werden. Doch der Volksfront zur Befreiung Palästinas paßt dieses Abkommen nicht.

Am 1. September will der König seine Tochter Alia vom Flughafen abholen. Die Autokolonne wird von Fedaijin der Volksfront beschossen. Wieder entkommt der König, die Kommandos hatten aus Nervosität das Feuer zu früh eröffnet. Fünf Tage später stehen in der Wüste bei Amman zwei Düsenverkehrsmaschinen, eine DC 8 der Swissair und eine Boeing 707 der TWA. Sie sind von Mitgliedern der Volksfront zur Befreiung Palästinas aus Europa hierher entführt worden. 305 Passagiere und Mitglieder der Besatzung sind Geiseln in der Hand der Kommandos. Sie sitzen in den Flugzeugen, bei Tag ausgesetzt einer Hitze von 45 Grad C, bei Nacht der kalten Wüstenluft von 8 Grad C. Schon nach wenigen Stunden laufen die Toiletten über, Gestank zieht durch die Kabinen. Die Fedaijin erlauben, Türen und Notausgänge zu öffnen. In den geöffneten Luken stehen weinende Kinder. Unter den Geiseln befindet sich ein Kleinkind im Alter von drei Monaten. Die Vorräte an Wasser gehen zu Ende; es ist schwierig für die Volksfront, 305 Menschen zu versorgen. Bei diesen Temperaturen braucht der Körper vier bis fünf Liter Flüssigkeit am Tag. Die Fedaijin erlauben mir und meinem Team Gespräche mit den Geiseln. Keiner beklagt sich, aus Angst vor den schwerbewaffneten Kommandos. Drei Juden sind unter den Passagieren; sie rechnen damit, nicht mehr nach Israel zurückkehren zu können. Den Passagieren und den Besatzungsmitgliedern ist angedroht, mit den Flugzeugen in die Luft gesprengt zu werden, wenn Israel sich nicht bereit erklärt, inhaftierte Palästinenser freizulassen. Von europäischen Regierungen fordert die Volksfront Haftentlassung von sieben nach Anschlägen und Flugzeugentführungen gefangengesetzten Kommandos. Israel weigert sich hartnäckig, den Drohungen nachzugeben – unter dem Druck der Israeli zögern jetzt auch die Europäer mit der Freilassung. Die Angst in den Flugzeugen nähert sich der Hysterie. Das Zentralkomitee der Palästinensischen Befreiungsbewegung ist uneins über die Zweckmäßigkeit der Flugzeugentführung. George Habbash selbst ist zu dieser Zeit nicht im Nahen Osten, er studiert Taktik der Revolution in Nordkorea. Wadi Haddad, der zweite Mann der Volksfront, hat die Aktion geplant und angeordnet. Er will die Menschen in Westeuropa und den USA auf das Elend der Palästinenser in den Lagern aufmerksam machen: »So wie diese dreihundertfünf Menschen jetzt in Hitze und Kälte in der Wüste leben, so existieren unsere Frauen, Kinder und Männer seit zwanzig Jahren. Die Welt soll einmal erfahren, wie bitter das ist.« Jassir Arafat ist ein Gegner der Flugzeugentführung; er ist der Meinung, daß sich die Palästinenser verhaßt machen: »Auch wir Revolutionäre sind auf Sympathie angewiesen!«

Die Volksfront kümmert sich nicht um die psychologischen und humani-

tären Ansichten der El Fatah: drei Tage nach den ersten Entführungen landet eine Maschine vom Typ VC 10 der BOAC mit 115 Personen an Bord auf der unmarkierten Wüstenpiste bei Amman. Auch sie ist in der Hand der Fedaijin. Die Diskussion im Exekutivkomitee bewirkt immerhin, daß die Volksfront Frauen und Kinder freiläßt. Sie werden im Intercontinental Hotel in Amman untergebracht. Nach und nach können auch Männer die Flugzeuge verlassen. Vierundfünfzig Männer bleiben in der Hand der Kommandos, sie werden in den Flüchtlingslagern bei Amman und im Norden Jordaniens in Haft gehalten.
Die Volksfront kann, trotz Konzentrierung ihrer Kräfte, die Wüstenpiste nicht länger halten: die jordanische Armee zieht Panzer im weiten Kreis um den Standplatz der entführten Flugzeuge. Es zeichnet sich ab, daß die Armee nicht gewillt ist, das Verbrechen der Flugzeugentführung und des Menschenraubs ungestraft zu dulden. Hussein dagegen zögert noch immer. Er ist nicht bereit, die Verantwortung für einen Bürgerkrieg zu übernehmen. Die Armeeführung will ohne Befehl handeln. Nur durch persönlichen Einsatz kann Hussein eine Artillerieeinheit stoppen, die sich mit Geschützen vom Kaliber 155 mm auf die Hauptstadt zu bewegt, um die Flüchtlingslager am Stadtrand unter Feuer zu nehmen. Die Armee droht mit Rebellion. Die Offiziere sagen ganz offen: »Wenn Hussein nicht den Angriff auf die Lager befiehlt, dann gehen wir zu seinem Bruder Hassan, der ist härter als Hussein!«

Hussein will noch einmal versuchen, die Kommandos zur Einhaltung der Abmachungen zu überreden. Arafat findet eine Formel, die auch für die Volksfront akzeptabel sein könnte; sie wird jedoch von der Armee als zu konziliant abgelehnt. In der Nacht des 15. September 1970 ist König Hussein entschlossen, den Kommandoorganisationen den entscheidenen Schlag zu versetzen. Er beauftragt den unbedeutenden Brigadegeneral Mohammed Da'ud mit der Bildung einer Militärregierung. Da'ud soll die Niederwerfung der Kommandos durchführen – er ist Palästinenser. Mit diesem Schachzug sollte der El Fatah und der Volksfront das Argument genommen werden, sie seien einer Verschwörung der Beduinen zum Opfer gefallen. Mohammed Da'ud ist in einer schwierigen Lage: als Offizier ist er zur Treue gegenüber seinem König verpflichtet, als Palästinenser kann er nicht die Flüchtlingslager seines Volkes beschießen lassen. Doch diese Entscheidung nimmt ihm der Generalstabschef Habes Majali ab; als Chef der Militärregierung wird Mohammed Da'ud mit militärischen Problemen nicht belästigt. Mohammed Da'ud nimmt die erstmögliche Gelegenheit zum Rücktritt wahr. Bis zu seinem Tode im Jahre 1972 leidet er darunter, daß

er von König Hussein ausgewählt worden war, unpopuläre und unmenschliche Entscheidungen durchzusetzen.
Die Schätzung des jordanischen Generalstabs für den Umfang der Aktion sieht so aus: »Mit zweihundert Toten ist die Sache erledigt. Wir brauchen höchstens achtundvierzig Stunden, um die Palästinenser in Amman zu erledigen!« Der König glaubt an diese Kalkulation. Über den jordanischen Rundfunk kündigt er die militärische Aktion an. Hussein spricht nur fünf Minuten lang: »In unserem geliebten Land herrschte eine Situation der Ungewißheit, der Unsicherheit. Wir befanden uns im Chaos. Jordanien war in Gefahr. Es ist unsere Pflicht, Maßnahmen zu ergreifen, die Recht und Ordnung wiederherstellen, die das Leben jedes einzelnen Bürgers bewahren helfen, sein Eigentum, seine Existenzmittel. Die Ehre des jordanischen Soldaten darf nicht in den Schmutz gezogen werden. Wir stärken die nationale Zusammengehörigkeit unseres Volkes. Ich bin bereit, weiterhin mit den Ehrenwerten unter den Kommandos zu sprechen, mit ihnen zu einer Einigung zu kommen; die Verbrecher aber lehne ich ab.«
In der Morgendämmerung des 17. September beginnt die jordanische Armee mit dem Angriff auf die Hauptstadt. Der Generalstabschef setzt die 60. Panzerbrigade ein. Die Schützen haben Befehl, auf jedes Haus, aus dem geschossen wird, das Feuer zu eröffnen. Die Miliz der Kommandos hält sich in den vorbereiteten Stellungen, die Vorarbeit lohnt sich. 50 000 Mann kämpfen auf der Seite der Palästinenser, 55 000 Soldaten stehen dem König zur Verfügung. Der Vorteil der Armee liegt in den 300 Panzern – doch sind Panzer nicht die geeignete Waffe für den Straßenkampf. Mit Geschick setzen die Fedaijin einfache Kampfmittel ein: der Molotow-Cocktail bewahrt sich auch in Amman.
Die arabischen Bruderstaaten schweigen nicht. Die Präsidenten Nasser, Gaddafi und Numeiri bedrängen gemeinsam Hussein und Arafat, den Kampf einzustellen. Der Wortlaut der Botschaft nach Amman zeigt, daß Gamal Abd el-Nasser viel Verständnis für Hussein hat: »Die drei Staatsführer stellen fest, daß Provokationen und falsches Verhalten nicht nur das Ansehen der Kommandobewegung verzerrt haben, sie haben der Reputation der ganzen Arabischen Nation geschadet. Dieses Fehlverhalten kann nicht der Kommandobewegung in ihrer Gesamtheit zur Last gelegt werden. Den ehrenwerten Elementen in der Kommandobewegung sollte geholfen werden, die Kontrolle über die Organisation in die Hand zu bekommen. Wir erkennen an, daß König Hussein lange Zeit große Zurückhaltung bewiesen hat.« Syrien findet keine positiven Argumente für Hussein. Staatspräsident al-Atassi erklärt sich solidarisch mit der El Fatah und der Volksfront. Er verlangt sofortiges militärisches Eingreifen der syrischen Armee. Für al-Atassi ist jetzt die Zeit gekommen, der

Monarchie in Jordanien den Stoß zu geben, den sie nicht überleben kann. Doch der Verteidigungsminister, Hafis al-Assad – er wird bald danach durch Staatsstreich selbst Präsident – fürchtet, daß offenes Eingreifen der syrischen Armee die Israeli zu einem harten Schlag provozieren könnte. Dieser Gefahr will er seine Truppe nicht aussetzen. Hafis al-Assad wird auch vom Sowjetbotschafter in Damaskus gewarnt: die Sowjetunion kann einen syrischen Feldzug gegen das Königreich Jordanien nicht gutheißen. Hafis al-Assad kann sich nur bis zum 19. September mit seiner Meinung durchsetzen; dann muß er sich überzeugen lassen, daß der hartnäckige und ausgedehnte Widerstand der Kommandos in Amman durch eine Entlastungsaktion im Norden Jordaniens belohnt werden muß. Am 20. September überschreiten die syrischen Verbände mit 210 Panzern, die aus taktischen Gründen die Zeichen der PLA tragen, die jordanische Grenze. Um fünf Uhr erfährt König Hussein von der neuen Entwicklung. Seine Lage ist schwierig: er kann keine Panzer von Amman abziehen nach Norden, die Hauptstadt ist noch nicht niedergezwungen; die Lager Wahdat und Ashrafie widerstehen der stärksten Beschießung. An diesem 20. September hält der König die Niederlage für möglich. Er schickt Frauen und Kinder der Haschemitenfamilie nach Akaba, in den südlichen Zipfel seines Landes. Von dort aus ist im schlimmsten Fall eine Flucht nach Elath in Israel möglich. Die Armeekommandeure haben Befehl, im Augenblick des Zusammenbruchs der Front im Norden mit ihren besten Truppen nach Amman zu kommen. Hier will der König untergehen, in seiner Hauptstadt. »Wir Haschemiten haben Amman aufgebaut. Als mein Großvater vor fünfzig Jahren ankam, da war diese Stadt ein Wüstennest, ein Nichts. Wir haben deshalb auch das Recht, Amman wieder zu zerstören!«
Israel ist am 20. September 1970 entschlossen, den syrischen Vormarsch vor Irbid zu stoppen. In der Nähe von Beit Schean werden Alarmeinheiten konzentriert; die israelische Luftwaffe ist bereit, Einsätze gegen die syrischen Panzer zu fliegen. Bis zum Abend sind die Syrer bis zur Kreuzung der Straßen Irbid-Mafraq und Ramtha-Amman vorgestoßen. Doch den Jordaniern gelingt es, Panzer aus dem Jordantal heraufzuholen, um eine Verteidigungslinie in den Hügeln von Dscherasch aufzubauen. Der König bezweifelt, ob diese 110 Panzer in der Lage sind, eine doppelt so starke syrische Einheit aufzuhalten.
Der jordanische Generalstab leitet Hoffnung daraus ab, daß die syrische Regierung noch immer behauptet, ihre Truppe sei an diesem Konflikt nicht beteiligt. Verteidigungsminister Hafis al-Assad gibt den syrischen Panzerverband auch weiterhin für eine PLA-Streitmacht aus. Die Sowjetunion hatte also keine Zustimmung gegeben zu diesem innerara-

bischen Abenteuer. Es blieb die Möglichkeit, daß Moskau den Rückzug aus jordanischem Gebiet verlangte. Hafis al-Assad hält, trotz dringender Bitten seines Staatspräsidenten, die Luftwaffe zurück. Als Hussein in diesem Stadium seine Hawker-Hunter-Kampfflugzeuge einsetzen kann, erleiden die Syrer empfindliche Verluste. Zwei Tage später, am 22. September, beginnen die eingedrungenen syrischen Panzer einen hektischen Rückzug. Nur auf eines legen die Syrer Wert: sie hinterlassen den Jordaniern keinen einzigen zerstörten Panzer; auf russischen Panzertransportern werden Wracks abgeschleppt. Am 23. September hat der letzte syrische Soldat Jordanien verlassen – zur Verzweiflung der Chefs der Kommandoorganisationen, die nicht verstehen können, wie der beste Freund aus politischem Opportunismus die Kämpfer in Amman im Stich lassen konnte. Im Beiruter Hauptquartier erlebte ich den Wechsel von hoffender Euphorie und Niedergeschlagenheit bei den Fedaijin der Volksfront zur Befreiung Palästinas. Über den Sender der Kommandobewegung »Sawt al Eschnat al Markasia – Sawt al Thaurat al Falestinia (die Stimme des Zentralkomitees – die Stimme der Palästinensischen Revolution) werden die Syrer flehentlich aufgefordert, den kämpfenden Brüdern in Amman zu helfen. Die syrische Regierung schweigt.

Der Widerstand in Amman verliert an Zusammenhalt. Arafat kann seine Kämpfer nicht mehr erreichen, seine Funkanlage ist ausgefallen. Die einzigen Direktiven gibt noch der palästinensische Rundfunksender, aber er hat keine Verbindung zu den Geschehnissen an der Front. Die Fedaijin, ohne Anweisung vom Hauptquartier im Lager auf dem Hügel Husseini, verlieren die Nerven; die meisten setzen sich ab – nach Hause.

König Hussein bietet Waffenstillstand an. In jordanischer Gefangenschaft befinden sich die Kommandoführer Abu Ayad und Abu Luf, die einst auf Spendensammeltour gezogen waren; die beiden akzeptieren den Waffenstillstand. Als Jassir Arafat nach Stunden erreicht wird, lehnt er die Regelung ab. Der Kampf geht weiter.

Präsident Numeiri ist in Amman, um zu vermitteln. Der Sudanese hat bei seinen Verhandlungen die volle Autorität Nassers hinter sich. Er fordert vom König und vom Kommandochef die Feuereinstellung. Als beide noch immer zögern, bittet Numeiri den König und Arafat, ihren Standpunkt auf der Konferenz der arabischen Staatschefs vorzutragen, die in Kairo zusammentritt, um den Frieden in Jordanien wiederherzustellen. Da Numeiri damit rechnen muß, daß Arafat von der jordanischen Armee beim Verlassen des Landes verhaftet oder sogar erschossen wird, nimmt er den Chef der El Fatah heimlich in seinem Flugzeug mit.

Im Nile Hilton Hotel in Kairo treffen sich die Präsidenten, Emire und

Könige Arabiens. Das einzige Thema dieser Sonderkonferenz ist der Bürgerkrieg in Jordanien. Nach sechseinhalb Stunden heftiger Diskussion stimmt Hussein einer Regelung zu, die ihm Zugeständnisse abverlangt. Der König muß die Militärregierung auflösen, um Jordanien wieder einer zivilen Verwaltung zu unterstellen, die Truppen haben die Hauptstadt Amman zu verlassen. Hussein ist aufgefordert, der Kommandobewegung volle Unterstützung zukommen zu lassen, »damit sie in die Lage versetzt werden kann, für die Erfüllung ihrer heiligen Pflicht, für die Befreiung der Heimat, zu kämpfen«. Der jordanische König hat nie die Absicht, dieses Abkommen zu halten. Im Hilton Hotel in Kairo lächelt er und gibt Arafat die Hand. Arafat akzeptiert den Handschlag des Mannes, der – wie Arafat sagt – für den Tod von 20 000 Palästinensern verantwortlich ist.
Acht Wochen später fordert mich Jassir Arafat auf, ihn auf dem Hügel Ashrafie in Amman zu besuchen. Der Kommandochef, der vor dem Bürgerkrieg demonstrativ unter dem Schutz von Leibgarde und leichter Flak durch die königliche Hauptstadt gefahren war, der den Auftritt als militärischer Chef und Staatsmann geliebt hatte, lebt versteckt in einem Haus, das über Abfälle und Trümmer zu erreichen ist. Die intelligenten jungen Männer seines Stabes sind verschwunden, geblieben sind die Schlägertypen. Arafat hat vor sich auf dem Tisch die Maschinenpistole liegen, an der Tischkante ist eine Morsetaste montiert. Eine nackte Birne leuchtet an der Decke. Arafat will nicht wahrhaben, daß die El Fatah Amman völlig verloren hat. Ich erzähle von der Fahrt des Kronprinzen Hassan zur Parlamentseröffnung: im offenen Wagen war Hassan gefahren; niemand hatte ein Attentat versucht. Zwar waren Eliteeinheiten der Beduinentruppen am Fahrtweg konzentriert worden – doch wenn der Haß wirklich so brennend ist, wie Arafat sagt, warum versucht kein Verzweifelter die Rache? Jassir Arafat antwortet: »Ich rede kein Wort mehr von diesem Prinzen. Aber das eine weiß ich genau, die Bevölkerung von Amman ist noch immer auf unserer Seite. Wir sind einem Komplott des amerikanischen Geheimdienstes zum Opfer gefallen. Wenn Hussein gegen die Israeli im Junikrieg von 1967 so gekämpft hätte wie jetzt gegen uns, dann wäre unsere Heimat nicht verlorengegangen. Hundertzwanzigtausend Granaten hat die jordanische Armee gegen uns gefeuert. Hussein ist für ein Massaker verantwortlich.«
Jassir Arafat hat inzwischen begriffen, daß Hussein das Abkommen von Kairo nicht einhalten will, die Beduinensoldaten behindern die Fedaijin, wo sie nur können. Der El-Fatah-Chef will selbst in den nächsten Tagen Amman verlassen, von Beirut aus soll der Kampf geleitet werden. Meine letzte Frage: »Warum haben Sie dem König in Kairo die Hand gegeben?« Die Antwort: »Das war kein Handschlag der Freundschaft,

doch hatten wir ja gerade einen Vertrag abgeschlossen.« Dann will ich mich verabschieden, nach meinem Gefühl halte ich den Kommandochef schon zu lange auf – doch er sagt: »Bleiben Sie nur, für heute habe ich nichts mehr zu tun!« Der Revolutionär hat Feierabend.

Unter Mißachtung des Kairoer Abkommens löst die jordanische Armee in den nächsten Wochen auch alle Kommandobasen außerhalb der Städte auf. Die Fedaijin der El Fatah werden zusammengedrängt in einem Waldgebiet westlich der antiken Ruinenanlagen von Dscherasch. Kopflos und enttäuscht lassen sich die Palästinenser im Frühjahr 1971 auch dort aus ihren Befestigungen und Gräben werfen. Die Armee nimmt alle Kommandos gefangen, 2300 waren noch übriggeblieben. Die palästinensischen Befreiungsorganisationen existieren nicht mehr in Jordanien.

König Hussein erhält 1971 von den Vereinigten Staaten eine Finanzhilfe von dreißig Millionen Dollar, um die jordanische Wirtschaft vor dem Zusammenbruch zu retten. Kuwait und Libyen hatten, aus Zorn über die Liquidierung der Kommandos, ihre Zahlungen zur Deckung des Staatsdefizits eingestellt. Den Banken in Amman fehlten die Millionenbeträge, die aus den arabischen Bruderstaaten auf die Konten der El Fatah geflossen waren. Doch nur zögernd erklären sich die USA bereit, dem jordanischen Staat weitere Finanzhilfen zu gewähren. Hussein, der sein Versprechen wahrgemacht hat, die Palästinenser als Störenfriede auf dem Weg zur politischen Lösung des Nahostkonflikts auszuschalten, spürt ein deutliches Erkalten der Freundschaft. Präsident Nixon empfängt ihn zwar mit großem Prunk im Weißen Haus, doch weigern sich die Amerikaner, detailliert über ihre Zukunftspläne für den Nahen Osten zu sprechen. Die Amerikaner bereiten sich darauf vor, den König als Ballast abzuwerfen. Sie beginnen darüber nachzudenken, ob jordanisches Gebiet den Palästinensern als Heimat überlassen werden könnte.

Hussein versucht in der Zeit nach der Ausschaltung der Palästinenserorganisationen, die Israel zerschlagen wollen, ein behutsames Gespräch mit Israel über seine Zukunft. Die Möglichkeit zu Kontakten bietet der Palast des Königs in Akaba am Roten Meer; die Entfernung zur israelischen Stadt Elath beträgt nur einige hundert Meter. Gesehen hat es niemand, wie Hussein israelische Politiker durch die Hintertür empfangen hat. Hussein leugnet nicht, daß Kontakte bestehen, aber er bestätigt sie auch nicht. Er ist nicht daran interessiert, die Zahl der Vorwürfe gegen sich noch zu vermehren.

Die jungen Männer in den Lagern Bak'a, Wahdat und Ashrafie vergessen den Bürgerkrieg von 1970 nicht. Untertanen des Königs Hussein wollen sie nicht sein. Die militärische Auseinandersetzung zwischen den beiden Teilen der Bevölkerung in Jordanien hat den Riß, der seit König Abdallah mühsam verdeckt werden konnte, weit aufgerissen: in fast jeder Palästinenserfamilie sind Opfer zu beklagen, Tote, Verwundete, Männer, die in der Gefangenschaft mißhandelt wurden. Doch nicht nur die Palästinenser sehen keine Zukunft mehr für einen gemeinsamen Staat mit der Stammbevölkerung des Königreichs, auch die Beduinen wollen nichts mehr zu tun haben mit den Palästinensern. »Aus dem Lager Bak'a kommt die Pest!«, so werde ich bei einer Kontrolle vor Amman von einem Beduinensoldaten angezischt.

Hussein fürchtet die Aufsplitterung in zwei Bevölkerungsgruppen; er will für sich retten, was nur möglich ist. Im Frühjahr 1972 schlägt er als künftige Staatsform eine Föderation vor zwischen einem halbautonomen Gebiet der Palästinenser am Westufer des Jordans und dem traditionellen Transjordanien. Dieser Zwei-Nationen-Staat soll den Namen »Vereinigtes Arabisches Königreich« tragen. Voraussetzung ist, daß Israel das Gebiet westlich des Jordans herausgibt, das es seit 1967 besetzt hält. Darüber wollte Hussein Auskunft erhalten in seinen geheimen Kontakten mit Israel. Die israelische Antwort war zurückhaltend.

Am 14. November 1972 verliest der Sprecher von Radio Amman folgende Nachricht: »Gewisse Informationsmedien haben den Namen Seiner Majestät, König Hussein, mit dem Namen von Fräulein Alia Bahaeddin Tukan in Verbindung gebracht. Es ist bekannt, daß Fräulein Tukan von einer unserer großen palästinensischen Familien abstammt, mit alten und engen Beziehungen zur Haschemitenfamilie. Seine Majestät kennt Fräulein Tukan seit seiner Schulzeit. Seine Majestät bewahrt ihr und ihrer Familie Zuneigung und Freundschaft. Für Spekulationen über Beziehungen, die darüber hinausgehen, bleibt kein Platz.« Am 24. Dezember 1972 heiraten Hussein und Fräulein Alia Bahaeddin Tukan.

Liebe und Politik vereinen sich in dieser Ehe. Die palästinensische Familie Tukan gehört zu den Großgrundbesitzern und Honoratioren des Gebietes westlich des Jordans. Der Clan der Tukan ist erst mit der Eroberung des Landes zwischen Bethlehem, Alt-Jerusalem und Nablus durch die Arabische Legion des Königs Abdallah in das Haschemitenreich eingetreten. Nach dem Krieg von 1967 konnten sie ihre Beziehungen zu anderen wichtigen Familien im besetzten Gebiet halten. Der Einfluß der Tukans am Westufer des Jordans ist wichtig für die Zukunft des Königs: wenn die Tukans gewonnen sind für den Gedanken des »Vereinigten Arabischen Königreichs«, dann sind auch die Honoratioren und Grundbesitzer dafür. Für Alia Bahaeddin Tukan hat Hussein seine Frau Muna verlassen, mit der er elf Jahre lang verheiratet war. Prinzessin Muna war Engländerin, ihr Name vor der Hochzeit: Toni Gardener. Der Vater gehörte zur britischen Militärmission in Jordanien. König Hussein und Toni Gardener hatten sich bei einer Faschingsparty im Palast von Shune im Jordantal kennengelernt; Hussein war als Pirat erschienen. Aus dieser Begegnung entstand Freundschaft und Liebe. Toni Gardener nahm den islamischen Glauben an und wechselte den Namen in Muna al-Hussein. Auf deutsch: Husseins Wunsch. Um die politischen Schwierigkeiten im eigenen Lande auf ein Minimum zu schrauben, machte Hussein diese Frau nicht zur Königin, die Kinder sollten keinen Anspruch haben auf den haschemitischen Thron. Deshalb wurde Hassan, der Bruder des Königs, zum Kronprinzen bestimmt. Prinzessin Muna hat vier Kinder zur Welt gebracht, zwei Söhne und zwei Töchter. Aus der kurzlebigen ersten Ehe des Jahres 1955 mit Königin Dina stammt eine Tochter.

Alle drei Ehen des Königs sind aus Liebe zustande gekommen, gegen den Widerstand der Familie: die erste Frau war sieben Jahre älter als der neunzehnjährige Hussein; das Einverständnis der Mutter erkämpfte sich Hussein mühsam. Die Engländerin Toni Gardener wurde von der Familie und von den wichtigsten Politikern Jordaniens nicht akzeptiert, weil sie es unehrenhaft fanden, daß der König die Angehörige einer Kolonialmacht heiratete. Gegen die dritte Ehe war die Mutter aus ganz persönlichen Gründen: sie hatte inzwischen Gefallen gefunden an Toni Gardener. Husseins Mutter hatte sich nach der sehr raschen Scheidung gewünscht, daß die verlassene Frau als Prinzessin Muna weiterhin in Jordanien bleiben solle.

Alia Bahaeddin Tukan war oft und lange mit dem König zusammen in den Wochen der harten Auseinandersetzung mit den Kommandos. Hussein hatte viel Zeit, die Armee handelte völlig selbständig. Hussein widmete sich seinen Hobbys, unter anderem auch der Amateurfunkerei. Prinzessin Muna hielt sich mit ihren vier Kindern in England auf. In diesen Wochen entstand der Bruch. König Hussein, der sich leicht von seinen Gefühlen beherrschen läßt, war nur noch glücklich in der Nähe von Alia Bahaeddin Tukan.

Alia ist eine junge, moderne Frau, in England, Italien und den USA erzogen. Sie spricht fließend Englisch und Italienisch und hat für die jordanische Luftverkehrsgesellschaft ALIA in der Abteilung für Public Relations gearbeitet. Auf diese Zeit der Berufstätigkeit konzentrieren sich Vorwürfe der konservativen Beduinenfamilien in Amman: »Sie ist

uns zu frei in Handlungen und Ansichten!« Den König stört die Kritik nicht.
Hussein läßt die Nachricht der Hochzeit auch »dem geliebten Volk am Westufer des Jordans« mitteilen. Der jordanische Rundfunk betont vor allem, daß Königin Alia aus Nablus stammt. »Die Palästinenser und die Beduinen bilden jetzt eine Familie.« Die Flüchtlinge in den Lagern, die Masse der Palästinenser, lassen sich durch die Hochzeit nicht beeindrucken. Die Tukanfamilie gehört in ihrer Denkvorstellung zu den Reichen, zu den Oberen mit Vorrechten: wenn Hussein eine Tukantochter heiratet, sehen die Armen noch immer keinen Grund, sich mit dem Haschemitenkönig auszusöhnen.

Im Oktoberkrieg bleibt eine Chance ungenützt

Der König hat 1973 die Möglichkeit, mit einem Schlag alle Sympathien wiederzugewinnen. Er muß sich am Krieg der Syrer und Ägypter gegen Israel beteiligen. Wenn er versucht, das verlorene Gebiet, oder wenigstens Teile davon, wiederzugewinnen, werden die Menschen in den Lagern den König wieder akzeptieren, weil sie dann das Gefühl haben, daß Hussein um ihre palästinensische Heimat kämpft.
Vom Kriegsausbruch am 6. Oktober 1973 werden der König und sein Generalstab überrascht. Weder Anwar el-Sadat noch Hafis al-Assad – jetzt Präsident in Syrien – sagen ein Wort der Warnung. Noch einen Monat zuvor hat Hussein versprochen, sich wieder einzuordnen in die arabische Front im Osten Israels. Mit diesem Versprechen will er den Ring der Ablehnung aufsprengen, der ihn selbst und sein Land isoliert hält. Dem taktischen Schachzug gibt er weiter keine Bedeutung. Das gemeinsame Oberkommando für die östliche Front hat nie funktioniert, und Hussein glaubt auch jetzt nicht daran, daß es überhaupt gebraucht wird. Er reagiert bösartig, als mein arabischer Mitarbeiter ihn fragt, warum er die Zusage zur militärischen Kooperation gegeben habe. Zu erwarten ist eine Antwort, gespickt mit den Phrasen von arabischer Solidarität – in diesem Fall kneift Hussein die Lippen zusammen.

Sofort nach Kriegsbeginn bedrängen die Ägypter und Syrer den König: die Eröffnung einer dritten Front ist kriegsentscheidend. Assad informiert das jordanische Oberkommando, daß ein Durchstoß auf Jerusalem für die jordanische Armee ohne Gefahr möglich sei; die israelischen Truppen befänden sich alle an der Front auf den Golanhöhen oder am Suezkanal. Das Zentrum Israels könne von Moshe Dayan nicht auch noch verteidigt werden. Zunächst antwortet Hussein überhaupt nicht auf die Bitten der Kriegführenden, dann reagiert er ausweichend: »Von diesem Krieg habe ich nichts gewußt, ich bin nicht vorbereitet. Unter diesen Umständen ist ein Angriff unmöglich!« Am 6. Oktober 1973 sind in der jordanischen Armee 72850 Soldaten registriert; Jordanien besitzt 400 Panzer. Von der Zahl her bringen die Jordanier der arabischen Seite eine beachtliche Unterstützung. Doch ein wichtiges Argument spricht gegen die Beteiligung am Krieg: die Panzer und die Soldaten sind nicht im Jordantal stationiert; ihre Kasernen liegen bei Zerka und Mafraq, 110 Kilometer Straßenweg von der Waffenstillstandslinie entfernt. Die Strecke führt über gewundene Straßen hinunter ins Jordantal, das dreihundert Meter unter dem Meeresspiegel liegt. Auf diesen Straßen ist die jordanische Panzertruppe der israelischen Luftwaffe ausgeliefert, denn Jordanien hat keine schlagkräftige Luftverteidigung: die Luftwaffe besteht aus wenigen Maschinen, die nicht ausreichen, um einen Schirm in der Luft über die fahrende Panzerkolonne zu bilden. Jordanien besitzt keine elektronisch gesteuerten Luftabwehrraketen, vergleichbar mit der russischen SAM-6-Rakete, die von den Ägyptern und Syrern eingesetzt wird. Die britische Tigercat-Rakete ist eine primitive Waffe, die schnellfliegende Kampfflugzeuge nicht erreichen kann – sie ist auf die optische Lenkkontrolle durch den Kanonier angewiesen.

Hussein hat gute Gründe, sich am Krieg im Oktober 1973 nicht zu beteiligen. Er mißtraut dem Optimismus des ägyptischen Präsidenten Anwar el-Sadat. Der König erinnert sich daran, daß er sechs Jahre zuvor, im Juni 1967, mit Erfolgsmeldungen in den Krieg gelockt worden war. Den Glauben an einen arabischen Sieg hat er damals verloren. Seine Meinung: »Auch dieser Versuch endet wieder mit der Katastrophe!« Die jordanischen Offiziere aber drängen; sie wollen dabeisein in dieser »glorreichen Stunde Arabiens«. Ihr Ehrgefühl zwingt sie dazu, an der Seite der Syrer und Ägypter zu kämpfen. Sie schlagen vor, die schwierige Strecke über Salt hinunter ins Jordantal bei Nacht zu fahren, wenn die israelische Luftwaffe behindert ist. Aber der König bleibt bei seinem Nein: »Wenn ein Panzer steckenbleibt in den engen Kurven, dann liegt die ganze Armee den Israeli am Morgen als Ziel da!« Hussein hat noch einen weiteren Grund für seine Weigerung: der amerikanische Botschafter in Amman warnt: eine Beteiligung Jordaniens an diesem Krieg liegt nicht im Interesse der jordanisch-amerikanischen Freundschaft.

Der Krieg endet keineswegs mit der raschen Niederlage der Araber. Die syrische Front bricht nicht zusammen, Ägypten kann seine Eroberungen am Suezkanal halten. Die jordanischen Offiziere drängen noch immer, die Flüchtlinge in den Lagern werden unruhig: jetzt sehen sie die Chance für die Eroberung der Heimat. In Absprache mit der Regierung in Washington entschließt sich Hussein zur geringsten aller Möglichkeiten der Kriegsteilnahme: er schickt die 40. Panzerbrigade an die Front in Syrien, eine eigene Front eröffnet er nicht. Im Jordantal fällt kein Schuß. Den Kriegseintritt gibt Hussein mit großer propagandistischer Geste bekannt: »Wenn es um Palästina geht, dann bin ich der erste, der sich einsetzt!« Für die Palästinenser, für die progressiven Kräfte und für die Honoratioren klingt dieser Satz nach Bluff. Hussein hat ausgespielt: kein politischer Kopf denkt jetzt mehr daran, die Souveränität des Königs über die Palästinenser zu akzeptieren. Die El Fatah ist dem Ende des langen Marsches näher gekommen.

Die Kommandobewegung vertritt das palästinensische Volk

Auf der Gipfelkonferenz der arabischen Staatschefs in Algier empfängt mich Jassir Arafat. Zu diesem Zeitpunkt, im November 1973, bemüht sich Hussein noch einmal, seinen Anspruch auf die Gebiete westlich des Jordans anzumelden. Zu Hause, in Amman, erklärt er in Interviews und Reden: »Jordanier und Palästinenser bilden für immer eine Einheit!« Doch nach Algier, zur Gipfelkonferenz, kommt der König nicht. Jassir Arafat wartet darauf, daß er zum alleinigen Vertreter der Rechte aller Palästinenser bestimmt wird. Anwar el-Sadat hat einen entsprechenden Antrag gestellt; die Gipfelkonferenz muß darüber entscheiden. In unserem Gespräch ist Arafat noch unsicher über den Ausgang der Diskussion: »Nicht alle Regierungschefs sehen mich gerne an der Spitze einer Exilregierung.« Arafat ist vorsichtig, über seine künftige Beteiligung an der Genfer Friedenskonferenz gibt er nur verschleiert Auskunft. Doch daraus, daß er nicht »Nein« sagt, ist zu schließen, daß er »Ja« meint. Aus dem Kämpfer ist ein Staatsmann geworden.
Anwar el-Sadat hat viel zu dieser Veränderung beigetragen. Der ägyptische Präsident will dem Nahen Osten Frieden bringen. Er ist bereit, Israels Existenz zu garantieren, er verspricht sichere Grenzen für den jüdischen Staat. Das bedeutet, daß er selbst im Falle einer friedlichen Lösung das Eindringen von Kommandotrupps nach Israel über die Grenzen der arabischen Staaten verhindern muß. Sadat wird dann zum Feind der Palästinenser, gleichgestellt mit König Hussein. Diese mißliche Situation kann nur vermieden werden, wenn zuvor eine Lösung gefunden wird, die auch den Palästinensern annehmbar erscheint. Die Grundvoraussetzung ist, daß die Flüchtlinge die Lager verlassen können,

daß sie Wohnung und Arbeit finden, daß sie in einem Gebiet leben können, das ihrer Selbstverwaltung untersteht. Für ein solches autonomes Gebiet kommt nur der einst jordanische Teil Palästinas in Frage, den jetzt Israel besetzt hält. Anwar el-Sadat wird mit politischer Hilfe der Vereinigten Staaten Israel zum Rückzug aus Ostpalästina überreden. Dieses Gebiet soll dann den Palästinensern zur Selbstverwaltung übergeben werden.
Bis zur Gipfelkonferenz von Algier blieb ungeklärt, wer die Palästinenser zurück in diesen Teil ihrer Heimat führen soll: König Hussein, die Honoratioren aus Nablus und Jericho und die Palästinensische Befreiungsbewegung bemühten sich um dieses Recht. Die Entscheidung fiel in Algier zugunsten von Jassir Arafat.
Anwar el-Sadat weiß, daß es schwierig sein wird, Israel diesen Nachbarn aufzuzwingen. Die Kommandoorganisationen haben bisher nicht auf ihr Ziel verzichtet, Israel zerschlagen zu wollen, um auf dem Territorium des ehemaligen Protektorats Palästina den Staat ihrer Vorstellung aufzubauen. Kein israelischer Ministerpräsident kann an der Ostgrenze ein Volk dulden, das von einer Regierung geführt wird, die sich geschworen hat, die Vorherrschaft der Juden im jüdischen Staat zu brechen. Anwar el-Sadat, der Realist, glaubt an das Wunder, daß sich Israeli und Palästinenser wandeln können. Er hofft dabei auf die Kraft der amerikanischen politischen und finanziellen Überredungsgabe. Die Zusicherung der USA hat der ägyptische Präsident: die USA wollen sich für den Siedlungsplan einsetzen, sie sind sogar bereit, hohe Dollarbeträge für den Aufbau des palästinensischen Staates zur Verfügung zu stellen – mit der aus Erfahrung gewonnenen Gewißheit: Menschen, die menschenwürdig leben und Arbeit finden, verlieren die Freude am langen und verlustreichen Volkskrieg.

Was bleibt dem König?

Im Februar 1974 meutert die 40. Jordanische Brigade, die Truppe, die im Oktoberkrieg Befehl hatte, die syrische Front zu stärken, ohne gefährliche Initiativen gegen Israel zu entwickeln. Die Offiziere sind enttäuscht zurückgekommen: an Ehre war für sie nichts zu gewinnen – als Zeichen ihrer Unzufriedenheit fordern sie jetzt höheren Sold. König Hussein ist gezwungen, Geldgeschenke zu verteilen. Die Offiziere wollen von »Abu Abdullah« Auskunft – Vater des Abdullah, so nennen sie den König unter sich. Der Name entspricht der arabischen Sitte, dem Vater den Namen des ältesten Sohnes anzuhängen. Abu Abdullah soll ihnen die

Wahrheit sagen: »Stimmt es, daß nach Abtrennung des Landes westlich des Jordans das restliche Jordanien an Saudi-Arabien geschlagen wird?« Abu Abdullah protestiert. Mit Mühe beherrscht er seine Nervosität. Als König von Jordanien kann er nicht davon sprechen, daß die Vereinigten Staaten eine solche Lösung erwägen. »Ich werde mit aller Kraft, die ich besitze, für unser gemeinsames Vaterland Jordanien kämpfen.« Das Wort »Urdun« – Jordanien – stößt er mit Heftigkeit hervor.

König Hussein hätte einen ehrenwerten Grund für den Rücktritt. Er leidet an Herzrhythmusstörungen, die wechselnde Pulsfrequenz macht ihm zu schaffen. Kronprinz Hassan, der jüngste Bruder, hofft auf baldigen Rücktritt. Seit Jordanien wieder eine Königin hat, ist seine Position in Gefahr. Bekommt Königin Alia einen Sohn, erlischt Hassans Anspruch auf den Thron. Hassan hat nichts dagegen, als Monarch den Staat Transjordanien zu regieren – das Wüstenreich, mit dem Großvater Abdallah von den Engländer bedacht worden war. Im Frühsommer 1974 kommt Konprinz Hassan seinem Ziel, Nachfolger zu werden, näher: Königin Alia bringt eine Tochter zur Welt – zur Enttäuschung des Königs.

Ägypten erlebt die bürgerliche Revolution

Sadat und Nasser als Weggenossen

Am 1. Oktober 1970 wird Gamal Abd el-Nasser beerdigt. Eine Million Menschen nehmen Abschied von ihm, sie füllen die Straßen vom Gebäude des Revolutionsrates bis zur Moschee im Stadtteil Menshiet al-Bakri, in der Ägyptens verstorbener Präsident seine Ruhestätte finden soll. Der Trauerzug schiebt sich langsam über die Kasr-al-Nil-Brücke. Tausende versuchen, den Sarg zu berühren, um noch einmal Kontakt zu haben mit dem Kämpfer für Arabiens Sache. Sie schreien: »Gamal Abd el-Nasser, verlaß uns nicht!« Frauen weinen und kreischen in schrillen Tönen. Sie zerreißen ihre Kleider, raufen sich die Haare. Polizei und Armee können den Weg für den Trauerkondukt kaum freihalten. Vor dem Hilton Hotel kommt der Zug zum Stehen. Die Staatspräsidenten, Emire und Könige Arabiens werden abgedrängt, sie sind eingeklemmt zwischen den Massen. Der Mann, der künftig Ägypten regieren soll, erleidet einen Herzanfall: Anwar el-Sadat – zu diesem Zeitpunkt Vizepräsident. Er wird mit dem Hubschrauber ins Krankenhaus gebracht. Nach einigen Stunden hat er sich wieder erholt. Am 6. Oktober 1970 bestätigen die wichtigen Gremien der ägyptischen Staatspartei, der Arabischen Sozialistischen Union: der neue Präsident heißt Anwar el-Sadat. Am 16. Oktober stimmen 90,04 Prozent der wahlberechtigten Bevölkerung Ägyptens der Parteientscheidung zu. Von rund 30 Mllionen Menschen sind 8420768 wahlberechtigt. Mit »Ja« für Anwar el-Sadat stimmen 6 432 587, mit »Nein« 711 252. Ungültige Stimmen: 13 814. Der neue Staatspräsident ist im gleichen Jahr geboren wie der verstorbene Gamal Abd el-Nasser. Das Geburtsjahr der beiden ist 1918. Im Dorf Meit Abu al-Karm im Nildelta wurde Anwar el-Sadat am 25. Dezember geboren; der Vater war Bauer. Gamal Abd el-Nasser war elf Monate früher in Alexandria auf die Welt gekommen. Auch er stammte aus einer bäuerlichen Familie. Beide Politiker begannen ihre Berufskarriere beim Militär. Wie im vorrevolutionären Frankreich war und ist es in Ägypten für einen jungen unvermögenden Mann aus einer Familie ohne Einfluß möglich, durch die militärische Laufbahn nach oben zu kommen. Anwar el-Sadat galt bei den Ausbildern in der Militärakademie von Kairo als wilder, aber einfallsreicher und brillanter Kopf. Von Gamal Abd el-Nasser hielt er sich zunächst fern; dessen Ernsthaftigkeit stieß in ab. Seit Nassers zwanzigstem Geburtstag aber waren sie Freunde. Anwar el-Sadat erinnert sich noch an das Geburtstagsessen vom 15. Januar 1938: »Es gab Linsen.«

Der Vorstoß der Italiener im September 1940, hundert Kilometer nach Ägypten hinein bis Sidi Barrani, ließ in den jungen Offizieren zum erstenmal den Gedanken an Staatsstreich und nationale Befreiung reifen: mit Hilfe der vorrückenden Italiener sollten die Engländer aus Ägypten vertrieben werden. Anwar el-Sadat, schon damals ein sehr religiöser Mann, nahm Kontakte zur Moslembruderschaft auf, einer einflußreichen islamisch-nationalistischen Gruppe von Intellektuellen, die moralische Erneuerung predigten. Anwar el-Sadat begriff die Moslembruderschaft als solide Basis einer Revolution: die Moslembrüder hatten die Massen im Griff, viele Armeeoffiziere waren Mitglieder oder hatten wenigstens Sympathien für den religiösen Bund. Die Moslembrüder organisierten sich in militärischen Einheiten. Anwar el-Sadat und Scheich Hassan al-Banna, der Führer der Moslembruderschaft, fanden Gefallen aneinander, beide hatten später Nutzen davon. Die Staatsstreichpläne von 1940 lösten sich von selbst auf, als im Dezember General Wavells britische Ägyptenarmee die Italiener wieder zurücktrieb. Mit Rommels Vormarsch aber wurden sie wieder aktuell: der Abenteurer Anwar el-Sadat wurde von den Kameraden ausgesucht, mit den Agenten der Deutschen zusammenzuarbeiten.

Im Januar 1942 begann Rommels Offensive. Anwar el-Sadat glaubt, daß die Ereignisse, die folgten, ihn entscheidend geprägt haben: »Mein Leben fing ja gerade erst an; ich war noch nicht ganz vierundzwanzig Jahre alt und war noch Leutnant.« Am 4. Februar 1942 demonstrierten die Massen in Kairo gegen die englische Armee – die Moslembruderschaft hatte gut vorgearbeitet. Als Parole war den Demonstranten der Ruf »Vorwärts, Rommel!« eingepeitscht worden. Die Engländer reagierten sofort: Botschafter Killearn drang mit gezogener Pistole in den Palast und in die Zimmer des Königs ein. Killearn erzwang die Einsetzung einer strikt englandfreundlichen Regierung. Sadat sagt: »Es handelt sich hier um eines der schwerwiegenden Ereignisse in der modernen ägyptischen Geschichte. Die Folgen zeigen es. Bislang war der König die Personifizierung, das lebendige Symbol des Vaterlandes gewesen. Eine Verletzung der Exterritorialität des königlichen Palastes war in den Augen aller Patrioten eine Schmach, die ganz Ägypten traf. Jener 4. Februar hinterließ unauslöschliche Spuren. Von diesem Tag an war der König nicht mehr der König.«

Die Zusammenarbeit Anwar el-Sadats mit zwei deutschen Agenten spürt der britische Geheimdienst auf. Ein Sondergericht, besetzt mit englischen Militärrichtern, verurteilt ihn: er wird aus der Armee ausgestoßen und in das Konzentrationslager Minia eingeliefert. Nach zwei Jahren Haft wagt er den Ausbruch. Anwar el-Sadat entkommt. Erst nach der Abschaffung des Kriegsrechts im Jahre 1945 kann sich Sadat wieder offen in Kairo zeigen. Die Beziehungen zu Gamal Abd el-Nasser waren nicht abgerissen in den schwierigen drei Jahren.

Anwar el-Sadat gehört zum Kreis der Offiziere, die mit Abd el-Nasser am 26. Juli 1952 König Faruk von Ägypten aus dem Lande treiben. Die entscheidenden Stunden der Revolution verbringt Sadat allerdings mit seinen Kindern im Kino. Als er zu den Verschwörern stößt, ist der Angriff auf das Große Hauptquartier der Armee schon befohlen. Unter dem Gefühl, bei der letzten Entscheidung nicht dabeigewesen zu sein, hat Sadat lange gelitten: »Ich kannte das Losungswort nicht!« Gamal Abd el-Nasser beschäftigt den Offizier Sadat als Journalist, als Organisator der Partei, als Sprecher der Nationalversammlung, als Vizepräsident. Oft bekommt Sadat den Zorn des mächtigen Nasser zu spüren, aus nichtigen Anlässen empfiehlt Nasser dem Vizepräsidenten: »Es wird Zeit, daß du dich wieder für einige Zeit krank meldest!« Zur Zeit von Nassers Tod leidet Sadat auf Wunsch des Präsidenten an einer Erkältung. Er ist zwar der Kronprinz in der Rangfolge der Anwärter zur Präsidentschaft, aber niemand nimmt diesen Mann ernst; er hat deshalb auch keine Feinde. Nassers Entscheidung zugunsten von Anwar el-Sadat wird mit Opportunismus begründet: »Sadat macht die geringsten Schwierigkeiten.«

Doch für Gamal Abd el-Nasser war es auch wichtig, einen religiösen Mann an seiner Seite zu haben. Anwar el-Sadat trägt das Zeichen der Frömmigkeit auf der Stirn: der dunkle, hornhautige Punkt ist die Folge häufiger und intensiver Berührung des Gebetsteppichs. Nassers Wahl des Nachfolgers wird respektiert. Doch im Spätherbst 1970 bereiten sich politisch gewichtigere Köpfe darauf vor, den neuen Präsidenten abzulösen. Anwar el-Sadat aber läßt ihnen keine Zeit – er greift sofort an.

»Im Namen Allahs!«, so beginnt Anwar el-Sadat seine erste Rede vor der Nationalversammlung: »Im Namen Allahs! Sei unbesorgt, o Volk, die Zeit von Recht und Ordnung bricht an!« Aus dieser Rede hören die Menschen von Kairo zum erstenmal, daß sie bisher in einer Zeit des Unrechts gelebt haben. Sadat verspricht Neuwahlen für die Parteigremien, richtige Wahlen, und er setzt hinzu: »Keine Wahlen wie ... Ihr wißt schon!« Die Abrechnung mit dem Regime des Gamal Abd el-Nasser kündigt sich an. Hunderte von Agenten der Geheimpolizei werden von den Zahlungslisten gestrichen. Die Berufsjubler in Partei und Parlament verlieren ihren monatlichen Sold. Sadat sagt: »Wenn ihr mir huldigen wollt, dann geht ehrlich arbeiten!« Dieser Ton ist neu in Ägypten, und es erfordert Mut, ihn anzuschlagen. Im Parlament steht eine Gruppe von Abgeordneten auf und intoniert den vorbereiteten Spruch: »O Sadat, für dich lassen wir unser Leben!« Die Jubler setzen sich verwirrt auf ihre Plätze zurück, als Anwar el-Sadat unwillig von seinem Manuskript aufblickt, die Brille zurechtrückt, um dann mit einer Handbewegung sein Mißfallen zu zeigen. Über seinem Kopf hängt lebensgroß das Bild des verstorbenen Präsidenten. Anwar el-Sadat betont in dieser ersten Rede die »dreißigjährige Freundschaft« mit Nasser – aber er ist bereits entschlossen, das Ansehen Nassers auf das vertretbare Maß zu reduzieren.

Achtzehn Jahre lang hatte Gamal Abd el-Nasser regiert. Zum Zeitpunkt der Abschaffung der Monarchie wurde die Bevölkerung auf achtzehn Millionen Menschen geschätzt, im Todesjahr des Präsidenten Nasser lebten auf dem schmalen fruchtbaren Streifen am Nil vierunddreißig Millionen. Die größte Leistung des Nasser-Regimes bestand darin, die wachsende Bevölkerung zu ernähren. Der fruchtbare Boden ließ sich nur in bescheidenem Umfang vermehren. Der Bau des Damms von Assuan war zwar mit dem Versprechen verbunden, durch Bewässerung neue Anbauflächen zu schaffen, doch für diese Projekte fehlte das Geld. In der Provinz Assuan gab sich die Planungsbehörde Mühe, der Wüste landwirtschaftlich nutzbares Gelände abzuringen. Das Unternehmen scheiterte an Kapitalmangel und am Schwinden der Begeisterung: Funktionäre und Fellachen verloren die Lust. Nach den schönen Reden der Einweihungsfeiern nahm das Interesse ab. Die Wüste holte sich das Land zurück, der Sand wehte die Äcker zu. Die staatlichen Großfarmen konnten wenig zur Lösung des Ernährungsproblems beitragen. Doch die Ernährungskatastrophe blieb aus: Gamal Abd el-Nasser hatte klug gehandelt, als er die landwirtschaftliche Produktion auf dem schon existierenden fruchtbaren Land in der Hand der bäuerlichen Eigentümer beließ; er verzichtete auf die Einführung der Kolchosenwirtschaft. Die Hälfte der ägyptischen Bevölkerung arbeitet in der Landwirtschaft. Seit der Landverteilung sind die Fellachenfamilien Besitzer des von ihnen bebauten Bodens. Sie haben Interesse daran, daß eine reiche Ernte eingebracht wird. Die Privatinitiative rettet Ägypten vor Hungersnot. Anwar el-Sadat lernt aus diesem Beispiel.

Was erbt Nassers Nachfolger?

Bei der Übernahme der Macht läßt sich der neue Präsident über die Verschuldung Ägyptens unterrichten. Er bekommt nur Schätzungen vorgelegt. Einfach ist die Übersicht für die Schulden gegenüber westlichen Staaten. Hierüber gibt es eine ordentliche Buchführung: der Betrag ist mit einer Milliarde Dollar angegeben. Die Schulden für die geheimen sowjetischen Waffenlieferungen aber sind schwer zu bestimmen: Ägypten hat teure Waffen bestellt in der Hoffnung, sie nicht zum vollen Preis bezahlen zu müssen. Die ägyptische Armee bekam bis Ende des Jahres 1970 Ausrüstung geliefert im Wert von rund drei Milliarden Dollar: Panzer, Artillerie, Luftabwehrraketen. Die Sowjetunion forderte Bezahlung in harter Währung oder in Sachgütern. Gamal Abd el-Nasser hatte die Baumwollernte Ägyptens den Sowjets verpfändet – ausgeliefert hat er sie allerdings nicht. Er versuchte, möglichst viel Baumwolle für westliche Abnehmer abzuzweigen. Sie zahlten mit harter Währung. Die Gesamtverschuldung des ägyptischen Staates betrug bei Nassers Tod etwa fünf Milliarden Dollar. Auch das Denkmal des Gamal Abd el-Nasser, der Assuan-Damm, war noch nicht bezahlt. Die Sowjetunion hatte das Bauwerk finanziert – mit dreihundert Millionen Dollar zu einem Zinssatz von zweieinhalb Prozent.

Aus zwölf Turbinenschächten schießt das Wasser des Nils. Zweihundert Meter weit reichen die weißschäumenden Wasserbogen. Sie brechen sich an Felsen; nur allmählich nimmt der Nil wieder seine graugrüne Färbung an. In zwölf Turbinen, eingebaut in den Dammkörper, wird Elektrizität erzeugt: zehn Milliarden Kilowattstunden pro Jahr. Diese Energiemenge kann Grundlage sein der Industrialisierung Ägyptens. Als Nasser starb, brauchten die bestehenden Industriebetriebe nur einen Bruchteil der angebotenen Energie. Doch dieses Erbstück Nassers ermöglicht es Anwar el-Sadat, mit den ersten Anzeichen einer friedlichen Lösung des Nahostkonflikts der wirtschaftlichen Entwicklung Ägyptens den Anstoß zu geben. Der Damm von Assuan steht auf der positiven Seite des Erbguts, das dem neuen Präsidenten überlassen wird.

Gamal Abd el-Nasser sah in diesem Staudamm das Symbol der wiedererstandenen ägyptischen Kraft. Die Pharaonen hatten die Pyramiden an die Nachwelt weitergegeben als Denkmal – unter Nasser knüpft das ägyptische Volk an die Glanzzeit der Pharaonen an: vergessen soll die Zeit sein, die dazwischen lag, die Periode der Bevormundung, der Unterwerfung unter Kolonialstaaten. Am 14. Mai 1964 hatte Gamal Abd el-Nasser in Assuan gesagt: »Männer Ägyptens, Frauen und Kinder! Vor der ganzen Welt steht dieser Damm als ein Symbol eurer Willenskraft, eurer Ausdauer, eurer Arbeitsenergie, eurer Opferbereitschaft. Dieser Damm ist ein Sieg über alle Hindernisse!« Zur Regierungszeit Nassers wird der Damm von Assuan in Balladen besungen: »Größer als Obelisken und riesiger als die Pyramiden!«

Die im Damm verarbeitete Masse an Baumaterial entspricht siebzehnmal der Masse der Cheops-Pyramide. Doch das Bauwerk ist unscheinbar: die Aufschüttung von 43 Millionen Kubikmeter Sand und Fels fällt in diesem Gelände nicht auf. Wer auf der Straße von der Stadt Assuan her zum Damm fährt, sieht keine Veränderung der trostlosen Landschaft. 111 Meter beträgt die Höhendifferenz zwischen dem weiterfließenden Nil und der Dammkrone. Die Barriere aus Sand und Fels ist 3600 Meter lang. Hinter ihr staut sich das Wasser des Nils – langsamer, als die Wissenschaftler ausgerechnet hatten. Die Verdunstung im heißen Wind auf der Seefläche von 500 Kilometer Länge frißt gewaltige Wassermassen auf. Durch Versickerung in Spalten, die sich am alten Nilboden unter dem ungeheuren Wasserdruck öffnen, fließt Wasser in Richtung Osten zum Roten Meer ab. Nach meinen eigenen Beobachtungen ist der Wasserspiegel des Sees hinter dem Staudamm in den Jahren von 1972 bis 1974 nicht angestiegen. Die High Dam Authority gibt keine Auskunft, die Beamten strahlen Optimismus aus: »Es ist alles in Ordnung mit dem Damm! Nur Böswillige können das Gerücht verbreiten, daß mit der Struktur des Damms etwas nicht stimme; die Aufschüttung zeigt keine Risse!«

Gamal Abd el-Nasser wollte, daß die Ägypter stolz sind auf diesen Damm. Er sagte: »Der Damm ist das Symbol für die politischen, sozialen, nationalen und militärischen Schlachten des ägyptischen Volkes!« Anwar el-Sadat hat die Propaganda für diese Leistung gestoppt. Der neue Präsident schafft den Ägyptern Gelegenheit, die Siege Nassers zu vergessen. Er korrigiert die Niederlagen des Vorgängers.

Das schlimmste Erbe: die Niederlage von 1967

Am 9. Juni 1967 zogen Hunderttausende durch Kairo. Ihr Schrei: »Nasser! Nasser! Nasser!« Gamal Abd el-Nasser war zurückgetreten: er hatte die Verantwortung für die Niederlage des Junikriegs übernommen. Die Demonstranten hatten noch keine Ahnung vom Ausmaß der Katastrophe, vom Versagen der ägyptischen Armee. Tagelang hatten die Lautsprecher Siegesmeldungen verkündet. In der Vorstellung der Massen brannte Tel Aviv lichterloh, der Einmarsch in die israelische Hauptstadt war jeden Augenblick zu erwarten. Die Nachricht von Gamal Abd el-Nassers Rücktritt traf die Menschen in Kairo unvorbereitet. Wut, Schmerz und Verzweiflung trieben sie auf die Straßen. Die Menge zog zum Präsidentenpalast. In dieser Stunde, als die Millionen erfuhren, daß der Sieg eine Täuschung war, blieb nur die Flucht zu Nasser. Der Schrei: »Gamal, verlaß uns nicht!« war in dieser Nacht zum erstenmal zu hören. Am 9. Juni 1967 konnte Nasser noch einmal zurückgeholt werden: er verwandelt die Niederlage, an der er mitschuldig ist, in einen innenpolitischen Triumph. Sieben Jahre später wird seine Politik vor und nach dem Junikrieg von 1967 offen unter die Kategorie »Pfuscherei« gezählt: als ehrenwert gelten jetzt nur noch die Motive.

Gamal Abd el-Nasser war überzeugt, daß die Einheit Arabien stark machen könne gegen Israel, gegen jede Einmischung durch die europäischen Staaten und durch die Großmächte. Trotz böser Erfahrungen versuchte er immer wieder, Zellen der Einheit zu schaffen, die zur Annäherung ermutigen sollten, aus denen der große, umfassende Zusammenschluß keimen konnte. Die Ernüchterung kam nach dem Scheitern der Idee des Unionsstaates mit Syrien. Am 1. Februar 1958 hatten sich Syrien und Ägypten zur Vereinigten Arabischen Republik zusammengeschlossen – am 28. September 1961 löste sich Syrien aus dem gemeinsamen Staatsverband. Der ägyptische Präsident war verbittert über das Scheitern dieses Traumes von der arabischen Einheit, aber er ließ keinen Versuch aus, die Chancen erneut zu testen. Als die syrische Regierung ihn 1966 um den Abschluß eines Verteidigungsbündnisses bat, ging Gamal Abd el-Nasser nach einigem Zögern darauf ein. Der Text des Bündnisses sah vor, daß Ägypten den Syrern bei einer ernsthaften Bedrohung der Grenzen durch die Israeli zu Hilfe kommen mußte. Nasser hatte die Hoffnung, aus dieser militärischen Zusammenarbeit könne wieder eine stärkere Bindung der beiden Staaten entstehen. Diese Hoffnung zerschlug sich. Das Resultat des Bündnisses: Ägypten wurde in eine Entwicklung hineingerissen, die zum Krieg mit Israel führte.

Syrien war zu diesem Zeitpunkt stolz darauf, daß von seinem Territorium aus Angehörige der Palästinensischen Befreiungsorganisation ungehindert Sabotageaktionen in Israel ausführen konnten. Der Libanon und Jordanien versuchten – aus Angst vor israelischen Gegenschlägen – die Grenzübertritte der Kommandos zu stoppen. Die Syrer aber provozierten die Israeli ganz offen, sie wollten Krieg.

Ohne Vorbereitung, ohne strategisches Konzept stolperten Ägypten und Syrien in diesen Krieg. Gereizt durch böse Worte des Königs über die feigen Ägypter, die nur deshalb keine Schwierigkeiten an ihrer Sinai-Grenze hätten, weil sie diese Grenze von der UN Emergency Force bewachen ließen, fordert Gamal Abd el-Nasser UN Generalsekretär U Thant auf, diese Truppe abzuziehen. U Thant befolgt die Aufforderung sofort. Seit elf Jahren, seit dem israelischen Rückzug, hatten 3000 Soldaten der UN Emergency Force die Trennung der israelischen und ägyptischen Linien überwacht – die UN-Soldaten waren jedoch nur auf ägyptischer Seite stationiert, Israel hatte den Aufenthalt dieser internationalen Streitmacht auf seinem Gebiet immer abgelehnt. Die UN-Truppe verließ Ägypten. Die ägyptische Armee zog jetzt wieder in Scharm-esch-Scheich an der Südspitze der Halbinsel Sinai ein.

Der nächste verhängnisvolle Schritt war eine Konsequenz dieses Erfolgs: die ägyptische Armeeführung forderte die Sperrung der Straße von Tiran, und Nasser gab nach – im Vertrauen auf Israels Angst und Entschlußlosigkeit. Damit war der Golf von Akaba für israelische Schiffe gesperrt. Israels Ölversorgung war unterbrochen, die Tanker aus iranischen Häfen erreichten Elath in Israel nicht mehr. Israel fühlte sich zu Recht bedroht, den Schnitt durch die wichtige Lebensader konnte die Regierung in Tel Aviv nicht hinnehmen. Großbritannien und die USA setzten sich für Israel ein: der britische und der amerikanische Botschafter in Kairo warnten vor einer Sperrung der internationalen Wasserstraße bei Scharm-esch-Scheich. Doch Gamal Abd el-Nasser ließ sich nicht beeindrucken. Er reizte die Israeli noch: »Wenn Israel den Krieg um die Benützung der Straße von Tiran vom Zaun bricht, werden auf arabischer Seite nicht nur Syrien und Ägypten kämpfen. Unser aller Ziel wird es sein, Israel zu zerstören!« Und er spricht in diesen Frühsommertagen den Satz aus, den er kurze Zeit später zu bereuen hat: »Wenn Israel den Krieg will, Marhaba! – Herzlich willkommen!« Der Taktiker Gamal Abd el-Nasser beging mit dieser Kombination von militärischer Bedrohung und Verhöhnung Israels einen Fehler: Israel hatte keinen Ausweg mehr, es mußte losschlagen. Da Präsident Johnson nicht bereit war, massiven Druck auf Ägypten auszuüben – die Eskalation in Vietnam zwang ihm Zurückhaltung auf –, hatte Israel auch keine Hoffnung auf politische Hilfe des amerikanischen Freundes. Mit Argwohn sah Tel Aviv auf die rege Reisetätigkeit der Politiker und Diplomaten zwischen Kairo und Washington: Vizepräsident Mohieddin meldete sich bei Johnson an, der amerikanische Vizepräsident Humphrey wurde in Kairo erwartet. Den Sinn dieser Reisediplomatie verstand Tel Aviv nicht, die Verantwortlichen konnten daraus nur Gefahren ablesen.

Seine Beredsamkeit hatte Gamal Abd el-Nasser zum Führer der Araber gemacht: in seinen öffentlichen Reden zeigte sich sein politisches Talent. Täglich zögerte er Entscheidungen hinaus, schob er Beschlüsse vor sich her, doch während die Massen ihm zuhörten, traf er politische Entscheidungen, vollzog er Kursänderungen, die nicht mit seinem Stab abgesprochen waren. Seine politischen Ziele wurden in solchen Augenblicken in Übereinstimmung gebracht mit den Gefühlen der Zuhörer. Arbeiter und Bauern nannte er als sein bevorzugtes Publikum, aber er täuschte sich in der soziologischen Zusammensetzung seiner Zuhörer: die Masse der Entwurzelten hörte ihm zu – Menschen, die nicht mehr Bauern und noch keine Arbeiter waren. Ihnen versprach er die goldene Zukunft nach dem Sieg über den Imperialismus, über den israelischen Aggressor. In den Männern aus den Slums von Kairo erweckte er durch seine mächtige Sprachkraft Begeisterung, die bezahlten Jubler brauchten sich nicht anzustrengen, um Beifall und Schreie der Zustimmung anzustacheln. Nassers verbale Siege über die Feinde wurden gefeiert von Hunderttausenden. Seine Reden fanden Zuhörer in der ganzen arabischen Welt. Nassers Stimme war es, die Muammar el-Gaddafi für die Politik interessierte.

Nach Nassers Tod erbte Anwar el-Sadat die Bereitschaft des ägyptischen Volkes, Worte für die Realität zu nehmen, Erfolge durch Worte zu ersetzen – Anwar el-Sadat empfand diese Bereitschaft als Belastung. Er baute sie behutsam ab. Seine Reden vor dem Parlament, vor Parteigremien bestehen nicht aus verbaler Abrechnung und Siegesparolen. Anwar el-Sadat spricht eleganter, ruhiger als Gamal Abd el-Nasser. Seine Themen sind Frieden, Sicherheit, wirtschaftlicher Aufschwung. Versprechungen des Siegs, das war auch in den Monaten vor dem Oktober-

krieg von 1973 zu spüren, empfindet er selbst als peinlich: sie kommen leise über seine Lippen.
Der Zuhörer wird von Anwar el-Sadat als eine Person behandelt, die Vertrauen verdient. Bei seiner zweiten Rede machte er eine lange Pause nach dem einleitenden »Bismallah ... Im Namen Allahs!«, dann schob er die Manuskriptseiten weg und sagte: »Ich will euch sagen, wie die Sache wirklich ist. Ihr habt ein Recht darauf!« Die Abgeordneten des Parlaments fühlen sich erst seit diesem Tag als Erwachsene. Unter Gamal Abd el-Nasser waren sie Staffage, Beifallspender. Zum Stil Anwar el-Sadats aber passen keine Jubelschreie. Für Gamal Abd el-Nasser war der Beifall die Würze des politischen Lebens. Er stoppte die Schreie »Nasser! Nasser! Nasser!« nie. Er unterbrach seine Rede sofort, wenn in einer Ecke des Platzes einstudierte Sprechchöre aufklangen: »O Nasser, du führst uns zur Größe!« Er hörte zu. Nassers Reden waren ein emotionaler Dialog zwischen ihm und der Masse. Die Zuhörer und der Redner profitierten davon: bei beiden wurden Spannungen durch Gefühlsentladungen abgebaut.
Vor der Wirklichkeit zersprang Nassers Welt der Worte. Die Israeli, die sich provoziert fühlten, griffen am frühen Morgen des 5. Juni 1967 an. Die siebzehn ägyptischen Militärflughäfen waren das erste Ziel. Alle Maschinen wurden am Boden zerstört. Die israelische Luftwaffe erreichte diesen Erfolg durch einen simplen Trick; sie flog von Westen her an, die Ägypter aber erwarteten den Angriff aus dem Osten, aus der Richtung der israelischen Luftwaffenbasen. Der Umweg über das Mittelmeer brachte für Israel den Sieg. Die starke ägyptische Panzerarmee war nach der Zerstörung der Luftwaffe hilflos. In der Wüste können Panzer nur zusammen mit Kampfflugzeugen operieren, die den Luftraum freihalten, sonst werden sie leichte Beute der feindlichen Piloten. Die Ägypter machten am 5. und 6. Juni 1967 diese Erfahrung. Ihre Front im Osten der Halbinsel Sinai war nicht zu halten, unter der ständigen Bedrohung aus der Luft mußte sich der Rückzug vollziehen. Die Verbände wurden aufgerieben: zu Fuß, ohne Fahrzeuge, flohen die ägyptischen Soldaten. Das Offizierskorps versagte völlig. Da war kaum ein Kommandeur, der bei seiner Einheit blieb, die Offiziere setzten sich als erste ab in Richtung Westen. Die Nachrichtenverbindungen zum Hauptquartier in Kairo waren sofort bei Kriegsbeginn unterbrochen. Gamal Abd el-Nasser erfuhr nur langsam vom wahren Ausmaß der Katastrophe.
Zwei Tage nach Kriegsausbruch wurde dem Präsidenten bewußt, daß zwischen den Israeli und der Hauptstadt Kairo keine intakte Einheit mehr zu finden war. Seine Generale mußten zugeben, daß ein Vormarsch der Israeli in Richtung Kairo nicht aufgehalten werden könnte. Für Gamal

Abd el-Nasser blieb nur der Waffenstillstand. Am Abend des 8. Juni war der Krieg zu Ende. Das Resultat: die Halbinsel Sinai ist von Israel besetzt, die ägyptische Armee zerschlagen und nicht mehr einsatzfähig. Israel erwartet die Kapitulation der Ägypter. Niemand gibt Gamal Abd el-Nasser noch eine Chance. Wer seine Rücktrittsrede hört, kann nicht daran glauben, daß Gamal Abd el-Nasser noch Hoffnungen hat; die Worte der Resignation klingen echt.

In den Stunden nach der Niederlage hatte auch der Vizepräsident, Marschall Abdel Hakim Amer, sein Amt niedergelegt. Nasser sah in ihm seinen Nachfolger. Er hatte ihn als künftigen Präsidenten präsentiert – daß dieser Schritt voreilig war, hatte sich in den Monaten vor dem Junikrieg herausgestellt: Abdel Hakim Amer wurde unbequem, er war seiner Sache zu sicher. Er betonte seinen Anteil an der Revolution von 1952. Damals war er wichtiger gewesen als Nasser. In seinem Haus hatten sich die Verschwörer getroffen; er hatte das Hauptquartier der Armee eingenommen; er war der eigentliche Sieger gewesen. Es mußte Nasser mißfallen, daß Abdel Hakim Amer seinen eigenen Glanz aufpolierte. Nach der Niederlage kommt die Zeit der Rache: wieder eingesetzt als Präsident durch den Willen des Volkes, schiebt Nasser die Schuld an der Niederlage den Armeechefs zu.

Am 10. Juni gibt die ägyptische Nationalversammlung dem Präsidenten Vollmacht zum militärischen und politischen Neuaufbau des Landes. Damit ist die Entscheidung des Volkes auch vom Parlament bestätigt. Gamal Abd el-Nasser liebt die strenge Erfüllung verfassungsmäßiger Vorschriften, auch wenn er genau weiß, daß derlei politische Zeremonien nur eine Farce sind. Die Vollmacht nützt Nasser aus: er entläßt den Oberkommandierenden der Luftwaffe und drei der höchsten Stabsoffiziere. Unmittelbar nach dem Waffenstillstand hatte der Präsident die Verantwortung für die Katastrophe übernommen, jetzt leitet er die Schuld geschickt auf andere. Am 23. Juli sagt er in einer Rede: »Am 2. Juni habe ich das Oberkommando der Armee davon unterrichtet, daß am 5. Juni ein Angriff der Israeli zu erwarten war!« Mit dieser Behauptung hat sich Gamal Abd el-Nasser reingewaschen: es war der Chef der Armee, der sich, trotz Warnung, hat überraschen lassen. Der Name Abdel Hakim Amer verschwindet aus den Tageszeitungen. Politisch Eingeweihte erzählen sich abfällige Bemerkungen des Präsidenten über den abgesetzten Marschall.

Abdel Hakim Amer ergibt sich nicht in sein Schicksal. Er weiß, daß ihm Absetzung und Prozeß drohen. Er zieht sich in seine Villa im feinen Kairoer Stadtteil Dokki zurück und kämpft weiter. Offiziere besuchen ihn – Unzufriedene, Generale, die Nasser entlassen hat. Der Präsident hört davon. Er weiß auch, daß die Villa in Dokki zur Festung ausgebaut ist. Nasser kann dieses Zentrum der Konspiration nicht dulden: die arabische Gipfelkonferenz von Khartum steht bevor. Gamal Abd el-Nasser muß dort im Besitz der ungeschmälerten Macht auftreten können. Ein Sturm auf die Villa in Dokki ist nicht möglich; der Präsident kann nicht zugeben, daß ihm der zweite Mann gefährlich geworden ist. Gamal Abd el-Nasser bittet Amer zu sich in den Kubbe-Palast. Das Gespräch wird offen geführt. Nasser sagt, was er weiß – und der Marschall gibt seine Unzufriedenheit zu.

An diesem Nachmittag im Kairoer Kubbe-Palast beginnt eine Entwicklung, die dem Nachfolger Nassers hilft bei seiner Reform der Machtverhältnisse in Ägypten: Nasser leitet die Trennung von Armee und Politik ein. Seine eigene Revolution von 1952 war ein Militärputsch. Fünfzehn Jahre lang, bis zur Niederlage von 1967, galt die Konvention in Ägypten, daß nur Offiziere die innere Unabhängigkeit, den notwendigen Nationalstolz und die Unbestechlichkeit besitzen, den Staat zu lenken. Die Militärakademie von Kairo ist die Schule des reinen ägyptischen Nationalismus. Die Offiziere zur Zeit der Revolution von 1952 und der Jahre danach fühlten sich verpflichtet, Politik zu machen auf der Grundlage des ägyptischen Nationalismus. Nasser duldete die Amateurpolitiker, da sie ihm nicht gefährlich werden konnten. Erst in Abdel Hakim Amer hatte sich ein Offizier gefunden, der, wie Nasser selbst, Kristallisationspunkt für eine Gruppe war. In der Villa in Dokki war das Hauptquartier dieses Rivalen. Gamal Abd el-Nasser entschloß sich, der Armee das Politisieren auszutreiben.

Nasser versucht, Abdel Hakim Amer zu überzeugen. Amer soll die Politik dem Präsidenten überlassen: »Du, Abdel Hakim Amer, führst die Armee – aber nach meinen Richtlinien!« Überzeugen läßt sich der Marschall nicht. Ohne sich zu unterwerfen fährt er zurück in seine Festung im Stadtteil Dokki. Er faßt jetzt konkrete Putschpläne: ein Armeebefehl mit der Unterschrift Nassers wird gefälscht; dieser Befehl spricht dem Marschall das Kommando über die Reste der Suezarmee zu. In der Nacht zum 27. August will Amer sein Hauptquartier in Ismailia beziehen. Von dort aus soll dem Präsidenten ein Ultimatum gestellt werden: Gamal Abd el-Nasser muß die Vorwürfe gegen die Armee zurücknehmen, das Ansehen der Truppe wird wiederhergestellt. Weigert sich Nasser, die Ehrenrettung der ägyptischen Armee zu proklamieren, wird er abgesetzt. Abdel Hakim Amer rechnet mit der vollen Unterstützung der Armeekommandeure für diesen Plan.

Doch nicht alle Offiziere in der Villa in Dokki stehen treu zur Sache des Marschalls. Einer der Verschwörer verrät den Plan an den Generalstab, der zu Nasser hält. Gamal Abd el-Nasser bittet den Marschall am Abend des 26. August noch einmal zu sich in den Kubbe-Palast. Nasser spricht vom Zwang zur Zusammenarbeit mit der Sowjetunion: »Nur Moskau kann uns helfen, die zerschlagene Armee wiederaufzubauen! Wer sonst ist bereit, uns Waffen zu geben?« Marschall Amer will von dieser Zusammenarbeit nichts wissen. Nasser und Amer finden keine Basis für den gemeinsamen Weg in die Zukunft. Nasser befiehlt, daß eine Ehreneskorte den Marschall nach Dokki zurückbegleitet. Die Ehreneskorte verläßt die Villa nicht mehr, sie bezieht Wache. Amer vermeidet den Kampf; er fürchtet, daß die Opfer der bewaffneten Auseinandersetzung ihm angelastet werden. Amer resigniert. Der Staatsstreich, für diese Nacht geplant, findet nicht statt. Im September begeht Marschall Amer Selbstmord – erst der dritte Versuch gelingt. Zweimal wird er von Ärzten gerettet, die nicht begriffen haben, daß der Tod dieses Mannes gewünscht wird.

Der Freitod des Marschalls spricht Gamal Abd el-Nasser von jeder Schuld des Versagens im Junikrieg frei. Abdel Hakim Amer war von nun an der Verbrecher, der durch Schlamperei und Unfähigkeit den Untergang der ägyptischen Armee verschuldet hat. Nasser hatte den perfekten Sündenbock gefunden.

Mit dem Waffenstillstand ist der Kampf am Suezkanal nicht zu Ende. Der »Krieg der Abnützung« beginnt. Nasser versucht, das Potential der Israeli zum Ausbluten zu zwingen. Artilleriegefechte, Luftangriffe, Kommandounternehmen über den Kanal – das sind die Formen dieses Abnützungskriegs. Der ägyptische Präsident kalkuliert so: »Meine Armee ist größer an Mannschaftszahlen als die Armee der Israeli. Israel muß aus wirtschaftlichen Gründen nach jedem Krieg seine Truppenstärke auf 75 000 Mann reduzieren – Ägypten kann es sich leisten, ständig 400 000 Soldaten mobilisiert zu halten. Bei gleich starken Verlusten sinkt die Kampfkraft der Israeli stärker ab als die der Ägypter.« Doch die Kalkulation stimmt nicht. Die israelische Luftwaffe greift weit im ägyptischen Hinterland an. Jeden Tag sind Phantomkampfflugzeuge mit dem Davidstern über der Hauptstadt Kairo zu sehen. Die Piloten machen sich einen Spaß daraus, direkt den Kubbe-Palast zu überfliegen.

In dieser Zeit des Abnützungskriegs ist Gamal Abd el-Nasser bereits schwer krank. Mit vierzig Jahren (1958) hatten sich erste Symptome einer Zuckerkrankheit gezeigt; Nasser nahm wenig Rücksicht darauf. Im Juli 1968 fühlte sich der Präsident bei einem Flug nach Moskau so erschöpft, daß er noch im Flugzeug darum bat, man möge ihm eine Liegemöglichkeit schaffen. Er klagte über heftige Schmerzen im linken Bein: die Ärzte diagnostizierten eine Folgeerscheinung der Zuckerkrankheit. Sie empfahlen, das Rauchen zu unterlassen, doch Nasser folgte dem Rat nicht.

Im September 1969 ist der Erschöpfungszustand des Präsidenten nicht mehr zu verbergen: er hat dunkle Ringe unter den Augen, er leidet an Schweißausbrüchen, seine rechte Hand zittert. Die Kanzlei des Präsidenten gibt die Nachricht aus, Nasser leide an Erkältung. Der Präsident stimmt zu, daß ein Elektrokardiogramm seine Herzfunktionen überprüft: die Ärzte stellen einen Herzfehler fest – wahrscheinlich die Folge eines Infarkts. Sie verordnen absolute Bettruhe. Aus Moskau werden Spezialisten geholt. Sie bestätigen: Gamal Abd el-Nasser ist herzkrank. In die Monate der Genesungsversuche fällt der Höhepunkt des Abnützungskrieges. Die Israeli demonstrieren über Kairo ihre absolute Beherrschung des Luftraums. Im Januar 1969 entschließt sich der Präsident, trotz aller Krankheit nach Moskau zu fliegen, um die Sowjets zu bitten, am Suezkanal einen Gürtel wirksamer Luftabwehr aufzubauen. Verteidigungsminister Gretschko verspricht, die besten der eigenen Boden-Luft-Raketen zu schicken. Gretschko hält sein Versprechen. Batterien der SAM-Raketen werden im Flugweg der Israeli zwischen Suez und Kairo installiert. Mit den Raketen kommen sowjetische Militärberater ins Land. Für die Israeli wird es schwierig, Kairo anzufliegen. Nassers Reise nach Moskau ist erfolgreich gewesen.

Der Präsident will sich jetzt schonen, die Folgen des Infarkts sind noch immer nicht ausgeheilt. Doch Nasser findet wenig Ruhe. Die USA beginnen sich um eine friedliche Lösung des Nahostkonflikts zu bemühen. Außenminister Rogers wirbt für seinen Friedensplan. Gamal Abd el-Nasser fliegt nach Moskau, um mit den Sowjets zu beraten, ob es klug ist, den Rogers-Plan anzunehmen. Die russischen Ärzte wollen den Präsidenten für einen Monat in eine Klinik legen: sie sind jetzt ernsthaft besorgt, Nassers Zustand hat sich verschlechtert. Doch Nasser kann nicht bleiben, für den 23. Juli 1970 ist der Nationalkongreß der Staatspartei, der Arabischen Sozialistischen Union, einberufen. Vorher will Gamal Abd el-Nasser den Abnützungskrieg beenden.

Der 23. Juli 1970 ist der achtzehnte Jahrestag der ägyptischen Revolution. Nasser spricht in der Aula der Kairoer Universität. Seine Rede dauert zweieinhalb Stunden. Zum erstenmal seit dem verlorenen Krieg findet er zurück zur großangelegten freien Rede. Er sagt: »Wir suchen den Krieg nicht. Aber wir müssen unsere Aufgabe erfüllen, alles Land zurückzugewinnen, das die Araber im Krieg verloren haben. Wir müssen den Palästinensern zu ihrem Recht verhelfen. Wir klagen Israel an. Es betreibt eine Politik der Expansion!« Für diese Worte erhält Gamal Abd el-Nasser Beifall, die Parteidelegierten erwarten die verbale Abrechnung mit Israel. In vorausgehenden Reden hatte der Präsident nach der Verurteilung Israels immer die Vereinigten Staaten von Amerika attackiert. Die bösen Worte gegen die USA als »Feind Nummer 1« der Araber unterbleiben diesmal. Es folgt eine Überraschung: »Um vor der Welt, dem amerikanischen Präsidenten und dem amerikanischen Volk klar unsere friedliche Absicht zu zeigen, erklären wir, daß wir die Vorschläge des amerikanischen Außenministers Rogers annehmen!« Damit hatte Nasser einem Waffenstillstand an der Suezfront für die Dauer von drei Monaten zugestimmt. Während der Zeit der Waffenruhe – das war der Kern des Vorschlags von Rogers – sollte versucht werden, eine friedliche Lösung des Nahostkonflikts auszuhandeln, auf der Basis des Sicherheitsrats-Beschlusses 242 vom 22. November 1967.

Seit dem Herbst des Kriegsjahres 1967 berufen sich die Friedenswilligen in Arabien auf den Text dieses Sicherheitsrats-Beschlusses. Er lautet:
»Der Sicherheitsrat drückt seine Besorgnis über die ernste Situation im Nahen Osten aus. Er betont, daß die Inbesitznahme von Territorium durch kriegerische Handlungen unzulässig ist. Er betont seinen Willen, einen gerechten und dauerhaften Frieden zu suchen, der jedem Staat dieses Gebiets Sicherheit garantiert.
I. Der Sicherheitsrat ist der Meinung, daß für einen gerechten und dauerhaften Frieden im Nahen Osten die folgenden Prinzipien zu beachten sind:
a. Die israelischen Streitkräfte ziehen sich zurück aus den während des letzten Konflikts eroberten Gebieten.
b. Beendigung des Kriegszustandes und Anerkennung der Souveränität, der Unantastbarkeit des Territoriums, der politischen Unabhängigkeit eines jeden Staates in diesem Gebiet. Jeder Staat hat das Recht, in Frieden zu leben, innerhalb sicherer und anerkannter Grenzen, ohne Sorge vor Bedrohung durch Gewaltakte.
II. Der Sicherheitsrat ist der Meinung, daß
a. die freie Schiffahrt auf den internationalen Wasserwegen garantiert sein muß,
b. für das Flüchtlingsproblem eine gerechte Lösung zu finden ist,
c. die Garantie der Unantastbarkeit des Territoriums durch besondere Maßnahmen gesichert sein muß, etwa durch die Schaffung entmilitarisierter Zonen.
III. Der Sicherheitsrat fordert den Generalsekretär auf, einen Sondergesandten zu ernennen, der im Nahen Osten Kontakte aufnimmt, um ein Übereinkommen vorzubereiten für die friedliche Lösung, die den Prinzipien dieser Resolution entspricht.

IV. Der Sicherheitsrat fordert den Generalsekretär auf, sobald als möglich einen Bericht über die Bemühungen des Sondergesandten vorzulegen.«

Gamal Abd el-Nasser und König Hussein hatten nach der Niederlage den Grundsätzen dieses Sicherheitsrats-Beschlusses zugestimmt. In der Ablehnung waren sich Israel, Syrien, der Irak und die Palästinenser einig. Israel, der Sieger im Junikrieg von 1967, wollte sein Pfand, die eroberten Gebiete, nicht hergeben ohne vertragliche Sicherung seiner Existenz durch die ägyptische und syrische Regierung. Die Regierung in Tel Aviv sah die Reihenfolge der Bemühungen um einen Frieden so: erst Vertrag, dann Rückzug. Syrien, der Irak und die Palästinenser waren gegen jede Art von Vertrag. Sie sahen darin eine Kapitulation der Araber. Nasser und König Hussein, jetzt bereit zu einer Einigung mit Israel, verlangten zuerst die verlorenen Gebiete zurück, dann erst sollte an Verhandlungen gedacht werden. Ihr gemeinsamer Standpunkt: »Mit einem Erpresser setzen wir uns nicht an einen Tisch; Israel erpreßt uns, es gibt die eroberten Gebiete nicht frei!«
Gunnar Jarring, der Sondergesandte des UN-Generalsekretärs, hatte aus dieser Sackgasse keinen Ausweg gefunden. Die Ägypter verspotteten ihn als den »ewigen Wanderer« zwischen den Hauptstädten des Nahen Ostens, die Israeli gaben ihm gar keine Antwort mehr auf Fragen nach ihrem Standpunkt. Als Jarring resignierte, versuchten die Vereinigten Staaten den Anstoß zu geben für direkte Gespräche zwischen den Feinden. Außenminister Rogers sah ganz deutlich, daß sich die Interessen der Ägypter und der Israeli kombinieren ließen: die Ägypter waren zum Frieden bereit, und die Israeli wollten Sicherheit.

Nasser beugt sich: Israel soll bleiben

Gamal Abd el-Nasser vollzog am 22. November 1967 eine Kehrtwendung, die zunächst niemand ernst nahm: er akzeptierte die Existenz Israels. Den Junikrieg hatte er noch provoziert mit der Aufforderung, Israel auszulöschen. Von den Ideen zur radikalen Lösung war er jetzt geheilt; er war bereit, den Israeli sichere Grenzen zuzugestehen und die Benützung der internationalen Wasserstraße von Suez. Das Versprechen, die Grenzen Israels unantastbar zu machen, mußte zur Folge haben, daß Gamal Abd el-Nasser die Kommandoaktionen der Palästinenser von arabischem Gebiet aus unterbindet. Er machte sich mit dieser Absicht zum Feind der Kommandoorganisationen, die kommen sahen, daß ihre Freiheit zu kämpferischen Aktionen beschnitten wurde.

Außenminister Rogers fand in der Politik Nassers Anknüpfungspunkte für eine Lösung des Nahostkonflikts durch Verhandlungen. Er war der Meinung, daß die hoffnungsvollen Ansätze nur wegen des Abnützungskriegs nicht zur Entfaltung kamen: »Solange geschossen wird, denkt niemand an Frieden.« Eine Waffenruhe für die Dauer von drei Monaten konnte das politische Klima ändern.

Mit dem Taxi fahre ich im August 1970 zum Suezkanal. Die Straße von Kairo nach Suez liegt im Sperrgebiet; hier werden die Waffen zur Frontlinie transportiert. Auch an diesem zweiten Tag des Waffenstillstands rollen schwere Lastzüge mit verdeckten Objekten nach Osten. 120 Kilometer zieht sich die Asphaltstraße durch die Wüste, rechts und links liegen Sanddünen und Granithügel. Schwarze Striche ragen aus dem Sand in den Himmel: die Flakbatterien, die sich als wirkungslos erwiesen hatten. Die Phantomkampfflugzeuge können von dieser unbeweglichen Waffe nicht getroffen werden. Ein Offizier mit Fronterfahrung sagt: »Da erreichen wir mehr mit einem leichten Maschinengewehr.« An diesem Tag stelle ich fest: die Straße hat Abzweigungen mit fester Decke bekommen; nach rechts und links führen sie ab, so breit wie die Hauptstraße selbst. Posten der Militärpolizei sichern die Nebenstraßen, für mich sind sie gesperrt. Das sind die Zubringerwege zu den Stellungen der SAM-Luftabwehrraketen, der Waffe, die Nasser in Moskau erbeten hatte. Als ich in Suez ankomme, ist Luftalarm: drei Flugzeuge ziehen hoch am Himmel Kondensstreifen. In der Ferne sind Explosionen zu hören, die ägyptische Flak feuert. Die Flugzeuge drehen ab in Richtung Israel. Die israelische Regierung protestiert am folgenden Tag gegen die Vorverlegung der Raketenstellungen unter dem Schutz des Waffenstillstands: diesen Sachverhalt hatten die drei Aufklärer erkundet.

Die Zeit bis zur Entwarnung verbringe ich im Befehlsbunker des Gouverneurs von Suez. Meterdicke Betonwände und Panzertüren sichern diese Verteidigungszentrale ab. Im Zentrum des Bunkers liegt ein langer schmaler Raum, hier finden die Lagebesprechungen statt. Die Luft ist feucht; der Bunker hat keine Klimaanlage. Fette Fliegen setzen sich ins Gesicht. An den Seitenwänden des langen Raums stehen die Türen offen zu Arbeits- und Schlafräumen mit Feldbett und Feldtelefon. Das Bild Gamal Abd el-Nassers lächelt freundlich an der Betonwand.

Der Gouverneur läßt Tee servieren. Die süße Flüssigkeit zieht die Fliegen an. Der energische Offizier gibt einen Situationsbericht: »Suez ist eine tote Stadt. Die meisten Häuser sind zerstört. Die genauen Zahlen sind erfaßt. 1608 Gebäude unserer Stadt sind als Totalschaden gebucht. Die Israeli haben uns bis zum Tag des Waffenstillstands mit Raketen und Artillerie beschossen, jeden Tag. In Suez lebten 260 000 Menschen, bis auf 10 000 haben wir alle evakuiert. Durch diese Maßnahme konnten wir die Zahl der Toten und Verletzten unter der Zivilbevölkerung gering halten. Bei israelischen Angriffen starben 482 Männer und Frauen, 1242 wurden verwundet.«

Der Gouverneur gibt die Genehmigung zur Weiterfahrt nach Port Taufik, zur vordersten Linie. Er macht mich darauf aufmerksam, daß ich mich auf eigene Gefahr in der Kampfzone aufhalte: »Überall liegen Blindgänger und Zeitzünder!« Vorsichtig umfahren wir die Krater auf dem Damm nach Port Taufik, von der Straße und von der Bahnlinie ist nichts übriggeblieben. Die Stadt ist noch schlimmer zerstört als Suez, hier gibt es kein bewohnbares Haus mehr. Nur Soldaten sind zu sehen, die Zivilisten der Suezkanalzone leben jetzt alle im Landesinnern, in Barackenlagern bei Kairo. Eine Million Menschen sind evakuiert worden aus den Städten Suez, Port Taufik, Ismailia und Port Said. Diese Flüchtlinge gehören mit zum Erbe, das Anwar el-Sadat übernehmen mußte.

Die Annahme des Rogers-Plans war die letzte bedeutende Tat Nassers. Dieser politische Schritt hatte eine schreckliche Konsequenz: er brachte dem Präsidenten den Tod.

Der Tod des Gamal Abd el-Nasser

Nach der Rede vom 23. Juli 1970 flog Nasser nach Marsa Matruh am Mittelmeer. In diesem weitabgelegenen Ort wollte er sich erholen. Der Präsident wurde abgeschirmt vom täglichen Regierungsbetrieb. Er bekam keine Akten zu sehen, keine Besucher belästigten ihn, aber er hörte Radio. Aus einem Rundfunkgerät erfuhr er am 15. September, daß König Hussein begonnen hatte, in Amman die Organisationen der palästinensischen Kommandos zu zerschlagen. Der König setzte den Beschluß des Sicherheitsrates in die Realität um: den Kommandos mußte die Möglichkeit genommen werden, über die Grenze hinweg in Israel Überfälle durchzuführen. Hussein war entschlossen, die Kader der El Fatah und der Volksfront zur Befreiung Palästinas aus den Flüchtlingslagern in Jordanien zu vertreiben. Gegen die Lager auf den Hügeln Ashrafie und Amman setzte die jordanische Armee Artillerie ein. Jassir Arafat alarmierte die arabische Welt mit dem Aufschrei: »Hussein hat zwanzigtausend Männer, Frauen und Kinder getötet. Er ermordet unser Volk, er will uns alle liquidieren!« Gamal Abd el-Nasser bittet die arabischen Präsidenten und Könige zu einer Gipfelkonferenz nach Kairo. Er verläßt seinen Erholungsort Marsa Matruh und übernimmt wieder die volle Verantwortung im Kubbe-Palast.

In den frühen Morgenstunden des 26. September schickt Nasser im Namen der arabischen Staatschefs dieses Telegramm an König Hussein: »Aufgrund der Berichte, die wir erhalten haben, bleibt uns kein Zweifel über folgende Tatsachen:

1. Die jordanischen Behörden sind entschlossen, die Beschießung fortzusetzen, trotz aller laufenden Bemühungen, den Kampf zu beenden.

2. Alle Versprechungen, die uns gemacht wurden, sind gebrochen und folglich ohne jeden Wert.

3. Es existiert ein Plan zur Liquidierung der Kommandobewegung, auch wenn uns das Gegenteil erklärt wird.

4. Ein schreckliches Massaker wird in Amman verübt. Es verletzt alle menschlichen Werte Arabiens.

Wir sind tief betrübt, daß unsere Beziehungen diesen Punkt erreicht haben. Wir müssen die Wahrheit sagen; nur so bleibt unsere Nation größer als alle üblen Konspirationen.«

Im Sitzungssaal des Hilton Hotels in Kairo rechtfertigt sich Hussein. Der König wird von Jassir Arafat als Mörder beschimpft. Hussein droht mit der Pistole; er will auf den Kommandochef schießen. Gamal Abd el-Nasser trennt die Streitenden, er muß mit ihnen ringen, um sie auseinanderzubringen. Er bittet jeden einzeln in ein Besprechungszimmer. Arafat und Hussein lassen sich erst nach stundenlangen zermürbenden Gesprächen wieder an den großen Konferenztisch zurückholen. Nasser sagt: »Die Zeit läuft uns davon. In Jordanien sterben Menschen. Wir müssen diesen Wahnsinn stoppen!«

Vor drei Wochen hatte derselbe Gamal Abd el-Nasser dem König den Rat gegeben, den Einfluß der Palästinenser zu beschneiden. Der König und der Präsident waren sich einig gewesen, daß der Versuch einer friedlichen Lösung nur gelingen konnte, wenn die El Fatah und die Volksfront zur Befreiung Palästinas Israel in Ruhe ließen. Nasser hatte an eine langsame, scheibchenweise Reduzierung der palästinensischen Kampfkraft gedacht – doch der König griff hart zu. Die völlige Liquidierung der Kommandoorganisationen und die Beschießung der Flüchtlingslager konnte der Führer Arabiens nicht dulden. Nasser legt einen Kompromißvorschlag auf den Tisch, der die Rechte des Königs und der Palästinenser sichern soll. Mehr aus Müdigkeit als aus Bereitschaft zur Verständigung, unterschreiben Hussein und Arafat. Das Abkommen, an das sich später keine Seite hält, bringt den arabischen Staatschefs das Gefühl der Erleichterung, die Palästinenser gerettet zu haben. Sie bedanken sich bei Gamal Abd el-Nasser.

Einzeln nacheinander verabschiedet er die Könige, Präsidenten und Emire auf dem Flughafen. Als letzter verläßt der Emir von Kuwait die ägyptische Hauptstadt. Nasser blickt dem Emir nach, der das Flugzeug besteigt. In dieser Minute spürt er starke Schmerzen in der Brust; der Schweiß bricht ihm aus, und er fühlt sich zu schwach, zu Fuß zu seinem Fahrzeug zu gehen. Das Auto holt ihn auf dem Rollfeld ab. Es ist 15 Uhr 45, als Nasser in seiner Wohnung eintrifft. Er will ein warmes Fußbad nehmen, weil ihm das immer geholfen habe. Der Arzt, Dr. Sawi Habib, wird gerufen. Er stellt fest, daß ein Blutgerinnsel Teile des Herzens blockiert, das Herz schlägt unregelmäßig. Andere Ärzte werden von Dr. Habib konsultiert. Mit Hilfe von Sauerstoff, Elektroschocks und Herzmassage versuchen sie, das Leben des Präsidenten zu retten. Im Schlafzimmer versammeln sich die wichtigen Männer des Nasser-Regimes: General Mohammed Fausi, Sharawi Goma'a, Sami Sharaf, Ali Sabri, Anwar el-Sadat. Um 18 Uhr 15 stellt Dr. Habib fest, daß Gamal Abd el-Nasser tot ist.

Was bleibt vom Nasserismus?

Drei Ziele hatten Gamal Abd el-Nasser und die Offizierskollegen, als sie im Juli 1952 die Macht an sich rissen: sie wollten die Engländer aus dem Lande werfen – Großbritannien hielt Truppen stationiert in der Kanalzone –, sie wollten die Monarchie abschaffen und der korrupten feudalen Klasse das Handwerk legen. Darüber hinaus wollten sie den Ägyptern einen neuen Geist, ein neues Selbstbewußtsein geben, die Händler- und Dienermentalität sollte verschwinden. Nasser hatte nur eine undeutliche Vorstellung, wie dieses Ziel zu erreichen war. Als Grundvoraussetzung sah er die Abschaffung ausländischer Vorrechte in Ägypten an. Konsequent verstaatlichte er die meisten Betriebe mit fremdem Kapital; die ausländischen Besitzer und Manager wurden nach Hause geschickt.

Der neue Geist des Volkes aber ließ auf sich warten, auch nach dem proklamierten Ende von Feudalismus und Kapitalismus. Nasser schreibt: »In den Tagen vor dem 23. Juli 1952 glaubte ich, daß alle Menschen so wie ich in einem Spannungszustand lebten, daß sie alle auf die Revolution warteten. Ich glaubte, es genüge, daß die Führer die Bollwerke der Unterdrükkung wegräumen, dann werde das Volk in geschlossenen Reihen zum Heiligen Marsch auf das große Ziel antreten. Ich hörte innerlich voraus den fürchterlichen und erschütternden Aufschrei dieser Massen. Am Morgen des 23. Juli, nach der Revolutionsnacht, warteten wir. Der Despot war entthront, es gab kein Hindernis mehr für die Massen, zu uns zu kommen. Sie kamen auch, aber welcher Unterschied bestand da zwischen meiner Vorstellung und der Realität: sie kamen in kleinen Gruppen, unter sich uneins, zerstritten. Jeder wollte etwas anderes. Wir brauchten Disziplin und fanden Anarchie; wir brauchten Einigkeit und fanden Streit. Jeder versuchte, den anderen zugrunde zu richten, zu diffamieren. Jede Idee war nur deshalb ausgedacht, um eine andere zu Fall zu bringen. Hätten wir auf die Tausende und Hunderttausende von Klagen gehört, mit denen man uns überschüttet hat, und hätten wir die Vorschläge befolgt, wären wir zum Schluß zwischen Trümmern und Toten gesessen.«

Im September 1952 beschränkte die Revolutionsregierung das Recht auf Landbesitz; jede Familie soll nur so viel an Boden besitzen dürfen, wie sie selbst bearbeiten kann. Damit will Nasser die Macht der feudalen Landherren brechen. »Die Großgrundbesitzer haben uns regiert in den vergangenen Jahren, sie hatten den König in der Hand – beide sorgten für ihren Profit, sonst für gar nichts!« sagt Gamal Abd el-Nasser. Er kann nicht verhindern, daß die erfahrenen Grundbesitzer Mittel finden, sich ihr Eigentum zu sichern: einen Teil des an die Bauern verteilten Landes kaufen sie in kurzer Zeit zu einem Spottpreis wieder zurück. Die Notare der Landgemeinden helfen den großen Herren, und die Polizisten warten auf Befehle der Grundbesitzer. Zwanzig Jahre nach der Revolution, zur Regierungszeit von Anwar el-Sadat, schreibt die Kairoer Tageszeitung »Al Gumhuria«: »Die Wurzeln des Feudalismus und der Einfluß der Feudalisten existieren noch immer in unserem Land. Sie ändern ihre Farben und richten sich nach den Umständen. Sie marschieren unter jedem Banner, unter jedem Slogan. Was uns so bestürzt macht, ist die Tatsache, daß diese Überreste des Feudalismus immer noch existieren. Sie arbeiten mit Terrorismus und Einschüchterung; sie unterwandern den Behördenapparat, sie verbreiten Panik.« (14. 12. 1972)

Wenig ändert sich am Elend in den Fellachendörfern; niedrige Hütten aus Lehm sind die Behausung der Familien; alle leben in einem Raum, oft genug zusammen mit drei oder vier Hammeln. Als Toilette wird der Nilkanal benutzt, die Bedürfnisse erledigen Mann und Frau an getrennten Plätzen im seichten Wasser. Dreißig Meter kanalabwärts waschen Frauen im selben Wasser Wäsche. Die trübe Flüssigkeit des Kanals dient als Trink- und Kochwasser. Der Gestank in den Dörfern ist unerträglich, eine Mischung aus Tierausdünstung, Urin und Fäulnis.

Nassers Reform des Landbesitzes und der Besteuerung hat das Leben der Bauern und Landarbeiter nicht verbessern können. Von der Revolution von 1952 bis zu Nassers Tod hat sich das Pro-Kopf-Einkommen der Bevölkerung nur unwesentlich erhöht. Verbessert haben sich die sozialen Leistungen; die Versorgung mit einfachen Kliniken ist ausreichend, die

Zahl der Schulen nimmt zu – aber noch immer sind die meisten Menschen in Ägypten Analphabeten. Eine neue Klasse der Arbeiter ist entstanden in der Regierungszeit des Gamal Abd el-Nasser: die Stahlwerker von Heluan entwickeln Klassenbewußtsein; sie haben den Willen zur Beteiligung an der Politik, sie fordern Mitsprache. Für die Stahlwerker von Heluan wurde die Grundform einer Sozialversicherung geschaffen, bei Krankheit und Alter bleiben sie nicht ganz ohne Versorgung. Die Arbeitersiedlungen in Heluan sind menschenwürdig, sie stehen dem Arbeiter gegen niedrige Miete zur Verfügung. In den Siedlungen gibt es Schulen und Kindergärten. Doch die Arbeiter von Heluan sind eine Elite, deren Lebensstandard nicht zu vergleichen ist mit dem anderer Arbeiter in Kairo. Da es in Ägypten weit mehr Menschen gibt als Arbeitsplätze, sind die Löhne gering. Setzt die Regierung Mindestlohnsätze an von – umgerechnet, DM 2,50 pro Tag, so unterbieten die Arbeitssuchenden freiwillig den gesetzlich vorgeschriebenen Satz. An der Ausbeutung der Besitzlosen konnte Nasser nichts ändern.

Seine Vorstellung vom Sozialismus hatte der Präsident so definiert: »Sozialismus bedeutet für mich die Beendigung jeglicher Ausbeutung. Wir wollen nicht die Diktatur einer Klasse, des Proletariats zum Beispiel – sie löst nur die Diktatur des Kapitalismus und der feudalen Klasse ab. Mit der Diktatur einer Klasse haben wir Schluß gemacht. Wir suchen die Demokratie des ganzen Volkes.«

Der Schlüssel zum Verständnis des »Nasserismus« ist in der National Charter zu finden. Sie sollte Leitfaden sein für die Politik Ägyptens, für die Politik der ganzen arabischen Welt. Gamal Abd el-Nasser sah Ägypten als das Kernstück der arabischen Einheit: »Es gibt keinen Zweifel, das Volk Ägyptens ist heute aufgefordert, die positiven Erfahrungen seines Sieges in den Dienst der Revolution in der ganzen arabischen Welt zu stellen.« Ägypten, als revolutionäres Vorbild, erwartet, daß die übrigen arabischen Staaten seine Erfahrungen akzeptieren. Gamal Abd el-Nasser duldet keine Nebenbuhler in der Bemühung um Einfluß auf die Staaten vom Persisch/Arabischen Golf bis zur marokkanischen Atlantikküste: »Die Vereinigte Arabische Republik trägt die Verantwortung für den Fortschritt der ganzen arabischen Welt.« Diese arabische Welt erkannte zwar Nasser als Führer der Araber an – doch die emotionale Huldigung blieb ohne Effekt, wenn die praktische Realisierung der Einheit zur Diskussion stand. Nasser konnte den regionalen Egoismus nicht überwinden.

Im Januar 1958 wurde Nasser von den politischen Führern Syriens bedrängt, Syrien und Ägypten unter seiner Präsidentschaft zu vereinigen.

Die Initiative wurde getragen von den wichtigsten Männern der sozialistischen Baathpartei in Damaskus: sie sahen in der Union die einzige Rettung aus dem Chaos. In der Armee war Streit und Rivalität ausgebrochen; die Offiziere hatten sich verschiedenen auseinanderstrebenden Flügeln der Baathpartei verpflichtet. Jeder wartete auf die Chance zum Putsch. Die Kommunisten mobilisierten ihre Anhänger. Saudi-Arabien versuchte mit Bestechungsgeldern in großen Summen den Einfluß der Linken zurückzudrängen. Es fehlte die integrierende Kraft in Damaskus, die dem Egoismus der einzelnen Gruppen ein Ende machen konnte. Nasser ergriff die Gelegenheit, seine Idee von der arabischen Einheit Wirklichkeit werden zu lassen. Aber er sah auch die Schwierigkeiten voraus: er stellte die Vorbedingung, alle politischen Parteien Syriens zu verbieten. Die Baathpartei akzeptierte diese Bedingung, die Kommunisten weigerten sich, der Parteiauflösung zuzustimmen – ihre Organisation wurde dennoch auf die Verbotsliste gesetzt.
Die Sowjetunion sah diese Entwicklung ungern. Sie hatte Hoffnung gesetzt auf eine kommunistische Machtergreifung in Syrien. Chruschtschow, der gerade zu dieser Zeit an guten Beziehungen zur arabischen Welt interessiert war, empfing Nasser trotzdem mit allen Ehren. Der Präsident aber hatte Grund, sich bei Chruschtschow zu beschweren: sowjetische Diplomaten in Damaskus unterstützten weiterhin die verbotene Kommunistische Partei, sie intrigierten gegen die Union mit Ägypten; sie hielten Kontakte zu Offizieren, die diese Union wieder auflösen wollten. Im Herbst 1958 kam, trotz des wachsenden Mißtrauens auf beiden Seiten, das Abkommen über die Finanzierung des Staudammes von Assuan zustande. Die Russen willigen ein, den Ägyptern mit einem Kredit über 400 000 000 Rubel zu helfen; sie sind auch bereit, Spezialisten zu schicken. Die Sowjetunion hilft, aber sie ändert ihre Politik nicht.

Gamal Abd el-Nasser hält sich zwei Monate lang zurück. Doch am 23. Dezember 1958 attackiert er offen die Sowjets in einer Rede vor Arbeitern der Hafenstadt Port Said: »Die Kommunisten in Syrien sind Opportunisten und Separatisten. Feinde, die den Triumph des arabischen Nationalismus hassen, weil er nicht in ihr Konzept paßt!« Er erinnert daran, daß die Imperialisten nicht immer nur aus dem Westen kommen: »Salah ad-Din und die vereinigten arabischen Heere haben die Tataren besiegt, die über den Irak hinweg von Osten her Syrien angreifen wollten!« Die Antwort aus dem Kreml: »Gamal Abd el-Nasser ist ein junger Mann, voll Leidenschaft und Hitze im Kopf!« Der Streit mit Moskau um die Stellung der Kommunisten trübte von vornherein Nassers Freude an der Vereinigten Arabischen Republik.

Doch als die Union geplatzt war, weigerte er sich, die Vereinigte Arabische Republik für aufgelöst zu erklären. Solange er lebte, führte Ägypten diesen Namen. Auch das gehörte zum Erbe des Anwar el-Sadat. Er löscht den bombastischen Staatsnamen und nennt sein Land wieder Ägypten.

Der Drang nach Einheit bleibt

Im Frühjahr 1971 schlägt Muammar el-Gaddafi, der libysche Staatspräsident, den Zusammenschluß der Staaten Ägypten, Libyen und Sudan vor. Im Prinzip stimmen die Partner Anwar el-Sadat und Jaafar el-Numeiri zu; doch bald ist der sudanesische Präsident gezwungen, alle Föderationspläne fallenzulassen: die Kommunisten des Sudans machen Schwierigkeiten. Syrien bewirbt sich an Stelle des Sudans um Beteiligung – Hafis al-Assad will, zehn Jahre nach dem Scheitern der Union mit Ägypten, sein Land aus der Isolation herausführen. Muammar el-Gaddafi denkt an einen zentralisierten Unionsstaat, doch diesem Plan setzt Sadat Widerstand entgegen: er möchte aus den drei Staaten keinen festgefügten neuen Staat formen, das Gebilde soll locker bleiben. In das Abkommen über die Föderation fügt er den Zusatz ein: »Der Präsidialrat besteht aus den Präsidenten der Mitgliedsstaaten. Die Entscheidungen des Präsidialrats werden einstimmig gefällt.« Gaddafi wollte Mehrheitsentscheidungen gelten lassen, doch Sadat fürchtete, durch Libyen und Syrien überstimmt werden zu können; die Forderung der Einstimmigkeit gibt ihm ein Vetorecht.
97 Prozent der 8 275 900 Stimmberechtigten beteiligen sich in Ägypten an der Volksabstimmung. Davon entscheiden sich 99,5 Prozent für die Föderation. Von 448 231 Libyern stimmten 6771 mit »Nein«, 98 Prozent aber mit »Ja«. Die Ergebnisse für Syrien: 96,4 Prozent »Ja«, 3,56 Prozent »Nein«. Die wahlberechtigte Bevölkerung der drei Staaten hatte ihren Willen zum Ausdruck gebracht: die eindeutige Mehrheit war für die Union. Anwar el-Sadat wurde zum ersten Präsidenten bestimmt – das blieb die einzige Entscheidung des Präsidialrates. Die Union war von Anfang an eine blutleere Schöpfung, ohne Auswirkung auf die Völker. In Kairo, Damaskus und Tripolis änderte sich nichts, weder für die Administration noch für die Generalstäbe der Truppe. Doch für Anwar el-Sadat bot der Unionsplan die Möglichkeit, mit Rivalen aufzuräumen.

Am 1. Mai 1971 spricht der ägyptische Präsident vor Stahlarbeitern in Heluan. Auf dem Werksgelände ist ein Zelt aus Teppichen aufgebaut; der Präsident und fünfhundert ausgewählte Arbeiter sitzen sich gegenüber. Anwar el-Sadat spricht über die außenpolitische Entwicklung. Er fordert den amerikanischen Außenminister Rogers auf, die Position der USA klar zu definieren; das heißt, er äußert verschleiert den Wunsch, die amerikanische Diplomatie möge doch endlich Druck ausüben auf Israel. Anwar el-Sadat legt seine Route fest, die er bis über den Oktoberkrieg des Jahres 1973 hinaus beibehalten wird:

1. Wenn Israel sich wenigstens teilweise vom Suezkanal zurückzieht, wird Ägypten sofort mit den Arbeiten zur Wiedereröffnung des Suezkanals beginnen. Diese Offerte macht der ägyptische Präsident für sowjetische Ohren – Moskau ist daran interessiert, bald den Suezkanal für Durchfahrten seiner Mittelmeerflotte benützen zu können.

2. Ägyptische Truppen werden zwar das Ostufer des Suezkanals besetzen, aber nur, um ihre nationale Pflicht zu erfüllen: Anwar el-Sadat will einer räumlichen Trennung der Kampfverbände zustimmen – wichtige Ziele der späteren Diplomatie Kissingers zeichnen sich bereits ab.

3. Diese Trennung der Kampfverbände soll so lange aufrechterhalten bleiben, bis der Sicherheitsrats-Beschluß vom 22. November 1967 Wirklichkeit werden kann.

4. Ägypten ist nicht bereit, über die Entmilitarisierung der Halbinsel Sinai zu verhandeln. Der Präsident stimmt jedoch der Schaffung von entmilitarisierten Zonen zwischen den beiden Staaten Ägypten und Israel zu.

Die Stahlarbeiter von Heluan sind bei dieser Veranstaltung nur Staffage. Immer wieder stehen, nach einem organisierten Plan, Gruppen auf, um Sadat zu feiern: »Anwar! Anwar! Anwar!« Doch Sadat schaut unwillig über seine Brillengläser hinweg auf die Sprechchöre. Die Unterbrechung ist ihm unlieb.

Mit ruhiger Stimme beginnt der Präsident den innenpolitischen Teil der Rede. Er ist an einige mächtige Männer im Staate gerichtet, an den Vizepräsidenten Sabri, an den Innenminister Goma'a. Den Kern der Rede faßt Anwar el-Sadat in ein Zitat, er übernimmt Nassers Einsichten: »Das unsterbliche Volk ist unser aller Lehrer. Das Volk und die bewaffneten Kräfte werden den Kampf führen, sie nehmen alle Opfer auf sich. Deshalb hat niemand, keine Gruppe und keine Einzelperson, das Recht, Autorität auszuüben, die der des Volkes widerspricht. Niemand darf der Masse des Volkes seine Ansicht aufdrängen. Niemand kann sich hinter Schlagwörtern und taktischen Finessen verstecken, um Zentren der Macht zu schaffen.«

Der Begriff »Zentren der Macht« wird in den nächsten Jahren immer wiederkehren in den Reden des Präsidenten. Damit definiert Sadat alle Gruppen, die gegen ihn sind. Er als Präsident verkörpert – so sieht er seine Funktion – den Willen des Volkes. »Das Volk ist Herr seines eigenen Schicksals« – Sadat führt den Willen des Volkes aus. »Ich bin verantwortlich vor Gott und dem Volk. Ich bin verantwortlich gegenüber mir selbst und gegenüber meinem Gewissen. Ich bin verantwortlich für alles, was geschieht. Ich bin deshalb verantwortlich, weil ich der Präsident bin, vom Volk gewählt in einer sehr kritischen Phase unseres Lebens. Als das Volk mich wählte, gab es eine feierliche Übereinkunft zwischen mir und dem Volk. Gemeinsam wollten wir die Einheit der Nation bewahren und stärken zur Vorbereitung unseres Schicksalskampfes!«

Vierundzwanzig Stunden nach dieser Rede ist Vizepräsident Ali Sabri abgesetzt. Der zweiundfünfzig Jahre alte Politiker hatte bis dahin alle »Säuberungen« überstanden. Er gehörte mit zur Offiziersjunta der Revolution von 1952; damals war er Staffelkapitän in der Luftwaffe. Innerhalb der Staatspartei hatte Ali Sabri eine starke Hausmacht, er war jahrelang Generalsekretär der Arabischen Sozialistischen Union. Der Vizepräsident bekannte sich zu einer engen Freundschaft mit den führenden Politikern des Kreml. Er hatte deshalb 1970 von Gamal Abd el-Nasser den Auftrag bekommen, alle drei Monate nach Moskau zu fliegen, um die gemeinsame Politik zu koordinieren. Seine Moskaureisen hatten ihm allerdings schon ein Jahr zuvor, im Sommer 1969, Schwierigkeiten gebracht: auf der Rückkehr von der Dienstreise transportierte Ali Sabri im Sonderflugzeug Möbel, die er in Moskau gekauft hatte. Unter Berufung auf seine Position als Vizepräsident weigerte er sich, für diese Möbel Zoll zu zahlen. Gamal Abd el-Nasser war wütend, als er davon erfuhr. Ali Sabri kam seit diesem Zeitpunkt nicht mehr in Frage für die Nachfolge als Präsident. Nach dem Tode Nassers aber fühlte er sich als der stärkste Mann unter den ägyptischen Politikern, doch er konnte seine eigene Wahl zum Präsidenten nicht durchsetzen. Ali Sabri rächte sich: er erfand Witze über den »kleinen Sadat« und erzählte sie ohne jede Scheu.

Vizepräsident Ali Sabri war gegen die Föderation mit Libyen. Er vertrat den sowjetischen Standpunkt, daß es für den fortschrittlichen ägyptischen Staat nicht von Vorteil sein könne, sich mit dem prononciert antikommunistisch orientierten Muammar el-Gaddafi einzulassen. Am 24. April 1971 wollte Ali Sabri die Einigungspläne auf der Sitzung des Zentralkomitees der Arabischen Sozialistischen Union torpedieren. Sein

Argument vor diesem Gremium: »Präsident Sadat hat seine verfassungsmäßige Macht überzogen, er hat eigenmächtig gehandelt!« In diesem Augenblick war die Karriere des Nachfolgers von Gamal Abd el-Nasser in Gefahr.
Ein Mißtrauensvotum der einhundertfünfzig Mitglieder des Zentralkomitees der Staatspartei hätte das Ende des Politikers Anwar el-Sadat bedeutet.
Aber Ali Sabri machte einen Fehler. Als die sachlichen Argumente gegen die Föderation besprochen werden sollten, bezog der Vizepräsident Stellung gegen den panarabischen Auftrag Ägyptens: »Wenn wir uns mit Libyen und Syrien vereinigen, verletzen wir die eigenen ägyptischen Interessen. Wir geraten mitten hinein in die Schwierigkeiten der anderen. Wir belasten uns mit Problemen, die uns nichts angehen!« Sadat half jetzt das Erbe Nassers, die National Charter aus dem Jahre 1962. Der Präsident entgegnete dem Vizepräsidenten mit einem Zitat aus dem neunten Kapitel der Charter: »Die Vereinigte Arabische Republik ist davon überzeugt, daß sie ein Teil der arabischen Welt ist. Es ist ihre Pflicht, für die Einheit Arabiens zu kämpfen, ohne auf die überholten Argumente zu achten, die Vereinigte Arabische Republik mische sich damit in die Angelegenheiten anderer ein.« Anwar el-Sadat war allerdings nur unter Mühen zu Wort gekommen, doch sein Argument überzeugte. Das höchste Gremium der Staatspartei gab ihm recht. Die Sitzung des Zentralkomitees war der Anlaß für die Rede des Präsidenten vom 1. Mai 1971.

Die Abrechnung mit den Nasseristen

In der Nacht vom 13. zum 14. Mai unterbricht Radio Kairo mehrmals sein Programm, um eine Erklärung des Stellvertretenden Ministerpräsidenten Aziz Sidky auszustrahlen: »Die Häupter der Spaltung und der Verschwörung haben sich jetzt entlarvt. Es gibt Zentren der Macht, die ihren Willen dem Volk aufdrängen wollen. Sie arbeiten mit Mitteln der Unterdrückung und der Täuschung!« In dieser Nacht werden die Männer aus den Ämtern entfernt, auf die Gamal Abd el-Nasser nach der Niederlage von 1967 besonders gebaut hatte. Die Chefs der Armee, der Verwaltung, der gesetzgebenden Körperschaft sind abgesetzt. Generalleutnant Mohammed Fausi, der Kriegsminister und Oberste Befehlshaber, verliert seinen Posten, ebenso Sharawi Goma'a, der mächtige Innenminister; Abdel Mohsen Abul Nour ist nicht mehr Generalsekretär der Arabischen Sozialistischen Union Ägyptens.
Anwar el-Sadat läßt – zusammen mit der Nachricht über den Rücktritt

dieser Männer – verkünden, daß ab sofort die Freiheiten der Bürger respektiert werden, die Macht der Polizei sei eingeschränkt. Am 14. Mai spricht der Präsident neunzig Minuten lang über die Sender des ägyptischen Fernsehens. Die Straßencafes sind überfüllt an diesem Abend in Kairo, vor den Fernsehgeräten drängen sich die Männer. Sadat sagt: »Sechs Minister und drei hohe Funktionäre haben ein Komplott gegen mich ausgedacht!« Der Präsident kündigt eine Umwandlung des Partei- und Staatsapparates an. Die Verschwörer sind verhaftet.
Beamte des Informationsministeriums laden mich ein zu einer Besichtigung der Villen der Regimegegner. Ali Sabri besitzt eine dreistöckige Villa in der Nähe des Marylandparks in Heliopolis; über eine Millionen DM sei allein die Ausstattung wert, sagt mein Begleiter: »Das hat Ali Sabri alles zollfrei eingeführt aus dem Ausland!«
Die Zollhinterziehung wird dem ehemaligen Vizepräsidenten wieder angekreidet. Auf dem Balkon steht eine ältere Frau, die wütend auf uns herunterschimpft. Die Familie wohnt noch im Haus. Gegenüber dem Wohnsitz des Ali Sabri soll die Villa des ebenfalls verhafteten Informationsminister Mohammed Fayek sein – doch diese Information des Beamten ist falsch: dort wohnen Töchter des verstorbenen Präsidenten Nasser. Die Repräsentanten des vergangenen Regimes leben eng beieinander. Ihnen allen wird jetzt der Reichtum vorgeworfen: »Woher haben sie das Geld?« Das Haus Sami Sharafs ist in arabischem Stil gebaut. Sharaf war Staatsminister für Angelegenheiten des Präsidenten. Er soll nach Nassers Tod den Safe des Präsidenten in dessen Wohnung in Menshiet al-Bakri aufgebrochen haben, Dokumente sind verschwunden. Sami Sharaf bezahlte für sein Haus im Monat, umgerechnet, 80 DM Miete. Die Villa ist Eigentum der Heliopolis Co., einer Gesellschaft in öffentlicher Hand. »Das ist Korruption!« sagt mein Begleiter, und er macht auf die engen Familienbeziehungen der Verschwörer aufmerksam: »Informationsminister Mohammed Fayek ist der Schwiegersohn von Ali Sabri. Der Kriegsminister Mohammed Fausi ist ein Vetter von Sami Sharaf. Innenminister Sharawi Goma'a und zwei andere Verschwörer sind mit drei Schwestern verheiratet!«
Anwar el-Sadat hatte durch einen Glückszufall entdeckt, daß ihm Gefahr drohte. Ein Offizier, dessen Name nie enthüllt wurde, gab nachts um 1 Uhr in Sadats Wohnhaus beim Sheraton Hotel in Kairo zwei Tonbänder ab. Der Offizier bestand darauf, daß der Präsident die Bänder selbst abhöre. Sadat sagt: »Zu meinem Erstaunen hörte ich die Aufzeichnung eines Telefongesprächs zwischen Vizepräsident Ali Sabri und Innenminister Goma'a. Sie sprachen darüber, wie sie mich in Mißkredit bei den Parteigremien bringen könnten. Die zwei legten ihre Taktik fest,

mich lächerlich zu machen!« Die beiden Politiker hatten vor, durch die Parteiorganisation zu Demonstrationen in Kairo aufwiegeln zu lassen. Die bezahlten Agenten des Staatssicherheitsdienstes wurden wieder aktiviert, um Unruhe zu stiften. Die Agenten bekamen den Auftrag, mit Parolen gegen Sadat die Massen anzustacheln. Dem Verteidigungsminister sollten die Unruhen einen Vorwand geben, mit Teilen der Suezarmee in Kairo einzurücken. Dem Generalleutnant Mohammed Fausi war die Aufgabe zugeteilt, »die Ordnung wiederherzustellen« und gleichzeitig – als Retter des Vaterlandes in der Not – den Präsidenten zum Rücktritt zu zwingen. Nach dem Plan der Verschwörer konnte so der Traum von der Föderation mit Libyen und Syrien beendet werden.
Anwar el-Sadat schlägt rasch und hart zu. Als mir wenige Tage nach der Entdeckung der Verschwörung mein Betreuer im Informationsministerium von Kairo eine Drehgenehmigung für den Präsidentenpalast besorgen will, schließt er resigniert sein Buch der Telefonnummern: »Von einer ganzen Seite hier ist nur ein Mann nicht verhaftet!« Am 25. August 1971 beginnt der Hochverratsprozeß vor dem Revolutionsgerichtshof gegen die zwölf wichtigsten Angeklagten im Saal des ehemaligen Heliopolis Palace Hotels. Sie sitzen hinter Gittern auf einer harten Bank, jeder hat einen Polizisten neben sich. Der ehemalige Vizepräsident Ali Sabri ist alt geworden in den acht Wochen Haft. Sharawi Goma'a, ehemals Innenminister, gibt sich arrogant; er erzählt den anderen Angeklagten Witze. Mein offizieller Begleiter sagt erstaunt: »Keiner ist gefoltert worden! Damals, die Moslembrüder, die haben übel zugerichtet ausgesehen!« Alle Angeklagten plädieren »nicht schuldig!«
Die Untersuchung hat ergeben, daß drei der Angeklagten sich regelmäßig Rat holten von den Geistern Verstorbener. Diese drei Angeklagten sind der Kriegsminister Fausi, der Innenminister Goma'a und Sami Sharaf, der Minister für Angelegenheiten des Präsidenten. Von zwei dieser Sitzungen mit Geistern lagen Tonbandaufzeichnungen vor, sie hatten am 20. April und am 4. Mai 1971 stattgefunden, in der Zeit also, in der die Staatskrise sich entwickelte. Der Geist, den die drei befragten, war der unsterbliche Teil eines sehr frommen Mannes. Sein Name: Scheich Abdul Rahim. Als Medium diente ein Universitätsprofessor. Aus dem Jenseits wollte der Kriegsminister die Frage beantwortet wissen, welcher Zeitpunkt der günstigste sei für einen Angriff am Suezkanal. Die Antwort blieb sehr ungenau. Der Innenminister fragte nach den Chancen der Föderation, die Anwar el-Sadat anstrebte. Die Antwort: »Hütet euch vor Syrien!«
Am 9. Dezember 1971 werden die Urteile gesprochen. Einundneunzig Angeklagte erscheinen in Gruppen zu je zehn Mann im Gitterkäfig,

um den Spruch des Revolutionsgerichtshofes zu hören. Ali Sabri, Sharawi Goma'a und Sami Sharaf werden zum Tod verurteilt – Anwar el-Sadat mildert die Strafe sofort in lebenslängliche Haft. Vierzehn der einundneunzig werden freigesprochen. Die Verurteilten reagieren fast alle trotzig; einer schreit beim Abgang: »Für jedes Jahr Haft werde ich später einen Orden mehr an der Brust tragen!« Der Chef der Staatspartei erhält sieben Jahre Gefängnis. Er versuchte, den Staatspräsidenten mit Ironie zu treffen: »Grüße an Sadat – und meinen Glückwunsch zu diesem Urteil!«

Überzeugt ist niemand, daß der Putschversuch vom Mai 1971 wirklich stattgefunden hat. Anwar el-Sadat hat öffentlich alle Tonbandbeweise verbrennen lassen – »aus Abscheu über die Praktik des Abhörens«. Nur das steht fest: Ali Sabri hat sich mit Sharawi Goma'a per Telefon in ärgerlichem Ton darüber unterhalten, daß Sadat ihn drängele, die Satzung der Föderation in wenigen Stunden zu prüfen. Sabri sagt in diesem Telefonat: »Sadat hat sich mit der Sache ein Vierteljahr befaßt, uns schindet er!«

Die starken Männer von einst hinter Gittern konnten dem Präsidenten noch immer gefährlich werden: die Stahlarbeiter von Heluan ließen sich von den Freunden des Ali Sabri in der örtlichen Parteiorganisation aufhetzen. Sie demonstrierten für die Verhafteten. Doch wurde Sadat auch mit diesen Unruhen rasch fertig: der Werksdirektor und die Gewerkschaftschefs wurden abgesetzt. Dann brachen in Kairo geheimnisvolle Brände aus: das Opernhaus brennt bis auf die Grundmauern ab. Gerüchte sprechen von Brandstiftung. Ängstliche fürchten einige Wochen lang, daß ganz Kairo brennen wird, angezündet von denen, die Rache nehmen wollen für die Verurteilung von Ali Sabri.

Die stabile Kraft Ägyptens: das Bürgertum

Anwar el-Sadat findet Verbündete. Das Bürgertum, das sich seit der Revolution von 1952 im verborgenen gehalten hat, findet in Sadat den Schirmherrn. Gamal Abd el-Nassers Sozialismus war für die Reichen nur eine Drohung; kein Gesetz hat die Vermögenssubstanz wirklich angegriffen. Noch immer gibt es Familien, die in Kairo und Alexandria davon leben, daß Fellachen ihre Felder bearbeiten. Nassers Sozialismus zeichnete sich durch große Freiheit für den »privaten Sektor« aus. Der verstorbene Präsident hatte die Privatinitiative im Wirtschaftsleben Ägyptens sehr geschätzt. Nur so konnte er die Ökonomie des Landes gesunden lassen. Von den englischen Kolonialherren hatte Ägypten eine Wirtschaftsstruktur geerbt, die auf Einpassung ins britische Weltreich ausgerichtet war. Ägypten hatte Baumwolle zu liefern und bekam dafür Fertigprodukte aus anderen Teilen des Empires. Die Wirtschaft war nicht darauf ausgerichtet, auf eigenen Füßen stehen zu müssen. Die Monokultur der Baumwollanpflanzung hatte Nasser geärgert; aus der Zeit der ersten Erfahrungen mit wirtschaftlichen Fragen nach der Revolution stammt der wütende Ausspruch: »Wir sind nichts als die Lieferanten von Rohstoff für Unterhosen in dieser Welt!« Die Privatinitiative schuf die Vielfalt der Produkte, die notwendig war, um die Wirtschaft autark zu machen.

Der Drang nach Autarkie hat seine Wurzel in der Schwierigkeit, nach dem Ausbruch aus dem Sterlingblock (1947) eine gesunde Basis für die ägyptische Währung zu finden. Bei einer wirtschaftlichen Wachstumsrate von durchschnittlich 3 Prozent im Jahr steigert sich der Geldumlauf um 9 Prozent. Die ägyptische Regierung hilft sich aus den Währungsproblemen durch eine strikte Trennung von Geld für den Außenhandel und Geld für den Umlauf in Ägypten selbst. Der Außenhandel ist Privileg einer staatlichen Organisation, Devisen kommen nicht in die Hand privater Unternehmen – von einigen Ausnahmen abgesehen.

Der Entwicklung der Bourgeoisie in Ägypten ist die staatliche Lenkung hinderlich, sie hemmt Kontakte zu anderen bürgerlichen Gesellschaften der westlichen Welt; doch finden die geschickten Unternehmer Wege zur Umgehung der starren Direktiven. Sie füllen Lücken, sie helfen bei peinlichen Verlegenheiten der Planungsbehörden. Osman Ahmed Osman ist ein Beispiel. Der stämmige, aber elegante Ingenieur ist 1917 geboren. Er ist Chairman der Firma The Arab Contracors (Osman Ahmed Osman & Co). Seine größte Leistung: er hat als Unternehmer für die Bauausführung des Assuandamms gesorgt; er war verantwortlich für den Einsatz der Tausende von Arbeitern. Osman Ahmed Osman konnte Präsident Nasser überzeugen, daß die von den Sowjets gelieferten Schwerlastwagen den Geländebedingungen von Assuan nicht gewachsen waren, nur die britischen Bedford-Lastwagen genügten seinen Anforderungen. Präsident Nasser gab sorgsam gehütete Devisen für den Kauf der besseren Lastwagen frei. Der Privatunternehmer hatte sich gegen die Funktionäre der Planwirtschaft durchgesetzt. Nach dem Ende des Oktoberkrieges von 1973 ernennt Anwar el-Sadat den Ingenieur und Bauunternehmer zum Minister für den Wiederaufbau der zerstörten Städte am Suezkanal. Er will in Port Said die größte Freihandelszone der Welt schaffen, mit Niederlassungen für alle Handelsnationen. Die europäische Wirtschaft wird eingeladen, sich an diesem Projekt zu beteiligen. Den europäischen Unternehmern wird Profit versprochen.

Die Unternehmer des »privaten Sektors« der ägyptischen Wirtschaft sind unter Anwar el-Sadat noch einflußreicher geworden. Ihre Unternehmen stellen 1974 ein Viertel der Gesamtproduktion des Landes her. Sie sind durch Gesetz verpflichtet, die Arbeiter nicht auszubeuten. Kommen sie dieser Verpflichtung nach, dann gehören sie zur Klasse der Nationalen Kapitalisten – ein »Nationaler Kapitalist« genannt zu werden, ist keine Beleidigung im sozialistischen Ägypten. Die Nationalen Kapitalisten sind als Mitglieder auch in der Arabischen Sozialistischen Union, der Staatspartei, zugelassen. Ali Sabri, der verurteilte Vizepräsident, hatte nach seiner Verhaftung die richtige Erkenntnis: »Ich habe es doch immer geahnt, dieser Sadat ist überhaupt kein Sozialist!«

Anwar el-Sadat hofiert von Anfang an die Bürgerschicht. Zu seinen Empfängen erscheinen adrett gekleidete Damen und Herren in europäischer Kleidung. Selbst im Parlament, dessen Abgeordnete nach der Verfassung zur Hälfte von der Klasse der Arbeiter und Bauern gestellt werden, ist kaum mehr der Hemdanzug der Fellachen zu sehen. Die meisten der Abgeordneten tragen weiße Hemden und Krawatten, die weiblichen Volksvertreter gehen vor den Parlamentssitzungen in Frisiersalons. Gesetze zur Sozialisierung sind von diesem Parlament nicht zu erwarten. Im Gegenteil: Gedanken der Liberalisierung setzen sich durch. Die Regierung ermutigt ausländische Firmen zur Investition in Ägypten. Das Versprechen wird gegeben, Kapital und Besitz unangetastet zu lassen. Den internationalen Hotelkonzernen wird versichert, daß eine Verstaatlichung ihrer Häuser in Kairo nicht in Frage kommt.

Die Coffeeshops, die Snackbars im Nile Hilton Hotel und im Sheraton sind der Treffpunkt der nachwachsenden Bürgerschicht. Diese Lokale haben in Kairo den neuen Maßstab für modernen Lebensstil geschaffen; er ist ausschließlich an westlichen Vorbildern orientiert. Für Studenten und Studentinnen, Söhne und Töchter der Unternehmer, sind die Coffeeshops eine Attraktion. Hier begegnen sie den Gästen aus dem Westen. Hier zeigt es sich, daß dic Mode aus Europa rasch die Zollschranken des autarken Wirtschaftssystems überklettern kann: die Mädchen aus Kairo wissen, was man trägt.

Diese Nationalen Kapitalisten wünschen eine stärkere Öffnung der Wirtschaft zum Westen; sie erhoffen sich freien Warenaustausch ohne staatliche Gängelung. Sie glauben das Rezept zu haben, wie Nassers Versprechen, den Ägyptern den Lebensstandard der Italiener zu ermöglichen, erfüllt werden kann. Das Rezept heißt: Abschaffung aller Marktschranken. Sie wollen, daß auch in Kairo die Kaufhäuser entstehen, die das Gesicht der europäischen Städte prägen. Die Bürgerschicht Ägyptens will im Selbstbedienungsladen einkaufen können; sie will vor Regalen stehen, die mit den schönsten Dingen aus Europa gefüllt sind: mit Nylonstrümpfen, Waschmitteln, Zigaretten der internationalen Marken, mit Seifen, mit Schuhen, die nicht in den Volksrepubliken des Ostblocks hergestellt sind.

Die Stärkung der Bürgerschicht wird von den Arbeitermassen nicht ohne Reaktion hingenommen. Im März 1972 bewerfen Arbeiter in Shubra al-Khaima, einem Industriezentrum zwanzig Kilometer von Kairo entfernt, den Wagen des Ministerpräsidenten Aziz Sidky mit Steinen. Die Fabriken werden daraufhin vom Staatssicherheitsdienst geschlossen; die Polizei nimmt 154 Arbeiter in Haft. Die Untersuchung ergibt folgenden Sachverhalt: die ägyptische Regierung hatte drei arbeiterfreundliche Gesetze erlassen:

1. Der Mindestlohn für alle Arbeiter, die über 18 Jahre alt sind, wird im »privaten Sektor« der Industrie auf 30 Piaster pro Tag festgesetzt. Dieser Betrag entspricht zum offiziellen Umrechnungskurs etwa 2,50 DM.
2. Die Arbeiter der Privatindustrie erhalten dieselben Vorteile der Sozialversicherung wie die Arbeiter der Staatsbetriebe.
3. Die tägliche Arbeitszeit wird auf sieben Stunden begrenzt.

Als der Industrieminister Dr. Jahya al-Mulla die neuen Gesetze den Nationalen Kapitalisten bekanntmachen läßt, einigen sich die Fabrikbesitzer von Shubra al-Khaima, ihre Betriebe für einen Tag aus Protest zu schließen: sie fürchten um ihren Profit. Die Arbeiter stehen auf der Straße vor den Fabriken, niemand von der Unternehmensleitung erklärt die Situation. Die Arbeiter werden verstört und wütend. Gerade an diesem Vormittag fährt die Wagenkolonne des Ministerpräsidenten durch Shubra al-Khaima. Die Arbeiter glauben an ein Einverständnis zwischen Regierung und Unternehmern, sie werfen im Zorn Steine. Die 154 Arbeiter werden bald wieder freigelassen mit der Ermahnung, sie möchten ihre Probleme künftig zunächst mit den Funktionären der Gewerkschaft besprechen. Der Vorfall demonstriert sehr scharf das Verhältnis zwischen Arbeiter, Unternehmer und Regierung in Ägypten.

Die Bürgerschicht ist für die Union mit Libyen

Sayyed Marei, Grundbesitzer und Vorsitzender der Arabischen Sozialistischen Union, handelt im Mai 1972 mit libyschen Politikern die Zusammenlegung der ägyptischen und der libyschen Staatspartei aus. Der Entschluß wird von den Unterhändlern als »gigantischer Schritt auf dem

Wege der arabischen Revolution« bezeichnet. Sayyed Marei testet die Möglichkeit einer Ausweitung der neuentwickelten bürgerlichen Einflußsphäre auf ein arabisches Land, das Geld hat. Die Milliardenbeträge der libyschen Öleinnahmen interessieren die geschäftstüchtigen Nationalen Kapitalisten. Libyen hat knapp zwei Millionen Einwohner und einen großen Reichtum, Ägypten hat dreiunddreißig Millionen Menschen und braucht Geld. Für die Staatsverwaltung und die Unternehmer des »privaten Sektors« kann die Union nur Vorteile bringen. Vor allem: das libysche Vermögen besteht aus harter Währung.

Muammar el-Gaddafi, der libysche Präsident, ist an der Union mit Ägypten brennend interessiert. Er sieht Kairo als das für ihn passende politische Spielfeld an. Zwei Millionen Libyer zu regieren, das befriedigt den Ehrgeiz dieses Mannes nicht. Er will der Führer der Araber werden – dazu ist der Besitz der Macht in Kairo unbedingte Voraussetzung.

Die ägyptischen Politiker – gewitzt durch die Erfahrungen der »Vereinigten Arabischen Republik« – gehen bedächtig vor: sie warnen Gaddafi vor einer übereilten Fusion. Doch der Libyer drängt, »der Zusammenschluß muß sofort vollzogen werden«. Anwar el-Sadat zögert. Die Union paßt in seine Richtung, aber sein Partner, der libysche Präsident Gaddafi, ist ihm unbequem. Der Ägypter setzt sich im August 1972 durch: der Unionsstaat soll geschaffen werden, aber erst in einem Jahr, im Herbst 1973. Für Sadat ist Zeit gewonnen, ohne daß politische Scherben gemacht wurden.

Die Bürgerschicht überlegt es sich anders

Am 1. September 1973 wird die Union zwischen Libyen und Ägypten noch nicht vollzogen. Gerüchte kursieren, Gaddafi sei aus Zorn über das ägyptische Zögern zurückgetreten; doch diese Gerüchte sind falsch. Gaddafi läßt sich um diese Zeit von uns filmen – bis über die Nase in weiße Tücher gehüllt, nur die Augen bleiben frei; Gaddafi ist erkältet. Sein Zorn ist echt: der Griff nach Kairo ist mißlungen. Die Bürgerschicht Ägyptens hatte die Union zu Fall gebracht. Der Meinungsumschwung war von Anwar el-Sadat geschickt vorbereitet worden: er hatte inzwischen einen ihm genehmeren reichen Freund gefunden, den saudiarabischen König Feisal.

Die neue, politisch engagierte Schicht machte den Wechsel mit: der konservative König paßte besser in ihre Denkwelt als der junge, unbeständige Revolutionär. Der Annäherung an Feisal ging die Rehabilitierung voraus: der König war von Gamal Abd el-Nasser als Feudalist

beschimpft worden, als Kapitalist, als Lakai der Amerikaner, als Knecht der Zionisten. Die Attacken hörten erst im zweiten Jahr der Regierungszeit von Anwar el-Sadat endgültig auf. Sadat empfand es als Dummheit, diesen Monarchen, der viel Geld in harter Währung zu verwalten hatte, vor den Kopf zu stoßen. König Feisal und Sadat begannen Gefallen aneinander zu finden. Feisal versprach, die ägyptische Rüstung zu finanzieren: er bezahlte die Kriegsvorbereitungen. Im Juli 1973 lud Anwar el-Sadat den libyschen Präsidenten ein, nach Kairo zu kommen, um alle Probleme der Union ausführlich diskutieren zu können. Gaddafi traf sich mit Funktionären der Staatspartei, mit Journalisten. Er benützte die Gelegenheit, um König Feisal von Saudi-Arabien, den neuen Freund der Ägypter, mit dem Schimpfwort »Reaktionär« zu beleidigen. Der schlimmste Vorwurf aus dem Munde des libyschen Präsidenten: »König Feisal unterminiert in gefährlicher Weise unsere Religion, den Islam!« Beifall bekam Gaddafi für diese Rede nicht; die Funktionäre der Arabischen Sozialistischen Union wunderten sich. Sie begannen gegen die Unionspläne zu argumentieren: »Die Union kann gar nicht funktionieren. Wir haben Berichte, daß in Libyen Ägypter schlecht behandelt worden sind – aber nie hat man davon gehört, daß ein Libyer in Ägypten verprügelt worden ist!«
Muammar el-Gaddafi empfahl den Ägyptern, ihre Gesetze den Vorschriften des Islam anzupassen, so, wie es in Libyen schon geschehen sei. Er verurteilte, daß in Kairo der Alkoholgenuß erlaubt ist, daß die Kunden in den Coffeeshops und Snackbars Bier serviert bekommen, daß die Ägypter Spaß finden am Bauchtanz. Anwar el-Sadat war bei allen Tagungen dabei. Er sprach die einleitenden Worte, er stellte el-Gaddafi vor, dann stoppte er den Libyer nicht mehr. Er ließ zu, daß sich Muammar el-Gaddafi in hitzige Diskussionen verwickelte. Der libysche Präsident steigerte sich in eine Abwehrhaltung gegenüber seinem Publikum, er reagierte gereizt, fühlte sich angegriffen und provozierte die Ägypter. Anfang Juli 1973 organisierte die Arabische Sozialistische Union einen Diskussionsabend für Frauen mit Muammar el-Gaddafi. Achthundert Ägypterinnen, meist Frauen der wichtigen Politiker, füllten den großen Saal im Gebäude der Staatspartei. Die Zuhörerinnen wollten Antwort auf ihre Fragen nach der Position der Frau im künftigen Unionsstaat. Sie waren in Sorge, ihre Freiheiten zu verlieren, die sie sich seit der Revolution von 1952 erkämpft hatten: die ägyptische Frau in den Großstädten ist aus dem Harem ausgebrochen; sie besitzt Rechte, die denen der europäischen Frauen vergleichbar sind. Sie hat nur nicht die gleichen Chancen: bei einem Überangebot an Arbeitswilligen wird der Mann vorgezogen. In der bürgerlichen Gesellschaft Ägyptens steht die Frau

im Mittelpunkt der Familie, des Hauses. Sie muß ihre Rolle nicht mehr mit anderen Frauen teilen, die Einehe hat sich durchgesetzt. Gamal Abd el-Nassers Ehe war Vorbild, nach ihr begannen sich die jungen Ägypter zu orientieren. Frau Nasser blieb noch im Hintergrund, sie überließ den Auftritt in der Öffentlichkeit ihrem Mann. Jihan Sadat aber ist auch in der Politik Partnerin ihres Mannes. Sie hat nach dem Oktoberkrieg von 1973 in den Krankenhäusern hinter der Front dafür gesorgt, daß die Verwundeten nicht vernachlässigt wurden. Ihre Besuche bei den Verwundeten waren keine raschen Besichtigungstouren mit freundlichen Worten und einem unbedeutenden Geschenk – Jihan Sadat hielt sich oft tagelang in einem Krankenhaus auf, sie veranlaßte, daß Medikamente herbeigeschafft wurden. Sie setzte ihre Autorität ein. Auf Jihan Sadat blicken die Ägypterinnen von heute, ihre Selbständigkeit setzt den Maßstab für die Freiheit der Ägypterin in der dominierenden Bürgerschicht der großen Städte. Die Frauen sind entschlossen, ihre Rechte zu verteidigen.

Muammar el-Gaddafi will die Gesellschaft Arabiens so ordnen, wie es der Prophet in der Zeit um das Jahr 622 festgelegt hat. Mohammed hatte damals der im Patriarchat rechtlosen Frau einen festen Platz in der Familie zugewiesen; das war ein sozialer Fortschritt für die Frau. Die Beschränkung der Zahl der Frauen für jeden Mann auf vier regelte bislang ungeklärte Verhältnisse. Der Prophet verteilte Aufgaben: der Frau war das Haus zugewiesen. Muammar el-Gaddafi ist der Meinung, daß das Wort des Propheten auch heute noch Gültigkeit hat. Seine Ordnung der Welt soll respektiert werden. Die Frauen in Ägypten aber wollen sich nicht wieder einsperren lassen in ihre Häuser, sie wollen sich nicht beschränken auf Hausfrauenpflichten und Mutterschaft. Sie kämpfen an gegen die traditionellen islamischen Scheidungsgesetze, die allein dem Mann alle Rechte geben. Der libysche Präsident stand bei der Frauenversammlung der Arabischen Sozialistischen Union einer geschlossenen Front von achthundert Frauen gegenüber. Auf die Fragen der Frauen antwortete er mit Zitaten aus dem Koran. »Wir geben den Frauen die Rechte, die der Prophet festgelegt hat, wir erfüllen Allahs Willen!« Nach seiner Meinung ist es nicht Allahs Wille, daß die Frauen rauchen – im künftigen Unionsstaat sollen die Frauen diese üble Gewohnheit wieder ablegen. Die achthundert Versammlungsteilnehmerinnen aber wollten sich darüber die Entscheidung doch selbst vorbehalten. Muammar el-Gaddafi bekam jetzt die ersten giftigen Worte zu hören. Jahin Sadat folgte der Diskussion mit mildem Lächeln. Sie war die einzige, die keine Empörung zeigte, als der libysche Präsident die Frau als körperliche Fehlkonstruktion bezeichnete, deren Defekte die Übernahme der vollen Verantwortung und Verpflichtung in der menschlichen Gesellschaft verhindere. Die Versammlung endete in wütenden Protesten. Gaddafi hatte sich die achthundert wichtigsten Frauen Ägyptens zum Gegner gemacht: sie nehmen sich an diesem Abend vor, dafür zu sorgen, daß el-Gaddafi keine Möglichkeit bekommt, in Kairo den Frauen das Rauchen zu verbieten. Muammar el-Gaddafi verließ Ägypten besiegt, unter dem Hohngelächter der Freunde Anwar el-Sadats. Gaddafi hatte selbst den Unionsplänen alle Aussicht genommen. In wütender Stimmung reiste er ab, im Auto fuhr er zurück, auf der Straße über Marsa Matruh und Tobruk. Der Libyer beschloß zwei dramatische Aktionen: den Rücktritt und den »Marsch nach Kairo«. Beide Entschlüsse hängen eng zusammen. Seine Kalkulation: die ägyptische Bourgeoisie, und damit die Führungsspitze, will die Fusion zwischen Ägypten und Libyen nicht; aber die Massen wollen den Unionsstaat, wenn man ihnen erklärt, daß damit ein erster Schritt zum großen arabischen Vaterland getan ist, das den Arabern Ruhm, Würde und Ansehen bringen wird. Wenn die Masse des libyschen Volkes – so sieht es el-Gaddafi – nach Kairo marschiert, dann müssen die ägyptischen Massen sich erheben gegen die Bourgeoisie; sie werden sich mit den Libyern verbrüdern und gemeinsam den Zusammenschluß der Staaten erzwingen. Aber auch die libyschen »Massen« kommen nicht von selbst auf die Idee. Die Studenten, die Arbeitslosen, die landflüchtigen Bauern, die kleinen Handwerker sind eine ungeformte revolutionäre Kraft, die darauf wartet, angestachelt zu werden. Diese Aufgabe übernimmt der Kaderstamm der neugeschaffenen libyschen Staatspartei. Muammar el-Gaddafi liefert selbst den Anlaß zu Massendemonstrationen: er tritt nach der Rückkehr aus Ägypten zurück. Mit diesem Rücktritt kopiert Gaddafi sein politisches Vorbild Gamal Abd el-Nasser: wie Nasser läßt sich der Libyer von der auf den Rücktritt folgenden Welle der Sympathie wieder zurück an die Macht treiben. Tausende demonstrieren in der Hauptstadt Tripolis. Ihr Schlagwort: »El-Gaddafi ist unser Führer!« El-Gaddafi antwortet: »Ich bin nicht mehr der Herr meiner Entscheidungen, ich bin Gefangener des Volkswillens! Was ihr wollt, das soll geschehen!« Die Begeisterung nützen die Kader der Staatspartei aus; sie proklamieren die Parole: »Nach Kairo!«

2000 Kilometer lang ist die Straße von Tripolis nach Kairo. Über diese Strecke müssen die Demonstranten transportiert werden, mit Privatwagen, mit Taxis, mit Lastwagen. Dreißigtausend machen sich auf den Weg. Die libysche Armee sorgt für Verpflegung, Trinkwasser und Kraftstoff. Krankenwagen, fahrbare Reparaturwerkstätten, Ersatzteillager fahren in der Kolonne mit. Ein Hubschrauber überwacht die Autoschlange, die sich entlang der Mittelmeerküste ostwärts bewegt. Die dreißigtausend stürmen die Häuser der Zoll- und Grenzbehörden bei el-Bardia, sie beseitigen die Hoheitszeichen der beiden Staaten. Nach diesem Erfolg fahren die dreißigtausend weiter nach Marsa Matruh.

Anwar el-Sadat – und mit ihm die bürgerliche Führungsschicht – mußten befürchten, daß die Kalkulation des libyschen Präsidenten aufgehen könnte. Die Studenten in Kairo und Alexandria waren bereit, sich den libyschen Demonstranten anzuschließen; mit der Solidarisierung der Menschen aus den Slums mußte gerechnet werden. Eine ganze Reihe der Armeeoffiziere zeigte Sympathien für Muammar el-Gaddafi. Sie schätzten ihn als kompromißlosen Kämpfer für Arabien, als unbestechlichen Gegner der Korruption. Diese Offiziere würden nichts unternehmen, wenn die libyschen und ägyptischen Demonstranten durch die Straße von den Pyramiden her ins Kairoer Zentrum zögen. In den Besitzern der Villen und Nachtclubs der westlichen Stadtviertel wuchs die Angst; sie fürchteten Plünderung und Brandschatzung. Anwar el-Sadat mußte die Prozession der Libyer stoppen. Er gab Befehl an die Garnison von Marsa Matruh, die Weiterfahrt der Fahrzeugkolonne, wenn nötig mit Gewalt, zu verhindern. Der Kommandeur ließ daraufhin die Straße nach Alexandria durch quergestellte Panzer blockieren. Für Personenwagen war das Umfahren der Hindernisse unmöglich; wer es versuchte, saß sofort im Sand fest. Die Organisatoren des Marsches erwarteten jetzt Hilfe aus Tripolis.

Muammar el-Gaddafi hatte an diesem Tag von Anwar el-Sadat die dringende Aufforderung erhalten, den »Marsch auf Kairo« abbrechen zu lassen. Der Libyer gab die Antwort: »Ich bin für diesen Marsch nicht verantwortlich, er war eine Überraschung für mich!« Über Stunden traf er keine Entscheidung, die Demonstranten warteten. In jedem Augenblick konnte die Spannung zwischen den dreißigtausend und den ägyptischen Truppen zum offenen Konflikt ausarten. Funktionäre der ägyptischen Staatspartei begannen Dialoge mit den Führern des Marsches. Sie hatten aus Kairo die Anweisung mitgebracht, bedenkenlos die Erfüllung der Union zu versprechen: »Anwar el-Sadat hat es selbst gesagt, die Union zwischen Libyen und Ägypten ist praktisch schon vollzogen. Ihr habt euer Ziel erreicht!« Sadat kabelte in diesen Stunden nach Tripolis, daß er an die Union glaube, daß sie eines Tages kommen müsse. Er versprach, sich vorbehaltlos dafür einzusetzen. El-Gaddafi sah ein, daß mehr nicht zu erreichen war. Er schickte Major Mustafa Kharouby, Mitglied des libyschen Revolutionsrates, nach Marsa Matruh. Der Major brachte Order, den »Marsch auf Kairo« abzubrechen. Die dreißigtausend kehrten um. Die Wagenkolonne fuhr mit flatternden Unionsfahnen zurück nach Hause. In Kairo atmeten viele auf, der Angriff war abgeschlagen.

Der ägyptische Präsident liquidiert Bindungen, die ihm lästig werden, die seine Entscheidungsfreiheit behindern, die den Interessen der Bürgerschicht Ägyptens im Wege stehen. Am 16. Juli 1972 löst er die militärische Kooperation mit der Sowjetunion auf, die er von seinem Vorgänger Gamal Abd el-Nasser geerbt hatte. An diesem Sonntag bekommen die Stäbe der Truppenteile gleichlautende Fernschreiben. Die Kommandeure werden informiert, daß die sowjetischen Militärberater mit sofortiger Wirkung ihre Tätigkeit einzustellen haben; ihre Mission sei beendet, für Rücktransport in die Sowjetunion werde gesorgt. Die Kommandeure erhalten den Befehl, die Truppen in Alarmbereitschaft zu versetzen: gegen Unruhestifter sei vorzugehen. Die Anweisungen des Fernschreibens werden befolgt; den sowjetischen Offizieren verweigern die Wachen den Zugang zu Kasernen und Stellungen. Sowjetbotschafter Winowgradow organisiert die Heimreise von 10 000 Soldaten und Offizieren.

Wir haben unseren Wagen gegenüber der sowjetischen Botschaft beim Sheraton Hotel geparkt. Mit meinen Mitarbeitern beobachte ich Offiziere in Uniform, die das Tor im hohen Eisenzaun betreten. Nach einer halben Stunde verlassen dieselben Russen die Umzäunung, in Zivil. Die Botschaft sammelt die Uniformen ein. Am selben Tag melden die Zivilagenten der ägyptischen Polizei Goldkäufe in großem Umfang in den Suks von Kairo. Gold ist preiswert in den Ladenstraßen des Khan al-Khalil – die Sowjets decken sich ein vor der Heimreise. Das ägyptische Wirtschaftsministerium ordnet die Kontrolle der Koffer der ausreisenden Russen an; der Zoll kauft das Gold zurück. Die ersten Gerüchte gehen in Kairo um, Andeutungen eines ernsten Konflikts mit der Sowjetunion. Anwar el-Sadat entschließt sich am 18. Juli 1972, die Entlassung der sowjetischen Berater in einer Rede mitzuteilen. Er spricht über die jüngste Geschichte der Beziehungen zur Sowjetunion: »1967 verloren wir achtzig Prozent unserer militärischen Ausrüstung, damals half uns die Sowjetunion sofort. Sie stand uns auch in unseren Anstrengungen beim Aufbau der Wirtschaft zur Seite. Derzeit unterstützt uns Moskau bei der Erweiterung des Stahlwerks von Heluan, dort finden 250 000 Männer Arbeit. Die Differenzen entstanden durch kontroverse Ansichten über Waffenlieferungen.«

Die sowjetischen Führer hatten sich geweigert, Angriffswaffen zu liefern, die es ermöglicht hätten, schon zu diesem Zeitpunkt den für Ägypten unerträglichen Zustand zwischen Krieg und Frieden zu beenden. Den sowjetischen Verteidigungsminister Gretschko versucht Sadat selbst davon zu überzeugen, daß er nicht einverstanden sein kann mit einer Be-

schränkung der Waffenlieferung: »Wenn wir nicht schlagkräftig sind, bleibt uns nur die Kapitulation gegenüber Israel. Wir sind aber nicht bereit, die verlorenen Gebiete einfach abzuschreiben!« Gretschko hatte versprochen, Sadats Mahnung sofort nach Moskau weiterzuleiten und eine rasche Antwort zu erbitten. Sadat wartete umsonst. Er sagte in der Rede vom 18. Juli 1972: »Ich wartete zwei, drei, sogar fünfzehn Tage, aber da kam nichts. Sie alle wissen, wie wichtig eine Stunde, wie wichtig ein Tag für mich ist. Als ich meine Liste mit den Waffenwünschen nach Moskau schickte, bekam ich auch lange keine Antwort. Dann kam ein Brief im Umfang von zwei Seiten. Breschnjew hatte ihn geschrieben. Doch diese Antwort war völlig unannehmbar für uns, sie verteidigte nur die bekannte Ansicht der Russen über den Zustand zwischen Krieg und Frieden und über die Wiederaufnahme von militärischen Aktionen. Da fand ich, es sei Zeit, unsere Beziehungen zur Sowjetunion zu revidieren.«
Moskau war bis zum Oktober 1973 nicht für einen neuen Krieg zu gewinnen. Nach Meinung der Sowjets konnte ein neuer Krieg nur wieder in der Katastrophe enden. Breschnjew fürchtet, daß die russischen Raketen und Panzer – wie im Junikrieg – den Israeli und damit den Amerikanern in die Hände fallen, zum lauten Gespött der Kriegsberichterstatter. Moskau empfiehlt deshalb: »Es ist besser, daß der Zustand zwischen Krieg und Frieden andauert. Dieser Zustand ist der sicheren Niederlage vorzuziehen.« Der ägyptische Kriegsminister zu dieser Zeit ist Generalleutnant Mohammed Sadek. Er sagte damals: »Die Sowjets liefern uns nicht das Notwendigste. Mit dem, was sie uns an Hilfe geben, können wir Sinai nicht erobern. Wir sollten eigene Munitionsfabriken haben. Wenn der Kampf wieder beginnt, dann reicht die Munition, die wir haben, für höchstens zehn Tage. Seltsam ist, daß bei dieser Zurückhaltung die Sowjetunion gleichzeitig große Wünsche an uns hat. Sie will eine Flottenbasis in Marsa Matruh am Mittelmeer bauen und in Zaafran am Roten Meer.« Mit Faustschlägen auf den Tisch markierte der Kriegsminister die Betonung seiner Worte: »Bei meiner Ehre als Soldat schwöre ich, daß die Sowjets, solange ich Kriegsminister bin, nie eine eigene Basis in Ägypten bekommen werden! Der Gedanke kam mir kürzlich: wir haben Schwierigkeiten mit dem kleinen Israel, das sich auf Sinai festgesetzt hat – wie werden die Schwierigkeiten erst aussehen, wenn sich die große Sowjetunion im Nahen Osten festklammert?«
Generalleutnant Mohammed Sadek warf den Sowjets vor, sie würden ihre Waffen den Arabern zu Schwarzmarktpreisen verkaufen: »Für einen gebrauchten Panzer bezahlen wir über vierundvierzigtausend Ägyptische Pfund. Von Abnehmern in anderen Weltgegenden verlangen die Sowjets nur fünfundzwanzigtausend Pfund.« Sadek war verärgert,

daß Moskau auf sofortige Bezahlung des Gegenwerts in harter Währung bestand. »Wenn wir nicht zahlen, bekommen wir auch nichts!«

Anwar el-Sadat registrierte mit Überraschung, daß die Sowjetunion die Ausweisung der Militärberater gelassen hinnahm. Berichte des ägyptischen Botschafters in Moskau zeigten allerdings bald, daß die Ruhe trügerisch war. Nach Meinung von Mohammed Murad Ghaleb hatte Sadats Ankündigung heftige Diskussionen im Kreml ausgelöst: »Besonders aufgeregt waren Verteidigungsminister Gretschko und der Chef der russischen Flotte, Admiral Sergiu Gorschikow. Sie ärgerten sich über den Verlust der Flottenbasen und konnten sich nicht damit abfinden, daß die Versorgung der Mittelmeerflotte künftig vom Hafen Odessa aus gesichert werden sollte, von einer Basis weit in der Heimat. Beide sahen darin einen strategischen Rückzug mit Auswirkungen auf die Verbündeten.« Der ägyptische Botschafter in Moskau sah damals noch andere Gründe für den russischen Zorn: sowjetische Aufklärungsflugzeuge hatten bisher von Ägypten aus die Möglichkeit, Schiffsbewegungen im Mittelmeer zu kontrollieren, und im Krisenfall konnten die Mig-Kampfflugzeuge rasch einen Schirm der Luftsicherung über den eigenen Schiffen der Mittelmeer-Eskadra improvisieren. Diese Vorteile waren jetzt verloren.
Boris Ponomareff, ein Mitglied des Zentralkomitees der Kommunistischen Partei der UdSSR und Spezialist in Arabienfragen, sah im Juli 1972 die Entwicklung voraus, die nach der Ausweisung der sowjetischen Berater eintreten mußte. Profit aus der Kursänderung, so analysierte Ponomareff, ziehen nur die Vereinigten Staaten von Amerika. Er verband die ägyptische Unfreundlichkeit gegenüber der Sowjetunion mit vorhergehenden Äußerungen des amerikanischen Sicherheitsberaters Henry Kissinger: »Ziel der amerikanischen Politik ist die Vertreibung der Sowjets aus dem Nahen Osten.« Für Ponomareff war die Wahl des Wortes »Vertreibung« bezeichnend. Er entwickelte seine Gedanken weiter: »Anwar el-Sadat handelt in Übereinstimmung mit der Nixon-Administration. Er wird auf eine Belohnung hoffen!« Ponomareff addiert die Tendenzen zur Stärkung des Bürgertums in Ägypten auf der Negativseite der Bilanz. Für den russischen Arabienfachmann konnte es nur den Schluß geben: die USA und das bürgerliche Ägypten haben einen Pakt geschlossen.
Wenige Tage nach der Abreise der sowjetischen Offiziere, Soldaten und Techniker aus Ägypten bekam Anwar el-Sadat von Präsident Nixon ein Glückwunschschreiben. Anlaß war der 20. Jahrestag der ägyptischen Revolution. Nixon wünschte handschriftlich dem ägyptischen Volk Glück und Wohlergehen unter der Regierung des Präsidenten Anwar el-Sadat.

In seiner Antwort erhofft Sadat dem amerikanischen Volk Gesundheit und Wohlfahrt. Diese Töne waren neu im Sommer 1972. Die beiden Staaten unterhielten keine diplomatischen Beziehungen.

Ein Jahr zuvor, Ende Mai 1971, hatte der sowjetische Staatspräsident Podgorny Kairo besucht. Sadat und Podgorny benützten ihre Redezeit während eines Banketts zu harten Angriffen gegen die USA. Der Ägypter sagte: »Die ständigen amerikanischen Waffenlieferungen bedeuten eine direkte amerikanische Beteiligung an der Besetzung arabischen Bodens!« Podgorny bekam Beifall von Sadat für die Erklärung: »Washington verfolgt hartnäckig die Strategie, in der arabischen Welt nur Regime existieren zu lassen, die den USA angenehm sind. Die USA werden alles daransetzen, dem ägyptischen Volk die sozialistischen Errungenschaften seiner Revolution wieder zu entreißen!« Am 28. Mai 1971 unterzeichneten Podgorny und Sadat einen Freundschaftspakt, der fünfzehn Jahre lang Gültigkeit haben sollte. Der Vertrag sah Konsultationen vor in allen gemeinsamen Problemfragen. Um diesen Freundschaftsvertrag kümmerte sich Sadat nie. Ohne Konsultation faßte er dreizehn Monate später den Entschluß der Liquidierung der engen Bindung an die Sowjetunion.

Die Gegner dieser Entwicklung sahen nicht tatenlos zu. Die Freunde des verurteilten Ali Sabri blieben aktiv an den Universitäten. Im Spätherbst 1972 brachen an den Universitäten Kairo und Alexandria Unruhen aus. Sie begannen mit marxistischen Parolen gegen die Lockerung der Sozialisierungsgesetze, sie endeten mit persönlichen Angriffen auf Anwar el-Sadat: »Der Feigling, der nicht zu kämpfen wagt!« Die Universitäten in den beiden großen Städten waren zeitweise Festungen in der Hand der Studenten, die Polizei hielt die Gebäudekomplexe umzingelt. Der Präsident suchte seine Gegner bei den »Marxisten und bei den extremen Rechten«.

Für das Regime war eine Feststellung wichtig: eine Solidarisierung zwischen den Studenten und den Arbeitern, etwa der Stahlwerke von Heluan, gab es nicht. Die Masse der Arbeiter zeigte sich immun gegen rechte und linke Parolen. Innenminister Mamdouh Salem konnte über seine Polizei sagen: »In keinem Augenblick sahen sich meine Männer im Widerspruch zur Meinung der werktätigen Kräfte unseres Volkes.« Anwar el-Sadat will widersprüchliche Ideen und Meinungen zu einer geistigen Kraft binden, die Ägypten voranbringt. Die »Nationale Einheit« ist das Schlagwort, das diese Bemühungen kennzeichnet. Der Präsident gestattet freiere Meinungsäußerung als sein Vorgänger Nasser, er erlaubt Diskussion über politische Themen. Doch darf diese Diskussion nicht die Existenz des Regimes in Frage stellen. Im August 1972 geben die Ab-

geordneten des ägyptischen Parlaments dem Präsidenten das Werkzeug, um Regimegegner auszuschalten: sie stimmen dem Gesetz zur Wahrung der »Nationalen Einheit« zu. Der Artikel 4 dieses Gesetzes lautet: »Gefährdet eine Person die Nationale Einheit durch Gewalt, Drohung, durch ungesetzliche Mittel, in der Absicht, gegen die erklärte Politik des Staates Opposition zu üben, die Entscheidungen der politischen und verfassungsmäßigen Organe zu stören, wird diese Person mit Gefängnis bestraft.« Der Artikel 5 soll die Gerüchtebildung verhindern: »Jede Person, die mit Wissen falsche Gerüchte ausstreut oder Gerede weitergibt, das der Nationalen Einheit schaden kann, wird mit Gefängnis bestraft und mit einer Geldbuße, die zwischen 50 und 200 Ägyptischen Pfund zu liegen hat. Jede Person, die Gerüchte verbreitet, ohne die Konsequenzen zu überdenken, muß mit Gefängnis bestraft werden.«
Das Gesetz zur Wahrung der Nationalen Einheit soll helfen, den Frieden zwischen den religiösen Bevölkerungsgruppen Ägyptens zu schützen. Nach Artikel 4 können auch Personen bestraft werden, die Gerüchte über die christlichen Kopten in Ägypten weitergeben. Wer in einer Unterhaltung den Satz fallenläßt: »Die Kopten wollen Ägypten wieder christlich machen«, muß mit einer Gefängnisstrafe rechnen.

Die gefährdete Minderheit der Kopten

Die Kathedrale des heiligen Markus im Kairoer Stadtviertel Azbakiya ist ein mächtiger grauer Betonbau mit einer gewölbten Kuppel. Die Konstruktion der Kirche ging nur langsam vorwärts in den Jahren zwischen dem Junikrieg von 1967 und dem Oktoberkrieg 1973. Doch das christliche Kreuz steht schon einige Jahre lang auf dem Rohbau, mitten im islamischen Kairo.
Die Größe des Anteils der Kopten an der Bevölkerung Ägyptens ist umstritten. Nach Meinung der Moslems leben etwa drei Millionen Kopten in Ägypten, die Christen selbst setzen ihre Zahl doppelt so hoch an. Jede Seite macht mit ihren Angaben Politik. Der geistliche Führer der Kopten ist Patriarch Shenuda III. Er trägt den offiziellen Titel Patriarch von Alexandria, Patriarch des Thrones von St. Markus. Anba Shenuda III. ist 1928 geboren; er ist ein massiger Mann mit dichtem Vollbart. Vor seiner Wahl zum Patriarchen am 1. November 1971 war Shenuda Professor für Theologie. Er ist stolz darauf, in der Liste der ägyptischen Reserveoffiziere geführt zu werden: Anba Shenuda hat 1948 am Krieg gegen Israel teilgenommen.
In der koptischen Kirche entscheidet das Los bei der Wahl des Patriarchen.

Drei Kandidaten standen zur Wahl beim Tode des Patriarchen Kyrill VI. Am Wahltag wurden drei gefaltene Zettel mit den Namen der Kandidaten in einen silbernen Becher gelegt – ein fünfjähriger Junge wählte einen der Zettel aus: das gezogene Los trug den Namen Anba Shenuda. Wie viele seiner Vorgänger führt er die Christen in einer kritischen Zeit, das Bekenntnis zum Islam brennt hoch auf in Arabien; die christliche Minderheit erwartet die Zukunft mit Sorge.

Unruhen in Ägypten beginnen mit Feuer auf koptischen Kirchen. Wer eine Revolution starten will, der hetzt durch Kirchenbrände Christen und Moslems gegeneinander auf. Der Argwohn ist immer wach. Im November 1972, am Vorabend des islamischen Festes Al Fitr, warfen Unbekannte Molotow-Cocktails auf die kleine Kirche des Ortes Khanka bei Kairo. Das Feuer zündete, die Decke stürzte ein, der Altar wurde beschädigt. In der gleichen Nacht trafen Steine die Fensterscheiben von Läden koptischer Besitzer in Khanka. Die Anhänger des libyschen Präsidenten Muammar el-Gaddafi hatten zugeschlagen.

Parallel zur Stärkung des Bürgertums war in Ägypten der Einfluß des islamischen Denkens gewachsen, die Menschen wurden sich ihrer Religion bewußt. Von Libyen her waren die Worte zu hören: »Das Banner des Propheten muß über ganz Arabien wehen! Der Geist des Islam wird die Araber einigen!« Die Sehnsucht nach dem großen arabischen Vaterland verband sich mit der religiösen Bewegung; der frische Anstoß, den die islamische Welt aus Libyen erhielt, konnte – in der Vorstellung von Offizieren und Funktionären der Staatspartei – dazu benützt werden, die Einigungsbemühungen voranzutreiben. Viele der intelligenten Ägypter wurden sich bewußt, daß der Islam die wichtigste Klammer ist, die alle Araber zusammenhalten kann. »Die Araber haben nur zwei Gemeinsamkeiten: die Religion und die Sprache.«

Manche Anhänger dieses Beginns einer islamischen Renaissance in Ägypten sehen mit unfreundlichen Gedanken auf die christliche Minderheit und ihren Einfluß in Kairo. Sie mißtrauen dem koptischen Slogan vom »gemeinsamen Weg von Halbmond und Kreuz«. Sie lassen sich einreden, daß die Kopten auf die Chance warten, Ägypten wieder zu christianisieren, die Geschichte zurückzudrehen in die Zeit vor dem Ansturm des Islam. Die Überzeugung von der stillen Übernahme der Macht durch die Kopten ist weit verbreitet. »Die Kopten haben ganze Zweige des privaten Sektors der Wirtschaft in der Hand, sie stellen Schlüsselfiguren der Bankgesellschaften, sie halten einflußreiche Positionen der Staatsverwaltung.« Zur Zeit der Monarchie wurde die Administration von Kopten dirigiert. Nach der Revolution von 1952 reduzierte Gamal Abd el-Nasser die Zahl der Christen in Staatsstellungen.

Doch diese Minderheit ist intelligent und wohlhabend. Die Familien achten auf die Ausbildung der Kinder; die Zahl der koptischen Universitätsabsolventen ist hoch. Die jungen Männer – wohlerzogen, ausgebildet, diszipliniert und zurückhaltend – finden leicht Positionen mit Aufstiegsmöglichkeiten und Einfluß. Der private Sektor der Wirtschaft, der die Kooperation mit Europa vorbereitet, sichert sich koptische Intellektuelle. So kann sich der religiöse Zündstoff in Ägypten entwickeln. Fanatische Moslems werfen den Christen vor: »Sie wollen, daß ihre Glaubensbrüder immer reicher und die Moslems immer ärmer werden!«

Nach dem Brand der Kirche von Khanka drängten sich die Christen in der Kathedrale des heiligen Markus in Kairo: der erste Jahrestag der Krönung des Patriarchen Shenuda III. war zu feiern. Um den Gläubigen die Kraft der koptischen Kirche zu demonstrieren, ordnete der Patriarch den Pomp der höchsten Feiertage an: hundert Priester ziehen in die Kathedrale ein. Tiefblau, Rot, Silber sind die Farbtöne ihrer Gewänder. Chöre singen Litaneien. Der Patriarch läßt in der Kirche verkünden, daß er so lange fasten wolle, bis die Gefahr für die Kopten ausgestanden sei. In seiner Ansprache erinnert er daran, daß Jesus und Maria auf der Flucht mitten in Ägypten Schutz und Hilfe gefunden haben.
Anwar el-Sadat selbst beendet die Religionskrise: er besucht den Patriarchen und gibt ihm die Zusicherung: »Christen brauchen sich bei uns nicht gefährdet zu fühlen!« Die beiden Reserveoffiziere Sadat und Shenuda verstehen sich seither ganz ausgezeichnet. Der ägyptische Präsident machte sich damit den Rücken frei für die bevorstehende Auseinandersetzung mit Israel.

Sadat wählt den richtigen Augenblick für den Krieg

Anwar el-Sadat versprach drei Jahre lang den Sieg über Israel, er betonte bis zum Überdruß seine Entschlossenheit, die im Junikrieg von 1967 verlorenen Gebiete den Arabern wieder zurückzuholen. Anwar el-Sadats Worte der Kampfbereitschaft wurden nicht mehr ernstgenommen. Immer wieder hatte er einen neuen Termin für die Schlacht mit Israel bekanntgegeben. Er hatte das Jahr 1971 zum »Jahr der Entscheidung« erklärt. Als das Jahr zu Ende ging, war politisch und militärisch nichts geschehen. Dann versprach er den Offizieren am Geburtstag des Propheten, »1972 feiern wir diesen Tag in Sinai« – am nächsten Geburtstag Mohammeds wiederholte er das Versprechen. Niemand konnte an Sadats Willen, Krieg zu führen, noch glauben. In Kairo erzählte man sich den

Witz: »Die Sowjets wundern sich über die Passivität der Ägypter, die – obwohl ganz gut von den Russen ausgerüstet – keine militärische Operation durchführen. Von Breschnjew deshalb zur Rede gestellt, sagt Sadat: ›Wir lernen von der ruhmreichen Roten Armee; wir befolgen die Strategie des russischen Generalstabs. Im Zweiten Weltkrieg habt ihr die Deutschen bis kurz vor Moskau kommen lassen, dann brach der Winter ein, und ihr konntet die deutschen Panzerarmeen zurücktreiben. Wir handeln genauso.‹ Breschnjew versteht die Parallele nicht, er fragt: ›In was kopiert ihr die Taktik der Roten Armee?‹ Sadats Antwort: ›Wir haben die Israeli bis kurz vor Kairo kommen lassen, und nun warten wir, bis es schneit!‹«

Anwar el-Sadat hat einige Angriffstermine kurzfristig wieder gestrichen, weil die weltpolitische Lage für die Ausführung seiner Pläne nicht günstig schien. Für Dezember 1971 war von Sadat der Befehl zum Angriff am Suezkanal bereits ausgegeben, als der Indisch-Pakistanische Krieg ausbrach. Die Weltöffentlichkeit blickte nicht mehr nach Nahost, der Apparat der UN war ausgelastet mit den Bemühungen, den fernöstlichen Konflikt zu beenden. Da Anwar el-Sadat den Schaueffekt seines Krieges hoch einkalkuliert hatte, mußte er diesen Zeitpunkt als völlig ungeeignet für den Angriff über den Suezkanal abschreiben.

Der 6. Oktober 1973: seit Jahrhunderten der wichtigste Tag für die Araber

Am 6. Oktober 1973, um 14 Uhr, setzen die ersten ägyptischen Truppen über den Suezkanal. Am Abend sind Brückenköpfe entstanden, die von den Israeli nicht mehr ausgelöscht werden konnten. Die israelische Luftwaffe war nicht in der Lage, den Bau von Pontonbrücken über den Kanal zu stören: die Phantomkampfflugzeuge wurden beim Einfliegen in die Suezkanalzone von elektronisch gesteuerten Luftabwehrraketen abgeschossen. Die ägyptische Infanterie stürmte das Stellungsnetz der als unüberwindbar geltenden Bar-Lev-Linie am Ostufer des Suezkanals. Die Israeli waren gezwungen, ihre Truppen vom Kanal abzuziehen. Nach wenigen Stunden beherrschen die Zweite und die Dritte Ägyptische Armee das Ostufer. Die Ägypter waren nach Sinai zurückgekehrt. Anwar el-Sadat hatte sein Versprechen wahr gemacht.

Der erste Gegenstoß der israelischen Panzertruppe wurde von den Ägyptern mit Hilfe neuartiger sowjetischer Panzerabwehrraketen aufgefangen: drahtgelenkte Raketen durchschlugen die dicken Stirnpanzerungen und explodierten im Innern der Kampfwagen. Vor dieser Waffe

gab es kein Entrinnen. Mit Abwehrwaffen erzielten die Ägypter den Erfolg dieser Offensive.
Die Sowjets hatten sich auch in den Monaten vor dem Krieg geweigert, Waffen zu liefern, die den Angriff erleichtert hätten. Den Ägyptern fehlte vor allem ein Kampfflugzeug, das der amerikanischen Phantommaschine an Feuerkraft und Beweglichkeit gleichwertig sein konnte. Luftkämpfe hatten gezeigt: die sowjetische Mig 21 wurde den Israeli zur leichten Beute. Der ägyptische Verteidigungsminister hatte als Ersatz für das vollwertige Kampfflugzeug um Luft-Boden-Raketen gebeten, auch diese Bitte war von Moskau nicht erfüllt worden. Dem Generalstab in Kairo blieb nur die Möglichkeit, eine besondere Taktik zu entwickeln, um mit Verteidigungswaffen einen Angriff zu führen. Das Prinzip dieser Taktik: einen Überraschungserfolg erzielen, und dann sofort das Erreichte sichern, das gewonnene Territorium verteidigen. Sadat hatte nie geplant, mit seinen Panzern weit nach Sinai hineinzustoßen; er wollte das Ostufer des Suezkanals einnehmen lassen, mehr nicht. Danach sollte sofort die Bereitschaft zum Waffenstillstand folgen, in der Hoffnung, daß der Weltsicherheitsrat – diesmal nicht abgelenkt durch andere Konflikte – mit aller Energie die Israeli zur Annahme des Waffenstillstands zwinge, um eine Ausweitung des Konflikts zu verhindern. Die Taktik des ägyptischen Präsidenten bestand aus einer Kombination von militärischem Kampf und diplomatischer Aktivität. Der ägyptische Außenminister Dr. Mohammed Hassan al-Zayyat hat allerdings die Beweglichkeit der Weltorganisation überschätzt: es ist nicht möglich, innerhalb weniger Tage den Sicherheitsrat zur Formulierung einer Resolution zu bewegen, die den Arabern das beläßt, was sie militärisch erreicht haben – die Formel »Rückzug beider Truppen auf alte Linien« wäre dagegen sofort zu erreichen gewesen.
Anwar el-Sadat drängelte seinen Außenminister nicht, denn er sah sich als Sieger in diesem Krieg. Es zeigte sich am 16. Oktober, daß er schlecht informiert war: tagelang hatte man ihm verschwiegen, daß die Israeli in der Lücke zwischen der Zweiten und der Dritten Ägyptischen Armee von Ost nach West zum Kanal durchgestoßen waren, daß sie mit einer starken Truppe südlich von Ismailia am afrikanischen Ufer des Kanals Fuß gefaßt hatten. Erst Satellitenfotos, die der sowjetische Ministerpräsident Kossygin nach Kairo mitbrachte, überzeugten Sadat, daß seine militärische Lage nicht günstig war. Er mußte froh sein, als am 23. Oktober der Waffenstillstand in Kraft trat. Ägypten stand nahe vor der neuen Niederlage.
Militärisch endet dieser Krieg für die Ägypter mit einem Unentschieden, für die arabische Welt aber bedeutet dieses Unentschieden bereits einen

Sieg – der erste Sieg seit vielen hundert Jahren. Mit dem 6. Oktober 1973 erst beginnt für 110 Millionen Araber die Zeit der Freiheit: sie werden nicht gedemütigt, nicht geschlagen, nicht in den Dreck gestoßen. Der Komplex der Unterlegenheit gegenüber Israel zerbricht.

Seit 1948 hatten die Araber – gleichgültig ob direkt mit Israel konfrontiert oder nicht – wie hypnotisiert auf Israel gesehen, unfähig, sich zu wehren: vor den Augen der Bewacher konnten die Israeli geheime Radarstationen sowjetischer Bauart per Hubschrauber aus Stellungen der ägyptischen Heimatverteidigung abholen; die Syrer mußten regelmäßig hohe Verluste ihrer Luftwaffe hinnehmen, die Piloten hatten jedes Selbstvertrauen verloren; im libanesischen Gebiet hielten sich die Israeli mit Kommandoeinheiten und regulären Truppen auf, als hätten sie in Beirut und Saida Heimatrecht. Das empfindliche Ehrgefühl der Ägypter, Libanesen und Syrer litt unter der Gewißheit, daß die Demütigungen nicht pariert werden konnten. Der israelische Soldat galt nach der arabischen Niederlage von 1967 als unbesiegbar, und Israel sorgte dafür, daß die Araber bei diesem Glauben blieben.

Anwar el-Sadat hat den Arabern das Selbstvertrauen zurückgegeben: die Ägypter waren in der Lage gewesen, den »breitesten Panzergraben, den es jemals in der Militärgeschichte gegeben hat«, zu überwinden. So hatte der Generalstabschef Saadeddin Shazli den Suezkanal eingestuft. Noch vor dem Ausbruch des Oktoberkrieges definierte er den Schwierigkeitsgrad des Feldzugs: »Der Übergang über den Suezkanal ist für uns so problematisch, wie es für die Deutschen 1940 problematisch war, nach England überzusetzen; die Deutsche Wehrmacht hat 1940 nicht den Mut besessen, England anzugreifen, wir werden den Mut haben, über den Kanal zu setzen.« Verteidigungsminister Moshe Dayan mußte während des Oktoberkrieges zugeben: »Wir haben eine andere ägyptische Armee vor uns!«

Sadat verfügt über die erste brauchbare arabische Armee

Das ist eine Grundregel für die Beurteilung arabischer Streitkräfte: die Zahl der Kämpfer und der Ausrüstung sind nicht die entscheidenden Faktoren. Der Kampfwert wird bestimmt durch Ausbildung, Erfahrung und durch den Grad des Willens, sich überhaupt zum Kampf zu stellen. Im Junikrieg von 1967 hatte Gamal Abd el-Nasser die zahlenmäßige Überlegenheit an Kampfflugzeugen und Bodentruppen, doch seine Armee war von der ersten Stunde des Krieges an demoralisiert und ohne Kampfwert. Die Offiziere waren die ersten gewesen, die sich vor den an-

rückenden Israeli nach Westen in Richtung Kairo abgesetzt hatten. Sie sahen die Erfüllung ihres Berufs nicht in der Verteidigung der Heimat, sie hatten Privilegien zu schützen: gesellschaftliches Ansehen, Macht über andere Menschen, Ausnutzung Untergebener, die Möglichkeit des Geldverdienens auf reellem und unreellem Weg. Sie warteten auf ihre Chance, um in der Politik den Sprung nach vorn wagen zu können, in Ämter der Administration, der Regierung. Sie empfanden sich als Träger des nationalen Elitegedankens, auf sie warteten Aufgaben in der panarabischen Bewegung. Andere Offiziere hatten Kontakte zur syrischen Baathpartei, sie hofften auf den glücklichen Umstand, mit ihren Ideen Gamal Abd el-Nasser aus dem Präsidentenpalast fegen zu können.
Die intelligenten Offiziere träumten zu Nassers Zeiten von diesen politischen Hirngespinsten, die alle einen Kern Realität enthielten – denn ohne den ehrgeizigen Traum von der Macht hätte auch der Offizier Nasser nicht den Putsch gegen König Faruk gewagt. Die weniger intelligenten Offiziere waren faul; sie kannten nach dem Abschluß der Ausbildung nur zwei Gedanken: unter Einsatz des gesellschaftlichen Prestiges des Offiziers eine gute Heiratspartie zu machen und möglichst zu vermeiden, weit von der Hauptstadt entfernt ein Kommando übernehmen zu müssen.
Nicht alle ägyptischen Offiziere passen in dieses einfache Schema. Gamal Abd el-Nasser selbst hatte zu dem kleinen Kreis von Kommandeuren gehört, die im ersten Palästinafeldzug von 1948 ihre Soldaten mit Mut und Können geführt haben. Im Junikrieg 1967 führte Generalleutnant Saadeddin Shazli seine Einheit trotz pausenloser israelischer Luftangriffe geschlossen zum Suezkanal zurück. Dort allerdings mußte Shazli die Fahrzeuge stehenlassen, die Stäbe in der Etappe hatten nicht für die Rettung der zurückflutenden Truppen vorgesorgt. Saadeddin Shazli und seine Männer überquerten schwimmend den Kanal nach Westen. Der Generalleutnant hielt nach dieser Katastrophe mit seiner Meinung über die militärische Führung nicht zurück. Da er zu den wenigen Kommandeuren gehörte, denen niemand Feigheit vorwerfen konnte, wurde er von Gamal Abd el-Nasser in den Untersuchungsausschuß gegen die Offiziere »mit den dicken Bäuchen« delegiert. Das Säuberungskomitee entließ im Herbst 1967 und im Frühjahr 1968 zweihundert hohe ägyptische Offiziere aus der Armee. Die Versager wurden pensioniert.

Saadeddin Shazli war von Anwar el-Sadat im Mai 1971 mit der Reorganisation der Armee beauftragt worden. Er packte seine Aufgabe mit Schwung an. Den Berufsoffizieren wurde das Klassendenken ausgetrieben, sie mußten sich zu Betreuern ihrer Mannschaft umfunktionieren lassen.

Die Beseitigung der Privilegien für Offiziere wirkte sich positiv für das Berufsbild aus. Mehr junge Männer bewarben sich 1972 und 1973 um freie Plätze in der Militärakademie. In Kairo eröffneten findige Reserveoffiziere Vorbereitungsschulen für die Aufnahme in die Militärakademie. Da der sportliche Typ bevorzugt wurde, legten diese Schulen Wert auf körperliche Fitneß. Kenntnisse in den Grundzügen von Nassers Sozialismus wurden ab 1973 nicht mehr verlangt. In Mathematik, Waffenkunde und Sport sollte der Kandidat brillieren. Saadeddin Shazli traf strenge Auswahl: er suchte entschlossene Führer.
Am 6. Oktober 1973 bewährte sich der neue Offizierstyp. Shazli hatte befohlen, daß alle Kommandeure, bis hinauf zum Brigadegeneral, in den ersten fünfzehn Minuten über den Suezkanal zu setzen hatten; die Offiziere sollten die ersten sein in der Gefahrenzone. Der Krieg wurde nun nicht mehr aus den sicheren Stellungen weitab vom Schuß geführt. Die Konsequenz: die Soldaten fühlten sich gut geführt von Männern, die wie sie selbst ihr Leben einsetzten. Keiner wartete auf die erste Chance, um sich nach hinten absetzen zu können. Die Front wich nicht.

Der Polizeiapparat hält sich hartnäckig

Saadeddin Shazli hatte Aufgaben und Stellung des Offiziers in Ägypten den Anforderungen des modernen Krieges angepaßt. Es war ihm aber nicht gelungen, tief eingewurzelte Mentalitätsfehler und Systemschäden auszureißen. Seit der Türkenzeit lebten die Ägypter, und ganz besonders stark die Beamten und Offiziere, in der Vorstellung, daß der Apparat des Staatssicherheitsdienstes allgegenwärtig und allmächtig sei. Der »Mokhabarat« wurde gefürchtet und doch als unabänderlich hingenommen. Niemand konnte und wollte sich dagegen wehren: die Agenten und ihre geheimnisvollen Auftraggeber wußten sowieso alles. Sharawi Goma'a, in den ersten Monaten des Sadatregimes Innenminister, war lange Zeit die Spinne im Zentrum des Netzes. »Abwarten und brutal zuschlagen!«, das war seine Arbeitsmethode. Unter Gamal Abd el-Nasser hatte Goma'a den Polizeiapparat aufgebaut, in jedem Haus saßen seine Spitzel. Das Resultat der lückenlosen Kontrolle war Lähmung jeder Initiative. Wer Verantwortung übernahm, lief Gefahr, Fehler zu machen. Fehler sind für die Agenten des Sicherheitsdienstes Anlaß, Rechenschaft zu fordern, zu verhaften. Die Schutzhaft ist das Mittel, um unliebsame Konkurrenten auszuschalten. Gamal Abd el-Nasser hatte, besonders nach der Niederlage von 1967, mit Polizeimethoden regiert: im Morgengrauen wurde verhaftet, Geständnisse wurden durch Foltern erpreßt.

Wer hinter Gittern saß, dem half kein Gericht mehr. Anwar el-Sadat will ändern, doch der Apparat ist zäh.
Die Staatspartei, die Arabische Sozialistische Union, arbeitet eng mit der Geheimpolizei zusammen. Familien in Kairo, die ich besucht hatte, wurden oft unmittelbar nach meinem Besuch vom »Blockwart« der Partei gefragt, aus welchem Grund ich gekommen sei. Ohne Mitgliedschaft in der Partei bleiben die Ägypter von wesentlichen Ämtern ausgeschlossen, sogar der Eintritt in die Gewerkschaft wird vom Besitz des Parteibuchs abhängig gemacht. Die Staatspartei ist als Körperschaft nicht der ägyptischen Gerichtsbarkeit unterworfen, niemand kann gegen die Organisation oder gegen die Kader klagen. Polizei und Partei sind unangreifbar, aber sie selbst haben den Ägypter im Griff. In der zweiten Phase des Oktoberkriegs wirkt sich dieser Systemschaden aus.
Saadeddin Shazli konnte seinen Offizieren nicht die Angst vor den Vorgesetzten und vor den dunklen Kräften der Partei nehmen. Er selbst fiel schließlich dieser Furcht vor dem »Mokhabarat« zum Opfer, als er – aus Angst, zur Verantwortung gezogen zu werden für den Erfolg der israelischen Armee, der es gelungen war, auf das Westufer des Suezkanals überzusetzen – weder dem Kriegsminister noch seinem Obersten Befehlshaber, dem Präsidenten, Meldung machte und der Generalstab in Kairo erst eine Woche später davon erfuhr, daß die Israeli in großer Zahl zwischen Ismailia und Suez am Westufer des Suezkanals standen. So war es fast dazu gekommen, daß Anwar el-Sadat scin politisches Spiel um den Oktoberkrieg verloren hätte.
Achttausend Tote hat der Krieg im Oktober 1973 zusammen auf beiden Seiten gekostet, aber er war von den Ägyptern nie als Vernichtungskrieg gedacht mit dem Ziel der Zerschlagung der Israeli. Dieser Krieg sollte Anstoß geben für eine politische Entwicklung, für eine intensive Suche nach dem gerechten Frieden für beide Seiten. Henry Kissinger selbst hatte Anwar el-Sadat auf die Idee gebracht, die Welt durch den Krieg aufzuschrecken. Sadat hatte sich die diplomatische Regel des amerikanischen Außenministers gemerkt: »Ich löse die Probleme, wenn sie ganz heiß sind!« Er sorgte dafür, daß der Nahostkonflikt aufgeheizt wurde. Seine Kritiker werfen ihm Zusammenspiel mit den USA und Mißachtung von Menschenleben vor – beide Vorwürfe stimmen. Die Nahosttour des amerikanischen Außenministers war abgesprochen seit dem Frühjahr 1973. Kissinger hatte zugestimmt, zu vermitteln, doch er machte deutlich auf die Vorbedingung aufmerksam: »Die Ägypter sollen erst selbst mal etwas unternehmen.«
Der Oktoberkrieg bringt für Sadat den gewünschten Erfolg: Israel sieht ein, daß es die Ägypter nicht mit dauernder Demütigung niederhalten

kann, es zeigt sich bereit zum Kompromiß. Anwar el-Sadat, gestärkt durch den militärischen Erfolg, kann direkte Gespräche mit Israel führen; vor dem Oktoberkrieg war das Zugeständnis solcher Gespräche vom Präsidenten selbst als Kapitulation bezeichnet worden.
Fünf Monate nach Kriegsende beginnen die Räumungsarbeiten am Suezkanal: Schiffswracks werden gehoben, Minen beseitigt, Signalanlagen instand gesetzt, Sandverwehungen ausgebaggert. Der Minister für Wiederaufbau Osman Ahmed Osman verspricht der Wirtschaft der Welt die Einrichtung von Freihandelszonen in Port Said und Suez – mit Anlagen, die an Größe und moderner Einrichtung die Freihandelszonen von Hongkong und Singapur in den Schatten stellen sollen. Die Verwaltungen von Suez und Port Said haben im Frühjahr 1974 beschlossen, ihren Städten den Namen des Präsidenten zu geben, der alle diese wunderbaren Dinge möglich macht.
In sechs Jahren soll die Kanalzone das blühende Handels- und Touristenzentrum Ägyptens werden. Mit besonderer Befriedigung registrieren die Ägypter, daß General Motors am Suezkanal eine Fabrik für Personenautos errichten will. Anwar el-Sadat ist zufrieden: die Sowjets haben ihm Waffen gegeben, von den Amerikanern aber kommt – nach seiner Meinung – Frieden und Wohlstand.
Dem sowjetischen Botschafter Winowgradow versichert er, daß die russische Mittelmeerflotte ab Winter 1974/75 den Suezkanal benützen könne. Die Mittelmeer-Eskadra wird dann durch ein internationales Gewässer fahren müssen, das sich fest in amerikanischer Hand befindet.

Die neue Revolution

Im März 1974 besucht der sowjetische Außenminister die ägyptische Hauptstadt. Bei einem Bankett warnt er: »Wir dürfen nicht rückwärts gehen!« Seine Tischrede ist ganz dem Thema der sozialistischen Revolution in Ägypten gewidmet, die Gamal Abd el-Nasser mit Tatkraft begonnen und durchgesetzt habe. »Ägypten kann sich zu den sozialistischen Ländern rechnen, es muß stolz darauf sein. Bewahren Sie Ihre sozialistischen Errungenschaften!« Der ägyptische Außenminister Ismail Fahmi hört mit freundlichem Lächeln zu. Sein Präsident hatte beschlossen, Ägypten aus dem sozialistischen Lager herauszuführen.
»Die Vertrauenskrise zwischen Ägypten und den USA ist zu Ende!« Mit dieser Ankündigung wird auch das Ende des sozialistischen Experiments proklamiert. Anwar el-Sadat hebt Gesetze auf, die seit 1962 der Staatsverwaltung das Recht gegeben hatten zur Beschlagnahme von

Grund und Eigentum. Die Tageszeitung »Al Ahram« feiert die Aufhebung der Sequestrierungsgesetze: »Diese Gesetze waren eine Ungerechtigkeit, sie trafen das Volk wie Donner und Blitz. Niemand konnte den Schlag voraussehen. Das Urteil schlug ein und brachte dem Betroffenen und seiner Familie plötzliche Armut.« Das Bürgertum in Ägypten braucht künftig den Schock plötzlicher Armut nicht mehr zu fürchten. Anwar el-Sadat treibt die Rehabilitierung des Bürgertums rasch voran: er gibt eine Kinokette in Kairo an den ehemaligen Besitzer zurück; das ägyptische Parlament empfiehlt im Frühjahr 1974 die langsame Überführung der Staatsbetriebe in private Hand; 49 Prozent der Kapitalanteile aller staatlichen Firmen sollen an private Besitzer verkauft werden. Anwar el-Sadat will durch Privatisierung Anreiz schaffen für einen Wirtschaftsaufschwung; er vertraut der Lenkungsbehörde nicht, der Posten des Planungsministers wurde deshalb mit einem ganz unbedeutenden Mann besetzt. Um ausländisches Kapital ins Land zu bekommen, werden liberale Devisengesetze geschaffen. Im ägyptischen Finanzministerium überlegt man, ob nicht freies Floaten des Ägyptischen Pfunds auf dem Devisenmarkt die Einordnung Ägyptens in westliche Märkte erleichtert. Die Chase Manhattan Bank macht eine Vorleistung auf das künftige Gesetz: sie transferiert im Sommer 1974 80 Millionen Dollar nach Ägypten und eröffnet eine Filiale in Kairo. David Rockefeller, der Direktor dieser Bank, verspricht nach einer Besichtigung der Kanalzone, mit Kredit beim Wiederaufbau zu helfen. Präsident Nixon, in Kairo gefeiert wie kein Staatsgast vor ihm, schenkt den Ägyptern ein Nuklearkraftwerk. Anwar el-Sadat will 1974 eine Politik der »offenen Tür« beginnen, die Ägypten aufgeschlossen macht für die enge Kooperation mit dem Westen. Das Resultat der neuen Revolution wird sein, daß Moskau mehr und mehr seinen Einfluß verliert. Die hohe Verschuldung Ägyptens gegenüber der Sowjetunion beachtet Anwar el-Sadat einfach gar nicht. Er sagt selbst: »Schuldest du einer Bank eine Million, dann bist du in der Hand der Bank – schuldest du ihr hundert Millionen, dann ist die Bank in deiner Hand!« Anwar el-Sadat glaubt, daß er die Sowjetunion in der Hand hat.

Im Februar 1974 entläßt ein Dekret der Präsidialkanzlei Mustafa Amin aus dem Gefängnis. Sieben Jahre zuvor war er auf Befehl Nassers verurteilt worden wegen Spionage zugunsten der Vereinigten Staaten von Amerika. Mustafa Amin wird von Anwar el-Sadat rehabilitiert und zum Herausgeber der Massenzeitung »Al Akhbar« und der Wochenschrift »Akhbar Al Jom« bestimmt. Sein Bruder, Ali Amin, seit Jahren im Exil in London und Beirut, kehrt zurück und übernimmt den Platz des Chefredakteurs der wichtigsten Kairoer Zeitung »Al Ahram«. Hassanein Heikal, einst Freund und Vertrauter Nassers, wird entlassen. Der letzte Pfeiler des Nasserismus ist damit gefallen. Aus Sympathie und Protest tritt die älteste Tochter des verstorbenen Präsidenten, Houda Abd el-Nasser, aus der Redaktion aus.

Im Februar 1974 wird in Kairo offen darüber diskutiert, daß Pauschalurteile über das Regime des bisher verhaßten Königs Faruk unberechtigt sind. Anwar el-Sadat selbst gibt den Anstoß zur Revision der ägyptischen Geschichte: er genehmigt die Beerdigung der Prinzessin Fawkiyah, einer Schwester des ehemaligen Königs Faruk, auf einem ägyptischen Friedhof. Als Tote kehrt die verbannte Prinzessin heim.

Anwar el-Sadat untergräbt den Anspruch auf moralische Berechtigung der Revolution des Gamal Abd el-Nasser: »Es ist eine Ungerechtigkeit gegenüber der Geschichte und gegenüber uns selbst, zu sagen, die königliche Familie habe nur Übel, Unrecht und Katastrophen über Ägypten gebracht.«

Im Frühjahr 1974 verschwinden die Nasserbilder aus den ägyptischen Amtszimmern. Allein Anwar el-Sadat schmückt noch die Wand. Die Gründung einer Partei kündigt sich an, die dem »nationalen Helden Anwar el-Sadat« geweiht ist. Diese Partei nennt sich »Bewegung des sechsten Oktober«. Nach Meinung der Parteigründer hat der sechste Oktober Ägypten erwachsen werden lassen. Das erwachsene Ägypten aber ist reif für die Einführung der Demokratie. Die »Bewegung des sechsten Oktober« wird der bisherigen Staatspartei, der Arabischen Sozialistischen Union, Konkurrenz machen. Ägypten soll auf den Weg zum Zweiparteiensystem gebracht werden. Das Programm besteht allerdings für beide Parteien nur aus dem Willen des Präsidenten.

Der Irak reicht den Sowjets die Hand

Der zufriedene Sowjetbotschafter

Benjamin Andrewitsch Lichatschew, der sowjetische Botschafter in Bagdad, ist glücklich an diesem Abend. Sein Chef, Ministerpräsident Alexej Kossygin, hat sich zufrieden gezeigt. Das Abkommen mit dem Irak ist formuliert, die Unterzeichnung für den kommenden Tag vereinbart. Die Sowjetunion und der Irak haben beschlossen, Freunde zu sein. Ich frage den Botschafter: »Ist der Besuch Ihres Ministerpräsidenten ein ungeschmälerter Erfolg?« Benjamin Andrewitsch Lichatschew antwortet stolz: »Gab es da jemals einen Zweifel?« Er hatte den Boden für den Staatsbesuch gut vorbereitet. Der Botschafter will Karriere machen, der Posten in Bagdad bietet dazu Gelegenheit. Hier kann mit Geschick die Position der Sowjets am Persisch/Arabischen Golf ausgebaut werden. Lichatschew ist in der Lage, politische Sehnsüchte seiner Chefs zu erfüllen: seit Zar Peter dem Großen hat die russische Staatsführung den Wunsch, Zugang zum Persisch/Arabischen Golf zu bekommen. Peter der Große hat den Weg gewiesen: »Rußland muß am Persischen Golf Fuß fassen – wer hier regiert, der ist der wahre Herrscher der Welt!«

Die Kremlherren von heute halten sich an das Testament des Zaren. Lichatschew hatte den Auftrag, in den Freundschaftsvertrag mit dem Irak einen Paragraphen einzusetzen, der sowjetischen Kriegsschiffen künftig die Benützung des Hafens Basra sichert. Die russische Flotte hat damit eine Basis für Operationen im Indischen Ozean. Im Kampf um Einfluß in diesem Teil der Welt hat die Sowjetunion Vorteile gewonnen: ihre Kriegsschiffe auf dem Meer zwischen Somalia und Indonesien sind nicht mehr auf den 10 000 Kilometer entfernten Hafen Wladiwostok angewiesen; die Sowjetflotte kann in den »warmen Gewässern« des Südens operieren. Die Sowjetunion ist dem mit ihr verbündeten Irak dankbar.

Der Weg war schwierig für die Sowjetunion bis zu diesem Ziel; er ist gespickt mit Fehlern der Moskauer Staatsführung, mit falschen Einschätzungen der Bereitschaft zur Revolution im Irak. Als die Sowjets sich auf ihr Interesse am Persisch/Arabischen Golf besannen, stand der Irak im antisowjetischen Lager.

400 Kilometer gebirgiges Land trennen den Irak und die Sowjetunion. Die durch Politwitze legendäre russische Radiostation Jerewan ist gut zu hören in der irakischen Stadt Mosul. In den trennenden 400 Kilometern stoßen Türkei und Iran aneinander. Beide Staaten waren mit dem Irak Partner im Bagdadpakt, in einer der defensiven antisowjetischen Militärallianzen aus der Mitte der fünfziger Jahre. Türkei, Iran und Irak sollten zusammen mit Pakistan das sowjetische Vordringen in den Nahen Osten verhindern. Die Defensivorganisation »Bagdadpakt« wurde gesteuert von London, finanziert von den USA. Beide Großmächte waren Vertragspartner im Bagdadpakt. Großbritannien und die Vereinigten Staaten wollten ihren Einfluß im ölreichsten Gebiet der Erde schützen. Die USA waren daran interessiert, daß ein Sicherheitskordon aus den vier Staaten die Sowjetunion von Saudi-Arabien trennte. Auch Großbritannien wollte die kommunistische Ideologie vom Persisch/Arabischen Golf fernhalten; die britische Regierung trug zu dieser Zeit die Verantwortung als außenpolitischer Souverän der Golfemirate. Dem Irak war von den Engländern 1932 die Unabhängigkeit zugesprochen worden,

doch bedeutete der Verzicht auf das britische Mandat nicht das Ende der britischen Herrschaft. Der Irak wurde weiterhin von London regiert. König Feisal II. und sein Ministerpräsident Nuri al-Said folgten blind den Ratschlägen aus der Downing Street.

Vier Jahre lang hatte der Bagdadpakt Bestand; am 24. März 1959 löschte der Irak seine Mitgliedschaft. Doch schon neun Monate zuvor hatte eine Revolution in Bagdad dem Pakt den Boden entzogen: die Monarchie war gestürzt worden, die neuen Herren wollten sich lösen von England und den USA. Sie waren zwar keine Freunde der Sowjetunion, aber Moskau konnte sich Hoffnung machen. Immerhin war der antisowjetische Pakt geplatzt und das konservative Regime des Königs beseitigt.

Die Monarchie verspielt die Chance des Westens

Seit 1921 hatte die Dynastie der Haschemiten den Irak regiert. Am 23. August 1921 nahm Emir Feisal Ibn Hussein Platz auf dem Thron von Bagdad. Die Familie der Haschemiten war von den Wahhabiten aus der Gegend von Mekka und Medina vertrieben worden, als das saudiarabische Königreich zusammenwuchs.

Die britische Regierung fühlte sich für die Haschemiten verantwortlich, sie waren zur Zeit des Ersten Weltkriegs treue Verbündete gewesen: die Haschemiten wurden zu Monarchen im Irak und in Jordanien ernannt. In beiden Staaten waren die Haschemiten Fremde, sie hatten keine Wurzeln im Lande. Im Irak und in Jordanien stützten sich die Herrscher von Anfang an auf die Scheichs der Beduinenstämme. Die jordanischen Haschemiten hatten mit dieser Politik Glück; der Zweig der Familie, dem der Irak zugewiesen war, ging daran zugrunde.

Nach Tradition und osmanischem Recht gehörte der Grundbesitz im Irak jeweils dem Stamm, der auf dem Boden wohnte, der dort die Felder anbaute und die Herden weiden ließ. Diese Tradition wurde respektiert bis zum Jahre 1932; dann zerbrachen die Haschemiten die überlieferte Ordnung: sie übertrugen das Eigentum an Grund und Boden auf die Scheichs der Stämme. Im Hidschas, der alten Heimat der Haschemiten, hatte diese Ordnung gegolten – sie wurde jetzt dem Irak aufgedrängt.

Die herrschende Familie wollte mit der Eigentumsübertragung die Scheichs zu dankbaren Untertanen machen. Die englische Mandatsmacht unterstützte die Herrscher, denn die Reform des Besitzrechts gab der irakischen Gesellschaft eine den Engländern vertraute Form: Besitzer eines bestimmten Grundstücks war nun eine Person. Für die britische

Verwaltung war dadurch die Reform der Geschäftsführung einfacher geworden: es konnten Grundbücher angelegt werden, eine der Hauptursachen für Streitigkeiten wurde beseitigt. Und doch liegt in der Eigentumsübertragung die Wurzel der brutalen Eruptionen, die den Irak als Monster unter den arabischen Staaten erscheinen lassen. Die Voraussetzung für die Gewalttätigkeit war geschaffen: von diesem Zeitpunkt ab gibt es im Irak den Unterschied zwischen arm und reich. In den letzten Jahren der Haschemitenherrschaft waren 268 Scheichs die Besitzer von drei Vierteln des fruchtbaren Gebiets im Irak. Diese 268 Scheichs konnten sich sogar als Besitzer der Menschen fühlen, die auf diesem Boden lebten: durch Gesetz war die Abwanderung in die Stadt verboten, der Landarbeiter mußte dort bleiben, wo er geboren war. Die Haschemiten führten die Leibeigenschaft ein im Irak.
Die herrschende Familie konnte die direkte Abstammung vom Propheten nachweisen, der Stammbaum der Haschemiten ist untadelig, aber es gelang ihr nicht, bittere religiöse Gegensätze zu überbrücken. Sunniten und Schiiten stritten um die Vorherrschaft, um den Anspruch des rechten Glaubens. Ihre Streitigkeiten pflanzten sich fort in die Politik; Todfeindschaften entstanden, die den Irak bis heute in Spannung halten, die auch in den siebziger Jahren noch mit Dolch und Pistole ausgefochten werden.
Armut und religiöser Streit brachten die Slums von Bagdad 1952 zur Explosion. Die Aufstände wurden durch Anwendung des Kriegsrechts unterdrückt. In diesem Jahr 1952 beginnt Arabien zu erwachen: Gamal Abd el-Nasser und eine Gruppe junger Offiziere stürzen König Faruk; Ägypten wird Republik und beginnt sein Experiment mit dem Sozialismus. Für die Masse der Iraker ist Gamal Abd el-Nasser der künftige Führer der Araber auf dem Weg aus Elend und Unterdrückung.

Der Irak war durch Abkommen an Großbritannien gebunden. Die Engländer hatten Privilegien, sie beherrschten die Wirtschaft des Landes. Die Nationalisten, die auf Gamal Abd el-Nasser hörten, ärgerten sich über die »imperialistischen Vorrechte« der Briten. Sie honorierten nicht, daß die britische Regierung ein wesentliches Zugeständnis gemacht hatte: die Royal Air Force räumte bereits im Jahre 1948 die Flughäfen Schuaiba und Habbaniya – Gamal Abd el-Nasser mußte auf seinem Territorium viel länger britische Basen dulden. Doch das britische Entgegenkommen wurde im Bewußtsein der Massen überdeckt vom britischen Eintreten für den jüdischen Staat in Palästina. Die Feindschaft gegen die Briten wuchs im Irak. Nur die 268 Scheichs und die Herrscherfamilie blieben England treu.

1955 trat der Irak, trotz der gegen England feindlichen Haltung großer Bevölkerungsschichten, dem Bagdadpakt bei. Ein Jahr später, im Oktober 1956, griffen England und Frankreich die Ägypter am Suezkanal an. Die britische Regierung wollte Gamal Abd el-Nasser, das Idol der arabischen Nationalisten, stürzen. Die Empörung in Bagdad begann zu kochen. König Feisal II. hielt trotzdem am Bündnis mit England fest. Ihn interessierte das Geld, das Amerika an die islamischen Mitglieder des Bagdadpaktes verteilte (13 Milliarden Dollar).

Am 14. Juli 1958 wollten König Feisal II. und Ministerpräsident Nuri al-Said nach Ankara fliegen, zu einer Konferenz der islamischen Staatschefs des Bagdadpaktes. Feisal, der Schah von Persien, die Präsidenten von Pakistan und der Türkei sollten sich ohne Aufsicht der Großmächte treffen. Die Bindung an Großbritannien und die USA stand zur Diskussion; Englands Haltung im Suezkrieg war fragwürdig geworden auch für den irakischen König. Der Rückzug der Engländer aus der eroberten Suezkanalzone wurde von König Feisal II. als blamable Niederlage des Bündnispartners betrachtet. Der Reiseplan des Königs sah nach der Tagung von Ankara einen Besuch in London vor: Feisal II. wollte mit der britischen Regierung reden, sie an ihre wahren Interessen im Nahen Osten erinnern. In London wartete auch die Braut des Königs, die türkisch-ägyptische Prinzessin Fadhila. Letzte Einzelheiten der geplanten Hochzeit waren noch zu besprechen; mit großem Prunk sollte sie in Bagdad gefeiert werden.

Bis zum Monat Juli hatte der König im Jahre 1958 vier Putschversuche überlebt. Sie waren schlecht geplant und stümperhaft durchgeführt. Die Verehrer von Gamal Abd el Nasser schienen nicht in der Lage zu sein, den Haschemitenkönig zu stürzen. Der König sah keinen Grund zur Sorge, als am Nachmittag des 13. Juli die Neunzehnte und die Zwanzigste Panzerbrigade in Richtung Hauptstadt fuhr. Von der Gedankenwelt der beiden Kommandeure, General Abdel Kerim Kassem und Oberst Abdel Salam Aref, hatte der Monarch keine Ahnung: Kassem und Aref sind begeisterte Anhänger der Vereinigungspolitik des Gamal Abd el-Nasser. Die Vereinigte Arabische Republik war entstanden durch den Zusammenschluß von Ägypten und Syrien, die Nationalisten des Irak wollten sich diesem neuen Staatsgebilde anschließen. Für den König blieb in der Vorstellung der Offiziere kein Platz mehr an der Spitze des Staates. Gamal Abd el-Nasser sollte Präsident auch des irakischen Teils der Vereinigten Arabischen Republik sein. Die Haschemitenkönige von Jordanien und Irak sahen die große Gefahr: im Strudel der Einigungsbewegung hatte für sie die Zukunft nur Tod oder bestenfalls Exil vorgesehen. Hussein von Jordanien und Feisal II. wollten diesen Drang zur

Einigung der Araber für ihre Zwecke nutzen: vierzehn Tage nach der Proklamation der Vereinigten Arabischen Republik schließen sich Jordanien und der Irak zur Arabischen Föderation zusammen. Der König des Irak wird zum ersten Präsidenten ausgerufen.
Der Irak und Jordanien sind Nachbarstaaten, doch liegen 800 Kilometer Wüste zwischen den beiden Hauptstädten. Außer den herrschenden Familien gibt es nichts, was Jordanien und den Irak verbindet. Die Bevölkerung weiß wenig voneinander und ist nicht begierig, den Partner in der Föderation kennenzulernen. Die künftige Verteilung der Macht ist undurchsichtig: Hussein akzeptiert im irakischen König das Staatsoberhaupt, aber er will jordanischer König bleiben. Die Armee und der Apparat der Außenpolitik sollen vereinigt werden.
Die Haschemitendynastie unternimmt mit dem Zusammenschluß der beiden Königreiche zur Arabischen Föderation den letzten Versuch, unter ihrer Herrschaft das große islamische arabische Reich zu verwirklichen. Ihrem Vorfahren, Scheich Hussein von Mekka, hatten die Engländer 1915 dieses Großreich versprochen: es sollte den Irak, Syrien, Transjordanien, Palästina und die arabische Halbinsel umfassen. Die englischen Politiker konnten damals ihr Versprechen nicht wahrmachen, sie mußten das Mandat über Arabien mit den Franzosen teilen. Als Entschädigung boten sie den Haschemiten den Thron von Amman und Bagdad an. 1958 ergreift die Familie noch einmal die Chance, die Geschichte Arabiens seit der Zeit des Ersten Weltkriegs zu korrigieren.

Die Kommandeure der Neunzehnten und der Zwanzigsten Panzerbrigade sind mit dem Ehrgeiz des Herrscherhauses nicht einverstanden. Sie haben ihren eigenen Plan für die Zukunft, aber sie verbergen ihn gut. Nur Behdjet Attya, der Chef des Sicherheitsdienstes, hat eine Vermutung, und er warnt den König. Auch an diesem 13. Juli 1958 lehnt es Feisal II. ab, sich mit dem Argwohn gegen Abdel Salam Aref zu befassen. Er bezahlt seine Offiziere überdurchschnittlich, er gibt ihnen die besten Waffen, das sollte genügen, um sie an das Herrscherhaus zu binden. Doch hatten sich, seit in Ägypten der Offizier Gamal Abd el-Nasser regiert, die Maßstäbe für die Zufriedenheit des Offizierskorps verschoben: auch die Obersten und Generäle des Irak wollten politische Macht. Seit der Kreis um Gamal Abd el-Nasser König Faruk vertrieben hatte, wollten auch die irakischen Offiziere nicht mehr Untergebene einer königlichen Familie sein. Abdel Salam Aref war entschlossen, die Monarchie abzuschaffen und, wie Gamal Abd el-Nasser, selbst Politik zu machen. Arabische Einheit und arabische Größe, diese beiden Begriffe bestimmten seine politische Vorstellung. Positive Neutralität war sein

Schlagwort für die Außenpolitik: die Sowjetunion war nicht mehr als Gegner zu betrachten, auch Bagdad mußte mit Moskau ins Gespräch kommen. Abdel Salam Aref knüpfte die ersten behutsamen Kontakte zur sowjetischen Botschaft.

Ende Juli 1958 hatte Ministerpräsident Nuri al-Said Verdacht geschöpft. Er war entschlossen – trotz des Widerstands des Königs – Oberst Aref versetzen zu lassen. Abdel Salam Aref sollte 800 Kilometer von Bagdad entfernt sein Hauptquartier aufschlagen, in der jordanischen Hauptstadt Amman. Einen Vorwand zur Versetzung gab der Aufstand im Libanon. 1958 wollten auch in Beirut die Anhänger Nassers an die Macht; ihre Gegner waren die Offiziere der libanesischen Armee und die Mehrheit der christlichen Bevölkerung.
Ohne sich militärisch einzumischen, bezogen Jordanien und der Irak Position gegen die Nasseristen im Libanon, aus Sorge vor einem Übergreifen des revolutionären Funkens. Hussein, näher am Zentrum der Auseinandersetzung, bat zur Sicherheit den irakischen König um militärische Hilfe. Abdel Salam Aref erhielt den ehrenvollen Auftrag, die jordanische Streitmacht zu verstärken. Die Panzerfahrer der Neunzehnten und der Zwanzigsten Brigade erhielten am 13. Juli in ihrem irakischen Standort Munition ausgehändigt. Ein Zeichen des besonderen Vertrauens. Bis dahin waren Kanonen und Munition getrennt aufbewahrt worden, um jede Gefahr eines bewaffneten Putsches auszuschließen. Abdel Salam Aref nützt dieses Vertrauen aus: er rollt mit seinen Panzern in die Hauptstadt, entschlossen, das Glück zu versuchen.

König Feisal II. hat sich spät in der Nacht den Spielfilm »The Pyjama Game« angesehen, um acht Uhr morgens sollte sein Flugzeug starten. Er liegt kaum im Bett, da fallen Schüsse, Maschinengewehre knattern los. Granatwerfergeschosse zersplittern die Bäume im Garten. Der König und der Kronprinz versuchen mit dem Ministerpräsidenten und dem Generalstabschef zu telefonieren: die Leitungen sind tot. Die zweihundert Mann der Palastwache geben nach wenigen Minuten die Verteidigung auf. Offiziere der aufständischen Truppe treiben den Hofstaat zusammen: Prinzen, Prinzessinnen, die ehemalige Königin Nafisa, den Kronprinzen Abd al-Ilah und den Onkel des Königs; vierzig verängstigte Personen erwarten ihr Schicksal. Dem König wird gesagt, daß die Offiziere des Revolutionskomitees im Hauptquartier der Armee mit ihm sprechen wollen. Feisal II. ist einverstanden, mit den Rebellen über seinen künftigen Aufenthaltsort zu beraten. Autos zur Fahrt ins Hauptquartier werden ihm und den wichtigen Familienmitgliedern angeboten. Als die Gruppe den

Palast verläßt, wird sie von zwei Offizieren mit Maschinenwaffen niedergemäht.
Jetzt ruft Radio Bagdad zur Revolution auf, zur Rache für die Enteignung der Massen. Die Armen und Entwurzelten werden aufgehetzt, ihre Wut an der Herrscherfamilie auszulassen. In der ersten Stunde nach der Ermordung des Königs brechen Zehntausende in den Palast ein. Sie verstümmeln die Leichen, plündern und verbrennen den Palast. Eine Welle der Brutalität durchfegt Bagdad. Die Masse ist aufgerufen, Ministerpräsident Nuri al-Said zu suchen, dem die Flucht aus seinem Haus am Tigris gelungen war. In den nächsten Stunden werden in jedem Stadtviertel von Bagdad Männer erschlagen, die Ähnlichkeit haben mit Nuri al-Said. Abdel Salam Aref gibt die Parole aus: »Nuri al-Said ist verantwortlich für alles Elend im Irak – er hat unseren Reichtum an die Engländer verschenkt!« Der Ministerpräsident ist so bekannt in Bagdad, im ganzen Land, daß er nicht hoffen kann, unentdeckt zu bleiben. Er versteckt sich im Haus des Politikers Mahmud al-Astarabadi, aber er hat bald das Gefühl, hier nicht mehr sicher zu sein. In Frauenkleidern gehüllt will er sich ein besseres Versteck suchen, aber seine Herrenschuhe verraten ihn auf der Straße; zwei Polizisten sprechen ihn an, er schießt und versucht zu entkommen. Nuri al-Said hat keinen der Polizisten getroffen, sie feuern das Magazin ihrer Maschinenpistolen leer; der Ministerpräsident und Frau Astarabadi – sie wollte ihn durch die Stadt begleiten – sind sofort tot. War dieser Tote der wirkliche Nuri al-Said? In Bagdad trifft man viele Iraker, die Geschichten erzählen, wie sie Nuri al-Said erschossen, erschlagen, erwürgt haben. Auch dieser Mann, den Frau Astarabadi begleitet hatte, konnte nicht mit absoluter Sicherheit identifiziert werden. Der Körper war vom Pöbel zertrampelt worden.
Die Revolution war gelungen im Irak, die Monarchie beseitigt. Der Chef des Obersts Abdel Salam Aref übernahm die Regierung: Brigadegeneral Abdel Kerim Kassem. Die fünf Millionen Iraker sind begeistert über den Umsturz: in ihren Augen ist die Ursache des Elends, die haschemitische Familie, ausgelöscht. Die Ernüchterung folgte bald, denn nichts wurde besser. Enttäuscht war auch die sowjetische Botschaft, die sich Hoffnungen auf eine starke kommunistische Beteiligung an der Regierung gemacht hatte. Mit dem Austritt des Irak aus dem antisowjetischen Bagdadpakt allein konnte Moskau nicht zufrieden sein. Der Botschafter forderte die Erlaubnis für den Aufbau einer kommunistischen Partei. Nuri al-Said hatte erfolgreich die letzten Wurzeln der kommunistischen Organisation getilgt, der Neubeginn – das wußte der Botschafter – konnte nur mühsam vorangehen. Der neue Machthaber des Irak, Abdel Kerim Kassem, zögerte mit der Legalisierung der Kommunisten. Der

sowjetische Botschafter wußte einen Ausweg: er schlug seinen Freunden die Gründung von Tarnorganisationen vor. Unter phantasievollen Namen aus der nationalistischen und demokratischen Begriffswelt entstanden Vereine, Phalanxen und Verbände für Studenten, Intellektuelle, für Arbeiter und für die Frauen. Der nicht zugelassenen Kommunistischen Partei gelang es, nach der Revolution des 14. Juli 1958 in wenigen Monaten eine schlagkräftige Truppe aufzustellen, die »Streitmacht des Volkswiderstandes«. 50 000 Bewaffnete gehorchten den Befehlen der Kommunisten. Ihnen war der Schutz der Errungenschaft der Revolution anvertraut, sie machten Jagd auf Staatsfeinde. Mit der Armee, mit den Beamten der Verwaltung kamen die Kommunisten gut zurecht, sie fanden Anerkennung als Stütze der Revolution. Nur Abdel Kerim Kassem sah mit Unbehagen den wachsenden Einfluß der Kommunisten auf die Bevölkerung.
Er hatte sein Einverständnis gegeben, daß die Wirtschaft des Irak in die ökonomische Struktur des Ostblocks eingegliedert, die Armee auf sowjetische Waffen umgerüstet wurde, aber er weigerte sich, mit der Sowjetunion einen Freundschaftsvertrag abzuschließen – dieser Erfolg gelang erst viel später, 1972, dem Sowjetbotschafter Benjamin Lichatschew. Doch Abdel Kerim Kassem macht den Sowjets kurz nach der Revolution ein wichtiges Zugeständnis: er verzichtet auf seine Absicht, den Irak an die Vereinigte Arabische Republik anzuschließen. Der Anschluß an den Unionsstaat des Gamal Abd el-Nasser soll nicht stattfinden. Die Sowjets hatten diese Eingliederung gefürchtet; von den Politikern aus Kairo hatten die Kommunisten nichts Gutes zu erwarten: Nasser ließ in seinem Land die Kommunisten festsetzen. Es war damit zu rechnen, daß die Jagd auf die Kommunisten im Irak eine wesentliche Bedingung des ägyptischen Präsidenten für das Zustandekommen der Union darstellte. Abdel Kerim Kassem hatte die Wahl zwischen der Union mit Ägypten und Syrien und der Freundschaft mit der Sowjetunion. Er wählte das gute Einvernehmen mit Moskau.

Die Rebellion der Kurden

Der Offizier der Begleitpatrouille wollte noch weiterfahren in dieser Nacht, aber unser Fahrer aus Bagdad weigerte sich: »Das ist mir zu gefährlich!« Wir sind im Gebiet der Pesh Mergha, der Armee des kurdischen Aufstands. Die Ölfelder von Kirkuk liegen hinter uns, weit im Süden schimmern noch die weißgelben Abfackelungsfeuer der Öltürme. Nördlich von Kirkuk endet die Macht der Regierung von Bagdad, von

Arbil ab regiert Mullah Mustafa Barsani, der Führer der Kurden. Daß mich das irakische Informationsministerium hierherfahren läßt, verdanke ich einem Waffenstillstand zwischen der Regierung in Bagdad und der Armee der kurdischen Rebellen.

Der Fahrer des Wagens setzt sich durch, er traut dem Waffenstillstand nicht. Wir bleiben über Nacht in Salahuddin, dem letzten Ort mit einem zivilisierten Rasthaus an dieser Straße durch Kurdestan.

Am Morgen windet sich unser Fahrzeug über Serpentinen und Haarnadelkurven auf einer engen, oft unbefestigten Straße ins Gebirge hoch. Der Fahrer kurvt um Geröll und abgerutschte Erde. Seit 1961 herrscht in diesen Bergen Krieg, unterbrochen von unsicheren Zeiten des Waffenstillstands. Die Kurden, ein Nomadenvolk in der wilden Landschaft des Dreiländerecks zwischen Türkei, Persien und Irak, wollten sich nicht irakisieren lassen. Sie griffen 1961 zu den Waffen, als die Regierung in Bagdad die kurdische Spache aus Gerichtssälen und Schulen verbannte, als die Kurden gezwungen werden sollten, seßhaft zu werden. Die Anzahl der Kurden ist umstritten; die niedrigste Zahl gibt die irakische Regierung an. Nach ihrer Statistik leben insgesamt in den drei Ländern 5,5 Millionen Kurden; die Führung der Kurden aber sagt: »Unser Volk umfaßt acht Millionen Menschen.« Im arabischen Staat Irak leben etwa 1,5 Millionen Kurden. Sie sind nicht besonders geschätzt von den Arabern. Es gibt ein altes arabisches Sprichwort: »Drei Plagen hat Allah auf diese Welt geschickt: die Ratten, die Heuschrecken und die Kurden.« Der irakische Distriktskommandeur von Arbil zitiert dieses Sprichwort mit Vorliebe. Für ihn sind die Kurden ein unproduktiver Teil des irakischen Volkes: »Auch die Nomaden müssen sich dem Industrialisierungsprozeß anpassen!« Er ärgert sich heute noch, daß dieses nutzlose Volk es gewagt hat, die Regierung um einen Anteil am Ertrag der Ölfelder von Kirkuk und Mosul zu bitten.

Neun Jahre lang hatte die Regierung in Bagdad versucht, die Rebellion, den Freiheitskampf der Kurden, zu ersticken – ohne Erfolg. Militärische Expeditionen halfen nichts: jeweils im Frühjahr und im Sommer begann die irakische Armee eine Offensive; die Kurden wichen in die hohen Berge aus, unerreichbar für Artillerie und Luftwaffe. In den sicheren Bergverstecken warteten sie, bis der Winter die irakischen Truppen in die Garnisonen zurücktrieb. In dieser Jahreszeit sprach Bagdad dann immer von Waffenstillstand und Versöhnung. Dem Mann, der die Waffenstillstandsverhandlungen in den Wintermonaten führte, begegnen wir auf der Gebirgsstraße vor dem Kurden-Hauptquartier in Galala. Ein Mercedes kommt uns entgegen, spiegelblank geputzt, das neueste Modell. Pesh-Mergha-Offiziere steigen aus und halten uns an. Sie tragen die sackartige kurdische Uniform in einer seltsamen fahl-bläßlichen Rosenfarbe; die Offiziere schlingen sich bunte Tücher um Kopf und Hüften. Einer der Pesh-Mergha-Männer nennt seinen Namen: Dr. Mahmud Hassan Osman, der Diplomat der Kurden. Er begrüßt mich freundlich, der Besuch ist angemeldet. Wir fahren gemeinsam zum Hauptquartier der Aufstandsbewegung.

Fünfzehn Kilometer vor der iranischen Grenze wird das Tal breit, Wiesen fallen in flachem Winkel zu einem Bach hin ab. Einige Steinhütten stehen als Gruppe am Hang, mit Holzschindeln gedeckt. Dieser Ort trägt den Namen Galala. Hier ist das Zentrum des Kurdenaufstands. Aus einem der Steinhäuser werden Klappstühle geschleppt. Wir setzen uns im Halbkreis auf die Wiese. Jeder der Offiziere spricht ein ausgezeichnetes Englisch. Für die Pesh-Mergha-Offiziere ist es Pflicht, Englisch zu lernen; ein Schallplattenkurs bildet das Unterrichtsmaterial.

Aus einem Jeep klettert Mullah Mustafa Barsani, der politische und militärische Chef der Kurden. Mullah Mustafa Barsani ist dicklich, kurzbeinig, den Turban wickelt er riesengroß um den Kopf; unter der dicken Nase steht ein Schnurrbart. Das Leben dieses Mannes – er ist 1898 geboren – verläuft im Wechsel von Exil, Flucht, Kampf und Versöhnung. Den ersten Versuch zum Staat der Kurden begann er während des Zweiten Weltkriegs: auf dem Gebiet seines großen Stammes – der Barsani – erstritt sich Mullah Mustafa die Autonomie der Verwaltung. Das Stammesgebiet war als Kern des Kurdenlandes gedacht. Die Kurden in Iran und in der Türkei sollten sich anschließen können bei einer Neuordnung der Staatsgrenzen. Doch 1945 kam für die Kurden nicht die Anerkennung der Autonomie – Bagdad verweigerte sie. Die irakische Regierung wollte die Barsanis unterwerfen, sie schickte Truppen. Mullah Mustafa konnte nicht lange Widerstand leisten. Er floh mit Tausenden seiner Kämpfer über die Grenze in den Iran. Dort hofften sie eine Heimat zu finden: in den Grenzgebieten um Mahabad war unter dem Patronat der Sowjetunion die Kurdische Volksrepublik gegründet worden. Staatschef Ghazi Mohammed löste das Gebiet aus dem persischen Reich. Er wußte, daß diese Lostrennung von Teheran nicht ohne Gegenwehr hingenommen werden würde – Ghazi Mohammed war deshalb dankbar, als Mullah Mustafa seine Kämpfer der Kurdischen Nationalarmee eingliederte. Mullah Mustafa wurde Verteidigungsminister und Oberkommandierender. Seine Armee hatte eine Stärke von 30 000 Mann. Die Waffen bekam die Kurdische Nationalarmee von der Sowjetunion.

Im Zweiten Weltkrieg hielten Großbritannien und die Sowjetunion Iran besetzt, um ungehindert Nachschubtransporte über den Indischen Ozean, den Persisch/Arabischen Golf und die persische Bahnlinie in die Sowjetunion an die russische Front leiten zu können. Vier Millionen

Tonnen Kriegsmaterial flossen von 1943 bis 1945 durch Iran. Bei Täbris übernahmen sowjetische Eisenbahner die Züge, sowjetische Soldaten schützten die Bahnlinie, und der sowjetische Gouverneur machte eigene Politik. Im August 1945 aber ist der Krieg auch im Fernen Osten zu Ende. Nach Artikel v des Vertrages zwischen der Sowjetunion, England und Iran war der Abzug aller fremden Truppen zum 15. Februar 1946 zu erwarten. Doch Moskau denkt nicht daran, Iran ungeschoren zu lassen; die Kurdenrepublik soll auf iranischem Territorium bestehenbleiben.
Der Schah mobilisiert die Garnison von Teheran. Sie setzt sich nach Nordwesten in Bewegung, in Richtung Täbris. Nach 180 Kilometern, in Kasvin, stoppen russische Panzereinheiten die nicht ausreichend motorisierten iranischen Truppen. Es gibt keine Chance, die Russen zu umgehen; die Kurdenprovinz scheint verloren. Erst massive amerikanische Unterstützung im Sicherheitsrat der Vereinten Nationen hilft dem Schah zu seinem Recht: im Sommer 1946 räumen die russischen Soldaten das Gebiet der Kurdischen Volksrepublik. Mullah Mustafa Barsani flieht aus der Hauptstadt Mahabad, enttäuscht, aber entschlossen, weiterzukämpfen. Im irakischen Kurdestan konnte Mullah Mustafa sich einige Monate lang verstecken, doch im Sommer 1947 half nur noch die Flucht in die Sowjetunion, um dem sicheren Tod zu entgehen. Die Sowjetarmee nahm Mullah Mustafa auf. Sie gab ihm die Möglichkeit der Weiterbildung, sie ließ ihn an der Militärakademie studieren. In Prag wartete er schließlich die Veränderungen in seiner Heimat ab. Er war überzeugt, daß die Revolution gegen die Monarchie kommen mußte.
Kaum war Abdel Kerim Kassem an der Macht, empfahl ihm der sowjetische Botschafter, den Schützling Moskaus aus der Verbannung zu holen. Seine Begründung: nur Barsani ist in der Lage, das Kurdenproblem zu lösen. Kassem und seine Nachfolger hatten wenig Freude an diesem Mann, der gern alte kurdische Sprichwörter zitiert – zum Beispiel dieses: »Das Kamel ist kein Tier, und der Araber ist kein Mensch!« Mullah Mustafa rechnet die Kurden zur arischen Rasse, die nichts zu tun hat mit den semitischen Arabern. Und er ist stolz darauf, daß der bedeutendste arabische Feldherr ein Kurde war: Salah ad-Din, geboren in Takrit am Tigris im Jahre 1137. Das einzige, was Kurden und Araber verbindet, ist die islamische Religion.

Nach neun Jahren Krieg, nach vier großen Offensiven, ist im März 1970 die Pesh Mergha des Mullah Mustafa Barsani unbesiegt. Aber der Zweiundsiebzigjährige schließt Waffenstillstand. Die Sowjetunion hat ihn dazu überredet. Sie hat auch den irakischen Präsidenten Hassan al-Bakr dazu gebracht, diesem langen Krieg ein Ende zu machen. Moskau verlangt von der Regierung in Bagdad eine aktive Politik am Persisch/Arabischen Golf, die Idee der sozialistischen Republik soll sich glänzend repräsentieren gegenüber den Feudalstaaten der arabischen Halbinsel, gegenüber dem monarchischen Regime des Schahs von Persien. Dem Irak macht Moskau die Hände frei von internem Streit. Mullah Mustafa Barsani aber ist skeptisch, ob der Frieden mit den Arabern hält. Er führt mich in eines der schmucklosen grauen Steinhäuser; drinnen ist es stockfinster, das Haus hat keine Fenster. Pechfackeln werden angezündet. Auf einem niedrigen Tisch steht das Mittagessen: gekochtes Hammelfleisch, Reis, rohe Gemüseblätter, Wasser, Kaffee. Ich frage den Kurdenführer: »Werden Sie Ihre Armee auflösen?« Die Antwort kommt rasch: »Zwölftausend der Pesh-Mergha-Soldaten werden wir auf jeden Fall behalten; sie werden als Grenzschutztruppen eingesetzt!« Einer der Offiziere hatte mir vor dem Mittagessen verraten: »Die Iraker werden ihre Versprechen kaum halten. Wir richten uns darauf ein. In den letzten Tagen vor dem Waffenstillstand haben wir unsere schwere Artillerie und unsere Radiostation im Gebirge vergraben!« Noch im Jahre 1970 verschiebt die Regierung in Bagdad die Volksabstimmung um die Autonomie der Kurden in der Provinz Kirkuk. Die Wünsche der Kurden werden nicht befriedigt. Mullah Mustafa Barsani richtet sich auf weitere Kämpfe ein. Er hofft, persönlich so lange durchzuhalten, bis ein Präsident an die Macht kommt, der die lange ausgehandelten Versprechen einhält. Seit Abdel Kerim Kassem, der Mullah Mustafa aus Prag zurückgeholt hat, wechselte in Bagdad zweimal das Regime durch Putsch unzufriedener Offiziere. Im Frühsommer 1974 gräbt Mullah Mustafa Barsani seine Artillerie wieder aus. Der Krieg geht weiter.

Kassem kämpft um sein Leben

Abdel Kerim Kassem, verantwortlich für den brutalen Mord am König Feisal II., wurde selbst zur Zielscheibe haßerfüllter Attentäter. Am Nachmittag des 7. Oktober 1959 fielen die ersten Schüsse, mitten im Zentrum von Bagdad, in der Harun-ar-Raschid-Straße. Der Ministerpräsident fuhr unter dem Schutz schwerer Maschinengewehre durch die Stadt. Das Begleitkommando der Leibwache saß in einem offenen russischen Jeep, die Fahrer hielten in der verkehrsreichen Straße einen Abstand von zehn Metern ein. In diese Lücke schob sich vom rechten Straßenrand her ein Taxi; der Fahrer des Ministerpräsidenten nahm seinen Fuß vom Gaspedal, der Wagen wurde langsamer. Das Fahrzeug der Leibwache war in normalem Tempo vierzig Meter weitergefahren, als die Soldaten sahen, wie fünf Männer von vorn und von der Seite auf den Wagen des Ministerpräsidenten schossen. Niemand konnte später sagen, wie lange dieser Überfall gedauert hat. Abdel Kerim Kassem hatte noch Zeit gefunden, nach seiner Pistole zu greifen und einen der Attentäter kampfunfähig zu schießen. Die abgedrängte Leibwache konnte nur diesen einen Mann überwältigen, die anderen vier entkamen in der Menschenmenge; sie blieben verschwunden. Die Attentäter hatten in der Aufregung ungenau gezielt.

Von dreiundvierzig Schüssen, die auf das Fahrzeug abgegeben worden waren, hatten nur vier den Ministerpräsidenten getroffen. Die schlimmste Verletzung war ein Steckschuß in die Brust. Im Dar-es-Salam-Hospital wurde festgestellt, daß keine der Verletzungen lebensgefährlich war. Abdel Kerim Kassem überlebte.

Trotz bestialischer Behandlung war vom festgenommenen Attentäter nicht zu erfahren, wer hinter dem Anschlag stand. Über tausend Menschen wurden im Irak verhaftet, Personen aus den verschiedensten politischen Richtungen. Die Geheimpolizei arbeitete schnell und rücksichtslos, unmenschliche Instinkte konnten sich entfalten. Am 26. Dezember 1958 standen siebenundfünfzig Angeklagte in Bagdad vor dem Volksgerichtshof. Im Prozeßverlauf zeigte es sich, daß Oberst Fadil Abbas Mahdawi, der Präsident des Sondergerichts, nur dürftige Schuldbeweise in der Hand hatte. Aber er brauchte keine Beweise, Flüche und Beschimpfungen füllten die Anklagerede aus. Prozeßbeobachter konnten feststellen, daß keiner der Beschuldigten etwas mit dem Attentat zu tun hatte. Die möglichen politischen Hintergründe wurden überhaupt nicht untersucht. Der Prozeß endete mit siebzehn Todesurteilen.

Abdel Kerim Kassem kann seine Gegner nicht fassen: er sucht sie zuerst bei den Royalisten, dann bei den Kommunisten. Die Schützlinge des sowjetischen Botschafters sind ihm zu gefährlich geworden; sie sind in der Lage, nach der Macht zu greifen. Moskau erleidet einen empfindlichen Rückschlag im Irak. Die Fehleinschätzung der politischen Lage in diesem Land kostet die Kremlführung dreizehn Jahre mühsamer Neuorientierung. Erst im Frühjahr 1972 kann Alexej Kossygin den Schaden reparieren.

In der nordirakischen Stadt Mosul testen die Kommunisten ihre Chance, acht Monate nach dem Sturz des Königs. Am 6. März 1959 rufen die Kommunisten ihre Anhänger nach Mosul. Bei dieser Massenveranstaltung wollen sie selbst feststellen, wie viele Männer auf ihren Ruf hören. Die bewaffneten Streitkräfte der Kommunisten rücken in Mosul ein. Mosul ist eine reiche Handelsstadt, mit prächtigen Gebäuden im Zentrum. Hier leben die Großgrundbesitzer, die Eigentümer der riesigen Felder am Tigris. Seit der Bodenübertragung durch den Haschemitenkönig sind die Scheichs der Stämme die Großgrundbesitzer. Daran hat auch die Revolution nichts geändert. Die Stammesfürsten residieren als Feudalherren mit unbeschränkter Macht in Mosul. Ihr Reichtum wird bei diesem Massentreffen zum zentralen Thema der kommunistischen Agitation. Die Redner empören sich über die Ungerechtigkeit der sozialen Ordnung, sie treiben den Zorn hoch gegen die Scheichs, die das Recht haben, Gemeineigentum als ihren Privatbesitz auszubeuten. Die Chefs der Kommunisten geben den Sturm frei auf die Paläste der Scheichs. Das Haus des Scheichs der Schammar-Beduinen wird zuerst angegriffen, seine Männer kommen ihm zu Hilfe. In Mosul bricht der Bürgerkrieg aus. Die Kommunisten töten und plündern, und die Beduinen nehmen grausame Rache.

Verantwortlich für die Sicherheit in Mosul ist zu diesem Zeitpunkt der Chef der Fünften Irakischen Brigade, Oberst Abdel Wahab Schawaf, ein sehr religiöser Mann. Er hat Abdel Kerim Kassem davor gewarnt, das Massentreffen der Kommunisten zu erlauben. Für ihn sind die Kommunisten Männer, die nicht an Allah glauben, die vom rechten Weg der menschlichen Ordnung abgekommen sind. Ministerpräsident Kassem ignoriert die Warnung. Er gestattet den Chefs der Kommunisten freie Agitation, und er gibt auch keinen Befehl, die Plünderungen zu unterbinden. Für Oberst Abdel Wahab Schawaf ist Kassem damit untragbar geworden als Staatschef: er rebelliert und entzieht seinen Militärbereich dem Oberkommando der irakischen Regierung. Er ist jetzt selbst Herrscher von Mosul. Seine Rebellion bricht rasch zusammen. Noch ehe Schawaf die Kommunisten in seiner Stadt auseinandertreiben kann, schickt Abdel Kerim Kassem Kampfflugzeuge der irakischen Luftwaffe nach Mosul, sie sollen das Hauptquartier des Obersts zerstören. Bei diesem Luftangriff wird Schawaf schwer verletzt; im Krankenhaus liegt er stundenlang ohne Besinnung. Ohne seine starke Hand ist die Rebellentruppe ratlos. Der Widerstand gegen die aus Bagdad anrückenden Verbände bricht zusammen. Die Kommunisten sind die Sieger in Mosul. Oberst Abdel Wahab Schawaf stirbt durch eine Kugel im Krankenhaus. Seine Leiche wird einen Tag später in Bagdad von der Menge zerfetzt – im Irak werden bis in die Gegenwart die toten Gegner zur Schau gestellt und dem Mob ausgeliefert.
In Mosul nahmen die Anhänger der Kommunisten Rache für alles Unrecht, das ihnen nach ihrer Meinung von den Besitzenden in der Vergangenheit angetan wurde. Zweitausend Menschen verloren ihr Leben. Fünf Monate später fühlten sich die Kommunisten stark genug, eine

zweite Stadt im Irak zu erobern. Sie wählen Kirkuk zum Ziel. Der Aufforderung zum Massentreffen folgen diesmal die linksorientierten Kurden, Mullah Mustafa Barsani schickt seine Kämpfer. Kirkuk gehört zum Gebiet, für das die Kurden die Autonomie fordern. Die Chefs der Kommunisten haben für dieses Treffen in Kirkuk einen genauen Plan ausgearbeitet, nichts soll dem Zufall überlassen bleiben: Plünderung und Mord werden systematisch durchgeführt. Opfer sind wieder die Kaufleute, die Grundbesitzer, die Stammesfürsten. Die Zahl der Toten konnte später nur geschätzt werden, die niedrigste Schätzung liegt bei 3000 Toten.

Abdel Kerim Kassem durfte diesem Massaker nicht tatenlos zusehen, denn in Kirkuk proklamierten die Kommunisten eine von Bagdad unabhängige Regierung. Die Kommunisten rebellierten gegen den Staatschef, der bis dahin den Moskaufreunden sehr gewogen war. Was Kassem Oberst Abdel Wahab Schawaf verweigert hatte, mußte er jetzt dem Kommandeur der Zweiten Irakischen Division befehlen: die Niederwerfung der Rebellion. Doch der Kommandeur weigerte sich; ein großer Teil seiner Soldaten war zu den Aufständischen übergelaufen. Das Oberkommando in Bagdad war gezwungen, Eliteverbände aus der Hauptstadt nach Kirkuk zu schicken. Ihnen gelang es nach schweren Kämpfen, die Kommunisten niederzuwerfen und die Ordnung wiederherzustellen.

Im Krankenhaus hat Abdel Kerim Kassem Zeit, über seine Freunde, die Kommunisten, nachzudenken. Im Januar 1960 entließ er den Wirtschaftsminister Ibrahim Kubbah, der für den Anschluß des Irak an das Wirtschaftssystem des Ostblocks verantwortlich war. Aus der Regierung wurden alle Männer entlassen, die Sympathien für die Kommunisten gezeigt hatten. Die Tarnorganisationen, die unter der Obhut des sowjetischen Botschafters standen, wurden aufgelöst; die moskauhörige Parteizeitung mußte ihr Erscheinen einstellen. Die schwierigste Maßnahme, zu der sich Abdel Kerim Kassem durchrang, war die Entwaffnung der kommunistischen Miliz. Die irakische Armee erklärte sich sofort bereit, die Konkurrenz auszuschalten – in wenigen Tagen waren die Milizverbände aufgelöst.

Die Kommunisten hatten sich nahe am Ziel geglaubt, die Macht war fast in ihren Händen. Nach verfehltem Putsch und Attentat aber waren sie wieder in den Untergrund gedrängt. Die sowjetische Botschaft in der Mansurstraße, seit der Beseitigung der Monarchie der zentrale Treffpunkt in Bagdad, lag jetzt wieder still und verlassen da. Dieses Gebäude wurde gemieden. Der Botschafter konnte nicht verhindern, daß die nationalen Kräfte des Irak, insbesondere die Offiziere der Armee, blutige Jagd auf Kommunisten machten; wer sich nicht verbergen konnte, wurde erschossen oder erschlagen.

Abdel Kerim Kassem hat Schwierigkeiten mit linken und mit rechten Kräften, mit den Kommunisten und den panarabischen Nationalisten. Sein einstiger Verbündeter im Putsch gegen König Feisal II., Oberst Abdel Salam Aref, ist Anhänger der arabischen Einigungsbewegung geblieben. Nach der Revolution hatte er das Amt des Innenministers übernommen. Seine politischen Freunde fand er in der Baathpartei, der Partei, die sich für die arabische Einheit einsetzt. Abdel Salam Aref sucht Verbindung zu Gamal Abd el-Nasser, dem bedeutendsten Kämpfer für die arabische Einheit. Aref bewundert den ägyptischen Präsidenten – er ist kein Gegner eines Anschlusses des Irak an den ägyptisch-syrischen Unionsstaat. Abdel Kerim Kassem, der erste Mann an der Macht, sieht die Kontakte zum ägyptischen Präsidenten ungern. Kassem fürchtet den stärkeren Konkurrenten, da er selbst den Gedanken hat, die Araber einigen zu wollen – aber nicht unter Führung von Gamal Abd el-Nasser. Er selbst will der Mann sein, der Arabien zu Glanz und Größe führt.

Kassem gelingt es, den Innenminister mit der gefährlichen Sympathie für Nasser absetzen zu lassen. Abdel Salam Aref wird vor Gericht gestellt. Kassem gibt sich keine große Mühe, dem Angeklagten Vergehen und Verfehlungen nachzuweisen. Die Anklage ist allumfassend: »Verschwörung gegen die Interessen des Irak.« Aref wird zum Tode verurteilt. Daß das Urteil unvollstreckt bleibt, verdankt der Oberst seinen Freunden in der Baathpartei, Kassem hatte allen Grund, sich diese Partei nicht auch noch zum Feind zu machen.

Kassem glaubte, in der Änderung der Besitzverhältnisse für den landwirtschaftlich nutzbaren Boden den Schlüssel gefunden zu haben, die sozialen Spannungen in seinem Land abzubauen. Er wollte das Erbe der Engländer und Haschemiten beseitigen. Schon kurz nach der Revolution verkündete er das Programm der Landreform: »Das Land gehört denen, die es anbauen!« Die Armen im Irak jubelten.

Doch die Landbesitzer, die Scheichs, konnten die Reform verhindern. Sie verweigerten den Reformkommissionen, die ins Dorf kamen, jede Mitarbeit; durch falsche Angaben über die Besitzverhältnisse führten sie die Kommissionen irre. Der Anlauf zur Neuverteilung des Ackerlands blieb in Diskussionen um die Rechtslage stecken. Auf die Grundbücher war kein Verlaß, Schlamperei und Sabotage machten die Unterlagen für manche Dörfer unbrauchbar. Die Scheichs mobilisierten bei den Bauern religiöse Emotionen: »Der Himmel meint es nicht gut mit der Bodenreform. Allah ist dagegen!« Sie hatten ein handgreifliches Argument bereit: die Trockenheit. Von den Tagen der Verkündung der Bodenreform an regnete es über Monate im Irak nicht, die Ernte verdorrte. Abdel Kerim Kassem war gezwungen, die Neuverteilung des Grundbesitzes

zu stoppen – die Scheichs blieben Herren über den fruchtbaren Boden. Vom Streit mit Grundbesitzern, Kurden und Kommunisten wollte Kassem durch einen spektakulären außenpolitischen Erfolg ablenken. Im Juni 1961 verlangte er die Eingliederung des Ölscheichtums Kuwait in den irakischen Staat. Er konnte seine Forderung historisch begründen: ehe die Engländer das Protektorat über Kuwait übernahmen, gehörte das Scheichtum im Osmanischen Reich zur Provinz Basra, und Basra war jetzt irakisch. Kassem konzentrierte Truppen in Basra, er bereitete sich auf einen Feldzug zur Eroberung von Kuwait vor. Militärisch war der Angriff auf Kuwait kein Problem. Die fünfzig Kilometer Wüstenstrecke von Basra zur kuwaitischen Grenze sind auf der fertig ausgebauten Bahnlinie bis Umm Kasr leicht zu überwinden. Doch das politische Problem stellte sich sofort: die arabische Welt war gegen die Annexion. Selbst das progressive syrische Regime verteidigte die Rechte der feudalen Emirfamilie. Kassem wurde als größenwahnsinnig bezeichnet. Der Emir von Kuwait bat, mit Zustimmung der arabischen Bruderstaaten, die ehemalige Kolonialmacht England um Hilfe. England und die Vereinten Nationen setzten Abdel Kerim Kassem unter Druck; er mußte auf die Annexion verzichten.
Seine Nachfolger kommen elf Jahre später wieder auf die Eroberungspläne zurück, zu einem Zeitpunkt, als der Sowjetunion der entscheidende Durchbruch im Irak gelungen ist. Der Streit zwischen Irak und Kuwait schwelt. Bagdad kann warten, bis sich das feudale Regime der Emire von Kuwait überlebt hat und von den Kuwaiti abgestoßen wird.
Abdel Kerim Kassem war ein absoluter Herrscher ohne Glück. Nicht ganz fünf Jahre regierte er: innenpolitisch für den Irak eine Zeit positiver und nützlicher Reformansätze: die Gesetze waren konzipiert im guten Willen, dem Volk zu helfen – ausgeführt wurden sie nicht. Abdel Kerim Kassem fühlte sich seinem Volk verpflichtet. Zehn Tage vor seiner Ermordung sagte er: »Zwei bis drei Stunden Schlaf reichen für mich aus – wenn ich mehr schlafe, habe ich ein Schuldgefühl; ich habe so viel zu tun und das Leben ist so kurz.«
Die gefährlichsten Gegner des Generals saßen in den Führungskadern der Baathpartei. Die irakische Baathpartei hatte nach der Revolution von 1958 General Abdel Kerim Kassem unterstützt. Die Partei der Lehrer, Beamten, Offiziere, der Studenten und Zeitungsredakteure vertrat als wichtigsten Programmpunkt die arabische Einheit, die Schaffung des großen arabischen Vaterlandes. Die Parteifunktionäre wollten den Staatspräsidenten zwingen, den Irak an Syrien, und damit an die Vereinigte Arabische Republik, anzuschließen. Abdel Kerim Kassem wollte diese Union nicht. Die lästigen Mahner trieb er nach dem Attentat vom

Oktober 1959 aus dem Land. Wer nicht floh, wurde festgenommen. Die Baathpartei wurde zwar nicht verboten, aber sie war machtlos. Erst die Amnestie vom Frühsommer 1961 gab der Partei die Möglichkeit, ihre Organisation zu verstärken, Propaganda zu treiben, eine Miliz zu bewaffnen. Im Juni 1961 bildete sich ein Zentralkomitee, das vorsichtig die Übernahme der Macht plante und vorbereitete. Das Zentralkomitee beschloß, für den Staatsstreich die Hilfe der Armee zu gewinnen. Ende 1961 waren die nötigen Verbindungen zu Offizieren wichtiger Einheiten hergestellt, ein Komitee der Offiziere und der Chefs der Baathpartei formierte sich – dieses Komitee nannte sich dann nach dem erfolgreichen Putsch »Nationalrat der Revolution«.
Abdel Kerim Kassem lebte und arbeitete im Verteidigungsministerium in Bagdad. Das Ministerium war zur Festung ausgebaut. Drei Infanteriebataillone hatten im Gebäude ständig Stellung bezogen, achtzehn Flak- und Panzerabwehrgeschütze waren um das Verteidigungsministerium aufgestellt. Der Staatspräsident saß gewöhnlich bis morgens um fünf Uhr an seinem Schreibtisch, auch am letzten Tag seines Lebens, am Freitag, dem 8. Februar 1963. Für den Moslem war dieser Freitag der 14. Tag des Fastenmonats Ramadan, ein Tag der Ruhe. Da Putsche im Irak bis zu diesem Zeitpunkt alle in den Stunden der Morgendämmerung stattgefunden hatten, schwand die Alarmbereitschaft gegen 7 Uhr. Auf 9 Uhr hatten die Verschwörer den Angriff auf das Verteidigungsministerium festgesetzt. Um 8 Uhr 30 brach ein Dutzend Offiziere in das Haus des Brigadegenerals Awqati auf dem Gelände der Luftwaffenbasis Habbaniya ein. Brigadegeneral Awqati war der Chef der Luftwaffe, und er hatte Sympathien für die Kommunisten. Der General wurde von den Rebellen vor den Augen seiner Kinder erschossen. In denselben Minuten besetzten leichte Panzer die Rundfunkstation Abu Ghurayb im Westen der Hauptstadt, Radio Bagdad unterbrach sein Programm. Punkt 9 Uhr flogen Hawker-Hunter-Kampfflugzeuge das Verteidigungsministerium an und warfen Bomben; in der zweiten Welle kurvten Mig 17 ein; sie beschossen das Ministerium mit Raketen. Abdel Kerim Kassem hatte kurz zuvor seine Festung verlassen, um an diesem heiligen Freitag des Fastenmonats seine Mutter zu besuchen. Nach den ersten Luftangriffen kehrte er sofort in das Verteidigungsministerium zurück. Auf der Fahrt durch die Stadt jubelte ihm die Bevölkerung noch zu. Der Staatspräsident befahl die Panzer der Raschid-Kaserne zum Einsatz gegen die anrollenden Verbände der Rebellen, doch auch die Loyalität dieser Truppe war im Schwinden. Als sich die Offiziere der Washash-Kaserne im Nordwesten von Bagdad der Revolution anschlossen, war Abdel Kerim Kassem allein gelassen in seiner Festung.

Dem Staatspräsidenten blieb ein letzter Verbündeter, die Organisation der Kommunistischen Partei. Die Kommunisten, die Freunde seiner ersten Regierungszeit, sollen helfen. Der Chef des Sicherheitsdienstes, Taha Scheich Ahmed, telefoniert mit der Führung der Kommunisten. Er appelliert an gemeinsame Interessen: wer auch immer hinter der Rebellion stand, die Kommunisten hatten unter neuen Herren keine gute Zukunft zu erwarten. Um 9 Uhr 45 beginnen in den armen Stadtvierteln die Demonstrationen. Über Lautsprecher werden die Massen aufgerufen: »Zu den Waffen, wir schlagen die Verschwörung von Imperialismus und Reaktion zurück. Die Errungenschaften der Revolution sind in Gefahr. Vernichtet die Verschwörer! Holt euch Waffen aus den Polizeistationen, kämpft!« Wenige Offiziere, die noch treu zu Kassem stehen, transportieren auf Lastwagen Maschinenpistolen zu den Demonstranten. Abdel Kerim Kassem bereut jetzt seinen Kampf gegen die Kommunisten: nun, da er ihre Hilfe braucht, erweisen sie sich als zu schwach.

Um die Mittagszeit sind die kommunistischen Demonstrationen abgedrängt. Sie konnten mit ihren Handfeuerwaffen gegen die anrollenden Panzer nichts ausrichten. Die Kader der Baathpartei organisieren Gegendemonstrationen: die ersten Transparente mit dem Bild Abdel Salam Arefs sind auf den Straßen zu sehen. Von Kassems Volksgerichtshof zum Tode verurteilt, dann begnadigt, lebte der Oberst scheinbar zurückgezogen bis zu diesem Freitag, dem 8. Februar 1963. In Wirklichkeit war es ihm gelungen, sich als Verkörperung der politischen Hoffnung der Baathpartei und der panarabischgesinnten Offiziere zu präsentieren. Dieser Freitag war sein Tag.

Am Abend telefonierte Kassem aus dem Verteidigungsministerium mit Aref; er bot Kapitulation an unter der einzigen Bedingung, daß er in Uniform zum Flugplatz fahren könne, um ins Ausland zu fliegen. Aref lehnte diese Bedingung ab.

Am Samstag morgen, nach erneuten Luftangriffen, begannen Fallschirmjäger mit dem Sturm auf das Ministerium, von Raum zu Raum kämpften sie sich vor. Um 12 Uhr ergaben sich zweihundert Verteidiger, sie hatten keine Munition mehr. Auch Abdel Kerim Kassem hob die Hände hoch.

Die Rebellen brachten den gestürzten Staatspräsidenten ins Rundfunkgebäude, dort traf er Oberst Aref. Der Sieger dieser Revolte erzählt selbst: »Kassem saß in der Ecke des Zimmers, als ich eintrat. Bei ihm waren sein Sicherheitschef Taha Scheich Ahmed und der Vorsitzende des Sondergerichtshofs, Mahdawi, der bei uns den Spitznamen trug ›Henker von Bagdad‹. Ich zog das heilige Buch des Koran aus der Tasche, dasselbe Exemplar, auf das wir uns im Juli 1958 den Kampf für die Einheit der Araber geschworen hatten. Ich hielt das Buch hoch und sagte zu Abdel

Kerim Kassem: ›Um der Wahrheit willen, schwöre bei diesem heiligen Buch, daß wir damals den Eid darauf abgelegt haben, für die arabische Einheit zu kämpfen!‹ Kassem schwieg. Ich sagte: ›Warum hast du Lügen verbreitet über Nasser? Warum hat es dein Gewissen zugelassen, zu behaupten, Gamal Abd el-Nasser organisiere Verschwörungen gegen dich? Warum hast du gegen die arabische Einheit gearbeitet?‹ Jetzt begann sich Kassem mit schwacher Stimme und zitternden Lippen zu verteidigen: ›Ich habe mich für die Armen eingesetzt, ich habe Tausende von Häusern gebaut für die Armen.‹ Meine Antwort an Kassem war: ›Nein, deine Regierung war keine Regierung der Armen, du hast für die Reichen gearbeitet, für die Grundbesitzer. Du sagst, daß dir nichts gehört als das Hemd auf deinem Leib – doch das, was du um dein Verteidigungsministerium gebaut hast, stellt Paläste in Monaco und auf Capri in den Schatten. Warum hast du das Volk angelogen, das Volk verspottet?‹« Nach diesem Dialog wurde Abdel Kerim Kassem erschossen. Seine Leiche war tagelang als Pausenfüller im Programm des irakischen Fernsehens zu sehen.

Die Brüder Aref

Die neuen Herren im Irak begannen ihre Regierungszeit mit Verhaftung und Hinrichtung der wichtigen Kommunistenführer. Die letzten Untergrundorganisationen wurden aufgespürt, nichts blieb übrig von den Kadern. Das Land kam trotzdem nicht zur Ruhe. Abdel Salam Aref war Staatspräsident geworden, die Funktion des Ministerpräsidenten fiel Ahmed Hassan al-Bakr zu, einem Brigadegeneral. Al-Bakr war 1963 ein schroffer Gegner der Kommunisten, später änderte er seine Haltung. Abdel Salam Aref war mit den gleichen Problemen konfrontiert, mit denen sein Vorgänger nicht fertig geworden war. Die Beziehungen der zivilen Politiker zu den politischen Offizieren blieben gespannt. Auch Aref konnte sich nicht ungehindert für die arabische Einigungsbewegung einsetzen, die Kurden im Nordirak waren nicht zu beruhigen. Aref bekam Schwierigkeiten mit der Baathpartei, die sich in eine Oppositionsstellung zum arabischen Idol Gamal Abd el-Nasser manövriert hatte. Auf Drängen Nassers – der seinen nasseristischen Sozialismus in ganz Arabien durchsetzen wollte – erklärte Aref die Baathpartei zu einem »Klub von Atheisten«. Die Chefs der Baathpartei rächten sich durch Putschversuche. Am 4. September 1964 sollte die Maschine abgeschossen werden, die den Präsidenten nach Alexandria, zur Zweiten Arabischen Gipfelkonferenz, fliegen sollte. Für die Ehreneskorte der Mig-Kampfflugzeuge zur Begleitung des Präsidenten im irakischen Luftraum waren von der Luftwaffenführung treue Mitglieder der Baathpartei ausgewählt. Sie hatten den Auftrag, mit Raketen die Präsidentenmaschine zum Absturz zu bringen.

Ahmed Hassan al-Bakr trägt die Verantwortung für diesen Putschversuch. Bereits seit einem halben Jahr ist er nicht mehr Ministerpräsident; gleich in den ersten Monaten war Streit ausgebrochen zwischen Aref und al-Bakr um die erste Position im Staatsapparat. Aref hatte al-Bakr absetzen lassen, aber den Fehler gemacht, den Mann der Baathpartei in Freiheit zu lassen. Mit diesem Putsch am 4. September 1964 hat Ahmed Hassan al-Bakr kein Glück, einer der Piloten der Ehreneskorte verrät den Plan: al-Bakr muß fliehen, die Piloten werden hingerichtet.

Am 13. April 1966 stirbt Staatspräsident Abdel Salam Aref beim Absturz eines Hubschraubers im Südirak. Die Umstände sind nicht geklärt, niemand hat sich damit gebrüstet, den Präsidenten umgebracht zu haben – auch in späteren Jahren unter einem anderen Regime hat kein Offizier und kein Politiker mit dieser Tat geprahlt. Nachfolger im Präsidentenpalast von Bagdad wird der ältere Bruder des toten Präsidenten. Auch er löst keines der Probleme; die Abwehr von Rebellionen ist seine Hauptbeschäftigung. Er muß sich nachsagen lassen, seine Minister seien untauglich und korrupt. In den ersten Monaten des Jahres 1968 ist zu spüren, daß nur der zupackende Mann fehlt, der die Macht an sich reißt. General Ahmed Hassan al-Bakr sieht seine Chance. Am 16. April 1968 unterzeichnet er gemeinsam mit anderen pensionierten Offizieren eine Petition an den Präsidenten, er möge weniger korrupte und dafür härter arbeitende Minister einsetzen.

Al-Bakr konnte sich wieder in Bagdad zeigen, er war begnadigt worden, da sich sein mißlungener Putschversuch gegen den inzwischen verstorbenen Präsidenten gerichtet hatte. Der pensionierte General richtet seine Attacke hauptsächlich gegen den Ministerpräsidenten Taher Yahya, in ihm sah der General das Zentrum der Korruption.

Am 17. Juli 1968 schlägt Ahmed Hassan al-Bakr zu. Der Kommandeur der Raschid-Kaserne stellt ihm seinen Panzerverband zur Verfügung. In der Morgendämmerung umzingeln zweitausend Mann den Präsidentenpalast. Es fällt zunächst kein einziger Schuß. Ahmed Hassan al-Bakr versucht mit Aref zu telefonieren, aber der eingeschlossene Präsident nimmt den Hörer nicht ab. Jetzt läßt al-Bakr Warnschüsse feuern, die Garde des Präsidenten schießt nicht zurück – sie schließt sich den Rebellen sofort an. Aref geht erst in aussichtsloser Lage auf das Angebot zur telefonischen Absprache der Übergabe ein. Ahmed Hassan al-Bakr verspricht sicheres Geleit zum Flughafen – und er ist der erste Sieger in Bagdad, der sein Wort hält: der unterlegene Präsident kann nach London fliegen, ihm wird sogar eine Pension zugestanden. In diesem Putsch gibt es keine Toten und keine Verwundeten.

Ahmed Hassan al-Bakr bleibt nicht milde

Sechs Monate nach dem Putsch vom 17. Juli 1968 hängen an improvisierten Galgen auf dem Freiheitsplatz in Bagdad die Leichen von vierzehn Männern. Die Exekutionen haben im Gefängnis stattgefunden, doch die Toten werden hier zur Schau gestellt. Zehntausende von Männern und Frauen tanzen um die Galgen; sie bespucken die Leichen, singen Haßlieder auf die imperialistischen Feinde des Volkes. Soldaten verhindern, daß sie die Leichen in Stücke reißen.
Zwei Tage nach der unwürdigen Szene auf dem Freiheitsplatz habe ich Gelegenheit, mit dem Präsidenten des Revolutionstribunals zu sprechen. Oberst Ali Hadi Wudwud hat ein brutales breites Gesicht, aus seinen Augen spricht wenig Menschlichkeit. Der Oberst lebt im Rausch der Macht über menschliches Leben, Gnade ist ihm fremd. Ich frage Ali Hadi Wudwud nach den Tatsachen, aus denen die Schuld der Angeklagten einwandfrei abzulesen wäre. Der Oberst braucht keine Begründung für den Schuldspruch: »Die Beweise sind erbracht, das genügt!« Eine Rechtsbasis für die Todesurteile kann er nicht nennen: »Die Gesetze werden ausgelegt nach der Anweisung unseres Präsidenten; sie heißt: ›Alle Verräter und Spione müssen gehängt werden.‹« Voll Stolz führt er mich zu dem engen Holzverschlag, in dem die Angeklagten während des Prozesses stehen müssen; hoch darüber thront Ali Hadi Wudwud. Gegen sechsundachtzig Iraker bereitet der Oberst in diesen Tagen die Anklage vor. Sie alle werden mit dem pauschalen Vorwurf konfrontiert, Agenten des Imperialismus und des amerikanischen Geheimdienstes zu sein. Es ist ganz eindeutig: der Oberst hat den Auftrag, die Gegner im Westen zu suchen.
So sieht das Geständnis eines Angeklagten aus: »1964 hat mich der amerikanische Geheimdienst angeworben, in Beirut geschah das. Ich war damals Angestellter der Middle East Investment Company des Irakers Lutfi al-Obeidi. Diese Finanzfirma war nichts anderes als ein Spionagezentrum des CIA. Den Beweis sehe ich darin, daß al-Obeidi von mir nach jedem Besuch in einem arabischen Land einen detaillierten Bericht über die politische, die ökonomische und die finanzielle Situation haben wollte. Diese Berichte wurden von al-Obeidi an die Amerikaner weitergegeben.«
Der Verfasser dieses Geständnisses ist der ehemalige Generaldirektor

des Ministeriums für Bodenreform, Dr. Joussef al-Mimaar. Mit der Anklage gegen ihn präsentierte die Regierung den Schuldigen für das Mißlingen der Bodenreform im Irak: die Amerikaner hatten – so sagt Ali Hadi Wudwud – auch diese Tat des sozialistischen Fortschritts verhindern wollen, »aber das wachsame Auge der Revolution macht solche Anschläge zunichte«. Dr. Joussef al-Mimaar denunziert in seinem Geständnis den ehemaligen Bürgermeister von Bagdad und zwei ehemalige Ministerpräsidenten. Auch der tote Staatspräsident Abdel Salam Aref wird mit dem amerikanischen Geheimdienst in Verbindung gebracht. Als Beweis legt der Präsident des Revolutionstribunals eine Fotografie vor, sie zeigt Abdel Salam Aref mit Frau Munir Rofa; der Mann von Frau Rofa war kurz vor Entstehen dieser Aufnahme mit einer Mig 21-Kampfmaschine nach Israel desertiert. Die Israeli hatten eine hohe Belohnung ausgesetzt für die Auslieferung eines solchen Flugzeugs.
Ali Hadi Wudwud sagt: »Die tapferen Organe der Revolution haben während ihrer Jagd nach den Zentren des Spionagenetzes ein ungeheures Geheimnis entdeckt. Der frühere Präsident der Republik, Abdel Salam Aref, hat – unter dem Mantel von Nationalismus und Gottesfurcht – unser Volk irregeführt. Auf der vorliegenden Fotografie sehen Sie die Frau des desertierten Piloten Rofa zusammen mit Abdel Salam Aref. Der Präsident hat dieser Frau ein Platinarmband geschenkt – es ist auf der Fotografie zu sehen.« Dr. Joussef al-Mimaar, der den Geheimdienst auf die Spur brachte, wird am 5. Mai 1969 hingerichtet.
Ein Jahr nach den spektakulären Erhängungen sterben in Bagdad einundvierzig Menschen am Galgen. Die Spürnase des Geheimdienstes hatte wieder eine Verschwörung aufgedeckt. Aus seiner eigenen Lebensgeschichte wußte Präsident al-Bakr, daß pensionierte Offiziere gefährlich sein können. Ihm kam es verdächtig vor, daß sich im Hause des Obersts im Ruhestand Saleh al-Samarrai in Bagdad häufig pensionierte und entlassene Armeeoffiziere trafen. Männer versammelten sich bei al-Samarrai, die in der Zeit der Monarchie eine Rolle gespielt hatten. In diesen »Kreis der Ausgeschalteten« wollten plötzlich auch aktive Offiziere aufgenommen werden. Sie gaben an, mit dem Regime des Ahmed Hassan al-Bakr unzufrieden zu sein. Die neuen Freunde waren Agenten, der Geheimdienst hatte sie in das Haus des Obersts geschickt. Omar al-Ali gehörte zu den neuen Unzufriedenen, ein hoher Funktionär der Baathpartei.
Oberst Saleh al-Samarrai suchte Unterstützung für seine Putschpläne; er fand Hilfe bei der kaiserlich iranischen Botschaft. Finanzielle Hilfe kam über diese diplomatische Vertretung aus Teheran. Da'ud Taher, der Dritte Sekretär der Botschaft, zahlte den Betrag von umgerechnet

500000 DM aus an Omar al-Ali – der Funktionär der Baathpartei erschien dem Diplomaten vertrauenswürdig. Die 500000 DM waren als erste Anzahlung gedacht.

Der Streit um Schatt el-Arab

Die Regierung in Teheran hat ihren Grund, warum sie Ahmed Hassan al-Bakr aus dem Präsidentenpalast vertreiben will. Das Regime des al-Bakr nennt sich progressiv, es lehnt die royalistische Regierungsform in Iran ab – der Schah ist als Klassenfeind zu betrachten. Doch diese rhetorische Auseinandersetzung ist unwichtig im Vergleich zum Streit um die Wasserstraße Schatt el-Arab. Mehr als 100 Kilometer lang ist der Wasserweg von Fao über Abadan nach Abul Khasib bei Basra. Der Schatt el-Arab bildet die Grenze zwischen Iran und Irak. Die Komplikation: die Grenze verläuft nicht in der Mitte der Wasserstraße, sondern direkt am iranischen Ufer, der Schatt el-Arab gehört völkerrechtlich ganz zum Irak. Ein Vertrag von 1937 hat diese Ausnahmesituation geschaffen. Damals waren die Engländer daran interessiert, daß sich der von ihnen kontrollierte Irak, und damit die britische Flotte, für diese wichtige Wasserstraße verantwortlich fühlen konnte. Der selbstbewußte Staat Iran will diese völkerrechtliche Ausnahmesituation nicht dulden. »Die Grenze ist von den Kolonialmächten über den Kopf der Beteiligten hinweg festgelegt worden«, sagt der Schah. Frachtschiffe und Öltanker, die den iranischen Hafen Abadan anlaufen, müssen in Fao irakische Lotsen an Bord nehmen, iranische Kriegsschiffe haben den Anordnungen der irakischen Marinebegleitkommandos zu folgen. So verlangt es die Rechtslage.

Der Schah von Iran wollte das Problem durch neue Verhandlungen über einen Benützungsvertrag für den Schatt el-Arab lösen, doch lehnte Bagdad solche Gespräche ab. Seit dem Frühjahr 1969 hat Iran durch militärische Mittel eine neue Situation geschaffen: iranische Kriegsschiffe kümmern sich nicht mehr um das irakische Begleitkommando; sie melden ihre Einfahrt in die Wasserstraße nicht beim irakischen Flottenkommando in Fao an – die zivilen Schiffe aller Flaggen folgten ihrem Beispiel nach wenigen Wochen. Die irakischen Marineverbände sind zu schwach, um die Einhaltung des Vertrags von 1937 durchsetzen zu können. Aus Schwäche muß Bagdad zugestehen, daß Iran freien Zugang zum Schatt el-Arab hat. Der militärische Streit um die Wasserstraße kann jederzeit wieder ausbrechen, solange sich die Regime in Teheran und Bagdad nicht einigen. Die Auseinandersetzung ist nur vorübergehend auf das Arbeitsfeld der Geheimdienste abgedrängt.

Um den Putsch des Obersts Saleh al-Samarrai generalstabsmäßig vorzubereiten, reist der Chef des iranischen Geheimdienstes, Dr. Perzim, mehrmals von Teheran nach Kuwait. Dort finden die Treffen mit Omar al-Ali statt. Dr. Perzim verspricht massive Hilfe für den Tag der Rebellion. Zwei Kurzwellensender werden über Kuwait nach Bagdad ins Haus des pensionierten Obersts geschmuggelt. Über diese Sender soll der Kontakt zur iranischen Armee gehalten werden. Die Untersuchungsbehörde in Bagdad sagt später, daß Iran in Grenznähe einen Militärflughafen für eine Versorgungsluftbrücke zur Verfügung gestellt habe.

Mit Hilfe des iranischen Geheimdienstes ist dieser Putsch besser vorbereitet als jeder zuvor seit dem Sturz der Monarchie. Alle Pannenmöglichkeiten sind durchgesprochen – doch Ahmed Hassan al-Bakr schaltet diesen komplizierten Verschwörerapparat mit einem einfachen Trick aus. Der Präsident hat den großen Vorteil, durch Omar al-Ali den Zeitpunkt des Putsches genau zu kennen. Stufe 1 des Putschplans sieht die Besetzung der Raschid-Kaserne vor, das dortige Panzerregiment soll zum Präsidentenpalast kommandiert werden. Widerstrebende Offiziere sind mit dem Argument zu beruhigen: »Der Präsident ist in Gefahr durch Putsch der Kommunisten!« Aus dem Munde des Obersts Saleh al-Samarrai, der für seine Abneigung gegen Kommunisten bekannt ist, kann ein solcher Satz Wirkung erzielen.

In der für den Putsch vorgesehenen Nacht ruft Omar al-Ali über das Bagdader Telefonortsnetz die Verschwörer an: »Stufe 1 wird übersprungen, wir brauchen keine Hilfe von Panzerregimentern. Kommt in den Palast und schaut euch an, wie das Schwein al-Bakr gefesselt in seinem Badezimmer liegt! Ich habe das allein gemacht!« Zweiundzwanzig der Verschwörer halten es für möglich, daß der gewandte Omar al-Ali im Alleingang den Putsch durchgeführt hat. Sie fahren mit ihren Wagen im schnellsten Tempo zum Palast. Omar al-Ali hält die einzelnen vor dem Gebäude hin, bis die Zahl vollständig ist. Dann betreten sie den Palast. Die Falle schließt sich. Im großen Saal steht Ahmed Hassan al-Bakr und schaut der Verhaftung zu. In den frühen Morgenstunden ist die tobende Stimme des Präsidenten aus den Radios zu hören: »Die Verräter werden für diese Tat mit ihrem Hals bezahlen!«

In den Häusern der Verschwörer werden 3000 Maschinenwaffen und 650 000 Schuß Munition beschlagnahmt. Der iranische Botschafter muß das Land verlassen und mit ihm vier höhere Beamte. Ahmed Hassan al-Bakr läßt, nach dem erfolgreich abgewehrten Putsch, die Verfassung ändern: er vereinigt auf sich die drei wichtigsten Staatsämter. Al-Bakr ist Vorsitzender des Revolutionsrats, Chef der Exekutivbehörde und Oberster Befehlshaber. Er ist zuständig für Legislative und Exekutive.

Der Präsident hat das Recht, Gesetze zu erlassen und Verträge abzuschließen; er allein entläßt und ernennt Minister. Gegen Minister, die während ihrer Amtszeit »Verbrechen« begehen, kann Ahmed Hassan al-Bakr durch eine besondere Untersuchungsbehörde die sondergerichtliche Verfolgung einleiten.

Die Kommunisten werden rehabilitiert

Fünfhundertvierzig Kilometer südlich von Bagdad liegt die Provinzhauptstadt Basra. Auf der Wüstenstraße in Richtung Südwesten ist das Ölfeld Rumaila al-Gemailie nach einer Fahrt von vierzig Kilometern zu erreichen. Die Förderstellen liegen weit auseinander. Die einzigen Richtungsweiser von einer Förderstelle zur anderen sind die weithin über die Wüste sichtbaren Rauchfahnen der Abfackelungsfeuer. Von einer zentralen Sammelstelle aus fließt das Öl zum Verladehafen Fao an der nördlichen Spitze des Persisch/Arabischen Golfs. Die Förder- und Verladekapazität im Jahre 1974: 18 Millionen Tonnen Öl.

Dieses Öl ist der Stolz der Iraker: »Das Öl von Rumaila al-Gemailie gehört uns, nicht unseren imperialistischen Feinden!« Mit diesem Schlagwort macht sich die Baathpartei populär. In den Augen der Iraker hat die Baathpartei den allmächtigen internationalen Konzernen eine blamable Niederlage beigebracht, die Konzerne haben in Rumaila al-Gemailie nichts zu sagen. Die Iraq Petroleum Company war bis zum Jahr 1961 Besitzer der Konzession für dieses Ölfeld. Abdel Kerim Kassem, unzufrieden mit dem langsamen Tempo der Bohrarbeiten, nahm dem Konzern die Bohr- und Förderrechte. Seither arbeitet auf dem Ölfeld bei Basra die Iraq National Oil Company (INOC). Diese Gesellschaft ist von Anfang an eine irakische Gründung – sie war nie Nutznießerin der Verstaatlichung eines bestehenden Unternehmens, wie zum Beispiel die algerische SONATRACH. Die INOC hatte deshalb große Startschwierigkeiten, sie fand nur schwer Spezialisten, Ingenieure und Facharbeiter für den technischen Betrieb. Auf den Ölfeldern der internationalen Iraq Petroleum Company arbeiten britische Spezialisten; sie haben langfristige Verträge mit ihrer Gesellschaft; sie nehmen nicht die Unsicherheit auf sich, zu einer nationalen irakischen Gesellschaft überzuwechseln, die sich doch so bald als möglich von den Fremden trennen will.

Die Sowjetunion half bereitwillig aus, ohne zu zögern. Ein Blick auf die Liste der Ingenieure zeigt, wer in Rumaila al-Gemailie Öl pumpt. Die Namen der Ingenieure: Peter Jirinov, Basilii Beranov, Satchev Azialiov, Jiri Girinov, Nicolai Konjuzov. Das Ölfeld ist seit 1972 in Betrieb, eingeweiht vom sowjetischen Ministerpräsidenten Kossygin. Hammer und Sichel wehen hier neben der irakischen Flagge. 150 Millionen Dollar hat Moskau in diesen Betrieb der »Freundschaft mit der Sowjetunion« investiert. Das Geld ist rückzahlbar in Rohöl zum Weltmarktpreis – auf diese Vertragsklausel ist der irakische Ölminister besonders stolz: diese Klausel spart Devisen.

Die Sowjetunion hat sich verpflichtet, die INOC großzuziehen und am Leben zu halten. Eine nationale Ölgesellschaft kann nicht auf das System von Raffinerien und Tankstellen der internationalen Konzerne zurückgreifen, sie muß sich ihre Abnehmer suchen. Diese Suche ist mühsam, da die Konzerne den Außenseiter behindern, wo sie nur können. Die Sowjetunion nahm dem Irak die Sorge des Marketing ab, als sich die Konzerne noch einem drängenden Angebot gegenübersahen, als es für die freie Fördergesellschaft schwer war, einen Abnehmer zu finden. Die Sowjetunion kaufte das Öl, sie profitiert davon bei veränderter Marktlage: sie ist im Irak Vorzugskunde.

Benjamin Andrewitsch Lichatschew, der sowjetische Botschafter in Bagdad, verflicht geschickt sowjetische und irakische Interessen. Er korrigiert fünfzehn Jahre verfehlter Politik. Lichatschew bietet wirtschaftliche Kooperation an, er bringt so die Sowjetunion als Freund ins Spiel, er baut die Aversion gegen die Kommunisten ab. Lichatschew geht behutsam vor.

Der Botschafter ist hochgewachsen, grauhaarig, hat breite Schultern; er gibt sich in Bagdad als jovialer Typ. Lichatschew spricht Französisch mit dem Apostolischen Pro-Nuntius Jean Rupp, Italienisch mit Botschafter Romualdo Massa Bernucci, Deutsch mit dem DDR-Botschafter Hans Jürgen Weitz. Lichatschew kommt auch mit Arabisch zurecht. Er packt die Hand seiner Gäste mit beiden Fäusten, er findet ein witziges Wort zur Begrüßung und lacht selbst am meisten darüber. Arglos, gutmütig, aber gescheit: diesen Eindruck erweckt der Sowjetbotschafter. Er ist der richtige Mann auf diesem Posten.

Lichatschew hat zu einer Gartenparty eingeladen. Auf der Gästeliste stehen diesmal nicht die Diplomatenkollegen, sondern eine wohldurchdachte Auswahl der irakischen Freunde des Sowjetbotschafters. Der Garten im Villenvorort Al Mansur hat abgelegene Winkel, separate Ecken – die ideale Dekoration für die Operettenintrige.

Weit auseinander sitzen zwei Persönlichkeiten, die sich nicht leiden können: der Vizepräsident der Republik, Generalleutnant Saleh Mahdi Ammash und Sadam Hussein, der den komplizierten Titel trägt: Stellvertretender Generalsekretär des Nationalen Zweigs der Baathpartei. Sadam Hussein dirigiert die Baathpartei mit Härte. Er ist um die vierzig

Jahre alt und entschlossen, die Macht im Irak ganz in die Hand zu bekommen. Vorläufig muß er über sich noch einen Präsidenten der Republik dulden.

Für Sadam Hussein ist die Position in der Baathpartei das Sprungbrett zur Macht. Mit Ideologie der Partei belastet er sich nicht. Ihn interessiert nur ein Punkt im Parteiprogramm: das Bekenntnis zur arabischen Einheit; sie muß verwirklicht werden unter irakischer Führung.

Sadam Hussein braucht mehr Rücksichtslosigkeit auf dem Weg nach oben als die Rivalen: er hat das Handikap, nicht Offizier zu sein. Er will die oberste Spitze erreichen, obwohl er genau weiß, daß er die Spielregeln verletzt hat. Im Irak gilt der Erfahrungsgrundsatz: derjenige kann Staatspräsident werden, der den Chef der Panzertruppen zum Freund hat. Dessen Freundschaft wird Sadam Hussein nur schwer erreichen – der Zivilist hat das politisch ehrgeizige Offizierskorps beleidigt, als er den Chef der Armee, Generalleutnant Hammad Chehab, mit den Worten abqualifizierte: »Der ist nichts als ein Armeeoffizier, der die Befehle der Baathpartei auszuführen hat.«

In der gleichen Kategorie der Befehlsempfänger sieht Sadam Hussein den Vizepräsidenten, Generalleutnant Saleh Mahdi Ammash, und er verbirgt seine Einstellung nicht. Der Generalleutnant kümmert sich nicht um den ehrgeizigen Zivilisten, allerdings ist ihm dessen Arbeitseifer unsympathisch. Saleh Mahdi Ammash liebt seine Hobbys: ihn interessiert der Sport, Fußball ganz besonders – noch mit sechzig Jahren ist er gern Schiedsrichter bei Spielen der Armeemannschaften.

Vizepräsident Ammash ist bereits einmal hart mit Sadam Hussein zusammengestoßen: Ammash hatte sich gesträubt, als die Parteileitung einen kommunistischen Putsch gegen den sudanesischen Präsidenten Numeiri bejubelte. Sadam Hussein sah in diesem Putsch einen wichtigen Sieg der fortschrittlichen Kräfte in Arabien – der Vizepräsident aber fürchtete, daß Bürgerkrieg im Sudan die einzige Konsequenz dieses verfrühten Putsches sein werde. Ammash hatte recht: der Putsch brach zusammen, die Kommunisten wurden in Khartum erschossen oder aufgehängt. Das irakische Flugzeug, das eine Delegation von Gratulanten nach Khartum bringen sollte, stürzte über dem saudiarabischen Flughafen Dschidda ab. Vizepräsident Ammash zeigte sich ohne Scheu ganz hochbefriedigt.

Außer Sadam Hussein und Saleh Mahdi Ammash hat Botschafter Lichatschew zu seiner Gartenparty auch die Genossen Aziz Mohammed, Zeki Khairi und Amer Abdullah eingeladen. Alle drei sind Mitglieder des Politbüros der Kommunistischen Partei des Irak. Sie suchen und finden wenig Kontakt an diesem Abend, die Kommunisten gehören nicht zu den Partylöwen. Zwar sind sie nicht mehr verfemt, doch erwartet die Führung der Baathpartei Zurückhaltung von den einstigen Rivalen um die Macht. Kommunistische Revolutionen in anderen Ländern dürfen als Erfolg des Fortschritts bejubelt werden, im eigenen Lande muß der Führungsanspruch der Baathpartei unangetastet bleiben.

Die Kommunistische Partei gibt sich bescheiden in der Öffentlichkeit. Hinter der Haltung der Demut verbirgt sich ihre zähe Untergrundarbeit. Die Konspiration hat sich zu einer feinen Kunst entwickelt im Irak. In Bagdad kann niemand abschätzen, in welchem Ausmaß es den Kommunisten gelungen ist, ganz unverdächtige Anhänger in Schlüsselpositionen der Armee und der Verwaltung unterzubringen.

Dem Sowjetbotschafter gefällt der Gedanke ganz und gar nicht, daß die Kommunisten im Irak einen Putsch versuchen könnten. Er ist Realist und bezieht die Erfahrungen seines Vorgängers in die Überlegungen ein: er rechnet mit der Zähigkeit der Baathpartei. Sie wird auch bei einem Sieg der Kommunisten ihre Kader in den Untergrund retten können, sie wird ihre Propaganda und ihren Einfluß in der wichtigen Schicht der Lehrer und Kaufleute verstärken. Die Baathpartei, das weiß Lichatschew, wird ihre Rückkehr an die Macht gründlich vorbereiten. Sie hat einen großen Vorteil gegenüber den Kommunisten, einen zugkräftigen Programmpunkt: das Versprechen der arabischen Einheit. Da Moskau an die arabische Einheit nicht glaubt, ist es den Kommunisten verboten, diesen Programmpunkt zu übernehmen. Die Baathpartei wird aus diesem taktischen Fehler des Gegners immer Nutzen ziehen, er sichert ihre Überlegenheit. Botschafter Lichatschew – der den Auftrag hat, seinem Staat eine stabile Basis im Irak zu sichern – ist nicht daran interessiert, daß die mörderische Rivalität zwischen den beiden Parteien fortdauert. Lichatschew setzt sich das schwierige Ziel: die Chefs der Kommunisten und der Baathpartei müssen zusammenarbeiten. Den gemeinsamen Nenner hat er schon gefunden: beide Parteien können sich progressiv nennen. Diese Gemeinsamkeit wird von beiden ohne Widerspruch akzeptiert. Am Abend der Gartenparty bearbeitet der Botschafter die Genossen: er redet ihnen aus, eigene Revolutionen versuchen zu wollen. Die Genossen sollen begreifen, daß mehr auf dem Spiel steht als eine wackelige kommunistische Regierung im Irak. Im Detail – auch das sollen die Genossen bitte einsehen – könne er nicht darüber reden, aber der Genosse Alexej Kossygin in Moskau werde seine Gründe haben, wenn er Verzicht fordere. »Vielleicht werdet ihr bald die Chance haben, den Dank des Genossen Kossygin selbst entgegenzunehmen.«

Doch Alexej Kossygin denkt zu diesem Zeitpunkt überhaupt nicht an diplomatische Züge im Irak. Die Sowjetunion konzentriert ihren Blick

im Bereich der arabischen Welt ganz auf Ägypten. Moskau hat mit Kairo einen Freundschaftsvertrag auf fünfzehn Jahre geschlossen. Trotz aller Enttäuschungen über Ägypten – auch unter Präsident Anwar el-Sadat ist den Kommunisten keine öffentliche Parteiarbeit gestattet – bleibt Moskau zunächst ängstlich darauf bedacht, die Regierung in Kairo nicht durch andere arabische Kontakte zu verstören. Die Sowjetunion will vor allem nicht in die Falle innerarabischer Streitigkeiten geraten.
Den drei wichtigen Genossen der Kommunistischen Partei des Irak redet der Sowjetbotschafter die Lust am Umsturz aus. Soll und darf man dem Genossen Kossygin widersprechen? Die drei geben nach, aber ein feierliches Versprechen lassen sie sich nicht abringen. Für den Augenblick genügt das stille Einverständnis.
Botschafter Lichatschew überrascht noch auf der Gartenparty mit seinem Verhandlungsergebnis den Vizepräsidenten Saleh Mahdi Ammash. Die Resignation der Kommunisten überzeugt Ammash nicht, er will sich auch auf kein Gespräch mit den drei Funktionären einlassen: »Die Sowjetunion mag unser Freund sein, aber mit den Kommunisten haben wir nichts zu schaffen!« Ihm sind alle Politiker verdächtig, die nicht daran glauben, daß ein göttlicher Wille den Gang dieser Welt bestimmt: »Sie ersetzen Gottes Voraussicht durch dialektischen Materialismus.«
Mit dem sowjetischen Botschafter selbst kommt Vizepräsident Ammash gut zurecht. Lichatschew redet ja auch nicht vom Kommunismus. Der Botschafter ist ein großartiger Zuhörer, wenn Ammash von seiner Zeit als Mittelstürmer der Armeefußballmannschaft erzählt – und der Vizepräsident lacht bereitwillig über die Witze des Russen. Bei aller Freundschaft – diesmal will Ammash den Wunsch des Russen nicht erfüllen.
Aber Sadam Hussein, der ehrgeizige Zivilist unter den Offizier-Politikern, ist aufgeschlossen an diesem Abend. Er ißt Masquf, auf dem Holzkohlengrill gebratenen Fisch aus dem Tigris, und läßt sich die Theorien des Botschafters erklären. Später am Abend reden sich Lichatschew und Sadam Hussein mit dem Titel »Genosse« an. Der starke Mann der Baathpartei hat noch Bedenken: werden sich die Kommunisten an die Spielregeln halten? Seine Sorge formuliert er so: »Ich möchte nicht, daß uns die Kommunisten plötzlich aus dem Boot werfen, in das wir sie aufgenommen haben.« Lichatschew beruhigt Sadam Hussein: »Die Kommunisten hier machen das, was wir wollen!«
Am folgenden Tag spricht Sadam Hussein mit dem Präsidenten der Republik, mit Ahmed Hassan al-Bakr. Der Präsident, sechzig Jahre alt, ist zuckerkrank. Die kraftvolle, entschlossene Persönlichkeit der Revolution von 1968 ist nur noch hin und wieder zu spüren. Ein Krankenhausaufenthalt steht Ahmed Hassan al-Bakr bevor in den nächsten

Tagen; ihn interessiert im Augenblick nur das eine Thema, ob die irakischen Ärzte gut genug sind, seine Krankheit aufzuhalten. Eigentlich möchte er sich in London behandeln lassen, aber das würde seine Position in große Gefahr bringen. Er kann das Land nicht verlassen: der zweite Mann im Staate würde ihn stürzen, sein Vermögen beschlagnahmen, die Familie belästigen. Draußen, vor dem Palast, entsteht der Triumphbogen, den er sich selbst bauen läßt – eine Konstruktion aus Beton und Stahl. Er weiß: wenn er gestürzt wird, wenn er zurücktritt, dann wird dieses Bauwerk wieder abgetragen. Ahmed Hassan al-Bakr kennt die Prozedur des langsamen politischen Todes: erst feiert man den Abtretenden als Helden der Revolution, nach einem Vierteljahr wird es still um den früheren Präsidenten, nach einem halben Jahr tauchen die Gerüchte auf, nach neun Monaten die Vorwürfe, nach einem Jahr wird Hausarrest verhängt. Dann folgen Prozeß, Verurteilung und schließlich die Begnadigung durch den einstigen Stellvertreter, den mächtigen Mann von heute.

Sadam Hussein hat den Parteiapparat in der Hand, und er ist der Chef der »Torpedo Squad«, einer Spezialtruppe, die mit Gegnern der Partei rigoros aufräumen will. Ahmed Hassan al-Bakr ist auf diesen Parteifunktionär angewiesen: Sadam Hussein ordnet energisch die Sitzungen der Parteiausschüsse, er bringt die aufmuckenden Parteigenossen von Basra mit seinen eigentümlichen Methoden zur Raison, er kommt ganz gut mit einigen wichtigen Köpfen der aufrührerischen Kurden im Norden zurecht.

Als Sadam Hussein dem Präsidenten am Vormittag nach Lichatschews Gartenparty den Rücktritt androht, wenn ihm nicht endlich das Amt des Vizepräsidenten zugesprochen werde, bleibt Ahmed Hassan al-Bakr wenig Entscheidungsfreiheit: er entläßt seinen Vizepräsidenten Saleh Mahdi Ammash – er bietet ihm eine Aufgabe als Sportfunktionär an. Bei einem gemeinsamen Mittagessen im Bagdad Hotel demonstrieren die drei Politiker anschließend völlige Eintracht.

Sadam Hussein legt zwei Monate später den Pakt zwischen Baathpartei und Kommunisten der irakischen Öffentlichkeit schriftlich vor. Das Dokument trägt den Titel »National Charter«. Seine Verlesung im Rundfunk dauert eine Stunde. Die Hörer in Bagdad, in Basra, in Kirkuk erfahren, daß die Kommunisten zu den staatstragenden progressiven Kräften zählen. Die Zeit der offenen oder versteckten Kommunistenverfolgung ist damit zu Ende. Nur zwei Restriktionen hat der sowjetische Botschafter Sadam Hussein nicht ausreden können: den Kommunisten bleibt es verboten, in der Armee und an den Universitäten zu agitieren und für sich zu werben.

Benjamin Andrewitsch Lichatschew schreibt jetzt an Ministerpräsident Kossygin, daß es an der Zeit sei, den neuen starken Mann des Irak nach Moskau einzuladen. Die russische Umarmung beginnt. Zur Vorbereitung der Reise preisen die Moskauer Zeitungen das Regime in Bagdad in den schönsten Farben: seine Beharrlichkeit, die Tüchtigkeit, die Entschlossenheit im gemeinsamen sozialistischen Kampf gegen den imperialistischen Feind.

Botschafter Lichatschew begleitet Sadam Hussein nach Moskau. Er steuert die Propaganda, er lanciert Artikel über den Vizepräsidenten, er gibt der sowjetischen Nachrichtenagentur Novosty umfangreiches und überaus positives Material über Sadam Hussein. Vom ersten Tag an wird der Mann der Baathpartei als »Genosse« angeredet, und er protestiert nicht.

Ein Freundschaftsvertrag, der im Entwurf vorliegt, wird diskutiert, aber nicht als reif zur Unterzeichnung angesehen. Außenminister Gromyko hat Bedenken: der Vertrag sieht in Artikel 8 Konsultationen zwischen den beiden Regierungen in allen wichtigen Fragen vor. Es muß damit gerechnet werden, daß Iran verärgert ist über die enge Verzahnung von Bagdad und Moskau. Gromyko umwirbt derzeit die iranische Diplomatie; die Sowjetunion ist darauf bedacht, mit Iran gut auszukommen. Irak und Iran aber sind verfeindet. Die Situation erfordert Fingerspitzengefühl – Moskau schiebt deshalb die Entscheidung über den Freundschaftsvertrag vor sich her. Gromyko will auch die Auswirkungen von Artikel 10 noch einmal überprüfen. Dort ist fixiert, daß keiner der Vertragspartner Bündnisse oder Verträge eingehen darf, die dem anderen unangenehm sein könnten. Was geschieht, wenn die Sowjetunion mit Iran Bündnisse und Verträge eingeht? Hat dann Bagdad Grund, erstaunt zu sein?

Vorsichtig geworden, zögert Alexej Kossygin mit der Zusage eines Besuchs in Bagdad, denn dort bleibt dann kein Ausweg, dort muß der Freundschaftspakt unterzeichnet werden. Lichatschew spricht mit Staatspräsident Ahmed Hassan al-Bakr über die sowjetische Iranpolitik, von der Möglichkeit der Einflußnahme auf den Schah zugunsten des Irak. Das spitzfindige Problem der gegenseitigen Verärgerung ist rasch ausgeräumt. Der Botschafter und der Präsident sind sich einig, daß Alexej Kossygin nach Bagdad kommen muß. Wenn der sowjetische Ministerpräsident nicht kommt, dann ist Sadam Hussein in Bagdad blamiert.

Lichatschew steuert entschlossen auf sein Ziel zu: »Wenn der Irak der Sowjetunion im Rahmen der beiderseitigen Freundschaft die Mitbenützung des Hafens Basra anbietet, dann wird Kossygin bestimmt

kommen!« Ahmed Hassan al-Bakr und Sadam Hussein sind einverstanden. Die Sowjets hatten mit diesem Nachgeben gerechnet, eine Flotteneinheit war längst in Richtung Persisch/Arabischer Golf unterwegs, die Schiffe lagen bereits vor der Straße von Hormus.
Alexej Kossygin kommt nach Bagdad. Er besucht bald nach der Ankunft die drei Genossen im Büro der Kommunistischen Partei des Irak. Aziz Mohammed, Zeki Khairi und Amer Abdullah sind gerechtfertigt. Sie werden ihr Versprechen halten.
Alexej Kossygin und Sadam Hussein aber kommen sich nicht näher bei diesem Besuch. Mit mürrischem Gesicht nimmt Sadam Hussein das Geschenk des sowjetischen Ministerpräsidenten an: das realistische Ölbild »Der Rote Platz in Moskau« des Malers Wolodin. Auf der Rückseite ist die Archivnummer der Moskauer Galerie zu sehen: 014 336. Das Bild von Kossygins Amtssitz hängt Sadam Hussein nicht in seinem Arbeitszimmer auf. So deutlich will der Vizepräsident seinen Besuchern nicht die künftige Abhängigkeit von Moskau demonstrieren.
Fünfzehn Jahre lang soll der Freundschaftsvertrag gelten zwischen der Sowjetunion und dem Irak, er läßt sich über diesen Zeitraum hinaus verlängern. Die sowjetische Führung rechnet damit, daß innerhalb dieser fünfzehn Jahre die überholten Regierungsformen der feudalistischen Emirate am Persisch/Arabischen Golf zerbrechen. Vom vorgeschobenen Beobachtungsposten Irak aus kann Moskau den Ablauf der Revolutionen kontrollieren, es kann helfend eingreifen. Das Interesse der Sowjets und der Iraker gilt jetzt Kuwait. Kuwait ist das erste Emirat, in dem ein revolutionäres Klima geschaffen werden kann.
Am Tage der Unterzeichnung des sowjetisch-irakischen Freundschaftspakts ist in Bagdad das Gerücht zu hören, Sadam Hussein habe Präsident Ahmed Hassan al-Bakr erst vom Vorteil der Freundschaft zur Sowjetunion überzeugen können, als er ihm mit der Pistole eine Kugel in den Arm geschossen hatte. Ich sah selbst, daß der linke Arm des Präsidenten nicht bewegungsfähig war – doch hohe Funktionäre der Baathpartei versicherten mir: »Diese Gerüchte sind unwahr! Böswillig werden sie verbreitet!«

Die Antikommunisten wehren sich

Am 30. Juni 1973 schlagen die Unzufriedenen zu, diejenigen, die den Moskaukurs ablehnen. Viele von ihnen sind Freunde des ehemaligen Vizepräsidenten Saleh Mahdi Ammash, der nach seiner Entlassung den Posten des irakischen Botschafters in Moskau angenommen hatte.

Um 18 Uhr an diesem 30. Juni sollen Präsident al-Bakr und Vizepräsident Sadam Hussein auf dem Flughafen Bagdad landen; sie kehren von Staatsbesuchen in Warschau und Sofia zurück. Unter den Ehrenwachen auf dem Rollfeld befinden sich fünf Offiziere, die den Präsidenten und den Vizepräsidenten erschießen sollen. Der Auftraggeber, der Geheimdienstchef Oberst Nazzam al-Kazzar, sitzt vor dem Fernsehgerät und schaut sich die Übertragung vom Flughafen an: Bagdad Television zeigt die Ankunft der Präsidentenmaschine live. Oberst al-Kazzar wartet im Salon eines »Technischen Forschungszentrums« in einem Vorort von Bagdad. Dieses Forschungszentrum untersteht ihm, es ist ein Gefängnis mit Spezialeinrichtungen zum Verhör von Verdächtigen. Das Forschungszentrum war eben an diesem 30. Juni eingeweiht worden, und der Geheimdienstchef hatte den Innenminister, Generalleutnant Saadoun Ghaidan, und den Verteidigungsminister, Generalleutnant Hammad Chehab, zu einer kleinen Feier eingeladen. Nach der Einweihungszeremonie, beim Mittagessen, verhaftet Oberst al-Kazzar die beiden Minister und setzt sie in zwei Zellen des Forschungszentrums fest. Jetzt wartet er auf die Landung der beiden wichtigsten Männer im Staate. Sobald seine Agenten den Präsidenten und den Vizepräsidenten erschossen haben, ist er, Oberst al-Kazzar, der Mann, der die Macht in der Hand hat.

Die Fernsehübertragung läuft, aber die Maschine landet nicht. Um 19 Uhr 30, eineinhalb Stunden nach der planmäßigen Landezeit, werden die Attentäter nervös: sie sind mehr und mehr überzeugt, daß das Flugzeug deshalb nicht rechtzeitig eintrifft, weil der Plan zum Putsch entdeckt wurde. Nach weiteren fünf Minuten sprechen sich die Offiziere ab, nicht mehr zu schießen. Um 19 Uhr 50 landen Ahmed Hassan al-Bakr und Sadam Hussein – das normale Begrüßungszeremoniell läuft ab. Im Technischen Forschungszentrum sieht der Geheimdienstchef mit Entsetzen, daß beide Opfer unbehelligt in ihre Autos steigen.

Dem Präsidenten und dem Vizepräsidenten war aufgefallen, daß zwei Minister bei der Begrüßung fehlten: der Innenminister und der Verteidigungsminister. Sadam Hussein läßt nach den beiden forschen – ohne Erfolg. Oberst Nazzam al-Kazzar ist mit fünfzig seiner Geheimdienstagenten auf der Flucht. Er wählt den Weg zur iranischen Grenze; die beiden Minister hat er als Geiseln mitgenommen. Ein Konvoi von dreizehn Fahrzeugen bewegt sich mit abgeblendeten Scheinwerfern durch die Nacht nach Osten. Die Entfernung von Bagdad zum nächsten Grenzort beträgt 150 Kilometer. Doch Oberst Nazzam al-Kazzar wählt nicht die direkte Straße, er fährt den nicht voll ausgebauten Weg über Kut el-Amara. Die Strecke beträgt 260 Kilometer.

Die Flucht bleibt nicht unbemerkt. Sadam Hussein ordnet die Sperre aller Straßen zu den Grenzen an. In Zarbatiya, wenige Kilometer vor der Grenze, wird der Konvoi aufgehalten. Die örtliche Miliz der Baathpartei hält den Weg blockiert und ruft Verstärkung herbei. Als der Geheimdienstchef erkennt, daß Hubschrauber der irakischen Luftwaffe im Anflug sind, schießt er auf die Geiseln; der Verteidigungsminister ist tot, der Innenminister schwer verwundet. Oberst Nazzam al-Kazzar wird gefangengenommen.

Der Oberst trug den Spitznamen »Abu Harb«, weil er immer zum internen Krieg gegen irgendwen im Irak aufgerufen hatte. Al-Kazzar sah überall Feinde. Die Baathpartei zeigt nach dem Putschversuch viel Eifer, den Treuebruch dem Charakter des Geheimdienstchefs zuzuschreiben, seiner Sucht, andere zu verfolgen. Aber der Attentatsplan war nicht im Gehirn dieses einzelnen entstanden: das Netz der Putschisten ist weit verzweigt. Das eigentliche Haupt der Verschwörung ist ein hoher Funktionär der Baathpartei, der dritte Mann im Staate: Abdel Khalek al-Samarrai. Er sollte der neue Präsident im Irak werden.

Wenige Stunden nach der Gefangennahme von Oberst Nazzam al-Kazzar sind sechsunddreißig Teilnehmer an der Verschwörung hingerichtet. Die Prozesse ziehen sich über Monate hin. Glücklich über den Sieg von Ahmed Hassan al-Bakr und Sadam Hussein sind die Kommunisten im Irak – und damit die Sowjetunion. Denn Abdel Khalek al-Samarrai hätte den Kampf gegen die Kommunisten wiederaufgenommen.

Das Paradies der beschränkten Freiheit

Kuwait wehrt irakische Ansprüche ab

Kuwait bereitet sich auf Staatsbesuch vor; eine irakische Delegation wird erwartet. Die beiden Nachbarstaaten wollen sich über eine Korrektur der Grenzen einigen. Der Irak fordert die Verschiebung der Grenzmarkierung um drei, besser um vier Kilometer nach Süden – Kuwait soll einen Streifen seiner Wüste abtreten. Die Regierung in Bagdad begründet ihren Wunsch so: »Die geologischen Voraussetzungen für die Grenzen haben sich verändert; die Markierungspunkte, die Sanddünen, wanderten unter dem Druck des Wüstenwindes weiter ins irakische Gebiet hinein. Die Markierungspunkte müssen neu vermessen und zurückverlegt werden nach Süden in Richtung Kuwait.« Seit Jahren schon reisen Delegationen zwischen Kuwait und Bagdad hin und her, um die Grenzfrage zu klären, ohne Erfolg. Kuwait will auf keinen Meter Wüste verzichten. Eine Verlegung der Grenze würde bedeuten, daß das Ölfeld Raudhatain von den Irakern mitangebohrt werden kann; ungern sehen die Kuwaiti die Spezialisten vom irakischen Rumaila-Ölfeld in der Nähe von Raudhatain.

Das Zeremoniell der Staatsbesuche ist eingespielt: die kuwaitischen Hofbeamten sind auch diesmal entschlossen, die Zeit für politische Gespräche durch üppige Mahlzeiten einzuschränken. Die Delegationen sollen sich in angenehmer Atmosphäre treffen; in kühlen Räumen, vor plätschernden Brunnen. Die Iraker können hier die gelbstaubige Luft von Bagdad vergessen.

Statt der Delegation kommt diesmal die irakische Armee. »Nachts um drei Uhr fielen die Iraker über uns her«, so berichtet der verwundete Leutnant Seoud Sahly im Militärkrankenhaus von Kuwait. »Sie kamen aus allen Richtungen. Wir hatten überhaupt nicht mit dem Überfall gerechnet, wir schliefen. Es knallte, und keiner von uns wußte, was los war!« Die irakischen Truppen besetzen in dieser Nacht den Grenzposten Samita und beschießen die Kaserne der Kuwaiti in Umm Kasr. Vier Soldaten verlieren bei den Kämpfen ihr Leben. Dieser Grenzkrieg zwischen Irak und Kuwait findet im März 1973 statt.

Der irakische Überfall ist keine nebensächliche militärische Aktion in Arabien, kein Streit unter Brüdern um einen Grenzpfahl im Niemandsland der Wüste. Die Tageszeitung »Daily News« in Kuwait – sie erscheint in englischer Sprache – sieht klar den politischen Hintergrund: eine Karikatur zeigt den russischen Bären – gefräßig, lüstern, hinterhältig – auf dem Weg zum Persisch/Arabischen Golf; er geht im Pulverdampf und folgt den irakischen Granateinschlägen. Die Meinung der herrschenden Familie in Kuwait: die Sowjets profitieren von diesem Konflikt – sie sind überhaupt die Ursache des Streits; das Regime des Ahmed Hassan al-Bakr in Bagdad handelt im Interesse der Sowjets.

42 Kilometer lang und 20 Kilometer breit ist die kuwaitische Insel Bubian; eine ebene Sandfläche, im Norden aufgesplittert in einzelne kleine Inseln. Der Uferstreifen ist versalzt, eine weiße Kruste überzieht ihn. Auf der Insel Bubian findet sich keine Vegetation, die Sandfläche ist unbewohnt. Eine seichte Lagune trennt Bubian vom kuwaitischen Festland. Die Insel beherrscht die salzigen Gewässer vor dem schmalen Streifen der irakischen Küste westlich des Schatt el-Arab. Diese Küste, vom Einfluß des Khor Zubair bis Fao, besteht aus Schlammablagerungen, die häufig genug überschwemmt sind. Der Irak besitzt keinen Quadratmeter festen Boden an seiner Küste des Persisch/Arabischen Golfs. Der

weiche Untergrund der Schlammablagerung reicht nach Norden bis knapp vor die Stadt Basra. Nirgends gibt es an dieser Küste die Möglichkeit, einen Hafen zu bauen – das ist die Meinung der Geologen.
Zugang zum Meer hat der Irak bisher nur auf den Wassern des Schatt el-Arab. Vom Hafen am Auslauf des Hammar-Sees fahren die irakischen Hochseeschiffe 110 Kilometer weit zum Persisch/Arabischen Golf. Die iranischen Kanonenboote, die seit 1969 auf dieser Wasserstraße patrouillieren, sind für den Irak und die Sowjetunion eine potentielle Gefahr: der Irak hat den Sowjets in einem Freundschaftsvertrag die Benützung des irakischen Basra zugesagt. Die Sowjets waren sehr daran interessiert, aber nun fürchten sie das Risiko: Iran ist ein Verbündeter der Vereinigten Staaten von Amerika, in Zeiten der Spannungen und Krisen wird Teheran mit Washington zusammenarbeiten. Selbst in normalen Zeiten, das wissen die Sowjets, überwacht der Resident des CIA in der iranischen Hafenstadt Abadan die russischen Schiffsbewegungen auf dem Schatt el-Arab. So mit Gefahren gespickt stellt sich Moskau den ersehnten Zugang zu den »warmen Gewässern« des Persisch/Arabischen Golfs nicht vor. Die sowjetische Flotte will von irakischen Basen aus ihre Schiffe im Indischen Ozean versorgen können – ohne Angst vor Behinderung durch iranische Küstenbatterien.
Sowjetbotschafter Lichatschew läßt in Bagdad keinen Zweifel daran, daß die sowjetischen Admirale mit den Ankerplätzen in Basra nicht zufrieden sind. Die Anregung des Botschafters: der revolutionäre Staat Irak muß die Voraussetzung schaffen, daß die irakische Flotte und die Flotten befreundeter Mächte zum Schutz berechtigter Interessen der fortschrittlichen Staaten des asiatischen Kontinents ungehindert auf dem Wasser des Golfs operieren können. Für den Irak bleibt nur der Ausweg: das nötige Gelände, die Insel Bubian, muß erobert werden.
Auch Kuwait hat sich einst diese Insel erobert, am 3. November 1914. An diesem Tag besetzten die kuwaitischen Krieger im Auftrag der Engländer Bubian und einige Wasserstellen auf dem Festland, nördlich ihrer bisherigen Grenze. Kuwait nahm im Ersten Weltkrieg teil am Kampf gegen das Osmanische Reich, das Emirat Kuwait hatte der Türkei den Krieg erklärt. Zur Belohnung durfte Kuwait die Eroberung behalten, die Kolonialmacht England ordnete damals die Besitzverhältnisse. Bubian und die Wasserstellen hatten bis dahin zur Provinz Basra gezählt – Basra ist heute eine irakische Provinz. Daraus leitet Bagdad seine Rechtsansprüche ab.

Im März 1973 besetzen die irakischen Truppen Bubian, Kuwait sieht keine Möglichkeit, sich zu wehren. Bagdad setzt mit einem Gewaltakt langen Verhandlungen ein Ende. Der Emir von Kuwait, Scheich Sabah as Salim as Sabah, hatte immer unwirsch auf behutsam vorgebrachte Wünsche der irakischen Regierung reagiert, die Bubian kaufen oder pachten wollte. Auf solche Bitten des Irak konnte der Emir nur eine schnippische Antwort geben, denn Bagdad hatte in der Vergangenheit zu offen Interesse am ganzen Territorium des Emirats gezeigt: kaum war Kuwait 1961 unabhängig geworden, da hatte der irakische Staatspräsident Abdel Kerim Kassem die Angliederung des südlichen Nachbarlandes an den Irak gefordert.

Der Emir von Kuwait sah sich damals durch Abdel Kerim Kassem zum irakischen Untertanen erklärt! »Kuwait ist ab sofort Bestandteil des Irak. Ich ernenne durch republikanisches Dekret den Emir von Kuwait zum Kaimakam, zum Gebietsgouverneur. Der Gebietsgouverneur ist dem Gouverneur von Basra unterstellt.« Dem Emir von Kuwait wurde die Warnung präsentiert: »Wenn du die Ernennung nicht annimmst, erkläre ich dich zum Rebellen!«

Die arabischen Bruderstaaten halfen dem Emir durch aufmunternde Worte. Rasche und effektive Hilfe aber wurde von England geleistet. Edward Heath, damals stellvertretender Außenminister, erklärte: »Großbritannien akzeptiert unter keinen Umständen den irakischen Expansionsdrang.« England schickte Truppen: der Einmarsch irakischer Panzerverbände konnte damals gerade noch durch eine rasch improvisierte Landung britischer Marineinfanteristen verhindert werden. Die ehemalige Protektionsmacht England hatte auch nach Ablauf ihrer Verpflichtungen die Unabhängigkeit von Kuwait gerettet.

1973 dämpfen amerikanische Worte die Expansionslust des Irak. Der amerikanische Geschäftsträger sagt auf Weisung seiner Regierung zum kuwaitischen Außenminister, Scheich Sabah al Ahmed al Jabir: »Dieser Streit ist ein innerarabisches Problem. Er geht uns, die USA, gar nichts an. Aber niemand kann es uns verübeln, daß wir an Ruhe und Frieden in der Region des Arabischen Golfs interessiert sind. Es muß eine Lösung gefunden werden im Konflikt zwischen Kuwait und Irak. Selbstverständlich wünschen wir uns Stabilität hier, schließlich kaufen wir ja in diesem Gebiet unser Öl.« Der Außenminister läßt den amerikanischen Wunsch nach Stabilität dem sowjetischen Botschafter Nikolaj Tupitzyn mitteilen. Bald darauf erklärt sich die Regierung in Bagdad verständigungsbereit – der sowjetische Botschafter Lichatschew hatte Mäßigung empfohlen. Der Irak bietet Verhandlungen an, aber die Insel gibt er nicht heraus. Die Posten der kuwaitischen Armee bei Sabriya können beobachten, daß die Insel vermessen wird. Sowjetische Ingenieure – so vermuten sie – sind am Werk.

Beton, Asphalt, Sand in glühender Hitze – das ist der bleibende Eindruck von Kuwait. Die Stadtverwaltung versucht, die Trostlosigkeit durch Grünflächen, Baumgruppen und Blumen zu unterbrechen. Doch das Klima läßt jede Pflanze verdorren. Ohne ständigen Wasserzufluß überleben Sträucher und Blumen keinen Tag. Die Temperaturen reichen oft an 50 Grad C heran. Für die Bewässerung eines einzigen Baumes sind im Etat der Stadt pro Jahr umgerechnet 1000 DM eingesetzt. Doch das Wachstum des Baumes hat Grenzen: wenn er Wurzeln geschlagen hat, stoßen die Verzweigungen durch die dünne Humusschicht auf den lebensfeindlichen, salzhaltigen Sand – die Pflanze stirbt ab.

»O Gast, du bist gekommen, du besuchst uns, du beehrst unsere Hütte. Du selbst bist jetzt der Herr des Hauses, wir sind die Gäste!« Diese Höflichkeitsformel ist in Kuwait zu Hause. Doch die Kuwaiti sind heute gut beraten, die traditionelle Beduinenhöflichkeit zu vergessen.

Bei mangelnder Vorsicht haben die angestammten Familien die Enteignung zu fürchten, denn die echten Kuwaiti sind in der Minderheit: 740000 Menschen leben im Emirat, davon besitzen nur 346000 das volle Heimatrecht. Die Einwanderer aus Ägypten, Palästina, Jordanien, Indien, Pakistan, aus dem Libanon und aus dem Irak bilden die Mehrheit. Doch rechtlich sind die Einwanderer nichts anderes als Gastarbeiter. Sie sind Manager und Ingenieure in der Ölproduktion, sie sind Geschäftsführer der Niederlassungen europäischer und amerikanischer Firmen; sie leiten Hotels in Kuwait, sie bohren Öl, sie schleppen Lasten im Hafen, sie steuern Taxis. Besonders die Palästinenser, Angehörige eines der intelligentesten Völker im Nahen Osten, haben sich Spitzenstellungen im Management erobert. Sie sorgen dafür, daß der Profitbetrieb Kuwait funktioniert. Sie kontrollieren die Finanzen, sie lenken die Dollarströme der kuwaitischen Geldreserven. In der Hand der Palästinenser befinden sich Staatsverwaltung und Staatssicherheit. Als Funktionäre des Amtes für Ausländerüberwachung führen sie selbst die strengen Bestimmungen für Zuwanderung und Aufenthalt der Gastarbeiter aus. Die Palästinenser halten den Kuwaiti das Haus in Ordnung: in enger Auslegung der Verwaltungsvorschrift weisen sie jeden Ruhestörer aus, auch wenn er zu den eigenen Landsleuten zählt.

Die verwitterten Goldbuchstaben über dem Tor des Al-Seif-Palastes hat der Emir renovieren lassen. Die Inschrift ist jetzt deutlich zu lesen: »Wem dieser Platz nicht paßt, der möge sich einen anderen suchen!« Nach diesem Grundsatz wird Kuwait regiert.

Der Emir, Scheich Sabah as Salim as Sabah, will aus den Kuwaiti – den

richtigen Kuwaiti mit Bürgerrecht – das glücklichste Volk der arabischen Welt machen, es soll frei von allen materiellen Sorgen leben. Am Anfang seiner Regierungszeit dachte er daran, den Mitgliedern der angestammten Familien die Arbeit zu verbieten. »Wenn wir wollen, können wir für jede Arbeit Ausländer anstellen, wir können uns selbst Pensionen auf Lebenszeit zuweisen«, das war seine Meinung, als er am 24. November 1965 die Regierung antrat. Die Erkenntnis kam bald, daß so viel Müßiggang dem Land kein Glück bringen kann, daß Zufriedenheit nicht durch das Verbot einer sinnvollen Tätigkeit erreicht wird. Aus der Überlegung, daß die Zeit klug genutzt werden sollte, entstand das eindrucksvolle Erziehungssystem des Emirats. »Reichtum erst ermöglicht Wissen – der Arme hat keine Möglichkeit, sich zu bilden. Wissen ist unser höchster Luxus!« Vom Kindergarten bis zur Universität können die Ausbildungsinstitute von den Kuwaiti mit Bürgerrecht kostenlos genützt werden. Den Studenten zahlt der Emir ein Gehalt. Die Ausgaben für Erziehung stehen an der Spitze des Staatshaushalts: die Bildungsprogramme kosten – umgerechnet – 250 Millionen DM im Jahr. Das Verteidigungsbudget muß mit weniger Geld auskommen.
Scheich Sabah as Salim as Sabah ist ein freundlich lächelnder Herr von kleiner Statur. Er bewegt sich mit raschen, energischen Schritten. Der Emir tritt nicht mit pompösem Zeremoniell auf; er vermeidet den Fehler der anderen Emire der Golfregion: er läßt sich nicht als weisen und gütigen Herrscher feiern. Scheich Sabah as Salim as Sabah versteckt seine Macht hinter Bescheidenheit und betont demokratischer Gesinnung. Doch sein System der Absicherung der Macht ist lückenlos. Einundzwanzig Jahre lang war der Scheich Polizeichef von Kuwait. In dieser Zeit hat er die Gefahren kennengelernt, die einem feudalen Regime drohen können.

1938 war der Scheich Polizeichef geworden. Gerade in diesem Jahr machte die herrschende Familie die Erfahrung, daß die Macht nur durch Beschränkung der Freiheit im eigenen Hause bleiben kann. Damals hatte der regierende Emir, Scheich Ahmed, versucht, eine Art von Parlamentarismus in Kuwait einzuführen. Er ernannte zwanzig Abgeordnete und gab ihnen die Aufgabe, über eine Reform der Gesetze nachzudenken. Die zwanzig Abgeordneten waren aus alten kuwaitischen Familien ausgewählt – es war nicht damit zu rechnen, daß sie sich allzu reformwillig geben würden. Doch schon nach wenigen Wochen mußte Scheich Ahmed sein Parlament wieder auflösen: die zwanzig Abgeordneten hatten sich einstimmig dafür ausgesprochen, das Emirat an den Irak anzugliedern. Dieser Anschluß hätte die Entmachtung der Familie as Sabah bedeutet – das Ende der seit 1756 überlebenden Dynastie.

Die Verfassung – gültig seit 1962 – soll garantieren, daß die Familie auch weiterhin an der Macht bleibt. Artikel 4 bestimmt, daß nur Nachfahren des Mubarak as Sabah erbberechtigt sind. Die weitere Voraussetzung für das hohe Amt: ein gesunder Geisteszustand. Artikel 54 gibt der Person des Emirs Immunität, sie darf nicht durch Wort und Tat angegriffen werden. Der Emir hält die Exekutive in der Hand, in seinem Namen wird Recht gesprochen. Die Verfassung des Staates Kuwait läßt dem Emir die Herrscherfunktionen europäischer Fürsten des 19. Jahrhunderts, er ist Monarch »von Allahs Gnaden«.
Für Scheich Sabah as Salim as Sabah ist die Position als kuwaitisches Staatsoberhaupt einträglich. Der Haushaltsplan weist ihm pro Jahr – umgerechnet – 100 Millionen DM zu. Dieser Betrag ist für seine persönlichen Ausgaben bestimmt. Doch der Emir lebt »bescheiden«, er verbraucht nicht mehr als 50 Millionen DM im Jahr. Der Rest wird angelegt auf Banken in Genf und London.

Die Stammbevölkerung in Kuwait gehört zur Beduinenfamilie der Anaiza; ihre Heimat war bis zum Beginn des 18. Jahrhunderts die zentralarabische Wüste. Die Beduinen der Familie Anaiza lebten als Nomaden, sie zogen mit ihren Herden von Wasserstelle zu Wasserstelle. Kamele waren ihr Beförderungsmittel, von Kamelfleisch lebten sie. Der Grund ist unbekannt, warum dieser Stamm vor zweihundert Jahren mit seinen Lebensumständen unzufrieden wurde, warum er die Wüste verließ, um sich in der Nordwestecke des Golfes anzusiedeln. Die ehemaligen Wüstenbeduinen machten sich mit dem Meer vertraut, sie begannen Schiffe zu bauen, wurden Seefahrer und betrieben schließlich mit Erfolg Überseehandel. Fünfzig Jahre nach der Niederlassung der Beduinen in Kuwait wählte die British East India Company die Stadt für ihr Hauptquartier am Golf aus; Kuwait war leichter zu erreichen und lag zentraler als Basra am Schatt el-Arab.
Zu Beginn dieses Jahrhunderts sollte der Hafen am Golf Endpunkt der Bagdadbahn werden. Der Streckenplan sah die direkte Verbindung der deutschen Reichshauptstadt Berlin mit Kuwait vor. Das Emirat wurde deshalb als Zielpunkt der Bahn zum Golf gewählt, weil gewichtige Nachteile gegen Basra sprachen. Es sind dieselben Nachteile, die heute die Sowjets veranlassen, einen neuen Hafen auf dem Grenzstreifen zwischen Kuwait und Irak zu fordern: Basra liegt 110 Kilometer vom Meer entfernt; Persien kann den Hafen Basra sperren. Kuwait aber hat einen Naturhafen und freien Zugang zum Meer.
Doch Englands Einfluß in Kuwait war um die Jahrhundertwende so stark, daß der deutsche Bahnbau nicht Wirklichkeit werden konnte.

Besucher berichteten in diesen Jahren, daß der Emir die Wände seines Palastes mit Bildern der Königin Victoria schmücke.

Artikel 131 der Verfassung von Kuwait fordert: Kein Minister darf in Handelsgeschäfte irgendwelcher Art verwickelt sein, jede kommerzielle Aktivität ist den Mitgliedern des Kabinetts verboten. Die Minister halten sich nicht daran, und bisher hatte sich auch niemand um die Erfüllung dieser Verfassungsvorschrift gekümmert. Gute Geschäfte gönnten sich die Kuwaiti gegenseitig. Erst die junge Generation fand in Artikel 131 das Werkzeug zum Angriff gegen die Scheichfamilie.

»Kampf gegen Korruption!« Dieser Parole haben sich zwanzig Abgeordnete des fünfzigköpfigen Parlaments verschrieben. Sie kommen aus den Berufskreisen der Intelligenz, sie sind Ärzte, Rechtsanwälte, Kaufleute. Sie fordern Selbständigkeit, sie formieren die erste, noch lockere Oppositionsbewegung in Kuwait. In ihren Augen liegt in der Verletzung des Artikels 131 der Verfassung die Wurzel zur Korruption: die zwanzig Abgeordneten werfen den Regierungsmitgliedern aus der Familie as Sabah vor, sich an Banken, an Niederlassungen bedeutender westlicher Firmen, an Hotelbetrieben in Kuwait zu beteiligen. Besonders den Innenminister Scheich Sa'ad al Abdullah as Sabah behalten sie im Visier. Die zwanzig Politiker sorgen dafür, daß die herrischen Ansprüche des Scheichs auf Privilegien rasch bekannt werden. Dr. Ahmed el-Khatib, der Anführer des progressiven Blocks im Parlament, erzählt diese Geschichte: »Scheich Sa'ad al Abdullah hat eine eigentümliche Auffassung von Demokratie. Mit Kuwait Airways wollte er zur Jagd fliegen, doch alle Plätze in der ersten Klasse waren ausgebucht. Der Scheich befahl dem Manager der Luftlinie, die Kabine der ersten Klasse räumen zu lassen. Ausländische Geschäftsleute wurden hinausgeworfen – der Scheich und seine Freunde nahmen Platz.«

Der herrschenden Familie wird von den Oppositionsabgeordneten vorgeworfen, daß sich besonders die jungen Scheichs in keiner Weise um Verkehrsregeln kümmern: »Ampeln an Straßenkreuzungen beachten sie gar nicht!« Der Emir von Kuwait, Scheich Sabah as Salim as Sabah, mag rechtschaffen sein, die Familie aber pocht auf Vorrechte, sie erregt damit Anstoß. Die Großfamilie des herrschenden Clans in Kuwait besteht aus zwei gleich starken Teilen, aus den Geschlechtern der al Jaber und der as Salam. Beide Fraktionen der Familie stammen von Scheich Mubarak as Sabah ab, der von 1896 bis 1915 regierte. Diese Tradition der Nachfolge schreibt vor: nach Auswahl durch den Emir beginnt jeweils der vielversprechendste junge Mann der al Jaber oder der as Salam seine Herrscherkarriere mit dem Posten des Ministerpräsidenten. Unter der

Obhut des Emirs lernt er Staatskunst. Kritik an diesem Politiker ist den Untertanen verboten, denn der Ministerpräsident ist in der Gunst des Herrschers zum Kronprinzen ausgewählt. Nach der Verfassung von Kuwait aber darf der Kronprinz nicht für Handlungen der Regierung verantwortlich gemacht werden; er ist somit selbst als Regierungschef vor Angriffen im Parlament geschützt.
Abwechselnd kommen seit Scheich Mubarak Söhne der Familienzweige der al Jaber und der as Salam an die Macht. Diese Automatik der Thronfolge gerät in Gefahr. Scheich Jaber al Ali as Salam – ein Mitglied der as-Salam-Familie, die derzeit den Emir stellt – hat dreißig Abgeordnete für eine Verfassungsänderung gewonnen. Sein Vorschlag: künftig sollen die Familienteile mehrere Kandidaten für die Position des Kronprinzen vorschlagen können, das Parlament wird einen Mann aus der Vorschlagsliste auswählen. Dieser Kronprinz soll dann nicht, wie bisher üblich, Ministerpräsident werden. Die Aufgaben des Ministerpräsidenten übernimmt ein Familienmitglied, das dem Parlament Rede und Antwort stehen kann.

Die Verfassungsänderung kommt nicht zustande, der Emir hat seinen Kronprinzen bereits gewählt. Für die nächsten zwanzig Jahre ist der Herrscher bestellt. Die Diskussion war ein Trick: kein Mitglied der al-Jaber- und keines der as-Sabah-Fraktion wird Demokratisierung im wahren Sinn des Wortes zulassen.
Scheich Jaber al Ali as Salam wird die Herrschaft der eigenen Familie nicht gefährden. Die Macht darf nicht durch Reformen unterminiert werden. Andere Traditionen, Sitten und Gebräuche aber sollen durchaus einem vorsichtigen Wandel unterworfen sein. Der Propagandist für behutsame Reformen ist der Abgeordnete Khaled al-Masoud; der Scheich selbst will im Hintergrund bleiben.

Das Parlament ist manipulierbar

Die Abgeordneten des Parlaments in Kuwait sind gewählt. Als Wähler sind nur die männlichen Angehörigen der echten kuwaitischen Familien zugelassen. Voraussetzung für das Wahlrecht ist, daß der Wähler über 21 Jahre alt ist, nicht zur Polizei gehört und lesen kann. Von den 740000 Menschen des Emirats erfüllen nur 100000 diese Vorbedingungen. Die traditionelle Beduinenbevölkerung bleibt den Wahlurnen fern: Beduinen haben bisher keinen Wert auf Lesen und Schreiben gelegt. Die herrschende Familie weiß heute, daß sie mit dieser Verfassungsvorschrift einen Fehler

gemacht hat: ein Zentrum der Opposition konnte so entstehen; die Intellektuellen in Kuwait haben Intellektuelle gewählt.
Die Abgeordneten, weitgereiste, gescheite Leute, sitzen in traditionellen arabischen Gewändern im Parlamentssaal. Der Raum ist durch bunte Scheiben in Dämmerlicht getaucht. An der Wand hängt, hellerleuchtet, das Wappen von Kuwait: eine Segeldhau auf den Wellen des Golfs. Klimamaschinen drücken die Temperatur auf europäische Thermometergrade. Aber die Diskussionen sind hitzig.
Die Gruppierung von Abgeordneten zu Blöcken Gleichgesinnter ist erlaubt in diesem Parlament, sie läßt sich auch praktisch nicht verbieten. Diese Gruppierungen sind auflösbar, sie wechseln leicht, sie haben keinen festen Kern. Die Fraktionsbildung aber ist verboten, denn dafür ist die Existenz von Parteien Vorbedingung. Parteien sind nicht erlaubt im Emirat Kuwait. Der Innenminister Scheich Sa'ad al Abdullah as Sabah sagt: »Die Gründung von einer oder von mehreren politischen Parteien würde zu Konflikten und zum Chaos führen – dafür haben wir Beispiele überall in der arabischen Welt. Das Volk von Kuwait ist eine Familie, und eine Familie braucht keine Partei. Ich glaube an Freiheit, aber nicht an die Freiheit in der Vorstellung demokratischer Parteien. Die Parteien würden uns nur die Anarchie ins Land bringen!«
Derzeit fühlt sich der einzelne Abgeordnete nur sich selbst verpflichtet. Koalitionen der Abgeordneten werden oft genug durch Bestechung geschaffen. Wenn ihre Interessen gefährdet sind, finden die internationalen Konzerne Wege, im Parlament eine Mehrheit zu kombinieren aus den Stimmen der divergierendsten Meinungsrichtungen. Umgerechnet zehn Millionen DM zahlten die Konzerne, um im Parlament von Kuwait ein Gesetz durchzubringen, das die Alternative darstellt zur völligen Enteignung der internationalen Gesellschaften.
Die Kuwait Oil Company, im Besitz der British Petroleum Company und der Gulf Oil Corporation, hat die Förderrechte für 90% des kuwaitischen Öls. Bis zum Jahr 1973 war das Emirat selbst nicht finanziell an diesem Konzern beteiligt, auch der Emir hatte keine Besitzrechte an den Ölquellen und Förderanlagen. Durch den Erwerb von Konzessionen hatte sich die BP das Recht gesichert, auf kuwaitischem Territorium nach Öl zu bohren und Öl zu fördern. Die Konzessionen der BP sollten im Jahre 2026 auslaufen. Die Royal-Dutch/Shell-Gruppe hatte die Konzession für Bohrungen auf dem Meeresboden vor der Küste erworben; diese Genehmigung war gültig bis zum Jahre 2006.
In der ersten Hälfte dieses Jahrhunderts waren die Emire froh, wenn sich eine der großen Weltfirmen erbot, in den Wüstenstrichen der Scheichtümer am Golf nach Öl zu bohren. Die Scheichs waren arm, sie lebten

von britischen Subsidien. Die Konzerne garantierten bei Fündigkeit eine ständige Einnahme. Den Preis für das Öl konnte die Konzernleitung bestimmen; der Scheich war ja glücklich, daß er überhaupt Geld bekam. In London wurde das Gefühl der Dankbarkeit dieser Emire sehr geschätzt. Noch in den fünfziger Jahren bekam Kuwait pro Barrel Öl (1 Barrel = 158,99 Liter) nur 10 Cents; 1974 nähert sich der Preis dem Betrag von 13 Dollar. Das Abkommen von Teheran vom 14. Februar 1971 hat den Ölpreis um einen großen Schritt angehoben. Die Konzerne stimmten damals dieser Kostensteigerung zu. Sie hofften, sich mit diesem Abkommen den Frieden mit den arabischen Königreichen und Emiraten erkauft zu haben. Die Konzerne täuschten sich. Die arabischen Staaten hatten inzwischen den Wert ihres Öls erkannt.
Algerien machte den Anfang: der französische Konzern wurde verstaatlicht, die Algerier übernahmen selbst die Kontrolle der Ölförderung. Dem Konzern wurde als Ersatz für sein Eigentum Bezahlung in Öl angeboten. Algerien gründete die nationale Ölgesellschaft SONATRACH. Alle arabischen Ölländer blickten voll Staunen auf dieses Beispiel. Ihre Politiker hatten sich bis zu diesem Tag einreden lassen, daß nur Spezialisten aus den USA und Europa in der Lage seien, eine Ölquelle in Betrieb zu halten. Sich selbst trauten sie nur die Funktion des dienenden Arbeiters zu. Algerien überwand als erstes Land dieses Gefühl der Unterlegenheit. Der Irak folgte: der irakische Staat übernahm die IPC. Doch war dieses Beispiel für die Scheichtümer nicht sehr ermutigend. Der Irak hatte Schwierigkeiten beim Verkauf des Öls – aus Solidarität mit den Aktionären der IPC weigerten sich westliche Interessenten lange Zeit, das irakische Öl zu kaufen. Die internationalen Konzerne begannen sich zu wehren.

Die Konzerne fanden ein Konzept, wie sie der Gefahr der Verstaatlichung begegnen konnten: sie boten Beteiligung am Kapital der Gesellschaft an, sie luden die Scheichs ein, Mitbesitzer zu werden. Die Konzerne sahen ein, daß es besser war, die arabischen Staaten zum Partner zu haben, als alle Rechte abtreten zu müssen. Weniger Profit haben ist vorteilhafter, als unter Zwang auf allen Profit zu verzichten.
Für Kuwait sieht der Plan so aus: der Scheich von Kuwait soll in Stufen an dem in Kuwait gebundenen Kapital der BP beteiligt werden: zunächst wird ihm ein Viertel der Anlagen gehören, ab 1982 besitzt der Scheich eine Mehrheit von 51 Prozent aller Vermögenswerte und aller Rechte der BP in Kuwait. Der Emir hält diese Abmachung mit dem Konzern für fair, doch wird ihm seine Haltung übelgenommen, vor allem von den progressiven Staaten Arabiens, die keine Ölkonzessionen zu vergeben haben und deshalb auch nicht berührt werden von der Frage »Verstaat-

lichung oder nicht?« Syrien, einer dieser Staaten, hat Abgeordnete im kuwaitischen Parlament aufgestachelt, das Beteiligungsabkommen zu torpedieren: »Ihr müßt mehr fordern von den Gesellschaften!«

So begann eine hitzige Debatte im Parlament von Kuwait. Einige der jungen Intellektuellen verlangten für den Staat eine sofortige Beteiligung von 51 Prozent an BP; dieser Anteil soll bis 1982 auf 80 Prozent gesteigert werden. Die Opposition formiert sich. Sie wirft dem Emir unpatriotischen Verzicht auf arabische Rechte vor; sie propagiert das Schlagwort: »Das Öl gehört uns!« Auf dem Höhepunkt der Debatte verlangten sie die vollständige Verstaatlichung der Ölanlagen in Kuwait. Der Abgeordnete Abdullah al-Nibari sagte: »Die Verstaatlichung ist möglich, Voraussetzung ist allein der politische Wille! Wir müssen der Abhängigkeit von den Konzernen ein Ende machen. Diese Abkommen der Beteiligung dienen nur den Interessen der BP und Englands!«
Abdullah al-Nibari errechnet den Profit der Ölgesellschaften: BP hat 200 Millionen Dollar in Kuwait investiert, sie zieht daraus einen jährlichen Reingewinn von 1000 Millionen Dollar; das sind 500 Prozent Profit pro Jahr auf den Grundbetrag der Investition. Der Abgeordnete nahm diese Zahlen aus den offiziellen Bilanzen der BP. Sein Protest hat Erfolg.
Neue Verhandlungen bringen ein vorteilhaftes Ergebnis: zur Jahreswende 1973/74 verkündet der Sprecher der kuwaitischen Nationalversammlung den Abschluß eines Abkommens: der kuwaitische Staat übernimmt von der Kuwait Oil Company sofort 60 Prozent der Anteile; im Jahre 1979 wird die Abmachung überprüft, das heißt: 1979 verringern sich die Rechte der BP erneut. Die britische Gesellschaft stimmt zu, daß nicht der Marktwert der Anlagen ersetzt zu werden braucht. Kuwait bezahlt nur den Buchwert, einen aus Gründen der Steuerersparnis niedrig gehaltenen Betrag.
Nach der Ankündigung dieses Abkommens verstummten im Parlament von Kuwait die Forderungen nach totaler Verstaatlichung.

Wie lange reicht das Öl in Kuwait?

Der Ölminister von Kuwait sagt selbst: »Niemand weiß, wie lange das Öl bei uns reicht. Öl ist ein Bodenschatz wie jeder andere; wenn wir Öl pumpen, bleibt weniger Öl im Boden.« Wieviel Öl unter dem Sand von Kuwait lagert, ist nicht bekannt. Ganz vorsichtige Schätzungen sagen: 1985 ist das kuwaitische Öl zu Ende; Optimisten sind der Meinung, die

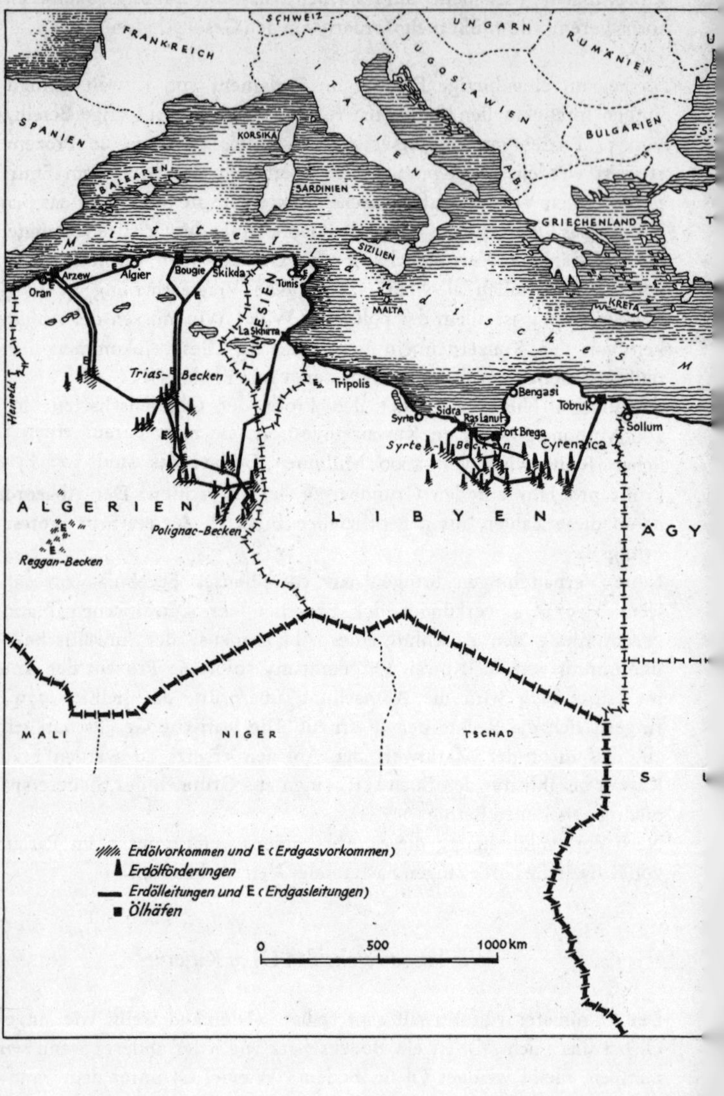

SCHWEIZ
UNGARN
RUMÄNIEN
FRANKREICH
JUGOSLAWIEN
ITALIEN
SPANIEN
KORSIKA
BULGARIEN
BALEAREN
SARDINIEN
ALB.
GRIECHENLAND
Mittelländisches M
SIZILIEN
MALTA
KRETA
Oran
Arzew
Algier
Bougie
Skikda
Tunis
TUNESIEN
La Skhirra
Trias-Becken
Tripolis
Bengasi
Tobruk
Sollum
Syrte
Sidra
Ras Lanuf
Port Brega
Syrte-Becken
Cyrenaica
ALGERIEN
LIBYEN
ÄGY
Polignac-Becken
Reggan-Becken
MALI
NIGER
TSCHAD
Erdölvorkommen und E (Erdgasvorkommen)
Erdölförderungen
Erdölleitungen und E (Erdgasleitungen)
Ölhäfen
0
500
1000 km

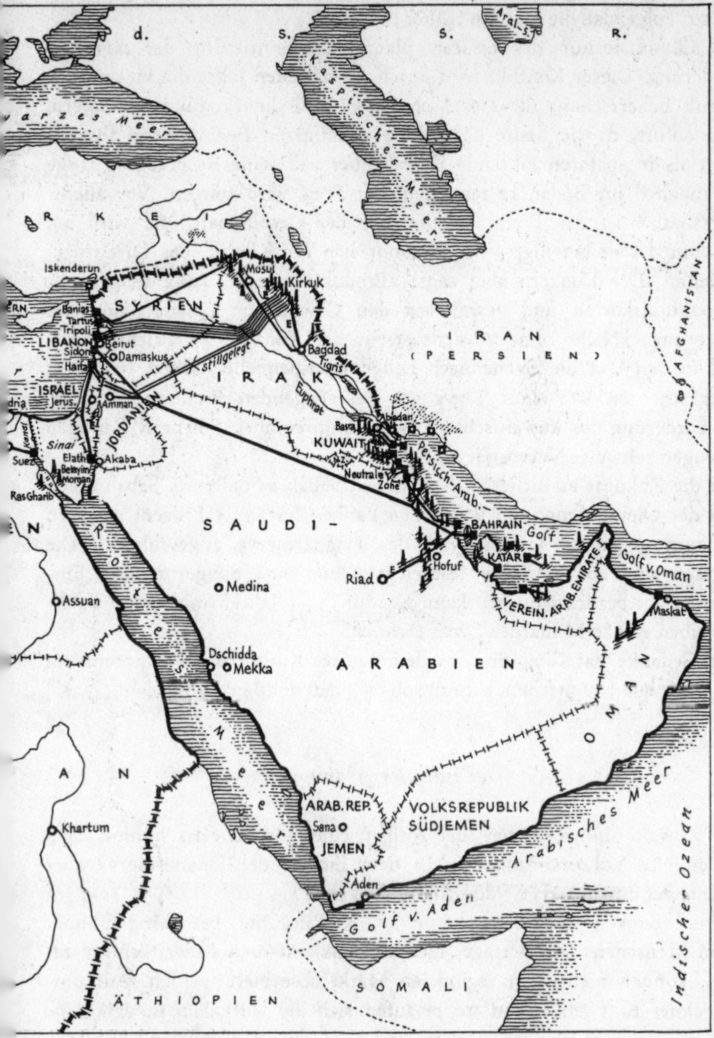
d.
S.
S.
R.
Aral-S.
Kaspisches Meer
warzes Meer
R K E I
Iskenderun
Mosul
Kirkuk
SYRIEN
Banias
Tartus
Tripoli
LIBANON
Beirut
Sidon
Damaskus
Haifa
ISRAEL
Jerus.
Amman
stillgelegt
Bagdad
Tigris
Euphrat
IRAK
IRAN
(PERSIEN)
AFGHANISTAN
JORDANIEN
Sinai
Suez
Kanal
Elath
Akaba
Belayim
Morgan
Ras Gharib
Basra
Abadan
KUWAIT
Neutrale Zone
Persisch-Arab. Golf
BAHRAIN
Hofuf
KATAR
Riad
SAUDI-
ARABIEN
Medina
Dschidda
Mekka
Rotes Meer
Assuan
VEREIN. ARAB. EMIRATE
Golf v. Oman
Maskat
OMAN
ARAB. REP.
Sana
JEMEN
VOLKSREPUBLIK
SÜDJEMEN
Aden
Golf v. Aden
Arabisches Meer
Indischer Ozean
Khartum
ÄTHIOPIEN
SOMALI

Ölquellen werden noch in fünfzig Jahren fließen – allerdings bei Einhaltung der jetzigen Fördermenge. Jede Steigerung der Pumpleistung hat zur Folge, daß die Quellen früher versiegen.
Das Ölministerium des Emirats plant eine Limitierung der täglichen Förderung. Dieser Konflikt wird durch die nächsten Jahre die kuwaitische Politik beherrschen: die Gesellschaft (BP) will die Produktion steigern, jetzt sofort, da sie heute das Öl zu günstigeren Bedingungen fördern kann als in späteren Jahren – Kuwait aber will seine Reserven so lange als möglich im Boden halten, denn der Preis wird steigen. Vor allem: in Zukunft ist das Emirat Mitbesitzer der Gesellschaft und wird am Gewinn der BP beteiligt sein. Es lohnt sich für Kuwait, das Öl zurückzuhalten. Der Konzern aber sagt: »Produktionsreduzierung steigert die Produktionskosten und vermindert den Gewinn im Quadrat der Reduzierung.« Nicht ohne Absicht streut der Konzern Nachrichten aus, daß in den USA die Suche nach neuen Energiequellen schon sehr weit fortgeschritten ist; eines Tages sei, bei steigenden Produktionskosten, die Förderung des kuwaitischen Öls ganz unrentabel. Solche Meldungen erzeugen zeitweise Nervosität im Emirat.
Um die Zukunft zu sichern, legt Scheich Sabah as Salim as Sabah einen Teil der Öleinnahmen auf westlichen Banken fest. 12,5 Prozent des vom Konzern gezahlten Geldes wird der Finanzreserve zugeschlagen. Die Beträge sind auf 25 Jahre festgelegt. Ohne eine Steigerung der Einnahmen zu berücksichtigen, kann Kuwait in 25 Jahren mit einem Bankguthaben von 80 Milliarden Dinar rechnen.
Der Gedanke hat Chancen, aus dem Emirat Kuwait das Finanzzentrum der Golfregion zu machen. Kuwait soll die Stadt der Banken werden.

Der Bankier Arabiens

Die Kuwaiti sind Realisten; der Aufbau einer Industrie ist sinnlos, dazu fehlen alle Voraussetzungen. Mit dem Einsatz der Finanzreserve aber könnte der Einstieg ins Geldgeschäft gelingen.
Sieben Banken existieren heute in Kuwait. Sie beschäftigen über 3000 Menschen. Die Beträge, die auf Bankkonten in Kuwait eingezahlt sind, können nicht vom regionalen Markt absorbiert werden. Auf umgerechnet fünf Milliarden DM belaufen sich die Guthaben in der Hand der kuwaitischen Banken. Davon sind 60 Prozent im Ausland angelegt, hauptsächlich in London. Der wichtigste Partner ist die Bank of Kuwait Ltd. in London. Sie wurde 1969 gegründet mit einem Basiskapital von 1,5 Millionen Pfund Sterling. Ein weiteres Zwischenglied für In-

vestments in Europa bildet die Beiruter Rifbank, an ihr ist die National Bank of Kuwait beteiligt und die deutsche Commerzbank. Kuwaitische Geldinstitute haben sich in mehrere europäische Banken eingekauft. Zwei Gründe gibt es für das starke Ansteigen der Einlagen: die Banken in Kuwait haben den besten Ruf, der Kuwait-Dinar ist durch Golddeposite abgedeckt. Die Kuwaiti hoffen, daß die reichen Scheichs der Emirate von Katar, Abu Dhabi und Bahrain ihre Einnahmen künftig auf kuwaitische Banken überweisen lassen. Die direkte Partnerschaft der Scheichs mit den Banken in London und Genf soll unterbrochen werden. Kuwait nimmt und vergibt Geld.

Die Kuwaiti buchen einen großen psychologischen Vorteil für sich: sie geben den arabischen Scheichs das Gefühl, ihr Geld einer arabischen Bank anzuvertrauen, einem Geldinstitut ohne jüdische Beteiligung – bei einer Bank in London, dieser Gedanke hat sich festgesetzt, kann man da nie so ganz sicher sein.

Die feindlichen Brüder

König Feisal ordnet die arabische Halbinsel

Unbewegt sitzt König Feisal auf der Bank an der Stirnseite des Audienzsaals. Kein Mitglied der Familie, kein Höfling wagt sich an den König heran. Diener in Pluderhosen und bunten Jacken schleppen Weihrauchkessel. Duft durchzieht den hohen Raum. Im Abstand von zwanzig Metern vor dem König stehen die Prinzen der Familie Saud; ganz vorn die Söhne des Königs, in schwarzen Umhängen, die Säume goldgefaßt. Die fünfzig Männer, im Alter zwischen zwanzig und fünfundvierzig Jahren, besitzen alle die Gesichtsmerkmale der Saudifamilie: die kantig geschnittene Nase, das vorspringende Kinn, die scharfen Falten um Mund und Nase. Das sind die Söhne vieler Frauen der Parallelehen, und alle haben sie Rechte auf hohe Stellungen im Staat. Einige rechnen sich Chancen für die Nachfolge als Monarch aus. Sie präsentieren sich im Audienzsaal dem König, sie zeigen ihr Auftreten, ihren Einfluß auf andere – imponierendes Gehabe stellt sich zur Schau. Jeder sucht die Aufmerksamkeit des Königs; jeder will der Gescheiteste, der Prächtigste, der Erfolgversprechendste sein, der Geeignetste für die Nachfolge. König Feisal prüft, ohne sich zu äußern. Ein hochgewachsener Mann von sechzig Jahren, Emir Khaled Ben Feisal, kann sich als Kronprinz fühlen, doch er hat keine verbrieften Rechte. Der König legt strenge Maßstäbe an: Gerüchte zirkulieren, daß Khaled Ben Feisal hin und wieder Whisky trinke. Alkoholgenuß stuft der König unter die unverzeihlichen Laster ein. Prinz Khaled hat den Ruf, menschenscheu zu sein, er ist selten bei Empfängen zu sehen. Sein Hobby ist die Jagd. Manche Mitglieder der Familie sehen den Bruder des Kronprinzen, Emir Fahd Ben Feisal, als aussichtsreicheren Kandidaten für den Thron an; sie trauen ihm mehr Energie zu.

Zwischen der Familie und dem König steht auf dem Marmortisch ein Modell der Al-Akza-Moschee von Jerusalem, in Perlmutt gearbeitet. Auf dieses heilige Bauwerk konzentrieren sich viele Gedanken des Königs. In fast jedem der Palasträume findet sich ein wertvolles Modell oder zumindest ein Bild der Moschee. Dem König ist die Vorstellung unerträglich, daß die Al-Akza-Moschee von den Israeli verwaltet wird – doch genauso unerträglich ist ihm der Gedanke, daß sie wieder in den Herrschaftsbereich der Haschemiten zurückfallen könnte. In der Zeit vor dem Krieg vom Juni 1967 hatte die Altstadt von Jerusalem mit den zweitwichtigsten Stätten des Islam zum Königreich Jordanien gehört – damit hatte sich die Familie der Saudi nie abfinden können. Die Saudi sehen im Gebiet von Jordanien eine notwendige Abrundung ihres eigenen Staates.

König Feisal steht auf und schreitet fünf Schritte nach vorn. Er ist groß und doch grazil. Der schwarze Umhang bedeckt die Figur von den Schultern bis zu den Füßen; der König trägt Schuhe aus Krokodilleder. Die langgliedrigen Hände kreuzen sich vor der Brust. Kein Schmuck ist sichtbar. Die Augen zeigen Müdigkeit und Krankheit dieses Mannes an: Feisal ist magenkrank, mehrfach operiert; Schmerzen plagen ihn. Wenn sich die Prinzen jetzt um gebratene Hammel zum Abendessen gruppieren, setzt er sich dazu, ohne einen Bissen anzurühren. Später wird er einen Schokoladenpudding essen.

Fünfmal am Tag rufen in seinem Königreich die Muttawa'a, die Soldaten Gottes, die Stunde des Gebets aus, in jeder Stadt und in jedem Dorf. Mit Stöcken bewaffnet gehen sie durch die Straßen. Wo sie auftauchen, werden die Rolläden der Geschäfte geschlossen; zur Gebetszeit läßt auch der Supermarkt in Dschidda keinen Käufer ein. Wer trödelt, wird vom Muttawa'a mit Stockschlägen angetrieben: Gott soll nicht warten müssen auf das Gebet des Gläubigen. Ohne Rücksicht auf Alter oder Wohlstand behandelt der Muttawa'a alle gleich. Auch das Fernsehen richtet sich nach den Glaubensregeln: wenn der Gläubige zu beten hat, wird das Programm unterbrochen, Schriftzeichen verkünden auf dem Bildschirm: »Es gibt nur einen Gott.«

Der Staat Saudi-Arabien ist auf den Gesetzen des Koran aufgebaut: die

Verfassung folgt den Regeln, die der Prophet für das Verhältnis zwischen Regierenden und Regierten aufgestellt hat. Als Verbrechen gelten Taten, die der Koran verurteilt. Die Strafen stammen aus der Zeit des Propheten: einem Dieb wird bei der dritten Straftat die Hand abgehackt, Ehebrecherinnen werden gesteinigt; Prügelstrafe ist dem zugedacht, der die Fastenregeln nicht einhält. Wer auf der Straße raucht, kann Ärger bekommen mit dem Muttawa'a.
Der Vize-Gouverneur von Riad, Emir Sattam Ibn Abd al-Asis, ein Halbbruder des Königs Feisal, sagt: »Man kann über unser System der Strafen denken, wie man will – es hat hervorragende Resultate. Jeden Morgen wird mir die Mappe mit dem Bericht über Verbrechen vorgelegt, die in den letzten vierundzwanzig Stunden geschehen sind. Die Mappe ist jeden Morgen leer.«

Die Gesetze sind mittelalterlich, doch haben sich die Menschen in den Städten Saudi-Arabiens im privaten Bereich sehr den Europäern angepaßt. Das ist besonders in der Hafenstadt Dschidda spürbar. Die Einfrauenehe hat sich durchgesetzt. Wer sich ein eigenes Haus leisten kann, baut sich einen Bungalow an der Straße nach Mekka. Dort wird auch Whisky getrunken – gekauft auf dem schwarzen Markt zum Preis von 100 DM pro Flasche. Dort finden Parties statt, die in nichts denen der europäischen oder amerikanischen Mittelschicht nachstehen.
Acht Millionen Menschen leben im riesigen Wüstenstaat Saudi-Arabien. Für sie sorgt ein vorbildliches Sozialsystem: jede ärztliche Hilfe ist kostenlos, auch Krankenhaus- und Kuraufenthalte werden von der Regierung bezahlt. 8000 Krankenhausbetten sind allerdings noch nicht ausreichend, doch wer keinen Platz im Krankenhaus seiner Stadt bekommt, kann sich auf Kosten des Staates im Libanon, in England oder in den Vereinigten Staaten pflegen lassen. Diese exzellente Sozialfürsorge, die alles in den Schatten stellt, was in Europa für den Menschen getan wird, verhindert bisher die Entwicklung eines revolutionären Klimas im Königreich. Auch die Jugend der Universitäten ist heute noch in ihrer Mehrheit überzeugt, daß eine Republik nicht mehr Gerechtigkeit nach Zentralarabien bringen würde.
Trotzdem, auch das Regime des Königs Feisal blieb nicht von Putschversuchen verschont. Bisher waren es meist Luftwaffenoffiziere, die auf dem Nachhauseweg von ihrer Ausbildung in England die Idee bekamen, daß auch in diesem Wohlfahrtsstaat nicht alle Macht in den Händen einer Familie konzentriert sein sollte. Schon solche Überlegungen, offen diskutiert, werden mit Hinrichtung bestraft. König Feisal sagte nach einer Exekutionswelle: »Einige unserer Brüder haben geirrt, sie sind jetzt auf

den rechten Weg gebracht.« Die Namen von sechzig inhaftierten Offizieren, im Rang zwischen Leutnant und Oberst, sind bekannt. Ein Oberstleutnant und ein Major starben an den Folgen der Folter.

Reformen sind nach Meinung der herrschenden Schicht auch in aller Zukunft nicht nötig. Der Staat ist gemäß den Gesetzen Allahs organisiert – also gemäß den besten aller Gesetze. Das Grundprinzip der religiösen Ordnung der weltlichen Dinge, von König Abd al-Asis zur Staatsmaxime erhoben, wird auch von König Feisal nicht angetastet.

Der Staatsgründer Saudi-Arabiens, Abd al-Asis, hatte lange gelebt, bis zum 12. November 1953. Seine letzte Anordnung war, die Weisung des Propheten zu befolgen, daß das »beste Grab dasjenige ist, das sich nicht von anderen unterscheidet«; Abd al-Asis fand ein einfaches Grab auf einem steinigen Acker draußen vor der Hauptstadt Riad.

Sein Sohn Saud Ibn Abd al-Asis erbte die Bescheidenheit des Vaters nicht. In ihm wandelten sich die guten Seiten des Vaters zum Negativen. Abd al-Asis hatte die Frauen geliebt, er war stolz auf seine Manneskraft – der Sohn legte sich den Harem zu, um durch die Vielfalt die geringe Lust zu steigern. König Saud, der gerne reiste, hinterließ in Europa den Eindruck der Lächerlichkeit, des arabischen royalistischen Popanz, der goldene Uhren verteilt, um die Unsicherheit zu verbergen. Saud Ibn Abd al-Asis wurde auch zu Hause während der elf Jahre seiner Regierungszeit nicht ernst genommen. Der Vater hatte sich bemüht, die Nomaden vom Raubritterdasein abzubringen, ihnen die traditionelle Sitte der Beutejagd durch Überfall abzugewöhnen, sie seßhaft zu machen – zur Zeit des Königs Saud besannen sie sich darauf, daß Ackerbau für den Beduinen keine ehrenhafte Beschäftigung sein kann; sie begannen wieder, einander aufzulauern. Der Familienclan der Saudi bekam Angst, daß unter diesem König das Reich auseinanderfallen könnte. Als König Saud sich nicht rechtfertigen konnte zur syrischen und ägyptischen Anklage des Mordversuchs an Gamal Abd el-Nasser, hatte der Clan genug: im November 1964 wird Saud Ibn Abd al-Asis abgesetzt von einem Gremium, das aus Familienrat und Konzil der islamischen Gelehrten bestand. König ist seit diesem Tag Feisal Ibn Abd al-Asis Ibn Abd al-Rahman.

König Feisal packt die Probleme zu Hause an. Sein Vorbild ist der Kalif Omar Ibn Al Chattab, von dem das Wort überliefert ist: »Bei Gott schwöre ich, stürzt ein Pferd am Ufer des Euphrat, so bin ich bis zum Jüngsten Tag für diesen Sturz verantwortlich, denn es kann deshalb gestürzt sein, weil ich den Weg nicht habe eben anlegen lassen!« Feisal orientiert den Staat auf sich zu, wie das einst zur Zeit des Propheten geschehen war: der Herrscher ist das Zentrum, die Besten des Volkes

haben beratende Funktion. Grundlage der Gesetze ist der Koran, das Wort Gottes, das Gesetz des Propheten. Der König sagt: »Ich glaube nicht an Sozialismus, ich glaube nicht an Kommunismus – ich glaube allein an das Gesetz des Islam. Dieses Gesetz nur kann soziale Gerechtigkeit bewirken.« Feisal fühlt sich durch den Koran verpflichtet, sein Volk von der Armut zu befreien: »Die Würde eines Menschen ist nur dann gewahrt, wenn der Lebensunterhalt dieses Menschen gesichert ist, wenn er nicht Angst zu haben braucht, daß er morgen Hunger leiden muß.«
So kann sich jeder saudiarabische Staatsbürger, sollte er auch im Ausland leben, an die Regierung wenden: die Bitte um ausreichende finanzielle Hilfe wird nicht abgeschlagen. Saudi-Arabien hat die Mittel dazu. Als der Saudiherrscher Abd al-Asis am 18. September 1932 seinen Wüstenstaat zum Königreich erhob, betrug die Einnahme des Herrscherhauses im Jahr – umgerechnet – eine Million Mark: Geld aus der Pilgerkasse – 100 000 Pilger verbrauchten in Mekka und Medina rund zehn Millionen Mark; ein Zehntel davon verblieb dem Herrscherclan. Doch gerade im Jahr 1932 ging die Zahl der Pilger auf 40 000 zurück. Die Weltwirtschaftskrise wirkte sich auch in der Wüste Zentralarabiens aus. Abd al-Asis konnte die Höflinge nicht mehr bezahlen, sein Prestige sank. Vor allem aber waren die Chefs der Großfamilien enttäuscht, die sich ihre Loyalität durch jährliche Zuschüsse honorieren ließen, sie zögerten, dem König die Subsidien zu stunden. Die Hoffnung, durch Öleinnahmen die Staatskasse aufbessern zu können, war gering. Verhandlungen mit der BP und der Iraq Petroleum Company waren an den Forderungen des Königs gescheitert.
In diesen kritischen Wochen taucht ein amerikanischer Arabienfreund in Riad auf: Charles Crane. Er schätzt sich glücklich, seine Dienste dem berühmtesten Helden der arabischen Halbinsel anbieten zu können. König Abd al-Asis akzeptiert die Hilfe des Mr. Crane, und alsbald untersuchen amerikanische Geologen den Boden Saudi-Arabiens.
Mr. Crane, der Arabienforscher, macht Platz den Vertretern der Gesellschaft Standard Oil of California. Diese Gesellschaft ist sofort bereit, 50 000 Pfund Sterling für die Konzession zu zahlen und weitere 50 000 Pfund als Kredit auf spätere Bezahlung für die Ölförderung vorzustrecken. Im Mai 1933 wird der Vertrag mit Standard Oil of California unterzeichnet. Der Vertrag ist ein Unikum in der Investitionspolitik amerikanischer Gesellschaften: bis dahin war der Bereich der zentralarabischen Halbinsel als Domäne der Briten betrachtet worden. Die britische Regierung hatte sich durch Protektionsverträge die Souveränität über die Emirate am Persisch/Arabischen Golf gesichert. Aden, an der Südspitze der arabischen Halbinsel, war fester Bestandteil des britischen

Weltreiches. Saudi-Arabien fühlte sich umsäumt von englischen Stützpunkten. Mitten hinein in diese Verflechtung britischer Kolonialinteressen setzte sich eine amerikanische Firma. Sie etablierte sich ohne Unterstützung der amerikanischen Regierung in Zentralarabien: erst zwei Jahre später eröffneten die USA ein Konsulat in der saudiarabischen Stadt Dschidda. Die amerikanischen Bohrungen sind nicht sofort fündig. Sechsmal wühlen sich die Bohrgestänge bis auf eine Tiefe von 3000 Meter in Sand und Gestein, dann wird der Versuch abgebrochen. Zwar ist Öl gefunden, doch steht kein Druck auf der Quelle, sie ist damit nicht lohnend auszubeuten. Die Arbeiter, vom Konzern in Amerika angeheuert, montieren den Bohrturm an anderer Stelle und drillen wieder die Gestänge in den Sand.

Die siebte Bohrung, fünf Jahre nach der Konzessionserteilung niedergebracht, stößt auf starken Öldruck im Gestein bei einer Tiefe von 1500 Meter; das größte Ölreservoir der Welt ist entdeckt. Standard Oil of California hatte allerdings finanziell nicht bis zu diesem Zeitpunkt durchgehalten; zwei Jahre zuvor mußte Texaco Incorporated Oil Company in das Konsortium gebeten werden.

Der Zweite Weltkrieg unterbricht die Bohrarbeiten in Saudi-Arabien; der Bedarf der alliierten Armeen wird aus den bestehenden Produktionsstätten gedeckt. 1947, bei Neubeginn der Bohrarbeiten, sind Standard Oil of California und Texaco gezwungen, 40 Prozent ihrer Anteile zu verkaufen, um das Betriebskapital aufzustocken: Standard Oil of New Jersey und Socony Vacuum zahlen dafür 500 Millionen Dollar. Damit konstituiert sich die ARAMCO mit folgender Kapitalaufteilung: Standard Oil of California 30%, Texaco 30%, Standard Oil of New Jersey 30%, Socony Vacuum 10%.

Seit 1939 zahlt ARAMCO Abgaben an die Finanzverwaltung Saudi-Arabiens. Die erste Zahlung beläuft sich auf 166890 Dollar. 1944 werden 1,5 Millionen Dollar gezahlt, mit Beginn der normalen Förderung steigert sich der Betrag auf fünf Millionen Dollar (1949), auf 115 Millionen Dollar im Jahre 1952; zwölf Monate später zahlt ARAMCO 212 Millionen Dollar. Die Produktion erhöht sich, und damit steigen auch die Abgaben: im Jahre 1954 auf 265 Millionen, bis 1965 auf 662 Millionen. Dann erst kommt die Zeit der rapiden Preissteigerung.

1973 nimmt Saudi-Arabien zwanzig Milliarden Dollar ein; die Ölpreise hatten sich innerhalb von zwölf Monaten vervierfacht. Die Staatsverwaltung ist nicht in der Lage, mehr als zwei Drittel der Einnahmen wieder auszugeben. Banken in Europa und den USA verwalten das Geld. König Feisal sieht in den Bankguthaben eine Reserve für die Zeit, in der kein Öl mehr fließen wird in der Wüste Saudi-Arabiens.

Die Einnahmen werden sich in den nächsten Jahrzehnten noch steigern, denn das Königreich wird auch an den Gewinnen der ARAMCO beteiligt sein: die staatlich-saudiarabische Gesellschaft Petromin kauft sich 1973 mit 25% in die ARAMCO ein. Petromin ist mit diesem Anteil nicht zufrieden. Sie läßt sich im Sommer 1974 60% des Eigentums übertragen.

Beteiligung heißt das Rezept, das König Feisal praktiziert. Er hält es für ehrenhafter als Verstaatlichung, mit der sich Algerien, der Irak und Libyen Eigentumsrechte an den Ölfeldern sichern. Petromin kauft die Aktien zum regulären Kurs. Die amerikanischen Konzerne, die sich ständige Lieferungen aus diesem größten Ölreservoir der Welt sichern wollen, sind mit den Beteiligungswünschen einverstanden, solange sie Mitbesitzer der ARAMCO bleiben – die vier amerikanischen Gesellschaften hatten 1973 einen Gewinn von insgesamt 3,2 Milliarden Dollar. Sie rechnen sich aus, daß ihr Gewinn trotz sinkendem Anteil gleichbleibt, da die Preise steigen werden.

Beteiligung an der ARAMCO bedeutet auch, daß mehr und mehr Saudiaraber als Ölarbeiter, als Ingenieure, als Manager tätig werden. Die Entwicklung einer Arbeiter- und einer Mittelklasse europäischen Zuschnitts bahnt sich an. Für die Zukunft muß damit gerechnet werden, daß auch dieses Wüstenkönigreich ein Proletariat bekommt, das auf revolutionäre Parolen hört und sich nicht mit guter Bezahlung begnügt. Die herrschende Schicht muß die langsame Osmose sozialistischer Ideen von den Grenzen her fürchten. An seinem südlichen Rand hat sich der radikalste Sozialismus etabliert, der überhaupt denkbar ist. Die Existenz der Demokratischen Volksrepublik Südjemen stört und ärgert den König – die »atheistischen Kommunisten« sind ihm ein Greuel.

Um die Existenz der Familienherrschaft zu sichern, geht König Feisal eine Allianz mit den Vereinigten Staaten von Amerika ein. Im Sommer 1974 schließt Emir Fahd Ben Abd al-Asis in Washington ein Kooperationsabkommen mit politischer Auswirkung ab. Die US-Regierung verpflichtet sich, 8000 Militärberater nach Saudi-Arabien zu schicken; jeder fünfte saudiarabische Soldat wird künftig Amerikaner sein. Amerikanische Piloten sind abkommandiert, die 140 Kampfflugzeuge vom Typ F-5E zu fliegen, die Saudi-Arabien geliefert bekommt. Amerikaner bedienen die Luftabwehrraketen, die vom Herbst 1974 an den Luftraum an der Grenze zur Demokratischen Volksrepublik Südjemen abschirmen sollen. Das Kooperationsabkommen sieht die Ausrüstung der saudiarabischen Bodentruppen mit dem Panzer M-60 vor, einem Kampfflugzeug, das alle elektronischen Finessen besitzt, die derzeit denkbar sind. König Feisal hat zugestimmt, daß diese Waffen nicht gegen Israel eingesetzt werden. Der Feind des Saudiclans sitzt im Süden.

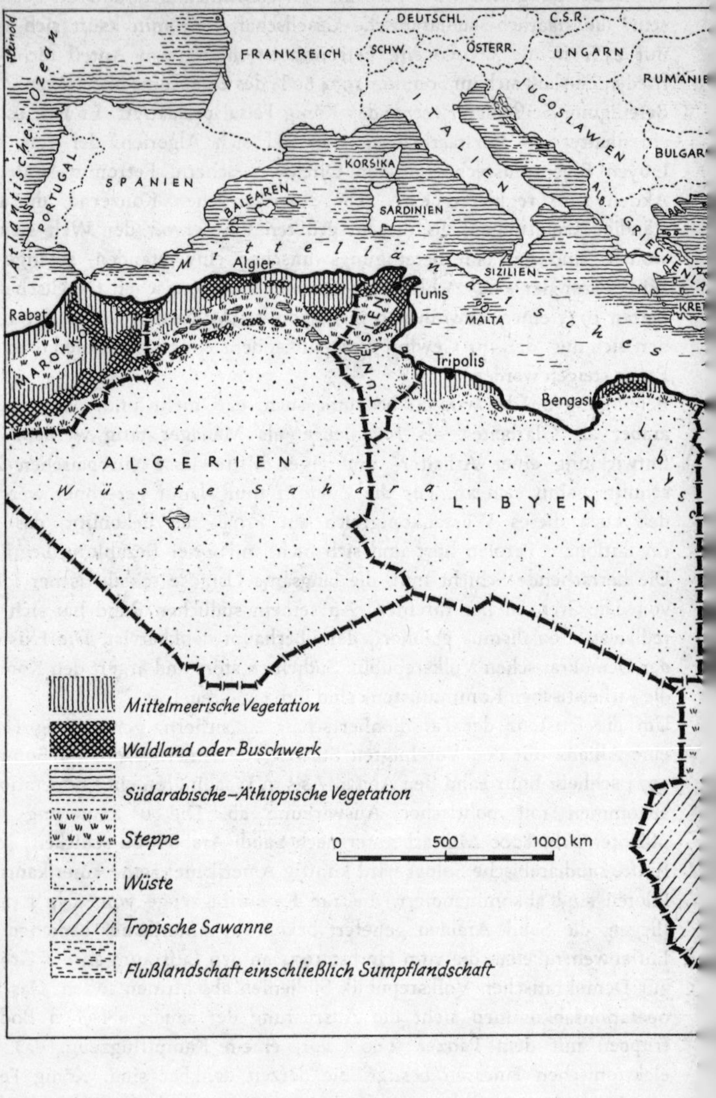

Atlantischer Ozean
FRANKREICH
DEUTSCHL.
C.S.R.
SCHW.
ÖSTERR.
UNGARN
RUMÄNIE
ITALIEN
JUGOSLAWIEN
BULGAR
PORTUGAL
SPANIEN
KORSIKA
SARDINIEN
BALEAREN
ALB.
GRIECHENLA
Mittelländisches
Algier
SIZILIEN
Tunis
MALTA
KRET
Rabat
MAROKKO
TUNESIEN
Tripolis
Bengasi
ALGERIEN
Wüste Sahara
LIBYEN
Libysche
Mittelmeerische Vegetation
Waldland oder Buschwerk
Südarabische-Äthiopische Vegetation
Steppe
Wüste
Tropische Sawanne
Flußlandschaft einschließlich Sumpflandschaft
0
500
1000 km

d. S. S. R.
Aral-S.
Schwarzes Meer
Kaspisches Meer
ÜRKEI
ZYPERN
LIBANON
Beirut
SYRIEN
Damask.
Syrische Wüste
Tigris
Euphrat
Bagdad
IRAK
IRAN
(PERSIEN)
AFGHANISTAN
ISRAEL
Jerus.
Amm.
JORDANIEN
Kairo
KUWAIT
Kuwait
Neutrale Zone
Neutrale Zone
Persisch-Arab. Golf
Wüste Nefud
Wüste Dahnâ
PTEN
Arab. Wüste
Rotes Meer
SAUDI-ARABIEN
BAHRAIN
KATAR
Golf v. Oman
Maskat
VEREIN. ARAB. EMIR.
Riad
Medina
Assuan
Mekka
Dschidda
OMAN
Nil
Staudamm
Nubische Wüste
Rub al-Chali
(Leeres Viertel)
UDAN
ARAB. REP.
Sana
JEMEN
VOLKSREPUBLIK SÜDJEMEN
Arabisches Meer
Khartum
Aden
Golf v. Aden
SOMALI
ÄTHIOPIEN
Indischer Ozean

Die Vereinigten Staaten wollen in den nächsten zwei Jahrzehnten für die Sicherheit der königlichen Familie sorgen: die Nationalgarde, zuständig für den Schutz der Paläste, bekommt als »Instrukteure« Soldaten der amerikanischen Luftlandetruppe.
Die Hilfstruppe aus den USA kann nicht verhindern, daß König Faisal am 25. März 1975 in seinem Palast von Prinz Faisal Ibn Musaid ermordet wird. Die Amerikaner waren nicht angewiesen, die Person des Königs gegen seine Verwandtschaft zu schützen. Der Mord ändert nichts an der Politik Saudi-Arabiens. König Khaled übernimmt Faisals Prinzipien.

Der Südjemen fordert die Feudalstaaten heraus

Aden ist die Hauptstadt des Südjemen von 1839 – 1967, gebaut, organisiert und funktionsfähig gehalten von den Engländern, die den Hafen als Bunkerstation für ihre Flotte benützten. Die Lage am Ausgang des Roten Meeres war günstig für die Relaisstation zwischen englischen und indischen Häfen. In dieser Zeit blüht Aden auf zur reichen Stadt, der Hafen bot Verdienstmöglichkeiten in jeder Größenordnung: Kulis, Kaufleute und Grundbesitzer machen Geschäfte. Die abziehenden Engländer hinterließen einen funktionierenden Stadtstaat. Doch für das Hinterland hatten sich die Kolonialherren kaum interessiert. Solange sich die Bergstämme ruhig verhielten, solange sie den britischen Stützpunkt nicht gefährdeten, blieben sie unbehelligt, sie konnten weiterleben in ihren seit der Zeit des Propheten bewahrten Traditionen. Stadt und Stammesdörfer hatten nichts miteinander zu tun. Es gab zur Zeit der Engländer keinen Kontakt zwischen der städtischen und der im Clan verwurzelten Gesellschaft – und daran hat sich bis heute fast nichts geändert.
Zur Demokratischen Volksrepublik Südjemen gehört Hadramaut; ein gebirgiger Landstrich mit tiefen Tälern, schroff eingeschnitten, und Oasen – grüne Tupfer in der braunen Landschaft. Die Oasen haben sich zu Städten entwickelt, Lehmhäuser gruppieren sich um den Palast des örtlichen Herrschers, des Sultans. Die Häuser sind mehrstöckig und reich verziert mit weißgekalkten Ornamenten. Auf den unbefestigten sandigen Straßen sind nur Männer zu sehen; die Frauen im Hadramaut leben abgeschlossen im Harem. Nur selten huschen sie, dicht an die Hausmauer gedrängt, mit verhülltem Gesicht ins nächste Haus. Handwerker leben hier, kleine Kaufleute, übriggebliebene Krieger aus der Armee des Sultans. Viele Familien existieren von der Landwirtschaft der Oase; sie ernten Datteln, Tomaten, Getreide. Im Wohlstand befinden sich

nur die Glücklichen, die von Verwandten versorgt werden, die als Arbeiter auf den Ölfeldern des benachbarten Saudi-Arabien Geld in transferierbarer Währung verdienen.
Die Sultane sind verschwunden, geflohen, nachdem die Engländer die Herrschaft über die Sultanate der Südarabischen Föderation in die Hände der Befreiungsbewegungen übergeben hatten. Sie mußten frühzeitig erkennen, daß ihnen die Sozialisten, die sich zur Annexion der Macht vorbereiteten, nicht wohlgesonnen waren. Doch die nachgeordneten Personen der Sultansfamilie blieben in den Städten Tarim, Schibam und Saiwun. Sie zählen sich zum Clan der Sajjids, zu den Nachfahren eines angeblichen Mitglieds der Prophetenfamilie, der im 9. Jahrhundert aus dem Irak nach Südarabien gekommen war. Als Verwandte des Propheten Mohammed fordern die rund tausend Mitglieder des Clans Sonderrechte: sie sammeln einen Anteil von zehn Prozent an der Ernte der Oasenbauern ein; sie verlangen von den Handwerkern Bar- und Realabgaben – sie empfehlen sich als Schiedsrichter für die Schlichtung von Streitigkeiten und lassen sich ihren Rat bezahlen. Die Männer des Clans der Sajjids tragen bunte, verzierte Hüte; die Kopfbedeckung ist das Kennzeichen der Kaste. Wie stark der Glaube an die Heiligkeit dieser späten Nachfahren des Propheten ist, läßt sich freitags vor der Moschee von Tarim feststellen: Männer und Frauen küssen den Sajjids die rechte Hand; sie sind überzeugt, durch diesen Kuß in Kontakt mit Allah zu kommen.
Für die Theoretiker des Sozialismus in der Hauptstadt Aden ist die Stabilität der alten Stammesordnung ein Alptraum. Sie hemmt den Prozeß der inneren Festigung dieses Staates. Die Staatsführung will die Trennung von Stadt und Land überwinden, doch die Scheichs nehmen Anweisungen aus Aden nicht zur Kenntnis; die Kader der sozialistischen Organisation National Liberation Front (NLF) im Hadramaut wissen das Rezept, um die Stammeschefs auszuschalten: sie schaffen ein Proletariat. Die Parteifunktionäre lösen die Männer der jungen Generation durch Versprechungen aus ihrer Bindung an den Stamm; sie reden vom Fortschritt, vom Ende der Bevormundung durch die Clanältesten, von der Freiheit, sich selbst eine Frau aussuchen zu können: »Der Sozialismus gibt jedem die Möglichkeit, über sein Schicksal zu bestimmen. Die Zeit der Diktatur der Scheichs ist zu Ende!« Die Funktionäre drängen die Beduinensöhne zur Arbeit in der Landwirtschaft der Oasen – die Volksrepublik soll ein Agrarstaat werden; Getreide und Gemüse aus dem Hadramaut muß der Hauptstadt das Überleben sichern.
Doch ökonomisches Denken beherrscht den Sozialismus im Südjemen nur in geringem Maße: Wohlstand ist kein erstrebenswerter Zustand,

wenn er mit Verzicht auf revolutionäre Prinzipien erkauft ist: »In Europa und in Nordamerika ist es der imperialistischen Bourgeoisie gelungen, durch Verbesserung der Lebensbedingungen der Arbeiterklasse den Kampfgeist zu lähmen.« Der Sozialismus der Theoretiker in Aden soll dem Volk nicht ein bequemeres Leben, sondern Gerechtigkeit bringen, Befreiung vom Druck der besitzenden Klasse: »Zur Arbeiterklasse und zur besitzlosen Landbevölkerung gehört die Mehrheit unseres Volkes. Diese Mehrheit leidet unter dem Druck der Imperialisten, der Feudalherren und der Bürgerschicht. Die drei Gegner müssen radikal zerschlagen werden. Die Waffe der Revolution ist die Enteignung, die Überführung von Boden, Hausbesitz und Firmeneigentum in den gemeinsamen Besitz aller.«

Trotz der Sozialisierungsgesetze gehört der Boden außerhalb der Hauptstadt noch immer den Scheichs; nur ganz wenige Farmen konnten in Kollektivbesitz genommen werden. Die Masse der Landarbeiter wird in Versammlungen von den NLF-Funktionären aufgeklärt über die Besitzverhältnisse: »Wem gehört der Pflug? Wem gehört der Traktor? Wer bestimmt über den Anbau?« So entwickeln sich Konflikte innerhalb der Clans. Das Gefühl, ungerecht behandelt zu sein, breitet sich aus unter den Besitzlosen. Das Proletariat wird aufgewiegelt, mit der Herrenkaste der Sajjids aufzuräumen. Die künstlich erzeugte Unzufriedenheit soll die Revolution vollenden.

Staatsbankrott als Erbgut

Die sozialistischen Revolutionäre hatten von der ersten Stunde ihrer Regierungszeit an gegen das Chaos zu kämpfen, das England hinterlassen hatte. Als die Briten am 27. November 1967 die Kronkolonie aufgaben, weil ihnen die Kontrolle zu kostspielig erschien, war ihre Staatskonstruktion einer Föderation der feudalen Herrschaftsstruktur mit dem städtischen Bürgertum längst zerbrochen. Jahrelange Kämpfe zwischen den beiden Unabhängigkeitsbewegungen Flosy und NLF endeten durch den Sieg der radikaleren NLF, die nicht gewillt ist, Kompromisse mit den Sultanen zu schließen. London sah in dieser feindlichen Haltung gegen Freunde der Engländer einen Grund, die versprochene Zwei-Millionen-Pfund-Finanzhilfe pro Monat zu streichen. Dem überstürzt aufgegebenen Land blieb keine Einnahmequelle, denn seit der Sperrung des Suezkanals ist Aden nicht mehr Bunkerstation auf der Strecke zwischen Europa und dem Fernen Osten: kein Tanker oder Frachter der interkontinentalen Linien steuert Kurs auf den Golf von Aden. Die Aus-

fälle an Einnahmen des Hafens Aden zwingen die Regierung zur Senkung der Beamtengehälter um vierzig Prozent. Die Demokratische Volksrepublik erträgt ihre Armut mit Stolz.
Die Unzufriedenen sind geflohen, nach Saudi-Arabien, in den Nordjemen. 300 000 der ehemaligen Bürgerschicht warten im Exil darauf, daß das Experiment des Sozialismus in Südarabien ein Ende findet. Sie wollen ihr Eigentum zurückhaben, das die Sozialisten in staatliche Hand nahmen. In der Hauptstadt Aden ist der Besitz von Grund und Boden durch Gesetz Privatleuten äußerst schwer gemacht; staatliche Holdinggesellschaften verwalten die großen Firmen – doch aus dem tiefen Loch wirtschaftlicher Schwierigkeiten kommt Aden durch planwirtschaftliche Methoden nicht heraus. Der Privatinitiative bleibt kein Spielraum; bloße Pflichterfüllung genügt nicht, um den Weg in die ökonomische Verödung zu bremsen. Die Emigranten sehen mit Schadenfreude, daß der Bankrott des sozialistischen Staates nur durch die Hilfe Chinas, der DDR und der Sowjetunion zu verhindern ist.
Je mehr die Demokratische Volksrepublik verarmt, desto aggressiver wird die Außenpolitik. Dieser Staat von 1,5 Millionen Einwohnern hat kein Ansehen und kein Gewicht in der arabischen Welt. Seine Politiker sind unbekannt und bedeutungslos, doch sie sind nicht zu vernichten, und sie haben sich selbst zur Aufgabe gesetzt, konservative Regime in Südarabien zu zerstören.

Der Krieg in Dhofar

Am 9. Juni 1965 überfallen dreißig Mann, bewaffnet mit neun Karabinern und mit zwei Hotchkiss-Maschinengewehren, einen Armeeposten nördlich von Salalah. Der Platz ist bewußt gewählt: in Salalah residiert Said Ben Taimur, der Sultan von Oman und Maskat, die despotischste Erscheinung unter den Feudalherrschern der arabischen Halbinsel. Die Befreiungsfront für Dhofar hat sich das beschränkte Ziel gesetzt, die Provinz Dhofar, die sich ostwärts an Hadramaut anschließt, für den Sozialismus zu erobern. Die Provinzhauptstadt Salalah liegt 1200 Kilometer ostwärts von Aden und 900 Kilometer südwestlich von Maskat. Das Gelände von Dhofar ist für den Guerillakrieg geeignet. Das fruchtbare, mit Bäumen und Sträuchern bedeckte Land bietet den Gruppen der Befreiungsfront gute Möglichkeiten zum Versteck. Den Verteidigern macht die Vegetation Schwierigkeiten schon bei der Kontrolle der Grenze zwischen Südjemen und Oman: die Wege ziehen sich unter einem Laubdach an Berghängen hin; an den stärker exponierten Pfaden in größerer

Höhe finden sich Höhlen und Grotten, die den Kommandos Schutz bieten vor der omanischen Luftwaffe.
Die Trainingscamps der Befreiungsfront liegen auf volksdemokratischem Gebiet bei Hoff, Jazeb und Damkut. Hier, in bewachsenen Tälern, leben die Familien der Kommandos, ohne Verbindung zur Außenwelt, in ökonomischer Autarkie. Sie praktizieren Primitivsozialismus: keiner kauft und keiner verkauft. Tauschhandel befriedigt Nahrungs- und Kleidungsbedürfnisse. Die Idealvorstellungen der Theoretiker des Sozialismus in Aden sind hier Praxis geworden. In der Isolation, unter Ausschaltung aller Einflüsse der Tradition, sind die Entwicklungsbedingungen für neue Gesellschaftsformen günstig.
Nach neun Jahren Krieg in Dhofar sind die landwirtschaftlich nutzbaren Gebiete in der Hand der Feinde des Sultans. Von 80 000 Menschen leben zwei Drittel nach den Prinzipien des Kollektivbesitzes; sie sehen Vorteile im Sozialismus, und sie lassen sich Hoffnung einpflanzen. Sie empfinden Freiheit. Ihre Erfahrungen mit den Despoten von Maskat halten sie davon ab, den Lockungen des Gouverneurs von Salalah zu folgen: er verspricht jedem, der das Gebiet der Aufständischen verläßt und sich in den durch Stacheldraht geschützten Küstenorten Hadbarah, Mirbat und Salalah ansiedelt, eine von der Regierung in Maskat garantierte Existenzgrundlage. Doch die Flüchtlingslager der Küstenstädte bleiben leer. Die Menschen von Dhofar trauen dem Sultan nicht.

Der Despot in Maskat und Oman

Zu Beginn des Aufstandes herrschte Said Ben Taimur im Sultanat Maskat und Oman. Der Sultan hatte in Oxford studiert; er sprach Englisch, Französisch, Deutsch. Er liebte die Musik von Beethoven und Chopin; als Nahrung zog er Kaviar und Räucherlachs allem anderen vor. Said Ben Taimur kannte die ganze Welt; eine Reihe von Kindern in den USA und den fernöstlichen Staaten zeugen von seinen Weltreisen. Doch diese Aufgeschlossenheit und Weltoffenheit reservierte er für sich. Der Sultan riegelte das Sultanat Maskat und Oman ab. Kein Fremder durfte ohne Erlaubnis des Sultans einreisen, kein Omani bekam Genehmigung zur Ausreise. Die Transportmittel Kraftfahrzeug und Fahrrad blieben aus dem Sultanat verbannt. Wer auf dem Eselskarren von Maskat nach Nizwa fahren wollte, brauchte einen Passierschein mit der Unterschrift des Sultans. Nachts wurden die Tore der Städte geschlossen. Bei Dunkelheit mußte jedermann eine Sturmlaterne bei sich tragen, die nicht rasch ausgeblasen werden konnte – der Sultan wollte sich so vor nächtlichen

Verschwörern schützen; niemand sollte unbemerkt über die Straße zu geheimnisvollen Treffen huschen können.
Alle Restriktionsmaßnahmen entsprachen der Angst Said Ben Taimurs vor Rebellion, vor politischem Mord. In der Verwaltung seines Staates beschäftigte der Sultan nur Inder, Pakistani und Belutschi; diese Gastarbeiter, so glaubte Said Ben Taimur, haben kein Interesse daran, den Sultan zu töten. Vor allem aber verließ er sich auf die Engländer, die seit 1891 Souveränitätsrechte in Maskat und Oman besaßen. Das »Abkommen über Freundschaft und Handel« war 1939 und 1951 verlängert worden. Es sah militärische Hilfe der Engländer für den Sultan vor. Englische Offiziere und Sergeanten waren in das Sultanat abkommandiert, um die kleine Armee schlagkräftig zu machen. Zu Beginn der fünfziger Jahre verlegte die Royal Air Force zwei Staffeln leichter Kampfflugzeuge nach Maskat.
Seit Jahrhunderten – die Geschichte Omans liegt sehr im dunkeln – gab es eine Koexistenz zwischen einem weltlichen Herrscher, der sich Sultan oder König nannte, und einem geistlichen Oberhaupt, dem Imam. Das friedliche Nebeneinander war oft genug gestört durch Mörder, die der Sultan von Maskat nach Nizwa, zum Imam, schickte; der Imam revanchierte sich durch Überfall auf Karawanen.
1954 wurde Ghalib Ben Ali Imam in Nizwa, ein Mann, der auf der Soldliste des Saudiclans stand; er war der Agent, der den Weg öffnen sollte für die Annexion des Sultanats durch saudiarabische Truppen. Der Konflikt, der sich zwischen dem Sultan von Maskat und Oman und dem König von Saudi-Arabien abzuzeichnen begann, war nun kein lokaler Streit mehr zwischen zwei südarabischen Feudalherrschern. Hinter dem Sultan und dem König standen jetzt die Großmächte England und die Vereinigten Staaten von Amerika, vertreten durch die Ölgesellschaften BP und ARAMCO. In der omanischen Wüste von Fahud war Öl gefunden worden. Nach langem Zögern hatte der Despot die fremden Ölsucher ins Land gelassen. Das Geld reizte ihn doch – der Anblick der Tanker, die in ununterbrochener Kette an der Nordspitze seines Landes in der Straße von Hormus vorbeiziehen, ließ den Neid in ihm erwachen: solche Tanker sollten auch aus omanischen Häfen auslaufen. Der Vorgänger des Imam Ghalib Ben Ali, eigentlich zuständig für die Vorgänge im Landesinnern, hatte die Ölsuche nicht gehindert. Er akzeptierte das Argument, daß Abmachungen mit einer ausländischen Ölgesellschaft zum Bereich auswärtiger Beziehungen gehören, für die der Sultan und die Engländer zuständig seien. Ghalib Ben Ali aber vertrat einen anderen Standpunkt, nachdem bei Fahud tatsächlich Öl entdeckt worden war. Er sagte: »Ich bin für die Angelegenheiten im Innern des Landes zuständig,

und was kann mehr im Innern des Landes sein als das Öl, das im Schoß unserer Erde ruht.«
Die britische Regierung sieht die Gefahr für ihre Ölinteressen: wenn Ghalib Ben Ali sich die Souveränität über Fahud aneignet, dann wird das Ölfeld bald in der Hand der saudiarabischen Truppen und damit im Besitz der ARAMCO sein. London befiehlt deshalb den britischen Offizieren in Oman, mit ihrer kleinen Truppe nach Nizwa vorzustoßen, um den Imam zu vertreiben. Der erste Angriff gelingt, der Imam dankt ab. Doch so rasch geben sich die Saudi und die Ölgesellschaften aus den USA nicht zufrieden. Sie rekrutieren eine Spezialarmee, die Nizwa und die Ölfelder von Fahud erobern soll. Im Sommer 1957 beginnt der saudische Gegenangriff. Sultan Said Ben Taimur ist gezwungen, England um Verstärkung zu bitten. Die britische Armee schickt sofort Hunderte von Freiwilligen, die Befehl bekommen, den Vormarsch zu stoppen. Die Staffeln der Royal Air Force werden eingesetzt: sie fliegen gegen das Hauptquartier des Imam, den Runden Turm von Nizwa. Diese Kampfmaschinen beschießen die Festung aus Stein und Lehm mit Raketen. Allerdings gibt es über Tage hin einige Verwirrung: die britischen Piloten halten die weißen Flaggen des Imam für Zeichen der Bereitschaft zur Kapitulation; sie weigern sich, auf seine Festung zu feuern, die weiße Fahnen zeigt.
Den britischen Granatwerfern und Kampfflugzeugen hält die Front des Imam nicht stand. Die Vereinigten Staaten selbst greifen nicht direkt ein, sie schicken Ausrüstung, aber keine Offiziere. So endet der Konflikt mit dem Sieg des Sultans. Der Triumph ändert nichts im Sultanat: kein Omani kann aufgrund seiner Leistung im Feldzug auf Popularität und Respekt zählen, den Sieg haben Pakistani, Belutschi und Engländer errungen. Auch weiterhin darf kein Omani ein Kraftfahrzeug oder ein Fahrrad besitzen, und selbst für die Einfuhr einer Brille ist die Erlaubnis des Sultans erforderlich. Auf Anraten der Engländer läßt Said Ben Taimur Ausweispapiere drucken; bei etwa zehntausend Menschen der Gegend von Maskat ist als Berufsbezeichnung »Sklave« in das Formular eingetragen. Nach der Tradition kann sich der Sklave die Freiheit erringen, wenn er sich durchschleicht zum Fahnenmast im Hof des britischen Generalkonsulats – legt der Sklave die Hand an den Mast, muß er freigelassen werden. Wenige Sklaven nahmen diese Gelegenheit wahr, aber sie wußten nicht, was sie mit ihrer Freiheit beginnen sollten. Erst die Propaganda der Befreiungsbewegung in Dhofar macht ihnen ihre Lage bewußt. Doch die Sklaven, die sich dazu durchgerungen haben, zu den Kommandos in die Berge zu gehen, nehmen nicht den Umweg über das britische Generalkonsulat.

Seit dem Sieg über den Imam lebte Sultan Said Ben Taimur in der Festung von Salalah in Dhofar hinter dicken Mauern. Die Hauptstadt Maskat ließ er von einem Gouverneur regieren. In Salalah hatte der Sultan alles, was er brauchte: Kaviar, Räucherlachs, Frauen und europäische Musik. Als Gefangener bei ihm lebte ein anderer Musikliebhaber, dessen Geschmacksrichtung jedoch mehr bei Bach und Händel lag: sein Sohn Kabus Ben Said, Jahrgang 1942. Dieser Sohn kennt Europa; auf Anraten des britischen Generalkonsuls war ihm vom Vater die Teilnahme an Kursen der englischen Militärakademie in Sandhurst gestattet worden. Danach war Kabus bei der britischen Rheinarmee in Hildesheim stationiert. Der Sultan hatte den Eindruck, daß sein Sohn zuviel freie westliche Lebensart angenommen hatte; hinter den Mauern der Festung Salalah wollte er ihm wieder mehr Achtung vor Autorität beibringen.
Salalah war falsch gewählt als Unterbringungsort. Kabus hörte das nächtliche Feuer der Granatwerferüberfälle auf die Stützpunkte der Sultanatsarmee; es blieb ihm nicht verborgen, daß die Aufständischen weite Gebiete des Landes beherrschten und daß selbst die Staffeln der britischen Luftwaffe, die den Imam bei Nizwa bezwungen hatten, nichts gegen die Rebellion ausrichten konnten. Tischgenossen von Kabus waren Söhne der Stämme aus dem Grenzgebiet in Richtung Saudi-Arabien. Sie mußten als Geiseln dem Sultan das Wohlverhalten der Stammeschefs garantieren. Ein Kreis von Unzufriedenen bildete sich; die Tischgespräche hatten, auch aus Mangel an Unterhaltungsstoff, bald nur ein Thema: die Beseitigung des Sultans Said Ben Taimur.
Die englischen Berater des Sultans spürten die Stimmung der Verschwörung, doch sie informierten nicht den Vater, sie konspirierten mit dem Sohn. Der britische Generalkonsul hatte längst eingesehen, daß Maskat und Oman nicht länger als Feudalstaat durch Verhängung von Todesurteilen zu regieren war; die Befreiungsfront machte Fortschritte – es mußte ein Herrscher an die Macht, der mit vorsichtigen Reformen die Katastrophe der sozialistischen Revolution verhindern konnte. In der legitimen Erbfolge bot sich nur Kabus an. Der Generalkonsul nahm Verbindung auf zum Sohn des Sultans.
Die britische Regierung gibt dem Generalkonsul nur ungern freie Hand zur Auslösung der Palastrevolution. Anfang Juli 1970 bekommt D. G. Crawford die Anordnung, noch einmal mit dem Herrscher selbst über das Thema zu sprechen, ob nicht wenigstens ein Teil der Einnahmen aus der Ölproduktion für soziale Zwecke verwendet werden könnte, für Krankenhäuser etwa. Der Sultan weigert sich: »In Maskat und Oman

legen wir das Schicksal unserer Kranken lieber in die Hand Allahs. Allah beschütze alle, die seines Schutzes bedürftig sind!« Schulen wollte Said Ben Taimur deshalb nicht bauen lassen, weil, nach seiner Meinung, die Erlernung der Lesekunst die Neigung zur Rebellion fördert. Bücher zu besitzen, war nur den Engländern und den Pakistani erlaubt. Zeitungen wurden auch keine gedruckt im Sultanat. Said Ben Taimur brach das Gespräch mit dem Generalkonsul abrupt ab: »Ich ändere nichts an Allahs Ordnung für unser Land!« Jetzt hatte auch London keine Bedenken mehr gegen eine Reform durch Gewalt.

In der Nacht zum 24. Juli 1970 dringt Kabus mit einigen seiner Freunde in das Schlafzimmer des Vaters ein. Kabus schießt auf den Sultan, verwundet ihn aber nur. Das entspricht der Absicht: der Vater sollte nur kampfunfähig gemacht werden. Eine britische Transportmaschine steht auf dem kleinen Militärflugplatz von Salalah bereit, und an diesem Tag schießen auch die Granatwerfer der Befreiungsbewegung nicht auf das Rollfeld. Die Maschine fliegt mit dem verwundeten Said Ben Taimur nach London. Der achtundzwanzigjährige Sohn ist der neue Herrscher in Maskat und Oman. Er verspricht sofort, die dreißig Millionen Pfund, die von der Ölgesellschaft im Jahr bezahlt werden, für das Wohl der Omani auszugeben. Doch gleich am ersten Regierungstag stößt er auf eine Schwierigkeit: niemand weiß, wie viele Menschen im Sultanat leben. Die Vereinten Nationen schätzen die Zahl der Einwohner auf 600 000, Sultan Kabus selbst glaubt, daß die Zahl eher bei einer Million liegt. Ein arabisches Sprichwort sagt: »Was in Oman vorgeht, das weiß allein Allah!«

Seit dem 24. Juli 1970 werden die Stadttore von Maskat nachts nicht mehr geschlossen. Die Pflicht, Sturmlaternen zu tragen, ist aufgehoben; das Rauchen im Freien erlaubt. Wer will, kann ein Kraftfahrzeug importieren. Schon ein Jahr später sind die Straßen dem Verkehr nicht mehr gewachsen – die Stadttore müssen abgebrochen werden, um Platz zu schaffen für zwei Fahrspuren. Landrover, Mercedeslastwagen und VW-Busse blockieren die schmale Zufahrtsstraße, die über braunfelsige Berge zur Bucht von Maskat führt. Zum Zeitpunkt der Palastrevolution lebten 7000 Menschen in der Hauptstadt; der Stadtplaner Samir Safah, ein Libanese mit Zertifikaten der Universität Los Angeles, baut eine Stadt für 150 000 Menschen. Sultan Kabus stellt hierfür die Einnahmen aus der Ölindustrie zur Verfügung: sie sind im Jahre 1974 auf neunzig Millionen Pfund angestiegen.

Sultan Kabus empfängt die Scheichs der Stämme. Sein Regierungssitz ist ein weißgekalktes zweistöckiges Betongebäude, schmucklos. Die Räume sind mit Teppichen ausgelegt, diese kostbaren Stücke sind der einzige Luxus im Palast. Diener aus Pakistan tragen Weihrauchgefäße durch den Raum – noch immer umgibt sich der Sultan mit den Fremden aus Pakistan und Belutschistan; noch immer kommandieren Engländer die Armee. Jeder der Scheichs kniet vor dem Sultan nieder und flüstert die Formeln der Ergebenheit, der demütigen Unterwerfung. Unruhig blicken die Augen des jungen Sultans; er kann dieser Ergebenheit nicht sicher sein. Die älteren Scheichs empfinden seine Aufbaupläne als ärgerliche Störung der überkommenen Ordnung, den jüngeren aber verläuft das Aufbautempo zu langsam. Da Kabus sich mit der Pistole den Weg zum Thron freigeschossen hat, muß er damit rechnen, daß andere seinem Rezept folgen.

Nach dem Empfang antwortet er mit weicher, leiser Stimme auf die Frage: »Was unternehmen Sie gegen die Rebellion in Dhofar?«: »Diese Rebellion hat keine Berechtigung mehr, denn die Ursachen, die Umstände, gegen die man hätte rebellieren können, existieren nicht mehr. Ich habe dieses Land verändert. Etwa tausend der Aufständischen haben auch bereits die von Aden bezahlten Kommandogruppen verlassen. Wir versuchen den Menschen in Dhofar klarzumachen, daß wir doch gar keinen Krieg gegen sie führen wollen, wir möchten sie gern an unsere Idee vom Neubau dieses Staates binden. Ich bin ja auch nicht so verstockt, ein Gespräch mit der Regierung in Aden abzulehnen. Aber dort hat man uns die Tür vor der Nase zugeschlagen – eine Freundschaftsdelegation, die alle arabischen Hauptstädte besuchen wollte, durfte gerade in Aden nicht landen. Ich frage mich, warum Aden, das doch wahrhaftig genug Schwierigkeiten hat, sich auch noch mich und mein Land zum Feind macht. In der arabischen Welt leben viele extrem gegensätzliche Regime ganz friedlich miteinander, sie kooperieren oft genug auf wirtschaftlichem Gebiet. Daß sich eine Republik in unserer Flanke eingerichtet hat, das stört mich keineswegs. Und selbst dieses kommunistische Regime stört mich nicht, solange es nicht bei mir Anhänger sucht, solange nicht die Menschen meines Sultanats gezwungen werden, Gott und den Koran zu verleugnen. Ich pflege meinen Garten, und damit habe ich wahrhaftig genug zu tun. Ein Drittel der Staatseinnahmen muß ich für diesen Krieg ausgeben, das ärgert mich. Ich möchte die Infrastruktur des Sultanats ändern, ich möchte Schulen bauen, damit wir endlich eine Intelligenzschicht bekommen. Die Politiker in Aden werfen mir vor, ich konzentriere die ganze Macht in meinen Händen. Mit dem Vorwurf haben sie sogar recht. Aber mit wem soll ich hier englische Demokratie praktizieren? Mit den Analphabeten, die mir mein Vater hinterlassen hat? Es ist sinnlos, die Menschen vor eine Wahlurne zu stellen, wenn sie gar nicht begreifen, warum sie in die Urne einen Zettel werfen sollen!«

Die Engländer lassen den Sultan nicht im Stich. Mit Kampfflugzeugen vom Typ Strikemaster BAC 167 fliegen englische Piloten Angriffe gegen die Dörfer der Aufständischen in Dhofar. Doch die Maschinen sind langsam; beim Sturzflug, den sie ausführen müssen, um die Raketen abfeuern zu können, geraten die Strikemaster in das Feuer der leichten Flak, die von der Demokratischen Volksrepublik an die Dhofar-Rebellen geliefert wird. Das Hauptquartier der Befreiungsfront meldet den Abschuß von mindestens fünf britischen Kampfflugzeugen. Der Sultan sagt zu den Verlustzahlen nichts: »Ich will über militärische Probleme nichts sagen. Aber glauben Sie mir, ich schäme mich nicht, daß die Briten mir helfen. Sie stellen immer noch den Stamm unserer Armee. Ich verstehe die Nationalisten nicht, die von uns Unterentwickelten verlangen, nur Hilfe aus dem Osten anzunehmen. Meine Souveränität tasten die Engländer nicht an.« Doch Sultan Kabus täuscht sich.

In der offiziellen Ministerliste des Sultanats ist nur ein Stellvertretender Verteidigungsminister erwähnt, ein Verwandter des Sultans, Sajjid Faher Ben Taimur. Daß tatsächlich ein britischer Colonel Verteidigungsminister ist, verschweigt die Liste. Der schnauzbärtige Brite ist der wichtigste Berater des Sultans. Ihm nachgeordnet ist ein Hauptmann der Marineinfanterie, der die Ausbildung der Armeekader leitet. Allmählich sollen die Gastsoldaten aus Pakistan und Belutschistan durch Männer aus dem Sultanat abgelöst werden. Der Hauptmann der Marineinfanterie nimmt – ohne böse Absicht – im täglichen Dienstbetrieb wenig Rücksicht auf Traditionen und Gefühle der omanischen Soldaten. Er verurteilt während meines Besuchs bei seiner Einheit den Soldaten Hamdan Salim zu fünf Tagen Soldentzug, weil dieser fünfunddreißig Minuten zum Austreten gebraucht hat. Ein Soldat wie Hamdan Salim wird die Verurteilung letztlich seinem Sultan nachtragen, der den Engländern Disziplinarrechte über omanische Soldaten einräumt. Parolen aus Aden: »Schluß mit dem Imperialismus der Engländer in Südarabien und am Golf!« werden gehört, die Demokratische Volksrepublik hat einen starken Rundfunksender.

Mohammed Abdullah, der Sprecher der Befreiungsfront, sagt in Aden: »Der Vater des jetzigen Sultans war ein Despot, wie es keinen zweiten gab. Doch er besaß nie den Zynismus, den Kabus beweist. Nie hat Said Ben Taimur Verwaltung und Armee so komplett in britische Hände gelegt. Unterdrückung und Unmenschlichkeit waren zu seiner Zeit nie so barbarisch wie heute!«

Die Ölgesellschaft ARAMCO ist interessiert an den Ölfeldern am Rande der Wüste Rub al-Chali, des leeren Viertels, der toten Zone zwischen Riad und dem Gebiet von Oman. Die Staatsgrenzen im Osten der Wüste sind nicht eindeutig bestimmt; die britisch-türkischen Konventionen von 1913 und 1914 legen nur Einflußsphären der beiden Kolonialmächte fest, sie werden jedoch von keinem der betroffenen arabischen Staaten akzeptiert. Jeder Herrscher glaubt, daß sein Gebiet doch weiter in das Territorium des anderen hineinreichen müsse. Mitten auf der provisorischen Grenze zwischen Saudi-Arabien, Oman und Abu Dhabi liegt die Oase Buraimi: ein fruchtbarer Fleck in der Wüste, der Wasser im Überfluß besitzt; eine Gruppe von Dörfern, verteilt auf einem Landstrich von acht Kilometer Durchmesser. Sowohl die amerikanische Ölgesellschaft von Saudi-Arabien als auch der britische Konzern, der in Oman und Abu Dhabi Konzessionen besitzt, nehmen an, daß hier Öl gefunden werden kann.

In einem Palmenwald zwischen den Dörfern steht eine Festung, aus Lehmziegeln gebaut. Sie war das Quartier des ersten saudiarabischen Besatzungskommandeurs, der im Jahre 1800 mit siebenhundert Kamelreitern die Oase eroberte. Mit der Besetzung von Buraimi schoben sich die strenggläubigen Wahhabiten zwischen die verfeindeten Charidschiten in Oman und die Sunniten in Abu Dhabi. 1869 überwinden die Krieger von Abu Dhabi und Oman ihre gegenseitige Abneigung, sie erobern gemeinsam Buraimi zurück. Mit diesen Jahren der Besetzung zwischen 1800 und 1869 begründet die saudiarabische Regierung, und damit die ARAMCO, ihren Anspruch auf den Oasenstützpunkt in der Wüste.

Am 1. September 1952, das islamische Fest des Opfers wird gerade begangen, fährt eine Kolonne von Kleinlastwagen der ARAMCO durch die Wüste nach Buraimi. Im ersten Fahrzeug sitzt der saudiarabische Beamte Turki Ben Abdallah Ben Utaishan; er war von König Abd al-Asis zum Emir von Buraimi ernannt worden. Eine Truppe von vierzig Mann soll die neuerliche Besetzung der Oase sichern.

Turki Ben Abdallah hat den Auftrag, die Waffen möglichst nicht einzusetzen. Von Abd al-Asis ist er mit Bargeld und Geschenken ausgestattet worden, um die Scheichs der Stämme in der Region durch Bestechung für Saudi-Arabien zu gewinnen. Der Statthalter des Königs hat Erfolg damit – die Chefs der Großfamilien von Buraimi erklären sich damit einverstanden, Steuern künftig nach Riad zu zahlen.

Der Sultan von Oman und der Emir von Abu Dhabi, durch Vertrag an

England gebunden, fordern ihren Souverän, die britische Regierung, auf, Hilfe zu leisten gegen die saudiarabische Truppe. Großbritannien sieht sich jetzt in der Konfliktsituation mit den Vereinigten Staaten: der amerikanische Botschafter in London bittet dringend darum, die britische Regierung möge dem Sultan und dem Emir Nachgiebigkeit empfehlen. Da sich London zu diesem Zeitpunkt keinen Streit mit Washington leisten kann, stoppt Major Chauncy, der britische Generalkonsul in Maskat, einen Aufmarsch der Oman-Verbände in Richtung Buraimi, sehr zum Ärger des Sultans. Der amerikanische Botschafter und der englische Political Resident arbeiten ein Stillhalteabkommen aus, das Verhandlungen vorsieht. Doch die ARAMCO hält sich nicht daran: die Vertreter der Gesellschaft verteilen noch mehr Geschenke. Der Chef des Stammes der Chawatir ist schon so sehr für die amerikanischen Ansprüche gewonnen, daß er auf einen Ölbohrtrupp der BP schießen läßt, der in der Nähe von Buraimi auftaucht.

Saudi-Arabien will mehr als nur die Oase, das Königreich stellt Anspruch auf das gesamte Wüstengebiet um Buraimi; damit wäre das Emirat Abu Dhabi auf ein Fünftel seines Territoriums reduziert. Der Verlust beträfe nicht wertlose Wüste, sondern Gebiete, die von den Geologen als ölträchtig bezeichnet werden. Diese Erweiterung des Anspruchs kann die britische Ölgesellschaft nicht hinnehmen. Die Regierung in London bittet 1953 ein Internationales Schiedsgericht um einen Spruch in diesem Streit. Rechtskundige Männer aus fünf Staaten sollen festlegen, wer Bohrkonzessionen für die Buraimi-Wüste vergeben kann. Zwei Jahre lang trifft sich das Gremium in regelmäßigen Abständen, dann aber platzt das Internationale Schiedsgericht: der britische Vertreter entdeckt, daß Scheich Jusuf Jasin, der Delegierte Saudi-Arabiens, dem kubanischen und dem pakistanischen Schiedsrichter große Summen für ein ARAMCO-freundliches Urteil angeboten hat. Nach dieser Erfahrung haben die Gegner Saudi-Arabiens genug. Einheiten aus Oman und Abu Dhabi, unter dem Befehl britischer Offiziere, vertreiben den saudiarabischen Emir aus Buraimi.

Im Januar 1956, nach der militärischen Niederlage Saudi-Arabiens, ist in der Fachpresse der Ölwelt die Anzeige zu lesen: »Die Regierung von Saudi-Arabien macht hiermit darauf aufmerksam, daß sie die Oase Buraimi als Teil des saudiarabischen Gebiets betrachtet. Die Regierung von Saudi-Arabien erkennt keine Konzession für Ölbohrungen an, die von irgendeiner anderen Regierung gewährt wurden. Jede Gesellschaft, Firma oder Einzelperson, die sich in Vereinbarungen über Buraimi einläßt, handelt auf eigene Gefahr. Die Regierung von Saudi-Arabien hält solche Vereinbarungen für nicht existent und nichtig.«

Tiefgefurcht ist sein hageres Gesicht; der Bart umrahmt den ganzen Mund und zieht sich bis unters Ohr. Seine Kleidung besteht aus weißem Hemd, schwarzem Umhang, weißem Kopftuch mit dunklen Kordelringen. Scheich Said Ben Sultan al-Nahajan blickt mit jedem Auge in eine andere Richtung, damit bringt er sein Gegenüber leicht in Verwirrung. Mit dem Lesen hat Scheich Said Schwierigkeiten; er vermeidet deshalb nach Möglichkeit die Abgabe von offiziellen, fixierten Erklärungen; doch in der freien Rede entfaltet sich das Temperament seiner Persönlichkeit: »Seit zwanzig Jahren streiten wir um Buraimi. Die Oase liegt mir am Herzen, ich war dort lange Zeit Gouverneur, ehe ich Emir wurde. Wir halten Buraimi und wir bauen dort. Viele arabische Könige und Präsidenten wollten vermitteln zwischen König Feisal und mir, doch ohne Erfolg. Ich schätze den König sehr; doch er sollte dazu beitragen, daß unsere Achtung noch mehr steigt. Er sollte die Gerechtigkeit siegen lassen. Ich möchte gerne diplomatische Beziehungen aufnehmen zu König Feisal, aber bis heute ist das an der Buraimifrage gescheitert!«
Scheich Said Ben Sultan al-Nahajan empfängt in seinem Palast in Abu Dhabi. Die Räume sind angenehm klimatisiert, die grünweiße Farbe der Wände suggeriert Kühle, ein Springbrunnen plätschert. Der Emir verwaltet zwar Einnahmen in Milliardenhöhe, doch nirgends protzt er mit seinem Reichtum. Nur in Buraimi hat er viel Geld in einem raffinierten Schachzug investiert: er hat dem amerikanischen Hiltonkonzern Zuschusse gezahlt für den Bau eines supermodernen und eleganten Hotels in der Oase. Mitten in der Wüste steht das Hotel Al-Ain-Hilton als Wahrzeichen der Abu-Dhabi-Präsenz.
Scheich Said kann es sich nicht leisten, gegen König Feisal zu polemisieren, er muß von seinen Gefühlen der Hochachtung sprechen. Saudi-Arabien ist in der Mitte der siebziger Jahre in der Lage, die Emirate zu schlucken, denn Großbritannien hat am 1. Dezember 1971 seine Souveränitätsrechte über die ehemalige Piratenküste aufgegeben. Die Emirate sind freie Staaten geworden. Damit ist jedoch auch die Verpflichtung der britischen Regierung erloschen, das Gebiet der Emire schützen zu müssen. Der Freundschaftsvertrag, der das Protektionsabkommen ablöst, sieht keine militärische Intervention im Falle eines saudiarabischen Angriffs vor.
Die Emirate Abu Dhabi, Dubai, Schardschah, Ras al-Khaimah, Fudjairah, Umm al-Kaiwain und Adschman gründeten – um Saudi-Arabien von der Annexion der Einzelemirate abzuhalten – eine Föderation. Scheich Said ist Präsident des neuen Staates Vereinigte Arabische Emirate. Die

Zahl der Menschen im Unionsstaat wird von Scheich Said auf 230 000 geschätzt; sie ist hochgegriffen; in den Emiraten Adschman und Umm al-Kaiwain zum Beispiel lebten vor dem Zusammenschluß jeweils weniger als 4000 Menschen.

Die Vorfahren waren Seeräuber

Die Engländer sahen sich zu Beginn des letzten Jahrhunderts gezwungen, den Emiren am Golf die Freiheit zu stutzen, der britische Verbindungsweg zwischen dem Mutterland und Indien war in Gefahr: die Großfamilien am arabischen Ufer zwischen der Halbinsel Katar und der Landnase in der Straße von Hormus hatten sich nicht durch gutes Zureden von ihrem traditionellen Gewerbe, der Seeräuberei, abbringen lassen. Der Brite Sir John Malcolm beschrieb damals die Stämme und ihre Lebensart so: »Gott schütze uns vor diesen Ungeheuern. Ihr Beruf ist die Seeräuberei, und ganz besonderen Spaß finden sie darin, die Menschen zu töten. Für ihre Schurkerei finden sie die frömmsten Gründe, die es geben kann. Sie halten sich genau an den Text des Koran und lassen keine Abweichung gelten. Wenn einer ihr Gefangener wird und ihnen all sein Hab und Gut anbietet, um ihr Gemüt zu erweichen, dann sagen sie: ›Nein, das können wir nicht annehmen, denn es steht im Koran geschrieben, daß man die Lebenden nicht ausplündern darf – aber es steht nirgends geschrieben, daß es verboten sei, einem Toten alles abzunehmen.‹ Und dann erschlagen sie den Gefangenen.«
Das Land am Ufer des Golfs – es trägt zwischen Katar und der Straße von Hormus den Namen Piratenküste – ist geeignet für das Versteck kleiner Boote. Korallenriffe sind dem Land vorgelagert, sie hindern die Verfolgung durch Kriegsschiffe; ausgedehnte Lagunen bieten Verstecke. Im Jahre 1808 kapert der Stamm der Jawasmi zwanzig Schiffe aus arabischen und persischen Häfen. Durch Erfolg mutig geworden, wagen sie sich an das englische Handelsschiff »Minerva«, das unterwegs ist von Bombay nach Buschehr. Zwei Tage lang wehrt sich die Besatzung des großen Seglers, doch dann kann die dezimierte Mannschaft nicht verhindern, daß die Seeräuber aus Schardschah an Deck steigen. Der Kapitän ergibt sich mit dem Rest der Mannschaft. Nacheinander werden den vierzig Engländern und Indern »im Namen Allahs« die Hälse durchgeschnitten; die Leichen verschwinden im Meer. Der Schiffszimmermann bleibt am Leben, da die Seeräuber ihn auf ihrer Werft gebrauchen können. Die »Minerva« segelt unter arabischem Kommando in den Hafen von Ras al-Khaimah; dort werden zwanzig Kanonen an Bord

montiert – das große Schiff ist von nun an Flaggschiff der Piratenflotte. Die englische Regierung ist wütend, weil sie sich darauf verlassen hatte, daß der Chef des Jawasmiclans das im Jahre 1806 abgegebene Versprechen hielt, »das Eigentum der Ehrenwerten Ostindischen Gesellschaft zu respektieren«. Auf dieses Abkommen hin waren die Artilleristen der britischen Schiffe verpflichtet worden, unter keinen Umständen als erste das Feuer zu eröffnen; sie mußten auf den Vorteil verzichten, ihre weitreichenden Kanonen einzusetzen. Die Ostindische Gesellschaft glaubt, die Stämme an der arabischen Küste durch Zurückhaltung zu Freunden machen zu können. Kein Stamm soll mit übereilten Schüssen gereizt werden. Die Piraten aber sehen in dieser Taktik nur Schwäche. So geschieht es, daß unmittelbar nach der »Minerva« die Schiffe »Sylph« und »Nautilus« angegriffen werden. Die »Sylph« geht verloren, doch auf der »Nautilus« kümmert sich Kapitän Bennett nicht um den Befehl: er feuert rechtzeitig mit vierzehn Kanonen und rettet so sein Schiff.
Die Großfamilie der Saudi beginnt sich zu interessieren für das einträgliche Gewerbe der Seeräuberei. Sie baut ihr zentralarabisches Großreich aus und macht sich zum Beherrscher der Küstenstämme. Offiziere der Saudi werden den Piratenschiffen zugeordnet; sie sorgen dafür, daß ein Fünftel der Beute an die Saudihauptstadt abgeliefert wird. Die Saudi legen fest, welche Schiffe zu kapern sind und welche frei den Persischen Golf passieren können. Mit der straffen Organisation der militärisch erfahrenen Männer aus Zentralarabien verändert sich die Kleinpiraterie zum gezielten Seekrieg. Die Saudi sehen in der Seeräuberflotte eine wichtige Ergänzung ihrer Landheere.

Im September 1809 segelt eine Expeditionsflotte in Bombay los. Der Kommandeur, Captain Seton, hat die Anweisung, jede Auseinandersetzung mit der saudischen Landarmee zu vermeiden: »Es muß der Regierung der Wahhabiten klargemacht werden, daß wir in Freundschaft mit ihr leben wollen. Erläutern Sie unser Ziel, den Persischen Golf freizumachen für Handel und Schiffahrt. Die Verfolgung dieses Ziels kann nicht als feindseliger Akt ausgelegt werden.«
Captain Seton schießt auf lange Distanz die Piratenflotte im Hafen von Ras al-Khaimah in Trümmer, auch die »Minerva« geht dabei in Flammen auf. Dem Jawasmiclan bleibt kein einziges Schiff. Im Sommer 1810 ist die britische Flotteneinheit wieder zu Hause in Bombay. Kaum sind die überlegenen Kriegsschiffe aus der Region des Golfs verschwunden, bauen sich die Jawasmi-Piraten neue Boote aus den Trümmern, die in ihrem Hafen liegen. Wieder beginnen sie zuerst mit Attacken gegen schwachbewaffnete arabische Schiffe, dann entern sie den Segler »Deriah

Dowlut«, der für die Ostindische Gesellschaft den Golf befährt; siebzehn Seeleuten werden die Hälse durchgeschnitten.
Zu dieser Zeit verfügen die Piraten über sechzig schnell segelnde Schiffe, die zwischen 80 und 300 Mann an Bord nehmen können. Mit den großen Schiffen sind sie in der Lage, vor der indischen Küste zu operieren. Jetzt muß England seine Politik der Schonung arabischer Interessen aufgeben. 3069 Mann britisch-indischer Elitetruppen besteigen in Bombay britische Kriegsschiffe zur Fahrt in den Persischen Golf. Die Belagerung der Stadt Ras al-Khaimah dauert sechs Tage; am 9. Dezember 1819 geht zum zweitenmal die Piratenflotte in Flammen auf. 400 Piraten werden erschossen. Dann erzwingt der Kommandeur des Expeditionskorps von jedem der Scheichs an der Piratenküste die Signatur unter einen Vertrag, der völligen Verzicht auf die Seeräuberei verlangt. Artikel 1 des Abkommens von 1820 sagt: »Es wird von nun an für immer kein Plündern und keine Piraterie mehr geben, gleichgültig ob zu Land oder zur See, durch die Araber, die dem Vertrag beitreten.«
Seit dieser Zeit hieß die Piratenküste Trucial Oman, das befriedete Oman. England machte es sich zur Aufgabe, die Einhaltung des Antipiraterievertrages zu überwachen – London übernahm damit die Souveränität in den Emiraten. Die Emire, durch den Vertrag arbeitslos geworden, ließen sich von den Engländern bezahlen; die Stämme in Abu Dhabi, Dubai, Schardschah, Umm al-Kaiwain, Fudjairah, Ras al-Khaimah und Adschman – zusammen im letzten Jahrhundert über 100000 Mann stark – lebten bis zum Ölzeitalter von britischen Subsidien.
Die Perlenfischerei gab dem Scheich und den Männern von Abu Dhabi ein zusätzliches Einkommen; die Seeleute konnten dabei ihre Erfahrungen in der Schiffahrt wenigstens teilweise nützen. Im Jahre 1910 sind 410 Dhauen auf den Wassern des Golfs stationiert, um die Muschelbänke abzuernten. Damit waren immerhin rund 5000 Menschen beschäftigt. Sie fanden im Jahr Perlen im Wert von – umgerechnet – 100 000 DM. Von diesem Betrag nahmen der Scheich und die Bootsbesitzer ihren Profit, für den einzelnen Perlentaucher blieb wenig. Perlenfischerei konnte nie ernsthafter Ersatz für die Seeräuberei sein. Über hundert Jahre lang herrschten Unlust und Unzufriedenheit in den niedrigen Lehmhäusern hinter den Lagunen. Der Mangel an Beschäftigung führte zu internen Schwierigkeiten: kaum einer der Emire stirbt einen normalen Tod. In seinem Bericht an die Regierung in London nennt Major Cox die herrschende Schicht der Stämme eine »kurzlebige Klasse«.

Scheich Hamdan von Abu Dhabi schließt 1922 ein Abkommen mit England, das in Abu Dhabi das Ölzeitalter beginnen läßt. Der wichtigste Satz lautet: »Der Emir von Abu Dhabi garantiert für sich und seine Nachkommen, daß er Konzessionen ausschließlich an Personen vergibt, die von der britischen Regierung zur Entgegennahme der Konzessionen autorisiert sind.« Die Bindung an englische Konzerne war die letzte politische Handlung von Scheich Hamdan. Nach einem Mittagessen im Haus seines Bruders wird er von eben diesem Bruder – er heißt Sultan und ist der Vater des jetzigen Emirs, Scheich Said Ben Sultan al-Nahajan – durch einen Schuß in den Rücken getötet.

Sultan erbt das Amt des Bruders, aber er hat nicht viel Glück in seiner Regierungszeit: der Einfluß Saudi-Arabiens steigt bedrohlich; einige Stämme in der Wüste beginnen Tribut zu zahlen an die Saudifamilie. Der enge Kreis der Einflußreichen in Abu Dhabi beschließt die Tötung dieses schwachen Emirs; er wird Ende 1925 erschossen, als er sich eben zum Abendgebet begibt. Auch ihn trifft der Schuß in den Rücken. Der Mörder war ein Bruder der beiden vorherigen Opfer mit Namen Sakr. Er hatte nun Sorge, ebenfalls durch einen Mordanschlag umzukommen, und plante deshalb den Tod des einzigen noch lebenden Bruders, Chalifah, der allerdings immer betont hatte, am Amt des Emirs überhaupt nicht interessiert zu sein. Der Mordplan wird verraten, und die wichtigen Männer beschließen erneut über das Schicksal des Regierenden. Sie befehlen einem Sklaven, den Emir Sakr zu erschießen. Der Sklave verfehlt sein Ziel, doch ein Beduine lauert dem fliehenden Emir auf und tötet ihn.

Jetzt bleibt nur noch der älteste Sohn des ermordeten Emirs Sultan übrig. Alle anderen Familienmitglieder gehören nicht zur direkten Linie der Abstammung vom Familiengründer Nahajan. Scheich Schakhbut wird 1928 Herrscher von Abu Dhabi, er bleibt es achtunddreißig Jahre lang, bis ihn Scheich Said Ben Sultan 1966 absetzt – Scheich Said läßt den Bruder am Leben, weil er seiner Mutter geschworen hat, nicht durch Mord an die Regierung kommen zu wollen.

»Salam aleukum! – aleukum Salam!« Die Wächter begrüßen mich in der Halle des Emirpalastes von Schardschah. Die Männer sind kaum zu sehen, dicke Schwaden von Weihrauch hängen in der Luft; das Atmen fällt mir schwer. Der Bruder des Emirs weist mir den Platz zu, ganz oben an der Stirnseite des Saals, dort, wo der Emir selbst sitzen wird.

Ich bin der einzige hier in europäischer Kleidung; alle anderen Besucher tragen das lange arabische Hemd, das weiße Kopftuch, die zwei Ringe der schwarzen Kordel darauf. Viele haben Gewehre mit, manche lassen sich von Sklaven bewachen. Die Männer setzen sich in immer wechselnden Gruppen zusammen. Sie küssen sich auf die Nasen, dann beginnen geheimnisvolle Gespräche. Das sind die Mächtigen im Emirat Schardschah, die Scheichs der 35 000 Einwohner.

Auch sie warten auf die Audienz beim Emir. Zwei Stunden lang atmen wir Weihrauch ein; die Diener legen immer neue Blöcke des Weihrauchholzes in die Feuerschalen. Das Unbequemste für mich: die Schuhsohlen müssen auf der Erde bleiben. Es ist eine Unhöflichkeit, die Sohlen dem Gegenüber zu zeigen. Ich darf die Beine nicht übereinanderschlagen. Vor der Tür stampfen die Wachen im Zeremoniell den lange festgetretenen Boden. Britischer Drill am Arabischen Golf. Beim Präsentiergriff schlagen die Hände klatschend gegen die Bren-Schnellfeuergewehre.

Ein goldenes Telefon steht in der Halle; wenn es klingelt, kommt mit rosagetönten Bleichgesicht ein hochgewachsener Engländer In Schardschah-Uniform durch die Tür. Wenn seine laute Stimme »yes . . . yes . . . yes, allright!« sagt, sind alle anderen leise im Raum. Offiziell sind die Engländer abgezogen aus den Emiraten, doch in Wirklichkeit sind sie noch sehr präsent.

Der Emir, auf den wir alle warten, ist gehaßt in Arabien. Er hat drei kleine Inseln, die im Golf liegen, dem Schah von Persien überlassen. Auf den Inseln werden iranische Stützpunkte und Radarstationen entstehen; die USA, Verbündete des Iran, können in Zukunft durch Spezialisten auf der Insel Abu Musa den Schiffsverkehr im Gebiet des Golfs kontrollieren. Das ist der amerikanische Schlag gegen die Freundschaft Bagdad-Moskau: künftig muß die sowjetische Flotte mit Beobachtungsposten am inneren Zugang zur Straße von Hormus rechnen.

Die Araber, besonders die der progressiven Staaten, haben einen weiteren Grund, wütend zu sein auf den Emir von Schardschah: Araber und Perser streiten darum, wie dieses Meer zwischen Arabien und Persien heißen soll: Persischer oder Arabischer Golf? Außenministerium und Verteidigungsministerium der USA haben die Bezeichnung Persisch/Arabischer Golf gewählt; doch damit sind weder die Perser noch die Araber einverstanden. Die Besetzung der drei Inseln, so fürchten die Araber, bekräftigt den Anspruch der Perser, dem Gewässer ihren Namen zugeben. Ende der sechziger Jahre konnte mit Mühe der gewaltsame Anschluß der Inselgruppe von Bahrain an Persien verhindert werden. »Die Rückkehr der drei Inseln, sie gehörten früher zum Persischen Reich, bildet eine Entschädigung für unseren Verzicht auf Bahrain«, sagt der Schah von Persien.

Einige Tage vor meinem Besuch in Schardschah war Scheich Sakr Ben Mohammed, der Bruder des Emirs, angeschossen worden von einer Gruppe junger Männer. In ihren Köpfen hatten die Parolen des libyschen Staatspräsidenten Muammar el-Gaddafi gezündet, der davon sprach, daß die Feudalherrscher am Golf arabisches Land verkaufen. Gaddafi war bereit, Truppen zu schicken, aber die Entfernung von Libyen zum Golf, sie beträgt fast 4000 Kilometer, hat ihn von der militärischen Intervention abgehalten. Scheich Said Ben Sultan, der Präsident der Vereinigten Arabischen Emirate, sagt später: »Unsere arabischen Brüder haben viele gute Ratschläge für uns gehabt in dieser kritischen Zeit, das war aber leider auch alles!«
Der langaufgeschossene Engländer reißt die Tür auf. Der Emir, Scheich Chalid Ben Mohammad al-Kasimi tritt ein: klein, sich aufrecht haltend, das große runde Gesicht vom weißen Kopftuch umrahmt, Schnurrbart. Der Emir geht rasch zur Mitte der Halle, dort erwartet er die Untertanen: sie treten auf ihn zu und küssen ihm die Nasenspitze. Dann setzt sich der Herrscher auf die Couch an der Stirnseite der Halle. In der nächsten halben Stunde hört er sich geflüsterte Bitten an, um Geld, um Begnadigung, um eine Heiratserlaubnis, um ein Stück Land. Scheich Chalid Ben Mohammad al-Kasimi regiert sein Land im direkten Zugriff: die Familienchefs tragen ihre Bitten vor, er entscheidet. Nur die Vertretung des Emirats Schardschah nach außen überläßt er dem Emir von Abu Dhabi, dem Präsidenten des Unionsstaates.
Der Emir von Schardschah kümmert sich besonders um die Schulen in seinem Lande. Achtzig Prozent der Menschen sind Analphabeten. Scheich Chalid will das ändern; doch er kann kein Gesetz zur Schulpflicht verordnen – die Familienchefs wollen sich nicht vorschreiben lassen, was ihre jungen Männer zu tun haben. Diesen Einbruch in die Tradition bereitet der Emir behutsam vor. Bei den Audienzen läßt er sich die gescheitesten und beliebtesten Zehn- und Zwölfjährigen vorstellen. Er schmeichelt den Scheichs und spricht von den Vorteilen der Schule. Diesem sanften Drang kann kaum einer der Stammesältesten widerstehen. 5000 Schüler hat sich der Emir so für seine modernen Schulen zusammengebettelt. Die Erziehungsministerien in Kairo und Kuwait leihen dem Emirat Lehrer aus. Der Emir will sogar beginnen, Mädchenschulen einzurichten; doch dabei stößt er auf zähe Ablehnung: Mädchen zeigen sich nicht in der Öffentlichkeit, sie verlassen den Rahmen der Familie nicht.
Der Emir wendet sich mir zu. Er beginnt vom Schwarzwald zu erzählen, von den vielen Bäumen, von bewaldeten Bergen. Der Schwarzwald hat ihm gefallen: »Ich war eingeladen von der deutschen Regierung. Der

Fahrer, den man mir mitgab, hat sich verfahren in dieser wilden Gegend. Nur mühsam fand er den richtigen Weg.« Wir trinken Kaffee und schweigen für Minuten. Dann darf ich mein Thema anschneiden. Ich bitte um ein Schiff, um mir draußen auf dem Golf die Insel Abu Musa wenigstens aus der Entfernung ansehen zu können. Der Emir antwortet nicht, dann dreht er den Kopf und blickt zum Fenster hinaus. Damit bin ich aus der Audienz entlassen. Er sagt noch: »Wir erwarten starken Wind auf dem Golf. Erst vor kurzem sind bei Katar achtzig Menschen im gekenterten Boot umgekommen.«

Bei der nächsten Audienz, wenige Tage später, fahren auf zwei Lastwagen Bewaffnete vor dem Palast vor. Sie überrumpeln die Wachen, die wie immer ihren Exerzierschritt üben, und dringen in die Halle ein. Führer der Gruppe ist der Vetter des Emirs, Scheich Sakr Ben Sultan. Er war selbst bis 1965 Herrscher in Schardschah gewesen, damals hatte ihn die Familie abgesetzt, weil er zu sehr ein Freund des ägyptischen Präsidenten Gamal Abd el-Nasser geworden war. Es war 1965 zu befürchten, daß Scheich Sakr Ben Sultan die spinnige Idee realisierte, das Emirat an die Vereinigte Arabische Republik anzuschließen. Der abgesetzte Emir hatte die ersten Jahre im Exil in Kairo gelebt, später in Oman. Den Tag des Putsches erwartet er im Emirat Ras al-Khaimah; von dort aus braucht er nur noch eine halbe Stunde auf der ausgebauten Asphaltstraße zu fahren, dann ist er am Tatort.

Im Palast des Emirs nimmt der Rebell den Herrscher und alle Anwesenden gefangen. Über das goldene Telefon läßt er sich mit Scheich Said Ben Sultan in Abu Dhabi verbinden: dem Präsidenten der Vereinigten Arabischen Emirate verkündet er seine Machtübernahme, er präsentiert sich als der neue Emir von Schardschah. Scheich Said ist in einer komplizierten Lage; er weiß nicht, ob der bisherige Herrscher noch am Leben ist. Auf jeden Fall gratuliert er dem neuen Mann in Schardschah nicht. Scheich Said schickt seine von Engländern kommandierten Panzerspähwagen nach Schardschah, sie sollen den Palast umzingeln und Lageberichte per Funk schicken. Das goldene Telefon verbindet den Palast weiterhin mit der Außenwelt. Als sich die Panzerspähwagen nähern, droht der Anführer des Putsches, den gefangenen Emir zu erschießen. Scheich Said befiehlt: die Umzingelung muß trotzdem durchgeführt werden. Über die Telefonleitung hört Scheich Said in Abu Dhabi den Schuß, der den Emir tötet. Jetzt befehlen die britischen Offiziere den Sturmangriff auf das Gebäude. Die Rebellen ergeben sich, da ihre Munition zu Ende ist. Scheich Sakr Ben Sultan, der Mörder, sieht sich noch immer als der rechtmäßige Emir. Mord am Vorgänger war bisher ein durchaus legitimes Mittel, um die Macht in die Hand zu bekommen. Aber Scheich Said ist der Meinung, daß auch in den Emiraten die Zeit der zivilisierten Sitten beginnen soll: er läßt den Rebellen nach Abu Dhabi abführen, der Bruder des bisherigen Herrschers wird Emir in Schardschah.

Angst um das Geld

Scheich Said Ben Sultan ist gewillt, die Zahl seiner Feinde in Arabien niedrig zu halten. Aus seinen Milliardeneinnahmen – sie steigen ständig durch Ölpreiserhöhungen und Produktionsausweitung – unterstützt er auch die progressivsten arabischen Staaten. Ihm schwebt vor, den Abu-Dhabi-Fonds zur wirtschaftlichen Entwicklung Arabiens mit einer Kapitaleinlage von, umgerechnet, zehn Milliarden DM zu versehen. Dieser Fonds soll die Finanzierungskasse für Großprojekte der Strukturveränderung in Arabien sein. Scheich Said sieht diese zentrale Finanzorganisation »außerhalb der Spekulationsgeschäfte der europäischen und amerikanischen Geldmärkte«. Er spricht davon, daß der Fonds eine »Quelle der Ruhe und der Stabilität« für die Wirtschaft der ölexportierenden Länder am Persisch/Arabischen Golf sein soll. Scheich Said fürchtet die Unruhe der Börsen von New York, Genf und London. Die Dollarabwertungen haben ihm Millionenverluste gebracht. Der Emir war lange nicht von der Meinung abzubringen, daß die Industrienationen den Dollar absichtlich abgewertet haben, um die Erhöhung des Ölpreises, der in Dollar kalkuliert wird, wieder abzufangen. Scheich Said hat wenig Ahnung von den Gesetzen und Risiken des Geldgeschäfts. Sein Standpunkt: »Allah hat uns durch die Jahrhunderte darben lassen. Jetzt hat er uns reich belohnt für unsere Geduld in der Armut. Es ist Allahs Wille, daß wir heute und in Zukunft gut leben.«

Der Sohn des britischen Politikers Sir Douglas Home ist der Finanzmann, auf dessen Rat er hört. Über die Londoner Bank Grenfell & Morgan werden die Finanzgeschäfte des Emirats abgewickelt: Grenfell & Morgan achten auf ertragreiche Anlage des Kapitals in England und in der Bundesrepublik; das Bankhaus in der britischen Hauptstadt bearbeitet die Zahlungsanweisungen an Kommandoorganisationen der Palästinenser, an die syrische Regierung, auf die Konten der ägyptischen Armee.

Scheich Said Ben Sultan hat es fertiggebracht, die feudalen Emirate aus dem Zielfeld der sozialistischen arabischen Staaten zu bringen. Seine Bereitschaft zu Spenden hat alle diejenigen verstummen lassen, die bisher die Emire als »Ausbeuter und Lakaien des Imperialismus« beschimpft hatten. Er kann sich sogar Einfluß und Einmischung in die Schwierigkeiten anderer arabischer Länder erlauben. Als Südjemen und Nordjemen im November 1972 Krieg gegeneinander führen, reist Scheich Said in die Hauptstadt des Nordjemen und bietet ein Geschäft an: Geld gegen Bereitschaft zum Frieden.

Die Republik der Royalisten

Die Jemeniten sind überzeugt, daß ihre Hauptstadt San'a die erste Stadt ist, deren Aufbau Allah nach der Sintflut zugelassen hat. Und ein arabisches Sprichwort sagt: »Die Weisheit gehört dem Jemen. Hier ist der Ursprung allen Seins und aller großen Dinge!« Damit begnügt sich die arabische Geschichtswissenschaft. Der Jemen ist ein Beispiel dafür, daß es heute nicht mehr möglich ist, für die arabische Halbinsel historische Vorgänge aus der Zeit vor dem Auftreten des Propheten zu sezieren. Im Osten des Jemen, an der Grenze zu Hadramaut, liegt Ma'rib, ein verlassenes Nest in der Wüste. Nach der Überzeugung der Menschen von Zentralarabien stand hier die Residenz der Königin von Saba inmitten fruchtbarer Gärten. Der Beweis für die einstige Kultur in dieser Einöde ist der Rest eines Staudammes von 600 Meter Länge. Der Prophet Mohammed beschreibt das Ende der Oase von Ma'rib: »Auch Sabas Nachkommen hatten an ihrem Wohnort ein Zeichen: zwei Gärten, einen rechts und einen links. Und wir sagten: Eßt von dem, womit euer Herr euch versorgt hat, und seid ihm dankbar, denn das Land ist gut, und der Herr ist gnadenvoll. Aber sie wichen vom Glauben ab, und darum schickten wir über sie die Überschwemmung der Dämme, und wir verwandelten ihre zwei Gärten in zwei Gärten, welche bittere Früchte trugen, Tamarisken und ein wenig Lotus. Dies gaben wir ihnen zum Lohne ihrer Undankbarkeit.«
Eine Mauer aus getrocknetem Lehm umgibt die Hauptstadt des Jemen, drei Meter hoch. San'a kann bequem in eineinhalb Stunden umwandert werden. Im Kern der Stadt stehen in winkligen Gassen alte Lehm- und Steinhäuser, vier und fünf Stockwerke hoch, mit reichen Kalkverzierungen und vergitterten Fenstern; die Verkleidungen der Haremsfenster sind besonders dicht. Die Räume der Häuser sind schmucklos; das Mobiliar besteht aus bunten Kissen, sie dienen als Bett und Sitzgelegenheit. Vom oberen, vornehmen Stockwerk zieht sich an der Außenwand eine breite Schicht menschlicher Ausscheidungen herunter bis auf den Boden; das Alter der Häuser ist an der Dicke dieser Kotschicht abzulesen. Die Aborte entsprechen genau der Vorschrift: der

Benutzer darf nie gezwungen sein, das Gesicht oder den Rücken nach Mekka zu wenden. Die jemenitische Regierung saniert seit 1969 nach und nach die hygienischen Verhältnisse dieser Stadt mit 120000 Einwohnern; ein Finanzierungsprogramm der Vereinten Nationen hilft dabei.
Bis in die Gegenwart hinein wurde dieses Land durch Gewalt regiert. Imam Ahmed, der 1962 starb, ließ sich »Truchseß Allahs« und »Verkörperung der Tugend« nennen, besonders gut gefiel ihm die Bezeichnung: »Der hohe Besitzer der Weisheit«. Auch Imam Ahmed, und mit ihm 6000 Mitglieder der Familie, rechneten sich zu den Nachfahren des Propheten. Wie in Hadramaut, existiert im Jemen die Herrscherkaste des Sajjids. Der Aberglaube um die Verwandten Mohammeds ist noch stärker ausgeprägt als in Hadramaut: der Segen der Sajjids bringt Glück, ihr Fluch Unglück; sie herrschen über Seuchen und Plagen.

Imam Ahmed und sein Clan hielten den Jemen abgeschlossen. »Fremde, ungläubige Teufel«, wurden nur in geringer Zahl ins Land gelassen, und nur, wenn die Sajjids den Fremden brauchten. »Ausländer bringen nur Unruhe!«, das war der Standpunkt des Herrschers. Er mußte, um seine Macht nicht zu gefährden, alle Ideen von Fortschritt und Menschenrechten vom Jemen fernhalten. Da der Imam weltlicher und religiöser Herr war, konnte er die Gesetze des Koran – sie regeln das Zusammenleben – auslegen, wie er es wollte. Gegen den Rechtsspruch des Imam gab es keine Berufung. Hinrichtungen wurden öffentlich vollstreckt, der abgeschlagene Kopf war danach sieben Tage lang am Stadttor zu sehen.
Der Sohn des Imam, Mohammed al-Badr, lieferte den Beweis, wie recht die Sajjids mit ihrer Ansicht hatten, daß ihnen nur eine harte Hand in einem isolierten Jemen ihre Existenz als Bevorzugte sichert. Der Kronprinz war im Mai 1959 als Regent eingesetzt worden, während sein Vater sich nach Europa zu einer Morphium-Entziehungskur begab. Mohammed al-Badr ließ über Radio San'a verkünden: »Eine neue Zeit beginnt für den Jemen. Hoffnung wacht auf!« Er befreite eine ganze Anzahl von Sklaven, versprach eine Reform des ungerechten Steuersystems und Korrektur der Bevorzugung der Sajjidschicht. Da Mohammed al-Badr von der Genialität des Gamal Abd el-Nasser redete, fühlte sich die junge Generation angesprochen, die Nassers panarabische Parolen lange aus dem Transistorradio gehört hatte: in San'a, der ehrwürdigen Hauptstadt einer Theokratie, waren plötzlich sozialistische Schlagworte zu hören; auf Transparenten tauchten Nasserbilder auf. Die Stämme, dem Imam und seiner Ordnung verpflichtet, wurden unruhig. Der Kronprinz versuchte, sie durch finanzielle Geschenke zu besänftigen. Die Chefs der

Clans nahmen das Geld an, jedoch wuchs ihr Vertrauen in den Nachfolger des Imam dadurch nicht. Da die Stämme Geld bekamen, wollte auch die Armee besser bezahlt sein; Mohammed al-Badr erhöhte den Sold um fünfundzwanzig Prozent. Doch die Offiziere forderten noch mehr.

Der alte Imam, von dem jeder annahm, er habe sich zum Sterben nach Europa begeben, kehrte zurück und brachte mit Hinrichtungen, Verhaftungen und Drohungen das Land wieder in Ordnung. Auch der Sohn mußte für einige Zeit ins Gefängnis. Imam Ahmed sah, daß das Übel der Unruhe im Jemen durch die Anziehungskraft des Gamal Abd el-Nasser erzeugt wurde. Er wollte diese Anziehungskraft vermindern. Ein Gedicht, vom Imam selbst verfaßt und über Radio San'a ausgestrahlt, griff den ägyptischen Präsidenten an: »Warum vergiftest du die Welt mit Verleumdung? Warum schreist du mit so unschön klingender Stimme? Warum nimmst du den Menschen ihr Eigentum weg?« Nach diesen anklagenden Fragen präsentiert Imam Ahmed die Alternative zu Nassers sozialistischen Panarabienplänen: die Einheit der Araber hinter der Fahne des Islam. »In der Erfüllung von Allahs Willen stehen wir zusammen – wir brauchen keine Neuerung über das hinaus, was uns der Prophet gelehrt hat.« Radio Kairo beantwortet die Attacke mit Propagandakrieg gegen den Imam; die Sondersendungen des ägyptischen Rundfunks mit Richtstrahler nach dem Jemen bereiten in der jemenitischen Armee die Stimmung vor für die kommende Revolution. Am 18. September 1962 stirbt Imam Ahmed an Herzversagen – er war in den letzten Monaten sehr dick geworden, die Zunahme an Leibesumfang hatte das Herz überaus stark belastet. Radio Kairo sendet nach San'a eine letzte Schmähung: »So verrecken die Monarchen. König Saud und König Hussein wird es ebenso ergehen. Sie sind eigentlich schon tot, nur noch nicht begraben!« Der Kronprinz wird Nachfolger des Imam. Er verspricht in seiner Thronrede: »Ich werde meine ganze Kraft einsetzen für die Einheit der Araber!« Doch Kairo hatte die Vorbereitungen zur Revolution schon anlaufen lassen.

Brigadegeneral Abdullah al-Sallal ist der Kopf der Verschwörung, er hat die Unterstützung des ägyptischen Botschafters in San'a. Gemeinsam finden sie einen Trick, um dem neuen Imam die Genehmigung zur Verlegung von Truppen in die Hauptstadt zu entlocken: der ägyptische Botschafter sagt dem Imam, daß ein Putsch drohe. Er empfiehlt den Marsch der Verbände des Brigadegenerals Abdullah al-Sallal zum Schutz des Palastes nach San'a; diese Truppen seien dem Imam treu ergeben.

Eine Woche nach der Thronbesteigung feuern die Waffen dieser Truppen um Mitternacht auf den »Palast der Glückseligkeit«. Panzergranaten reißen Löcher in die Stein- und Lehmwände. Die Garde des Imam ist von den ersten Augenblicken des Feuerüberfalls an verschwunden. Trotzdem stürmen die Soldaten des Brigadegenerals Sallal den Palast noch nicht. Der Imam hört im Radio die Erklärung Sallals, daß das verräterische Regime des Imam zu Ende sei. Kurz danach wird ihm ein kurzes Schreiben von Sallal überbracht: »Ich bin auf Ihrer Seite, Majestät!«

Dem Imam gelingt die Flucht durch ein Gartentor in eine enge Gasse und schließlich hinaus vor die Stadt. In San'a siegen die Revolutionäre, doch dem Imam bleiben einige Stämme treu; sie sind bereit, für seine Ansprüche zu kämpfen. Sieben Jahre lang dauert der Bürgerkrieg zwischen Republikanern und Royalisten. Gamal Abd el-Nasser hilft der jungen Republik, er schickt 80 000 Soldaten mit Panzern und Kampfflugzeugen in den Jemen. Trotzdem gelingt es nicht, die Anhänger des Imam zu schlagen. Saudi-Arabien unterstützt die Royalisten; der Saudiclan kann keine Niederlassung Nassers in der unmittelbaren Nähe des Saudireiches dulden.
Die ägyptischen Generäle und Soldaten sind unbeliebt im Jemen; sie treten auf, als seien sie die Besatzungsmacht. Die Mischung aus Arroganz und Untüchtigkeit ärgert die Jemeniten. »Wir haben uns immer gefreut, wenn ein ägyptischer Panzer in die Luft flog«, sagte mir gleich nach dem Krieg ein Republikaner, der für die Hilfe der Ägypter eigentlich hätte dankbar sein müssen. Als Nasser nach der Niederlage im Junikrieg von 1967 gezwungen ist, seine Armee aus dem Jemen abzuziehen, sind auch die Revolutionäre zufrieden. Der Imam nützt die Schwächung der republikanischen Front aus und bricht bis San'a durch. Aber jetzt sind die Chefs der bisher streng royalistischen Stämme nicht mehr für den Erfolg des Imam; sie haben längst Kontakt zu den Republikanern aufgenommen und festgestellt, daß nur geringe Differenzen der Ansichten die beiden Seiten trennen. »Wenn es dem Imam gelungen wäre, über die Stadtmauer von San'a zu klettern, dann hätte ich ihn selbst an den Beinen wieder heruntergezogen«, meint der Scheich eines Bergstammes.
Saudi-Arabien sieht, daß die Regierung in San'a in ihren Reformen nicht über das hinausgehen will, was auch der junge Imam versprochen hatte: eine tiefgreifende sozialistische Umwälzung ist nicht zu befürchten. So verliert König Feisal sein Interesse am Imam. Mohammed al-Badr wird 1968 sogar von seinen eigenen letzten Anhängern abgesetzt. Der Versöhnung der streitenden Parteien im Jemen steht nichts mehr im Wege: Republikaner und Royalisten stellen fest, daß sie eigentlich

immer einig waren in ihrer Abneigung gegen den alten und den jungen Imam. Die Royalisten beziehen einflußreiche Positionen in der Regierung; der frühere Außenminister Ahmed al-Shami tritt dem Präsidentschaftsrat bei. Der Scharfmacher auf der republikanischen Seite setzt sich schließlich selbst matt: Generalmajor Hassan al-Amri, Ministerpräsident des Jemen, handelt im Zorn in der brutalsten Tradition der Zeit des Imam.

Anlaß ist eine Fehlschaltung im primitiven Telefonnetz von San'a. Der Generalmajor will am letzten Tag des August 1971 mit dem Chef seiner Garde telefonieren; doch ein Fehler im Wählwerk stellt eine Verbindung her mit Mohsen al-Harazi, einem Fotografen in der jemenitischen Hauptstadt. Al-Amri und al-Harazi steigern sich in einen Streit hinein; der Fotograf spricht wenig respektvoll über seinen Gesprächspartner und sagt, daß er nicht glaube, mit dem Generalleutnant und Ministerpräsidenten verbunden zu sein. Al-Amri läßt den Fotografen durch seine Wache abholen und befiehlt, daß al-Harazi mit einer Eisenstange verprügelt werde. Dann nimmt der Generalleutnant seine Pistole und tötet die blutige Masse, die von al-Harazi übriggeblieben war. Da diese Tat vor Zeugen geschah, läßt sie sich nicht vertuschen. Der Ministerpräsident geht für einige Monate ins Exil. Nachfolger wird ein Mann, der sich mit den Prinzen in Saudi-Arabien gut versteht. Saudiarabische Generäle besprechen im August 1972 mit ihren jemenitischen Kollegen in San'a Militärhilfe für die Republik. Die beiden Armeen bereiten Krieg gegen die Demokratische Volksrepublik vor.
Einen Monat später beginnen die Kämpfe im Wüstengebiet an der Grenze zwischen Nord- und Südjemen. Jede Seite meldet Erfolge. Die Demokratische Volksrepublik brüstet sich, dem »Verräterregime« die Stadt Kaataba abgenommen zu haben als Schlag gegen die »reaktionäre Verschwörung«. Die regulären Armeen der beiden Staaten ziehen sich bald aus dem Konflikt zurück und überlassen ihn den Grenzstämmen, die alte Rechnungen zu begleichen haben. Die 300000 südjemenitischen Emigranten im Nordjemen hoffen jetzt auf einen Umsturz in Aden; sie glauben, daß das Regime einem längeren Konflikt nicht standhalten wird. Aus ihren eigenen Reihen rekrutieren sie 50 000 Mann für eine Volksbefreiungsarmee, sie übernehmen die Waffen der nordjemenitischen Infanterie. Ihr erklärtes Kriegsziel ist die Liquidierung des sozialistischen Regimes in Aden. Doch diese Truppe erweist sich als wenig schlagkräftig. Die saudiarabischen Berater stellen auch bald den Grund fest: es ist den Südjemeniten gelungen, eine beachtliche Zahl von Agenten in die Volksbefreiungsarmee einzupflanzen.

Der Krieg der Emigranten gleitet der Regierung in San'a aus der Hand, die Flüchtlinge führen einen Privatkrieg. Dieser Zustand mißfällt dem nordjemenitischen Ministerpräsidenten Abdullah Hamran; er ist daran interessiert, mit Aden zu einer Einigung zu kommen – und die Südjemeniten haben keine Lust, sich mit ihren eigenen Landsleuten, den Emigranten, auseinandersetzen zu müssen. So kommen Friedensgespräche zustande. In der Gemütserregung, sich nach Jahren des Streits am Verhandlungstisch gegenüberzusitzen, sprechen die beiden Ministerpräsidenten sofort von der Einigung ihrer Staaten.

Die Union der Extreme

Muammar el-Gaddafi, der libysche Staatspräsident, greift die Gelegenheit auf. Er ist die treibende Kraft hinter arabischen Einigungsversuchen, und er kann die Chance nicht vorübergehen lassen, auf der arabischen Halbinsel einen Kern arabischer Einheit zu schaffen. El-Gaddafi lädt die Präsidenten der beiden jemenitischen Staaten zu sich nach Tripolis ein. Al Kadi Abdel Rahman al-Iriani, schon zur Zeit des blutrünstigen Imam ein wichtiger Mann im Nordjemen, trifft sich mit dem südjemenitischen Staatsoberhaupt Salam Rabei Ali in der libyschen Hauptstadt. El-Gaddafi will keinen der Präsidenten abreisen lassen, bis beide ein Dokument zur Fusionierung unterzeichnet haben. »Ich bin entschlossen, die beiden zu verhaften«, sagt el-Gaddafi. Der Streit um die Gesellschaftsform des künftigen Staates bricht sofort aus. Salam Rabei Ali fordert, daß der »wissenschaftliche Sozialismus« im Vereinigten Jemen verpflichtende Idee sein müsse. Für al-Iriani ist das Bekenntnis zum Sozialismus nicht akzeptabel; er will, daß von der »islamischen Tradition« gesprochen wird. Muammar el-Gaddafi beteiligt sich an der Diskussion, er schlägt die Kompromißformel vor: Sozialismus, abgeleitet aus der islamischen Tradition, soll die Handlungen des künftigen Staates lenken. Für den Vertreter der Demokratischen Volksrepublik erschien zunächst al-Irianis Forderung, den Islam zur Staatsreligion zu erheben, nicht annehmbar. Gaddafi findet das richtige Wort: »Die islamische Tradition ist in der Unionssatzung bereits mit dem Sozialismus verknüpft. Auch Bruder al-Iriani sieht im Islam eine Kraft des Fortschritts.« Oft genug ist einer der beiden Präsidenten entschlossen, abzureisen, doch er kommt gar nicht zum Flughafen; die libyschen Fahrer haben Befehl, jeden derartigen Wunsch zu überhören. Um ihre Handlungs- und Bewegungsfreiheit wiederzugewinnen, unterzeichnen die Präsidenten von Nord- und Südjemen ein Papier, das den Willen der beiden zum Zu-

sammenschluß dokumentiert. Salam Rabei Ali und Al Kadi Abdel Rahman al-Iriani geben sich die Hand. Muammar el-Gaddafi ist glücklich: ein Schritt ist getan auf dem Weg zur arabischen Einheit.
Die beiden Präsidenten machen sich nichts vor: keiner ist bereit, Prinzipien aufzugeben für den Gedanken der Einheit. Al-Iriani erhält von Saudi-Arabien, umgerechnet, 200 Millionen DM für Entwicklungsprojekte. Diese Millionen teilt er nicht mit dem bettelarmen Regime in Aden. König Feisal erklärt sich bereit, künftig das Defizit im Haushalt des Nordjemen zu decken.
Muammar el-Gaddafi hält seither König Feisal von Saudi-Arabien für den schlimmsten Feind der arabischen Einheit.

Der hartnäckige Einiger

Am 1. September 1969 putscht in Libyen der Mann, der Arabien verändern will. In den ersten Stunden des Tages übernehmen die Offizierskameraden des Muammar el-Gaddafi die Schlüsselstellungen im Verwaltungsapparat und in der Polizeiorganisation der beiden Städte Tripolis und Bengasi. Das Regime des Königs Idris el-Senussi bricht ohne Widerstand zusammen; nur in einigen Stadtvierteln verteidigen sich Armeeeinheiten unter dem Befehl von Politikern, die von den neuen Männern des Staates Bestrafung wegen Korruption zu erwarten haben. Der Monarch selbst befindet sich zur Zeit des Putsches zur Kur in der Türkei. Die Offiziersjunta respektiert die Person des Königs. Dem ehemaligen Freiheitskämpfer Muhammad Idris attestieren sie Einsatz im arabischen Kampf gegen Fremdherrschaft: »Wir bitten den König, als Bürger unter uns zu leben.« Doch Idris el-Senussi geht ins Exil nach Kairo.

Gaddafi und Libyens Vergangenheit

Libyen wurde in der Verfallszeit des Osmanischen Reiches von den Italienern erobert. Der italienische Feldzug begann am 29. September 1911 mit der Landung von Truppen in Tripolis. Die türkische Armee war zu dieser Zeit auf dem Balkan in menschenverzehrende Kleinkriege verwickelt, und die Italiener durften annehmen, daß sich die Türken keine ausreichende Verteidigung des nordafrikanischen Gebietes leisten konnten. Das Oberkommando in Rom kalkulierte jedoch nicht ein, daß die Eingeborenen, die Libyer, selbst Widerstand gegen die Eroberer organisierten. Mit Pfeilen und Spießen wehrten sich die Bewohner der Dörfer um Tripolis und Misurata gegen die technisierten italienischen Verbände; die Eroberer wurden auf Brückenköpfen zusammengedrängt. Den innersten Kern der libyschen Abwehr bildete die religiöse Bruderschaft der Senussi, einer islamischen Sekte, die an ihre Anhänger hohe moralische Ansprüche stellte. Die Senussi wehrten sich gegen die, ihrer Meinung nach, nicht rechtgläubigen türkischen Moslems und gegen die »ungläubigen Katholiken«, die Italiener.

Aus dieser Zeit stammt der Respekt der libyschen Offiziere vor der königlichen Familie: der Senussi Sajjid Ahmed el-Scherif lebt als der erste Freiheitskämpfer Libyens in der Erinnerung. Seine Anhänger erhalten im Ersten Weltkrieg Waffen und Geld aus dem deutschen Kaiserreich – die deutsche Marine organisiert per Unterseeboot den regelmäßigen Versorgungsverkehr nach Tripolitanien. Die Italiener sind zwischen 1914 und 1918 die Verbündeten der Engländer. Die Senussitruppen kommen im Zweifrontenkrieg zwischen den Italienern in Tripolitanien und den aus Ägypten anrückenden Engländern in Schwierigkeiten. Nach einer Niederlage gibt Sajjid Ahmed el-Scherif den Oberbefehl über die Senussiverbände an Sajjid Muhammad Idris ab; an den Mann, der 1969 von Muammar el-Gaddafi abgesetzt wird.

Die italienischen Regierungen der Jahre, die unmittelbar auf den Ersten Weltkrieg folgten, haben wenig Neigung, sich mit den stolzen, kriegerischen Stämmen bei Tripolis und Bengasi um kolonisierbares Land zu streiten. Sajjid Muhammad Idris benützt die Gelegenheit, er überredet die Scheichs der Großfamilien, ihn als Emir von Libyen anzuerkennen. Diese hoffnungsvolle Zeit endet 1922 mit dem Marsch der Faschisten auf Rom: Mussolini ernennt den energischen Grafen Volpi zum Gouverneur der »Kolonie Libyen« und gibt ihm den Befehl, Tripolitanien und die Cyrenaica zu erobern. Graf Volpi führt seinen Auftrag mit intelligenter Strategie aus: er nimmt der religiösen Bruderschaft der Senussi ihre Stützpunkte in den Oasen der südlichen Wüste; 1925 fällt die wichtigste Oase, Jaghbub, in die Hand der Italiener. Tausende der Männer und Frauen, die Widerstand geleistet haben, werden von Exekutionskommandos erschossen. Marschall Badoglio, der den Grafen Volpi ablöst, sperrt Stammesgruppen aus dem Gebiet des Dschebel Achdar in Konzentrationslager. Im Jahre 1930 bauen die Italiener den Stacheldrahtverhau entlang der ägyptischen Grenze, damit soll der freie Übergang der Nomadenstämme in das von England beherrschte Gebiet verhindert werden. Engländer und Italiener sind keine Freunde mehr.

Mussolini schickt den Überschuß Italiens an bäuerlicher Bevölkerung nach Libyen. An über hunderttausend italienische Bauern wird das fruchtbare Land verteilt. Mit Fleiß und Energie vergrößern die Italiener die landwirtschaftliche Kapazität: sie drängen die Wüste zurück. Plantagen von Olivenbäumen bremsen die Sandstürme, die Wanderdünen vor sich her ins Ackerland treiben. Oliven, Wein, Tabak, Getreide liefert Libyen nach Italien.

Die Kolonie Libyen wird italienisiert: nur die italienische Sprache gilt als Amtssprache. Wer einen winzigen Posten in der Verwaltung haben will, muß Italienisch wie seine Muttersprache beherrschen. Um auch in den Dörfern den Keimzellen für künftige arabische Unabhängigkeitsbewegungen jeden Nährboden zu nehmen, befiehlt Marschall Graziani die Einführung der Schulpflicht. Der Unterricht wird in Italienisch erteilt; nach italienischer Sitte hängen an den Wänden der Klassenzimmer Kruzifixe und Marienbilder. Graziani rechnet falsch: die christlichen Zeichen halten die Freunde der Senussi davon ab, ihre Kinder in die Schule zu schicken. Aus einem solchen Stamm des stillen Widerstandes kommt Muammar el-Gaddafi.

Zweimal – das geschieht in den ersten Kindheitsjahren des Muammar el-Gaddafi – rollt die Offensive des deutschen Generals Rommel durch Tripolitanien und die Cyrenaica zur ägyptischen Grenze vor; doch die Deutschen erreichen das Nildelta nicht. Die deutsche und die italienische Armee räumen im Jahre 1942 Nordafrika. Die italienischen Siedler aber bleiben zurück. Sie behalten ihren Einfluß auch im föderativen Königreich Libyen, das am 24. Dezember 1951 seine Unabhängigkeit erhält. König der Libyer wird der Freiheitskämpfer Muhammad Idris al Mahdi el-Senussi. Er kann seine erste Regierungszeit durch Verkauf des Schrotts finanzieren, der auf den Schlachtfeldern in der Cyrenaica, in der Syrte und vor Bengasi liegt. 1953 muß sich König Idris neue Finanzquellen suchen: er bietet den Großmächten Konzessionen zur Errichtung von Militärbasen an. Die Engländer greifen als erste zu. Nach der Revolution des Gamal Abd el-Nasser haben sie Sorge um ihre Souveränität über die Suezkanalzone. London hält es für klug, Reserven in der Nähe zu stationieren. Für ihre Stützpunkte in Libyen bezahlt die britische Staatskasse jährlich 3,75 Millionen £. Die Vereinigten Staaten von Amerika schließen 1954 einen Vertrag mit König Idris über den Bau der bedeutenden Luftwaffenbasis Wheelus bei Tripolis ab. Die USA überweisen dafür zehn Millionen Dollar pro Jahr. Für die 1,8 Millionen Libyer – und vor allem für den königlichen Hof – werden die Einnahmen aus dem Verkauf der Rechte für Militärstützpunkte zur wichtigsten Einnahmequelle.

Im Juni 1958 entdecken amerikanische Ölgesellschaften die libyschen Petroleumvorkommen. Im Juli 1960 sind bereits 35 Ölquellen in Betrieb. Zehn Jahre später ist Libyen der viertwichtigste Ölproduzent der Welt. Für einige kleinere amerikanische Gesellschaften, wie Bunker Hunt und Occidental Oil, beginnt die Zeit der Prosperität. Sie sichern sich ihre Rechte durch Kontakt zu wichtigen Männern der regierenden Familie. Die Chefs der Senussi werden korrupt; viele Millionen verschwinden in ihren Taschen.

Der große Reichtum der libyschen Regierung bringt dem Land keinen Vorteil. Die Männer, die im Namen des Königs regieren, weigern sich, Geld auszugeben für ein Gesundheitsprogramm, das die Volkskrankheit, die Tuberkulose, eindämmen soll. Nur für kurze Zeit kann sich im Jahr vor dem Militärputsch Ministerpräsident Abdul Hamid Bakkusch halten; er sieht die Notwendigkeit für Reformen, doch seine Pläne für Neuordnung des Schulwesens werden von der regierenden Familie abgelehnt. Ministerpräsident Abdul Hamid Bakkusch wird 1968 durch Wanis el-Gaddafi abgelöst. Er ist kein Verwandter des Mannes, der zu dieser Zeit den Putsch vorbereitet.

König Muhammad Idris al Mahdi el-Senussi hält nichts von den Ideen vom großarabischen Vaterland. Er hat genug damit zu tun, die drei auseinanderstrebenden Landesteile Tripolitanien, Cyrenaica und Fessan zusammenzuhalten. König Idris unterstützt nur unwillig die vom Junikrieg des Jahres 1967 hart betroffenen Staaten Ägypten und Jordanien. Unruhen in Tripolis und Bengasi, gesteuert von ägyptischer Propaganda, bringen ihn zur Einsicht, daß es klug ist, sich mit 30 Millionen £ im Jahr an den Kriegsanstrengungen der Frontstaaten zu beteiligen. Doch als ihn die Chefs der Kommandoorganisationen um Zuwendungen für den Kampf der Palästinenser bitten, weicht Idris aus: er will keinen Ärger bekommen mit den Freunden der Israeli, den Briten und Amerikanern, die Militärstützpunkte in Libyen unterhalten.

Die Isolierung Libyens gibt den Anstoß zur Revolution. Die Offiziere um Muammar el-Gaddafi empfinden es als Schande, daß Libyen im April 1968 in England ein System von Boden-Luft-Raketen bestellt, das ganz eindeutig den libyschen Luftraum gegen Ägypten verteidigen soll. »Jerusalem!« ist das Stichwort für den Putsch. Libyen will sich künftig einordnen in die Frontlinie gegen Israel.

Der libysche Staatspräsident sagt: »Die Araber werden mit einem großen Problem nicht fertig, sie führen ihre Kriege immer nur halb, oder vielleicht sogar nur zu einem Drittel. Ich kann mich damit nicht abfinden. Israel tritt mit seiner ganzen Energie in Kriege ein. Die Israeli schlagen weit im Innern unserer Länder los, und sie finden die lebenswichtigen Punkte. Wir fangen immer nur Kriege mit begrenztem Ziel an. Im Krieg kann es keine Menschlichkeit und kein Verständnis geben, keine Rücksichtnahme und keine Einhaltung von Regeln. Im Krieg verwandeln sich die menschlichen Wesen in eine Masse, die zu kämpfen hat.«
Für den libyschen Präsidenten ist der Oktoberkrieg von 1973 nicht ehrenvoll beendet worden. El-Gaddafi wirft in einem Brief vom 15. November 1973 seinem ägyptischen Kollegen Anwar el-Sadat vor, in Kapitulationsverhandlungen mit Israel einzutreten und damit die gerechten Ansprüche der Araber zu verraten. Der Libyer fordert die Fortsetzung des Kampfes. Ein späterer Brief an Sadat zeigt deutlich die Wurzeln seines Denkens: »Was auch jetzt ausgehandelt wird, die Situation wird wieder und wieder explodieren, solange in diesem Gebiet die Idee des jüdischen und des arabischen Nationalstaats aufeinanderprallen, solange es zwei Religionen, zwei Zivilisationen, zwei Kulturen gibt. Die Juden und die Araber kämpfen um die Kontrolle des Nahen Ostens. Der Kampf wird erst dann zu Ende sein, wenn eine der Nationalideen die andere besiegt hat. Ich, als einer der verantwortlichen Führer der Araber, werde mich immer wieder für die Vorbereitung der nächsten Runde einsetzen, weil es immer eine nächste Runde geben wird, gleichgültig, welche Art von Lösung andere erreichen wollen. Ich bin sicher, daß viele so denken wie ich.«
Im April 1974 versucht einer der Anhänger Gaddafis den Test auf die Popularität dieses arabischen Führers in Kairo. Salah Abdallah Seriya passiert mit einer Gruppe von Männern die Wache der Technischen Militärakademie in Kairo. Sein Ruf stört den Abendappell: »Wer für Muammar el-Gaddafi ist, der trete auf meine Seite!« Die Hälfte der Kadetten stellt sich um Salah Abdallah Seriya. Seine Freunde hatten gute Vorarbeit geleistet. Die Gaddafi-Propagandisten gehen bei den jungen Offizieren geschickt vor; sie argumentieren so: »Da ist einer, der wird uns Arabern zu Ansehen verhelfen. Das ist ein anderer Typ als Anwar el-Sadat, der mit den Israeli paktieren will!« Salah Abdallah Seriya hat die Absicht, mit der Hilfe der Kadetten Amtssitz und Wohnung des ägyptischen Präsidenten zu besetzen. Anwar el-Sadat soll abgesetzt und wenn möglich erschossen werden; aber so, daß die Schuld von den

Rebellen abgelenkt werden kann auf Mißverständnisse und Verräterei unter den Sadat-Anhängern.

Der Putsch kommt zum falschen Zeitpunkt: Anwar el-Sadat ist populärer denn je in Kairo: die Israeli haben sich vom Suezkanal zurückgezogen – diesen Erfolg kann Sadat dem Konto seiner Kriegführung und seiner Diplomatie gutschreiben. Sadat hat sein Versprechen wahrgemacht: »Wir kehren zurück nach Sinai!« Der Präsident ehrt sein Offizierskorps bei jeder sich bietenden Gelegenheit durch Orden und Geldzuwendungen. Dieses Gefühl, derzeit hochgeschätzt zu sein, hält die graduierten Offiziere davon ab, Salah Abdallah Seriya zu folgen. Da sich die Kadetten nicht zur Ordnung rufen lassen, feuern die Ausbilder auf die Meuterer. Die ägyptische Regierung gibt zu, daß elf der Kadetten getötet wurden. In Wirklichkeit liegt die Zahl weit höher. Einhundert Personen werden verhaftet: die Anhängerschaft des Muammar el-Gaddafi hat sich weit hineingedrängt in Parteiführung und Staatsverwaltung. Es existieren Zirkel in ägyptischen Parteikomitees und Ministerien, die von sich behaupten: »Wir gehören zur Schule des Muammar el-Gaddafi!«

Die Niederlage schreckt Muammar el-Gaddafi nicht ab. Wenn er darauf angesprochen wird, daß es für ihn, als Chef eines Volkes von 1,8 Millionen Einwohnern, doch schwer sein muß, Arabien mit 120 Millionen Menschen verändern zu wollen, dann antwortet er: »Wenn der Prophet in der winzigen Stadt Mekka ähnlich gedacht hätte, dann wäre das mächtige Reich der Araber nie entstanden. Wie unbedeutend mußte sich Mohammed vorkommen gegenüber den Herrschern von Byzanz und Persien. Trotzdem hat seine Idee alle besiegt. Vom libyschen Volk wußte lange Zeit niemand etwas, heute kennt fast jedes Volk der Erde den Namen Libyen.« Die nächsten Sätze zeigen, daß auch el-Gaddafi dem arabischen Fehler verfällt, sich im Mittelpunkt der Welt sehen zu wollen: »Die Völker der Erde kennen uns nun nicht nur, sie setzen große Hoffnungen auf uns. Frankreich, Spanien, Italien, Deutschland, die skandinavischen Länder konzentrieren ihre großen Hoffnungen auf die arabische Republik Libyen. Die ganze Welt knüpft ihre Hoffnungen an uns, das libysche Volk. Wir führen den Kampf der arabischen Einheit an.«

Wie Gamal Abd el-Nasser im Jahre 1952, so mußte Muammar el-Gaddafi 1969 erleben, daß die Massen – deren Wohl die Revolution doch dienen sollte – sehr rasch das Interesse verloren. El-Gaddafi wollte den Mannschaftsstand der Armee verdoppeln und suchte junge Männer, die bereit waren, als Unteroffiziere länger zu dienen. Auf den Aufruf des Präsidenten hin meldete sich kaum jemand. Der Präsident ärgerte sich so sehr, daß er beschloß, durch eine Kulturrevolution seinem Volk die überkommene Bequemlichkeit auszutreiben.

Die libyschen Revolutionäre hatten ein verkrustetes System der Hierarchie übernommen, das jede Initiative lähmte: die libyschen Beamten waren als die faulsten und bestechlichsten in der arabischen Welt bekannt. Aus Abneigung gegen Verantwortung wurde jede Entscheidung verschoben und schließlich einfach vergessen. Die Manager der Ölfirmen und die Kaufleute in Tripolis fühlten sich blockiert durch die Unbeweglichkeit der Bürokratie. Mit Strafversetzung und Gehaltsreduzierung war die Lähmung der Administration nicht zu verhindern. Muammar el-Gaddafi findet das Heilmittel: er hetzt die Bevölkerung gegen die Ministerien: »O großes Volk! Zertrample unter deinen Füßen jeden Beamten, der es wagt, vor euch die Türen seines Büros geschlossen zu halten!« Die Menschen in Tripolis nehmen die Aufforderung ernst. El-Gaddafi sieht allerdings die Gefahr eines Volksaufstands gegen die Staatsverwaltung. Die Armee organisiert deshalb in aller Schnelligkeit zivile Volkskomitees in den Städten und Dörfern, die den Entladungen der Wutausbrüche Grenzen setzen sollen. Der Präsident fügt seinem Aufruf zur Kulturrevolution die Mahnung an: »Unser Enthusiasmus darf nicht dem Verstand entgleiten. Verantwortung muß unsere Gefühle zügeln!«

Die größte Leistung der libyschen Kulturrevolution ist die Schaffung von 2400 Volkskomitees, die Katastrophen verhindern können – so gibt es nur wenig Opfer der Umwälzung. Der Leiter der »Jerusalemfarm« wird verprügelt von seinen Landarbeitern; die Dekane der Medizinischen und Philosophischen Fakultäten der Universität Tripolis müssen sich unter Prügeln aus den Universitätsgebäuden jagen lassen; in der wichtigsten Mädchenschule von Tripolis erleidet die Direktorin nach der Absetzung einen Nervenzusammenbruch; durch die Hintertür verschwindet der Generaldirektor der Post, dem die anderen höheren Beamten Trunksucht vorwerfen. Die Studenten fühlen sich besonders angesprochen, das Vaterland zu reinigen; sie verordnen sich selbst zunächst Vergünstigungen: sie schaffen die Examen ab und dekretieren die automatische Versetzung in nächste Studienstufen.

Die Beamten reagieren nicht allzusehr beunruhigt: sie waren und sind in Libyen gesucht als Mitglieder der dünnen Schicht, die lesen und schreiben kann. Die Volkskomitees sind zwar in der Lage, die Demolierung der Büroeinrichtungen zu lenken und Opfer der Prügelei zu bestimmen, sie können jedoch nicht einmal ein kleines Dorf verwalten ohne Hilfe der

Schreibkundigen. So ebbt die Kulturrevolution ab. Sie ist nicht, wie Muammar el-Gaddafi prophezeite, »das wichtigste Ereignis dieser Welt in den siebziger Jahren«.

Muammar el-Gaddafi sieht den Islam als die Spitze eines Kegels von Religionen: »Allah hat den Islam zuletzt verkündigen lassen, der Islam ist damit die Krönung und die Korrektur aller Religionen. Allah will, daß diese Religion alle anderen ablöse!« Die Einigung der Araber ist durchaus nicht das endgültige Ziel des libyschen Staatschefs. Er will, daß der Islam, nachdem unter seinem Banner alle Araber vereinigt worden sind, hinübergreift nach Europa, um anzuknüpfen am islamischen Vorstoß des Jahres 732. Was damals gescheitert ist, soll am Ende unseres Jahrhunderts gelingen. El-Gaddafi zieht historische Parallelen zur Zeit der Ausdehnung der Araberreiche: »Unbesiegbar erscheinende Armeen standen den Kalifenheeren gegenüber. Sie zerbrachen unter dem ersten entschlossenen Ansturm der Gläubigen. Niemand hatte damals vermutet, daß die Westgoten in Spanien so rasch den Mut aufgeben.«

In einem Wirtschaftskrieg soll Europa zunächst ausgehöhlt werden: der Ölpreis ist die Waffe, die el-Gaddafi gegen die Industrienationen anwenden will. Er ist der Meinung, daß der Preis von 20 Dollar pro Barrel Öl die Struktur der Wirtschaft in Deutschland, Italien und Frankreich zerrütten kann. Arbeitslosigkeit, Not, Apathie, Verzweiflung, Suche nach der Rettung – das ist die Entwicklungskette, die sich Muammar el-Gaddafi vorstellt. Er sieht den Abschluß dieser Evolution in der Islamisierung Europas. Das Christentum ist, so glaubt er, kein Damm mehr gegen den Islam. Am 24. März 1974 sagt Muammar el-Gaddafi in Bengasi: »Europa hat sich befreit vom Einfluß des Papsttums. Der Papst konzentriert sich jetzt darauf, den Verlust an Einfluß in Afrika wieder wettzumachen. Afrikaner, werft das Christentum hinaus!«

El-Gaddafi befürchtet nicht, daß der Kommunismus noch vor dem Islam herrschende Doktrin in Europa werden könnte. Da der Islam von Allah selbst der Welt diktiert worden ist, der Kommunismus aber nicht, gibt es für Muammar el-Gaddafi gar keinen Zweifel, welche der beiden Doktrinen wirklich siegen wird. Im Frühsommer 1974 berät er mit den Offizieren des libyschen Revolutionsrats allen Ernstes die Möglichkeit, islamische Missionare in die Sowjetunion zu schicken, die den Kommunisten die Lehre von der dialektischen Weltordnung austreiben sollen. Major Dschallud, Ministerpräsident Libyens, ist ein praktischer Denker; er sieht die Hürden, die einer Realisierung der Visionen seines Staatschefs im Wege stehen. Bei einer Sitzung des Revolutionsrats beginnt er in der Diskussion einen Satz mit den Worten: »Vom politischen Standpunkt . . .« Er wird von el-Gaddafi unterbrochen, der wütend da-

zwischenfährt: »Wir sind keine Politiker, uns interessiert der politische Standpunkt überhaupt nicht. Wir sind Revolutionäre! Verstanden?«
Die Beschränkung auf den kleinen Staat Libyen gibt dem Revolutionär das Gefühl, eingesperrt zu sein. Libyen ist für seine Vorstellungswelt ein Gefängnis. Er spricht oft genug von Kairo als der Hauptstadt der arabischen Welt. Dort will er herrschen. Nach dem Scheitern der direkten Unionspläne mit Ägypten versucht Muammar el-Gaddafi, den Weg an den Nil auf Umwegen zu finden.

Gaddafi überrumpelt Bourguiba

Am 12. Januar 1974 verliest der tunesische Außenminister Mohammed al-Masmoudi vor dem Ministerrat in Tunis dieses Dokument:
Im Namen Allahs, des Gnädigen! In einer entscheidenden Stunde, in einer Zeit, die angefüllt ist mit schweren Entscheidungen, an einem Tag, der unsterblich bleiben wird, ist der Große Kämpfer im Gefühl der historischen Verantwortung dem Ruf nach Einigung der Araber gefolgt. Dieser Ruf hat seine Wurzel im Kampf um die Befreiung des arabischen islamischen Territoriums. Die Führer Habib Bourguiba und Oberst Muammar el-Gaddafi haben die Erklärung zur Einheit zwischen den beiden arabischen Gebieten Libyen und Tunesien unterschrieben unter Berücksichtigung der Verfassungsprinzipien, die in den beiden Ländern gültig sind. Die beiden Länder werden eine Republik bilden, die den Namen Islamische Arabische Republik tragen wird. Die Republik erhält eine Fahne, einen Präsidenten, eine Armee. In der Republik gelten einheitliche Gesetze für Legislative, Exekutive und Rechtsprechung. Der Tag, an dem die Einheit in Kraft treten soll, ist der 25. Tag des Zul-Hijja, 1393. Dieser Tag entspricht dem 18. Januar 1974.
Habib Bourguiba, Muammar el-Gaddafi.

Der Große Kämpfer, mit diesem Titel läßt sich Habib Bourguiba in Tunesien ansprechen, gilt bis zum 12. Januar 1974 als besonnener Politiker, der über arabische Hitzköpfe immer spöttische Bemerkungen in Reserve hat. Genau ein Jahr zuvor sprach er im Beisein von el-Gaddafi über die arabischen Versuche, die Regionalstaaten zusammenzuschließen: »Der libysche Präsident ist aufrichtig und voll Enthusiasmus, aber ich glaube, daß ihm die Erfahrung fehlt, um alle Umstände einer Fusion richtig beurteilen zu können. Eine Union, die auf dem Papier steht, ist überhaupt nichts wert. Die Mentalität unserer Völker muß sich verändern. Die Faktoren für die Einheit sind erst mühsam zu schaffen – das wird Jahre dauern, vielleicht sogar Jahrhunderte. Wir haben doch gesehen was passiert ist, als Gamal Abd el-Nasser die Einheit mit Syrien versuchte, und selbst Sie (dabei zeigt Bourguiba auf el-Gaddafi) haben keine guten Erfahrungen gemacht. Allah weiß allein, was wirklich mit der arabischen Einheit geschehen wird. Wir stecken doch alle in völlig unterschiedlichen Entwicklungsstufen. Bei Ihnen in Libyen, da gibt es Gegenden – wie etwa Fessan –, da hat man das Gefühl, die Menschen dort leben im Mittelalter, wenn nicht zur Zeit der Schöpfung. Auch hier in Tunesien haben wir Probleme mit den Stämmen. Wir müssen zuerst den Lebensstandard aller heben, dann können wir an Union denken!«

Die Rede des tunesischen Staatspräsidenten war improvisiert. Bourguiba fühlte sich an diesem Tag nicht wohl, er hatte deshalb den libyschen Kollegen gebeten, allein bei einer Versammlung im größten Kino von Tunis zu reden. Bourguiba hörte sich die Rede des Muammar el-Gaddafi zu Hause vor dem Fernsehgerät an. El-Gaddafi sprach von der Notwendigkeit des Zusammenschlusses aller Araber, und er fand zündende Parolen. Bourguiba wurde unruhig zu Hause. Er ließ sich schließlich seinen Wagen kommen, samt Begleitmannschaft, und fuhr zur Versammlung ins Kino. Muammar el-Gaddafi erhielt seine Zurechtweisung.

Der Große Kämpfer regiert Tunesien seit dem 15. April 1956. Im Frühling dieses Jahres war Tunesien unabhängig geworden nach über siebzig Jahren französischer Souveränität. Die Loslösung von Frankreich ist nicht so schmerzhaft verlaufen wie im Nachbarland Algerien: Terror und Unterdrückung hielten sich in Grenzen. Die »Rote Hand«, die Organisation der französischen Siedler, verlor 1954 in der Regierungszeit von Mendès-France die Unterstützung des Mutterlandes. Frühzeitig konnten Gespräche stattfinden mit den Führern der nationalistischen Parteien Destour und Neo-Destour.

Habib Bourguiba selbst hatte von 1945 bis 1949 im Exil in Kairo gelebt. Von dort aus steuerte er die erste Phase der Unabhängigkeitsbewegung. Die zweite Phase leitete er in der Heimat. 1952 ließ ihn der französische Generalresident de Hautecloche verhaften und deportieren wegen Anstiftung zu Streiks und Demonstrationen. Erst ein Jahr vor dem französischen Verzicht konnte er nach Tunesien zurückkehren.

Habib Bourguiba ließ sich nach dem Amtsantritt als Staatschef von seiner französischen Frau scheiden; er heiratete eine Tunesierin, die dem islamischen Glauben angehörte. Doch er wurde kein fanatischer Moslem. Den Arbeitern, Angestellten und Beamten in Tunis erklärte er mit Schärfe, daß die Einhaltung der Fastenregeln im Monat Ramadan Privatsache sei – der Fortschritt der Arbeit und die Produktion dürfe nicht darunter leiden.

Bourguiba mußte, um die Existenz seines Staates zu sichern, ein gutes Verhältnis zu Frankreich herstellen. Das Wachsen dieser Freundschaft wurde erschwert: Frankreichs wechselnde Regierungen der Vierten Republik bereuten die eigene Großzügigkeit gegenüber Tunesien, denn nun wollten auch die Algerier eine ähnliche Lösung erreichen. Um Stärke zu demonstrieren, verweigerte Frankreich gegenüber Tunesien den versprochenen Abzug der Truppen aus der Basis Biserta.

Im Februar 1958 griffen französische Kampfflugzeuge den tunesischen Grenzort Sakhiet Sidi Joussef an. Sie hatten den Auftrag, Schlupfwinkel der algerischen Rebellen zu zerstören; der Angriff auf Sakhiet Sidi Joussef aber traf die tunesische Zivilbevölkerung; neunundsiebzig Menschen wurden getötet, einhundertdreißig verletzt. Habib Bourguiba brach sofort die diplomatischen Beziehungen zu Frankreich ab. Die wenigen Truppen, die Tunesien besaß, wurden um die französische Basis Biserta konzentriert. Die letzte Regierung der Vierten Republik gestand jetzt den Abzug der Truppen zu. Doch dann kam Charles de Gaulle an die Macht, und Habib Bourguiba zeigte sich nachgiebiger: die Franzosen konnten vorläufig bleiben. Die Nachgiebigkeit lohnte sich; 1959 und 1960 leistete Frankreich bedeutende wirtschaftliche Hilfe.

Der Westkurs Bourguibas findet ein abruptes Ende im Juli 1961. Unter dem Druck der eigenen nationalistischen Kräfte muß der Staatspräsident Entschlossenheit demonstrieren: »Ich drücke hiermit unseren festen Willen aus, die tunesische Souveränität über Biserta und über das Saharagebiet an der algerischen Grenze wiederherzustellen!« Sofort flammen Kämpfe auf um die französischen Stützpunkte. Die Franzosen, übernervös, beantworten jede Demonstration mit Schüssen. Die tunesischen Verbände, die Bourguiba jetzt einsetzen läßt, erreichen nichts, doch sie verlieren achthundert Mann. Frankreich ist weiterhin entschlossen, erst dann abzuziehen, wenn dieser Schritt in seine politischen Pläne paßt. Im Sommer 1962 verzichtet de Gaulle auf Algerien; jetzt ist auch die französische Präsenz in Tunesien sinnlos geworden.

Muammar el-Gaddafi bewundert die Hartnäckigkeit des Großen Kämpfers in der Auseinandersetzung mit Frankreich. Beim Zusammentreffen im Januar 1974 auf der Insel Dscherba fängt der Libyer den etwas eitel gewordenen Habib Bourguiba ein mit Lob über den Dienst, den Tunesien der arabischen Sache durch den Kampf um Biserta geleistet habe. Die beiden Staatschefs sind sich einig: das Mittelmeer muß frei werden von fremden Flotten; nur noch Anliegerstaaten dürfen das Recht haben, das Mittelmeer mit Kriegsschiffen zu befahren. Muammar el-Gaddafi stellt sich als Schüler des Großen Kämpfers dar, und Bourguiba, der höchst unzufrieden ist mit seinem eigenen Sohn, schließt tränenüberströmt el-

Gaddafi in die Arme: der Große Kämpfer hat einen Nachfolger gefunden, es kann keinen besseren geben.
In den Januartagen auf Dscherba wird nicht über die anderen Seiten des »Bourguibaismus« gesprochen: etwa über Bourguibas Forderung, in der Palästinafrage mehr Flexibilität zu zeigen, mit Israel ins Gespräch zu kommen. Schon vor dem Junikrieg von 1967 hatte Habib Bourguiba verlangt, mit den Israeli über einen Kompromiß zu verhandeln: Israel gestattet die Ansiedlung der Palästinenser und erhält dafür die Garantie seiner Existenz durch die arabischen Staaten zugesichert. Die Antwort auf den Vorschlag war Wutgeheul aus Kairo.
Kernpunkt des »Bourguibaismus« ist der Wille zur Koexistenz mit Israel. Der Große Kämpfer ist überzeugt, Israel wird in zwanzig bis dreißig Jahren einsehen, daß die Föderation mit einem arabischen Staat die vernünftigste Lösung darstellt. »Wir müssen einen Dialog beginnen. Der Dialog ist das Instrument des Fortschritts selbst in den Beziehungen zwischen Gott und dem Teufel. Wir sind besser dran, wir sind nicht Gott, und niemand ist der Teufel. Mir macht's nichts aus, mich mit einem verantwortlichen Israeli zu treffen.« Muammar el-Gaddafi hört in solchen Sätzen den Verrat. Er will kämpfen bis zum arabischen Sieg über den jüdischen Nationalismus. Doch davon sagt er nichts zu Bourguiba; das Thema »Palästina« wird verschoben bis nach der Signatur des Dokuments zur Fusion von Libyen und Tunesien. El-Gaddafi gibt sich diplomatisch. Zu Dschallud, der behutsam Einwände machen will, sagt er: »Alles regelt sich, ich bin dreiunddreißig und Bourguiba ist einundsiebzig!«
Habib Bourguiba ist krank. Er gibt im Januar 1974 selbst zu, daß er eine ganze Menge an Medikamenten einnimmt. Der Große Kämpfer war seit einigen Jahren schon auf der Suche nach dem Mann, der sein Erbe weiterführen kann. Er hatte auf der Liste der möglichen Nachfolger alle Namen seiner Lieblinge wieder gestrichen: Ministerpräsident Hadi Nouira griff zu ehrgeizig nach der Macht, der frühere Verteidigungsminister Ahmed Mestiri setzte beim Parteikongreß Beschlüsse durch, an denen Bourguiba keinen Geschmack finden konnte. Außenminister Mohammed Masmoudi aber sieht die Chance, sich an allen Konkurrenten und an Habib Bourguiba vorbei in die Spitzenposition zu manövrieren. Er ist der Mann, der den Boden für Muammar el-Gaddafi bereitet. Masmoudi verfaßt das Dokument der Fusion, und er wählt den Zeitpunkt aus für die Unterschrift: Ministerpräsident Hadi Nouira befindet sich während des Treffens von Dscherba zum Staatsbesuch in Teheran. So fehlt der Mahner, der darauf hinweisen könnte, daß die gesellschaftlichen Vorstellungen der Politiker in Tunesien und die des libyschen Präsidenten weit auseinanderklaffen.

»Fusion oder Konfusion?«, diese Frage stellt Wirtschaftsminister Chedly Ayari, als er vom Plan zum Zusammenschluß erfährt. Er ist nicht so sehr dagegen, er kann sich nur nicht vorstellen, daß für Tunesien die strengen islamischen Gesetze Libyens gelten sollen: »Bei uns wird keinem Dieb die Hand abgehackt, auch Alkoholverbot ist wegen der Touristen nicht zu praktizieren.« Ayari sieht Vorteile für Tunesien: »Wir haben eine Arbeitslosenquote von dreißig Prozent, Libyen aber sucht Arbeitskräfte. Wir könnten glänzend kooperieren. Endlich wären wir unsere Schwierigkeiten los.«
Doch der Traum vom libysch-tunesischen Unionsstaat platzt schnell. Ministerpräsident Hadi Nouira kommt aus Teheran zurück und stellt fest, daß die Verfassung eine Fusion mit einem anderen Staat verbietet – eine Änderung der Verfassung hält Hadi Nouira für gefährlich. Die »Islamische Arabische Republik« wird nicht, wie vorgesehen, am 18. Januar 1974 Realität.
Der Libyer wartet ab; er weiß, daß nach dem Tod des Großen Kämpfers seine Chance kommt. Das Interesse, die 5,5 Millionen Tunesier in die politische Zukunft führen zu wollen, hat er angemeldet. Er rechnet sich aus, daß sich nach Bourguibas Tod zwei Kräfte im Streit zerfleischen: die Anhänger des Mohammed Masmoudi und die sozialistischen Gefolgsleute des Ahmed Ben Saleh.

Mohammed Masmoudi stammt aus der Provinz Sousse, einem wirtschaftlich sehr starken Teil Tunesiens. Masmoudi hat viele Freunde in den Reihen der Unternehmer und der Bankiers von Sousse. Zusammen mit Bourguibas islamischer Frau Wassila hält Masmoudi Anteile an Banken in Sousse. Er ist der Mann des Bürgertums und des Kapitals. Seinen Gegner sieht er in Ahmed Ben Saleh, einem ehemaligen Wirtschaftsminister. Ahmed Ben Saleh sitzt im Gefängnis, weil dem Großen Kämpfer die radikalere Einstellung zum Sozialismus mißfiel. Der Häftling behauptet, daß er in der Haftanstalt mit Glück einem Mordanschlag entkommen sei; er macht den Innenminister verantwortlich. Auf Ahmed Ben Saleh hören Studenten und Intellektuelle – er ist Leitfigur der Männer, die zum Baathsozialismus neigen, die staatliche Eingriffe in die Wirtschaft fordern und Beschneidung der Macht des Privatkapitals.
Zwischen den beiden Extremen steht das Offizierskorps der Armee, das an einer Fortsetzung des »Bourguibaismus« nicht interessiert ist. Die Offiziere fordern Abwendung von der Neutralitätspolitik und aktivere Beteiligung an der Auseinandersetzung mit Israel. Diese Männer sind die Freunde des Muammar el-Gaddafi.

Am 19. 12. 1969 begegnen sich Muammar el-Gaddafi und König Hassan II. von Marokko zum erstenmal. Der König holt den Libyer auf dem Flughafen von Rabat ab. El-Gaddafi war kurz zuvor durch Putsch Präsident von Libyen geworden. Gemeinsam schreiten König und Präsident die Reihe der Politiker und Offiziere ab, die das Ehrenspalier bilden. Tief verbeugen sich die Minister, noch tiefer die Obersten und Generäle; jeder küßt dem König die Hand, die Außen- und die Innenflächen. Muammar el-Gaddafi blickt konsterniert auf dieses Schauspiel der Demut. Es ist ihm zuwider, sehen zu müssen, wie seine Kollegen, die marokkanischen Offiziere, dem König die Hand küssen. El-Gaddafi kann sich nicht zurückhalten, er zischt den König an: »Hassan! In welcher Zeit lebt ihr hier eigentlich?« Von diesem Tag an ist der Libyer entschlossen, die marokkanischen Offiziere von König Hassan zu befreien.

König Hassan feiert am 10. Juli 1971 seinen zweiundvierzigsten Geburtstag. Er hat zum großen Fest vierhundert Gäste in den königlichen Palast Sukhairat eingeladen. Im Innenhof wird auf Silbergeschirr das Mittagessen serviert; aus prunkvollen Kesseln gießen die Palastdiener Tee aus. Vom Meer her, das direkt vor der Terrasse des Hofs liegt, weht ein kühler Wind. Die vierhundert Gäste, ausschließlich Männer, finden den Ort für diese Festlichkeit sehr gut gewählt.

Um 14 Uhr stürmen 1400 Kadetten der Militärakademie den Sukhairatpalast. Sie feuern mit Maschinenpistolen und werfen mit Handgranaten auf die Gäste. Über hundert der Geburtstagsgratulanten sind sofort tot, unter ihnen der belgische Botschafter, mehrere marokkanische Generäle und drei Minister. Fünfzig Gäste werden verwundet.

Auf König Hassan schießt niemand. Ein Offizier führt ihn in einen Nebenraum des Palastes, mehrere Kadetten übernehmen die Bewachung. Nach einigen Minuten kommt General Mohammed Madbouh in den Raum; ihm traut der König am meisten. Der General bietet an, Hassan aus der Hölle dieses Palastes wegbringen zu wollen, irgendwohin in Sicherheit. Hassan hat keinen Grund, argwöhnisch zu sein, aber er lehnt das Angebot doch ab. Der König will im Sukhairatpalast abwarten, was geschieht.

General Mohammed Madbouh ist der Führer des Putsches. Er war in Zivilkleidung zu dieser Geburtstagsfeier erschienen und hatte sich bald abgesondert, »um einigen Gästen Tricks im Golfspiel zu zeigen«. Madbouh wartete vor dem Palast, bis die fünfundzwanzig Lastwagen mit Kadetten aus Fès eintrafen, dann übernahm er das Kommando über den Putsch. Seine Zivilkleidung wird ihm allerdings zum Verhängnis; als er vom König kommt und wieder hinaustritt in den Innenhof, erschießt ihn ein Kadett mit einer Geschoßgarbe aus der Maschinenpistole. Damit ist, ganz aus Versehen, der Kopf der Rebellion ausgeschaltet. Fast augenblicklich endet die Schießerei im Sukhairatpalast.

In der Stadt Rabat aber beginnen jetzt die Kämpfe. Aufständische Einheiten besetzen das Gebäude des marokkanischen Rundfunks. Ein Offizier verliest das Kommuniqué Nummer 1 des Revolutionsrats: »Der König ist tot, lang lebe die Republik!« Doch die erste Unsicherheit macht sich bald bemerkbar: vom Sukhairatpalast ist keine Bestätigung zu erhalten, daß der Putsch nach Plan verläuft. Eine Stunde lang spielt Radio Marokko Marschmusik, dann sollte Kommuniqué Nummer 2 verlesen werden, mit den Namen der künftigen starken Männer. Doch General Madbouh, der dazu das Stichwort geben wollte, ist bereits tot.

Das Rundfunkgebäude wird nach drei Stunden von den Kanonen einer Panzerdivision beschossen; für die Rebellen ist der Beschuß ein Hinweis, daß wichtige Teile der Armee dem König treu geblieben sind. Die putschenden Einheiten im Rundfunkgebäude geben auf. Sie werden beim Verlassen des Gebäudes von den Königstreuen gefesselt und auf Lastwagen abtransportiert. Kaum einer entkommt der Exekution; 170 Leichen werden allein auf einem Schießplatz verscharrt.

Radio Marokko schweigt für die nächste Stunde. Radio Libyen wird jetzt zur Stimme der Rebellen: »Freie Offiziere haben in Rabat ihr Haupt erhoben. Sie verteidigen ihre Ehre gegen den Sklavenhalter Hassan.« Muammar el-Gaddafi alarmiert seine Luftlandetruppen, sie sollen zur Unterstützung der Rebellen bei Rabat abgesetzt werden. Das ist die Stunde, auf die el-Gaddafi seit September 1969 gewartet hat. Doch mit dem Tod von Mohammed Madbouh ist der Putsch gescheitert.

König Hassan II. hat die Nerven während der Schießerei und in den Stunden des Wartens nicht verloren. Er wußte, daß es darauf ankam, die erste Phase der Rebellion zu überleben. Er hatte von Anfang an den Eindruck, daß die 1400 Kadetten unter dem Einfluß von Drogen standen: sie handelten nicht wie menschliche Wesen, alle Reflexe der Vernunft waren ausgeschaltet. Im Laufe der Zeit spürte er die Veränderung an seinen Wachen; sie verloren ihre Verkrampfung und wurden gleichzeitig unruhiger und unsicherer. Jetzt wußte Hassan, wie er handeln mußte. Er fuhr die Kadetten plötzlich an: »Küßt mir die Hand!« Sofort küßten sie ihm die Außen- und die Innenflächen der Hand. Dann kniete der König mit seinen Bewachern nieder und sprach Verse des Koran – so lange, bis die königstreue Panzerbrigade den Sukhairatpalast einnahm.

König Hassan II. ist nicht nur der weltliche Monarch der Marokkaner, er ist auch ihr geistliches Oberhaupt. Die königliche Familie erhebt Anspruch auf Abstammung vom Propheten Mohammed; König Hassan führt deshalb auch den Titel »Amir Al Muminin«, Fürst der Gläubigen. Kraft dieses Amts verlangt er den Handkuß. Hassan II. ist Alawite, Anhänger der Sekte, die den Propheten nur als Vorläufer des Ali betrachtet. Der Begründer der Dynastie, Idris Ben Abdullah, hatte im Jahre 788 als Führer der Alawiten vor der Verfolgung durch die Abbasiden aus dem Gebiet zwischen Bagdad und Damaskus fliehen müssen; er baute sich sein Reich im äußersten Westen des arabischen Reiches, an der Atlantikküste.
Hassan II., der Nachfahre des Propheten und des Kalifen Ali, spricht zehn Stunden nach dem Putsch über die Sender von Radio Marokko. Die Verbindungen der Rebellen zu Muammar el-Gaddafi sind bekannt. Hassan sagt: »Das war eine Aktion im libyschen Stil, mit aller Pfuscherei, aller Unzulänglichkeit und mit allem Infantilismus, der die Aktionen dieses Operettenobersten auszeichnet.« Der König verspricht Reformen; er gibt zu, daß im Königreich Marokko nicht alles ganz in Ordnung ist.
Die Reformschritte, die der König jetzt befiehlt, sind klein. Um den Marokkanern ihr Lieblingsgetränk, den stark gesüßten Tee, zu verbilligen, läßt er die Preise für Tee und Zucker heruntersetzen; die Grundgehälter der Beamten werden um fünfzehn Prozent angehoben. Doch der Monarch unternimmt wenig, um die Hauptkrankheit der marokkanischen Politik auszumerzen, die Korruption.
Der Kommandeur der Meuterer, General Mohammed Madbouh, war einige Wochen vor dem Putsch von Sukhairat im Auftrag des Königs in den USA. Von dort brachte er die Gewißheit mit, daß einige marokkanische Minister von der Fluggesellschaft Pan American Zahlungen in Höhe von einer Million Dollar auf Privatkonten verlangt haben, als Gegenleistung für die Erlaubnis zum Bau von Hotels an der Atlantikküste. König Hassan kümmerte sich nicht um den Hinweis des Generals. Die Verteidiger von Madbouh sagen, dieses Desinteresse habe im General den Willen zum Putsch ausgelöst.
Erst nach dem Überfall auf den Sukhairatpalast ließ Hassan die Minister verhaften. Einer der Bestechlichen, Dr. Abdel Karim Al Azrak, hatte auf Konten in der Schweiz, in der Bundesrepublik, in Frankreich Beträge von fünf Millionen Doller überwiesen; über die Herkunft des Geldes schwieg er. Hassan II. war nicht daran interessiert, daß Enthüllungen und Bloßstellungen sein Regime diffamierten. Er ordnete deshalb keinen Prozeß gegen die verhafteten Minister an.
Der König hatte jetzt nur noch einen Mann, dem er vertrauen wollte:

General Mohammed Oufkir, der als Innenminister für die Sicherheit des Landes zuständig war. Oufkir ist Jahrgang 1924, Offizier der französischen Armee im Zweiten Weltkrieg und in Indochina. Er begann seine Karriere als Freund der französischen Kolonialisten und verwandelte sich dann langsam zum marokkanischen Nationalisten, ohne die Kontakte nach Frankreich aufzugeben. Diese Beziehungen wurden nützlich, als Mohammed Oufkir im Auftrag seines Königs einen Politiker der Opposition verschwinden lassen mußte.

Hassan II. sah sich im Jahr 1965 in Schwierigkeiten verwickelt: die Opposition forderte Rechte für die Bürger, die Studenten verlangten Verstaatlichung des Bodens. Anhänger des Baathsozialismus schürten die Unruhe. Bis dahin war es dem König immer gelungen, die Kräfte der Opposition aufzusplittern, den einen gegen den anderen auszuspielen. Gefährlich wurde der Führer der Union Nationale des Forces Populaires, el Mehdi Ben Barka. Er lebte im Exil in Damaskus, von dort aus versuchte er, die nationalen und sozialistischen Gruppierungen zu einigen. Er war der Mann, der einen Volksaufstand organisieren konnte.

El Mehdi Ben Barka kam im Oktober 1965 nach Paris, um an einem Kongreß teilzunehmen. Er verschwand; nie mehr konnte auch nur eine Spur von ihm entdeckt werden. Französische Polizeiagenten waren beteiligt, als Ben Barka entführt wurde. Oufkir befand sich zu diesem Zeitpunkt in Paris. Die Staatsanwaltschaft in Paris ist überzeugt, daß Oufkir selbst Ben Barka ermordet hat. Sie erließ einen Haftbefehl gegen Oufkir und bat über Interpol den marokkanischen Staat um Auslieferung. Doch König Hassan gab Anordnung, den Haftbefehl zu ignorieren. Oufkir, der treue Diener des Königs, bekam nach dem Putsch vom Juli 1971 Vollmacht über die Armee, über die Polizei und über die Zivilverwaltung.

Am 16. August 1972 fliegt König Hassan II. von einem Aufenthalt in Paris nach Rabat zurück. Beim Eintritt der Boeing in den marokkanischen Luftraum schließen von der Seite und von hinten drei F-5-Kampfmaschinen der Königlich Marokkanischen Luftwaffe auf. Das ist keine außergewöhnliche Maßnahme, dem Staatsoberhaupt steht diese Eskorte zu. Plötzlich feuern die Kampfmaschinen auf die Boeing. Das Heck und die Tragflächen werden getroffen. Dem Piloten der königlichen Maschine gelingt es, auf der Strecke von Tanger bis Rabat die Boeing flugfähig zu halten, trotz der Zerstörung wichtiger Steuerteile. König Hassan gibt sich über Funk als Kopilot aus und meldet den Tod des Königs. Aufgrund dieser Information aus der Boeing lassen die Kampfflugzeuge von ihrem Ziel ab.

Zur Vorsicht fliegen die Rebellen nach einer kurzen Auftankpause der

Boeing noch einmal nach; die Piloten sehen, wie die Maschine in Rabat landet. Dort steht die Garde des Königs bereit – Hassan II. schreitet sie ab, als ob nichts vorgefallen wäre. Die Piloten der F-5-Maschinen kurven ein, sie wollen den König und sein Empfangskomitee mit Bordwaffen beschießen. Die Flugzeuge werden bemerkt, Hassan kann sich in Sicherheit bringen. Während er in seinem Versteck darauf wartet, daß die Kampfmaschinen aus Treibstoffmangel den Bereich des Flughafens Rabat verlassen müssen, wundert er sich über die Abwesenheit des für die Sicherheit zuständigen Mannes in Marokko: General Oufkir war nicht zum Empfang erschienen, er mußte sich um den Ablauf dieses Putsches kümmern. Am Abend zuvor hatte er zu seinem Adjutanten gesagt: »Ab jetzt ist alles in Allahs Hand. Eigentlich kann nichts schiefgehen. Morgen sind wir freie Männer!« General Mohammed Oufkir sah sich als Gaddafi der Marokkaner.

Radio Libyen feiert den Putschversuch: »Was heute in Marokko versucht worden ist, hätte längst versucht werden müssen. Dieser König hat seine Untertanen in eine Herde von Hammeln verwandelt!« Als die Engländer aus Gibraltar marokkanische Luftwaffenoffiziere, die der sichere Tod erwartete, zurückschickten auf ihre Flugplätze in der Heimat, empörte sich Ministerpräsident Dschallud in Tripolis: »Für diese Barbarei werden die Engländer uns bezahlen!« Eine organisierte Demonstration bewegt sich zur britischen Botschaft; die Embleme an der Tür werden zerschlagen, Scheiben splittern. Der Botschafter will sich bei Dschallud beschweren, doch der schreit ihn an: »Behalten Sie Ihre elende Beschwerde für sich!« Mohammed Oufkir, der Agent der Libyer, erschießt sich, als der König lebend in seinen Palast nach Rabat fahren kann.

Der marokkanische Monarch sagt am 20. August 1972 einen Satz, der seinen Gegnern Propagandamaterial liefert: »Ich bin bereit, ein Drittel der Bevölkerung meines Landes zu vernichten, wenn ich damit den verbleibenden zwei Dritteln Ruhe und Stabilität sichere!« Todesurteile sind die Dekrete, mit denen König Hassan Marokko regiert. Er will die Unzufriedenen einschüchtern, Angst soll den Freunden der republikanischen Staatsform die Gedanken an Putsch und Rebellion austreiben. Die Führer der gemäßigten Oppositionsgruppen werden vom König gekauft: Allal el-Fassi, früher heftiger Advokat der Übertragung der Verantwortung vom König auf das Volk, wohnt bis zu seinem Tod im Mai 1974 in einem Haus, das Hassan II. ihm geschenkt hatte. Der gepflegte Mann beantwortete mit dünnem Lächeln meine Frage nach Beteiligung der Bürger an der Regierung: »Wir können Petitionen einreichen, Fragen stellen. Wir können den König bitten. Mehr nicht!«

Radio Tripolis reizt tagtäglich die Marokkaner: »Ihr laßt euch an der

Nase herumführen. Euer König bringt Geld aus dem Land; er hat ein Schloß gekauft bei Paris. Hassan rechnet mit dem nächsten Putsch; er bereitet sich vor, schnell abzuhauen. Fangt ihn, erschlagt ihn! Nur die Amerikaner unterstützen ihn. Sprengt die amerikanische Basis in die Luft!«

In der Geschäftsstraße von Kenitra kann abgelesen werden, wie stark die amerikanische Präsenz in Marokko ist. Das amerikanische Militärpersonal fährt Autos mit Spezialnummern. Dicht gedrängt stehen einige Hundert dieser Wagen am Straßenrand. Die Frauen der Techniker, Spezialisten und Bewacher treffen sich am Vormittag beim Einkauf in der Stadt. Die amerikanische Basis liegt ostwärts von Kenitra. Hinter dem Eukalyptuswald sind die Kuppeln der Radaranlagen zu sehen. Das riesige Areal ist mit Stacheldraht und Starkstromzäunen gesichert. Das Eingangstor bewacht amerikanische Militärpolizei. An der Sperrkette dieses Tors endet die Souveränität des Königs.

Die elektronischen Augen und Ohren von Kenitra beobachten den Funk- und Flugverkehr in Afrika und über dem Mittelmeer. Die Basis ist Teil einer Beobachtungskette: die nächste derartige Station der US-Army steht in Äthiopien; daran schließt sich die Basis Dahran, am östlichen Ende der arabischen Welt, an.

Muammar el-Gaddafi sieht in diesen amerikanischen Einrichtungen Instrumente des Imperialismus. Er verlangt von den Marokkanern, daß sie seinem Beispiel der Liquidierung der Luftwaffenbasis Wheelus folgen und die Amerikaner aus dem Land komplimentieren. Zum Ärger des libyschen Präsidenten sieht Hassan II. in den Vereinigten Staaten von Amerika seine Schutzmacht. Der marokkanische König schließt sich lieber an Washington an als an Tripolis in Libyen.

Die militante Opposition, bisher improvisiert und ohne Planung, organisiert sich im Frühjahr 1974. Aus Enttäuschung darüber, daß die Absolventen der Universitäten wenig berufliche Chancen im sehr zurückgebliebenen Königreich Marokko haben, schließen sich junge Rechtsanwälte, Ärzte, Lehrer zur geheimen »Organisation der bewaffneten Volksrevolution« zusammen. Geld und Waffen bekommen die Mitglieder aus Libyen. Das Programm verspricht gnadenlosen Kampf gegen den König: »Das feudalistische Regime des Königs Hassan II. bildet das Haupthindernis für Freiheit und Demokratie in unserem Lande. Dieses verhaßte feudalistische Regime kontrolliert Marokko vollständig. Hassan II. läßt jeden Mann ermorden, der offen für die Freiheit eintritt. In diesem Lande werden die Freunde des Königs immer reicher auf Kosten der arbeitenden Massen. Die Arbeiter bleiben Gefangene ihres Elends und ihrer Armut. Mit Absicht sind ihnen alle demokratischen Rechte ge-

nommen. Wir kämpfen dafür, diesen König zu beseitigen. Unser zweites Ziel ist die Liquidierung der fremden Militärbasen in Marokko.«
Dieses zweite Ziel ist auf Empfehlung von Muammar el-Gaddafi in das Programm der »Organisation der bewaffneten Volksrevolution« aufgenommen worden. Trotz der großen Beträge, die der Geheimorganisation zur Verfügung stehen, gelingt es ihr nicht, mit ihrer Propaganda in die Arbeiterviertel einzudringen. Die ausgezeichnete Polizei des Königs verhindert die Verteilung von Flugblättern; wer mündliche Werbung für die Demokratie betreibt, wird verhaftet. Die Revolutionäre sind nicht in der Lage, das politische Bewußtsein der Arbeiter und der Arbeitslosen aus dem tiefen Schlaf zu wecken.

Numeiri verdankt Gaddafi sein Leben und spottet über ihn

In der Morgendämmerung des 22. Juli 1971 zwingen libysche Kampfflugzeuge eine Verkehrsmaschine, die nonstop von London nach Khartum fliegen soll, zur Landung auf dem Flughafen Bengasi. Dem Piloten wird die Überfliegung des libyschen Gebiets verboten. Seinen Versuch, nach Rom auszuweichen, verhindern die Kampfflugzeuge. Der Pilot folgt der Aufforderung: »Landen Sie in Bengasi, Anflug auf die Piste von Süden her!« Als die Stewardeß die Passagiere bittet, sich zur Landung anzuschnallen, verlangen in der ersten Klasse zwei Fluggäste noch rasch Whisky: »Libyen ist ein trockenes Land mit Alkoholverbot. Das wird unser letzter Whisky sein!« Die beiden Passagiere sind Oberstleutnant Babekr el-Nur und Major Faruk Osman Hamadallah; sie hatten im Exil in London gelebt und sind jetzt unterwegs, um in Khartum hohe Regierungsämter zu übernehmen. Nach einem Putsch in der sudanesischen Hauptstadt sind Freunde der beiden Offiziere Sieger über Numeiri, den bisherigen Präsidenten. Oberstleutnant Babekr el-Nur soll Vorsitzender des Revolutionsrates und damit Regierungschef werden. Doch als die Maschine nach langem Kurven auf die Landebahn von Bengasi einschwenkt, weiß er, daß dieser Traum zu Ende ist: »Muammar el-Gaddafi wird uns eher erschießen als weiterreisen lassen!« Die beiden sudanesischen Offiziere werden von libyschen Kollegen verhaftet. Die Maschine der BOAC fliegt nach London zurück.

Der Oberstleutnant und der Major waren von Jaafar el-Numeiri deshalb ins Exil geschickt worden, weil sie ihre Sympathie für die Kommunisten offen gezeigt hatten. Babekr el-Nur und Faruk Osman Hamadallah sind der Meinung, daß der Staatschef die besitzende Klasse viel zu milde behandelt, sie setzen sich für harte Sozialisierungsmaßnahmen ein und für Freundschaft zur Sowjetunion. Jaafar el-Numeiri aber sieht zu diesem Zeitpunkt den größeren Vorteil im Anschluß an den Westen. Der Präsident wird mit seinem behutsamen Westkurs zum Gegner der 50 000 Kommunisten des Sudan. Die im Untergrund arbeitende Parteileitung gibt die Zahl von 50 000 Mitgliedern an, überprüft werden kann sie nicht.

Fest steht, daß die Kommunistische Partei des Sudan die stärkste der arabischen Welt ist. Kern der Partei bildet die Eisenbahnergewerkschaft, einst Gründung der britischen Kolonialherren; parallel zur Linksorientierung der Gewerkschaft in England vollzog sich auch bei der sudanesischen Patenorganisation die Wendung zu den Kommunisten.

Die Kommunisten Arabiens sind Gegner der arabischen Einigungsbewegung. Sie argumentieren, die Zeit sei nicht reif für die Union der Araber, die Entwicklung aller Einzelregionen zu sozialistischen Gesellschaftsformen müsse der Fusion vorangehen. Moskau gibt die Direktive aus: die sowjetische Führung torpediert jeden Versuch, Keimzellen des arabischen Vaterlands zu schaffen. Breschnjew, Kossygin und Gromyko fürchten, daß im größeren arabischen Staatsgebilde die Männer den stärksten Einfluß haben werden, die den Koran und damit religiösorientierte Gesetze zur Grundlage des Staates machen wollen. Die Führer der sowjetischen Politik können sich ausrechnen, daß das arabische Vaterland, mit Männern wie el-Gaddafi und König Feisal an der Spitze, nichts für Sozialismus der marxistischen Prägung übrig hat. Moskau empfiehlt seinen Anhängern den Kampf gegen die Unionsideen, solange Gefahr besteht, daß der Islam die bestimmende Doktrin des Unionsstaates werden könnte.

Oberst Jaafar el-Numeiri war am 25. Mai 1969 durch Putsch Regierungschef des Sudan geworden; in Libyen führte drei Monate später Muammar el-Gaddafi den Staatsstreich aus. Der Sudanese zeigt schon im Frühjahr 1970 Interesse für die Föderationsgedanken des neuen Mannes in Tripolis; die beiden Präsidenten treffen sich und finden sich sympathisch, aufgeschlossen den gleichen Visionen vom großen arabischen Vaterland. Ein Dreierbund zwischen Libyen, Sudan und Ägypten wird geplant.

Getreu ihren Weisungen aus Moskau stellen sich die Kommunisten sofort gegen den Föderationsplan. Der Generalsekretär der Partei, Abdel Khalek Maghoub, steuert die Propaganda. Jaafar el-Numeiri beantwortet die Kampagne mit der Verhaftung des Kommunistenführers: er wird, zusammen mit anderen führenden Männern der Partei und der Gewerkschaft, in einem Lager bei Khartum inhaftiert. Doch der Chef der Lagerwache läßt Abdel Khalek Maghoub am 29. Juni 1971 entkommen. Die

sudanesische Polizei sucht drei Wochen lang ohne Erfolg den Chef der Kommunistischen Partei; Maghoub hat ein ausgezeichnetes Versteck gefunden: der Kommandeur der Präsidialgarde, Brigadegeneral Osman Sharaf, verbirgt den Kommunisten im Dachgeschoß des Präsidentenpalastes. Wenige Meter von Numeiris Schreibtisch entfernt, bereitet Maghoub den Putsch vor.
Jaafar el-Numeiri fühlt sich nicht sicher seit der Flucht des Kommunistenchefs; er sagt deshalb Anfang Juli 1971 eine Reise nach Marsa Matruh ab. Numeiri schickt den Major Said el-Abden zum Treffen mit Sadat und Gaddafi, der Major soll um Entschuldigung bitten, daß Numeiri sich derzeit nicht mit den Plänen der Föderation befassen kann. Den Tag der Rückkehr des Majors wählt Abdel Khalek Maghoub für den Putsch aus. Zur Mittagszeit des 19. Juli, Jaafar el-Numeiri läßt sich eben von den Gesprächen in Marsa Matruh berichten, fahren Panzer vor der Wohnung des Präsidenten vor: Numeiri und sein kompletter Revolutionsrat werden festgenommen.

Der erste kommunistische Putsch der arabischen Welt

Es war dem Generalsekretär der Kommunistischen Partei gelungen, den Chef der Dritten Panzerbrigade, Oberst Abdel Moneim Ahmed, davon zu überzeugen, daß Jaafar el-Numeiri gestürzt werden müsse. Der Oberst neigt zu einer sozialistischen Gesellschaftsordnung, er spricht viel von Gerechtigkeit und von Aufteilung des Besitzes unter allen Mitgliedern der Gesellschaft – die Ordnung Jugoslawiens schwebt ihm als Beispiel vor. Offiziere und Mannschaften der dritten Panzerbrigade folgen den Anweisungen ihres Kommandeurs: sie besetzen den Rundfunksender Omdurman, die Telefonzentrale der Post, den Präsidentenpalast und das Gebäude des Generalstabs. Offiziere, die sich den Rebellen nicht anschließen, werden erschlagen; in einem Anbau des Präsidentenpalastes liegen tagelang die übel zugerichteten Leichen von dreißig jungen Offizieren.
Jaafar el-Numeiri wird in seinem eigenen Hause festgehalten, zwei Tage lang. Wie er sagt, bekam er während dieser Zeit nichts zu trinken. Warum die Rebellen den Präsidenten am Leben lassen, ist ihm selbst ein Rätsel. Die milde Gesinnung rächt sich für die Freunde der Kommunisten: aus Ärger über die Ermordung der Offizierskameraden beginnt Major Salah Abdel Al am dritten Tag des kommunistischen Putsches die Gegenrebellion. Der Major befiehlt die Beschießung des Präsidentenpalastes; schon nach wenigen Salven ergibt sich Brigadegeneral Osman Sharaf.

Im Durcheinander der Kämpfe flieht Jaafar el-Numeiri; niemand hindert ihn daran, als er, von Deckung zu Deckung schleichend, den Regierungssitz verläßt. Numeiri schlägt sich durch zur Einheit des Majors Salah Abdel Al. Die Radiostation Omdurman wechselt wieder ihren Besitzer; die Feinde der Kommunisten übernehmen das Mikrofon: »Numeiri ist unser Führer!« Jaafar el-Numeiri gibt die Anordnung zur Jagd auf die Kommunisten: Hunderte werden umgebracht, Tausende eingesperrt.
Muammar el-Gaddafi in Libyen triumphiert. Er hat viel zur Rettung des Jaafar el-Numeiri beigetragen. Zwei der wichtigsten Vertreter des Linksregimes hat er, unter Verletzung des Völkerrechts, in Bengasi aus der Verkehrsmaschine der BOAC holen lassen – el-Gaddafi stand auch, vom zweiten Tag der Kommunistenherrschaft an, in Kontakt mit Major Salah Abdel Al, dem Offizier, der Numeiri zum Sieger dieser Auseinandersetzung macht. Ohne die Hilfe von Muammar el-Gaddafi wäre el-Numeiri verloren gewesen. Der Libyer liefert die abgefangenen BOAC-Passagiere Oberstleutnant Babekr el-Nur und Major Faruk Osman Hamadallah gefesselt nach Khartum aus. Sie werden sofort bei ihrer Ankunft erschossen.
Der erste Putsch der Kommunisten in der arabischen Welt endet mit einer Niederlage – und mit einer Blamage: der Sowjetbotschafter in Khartum hat der kommunistischen Regierung zu früh gratuliert und er hat zu deutlich seine unbändige Freude gezeigt. Nach Numeiris Sieg wird die Botschaft geschlossen, der Botschafter und einige Repräsentanten der Ostblockstaaten müssen den Sudan verlassen. Der Staat am Oberlauf des Nils reiht sich ein unter die Feinde der kommunistischen Welt. König Feisal von Saudi-Arabien schickt ein Telegramm an Jaafar el-Numeiri: »Allah hat dir einen herrlichen Sieg geschenkt über die Clique der Sowjetlakaien, die den Sudan dem internationalen Kommunismus in den Schoß werfen wollten.« Der König hat schon während der Kämpfe dem Jaafar el-Numeiri einen guten Dienst erwiesen: eine Maschine der Iraqi-Airways, besetzt mit einer kommunistischen Delegation auf dem Weg von Bagdad nach Khartum, landet zum Auftanken auf dem saudiarabischen Flughafen Dschidda; sie stürzt »aus unerklärlichen Gründen« unmittelbar nach dem Start ab – niemand überlebt.

Ich bin Zeuge, wie Abdel Khalek Maghoub zum Tode verurteilt wird. Er flüstert auf die Seite: »Wenn Sie wüßten, wie diese Leute mich behandelt haben«, dann ruft ihn der Militärrichter, Oberst Ahmed Mohammed el-Hassan, zur Ordnung. In der Baracke des Militärlagers bei Khartum herrscht eine Temperatur von 40 Grad C. Maghoub versucht Zeit zu gewinnen: »Ich habe gar nichts gegen Sie persönlich, Oberst Ahmed

Mohammed el-Hassan, doch als Richter muß ich Sie ablehnen. Sie sind arabischer Nationalist, ich bin Kommunist. Jeder von uns lebt in einer anderen politischen Welt. Sie können nicht über mich richten!« Die mutigen Worte von Abdel Khalek Maghoub bewirken, daß Oberst el-Hassan zum Telefon geht, um mit Staatspräsident Numeiri zu telefonieren, der Militärrichter will von der höchsten Instanz wissen, was jetzt zu tun sei.
Jaafar el-Numeiri hatte inzwischen einen Telefonanruf von Anwar el-Sadat aus Kairo bekommen. Beim ägyptischen Präsidenten lag die Bitte des Sowjetbotschafters Winowgradow um eine Audienz vor. Sadat wußte genau, was Winowgradow wollte. In den letzten Stunden war die Kanzlei des Präsidenten mit Telegrammen aus den Hauptstädten des Ostblocks bestürmt worden, Sadat möge ein gutes Wort einlegen für den Kommunistenchef des Sudan – Abdel Khalek Maghoub war der einzige kommunistische Führer von Format in der arabischen Welt. Von Winowgradow war hartnäckiger Druck zu erwarten: Moskau wollte nicht seinen besten Freund am Galgen enden sehen. Anwar el-Sadat gab deshalb seinem sudanesischen Kollegen den Rat: »Beeile dich mit der Hinrichtung. Sie muß vorüber sein, ehe Winowgradow vor meinem Schreibtisch sitzt!« So bekommt der Militärrichter von seinem Präsidenten den Befehl, sich nicht mit Skrupeln über Verfahrensfragen zu belasten. Abdel Khalek Maghoub wird sofort hingerichtet.
Die Witwe des Generalsekretärs führt im Gefängnis, dann im Exil die Partei weiter. Jaafar el-Numeiri wird nicht fertig mit den Kommunisten. Die Witwe, Nemat Malek, sagt: »Exekutionen beenden die Revolution nicht. Am gleichen Strick, mit dem Maghoub hingerichtet worden ist, werden wir Jaafar el-Numeiri baumeln lassen!«
Die Witwe organisiert einen Protestmarsch der Familien der Hingerichteten durch Khartum. Schriftbänder klagen Numeiri an: »Mörder, blutrünstiger Folterer!«

Jaafar el-Numeiri hoffte, daß mit westlicher Hilfe die wirtschaftlichen Schwierigkeiten des Sudan zu überwinden seien – ein Land im wachsenden Wohlstand, so glaubte er, wird nicht mehr anfällig sein für kommunistische Parolen. Doch der Wohlstand läßt auf sich warten. Die laufenden Kosten des Staates fressen die Kredite auf; nennenswerte Beträge für die Industrialisierung bleiben kaum übrig. 1973 beschließt der Revolutionsrat die Erhöhung der indirekten Steuern; aus ihrem Ergebnis finanziert die Administration zwischen vierundvierzig und fünfzig Prozent aller Staatsausgaben. Die Steuererhöhung hatte eine Steigerung der Preise zur Folge: Tee, Zucker und Reis wurden teurer, die Fleischpreise verdoppelten sich. Da die Einnahmen der Bevölkerung sich nicht veränderten, organisierten die Gewerkschaften Widerstand gegen die Preiserhöhungen. Die kommunistisch beeinflußte Gewerkschaft der Eisenbahner begann die Aktion mit kleinen Streiks. Jaafar el-Numeiri gab sofort nach, die Steuererhöhungen wurden gestrichen, damit sanken auch die Preise wieder. Die Gewerkschaften hatten zum erstenmal ihre Macht gegen den Präsidenten erprobt: sie waren mit dem Ergebnis zufrieden.

Christen und Heiden bekämpfen die Moslems

Innere Probleme hinderten die sudanesische Republik daran, Einfluß zu gewinnen im Kreis der arabischen Staaten. Numeiri und sein Revolutionsrat hatten mit dem Kampf ums Überleben genug zu tun. Der Präsident war besonders daran interessiert, den Krieg im Süden des Sudan zu beenden.

Seit dem Tag der Unabhängigkeit, seit dem 1. Januar 1956, bemühten sich die Führer der christlichen und heidnischen Negerstämme im Süden des Sudan um Autonomie für ihr Gebiet. Die Christen und Heiden waren in der britischen Verwaltungseinheit »Sudan« zusammengespannt mit den Moslems, die im Norden des Sudan leben. Nichts verband Norden und Süden. Die Neger erinnerten sich mit Schrecken an die Zeit, als die Araber durch die Sümpfe des Nils vordrangen, um Negersklaven zu fangen. Beim Abzug der Engländer sahen sie die Gelegenheit, sich von den verhaßten Arabern abzutrennen. Die sudanischen Zivil- und Militärkabinette der folgenden Jahre versuchten das Problem militärisch zu lösen: dreizehn Jahre nach Beginn des Konflikts sind drei Viertel der sudanesischen Armee in den Südprovinzen Bahr el-Ghasal, Äquator und Oberer Nil stationiert. Vier Millionen Menschen leben dort, ein Viertel der Gesamtbevölkerung des Sudan. Diese Menschen gehören zu Stammesverbänden; die größten sind die Stämme der Shilluk, der Dinka und der Nuer. Fünfzig verschiedene Sprachen werden im Südsudan gesprochen; fast jede der bewohnten Inseln in den Nilsümpfen hat ihren eigenen Wortschatz entwickelt. Die Staatsverwaltung in Khartum hatte den vernünftigen Gedanken, den Menschen im Süden eine Sprache zu geben; sie wählten dafür die arabische Sprache, doch diese Entscheidung wollten die Neger nicht akzeptieren. Die Chefs der Stämme entwickeln zu Beginn der sechziger Jahre eine Widerstandsorganisation, die den Namen Anya Nya trägt. Diese Armee der christlichen und heidnischen Negerstämme beherrscht um 1968 fast alle Gebiete des Südens, mit Ausnahme der Städte Juba und Wau, die mit einer starken arabischen Garnison belegt sind. Unterstützung findet die Anya Nya bei den Nachbarstaaten Uganda

und Äthiopien und bei den christlichen Kirchen in West-Europa. Söldneroffiziere wie Rolf Steiner bilden das Rückgrat der Negerarmee.
Die sudanesische Armee beginnt in der Mitte des Jahres 1971 ihre letzte Offensive gegen die Anya Nya. Auch Jaafar el-Numeiri will, wie die Vorgänger, den Süden mit Gewalt befrieden. Er setzt Luftwaffe und Artillerie ein. Noch einmal erleiden die Neger hohe Verluste – nach ihren Angaben sollen im Laufe der Feldzüge 900 000 Menschen ums Leben gekommen sein. Doch immer wieder flammt der Widerstand auf; die Anya-Nya-Verbände fliehen vor der arabischen Offensive nach Uganda und kommen zurück, wenn die sudanesische Armee weitergezogen ist. Jetzt, da der Endsieg nicht möglich erscheint, ergreift Jaafar el-Numeiri diplomatische Mittel: er verbessert die Beziehungen zu Kaiser Haile Selassie von Äthiopien und bietet ihm die Funktion des Vermittlers zwischen der Anya Nya und der sudanesischen Regierung an. Numeiri kann ein Geschäft offerieren: wenn Äthiopien die Unterstützung der Rebellen im Südsudan einstellt, gibt der Sudan die Hilfe für die Organisation zur Befreiung von Eritrea auf. Die Organisation konnte bisher in Khartum eng mit Organen der palästinensischen Kommandobewegung zusammenarbeiten. Haile Selassie nimmt das Angebot zum Tauschgeschäft gerne an. Jaafar el-Numeiri überzeugt auch die Führung von Uganda von seinem guten Willen, mit den Negerstämmen des Südsudan zu einer Einigung zu kommen. So trocknet Jaafar el-Numeiri die Unterstützung der Nachbarstaaten für die Anya Nya aus. Unter Vorsitz des Kaisers von Äthiopien wird im April 1972 in Addis Abeba ein Abkommen zwischen den arabischen und den heidnisch-christlichen Stämmen des Sudan abgeschlossen. Das Ergebnis der Verhandlungen ist seit April 1973 Teil der Verfassung. Die Verfassung garantiert den drei Südprovinzen den Status der Autonomie unter einem eigenen Präsidenten, der gleichzeitig Vizepräsident des sudanesischen Gesamtstaates ist. Hauptstadt des südlichen autonomen Staates wird Juba. Für das Sprachenproblem findet Numeiri eine Lösung: Englisch ist künftig die Amtssprache der Verwaltung in Juba.
Numeiri sagt: »Die Beendigung des Krieges ist ein Sieg nicht nur für den Sudan, sondern für ganz Afrika.« Die arabischen Bruderstaaten fassen diesen Satz als Absage an den panarabischen Nationalismus auf. Muammar el-Gaddafi beginnt zu argwöhnen: »Numeiri wendet sich von Arabien ab!« Der sudanesische Präsident ärgert sich über die Verständnislosigkeit des libyschen Kollegen. Er sieht keinen anderen Ausweg als die Wendung in Richtung Afrika, denn der Vertrag von Addis Abeba bleibt so lange ein Stück Papier ohne Bedeutung, solange nicht die afrikanischen Staaten bereit sind, den Sudan als Partner anzuerkennen.

In den siebzehn Jahren Krieg waren 750 000 Südsudanesen geflohen, sie müssen mit Hilfe der Nachbarstaaten wieder zurückgeholt und angesiedelt werden. Für die Befriedung des Südsudan können die arabischen Präsidentenkollegen wenig tun, Jaafar el-Numeiri muß mit den Chefs von Zaire, Uganda und Kenia kooperieren.
Im September 1972 zeigt Muammar el-Gaddafi, daß er keine Rücksicht nimmt auf die Afrikapolitik des Jaafar el-Numeiri. Zu dieser Zeit dringen Verbände aus Tansania in Uganda ein, Kleinkrieg an der Grenze beginnt. Idi Amin, der Staatschef von Uganda, seit seiner Trennung von Israel ein Freund der Araber, bekommt von Muammar el-Gaddafi das Angebot: »Libyen schickt Truppen zu Hilfe.« Gaddafi läßt seine Luftlandetruppen starten, dieselben Verbände, die auch den Rebellen gegen den marokkanischen König Hassan hätten helfen sollen. Die Maschinen der libyschen Luftwaffe mit Waffen und 400 Soldaten an Bord landen in Khartum, um Kraftstoff nachzufüllen. Die Überfliegung und die Zwischenlandung ist bei den sudanesischen Behörden nicht angemeldet. Diese Unterlassung gibt Jaafar el-Numeiri den Vorwand, die Waffen zu beschlagnahmen und die libyschen Truppen zurückzuschicken. In Wirklichkeit will der Sudanese keine Einmischung in die Angelegenheiten der afrikanischen Staaten dulden. Die Nachbarländer hatten ebenfalls versprochen, sich neutral zu verhalten. Für diesen Grundsatz der Nichteinmischung fehlt Muammar el-Gaddafi jede Einsicht. Er schickt ein Telegramm nach Khartum: »Allah möge dir vergeben!« Numeiri aber nennt den libyschen Präsidenten von diesem Tag an »den Zwerg von Tripolis«.
Im Mai 1974 entdeckt die sudanesische Sicherheitspolizei eine Gruppe von Offizieren, die einen Putsch gegen Jaafar el-Numeiri planen. Ihr Auftraggeber ist der libysche Staatspräsident.

Gaddafi erntet Verachtung von Algier

Oberst Houari Boumedienne, Staatschef von Algerien, hat wenig Achtung vor den hartnäckigen Versuchen des Muammar el-Gaddafi, seinen Willen anderen aufzuzwingen. Houari Boumedienne ist der Meinung, daß Libyen seit der Revolution von 1969 wenig geleistet hat und keinen Anspruch auf die Führung der arabischen Welt besitzt. In seinen Augen war auch der Putsch gegen König Idris ein Kinderspiel, nicht vergleichbar mit dem langen Befreiungskampf der Algerier.
Mit 50 000 Soldaten sind die Franzosen 1830 an der algerischen Küste gelandet. Vorausgegangen war die Mahnung des Deys von Algier, Frankreich möge seine Schulden aus nichtbezahlten Lieferungen zur Zeit

Napoleons endlich begleichen. Bei einer der hitzigen Unterhaltungen über dieses Thema hatte der Dey dem französischen Konsul eine Ohrfeige gegeben. Diese Beleidigung war der Anlaß zur Besetzung Algeriens durch Frankreich.

Sofort nach 1830 begann die Enteignung von Grund und Boden in den Ebenen von Oran, Sétif, Constantine. Einzelpersonen und Kapitalgesellschaften aus Frankreich erwarben das fruchtbare Ackerland. Schon im Jahre 1886 verfügen 15 000 »Colons« über 1,5 Millionen Hektar der Landstriche mit mehr als 500 mm Niederschlag und weniger als 5% Gefälle. Nach der Jahrhundertwende ist kaum noch bebaubarer Boden in verkehrsgünstiger Lage in der Hand von Algeriern. Die ursprüngliche Bevölkerung wird von einfachen Bildungswegen abgehalten. Marschall Bugeaud verwirft Schulpläne mit den Worten: »Wir brauchen keine Araber, die lesen, schreiben und rechnen können.« Das Resultat: 1963 stellt eine UNESCO-Kommission fest, daß 92% der Algerier Analphabeten sind. Mit Absicht hatten die französischen Generalgouverneure das algerische Volk im Zustand der geistigen Unterentwicklung belassen; wer nichts lernen konnte, der blieb eine billige und meist willige Arbeitskraft. Von der Einbeziehung Algeriens in den französischen Staat profitierten nur die Colons, eine Million Franzosen – die acht Millionen Algerier blieben ohne Rechte.

Frankreich unterliegt 1940 der deutschen Armee. Die Generäle der Regierung Pétain und der Regierung de Gaulle streiten sich um den nordafrikanischen Besitz: in den Augen der intelligenten Algerier entwürdigt sich die Kolonialmacht Frankreich selbst. Während seiner Zeit als Chef der Exilregierung (1943) erläßt de Gaulle Reformen für Algerien, er proklamiert die Gleichheit von Frankreich und Algerien. In Wirklichkeit bekommen nur 60 000 moslemische Algerier die vollen Bürgerrechte, nicht einmal ein Prozent der arabischen Bevölkerung. Algerische Regimenter kämpfen im Zweiten Weltkrieg an der Seite der Franzosen, sie beteiligen sich in den kommenden Jahren an den Schlachten in Indochina. Kehren die hochdekorierten Offiziere, Unteroffiziere und Mannschaften nach Algerien zurück, finden sie sich als Menschen niedriger Klasse; die Colons schauen noch immer auf die Algerier herab.

Einige der erfahrenen Soldaten der algerischen Regimenter schlagen in der Nacht zum Allerheiligenfest des Jahres 1954 zu. An sechs verschiedenen Stellen flackern in Algerien Brände in wichtigen Versorgungsanlagen auf. Dieser Aufstand ist der zweite Schock für Frankreich im Jahr 1954: im Mai war Dien Bien Phu gefallen; ein Zeichen, daß Indochina nicht von den Franzosen gehalten werden konnte.

Die Verantwortung für die Brände in Algerien trägt die Organisation

»Front de Libération Nationale« (FLN). Vom Allerheiligentag 1954 an dauert der Krieg in Algerien sieben Jahre lang. Die Franzosen kämpfen mit den Einheiten ihrer regulären Armee; sie führen Strafexpeditionen durch und vernichten ganze Dörfer, deren Bewohner der Sympathie für die FLN verdächtigt werden. Die französischen Siedler schaffen darüber hinaus eine Schutztruppe, die der politischen Organisation Front National Français angegliedert ist; ihre Kommandeure sind der Kaffeehausbesitzer Joseph Ortiz und der Jurastudent Lagaillarde. Sie wehren sich gegen de Gaulles Politik der Loslösung Algeriens vom französischen Mutterland.

De Gaulle war am 1. Juni 1958 in Frankreich Präsident geworden. Von ihm wird erwartet, daß er die Bindung der afrikanischen Provinz an Frankreich festigt. Doch schon im Februar 1959 kündigt der französische Präsident die »Periode der Entkolonialisierung« an. Ein notwendiger Schritt: 10 000 Franzosen sind bereits in Algerien gefallen. Die Ausbildung und die Bewaffnung der FLN-Kämpfer wird immer besser.

Frühzeitig spürt General de Gaulle, daß die Franzosen genug haben vom Abenteuer Algerien. Er sichert sich 1960 durch ein Referendum ab; es bringt eine klare Mehrheit für de Gaulle: 15 Millionen stimmen seiner Politik zu, 5 Millionen sind dagegen. In Algerien sieht das Verhältnis anders aus: in der Hauptstadt Algier werden 140 000 Nein-Stimmen gezählt gegen 50 000 Ja-Stimmen, in Oran 75 000 Nein-Stimmen gegen 11 000 Ja-Stimmen, in Constantine 30 000 Nein-Stimmen und 10 000 Ja-Stimmen. Die Unzufriedenen in Algerien gründen die Organisation de l'Armée Secrète (OAS) – ein Terrorverband, der mit Plastikbomben, Foltern und heimlichen Exekutionen den Aufstand der Araber zermürben will. Parallel zum schmutzigen Krieg der Fanatiker entwickeln sich geheime Kontakte zwischen den Aufständischen und der französischen Regierung. In Evian am Genfer See beginnen die ersten konkreten Gespräche. Die Generäle Challe, Salan, Zeller und Jouhaud putschen am 22. April 1961 gegen die Regierung de Gaulle. Sie wollen den Weg zu einem ausgehandelten Einverständnis zwischen der FLN und den französischen Delegierten verhindern. Die Generäle rufen die Truppen im Mutterland und in der ehemals französischen Zone der Bundesrepublik auf, gegen den Verräter de Gaulle zu marschieren, »der auf heiligen Boden verzichtet«. Doch dem Präsidenten gelingt es, durch eine Fernsehansprache jeden Ansatz einer Putschstimmung auszulöschen; die Aufrufe der Generäle zünden nicht.

Am 18. März 1962 werden die Abkommen von Evian unterschrieben. Noch ehe bekannt wird, was das Abkommen enthält, strömen die Algerier auf die großen Plätze der Hauptstadt; jeder wartet auf Nachrichten, ob die Unabhängigkeit wirklich und wahrhaftig erkämpft ist. Plötzlich feuern Maschinengewehre von den Dächern auf die Menge; Granatwerfergeschosse explodieren. In Kooperation mit der Polizei hatte die OAS diesen Überfall vorbereitet. Die Menschen, die zu den Seitenstraßen flüchten, trampeln über hundert Tote. Im Stadtviertel Bab-al-Oued verschanzt sich die OAS, diese Festung hält sich noch lange; Oberst Gardes und der frühere Präfekt Achard übernehmen das Kommando. Sie kämpfen weiter, auch nach dem neuerlichen Referendum in Frankreich, das mit dem Resultat von 17,55 Millionen Ja-Stimmen gegen 1,7 Millionen Nein-Stimmen in einem großen Sieg für de Gaulle endet. Am 25. Juni 1962 steht eine riesige Rauchwolke über der Stadt Oran, sie ist bis Spanien zu sehen; 100 000 Tonnen Öl brennen im Hafen. Mit Attentaten und Überfällen versucht die OAS noch einmal, den Willen der Algerier zur Unabhängigkeit zu zerbrechen.

Das algerische Referendum vom 1. Juli 1962, durchgeführt nach demokratischen Wahlprinzipien, beendet nach hundertzweiunddreißig Jahren die Herrschaft Frankreichs. Folgende Frage liegt dem Wähler in französischer und arabischer Sprache vor: »Wollen Sie, daß Algerien ein unabhängiger Staat wird, der mit Frankreich gemäß den in den Erklärungen vom 19. März 1962 festgelegten Bedingungen zusammenarbeitet?« 5 975 581 Algerier antworten mit Ja, 16 534 mit Nein. Am 3. Juli 1962 erklärt Präsident de Gaulle die Unabhängigkeit Algeriens.

Die französischen Siedler verlassen sofort das Land, sie fürchten die Rache der Algerier. Die FLN rechnet in diesen Tagen die Toten des Befreiungskrieges zusammen: die Endziffer liegt bei einer Million Menschen; nach dieser Rechnung sind zehn Prozent der Bevölkerung Algeriens im Befreiungskrieg gefallen.

Mit dem Tag der Unabhängigkeit bricht das Chaos aus. Die Franzosen legen die Verantwortung nieder, die Algerier sind auf sich selbst gestellt. Da sie in der Führung der Administration nicht geübt sind, zerfällt die straffe Ordnung, die von der Kolonialmacht eingeführt worden war. In Algier bricht der Verkehr zusammen, die Versorgungsbetriebe – sechzig Prozent sind sowieso durch den Krieg zerstört – funktionieren nicht mehr. Doch die Bevölkerung hält durch; die Franzosen warten, ob sie von reuigen Algeriern zurückgerufen werden; nichts dergleichen geschieht. Langsam lernen die Menschen von Algier, Oran und Tlemcen sich einzufügen in die Steuerstellen komplizierter Verwaltungsapparate. Der Lernprozeß wird gehemmt durch Streitigkeiten unter den führenden Männern der Revolution. Ben Bella kann sich nach drei Monaten durchsetzen; er wird der erste Ministerpräsident der Algerischen Republik

unter dem Staatspräsidenten Ferhat Abbas. Das wichtigste Problem bleibt über Jahre hindurch das Fehlen der Unternehmer, Techniker, Ärzte, Verwaltungsfachleute, Lehrer. Die Fabriken, von den Franzosen verlassen, bleiben geschlossen. Siebzig Prozent der Bevölkerung sind arbeitslos. Die algerischen Revolutionäre finden ein revolutionäres Konzept: die Arbeiter übernehmen selbst die Werksführung; die bisherigen Knechte leiten die großen Domänen; in demokratischen Wahlen bestimmen die Arbeitnehmer die Personen des Betriebsmanagements. Dieses Verfahren, Autogestion genannt, wird zur Grundlage des algerischen Sozialismus.
In den ersten Monaten des Jahres 1965 ist zu spüren, daß Ben Bella radikale Ideen verwirklichen will: die Komitees der Autogestion sollten unter die Kontrolle einer bewaffneten Volksmiliz gestellt werden; so will Ben Bella seinen Einfluß bis in die einzelnen Betriebe hinein sichern. Eine ganze Reihe der neuangelernten Administratoren finden diese Entwicklung verhängnisvoll. Sie denken daran, den Ehrgeiz des einzelnen Arbeiters anzustacheln, ihn durch Aussicht auf Profit zu Mehrarbeit zu reizen. Kontrolle durch Aufpasser mußten sich schädlich für das Wachstum der angeschlagenen algerischen Wirtschaft auswirken. Diese vernünftigen Männer wenden sich an Oberst Houari Boumedienne; dessen Truppe hatte Ben Bella 1962 an die Macht gebracht – dieselbe Truppe setzt Ben Bella am 19. Juni 1965 wieder ab.
Boumedienne ändert das Prinzip der Autogestion: seit Februar 1969 werden die Direktoren der Domänen vom Landwirtschaftsministerium ernannt. Die Direktoren vertreten den Staat im Gremium der Landarbeiter, sie sind verantwortlich für die Beachtung des generellen algerischen Anbauplans. Die Art der angebauten Feldfrüchte richtet sich nach der Anweisung des Landwirtschaftsministeriums – das Ministerium hat seine Richtlinien wiederum dem nationalen und weltweiten Bedarf an landwirtschaftlichen Produkten anzupassen. Ein Beispiel: der algerische Wein findet kaum noch Absatz, deshalb werden die selbstverwalteten Kollektivfarmen aufgefordert, Rebland in Getreideäcker zu verwandeln.
»Unsere Revolution setzt sich in der Agrarrevolution fort!« Diese Direktive gibt der Staatspräsident für die siebziger Jahre. Gemeint ist eine Korrektur der Besitzverhältnisse. Beim Abzug der französischen Siedler konnte von den Algeriern billig Land gekauft werden. Die Colons waren froh, wenn sie überhaupt noch Geld bekamen, zur Flucht hatten sie sich auf jeden Fall entschlossen. Die Übertragung der Domänen auf Algerier schuf in wenigen Tagen eine besitzende Klasse. Diese neuen Landeigentümer sind nicht in der Lage, die Güter zu bearbeiten, sie wohnen meist in der Stadt und haben beim billigen Kauf nur an die Geldanlage gedacht.

Boumedienne ist der Meinung, daß dieser Reichtum auf unrechtem Wege erworben worden ist; er fordert die algerischen Kapitalisten auf, freiwillig zu verzichten. Das Land soll übergeführt werden in selbstverwaltete Kooperative. Viele Landbesitzer folgen der Aufforderung, solange sie noch für den Verzicht durch namentliche Erwähnung in den Tageszeitungen belohnt werden. Sie wissen, daß Enteignung droht: privater Grundbesitz, der mehr umfaßt als 3 ha bewässertes Land, soll verstaatlicht werden. Bis 1974 haben achthundert Grundeigentümer, die nicht selbst Bauern sind, ohne Entschädigung auf ihre Güter verzichtet. Die FLN, nach der Unabhängigkeit umgewandelt zur staatstragenden Partei, will so, durch einen freiwilligen Akt der Kapitalisten, die Klassenunterschiede in Algerien verringern.

In vielen Gegenden Algeriens sind fünfzig Prozent der Männer arbeitslos; das Problem der fehlenden Arbeitsplätze konnte bis 1974 nicht gelöst werden. Die jüngeren Männer suchen sich Arbeit in Frankreich. 700 000 Algerier arbeiten in französischen Betrieben. Diese Emigranten erhalten mit ihrem Geld 1,5 Millionen Menschen in Algerien; sie schicken jedes Jahr eine Milliarde Francs an ihre Familien nach Hause. Der Export der Arbeitskräfte ist der zweitwichtigste Devisenbringer, er wird nur übertroffen von der staatlichen Ölgesellschaft SONATRACH.

Die Einnahmen aus dem Ölverkauf haben Algerien bisher nicht zu einem reichen Land gemacht. Die jährliche Bevölkerungszunahme von 3,2 Prozent frißt das Wachstum des Sozialprodukts auf. Houari Boumedienne rechnet sein Land noch zu den Unterprivilegierten dieser Erde. Er macht sich zum Sprecher der Rohstofflieferanten, die sich ungerecht behandelt fühlen: »Noch in den letzten Jahren haben uns die Konzerne den Preis für das Öl diktiert. Wir bekamen nie soviel, wie das Öl wirklich wert war. Aber für jeden Traktor, den wir aus Europa bezogen, mußten wir einen festen Preis bezahlen. Da gab es keine Diskussion!«

In diesem Punkt treffen sich die Ansichten von Houari Boumedienne und Muammar el-Gaddafi. Beide denken nicht an Partnerschaft mit den Industrienationen, sie verlangen Wiedergutmachung für vergangenes Unrecht: Europa soll heute für die Ausbeutungspolitik der Kolonialzeit bezahlen. Dieser gemeinsame Standpunkt hat nicht dazu geführt, daß sich die beiden arabischen Politiker über Unionspläne unterhalten. Das Geld des libyschen Präsidenten könnte Boumedienne für Industrialisierungsprojekte und für Strukturverbesserungen der algerischen Landwirtschaft brauchen – doch will Boumedienne mit Muammar el-Gaddafi nichts zu tun haben: »Ich weiß nicht, was dieser Abenteurer noch alles vorhat!« Für Boumedienne steht die Realisierung des Traums vom großen arabischen Vaterland ganz unten auf der Prioritätenliste.

Doch beseitigt Houari Boumedienne jetzt schon ein Hindernis, das der Integration Algeriens in ein arabisches Vaterland im Wege stehen könnte: Französisch wird als Alltags- und Amtssprache durch Arabisch abgelöst. Die Franzosen haben in hundertzweiunddreißig Jahren die arabische Sprache ausgetilgt. Wer in Kontakt mit den Vertretern der alles beherrschenden Kolonialmacht kommen wollte, der mußte in deren Sprache reden können. In der französischen Provinz Algerien wurde jedes Straßenschild, jede Geschäftsreklame französisch geschrieben – und daran hat sich bis heute wenig geändert. Da die meisten der Algerier, die vor dem Zweiten Weltkrieg geboren sind, kaum ausreichend Arabisch können, ist ein Gewaltakt, wie ihn el-Gaddafi in Tripolis durchgeführt hat, für Boumedienne keine praktische Lösung: verschwinden die Schilder in nichtarabischer Schrift, dann kann sich die Hälfte der Bevölkerung nicht orientieren. Mit den Beamten beginnt der Präsident die Arabisierung der Sprache; wer nicht Kurse in Arabisch belegt, der wird von der Beförderung ausgeschlossen.

Gaddafi gibt dem Libanon Ratschläge

Die palästinensischen Kampforganisationen sind die Schützlinge des libyschen Staatspräsidenten. Wer als Palästinenser einen Anschlag ausgeführt hat – gleichgültig, ob mit dieser Aktion der Sache der Palästinenser genützt ist oder nicht –, kann auf die Hilfe Gaddafis rechnen. Zu seinen Feinden zählt er alle, die den Organisationen wie El Fatah und Volksfront zur Befreiung Palästinas schaden.

Im Libanon leben Freunde und Feinde von Jassir Arafat und George Habbash. Grob schematisiert teilen sich Sympathie und Antipathie so auf: die Moslems haben mehr Verständnis für den Kampf der Palästinenser, die Christen sind weniger geneigt, dafür Opfer zu bringen. Christen und Moslems geben an, daß jeweils die Hälfte der Bevölkerung zum Christentum oder zum Islam zu rechnen ist. In Wirklichkeit sieht das Verhältnis anders aus: die Moslems haben mehr Kinder, die Familien sind größer; so konnte der islamische Teil der Bevölkerung an Zahl den christlichen Teil überflügeln. Doch darüber wird im Libanon nicht gesprochen.

Die Moslems fordern derzeit noch nicht mehr Rechte, sie verlangen keine Revision des Proporzsystems, denn sie wissen, daß die Christen ihre Rechte mit der Waffe verteidigen werden. Seit den Glaubenskriegen des letzten Jahrhunderts und dem Bürgerkrieg von 1958, dessen Ursache letztlich auch der Streit zwischen Christen und Moslems war, fürchten sich die Libanesen vor der bewaffneten internen Auseinandersetzung.

Doch jede Seite ist dafür gerüstet. Die großen Clans der Christen und der Moslems unterhalten Privatarmeen, die mit Maschinenpistolen, Maschinengewehren und Granatwerfern umzugehen wissen.
Für die bewaffneten Kräfte der Moslems stellen die Gruppen der Palästinenser, auch wenn viele von dem Christen George Habbash kommandiert werden, eine beachtliche Verstärkung dar. Die Kombination der islamischen Privatarmee mit El Fatah und der Volksfront zur Befreiung Palästinas kommt unter der Schirmherrschaft linker politischer Gruppierungen zustande. Die Moslems, selbst wenn sie reich sind, fühlen sich als Gegner der »reichen Christen«, sie bekennen sich zum Sozialismus, der mit der Vorherrschaft der christlichen Plutokratie aufräumen wird.
Die Christen waren und sind den Moslems tatsächlich überlegen: da die christlichen Familien mehr Wert auf die Ausbildung ihrer Kinder gelegt haben, erreichten mehr Christen Spitzenpositionen in Verwaltung, Armee und Wirtschaft. Selbst wenn aus Proporzgründen Posten doppelt besetzt werden, behält der gewandtere Christ den wirklichen Einfluß in der Hand. Muammar el-Gaddafi spricht in Libyen zu diesem internen Problem des Libanon: »In Beirut sind die Christen, die Maroniten, die Herren. Sie spucken auf die Moslems und behandeln sie als Menschen zweiter Klasse. Die Moslems sollten sich das nicht gefallen lassen!« Ein solches Wort mobilisiert die Miliz der christlichen Phalangisten des Beiruter Apothekers Pierre Gemayel. Sie hat im Stadtteil Ashrafie ihre Basen und Waffenlager; ihre Aufgabe ist die Verteidigung der christlichen Wohngebiete im Libanon. Die Mobilisierung der Phalangistenmiliz ruft eine Kettenreaktion hervor: die Männer des Sozialisten Kamal Jumblat, er ist Druse, holen ihre Waffen aus den Verstecken, sie haben ein Arsenal von 1100 Gewehren. Daraufhin kann auch Camille Chamaun nicht zurückstehen, seine 2000 bewaffneten Anhänger unterstützen die Phalangistentruppe von Pierre Gemayel. Jetzt fehlt nur noch der Zündfunke, ein winziger, unbedeutender Zwischenfall, und im Libanon beginnt der Bürgerkrieg.
Die Chefs der politischen Gruppen und die religiösen Führer haben viel zur »Entkonfessionalisierung« der Spannungen im Libanon getan. Der Fanatismus, der noch dem Bürgerkrieg von 1958 die Härte gegeben hat, ist abgeflaut. Der Führer der Linken, Kamal Jumblat, ist vernünftig geworden; wenn seine Anhänger zu den Waffen greifen, trifft er sich mit dem Phalangistenführer Pierre Gemayel. Der Mut zum Ausgleich bewährte sich bei den Kämpfen der libanesischen Armee gegen die palästinensischen Kommandoorganisationen im Mai 1973.
Staatspräsident Sleiman Frangie, ein Christ, ärgert sich seit seiner Wahl im August 1970 über die Disziplinlosigkeit der linken, marxistisch-

leninistischen Gruppen. Sie kümmern sich nicht um libanesische Gesetze: sie melden ihre Fahrzeuge nicht an, sie tragen ihre Kalschnikoff-Maschinenpistolen offen in der Stadt, sie befreien mit Waffengewalt Kameraden, die von der Armee verhaftet worden sind. Sleiman Frangie bittet Arafat zu sich: der Chef der El Fatah verspricht Wohlverhalten; doch gibt er gleich zu, daß sich nicht alle Organisationen nach seinen Wünschen und Befehlen richten. Der libanesische Staatspräsident fordert Jassir Arafat auf, mit energischen Maßnahmen die Unruhestifter zur Ordnung zu zwingen. Er gibt klar zu verstehen, daß seine Armee bereit ist, »die Verbrecher unter den Kommandos zu vernichten«.

Arafat hat Verständnis für die Lage des Libanon. Der kleine Staat ist das Opfer von Vergeltungsangriffen, mit denen Israel die Sabotageakte und Mordanschläge der Palästinenser beantwortet. Israel verteidigt seine Gegenschläge mit dem Argument, daß die Fedaijin aus libanesischen Lagern kommen; der Libanon, als souveräner Staat, müsse die Verantwortung tragen für das, was von seinem Gebiet aus geschehe. Die libanesische Regierung lehnt diese Verantwortung ab mit dem schwachen Argument: »Wenn ein Mieter aus meinem Haus dem Nachbarn die Fensterscheiben einschlägt, bin ich als Hausbesitzer doch nicht verantwortlich!« Arafat will den Libanesen sowenig wie möglich Schwierigkeiten machen. Er weiß, daß die Kommandoorganisationen nur noch den Libanon als Heimat haben; in Jordanien darf sich kein Fedaijin sehen lassen, in Syrien stehen die Organisationen unter scharfer Kontrolle der Armee. Nur der Libanon gibt, aus Schwäche, den Kommandos freie Hand. Vom Vorgänger des Sleiman Frangie stammt die Auffassung: »Unsere Armee mit ihren fünfzehntausend Mann ist nicht in der Lage, gegen die starkbewaffneten Einheiten der El Fatah und der Volksfront zur Befreiung Palästinas loszuschlagen.« Die linken Palästinensergruppen glauben, daß dieser Grundsatz immer gilt – auch bei Sleiman Frangie.

Der Präsident steht unter dem Druck der bürgerlichen Gesellschaft des Libanon. Die Wohlhabenden, die Grundbesitzer, die arabischen Repräsentanten westlicher Weltfirmen, wollen den Libanon heraushalten aus dem Nahostkonflikt; sie sind am Geschäft interessiert. Sie sehen sich als Vermittler zwischen dem europäischen Warenmarkt und den arabischen Abnehmern: der Fluß von Waren und Gold soll nicht durch den Befreiungskampf der Palästinenser gestört werden. »Die Palästinenser sind Gäste bei uns, bis sie wieder in ihre Heimat dürfen. Sie sollen sich gefälligst nach unseren Lebensregeln richten!« Der Libanon sieht sich nicht im Kriegszustand mit Israel. Sleiman Frangie betont, daß der Waffenstillstandsvertrag von 1948 voll gültig ist. Nur durch die Aktionen der Kommandogruppen wird der Libanon immer wieder in kriegerische

Auseinandersetzungen hineingezogen. Der Präsident beschließt, Ordnung zu schaffen. Muammar el-Gaddafi warnt: »Die Christen im Libanon sollen es nicht wagen, gegen die Palästinenser vorzugehen. Im Gegenteil, ihnen müssen alle Rechte zugestanden werden, daß sie ihren heiligen Befreiungskrieg führen können.« Eine Delegation aus dem Libanon, die nach Tripolis reist, um die wahre Situation zu erläutern, wird nicht vorgelassen, weil in ihr auch christliche Persönlichkeiten vertreten sind. Gaddafis Wut auf die christlichen Libanesen findet einen grotesken Ausdruck in der Abneigung gegen den Palästinenserfunktionär Kamal Nasser, weil dieser ihm verschwiegen hatte, daß er Christ ist.
Trotz der Warnungen von Muammar el-Gaddafi schlägt die libanesische Armee am 2. Mai 1973 gegen die Palästinenserlager los. Mit Luftwaffe und Artillerie will Sleiman Frangie die Kapitulation der Kommandoorganisationen erzwingen. El-Gaddafi mischt sich sofort ein: er empfiehlt Jassir Arafat und George Habbash die Eroberung des Flughafens Beirut; er ist bereit, wenn der Flughafen von den Palästinensern kontrolliert wird, seine Luftwaffe zum Schutz der Kommandos in den Libanon zu verlegen. Doch die Eroberung des Flughafens gelingt nicht.
Armee und Palästinensische Befreiungsfront schließen noch im Mai Waffenstillstand. Die Auseinandersetzung konnte eingedämmt werden, ehe sie aus der Spannung zwischen Christen und Moslems eine Wiederholung des Bürgerkriegs von 1958 entstehen ließ. Damals hatte Gamal Abd el-Nasser seine Anhänger zum Kampf gegen prowestliche Politiker und gegen christliche Clans aufgestachelt. 1973 reicht die Ausstrahlung von Muammar el-Gaddafi bei weitem nicht aus, das Gleichgewicht des Libanon in Gefahr zu bringen.
Im Sommer 1975 aber geht die Saat auf. Der Bürgerkrieg zwischen Moslems und Christen beginnt. Er zerstört die wirtschaftliche Basis des Libanon. An seinem Ende steht der Sieg von Haß und Mißtrauen. Muammar el-Gaddafi hat sein Ziel erreicht.

Die arabische Lust zur Selbstzerstörung

»Die fremde Hand, die du nicht abhacken kannst, mußt du schütteln. Diese Lebensregel aus Zentralarabien steht als Fazit am Ende des Blicks auf 1350 Jahre arabischer Geschichte. Der Traum vom großen arabischen Vaterland hat sich seit dem Jahre 622 immer wieder aufgelöst in Mord, Totschlag, Revolution, Gewalttätigkeit. Der Rausch zum Töten und Getötetwerden löscht in Abständen die Ansätze zu vernunftorientierter stabiler Staatsbildung aus. Gleiche Sprache und gleiche Religion sind

für die Araber keine Bindung, die stark genug wäre, Neid und persönlichen Ehrgeiz zu neutralisieren – im Gegenteil: jede Machtkonzentration bewirkt den Aufbau eines konkurrierenden Machtzentrums.
Unter Einsatz ihres Lebens kämpfen die Konkurrenten für ihre Überzeugung, mehr noch für ihre Position. Sie akzeptieren die Spielregel: sie wenden Gewalt an, und sie kalkulieren ein, selbst Opfer von Gewalt zu werden, wenn ein geschickter Rivale den Sprung nach oben wagt. Im politischen Kampf Arabiens gilt noch das Gesetz der Wüste: fressen oder gefressen werden. Das eigene Leben ist der Preis, den viele Politiker für Jahre oder auch nur Monate der Macht zu zahlen haben.

Hafis al-Assad, der syrische Staatspräsident, gibt im Frühsommer 1974 ein Beispiel für den Kampf um Selbsterhaltung. Die Umstände lassen ihm wenig Spielraum. Der Ägypter Anwar el-Sadat hat erreicht, was er wollte – vom Suezkanal sind die israelischen Truppen abgezogen. Das Konto des Syrers aber weist nur Niederlagen aus: im Oktoberkrieg von 1973 hat Syrien erneut Gebiet verloren, 525 Quadratkilometer fruchtbaren Ackerbodens an der Straße von Kuneitra nach Damaskus; 75 000 Menschen hatten fliehen müssen. Der Krieg endete für Hafis al-Assad ohne den kleinsten Sieg. Er sagt selbst: »Wir steckten mitten drin in der Vorbereitung einer Offensive, da hörten wir aus dem Radio, daß Ägypten Waffenstillstand geschlossen hat. Da konnten wir natürlich unsere Offensive nicht mehr durchführen. Damit haben wir eine goldene Gelegenheit verpaßt.« Die Generäle nehmen es ihm übel, daß der Präsident den Krieg abbrach. Sie sind der Meinung, daß sie den Israeli noch schwere Verluste hätten beibringen können »in ruhmreichen Kämpfen, gleichgültig, wie viele Tote diese Schlachten gekostet hätten«. Die Generäle nehmen Hafis al-Assad auch die Verhandlungen mit Henry Kissinger übel, »dem Juden, der die Araber zur Kapitulation verführt. Unsere arabische Ehre verlangt von uns, daß wir uns das Gebiet, das wir durch Gewalt verloren haben, mit Gewalt wieder zurückholen. Ein Verhandlungserfolg wird durch Kompromiß erreicht – der Kompromiß aber stinkt. Mit unserem Blut waschen wir die Schmach der Vergangenheit ab!« Die Generäle zwingen Hafis al-Assad zum harten Kurs gegenüber Israel und gegenüber Henry Kissinger. Der Präsident darf nicht den Eindruck machen, ein »Kapitulierer« zu sein. Wenn er nachgibt in den Verhandlungen, werden seine Generäle putschen. Sie suchen dann einen Präsidenten, der mit starken Worten verspricht, wieder Krieg zu führen auf den Golanhöhen. Der Chef der 1. Panzerbrigade ist gerne bereit, Granaten auf den Präsidentenpalast feuern zu lassen, um Mustafa al-Tlass, den syrischen Generalstabschef, an die Macht zu bringen. Nur äußerste Unnachgiebigkeit rettet Hafis al-Assad, der eigentlich einen

Verständigungsfrieden schließen will, vor der tödlichen Gefahr. Die Bemühungen um den Frieden leiden unter dem Ehrgeiz der Generäle. Im Juni 1974 feiert Hafis al-Assad zwei Erfolge, die für einige Zeit sein Überleben sichern: er nimmt die Stadt Kuneitra nach der Räumung durch die Israeli wieder in syrischen Besitz – und er empfängt Präsident Richard Nixon in Damaskus. Damit machen er und der Ägypter Anwar el-Sadat die Kritiker mundtot: »Der amerikanische Präsident bemüht sich zu uns, um den gerechten Frieden vorzubereiten.« Doch hinter den arabischen Politikern, die bereit sind, Israel zu akzeptieren, warten Männer, die ihre eigene Chance darin sehen, Israel wieder den Kampf auf Leben und Tod anzusagen, selbst wenn die Fortsetzung des Krieges mit Verlust von Gebiet und Menschenleben bezahlt werden muß. Die Hoffnung auf Frieden ist brüchig, sie ruht allein auf dem Mut und der Entschlußkraft persönlich bescheidener Männer wie Anwar el-Sadat und Hafis al-Assad.

Scheich Said Ben Sultan al-Nahajan von Abu Dhabi – ein gescheiter Herrscher – läßt sich gerne von seinem Hofpoeten Geschichten erzählen. Ganz besonders liebt er ein altes, kompliziertes und vielfach auszudeutendes Märchen; er sieht darin den Spiegel aller Irrtümer, denen in Arabien Könige, Emire, Präsidenten, Scheichs, Generäle, Händler und Kameltreiber verfallen können. Dieses Märchen gilt auch als Parabel für das Verhältnis der Araber zu Israel:

In der Wüste wohnten einmal zwei Brüder; sie lebten friedlich vom Kriegszug gegen feindliche Stämme. Da wurde eines Tages einer der Brüder von einer Schlange gebissen; qualvoll starb er durch das Gift des Tieres. Darüber war der andere Bruder so wütend, daß er die Schlange im Sand jagte. Mit der Axt schlug er nach ihr, erwischte sie jedoch nicht. Aus sicherer Entfernung bot die Schlange ein Geschäft an: »Du läßt mich am Leben, und dafür bekommst du bei jedem Vollmond von mir ein goldenes Ei.« Dem Mann war die Abmachung recht, das Gold ermöglichte ihm ein bequemes Leben: er konnte sich Frauen kaufen und Kamele; er hatte Diener und aß jeden Tag Hammelbraten. Doch nach einiger Zeit überkam ihn Trauer um seinen toten Bruder. In plötzlichem Zorn warf er seine Axt nach der überraschten Schlange und traf sie gerade noch am Schwanz. Böse fuhr die Schlange in ein Loch im Sand. Den Mann reute die Tat sofort, er wußte ja, daß jetzt auch sein Leben in Gefahr war – er wollte den Handel erneuern. Doch die Schlange sagte: »Wie soll ich mit dir zurechtkommen, wie soll ich mich auf dich verlassen können, ich spüre ja noch die brennende Wunde an meinem Leib!« Von dieser Stunde an lebte der Mann in Angst. Er wartete auf den tödlichen Biß der Schlange.

Zeittafel

Gesamtübersicht

622 16. Juli: Prophet Mohammed zieht nach Medina. Beginn der islamischen Zeitrechnung.
632 8. Juni: Tod des Propheten Mohammed (geb. um 570).
632–661 Die vier rechtgläubigen Kalifen Abu Bakr, Omar, Othman und Ali. Unter ihrer Herrschaft Beginn der arabisch-islamischen Expansion.
633–637 Eroberung Syriens und Iraks.
638 Eroberung Jerusalems.
639–641 Eroberung Ägyptens.
640–644 Eroberung Persiens.
647 Eroberung von Tripolis.
651 Ende des letzten persischen Herrschers aus der Dynastie der Sassaniden.
656 Erster Bürgerkrieg des Islam. Ali, Mohammeds Schwiegersohn, ermordet.
661–750 Kalifat der Omajjaden. Hauptstadt des arabischen Reiches ist Damaskus. Unter ihrer Herrschaft Fortgang der Eroberungen und um 730 größte Ausdehnung des Kalifenreiches.
670 Eroberung des Maghreb.
674–679 Vergebliche Belagerung Konstantinopels. Das Byzantinische Reich hält dem Ansturm der Araber stand.
680 Tod Husseins, Sohn des Ali, bei Kerbela.
683–690 Zweiter Bürgerkrieg des Islam. Beginn der Spaltung in Sunniten und Schiiten.
711 Der Feldherr Tarik setzt nach Spanien über und erobert die Iberische Halbinsel.
732 Der Sieg Karl Martells in der Schlacht zwischen Tours und Poitiers setzt dem bis dahin unaufhaltsamen Vordringen der Araber ein Ende.
750–1258 Kalifat der Abbasiden. Hauptstadt Bagdad. Unter ihrer Herrschaft beginnen der Niedergang und die Zersplitterung des Kalifenreichs, gleichzeitig aber erreichen Kunst und Wissenschaften, besonders unter Harun ar-Raschid (786–809), ihre höchste Blüte.
756–1031 Dynastie der Omajjaden in Spanien.
969–1171 Dynastie der Fatimiden in Ägypten.
1096–1099 Erster Kreuzzug. Gründung des Christlichen Königreichs Jerusalem.
1187 Salah ad-Din erobert Jerusalem zurück.
1220 Die Mongolen erobern den Osten des Kalifenreiches.
1254–1517 Dynastie der Mameluckenin Ägypten.
1258 Hulagu, der Enkel Dschingis-Khans, erobert Bagdad und macht dem Kalifat der Abbasiden ein Ende.
1288–1326 Osman I. begründet in Kleinasien das Osmanische Reich. Die Herrschaft über die arabischen Völker geht allmählich auf die Osmanen (Ottomanen) über.
1453 Die Osmanen erobern Konstantinopel.
1492 Ganz Spanien von den Christen zurückerobert.
1517 Die Osmanen erobern Syrien und Ägypten.
1519 Nordafrika mit Ausnahme von Marokko unter der Herrschaft der Osmanen.
1519–1919 Die vier »geschichtslosen« Jahrhunderte der arabischen Völker unter türkischer Herrschaft.
1798–1799 Napoleon Buonaparte in Ägypten.
1806–1849 Der albanische Freischärler Mehmed Ali begründet die Dynastie der ägyptischen Khediven (Vizekönige).
1820 Beginn der britischen Expansion am Persischen Golf.
1830 Die Franzosen besetzen Algerien.
1839 Die Engländer besetzen Aden.
1869 17. November: Eröffnung des Suezkanals.
1881 Die Franzosen besetzen Tunesien.
1882 Die Engländer besetzen Ägypten, das unter britische Schutzherrschaft gestellt wird.
1885 Die ersten arabisch-nationalistischen Gesellschaften in Syrien und Libanon.
1901 Abd al-Asis Ibn Saud erobert Riad.
1908 Eröffnung der Universität Kairo.
1911–1912 Die Italiener erobern Tripolitanien.
1912 Marokko unter französische Schutzherrschaft gestellt.
1914 2. bis 5. Oktober: Kriegserklärungen Rußlands, Englands und Frankreichs an die Türkei.
1914 18. Dezember: Erklärung des britischen Protektorats über Ägypten.
1916 5. Juni: Scherif Hussein von Mekka ruft die arabischen Völker zum »Heiligen Krieg« gegen die Türken auf. Beginn des »Aufstandes in der Wüste«.
1917 2. November: In der Balfour-Erklärung verspricht die britische Regierung die Errichtung einer »nationalen Heimstätte für das jüdische Volk in Palästina«.
Mit dem Ende des Ersten Weltkrieges ist die Herrschaft der Türken über die Araber gebrochen.

Ägypten

1923 19. April: Durch Verkündung einer neuen Verfassung wird Ägypten zur konstitutionellen Monarchie.
1936 28. April: Nach dem Tode König Fuads I. besteigt Faruk mit 16 Jahren den Thron.
26. August: Abschluß eines Bündnis- und Militärvertrags zwischen Ägypten und Großbritannien, der die volle Souveränität Ägyptens wiederherstellt, mit Ausnahme der Suezkanalzone, wo britische Streitkräfte stationiert bleiben.
1942 4. Februar: König Faruk wird durch den britischen Botschafter gezwungen, den Führer des Wafd, Nahas Pascha, zum Ministerpräsidenten zu ernennen.
1945 22. März: Gründung der Arabischen Liga.
1948 15. Mai: Ägyptische Truppen marschieren in Israel ein, wo sie besonders in der letzten Phase der Kämpfe schwere Niederlagen erleiden. Nur der Gazastreifen bleibt unter ägyptischer Besetzung.

9. Dezember: Ministerpräsident Nokrachi Pascha befiehlt die Auflösung der Moslembruderschaft und wird am 28. Dezember von einem ihrer Mitglieder ermordet.

1951 15./16. Oktober: Einseitige Kündigung des Vertrages mit Großbritannien von 1936. Faruk zum »König von Ägypten und des Sudan« proklamiert.

1952 26. Januar: Schwere fremdenfeindliche Ausschreitungen in Kairo.

23. Juli: Militärputsch der »Freien Offiziere« unter General Naguib und Oberst Nasser.

26. Juli: König Faruk zur Abdankung gezwungen.

7. September: General Naguib bildet neue Regierung.

1953 18. Juni: General Naguib proklamiert die Republik und wird selbst deren erster Präsident. Gamal Abd el-Nasser stellvertretender Ministerpräsident.

1954 25. Februar: Rücktritt General Naguibs. Abd el-Nasser übernimmt die Staatsgewalt.

27. Februar: Naguib wieder Staatspräsident, Abd el-Nasser bleibt Ministerpräsident.

19. Oktober: Britisch-ägyptisches Abkommen über die Räumung der Suezkanalzone.

27. Oktober: Attentatsversuch gegen Abd el-Nasser in Alexandria. Auflösung der Moslembruderschaft.

14. November: General Naguib endgültig abgesetzt und in Schutzhaft genommen.

29. November: Zahlreiche Führer der Moslembruderschaft hingerichtet.

1955 27. September: Abd el-Nasser gibt den Abschluß eines Abkommens mit der Tschechoslowakei über Waffenlieferungen bekannt.

1956 13. Juni: Abzug der letzten britischen Truppen aus der Suezkanalzone.

23. Juni: Abd el-Nasser als einziger Kandidat zum Staatspräsidenten gewählt.

18./19. Juli: Treffen Abd el-Nasser, Tito, Nehru auf Brioni.

26. Juli: Abd el-Nasser verkündet die Nationalisierung der Suezkanal-Gesellschaft.

29. Oktober: Israelische Truppen greifen Ägypten an und erreichen in wenigen Tagen den Suezkanal.

5. November: Landung britischer und französischer Truppen bei Port Said.

Drohende Botschaften Bulganins.

7. November: Einstellung der Feindseligkeiten.

22. Dezember: Abschluß der Räumung Ägyptens durch britische und französische Truppen.

1957 7. März: Die letzten israelischen Truppen verlassen den Gazastreifen.

1958 1. Februar: Zusammenschluß Ägyptens und Syriens zur Vereinigten Arabischen Republik.

21. Februar: Volksabstimmung billigt mit großer Mehrheit den Zusammenschluß. Abd el-Nasser Präsident des Unionsstaates.

24. Oktober: Die Sowjetunion erklärt sich bereit zur Finanzierung des ersten Bauabschnittes des Assuanstaudammes.

21. Dezember: Verhaftung von Kommunisten.

1959 Frühjahr: Spannung mit Sowjetunion wegen Behandlung der Kommunisten in Ägypten.

8. November: Unterzeichnung eines Abkommens über die Verteilung des Nilwassers mit dem Sudan.

1960 9. Januar: Abd el-Nasser eröffnet Bauarbeiten am Assuandamm. Sowjetunion will das ganze Projekt finanzieren.

1961 28. September: Syrien trennt sich von der Vereinigten Arabischen Republik. Ägypten führt den Namen weiter. Schwierigkeiten mit anderen arabischen Staaten, die sich über Nassers Einmischung in ihre Angelegenheiten beschweren. Führer der Unzufriedenen ist Habib Bourguiba.

1965 August: Verhaftungen nach putschverdächtigen Gruppenbildungen.

Wirtschaftliche Probleme. Einfuhr von Lebensmitteln wird notwendig.

1966 Dezember: Kredite an International Monetary Fund können nicht zurückgezahlt werden. Die militärische Hilfe für die Republikaner im Jemen frißt die Staatsfinanzen auf.

1967 Februar: Streit mit König Feisal wegen des Bürgerkrieges im Jemen. Saudiarabisches Eigentum in Ägypten wird beschlagnahmt.

Juni: Krieg mit Israel endet in militärischer Katastrophe. Gamal Abd el-Nasser tritt zurück. Demonstrationen in Kairo bewegen ihn dazu, Staatschef zu bleiben.

Herbst: Sowjetunion hilft beim Wiederaufbau der Armee.

1968 Januar: Armeeoberkommando wird neu organisiert.

30. März: Gamal Abd el-Nasser verkündet Aufbau des ägyptischen Staates nach Prinzipien von Demokratie, Wissenschaft und Technologie.

September: Die ägyptische Armee beginnt Abnutzungskrieg gegen Israel. Dr. Gunnar Jarring sucht im Auftrag der UN nach friedlicher Lösung des Nahostkonflikts.

1969 Dezember: Gipfelkonferenz der arabischen Staatschefs gibt der Kriegspolitik Nassers keine eindeutige Unterstützung.

1970 Abnutzungskrieg gegen Israel wird im Sommer beendet: Ägypten akzeptiert Waffenstillstand.

Sowjetunion liefert System wirksamer Luftabwehrraketen.

28. September: Tod des Gamal Abd el-Nasser. Nachfolger wird der bisherige Vizepräsident Anwar el-Sadat. El-Sadat verlängert Waffenstillstand am Suezkanal.

November: Libyen schlägt Union mit Ägypten vor.

1971 13. Mai: Vizepräsident Ali Sabri mit hundert seiner Anhänger aus Ämtern entfernt und verhaftet.

September: Ägypten bekommt neue Verfassung.

1972 Juli: Anwar el-Sadat schickt alle sowjetischen Berater nach Hause.

1973 Januar: Aufruhr der Studenten, die ernsthafte Kriegsvorbereitungen fordern.

Mai und Juni: Diplomatische Bemühungen, Israel zum Abzug vom Suezkanal zu bewegen.

6. Oktober: Beginn des Krieges am Suezkanal.

22./23. Oktober: Waffenstillstand. Ägypten hat Ostufer des Suezkanals erobert, kann jedoch Invasion des westlichen Kanalufers durch Israel nicht verhindern.

1974 Januar: Henry Kissinger handelt israelischen Rückzug vom Suezkanal aus.

Frühjahr und Sommer: Aufräumungsarbeiten in der Kanalzone.

12. Juni: Der amerikanische Präsident Nixon besucht Ägypten.

Algerien

1943 10. Februar: Ferhat Abbas erläßt zusammen mit 28 Algeriern das »Manifest des algerischen Volkes«, das die Gleichheit der Mohammedaner und der Europäer in Algerien fordert.

1944 14. März: Ferhat Abbas gründet die Sammelbewegung »Amis du Manifeste et de la Liberté« (AML).

1945 8. Mai: Blutige Unruhen. Über hundert Europäer ermordet. Mehrere tausend Mohammedaner bei Vergeltungsaktionen getötet. Messali Hadj und Ferhat Abbas sowie Hunderte andere Nationalisten verhaftet.

1946 16. März: Ferhat Abbas gründet nach seiner Freilassung die »Union Démocratique du Manifeste Algérien« (UDMA).

April: Messali Hadj gründet an Stelle der verbotenen PPA das »Mouvement pour le Triomphe des Libertés Démocratiques« (MTLD).

1947 20. September: Frankreich verkündet das »Statut Organique de l'Algérie«, das die Gleichheit aller Algerier verkündet.

1950 28. März: Aufdeckung einer Geheimorganisation OS (Organisation Spéciale) von jungen Mitgliedern des MTLD. Zahlreiche Verhaftungen. Mehrere Mitglieder entkommen nach Kairo.

1954 März: Neun ehemalige Mitglieder der OS gründen in Algier das Comité Révolutionaire pour l'Unité et l'Action (CRUA).

1. November: Beginn des bewaffneten Aufstands. Erstes Auftreten der FLN (Front de Libération Nationale) und der ALN (Armée de Libération Nationale).

1955 1. April: Ausnahmezustand über Algerien verhängt.

13. September: Auflösung der Kommunistischen Partei Algeriens.

1956 22. April: Ferhat Abbas und andere algerische Nationalisten schließen sich der FLN an.

26. Juni: Erstes Erdöl in Hassi Messaoud in der Sahara gefördert.

20. August: FLN-Kongreß im Soummam-Tal in Kabylien.

22. Oktober: Flugzeug der Air-Atlas mit vier FLN-Führern nach Algier dirigiert und die Insassen verhaftet.

1957 7. Januar: General Massu übernimmt mit seinen Fallschirmtruppen die Aufrechterhaltung der Ordnung in Algier.

29. Mai: Massaker von Melouza.

15. September: Fertigstellung der »Ligne Morice« zur Absperrung der Grenze zwischen Algerien und Tunesien.

1958 7. Januar: Nach Fertigstellung der Pipeline Hassi Messaoud–Touggourt fließt das Erdöl der Sahara erstmals zum Mittelmeer.

13. Mai: Militärputsch in Algier.

5. Juni: FLN lehnt das Versöhnungsangebot de Gaulles ab.

25. August: Erstmals Sabotageakte der FLN auf französischem Boden.

18. September: Bildung einer algerischen Exilregierung unter dem Vorsitz von Ferhat Abbas in Kairo.

26.–28. September: Volksabstimmung über neue französische Verfassung ergibt in Algerien 3,35 Millionen Ja-Stimmen, das sind 96,5 % der abgegebenen Stimmen.

3. Oktober: De Gaulle verkündet in Constantine einen Fünf-Jahres-Plan für Algerien.

23. Oktober: De Gaulle schlägt in einer Pressekonferenz in Paris der FLN Einstellung der Feindseligkeiten und Verhandlungen über Beendigung des Algerien-Krieges vor.

25. Oktober: FLN lehnt de Gaulles Verhandlungsangebot ab.

11. Dezember: General Challe zum militärischen Oberbefehlshaber, Paul Delouvrier zum zivilen Generaldelegierten in Algerien ernannt.

1959 20. November: FLN schlägt gefangene Rebellenführer als Delegierte für Verhandlungen mit Frankreich vor. Ablehnung durch de Gaulle.

5. Dezember: Eröffnung Pipeline Messaoud–Bougie.

1960 24. Januar: Neuer Putschversuch der europäischen Extremisten in Algerien gegen Selbstbestimmungspolitik de Gaulles.

6. Februar: Bildung eines »Generalstabs« der algerischen Rebellen.

Im Sommer: Kontakte zwischen FLN und französischer Regierung.

1961 Februar: Der tunesische Präsident vermittelt.

22. April: Die Generäle Challe, Zeller, Jouhaud und Salan putschen. Ihr Ziel: Absetzung von de Gaulle. Aufrufe der Generäle haben keinen Erfolg in Frankreich. Putsch bricht zusammen.

Europäer formieren sich zur Organisation der Geheimen Armee (OAS). Die Organisation verübt Anschläge gegen politisch aktive Algerier.

Dezember: Verhandlungen zwischen FLN und französischer Regierung in Rom.

1962 18. März: Unterzeichnung des Abkommens von Evian. Waffenstillstand wird vereinbart. Frankreich gibt den Algeriern die Unabhängigkeit.

28. März: Provisorische Regierung.

OAS kämpft weiter, jetzt auch gegen Franzosen, die Abmachung von Evian einhalten wollen.

1. Juli: Referendum ergibt Mehrheit von 91 % für algerische Unabhängigkeit.

3. Juli: De Gaulle verkündet Unabhängigkeit Algeriens. Streit unter den Führern der Revolution.

11. Juli: Ben Bella und Houari Boumedienne etablieren ihr Politisches Büro in Tlemcen.

26. September: Ben Bella wird Ministerpräsident.

1963 April: Ben Bella Generalsekretär der FLN. Prinzip der »Autogestion« eingeführt für Landwirtschaft und Industriebetriebe.

13. September: Ben Bella wird Staatspräsident und Oberbefehlshaber der Armee.

1964 Ausschaltung der wichtigsten Kampfgenossen von Ben Bella.

1965 19. Juni: Absetzung und Verhaftung von Ben Bella. Revolutionsrat übernimmt die politische Autorität. Vorsitzender: Houari Boumedienne.

1966 April: Abkommen mit Frankreich über technische Hilfe.

1967 Luftwaffe beteiligt sich am Junikrieg gegen Israel.

Boumedienne besucht nach Kriegsende Moskau. Armee wird mit sowjetischen Waffen ausgerüstet. Sowjets benutzen algerische Häfen und Luftbasen.

14. Dezember: Bewaffneter Aufstand von Armeeoffizieren. Aufstand scheitert, doch Anführer kann entfliehen.

1968 Frühjahr: Stämme in Aurès rebellieren.

25. April: Mordanschlag auf Boumedienne in Algier schlägt fehl.

1969 Mai: Wahlen nach Einheitsliste.

1970 November: Freilassung der Politiker, die mit Ben Bella verhaftet worden waren. Ben Bella bleibt weiter in Haft.

1971 Januar: Unruhe an den Universitäten. Demonstrationsverbot.

24. Februar: Übernahme der Mehrheit der algerischen Anteile von Compagnie Française des Pétroles (CFP) und Entreprise des Recherches et d'Activités Pétrolières (ERAP). Nationalisierung der Ölindustrie.

Oktober: Der sowjetische Ministerpräsident Kossygin besucht Algerien. Abmachungen über weitere sowjetische Hilfe.

1972 Juni bis August: Algerien gibt nach und nach die Unterstützung für Black-Panther-Bewegung auf. Beziehung zu US-Regierung bessert sich.

1973 Frühjahr: USA werden wichtiger Kunde für Flüssiggas. Nach Oktoberkrieg: Arabische Gipfelkonferenz in Algier.

1974 Houari Boumedienne entwickelt sich zum Sprecher der »Armen dieser Welt«.

Irak

1920 April: Die Konferenz von San Remo erteilt Großbritannien das Mandat über Irak.

Sommer: Aufstand gegen britische Herrschaft, der erst nach einem Jahr niedergeworfen wird.

1921 21. Juli: In einem Plebiszit entscheidet sich das Volk von Irak für eine Monarchie unter König Feisal aus der Dynastie der Haschemiten.

23. August: König Feisal besteigt den Thron von Irak. Das Königreich bleibt weiter unter britischer Mandatsherrschaft.

1922 10. Oktober: Abschluß eines Vertrags mit Großbritannien, durch den die Fortdauer der britischen Rechte gewährleistet wird.

1926 6. Juni: Durch eine Entscheidung des Völkerbundes wird das Erdölgebiet von Mosul Irak zugesprochen.

1932 10. Juni: Neuer Vertrag mit Großbritannien erklärt das Mandat als beendet, beschränkt jedoch die Souveränität Iraks durch weitgehende Vorrechte Englands, besonders auf militärischem Gebiet.

1933 7. September: König Feisal I. stirbt in Bern. Sein Sohn Ghazi I. wird König.

1939 4. April: König Ghazi kommt bei einem Autounfall ums Leben. Sein Sohn Feisal II. wird König. Bis zu seiner Volljährigkeit regiert an seiner Stelle sein Onkel, Prinzregent Abd al-Ilah.

1941 3. April: Staatsstreich Raschid Ali el-Gailanis mit Unterstützung der deutschen Wehrmacht.

30. Mai: Zusammenbruch des achsenfreundlichen Regimes, dessen Führer nach Deutschland flüchten.

1948 15. Mai: Angriff gegen Israel.

1952 November: Antiwestliche Unruhen. Standrecht verhängt. Alle oppositionellen Parteien verboten.

1953 2. Mai: Thronbesteigung König Feisals II.

1955 24. Februar: Abschluß eines Verteidigungspaktes mit der Türkei, dem später Großbritannien, Pakistan, Iran beitreten: Bagdadpakt.

5. April: Nach dem Beitritt Großbritanniens zum Bagdadpakt wird neues Verteidigungsabkommen zwischen Großbritannien und Irak abgeschlossen, das diesem unumschränkte Souveränität wiedergibt, auch über britische Stützpunkte. Doch bleiben auf diesen britische Truppen stationiert.

1958 14. Februar: Zusammenschluß mit Jordanien zur »Arabischen Föderation«.

14. Juli: Staatsstreich General Abdel Kerim Kassem. Monarchie beseitigt. König Feisal und ganze Familie sowie Ministerpräsident Nuri al-Said ermordet.

19. Juli: Unterzeichnung eines Verteidigungspaktes mit VAR.

2. August: Auflösung Föderation mit Jordanien.

1959 7. Februar: Umbildung der Regierung, aus der alle panarabisch eingestellten Minister austreten.

7. März: Revolte in Mosul niedergeschlagen.

10. März: De-facto-Abbruch der diplomatischen Beziehungen zur VAR.

24. März: Austritt aus dem Bagdadpakt.

30. März: Letzte britische Truppen verlassen den Luftstützpunkt Habbaniya.

7. Oktober: Attentat auf General Kassem, der von mehreren Kugeln getroffen, aber nur leicht verletzt wird.

1961 März: Rebellion der Kurden beginnt.

Juni: General Kassem verlangt Eingliederung von Kuwait in den Irak. Arabische Welt stellt sich gegen diese Forderung.

September: Kurden erobern Gebirge an der Grenze zu Iran.

1963 8. Februar: General Kassem wird von Putschisten erschossen. Die Baathpartei kommt an die Macht.

17. April: Abkommen über Union mit Ägypten.
2. September: Versuch, Beziehungen mit Syrien zu verbessern.

1964 10. Februar: Waffenstillstand mit den rebellierenden Kurden.

14. Juli: Präsident Abdel Salem Aref verstaatlicht alle Banken, Versicherungsgesellschaften und 32 Industriebetriebe.

1966 13. April: Präsident Aref kommt bei Hubschrauberabsturz ums Leben. Sein Bruder Abdel Rahman Aref wird Nachfolger.

1967 Mai: Nach erneuten Aufständen der Kurden Zugeständnisse wie Aufnahme von Kurden in die Regierung. Abmachungen werden nicht gehalten.

1968 17. Juli: Durch Staatsstreich wird General Ahmed Hassan al-Bakr Präsident.
Oktober: Wieder Kämpfe mit Kurden. Sie fordern Autonomie.

1969 Januar: Verhandlungen gegen spionageverdächtige Juden enden mit Todesurteil. Leichen auf Freiheitsplatz in Bagdad ausgestellt.
Bis Ende 1969 fünfzig Regimegegner hingerichtet.

1970 Januar: Armeeoffiziere versuchen zu putschen. Zwanzig der Rebellen werden gehängt.
März: Erneuter Waffenstillstand mit den Kurden. Versprechen der Autonomie.

1972 März: Regierung erhält 20 % Beteiligung an Iraq Petroleum Company (IPC).
April: Ölfeld Nordrumaila, im Besitz des Staates, beginnt mit Ölproduktion. Die Produktionsstätten sind mit russischer Hilfe gebaut.
Juni: Eigentum der IPC verstaatlicht.

1973 Grenzzwischenfälle mit Iran. Streit um Schatt el-Arab.
März: Irakische Armee erobert Gebiet, das Kuwait gehört.
Juli: Putschversuch des Geheimdienstchefs Nazzam al-Kazzar. Der Verteidigungsminister kommt ums Leben.
Oktober: Beteiligung am Krieg gegen Israel an der syrischen Front.

1974 Irak erweitert Kontakte zur Sowjetunion. Die arabischen Staaten isolieren den Irak.

Jemen
Arabische Republik Jemen

1945 22. März: Mitbegründer der Arabischen Liga.

1948 17. Februar: König Jahja ermordet. Sein Sohn Ahmed wirft den Aufstand nieder und wird König.

1953 Jemen erhebt Anspruch auf britische Kronkolonie Aden.

1955 31. März: Nach einem Staatsstreich dankt König Ahmed zugunsten seines Bruders Abdallah ab. Er wird von seinem Sohn al-Badr befreit und bleibt König.

1957 Januar: Schwere Grenzzwischenfälle mit den Engländern wegen Aden und Aden-Protektoraten.

1958 8. März: Föderation mit der Vereinigten Arabischen Republik zu »Vereinigte Arabische Staaten«.
Juli: Neue Zwischenfälle an der Grenze mit den Aden-Protektoraten.

1959 29. Mai: Vereitelter Umsturzversuch während des Aufenthalts König Ahmeds in Italien.

1962 18. September: Tod des Königs Ahmed. Sein Sohn Mohammed al-Badr neuer König.
26. September: Putsch des Brigadegenerals Abdullah al-Sallal. Beginn des Bürgerkriegs. Ausrufung der Republik.

1964 April: Verfassung für die Republik wird ausgearbeitet.
Im Herbst: erste Kontakte zwischen Royalisten und Republikanern.

1966 Herbst: Höhepunkt der Kämpfe zwischen Royalisten und Republikanern.

1967 Nach Junikrieg: Abzug der ägyptischen Truppen, die auf republikanischer Seite gekämpft haben.
31. August: König Feisal von Saudi-Arabien und Präsident Nasser einigen sich, die Einmischung in den internen Streit der Jemeniten einzustellen.

1968 Frühjahr: Belagerung der Hauptstadt San'a durch Royalisten.

1969 Sommer: Ein Stamm nach dem anderen fällt von den Royalisten ab. Bürgerkrieg geht zu Ende.

1970 Dezember: neue Verfassung.

1971 März: Wahlen zum Parlament.

1972 Frühjahr: Kämpfe an Grenze zu Südjemen.
28. Oktober: Friedensvertrag zwischen Nord- und Südjemen.

1973 30. Mai: Erneut Kämpfe an der Grenze zu Südjemen.

1974 Frühjahr: Unionspläne der beiden jemenitischen Staaten werden fallengelassen.
13. Juni: Oberst Ibrahim Mohammed al-Hamidi putscht.

Demokratische Volksrepublik Südjemen

1937 Aden, bis dahin ein Teil von Britisch-Indien, wird Kolonie.

1944–1952 Abschluß neuer Verträge zwischen Großbritannien und mehreren Scheichs der Protektorate.

1952 April: England schickt Truppen in das Sultanat Lahedj, dessen Herrscher nach Jemen flüchtet.

1956 Mai: Erklärung britischer Regierung, daß Aufgabe Adens nicht in Frage komme.

1957 Januar: Grenzzwischenfälle mit Jemen.
November: Ergebnislose Verhandlungen mit dem Kronprinzen von Jemen in London über Grenzstreitigkeiten.

1958 Juli: Absetzung des Sultans von Lahedj, der wie sein Vorgänger nach Jemen flüchtet.
August: Der Sultan von Lahedj bei Abd el-Nasser. Britische Truppenverstärkungen in Aden.

1959 11. Februar: Sechs Protektorate schließen

Föderation und unterzeichnen neuen Vertrag mit England.

5. Oktober: Sultanat Lahedj schließt sich Föderation an.

1963 Januar: Auch Aden wird Mitglied der Föderation von Südarabien. England behält Souveränität über Aden.

1964 Juni: England verspricht Aufgabe der Kolonie Aden für 1968.

1966 Befreiungsbewegungen formieren sich. Anschläge gegen Einrichtungen der Engländer.

1967 Als Folge des Junikrieges bleibt der Suezkanal geschlossen. Der Hafen Aden verödet. Finanzieller Verlust.

Oktober: Herrschaft der Sultane im Hinterland von Aden zerbricht, nachdem die Engländer am 25. August mit Evakuierung begonnen haben.

29. November: Die letzten britischen Truppen verlassen Aden. Unabhängigkeit.

1969 November: Verstaatlichung von 36 ausländischen Firmen. Sozialisierungsgesetze.

1970 Streit mit Nordjemen, mit Saudi-Arabien, mit Oman. Unterstützung der gegen Sultan Kabus von Oman kämpfenden Befreiungsbewegung.

1972 September: Krieg mit Nordjemen. Trotzdem: Gespräche über Einheit der beiden Jemen.

1973 Durchführung der Sozialisierung schwächt die Wirtschaft.

1974 Hilfe der Sowjetunion und Chinas verhindert Staatsbankrott.

Jordanien

1919 Von den Engländern besetzt.

1920 Teil des britischen Palästina-Mandats.

1921 April: Transjordanien als Emirat unter Abdallah, dem Sohn des Scherifs Hussein von Mekka, von Palästina abgetrennt, unter britischer Schutzherrschaft.

1923 15. Mai: Von Großbritannien als selbständiger Staat anerkannt, Fortdauer der britischen Schutzherrschaft.

1928 20. Februar: Vertrag mit Großbritannien erweitert Unabhängigkeit.

April: Verkündung erster Verfassung.

1945 22. März: Beitritt zur Arabischen Liga.

1946 22. März: Vertrag von London erkennt volle Souveränität an, doch bleiben britische Streitkräfte im Lande.

25. Mai: Emir Abdallah nimmt den Titel »König von Transjordanien« an.

1948 15. Mai: Beginn des Krieges gegen Israel. König Abdallah übernimmt den Oberbefehl aller arabischen Streitkräfte.

1. Dezember: König Abdallah wird zum Herrscher über den arabischen Teil von Palästina proklamiert.

1949 3. April: Waffenstillstand mit Israel.

2. Juni: Name »Transjordanien« in »Jordanien« abgeändert.

1951 20. Juli: König Abdallah in Jerusalem ermordet.

5. September: Thronbesteigung König Talals I.

1952 11. August: König Talal wegen Geisteskrankheit abgesetzt, sein Sohn Hussein zum König proklamiert, Einsetzung eines Regentschaftsrates bis zu seiner Volljährigkeit.

1953 2. Mai: Thronbesteigung König Husseins I.

1955 Dezember: Schwere Unruhen verhindern Beitritt Jordaniens zum Bagdadpakt.

1956 2. März: König Hussein entläßt Glubb Pascha, den Kommandanten der Arabischen Legion.

21. Oktober: Parlamentswahlen enden mit Bildung antiwestlichen Parlaments und antiwestlicher Regierung.

1957 14. April: Umsturzversuch des Generals Ali Abu Nuwar gescheitert.

31. Mai: Abzug der letzten britischen Soldaten.

11. Juni: Abbruch der diplomatischen Beziehungen mit Ägypten.

1958 14. Februar: Zusammenschluß mit Irak zur »Arabischen Föderation«.

14. Juli: Nach dem Umsturz in Bagdad übernimmt Hussein die Leitung der Föderation.

2. August: Auflösung der Föderation mit Irak.

1959 15. März: Aufdeckung einer Verschwörung von Offizieren.

16. August: Wiederaufnahme der diplomatischen Beziehungen mit der Vereinigten Arabischen Republik.

1960 29. August: Ägyptische Agenten ermorden Ministerpräsident Habes al-Majali.

Oktober: König Hussein bekommt von den USA Zusage großzügiger Hilfe.

1961 Februar: Handelsabkommen mit den USA.

1966 Die Beziehungen zu Syrien sind gestört. Palästinensische Kampforganisationen nisten sich in Jordanien ein.

November: Aufruf linker Kommandogruppen, den König zu stürzen.

1967 Im Junikrieg verliert Jordanien alle Gebiete westlich des Jordans.

1968 14. Februar: USA liefern Waffen an Jordanien.

Aktionen der Kommandos provozieren israelische Gegenschläge. Zusammenstöße zwischen Armee und Kommandos.

1969 El Fatah und Volksfront zur Befreiung Palästinas kontrollieren die großen Städte Jordaniens.

1970 König Hussein versucht im Frühjahr und Sommer den Kommandos ihre Selbstherrlichkeit zu nehmen.

September: Die Armee kämpft die Kommandos in tagelanger Auseinandersetzung nieder. Anlaß der Kämpfe waren Flugzeugentführungen durch Mitglieder der Kommandoorganisationen nach Jordanien.

27. September: Hussein und Arafat unterzeichnen Abkommen in Kairo. Der König hält sich nicht daran: die Kommandoorganisationen werden nach und nach aus Jordanien verdrängt.

1971 5. Juni: Kommandoorganisationen rufen wieder zum Sturz des Königs auf, diesmal mit Billigung der El Fatah.

13. Juli: Armee beginnt Kommandos aus der letzten Stellung bei Dscherasch zu vertreiben.

Nach vier Tagen ist die Organisation der Palästinenser in Jordanien zerschlagen.
Harte Anklage der arabischen Staaten gegen den König wegen Liquidierung der Kommandoorganisationen. Hussein isoliert.
28. September: Ministerpräsident Wasfi al-Tall von Palästinensern in Kairo erschossen.
1972 März: Hussein verkündet Plan für »Vereinigtes Arabisches Königreich«. Gebiet westlich des Jordans soll nach Freigabe durch Israel als Region der Palästinenser eingegliedert werden.
November: Putschversuch des Armeeoffiziers Refeh Hindawi.
1973 Hussein gestattet der Armee nur minimale Beteiligung am Oktoberkrieg. Er lehnt die Eröffnung einer dritten Front ab.
1974 Anfang des Jahres: Unzufriedenheit in der Armee.
1. Mai: Verzicht auf Gebiet westlich des Jordans. Hussein will einem Staat der Palästinenser keine Hindernisse in den Weg legen.
Juni: Hussein erhebt wieder Anspruch auf Gebiet westlich des Jordans.

Libanon

1920 April: Frankreich wird auf der Konferenz von San Remo das Mandat über Libanon zugesprochen.
September: Frankreich schafft Groß-Libanon durch Anschluß von vorher syrischen Provinzen.
1941 26. November: General Catroux verspricht Libanon die volle Unabhängigkeit.
1943 11. November: Frankreich läßt den Präsidenten der Republik und die Regierung verhaften, hebt Verfassung auf und kehrt zur direkten Verwaltung zurück. Auf britischen Druck müssen die Maßnahmen rückgängig gemacht werden.
1946 31. Dezember: Mit Abzug letzter französischer Truppen volle Unabhängigkeit hergestellt.
1948 15. Mai: Teilnahme am Angriff gegen Israel.
Flüchtlingsmassen strömen in den Libanon.
1949 23. März: Waffenstillstand mit Israel.
1952 18. September: Präsident Beschara al-Khury nach Staatskrise zum Rücktritt gezwungen. Der Oberkommandierende der Armee, General Fuad Schehab, übernimmt vorübergehend die Staatsgewalt.
23. September: Mit der Wahl von Camille Schamun zum Präsidenten der Republik ist die Krise beendet.
1958 9. Mai: Nach der Ermordung eines oppositionellen Journalisten in Tripoli kommt es zu Unruhen, die zu allgemeinem Bürgerkrieg führen.
14. Juli: Hilferuf des Präsidenten Schamun an USA, die zum Schutze der Unabhängigkeit von Libanon Truppen entsenden.
31. Juli: General Fuad Schehab zum Präsidenten der Republik gewählt.
23. September: Camille Schamun übergibt sein Amt General Fuad Schehab.
24. September: Nach Ernennung neuer Regierung eröffnen Christliche Phalange unter der Führung Pierre Gemayels neue Phase des Bürgerkriegs.
15. Oktober: Wiederherstellung der Ruhe nach Bildung neuer Regierung unter Raschid al-Karami.
25. Oktober: Die letzten amerikanischen Truppen verlassen Libanon.
1966 Oktober: Bankrott der Intrabank. Die Liquiditätsschwierigkeit bringt Gefahr für freie Finanzwirtschaft des Landes.
1967 Juni: Verbale Kriegführung gegen Israel. Waffenstillstand von 1949 bleibt in Kraft.
1968 Palästinensische Kommandos beginnen nach und nach die Flüchtlingslager zu beherrschen.
El Fatah baut Basen an der libanesisch-isarelischen Grenze.
1969 Libanon gespalten: für oder gegen die Kommandos.
2. November: Palästinenserorganisationen bekommen in Geheimabsprachen Gebiete an der Grenze nach Israel zugesprochen. Fatah-Land entsteht.
1970 Nach Niederlage in Jordanien verlegen die Kommandoorganisationen die Hauptquartiere nach Beirut.
1971/72 Versuche der Israeli, die Kommandobasen an ihrer Grenze auszulöschen. Luftangriffe auf Flüchtlingslager nach Anschlag gegen Israeli im Olympischen Dorf in München.
1973 2. Mai: Die libanesische Armee beschießt Flüchtlingslager. Die Kommandos sollen zur Anerkennung libanesischer Gesetze gezwungen werden.
Oktober: Keine Beteiligung am Krieg gegen Israel.
1974 Sporadische Kämpfe an der israelischen Grenze nach Anschlägen palästinensischer Kommandos im Innern Israels.
Mai: Als Vergeltung gegen Aktionen der Palästinenser in Kiriat Schmone und Maalot beschießen israelische Kampfflugzeuge Flüchtlingslager mit Raketen.

Libyen

1921 28. Oktober: Nach der Machtergreifung der Faschisten in Italien Unterdrückung der Unabhängigkeitsbestrebungen in Tripolitanien und der Cyrenaica.
1930 General Graziani bricht den letzten Widerstand der Bevölkerung.
1942 November: Sieg der Alliierten über das deutsche Afrikakorps in der Cyrenaica.
1942–1950 Tripolitanien und Cyrenaica von britischen, der Fessan von französischen Truppen besetzt.
1951 24. Dezember: Libyen zum Unabhängigen Königreich unter König Idris I. erklärt.
1952 19. Februar: Erste Parlamentswahlen.
1953 30. März: Libyen tritt der Arabischen Liga bei.
1954 5. Oktober: Ermordung des Chefberaters

des Königs. Verbannung mehrerer Mitglieder der Königsfamilie.
September: USA schließen Vertrag ab über Betrieb von Militärbasen in Libyen.
1955 20. November: Erste Erdölkonzession an Esso-Standard.
1959 Juni: Esso stößt auf ergiebiges Erdölvorkommen in der Cyrenaica.
August: Neuer Ölfund in der gleichen Zone.
1963 27. April: Die Provinzregierungen in den drei Staatsteilen Tripolitanien, Cyrenaica und Fessan werden abgeschafft.
1964 August: British Petroleum entdeckt Ölvorkommen im Ostteil Libyens.
Dezember: Pipeline vom Ölfeld Hofra zum neuen Hafen Ras Lanuf wird in Betrieb genommen.
1966 Februar und März: Britische Truppen, in Libyen seit dem Zweiten Weltkrieg stationiert, ziehen ab bis auf kleine Einheiten in Tripolis, Tobruk, Bengasi und El Adem.
1967 Während des Junikriegs Aufruhr gegen Ölgesellschaften und westliche Botschaften. König Idris I. wechselt die Regierung aus.
1968 April: Kauf moderner Waffen in England.
1969 1. September: König Idris I. wird abgesetzt. Revolutionsrat übernimmt Regierung. Der Vorsitzende ist Muammar el-Gaddafi.
1970 Juni: Unter Druck des libyschen Revolutionsrats verlassen amerikanische Truppen die Basis Wheelus.
Juli: Eigentum der Italiener und der Juden wird beschlagnahmt. 25 000 Menschen verlieren Grund- und Hausbesitz.
Die Tankstellen von Shell, Esso und ENI verstaatlicht.
Versuche, den libyschen und den ägyptischen Staat zu vereinigen.
1971 April: Barrelpreise für Rohöl erhöhen sich auf 3.447 Dollar.
Weitere Maßnahmen der Verstaatlichung des Besitzes der Ölgesellschaften.
1972 August: Union zwischen Ägypten und Libyen angekündigt auf 1. September 1973.
1973 21. Februar: Israeli schießen libysche Verkehrsmaschine ab, die sich nach Sinai verirrt hatte. Verärgerung, daß ägyptische Luftwaffe der Maschine nicht hilft.
April: Muammar el-Gaddafi proklamiert »Kulturrevolution« in Libyen. Alle Gesetze müssen künftig der islamischen Tradition entsprechen. Volkskomitees überwachen die Bürokratie.
1. September: Union mit Ägypten wird nicht vollzogen.
Oktober: Libyen unterstützt die kriegführenden Araber nicht.
1974 April und Mai: Anhänger von Muammar el-Gaddafi versuchen in Kairo und Khartum zu putschen. Libyens Verbindung zur arabischen Welt verdünnt sich. Alle Versuche, sich mit anderen arabischen Staaten zu verbinden, schlagen fehl. Die im Januar vollzogene Unterschrift unter Unionsbeschluß durch den Tunesier Habib Bourguiba und el-Gaddafi bleibt ohne Konsequenz.

Oman

1951 20. Dezember: Abschluß eines neuen Freundschaftsvertrages zwischen Sultan und Großbritannien.
1955 Dezember: Erster Aufstandsversuch des Imam von Oman mit britischer Hilfe niedergeworfen.
1957 Juli: Bewaffnete britische Intervention gegen neuen Aufstand im Innern des Sultanats.
13. August: Kampfhandlungen beendet.
1965 Dezember: Resolution der UN-Generalversammlung fordert England auf, dem Sultanat die Freiheit zu geben.
1970 24. Juli: Sultan Said wird von seinem Sohn Kabus Ben Said abgesetzt. Aus dem Namen des Staates wird der geographische Begriff »Maskat« getilgt.
1972 Februar: Aus Einzelgruppen formiert sich die Volksfront für die Befreiung Omans und des Arabischen Golfs. Ziel der Organisation ist der Sturz des Sultans. Kämpfe in Provinz Dhofar.
1973 Saudi-Arabien und Jordanien schicken dem Sultan militärische Hilfe.
1974 Aufstand in Provinz Dhofar kann nicht eingedämmt werden.
Wirtschaftlicher Aufschwung im Sultanat.

Marokko

1921 Juli: Abd el-Krim sammelt im Rif-Gebirge mehrere Berberstämme, mit denen er sich gegen die spanische Herrschaft erhebt. Er gründet die Rif-Republik.
1925 April: Abd el-Krim, der mit seinen Kriegern bis Fès vorgestoßen ist, wird durch die französischen Truppen geschlagen und ergibt sich 1926 den Franzosen. Er wird auf die Insel Réunion deportiert.
1934 8. Mai: Demonstrationen für den Sultan in Fès als erste Manifestation des marokkanischen Nationalismus.
Dezember: Gründung eines »Marokkanischen Aktionskomitees«, das eine Reform der Protektoratsverwaltung fordert.
Dezember: Der Parti National und einige andere Gruppen schließen sich zur Istiklal, der Partei der Unabhängigkeit, zusammen.
1944 11. Januar: Die Istiklal fordert in einem Manifest die Unabhängigkeit. Die Franzosen lassen die Führer der Partei verhaften. Schwere Unruhen in Rabat und Fès.
1947 13. April: In einer Rede in Tanger spricht sich Sultan Mohammed für die Emanzipation Marokkos aus und betont die engen Bande des Landes mit der arabischen Welt.
31. Mai: Abd el-Krim verläßt in Port Said das Schiff, das ihn von der Insel Réunion nach Frankreich bringen sollte, und läßt sich in Kairo nieder.
1948 10. Januar: Sultan Mohammed fordert in einem Brief an den Präsidenten der Französischen Republik die Befreiung Marokkos von der französischen Schutzherrschaft.
1950 Oktober: Staatsbesuch des Sultans in Frankreich. Ergebnislose Verhandlungen über Revision des Protektoratsvertrages.

1951 13. Juli: Abkommen zwischen Frankreich und den USA über amerikanische Stützpunkte in Marokko.

1952 14. März: Sultan Mohammed fordert erneut in einem Schreiben an den französischen Staatspräsidenten Verhandlungen über Revision des Protektoratsvertrages.

17. September: Ablehnende Antwort der französischen Regierung.

7./8. Dezember: Schwere Ausschreitungen in Casablanca.

11. Dezember: Verbot der Istiklal. Verhaftung und Deportierung ihrer Führer.

1953 20. August: Der französische Generalresident erklärt Sultan Mohammed Ben Jussuf für abgesetzt und des Landes verwiesen.

Mohammed Ben Arafa zum neuen Sultan proklamiert.

Mohammed Ben Jussuf mit seinen beiden Söhnen nach Korsika deportiert.

11. September: Attentat auf neuen Sultan.

Dezember: Beginn der Terrorakte der Widerstandskämpfer.

1954 Januar: Sultan Mohammed Ben Jussuf nach Madagaskar deportiert.

6. März: Attentat auf Sultan Ben Arafa.

April: Terrorakte in Casablanca.

1955 Juni: Verschärfter Gegenterror der Europäer. Generalresident Francis Lacoste abgesetzt.

22. Juni: Ernennung von Gilbert Grandval zum französischen Generalresidenten leitet Änderung der Politik ein.

14. bis 17. Juli: Schwere Zwischenfälle in Casablanca bei erstem Besuch Grandvals. Verhängung des Ausnahmezustandes.

22. bis 27. August: Konferenz zwischen französischen und marokkanischen Delegierten in Aix-les-Bains.

12. September: Ben Arafa geht nach Tanger ins Exil.

26. Oktober: Pascha von Marrakesch fordert Rückkehr des Sultans.

29. Oktober: Abdankung Ben Arafas.

31. Oktober: Sultan Mohammed Ben Jussuf trifft in Frankreich ein.

5. November: Französische Regierung beschließt Wiedereinsetzung des Sultans.

6. November: Abkommen zwischen französischer Regierung und Sultan über Unabhängigkeit im Rahmen gegenseitiger Abhängigkeit.

16. November: Rückkehr des Sultans Mohammed Ben Jussuf.

1956 2. März: Abkommen mit Frankreich über volle Unabhängigkeit.

2. April: Abkommen mit Spanien über Rückgabe Nord-Marokkos.

29. Oktober: Aufhebung des internationalen Statuts für Tanger.

1957 9. Juli: Prinz Moulay Hassan zum Thronfolger proklamiert.

16. August: Proklamation Marokkos zum Königreich.

1958 2. April: Spanien tritt südliches Protektoratsgebiet an Marokko ab.

14. Juni: Frankreich räumt die meisten seiner Stützpunkte.

1959 15. Februar: Spaltung der Istiklal.

7. September: Abgespalteter linker Flügel der Istiklal gründet neue Partei »Nationale Union der Volkskräfte«.

1960 11. Januar: Reorganisation der »alten« Istiklal. Allal el-Fassi erneut zum Präsidenten gewählt.

1961 Januar: Hassan II. wird König von Marokko.

1963 17. Mai: Wahlen bringen Mehrheit für Anhänger des Königs.

18. November: Hassan II. eröffnet die erste Parlamentssitzung der marokkanischen Geschichte. Zuvor waren die wichtigsten Oppositionsführer als putschverdächtig verhaftet worden.

Herbst: Grenzstreit mit Algerien.

1965 14. Februar: Kongreß der Opposition fordert Neuwahlen ohne Einmischung der Regierung.

23. März: Armee schießt auf demonstrierende Studenten. 100 Tote.

3. Mai: Hassan II. schlägt Programm vor zur Entwicklung Marokkos.

Oktober: Oppositionspolitiker Ben Barka in Frankreich verschollen.

1967/68 Acht Kabinettsumbildungen. Keine Regierung wird fertig mit den inneren Schwierigkeiten.

1969 Gemeinderatswahlen von den Oppositionsparteien boykottiert.

1970 Juli: Volksabstimmung über neue Verfassung. 98 % der Stimmen bestätigen Politik des Königs. Die Opposition spricht von Wahlfälschung.

1971 10. Juli: Anschlag auf Hassan II. im Sukhairatpalast durch Kadetten der Militärakademie unter General Mohammed Madbouh. Libyen unterstützt Rebellen durch Propaganda. Royalistische Verbände kämpfen Aufstand nieder.

1972 Januar: Tausend Armeeoffiziere und Offiziersanwärter vor Sondergericht. Urteile: Haft von einem Jahr bis lebenslänglich.

Februar: Neue Verfassung. Der König behält seinen Einfluß.

30. April: Hassan II. verweigert Zustimmung zu Eröffnung des Parlaments.

16. August: Flugzeug des Königs auf dem Weg von Paris nach Rabat beschossen. Maschine landet trotz Beschädigung. Die wichtigste Stütze des Königs, General Oufkir, ist verantwortlich für Putsch. Hinrichtung der Beteiligten.

1973 März: Bewaffnete Aufstände im Atlasgebirge. Militärischer Flügel der Opposition bildet sich. Libyen gibt den Aufständischen Geld und Waffen.

Hassan II. verstaatlicht Landbesitz der Ausländer. »Marokkanisierung« des Grundeigentums. Ausdehnung der Souveränitätsansprüche über Küstengewässer von 12 auf 70 Meilen.

1974 Todesurteile für Mitglieder der »Bewaffneten Opposition«.

Saudi-Arabien

1932 18. September: König Abd al-Asis Ibn Saud faßt seine Eroberungen zum Königreich

Saudi-Arabien zusammen.
1933 29. Mai: Erste Erdölkonzession an Standard Oil of California.
1934 März: Erste Ölquelle entdeckt.
1944 31. Januar: ARAMCO gegründet.
1945 22. März: Mitbegründer der Arabischen Liga.
1953 9. November: Tod König Ibn Sauds. Thronbesteigung seines Sohnes Saud Ibn Abd al-Asis.
1958 26. März: König Saud tritt die meisten seiner Vorrechte an seinen Bruder Kronprinz Feisal ab.
1960 König Saud übernimmt selbst wieder die Regierung.
1964 König Saud geht ins Exil nach Athen.
1967 Ende August: Saudi-Arabien übernimmt jährlichen Kriegskostenbeitrag von 50 Millionen Dollar. Der Betrag wird an Jordanien und die Vereinigte Arabische Republik ausbezahlt.
1969 Juni und September: Putschversuche der Armee.
Dezember: Kämpfe an Grenze zu Südjemen.
1971 Juli: Versuch der Aussöhnung zwischen König Hussein und den Kommandos. Die Gespräche scheitern.
1973 Kauf modernster Waffen in England und USA.
Frühsommer: Drohung, Öllieferung an USA einzustellen, wenn Unterstützung Israels anhält.
Oktober: Saudi-Arabien erklärt den Ölkrieg. Lieferstopp für USA. Trotzdem: ARAMCO steigert Produktion um 28 % gegenüber Vorjahr.
1974 Frühjahr: Nach Rückzug der Israeli vom Suezkanal wird die Drohung, einen Ölkrieg führen zu wollen, von König Feisal fallengelassen.

Scheichtümer am Persisch/Arabischen Golf

(Vereinigte Arabische Emirate – Katar – Bahrain-Inseln – Kuwait)

1925 17. Mai: Erste Ölkonzession auf den Bahrain-Inseln.
1932 31. Mai: Ölvorkommen auf Bahrain entdeckt.
1934 23. Dezember: Erste Ölkonzession in Kuwait.
1935 17. März. Erste Ölkonzession in Katar.
1938 April: Ölvorkommen in Kuwait entdeckt.
1939 Dezember: Ölvorkommen in Katar entdeckt.
1952 April: Iran erhebt Anspruch auf Bahrain-Inseln.
1957 Beginn der Lösung Bahrains aus englischer Souveränität. Volle Unabhängigkeit wird erst am 14. August 1971 erreicht.
1962 Sommer: Ölbohrungen werden fündig in Abu Dhabi.
1966 Juni: England baut Militärbasis in Schardschah.
1968 Frühjahr: England kündigt Abzug aus dem Gebiet des Persischen Golfs für Ende 1971 an.
1970 Saudi-Arabien verlangt mehrfach Revision der Grenze mit Abu Dhabi.
Mai: Iran verzichtet auf Bahrain.
1971 14. August: Bahrain wird unabhängig.
1972 2. Dezember: Abu Dhabi, Dubai, Schardschah, Umm al-Kaiwain, Ras al-Khainmah, Fudjairah, Adschman gründen den Staat Vereinigte Arabische Emirate. Am Tag zuvor hat England auf alle Rechte verzichtet.
1973 Die Vereinigten Arabischen Emirate kaufen Waffen in England.
1974 Frühjahr: Bemühungen, gute Beziehungen zu König Feisal von Saudi-Arabien herzustellen.

Sudan

1899 Kondominium der Engländer und der Ägypter. In Wirklichkeit britischer Herrschaftsbereich unter Generalgouverneur.
1924 Ägypter ziehen sich ganz aus dem Sudan zurück. Engländer führen Prinzip der »indirekten Herrschaft« ein: die Scheichs sind verantwortlich für ihre Regierungsbezirke. Engländer betreiben Politik der Christianisierung der Stämme im Südsudan.
1943 Beteiligung von Sudanesen aus dem Norden an Regierung.
1948 Gesetzgebende Körperschaft.
Ägypten erhebt Ansprüche auf Sudan. England begründet seine Herrschaft mit »Schutz der Unabhängigkeit des Sudan«.
1952 Ägyptische Republik erkennt Unabhängigkeit des Sudan an.
1953 England beschließt langsamen Truppenabzug aus dem Sudan.
1954 1. März: Parlamentseröffnung. Streit, ob Sudan zu Ägypten gehören soll oder nicht.
1956 1. Januar: Sudan wird souveräner, unabhängiger Staat. Zivilregierung kann Zerrissenheit des Landes nicht überwinden: Auseinandersetzung zwischen Nord und Süd beginnt.
1958 17. November: Erfolgreicher Militärputsch durch General Abboud. Auflösung des Parlaments. Verfassung wird außer Kraft gesetzt. Wirtschaftlicher Fortschritt, doch Regime des Generals Abboud zerstört sich selbst durch Korruption.
1964 Februar: Christliche Missionare haben Südsudan zu verlassen. Krieg gegen Anya-Nya-Rebellen.
1. November: Nach blutigen Unruhen gibt General Abboud die Macht ab. Zivilkabinett. Kommunisten bekommen zum erstenmal Einfluß im Sudan.
1965 16. März: Versuch, das Problem Südsudan durch Verhandlungen zu lösen.
1967 Sudan in Finanzschwierigkeiten. Sie können während der nächsten zwei Jahre nicht überwunden werden: Der Krieg im Süden belastet den Staatshaushalt.
1969 25. Mai: Oberst Jaafar el-Numeiri stürzt die Zivilregierung. Neuer Name des Staates: Demokratische Republik Sudan. Auflösung aller politischen Organisationen.

1970 März: Kampf gegen die Anhänger des Imam al-Mahdi auf der Insel Aba im Weißen Nil. Rechtsopposition ist damit ausgeschaltet.

1971 19. Juli: Putsch linksorientierter Offiziere unter Mithilfe der Kommunisten. Jaafar el-Numeiri zunächst Gefangener der Putschisten, siegt aber nach zwei Tagen mit Hilfe treuer Verbände und mit der politischen Unterstützung Libyens.

Zunehmende Westorientierung der Politik. Wirtschaftshilfe durch die USA und durch Westdeutschland.

Sommer: Aussöhnung mit den Rebellen im Südsudan.

1972 Rückkehr von 180 000 Flüchtlingen aus den Nachbarstaaten in den Südsudan.

1973 April: Parlament bestätigt Autonomie der Südprovinzen.

1974 Wirtschaftslage des Sudan bessert sich auch nach Ende des Krieges im Süden nicht. Die Ansiedlung der Flüchtlinge belastet jetzt den Staatshaushalt.

Mai: Polizei spürt Offiziere auf, die Putsch vorbereiten.

Syrien

1920 März: Ausrufung des Groß-syrischen Königreichs, das außer Syrien auch Libanon und Palästina umfassen soll, unter König Feisal.

1920 24. Juli: Frankreich, dem die Konferenz von San Remo das Mandat über Syrien zugesprochen hat, besetzt nach kurzem Widerstand Damaskus. Feisal verläßt Syrien.

1936 Januar: Generalstreik und Unruhen bis März.

1939 Juni: Alexandrette (Iskenderun) an die Türkei abgetreten.

September: Nach Kriegsbeginn Rückkehr Frankreichs zur direkten Verwaltung.

1941 September: Syrien von britischen und frei-französischen Truppen im Kampf gegen Vichy-Franzosen erobert. Unabhängigkeit versprochen.

1945 Mai: Aufstand gegen Franzosen, Bombardement von Damaskus. Britische Intervention.

1946 17. April: Mit dem Abzug der letzten französischen Truppen volle Souveränität hergestellt.

1948 15. Mai: Angriff gegen Israel.

1949 30. März: Staatsstreich des Obersts Husni al-Zaim.

20. Juli: Waffenstillstand mit Israel.

14. August: Staatsstreich des Obersts Hennaoui.
19. Dezember: Staatsstreich des Obersts Schischakli.

1951 29. November: Oberst Schischakli ergreift durch neuen Staatsstreich gesamte Staatsgewalt.

1954 25. Februar: Schischakli durch Armeeputsch gestürzt. Wiederherstellung parlamentarischen Regimes.

1955 18. August: al-Kuwatli zum Staatspräsidenten gewählt.

20. Oktober: Militärpakt mit Ägypten.

1957 26. Februar: Todesurteile gegen zahlreiche oppositionelle Politiker.

17. August: Änderung in der Armeeführung. Wachsender Einfluß der Sowjetunion.

Oktober: Syrien-Krise wegen angeblicher Angriffsabsichten der Türkei.

Landung ägyptischer Truppen in Syrien.

1958 1. Februar: Zusammenschluß Ägyptens und Syriens zur Vereinigten Arabischen Republik.

27. September: Widerstand gegen Durchführung der Bodenreform, Ausnahmezustand in Damaskus.

Syrische Kommunisten organisieren sich zum politischen Kampf gegen den Unionsstaat.

Unzufriedenheit gegen ägyptischen Einfluß wächst. Baathpartei wird zum Gegner der Union mit Ägypten.

1961 28. September: Syrien trennt sich von der Vereinigten Arabischen Republik.

1963 Versuche einer Union mit dem Irak.

8. März: Die Baathpartei wird nach Putsch wichtigste Kraft in der Regierung.

1965 7. Januar: Sondermilitärgericht eingesetzt zur Aburteilung aller Gegner der Gesetze zur Nationalisierung von Teilen der Industrie.

1966 23. Februar: Radikaler Flügel der Baathpartei übernimmt die Regierung.

April: Sowjetunion ist bereit, Bau des Euphratdammes zu finanzieren.

1967 Syrien gestattet Aktivität palästinensischer Kampfgruppen von seinem Gebiet aus. Israel schlägt zurück.

5. Juni 1967: Ausbruch des Krieges mit Israel. Das Golangebiet bis zur Stadt Kuneitra geht verloren.

1968 Machtkämpfe innerhalb der Baathpartei. Sie enden erst im November 1970 mit dem Putsch des Generals Hafis al-Assad.

1970/71 Hafis al-Assad schränkt die Kampftätigkeit der Palästinenser an der syrisch-israelischen Waffenstillstandslinie ein.

Syrien öffnet seine Isolation und interessiert sich für die libyschen Föderationsversuche.

1972 Juni: Verstaatlichung aller Einrichtungen der Iraq Petroleum Company (IPC).

1973 6. Oktober: Krieg mit Israel. Nach anfänglichen Erfolgen weitere Gebietsverluste ostwärts der Golanhöhen. 76 000 Flüchtlinge ziehen in Lager bei Damaskus.

1974 Frühjahr und Sommer: Bemühungen des amerikanischen Außenministers, die Israeli zum Rückzug aus Teilen des syrischen Gebiets zu bewegen.

23. Juni: Syrien bekommt Teile der verlorenen Gebiete zurück. Israel verläßt Kuneitra.

Tunesien

1920 Februar: Gründung der Destour-(Verfassungs-)Partei, die Beendigung der französischen Protektoratsherrschaft fordert.

1934 März: Auf dem Parteikongreß in Ksar-Hellal spaltet sich die Neo-Destour unter der Führung von Habib Bourguiba von der alten Destour ab.

September: Bourguiba und andere Führer der Neo-Destour nach Südtunesien deportiert.

1935 April: Bourguiba und andere Nationalisten durch Amnesti befreit.

1937 Mai: Schwere Unruhen in Biserta.

1938 5. April: Bourguiba und weitere Führer der Neo-Destour verhaftet.

8. April: Generalstreik in ganz Tunesien als Protest gegen Verhaftungen.

10. April: Nach blutigen Unruhen Verhängung des Ausnahmezustands.

1942 19. Juni: Nach seiner Thronbesteigung wird Bey Moncef zum Symbol des nationalen Widerstands.

1943 April: Bourguiba kehrt über Italien nach Tunis zurück.

7. Mai: Die Alliierten besetzen Tunesien.

6. Juli: Bey Moncef zur Abdankung gezwungen. Nachfolger Sidi Lamine.

1946 25. August: Die Neo-Destour fordert die uneingeschränkte Unabhängigkeit. Ihre Führer erneut verhaftet.

1947 August: Blutige Unruhen in Sfax.

1951 Oktober/November: Ergebnislose französisch-tunesische Verhandlungen in Paris.

1952 18. Januar: Bourguiba und zahlreiche andere Führer der Neo-Destour erneut verhaftet.

19. Januar: Beginn schwerer Unruhen im ganzen Lande, die bis Ende des Monats andauern.

1954 23. Mai: Habib Bourguiba nach Frankreich überführt.

31. Juli: Der französische Ministerpräsident Mendès-France proklamiert in Tunis die innere Autonomie.

10. Dezember: Die Mehrzahl der Widerstandskämpfer legt die Waffen nieder.

1955 22. April: Abschluß eines grundsätzlichen Abkommens über die innere Autonomie Tunesiens.

1. Juni: Habib Bourguiba kehrt nach Tunis zurück.

28. August: Inkrafttreten der inneren Autonomie.

1956 20. März: Frankreich erkennt die Unabhängigkeit Tunesiens im Rahmen der gegenseitigen Abhängigkeit an. Die Protektoratsverträge werden außer Kraft gesetzt.

25. März: Wahlsieg der Neo-Destour bei den Wahlen zur Verfassunggebenden Nationalversammlung.

15. April: Habib Bourguiba bildet die erste Regierung des unabhängigen Tunesien.

1957 25. Juli: Ausrufung der Republik. Absetzung des Bey. Habib Bourguiba zum Präsidenten der Republik gewählt.

1958 5. März: Aufdeckung einer mit ägyptischer Unterstützung angezettelten Verschwörung zur Ermordung Habib Bourguibas.

17. Juni: Abkommen mit Frankreich über Räumung aller Stützpunkte außer Biserta und Rückzug aller französischen Truppen.

2. Oktober: Aufnahme in die Arabische Liga.

15. Oktober: Abbruch der diplomatischen Beziehungen mit der VAR nach einem Konflikt im Rat der Arabischen Liga.

1959 1. Juni: Proklamation der ersten tunesischen Verfassung.

8. November: Bourguiba oppositionslos zum Staatspräsidenten gewählt. Die Neo-Destour erringt sämtliche Sitze im neuen Parlament.

1960 25. Januar: Bourguiba fordert Räumung Bisertas durch französische Truppen.

1961 19. Juli: Kämpfe zwischen französischen und tunesischen Truppen um die Militärbasis Biserta.

28. Juli: Frankreich bekräftigt Willen, Biserta weiter zu benützen.

1962 Verhandlungen mit Frankreich über Zukunft von Biserta verlaufen günstig für Tunesien.

1963 Französischer Landbesitz wird durch Kauf in tunesisches Eigentum überführt.

1964 Belastung der Staatskasse durch Landkauf übersteigt Möglichkeiten: französisches Land wird auf Beschluß der Tunesischen Nationalversammlung vom 11. Mai verstaatlicht.

1965 April: Bourguiba kritisiert Palästinapolitik der Araber. Er fordert Verhandlungen mit Israel. Propagandastreit mit Nasser.

1968 Habib Bourguiba erläutert mehrmals seine Vorschläge für flexible Israelpolitik nach Erfahrungen des Junikrieges von 1967.

1969 November: Wiederwahl von Bourguiba zum Präsidenten. Keine Gegenkandidaten. Krankheit des Präsidenten.

1970 Diskussion um Nachfolge.

1971 bis 1973 Wechselnde Kandidaten für Nachfolge. Dieses Problem wichtigstes innenpolitisches Thema. Bourguiba entschließt sich nicht.

1974 Januar: Habib Bourguiba unterschreibt Dokument über Union von Tunesien mit Libyen. Starke politische Kräfte lehnen diese Union ab. Das Projekt verschwindet ohne weitere Diskussion.

Bibliographie

Ägypten

Abdel Malek, Anwar: Egypte, société militaire (Paris 1962)
Aldrigde, James: Cairo, Biography of a City (Macmillan, London 1970)
Heikal, Mohammed: The Nasser Documents (New English Library, London 1972)
Harris, C. P.: Nationalism and Revolution in Egypt: The Role of the Muslim Brotherhood (Mouton and Co., The Hague 1964)
Hopkins, Harry: Egypt, The Crucible (Secker and Warburg, London 1969)
Nasser, Gamal Abd el-: The Philosophy of the Revolution (Washington 1955)
Riad, Hassan: L'Egypte Nassérienne (Edition de Minnit, Paris 1964)
Waterfield, Gordon: Egypt (Thames and Hudson, London 1966)
Wilbur, D. N.: The United Arab Republic (New York 1969)

Algerien

Amin, Samir: The Maghreb in the Modern World (Penguin, Harmondsworth 1970)
First, Ruth: The Barrel of a Gun: Political Power in Africa and the Coup d'Etat. (Allen Lane, The Penguin Press, London 1970)
Hennisart, Paul: Wolves in the City: The Death of French Algeria (Hart-Davis, London 1971)
Lebjaoui, Mohammed: Vérités sur la Révolution Algérienne (Gallimard, Paris 1970)

Bahrain

Albaharna, H. M.: The Legal Status of the Arabian Gulf States (Manchester University Press 1968)
Miles, S. B.: The Countries and Tribes of the Persian Gulf (Cass, London 1970)

Irak

Ainsrawy, Abbas: Finance and Economic Development in Iraq (Praeger, New York 1966)
Langley, Kathleen M.: The Industrialisation of Iraq (Harvard University Press 1961)
Mezerik, A. G.: Kuwait-Iraq Dispute (New York 1961)
Vernier, B.: L'Irak d'Aujourd'hui (Paris 1962)

Jordan

Glubb, J. B.: War in the Desert (London 1960)
Lyautey, Pierre: La Jourdanie Nouvelle (Juillard, Paris 1966)
Morris, James: The Hashemite Kings (Faber, London 1959)
Peake, F. G.: History of Jordan and its Tribes (University of Miami Press 1958)
Sanger, Richard H.: Where the Jordan flows (Middle East Institute, Washington 1965)
Snow, Peter: Hussein, a Biography (Barrie & Jenkins, London 1972)
U.S. Goverment, Printing Office: Area Handbook for the Hashemite Kingdom of Jordan (Washington 1970)

Jemen — Arabische Republik Jemen

Pawelke, Günther: Der Jemen: das verbotene Land (Econon, Düsseldorf 1959)
Schmidt, Dana Adams: Jemen: the Unknown War (Bodley Head, London 1968)

Demokratische Volksrepublik Südjemen

King, Gillian: Imperial Outpost: Aden (Oxford University Press 1964)
Little, Tom: South Arabia (Pall Mall Press, London 1968)
Waterfield, Gordon: Sultans of Aden (Murray, London 1968)

Kuwait

Daniels, John: Kuwait Journey (White Crescent Press, Inton 1972)
El Mallalel, Ragael: Economic Development and Regional Cooperation: Kuwait (University of Chicago Press 1968)
Kochwasser, Friedrich H.: Kuwait
Marlowe, John: The Persian Gulf in the 20th Century (Cresset Press, London 1962)

Libyen

Farley, Rawle: Planning for Development in Libya (Pall Mall, London 1971)
Khadduri, Majid: Modern Libya, a study in political development (John Hopkins Press, Baltimore 1963)
Pelt, Adrian: Libyan Independence and the United Nations (Yale University Press 1970)

Marokko

Amin, Samir: The Maghreb in the Modern World (Penguin, Harmondsworth 1971)
Bryans, Robin: Morocco: Land of the Farthest West (Faber and Faber, London 1965)
Waterbury, John: The Commander of the Faithful. The Moroccan political elite (London 1970)
World Bank: The Economic Development of Morocco (John Hopkins Press, Baltimore 1966)

Oman

Philipps, Wendel: Oman. A History (Longmans, London 1967)

Saudi-Arabien

De Gaury, Gerald: Faisal (Arthur Barber, London 1966)
Howarth, David: The Desert King: Ibn Sa'ud (McGraw-Hill, New York 1964)

Sudan

Beshir, M. O.: The Southern Sudan: Background to Conflict (Praeger, New York 1968)
Bonn, Gisela: Das doppelte Gesicht des Sudan (F. A. Brockhaus, Wiesbaden 1961)
Oduko, Joseph und Deng, William: The Problem of the Southern Sudan (Oxford Unversity Press 1963)

Syrien

Abu Jaber, Kamal: The Arab Baath Socialist Party (Syracuse University Press, New York 1966)
Seale, Patrick: The Struggle for Syria (London 1965)
Tiwafi, A. L.: A Modern History of Syria (Macmillan, London 1969)

Tunesien

Duvignaud, Jean: Tunisie (Edition Rencontre, Lausanne 1965)
Gumann, Raimund E.: Verwaltung und Einheitspartei in Tunesien (Europa-Verlag, Zürich 1968)
Ruf, Werner Klaus: Der Bourgigismus und die Außenpolitik des unabhängigen Tunesien (Freiburg 1969)
Sylvester, Anthony: Tunisia (Bodley Head, London 1969)

Vereinigte Arabische Emirate

Hawley, Donald Frederick: The Trucial States (George Allen und Unwin, London 1971)
Mann, Clarence: Abu Dhabi: Birth of an Oil Sheikhdom (Khayats, Beirut 1964)
Marlowe, John: The Persian Gulf in the 20th Century (Cresset Press, London 1962)
Miles, S. B.: The Countries and Tribes of the Persian Gulf (Cass, London 1970)
Ministère de l'Information et du Tourisme du Gouvernement des Emirats Arabes Unis: Les Emirats Arabes Unis (1973, ohne Ortsangabe)

Übergeordnete Bereiche

Be'eri Eliezen: Army Officers in Arab Politics and Society (Praeger, Pall Mall 1970)
Brentjes, Burchard: Die Araber. Geschichte und Kultur (Anton Schroll, Wien, München 1971)
Bretholz, Wolfgang: Aufstand der Araber. Ein Dokumentarbericht (Desch Verlag, München 1960)
Clarke, J. J. und Fisher, W. B.: Populations of the Middle Eeast and North Africa. A geographical approach (University of London Press 1972)
Copeland, Miles: The Game of Nations. The Amorality of Power Politics (Weidenfeld and Nicolson, London 1969)
Evron, Yair: The Middle East. Nations, Superpowers and Wars (Elek, London 1973)
Hanna, Sami A. und Gardner, George H.: Arab Socialism (E. J. Brill, Leiden 1969)
Helmensdorfer, Erich: Hartöstlich von Suez (Schulz, München 1972)
Hopwoord, Derek: The Arabian Peninsula (George Allen and Unwin, London 1971)
Kimche, Jon: The Second Arab Awakening (Thames and Hudson, London 1970)
Laqueur, Walter: The Struggle for the Middle East: Sovjetunion and the Middle East (Routledge and Kegan Paul, London 1969)
Stephens, Robert: The Arab's Now Frontier (Temple Smith, London 1973)
Tayler, Alice (Herausgeber): The Middle East (David and Charter, Newton Abbot 1972)
Pack, S. W. C.: Seapower in the Mediterranean (Arthur Barker, London 1971)

Register

Da es für die Transkription arabischer Eigennamen keine festen Regeln gibt, wurde die in deutschen Lexika heute gebräuchliche Schreibweise gewählt.
Buchtitel, Zeitungen und Zeitschriften sind in Anführung gesetzt.